国家级教学团队建设成果

全国会计领军人才丛书
Accounting Scholar Leader
会计系列

Accounting

高级财务会计

（第4版 · 立体化数字教材版）

周 华 编著

中国人民大学出版社
· 北京 ·

图书在版编目（CIP）数据

高级财务会计：立体化数字教材版 / 周华编著. --
4 版. -- 北京：中国人民大学出版社，2022.7
（全国会计领军人才丛书．会计系列）
ISBN 978-7-300-30730-5

Ⅰ．①高… Ⅱ．①周… Ⅲ．①财务会计 Ⅳ．
①F234.4

中国版本图书馆 CIP 数据核字（2022）第 098314 号

国家级教学团队建设成果
全国会计领军人才丛书・会计系列
高级财务会计（第 4 版・立体化数字教材版）
周 华 编著
Gaoji Caiwu Kuaiji

出版发行	中国人民大学出版社		
社　　址	北京中关村大街 31 号	**邮政编码**	100080
电　　话	010－62511242（总编室）		010－62511770（质管部）
	010－82501766（邮购部）		010－62514148（门市部）
	010－62515195（发行公司）		010－62515275（盗版举报）
网　　址	http://www.crup.com.cn		
经　　销	新华书店		
印　　刷	天津鑫丰华印务有限公司	**版　　次**	2013 年 9 月第 1 版
开　　本	787 mm×1092 mm　1/16		2022 年 7 月第 4 版
印　　张	34.5 插页 1	**印　　次**	2024 年 1 月第 2 次印刷
字　　数	724 000	**定　　价**	75.00 元

“会计学原论”系列教材总序

作为国家级优秀教学团队——工商管理核心课程教学团队建设成果和全国会计领军（后备）人才培养项目成果，本套教材的宗旨是帮助读者高效率地掌握有用的会计知识，形成稳定合理的知识结构，激发创造性思维，培养较强的就业竞争力和专业胜任能力。本套教材可用作本科及研究生教学的教材和高级管理人员培训的参考读物，对于经济学、法学和管理学等领域的社会科学研究者也具有一定的参考价值。

“会计学原论”系列教材的编写理念

近年来，我国会计理论界跟踪域外理论，引进了很多新颖的概念和做法，这对于丰富理论知识可谓不无裨益。但研究发现，也有不少概念和方法存在以讹传讹的问题，这就导致学习者时常陷入困惑。为了帮助读者从正反两方面分析和评价现有的会计理论知识，笔者自2005年以来历经数载，在校内所用讲义的基础上，编著了这套“会计学原论”系列教材，力求帮助读者掌握研究型学习方法，体会熟能生巧之妙。我们把中国人民大学会计学科的部分研究成果融入本套教材，冀望能够帮助读者明辨是非，快乐学习。

笔者着力编写本套教材，主要出于两个方面的原因。一方面，为了教给学生新颖实用的会计管理技能，培养较强的就业竞争力和专业胜任能力，作为人民教师，我们有责任持之以恒地做好教学这个“良心活”。我们深知，培养人才是学术和教育之本。我国会计理论和会计法规变动频繁，教材水平不一，实令学者手足无措，教师感到困惑，建设具有稳定理论架构的、科学的会计教材实有必要。另一方面，教材是科研的归宿，是教育的核心。我国学者的优秀研究成果有资格进入一流的教材，我们要有这个自信。如果没有一大批高质量的本土教材，就不要指望本土学术能够赢得国际同行的尊重。反之，如果本土教材能够做到让教师爱教、学生爱学，那么，本土学术自然就有了屹立于科学之林的基本条件。在中国这样一个拥有灿烂文化和悠久历史的泱泱大国，会计学术界应当有志气打造出体现中国气派的理论体系。

“会计学原论”系列教材的梯度设计

本套教材秉持“直观教学、辩证施教、中外对照”的教育理念，设计“专业用”和

“非专业用”两个系列。

专业用教材涵盖会计学专业初级、中级和高级阶段的核心课程，包括《会计学基础》《中级财务会计》《高级财务会计》《会计理论》。

《会计学基础》以“快速入门：十个分录学记账”开篇，第 1 章就带领读者直接动手进行会计实务操作，采用直观教学方法帮助读者掌握实用技能。第 2 章至第 11 章讲解《会计基础工作规范》中关于会计凭证、会计账簿、财务报表的规定，帮助读者夯实专业功底，为中高级阶段的学习打下坚实的基础。第 12 章扼要讲解我国会计法规体系。第 13 章提供一套模拟实训素材。该书各章所用记账凭证和账页均为作者精心绘制的仿真素材，便于读者身临其境地训练实务技能。该书在教学过程中穿插安排了 3 套会计实训的内容（其中，第 1 章为快速入门，第 8 章为细节训练，第 13 章为综合实训），实践证明，这样的研究型教学方法符合从实践到认识、再从认识到实践的认识论原理，可以达到理论与实践相结合的效果。该书 2013 年出版第 1 版，2020 年出版第 2 版。

《中级财务会计》适合入门之后继续深造之用，其定位是巩固提高、培养自信，帮助读者达到中级会计师的职业水准，以备考“中级会计实务”科目，同时为报考注册会计师考试打下坚实的基础。该书内容覆盖了常用的会计准则（如基本准则，存货，固定资产，无形资产，长期股权投资，投资性房地产，资产减值，职工薪酬，收入，政府补助，金融工具确认和计量，财务报表列报，现金流量表，会计政策、会计估计变更和差错更正，资产负债表日后事项等）。该书根据我国基本法律关于财产权利的规定，按照物权、债权、知识产权、股东权的顺序讲解资产的会计处理。相应地，各章标题依次为货币资金、存货、固定资产、债权、无形资产、股权投资。值得说明的是，本书没有沿袭那种将金融资产单列一章的流行做法。原因在于，国际会计准则和美国证券市场上的公认会计原则所称的金融资产是特指的，理论界对金融资产应当如何定义缺乏共识。更为可取的做法是告诉人们“金融资产”相关准则是如何拼凑而成的。

《高级财务会计》的定位是高、精、尖、新、奇、特，帮助读者达到高级会计师的职业水准，以备考注册会计师考试的会计科目，同时为报考高级会计师考试的“高级会计实务”科目做好准备。该书对企业会计准则体系中的高难度准则进行深入剖析，内容包括技术含量较高、具有一定难度的会计准则，如所得税、资产减值、企业合并、合并财务报表、套期会计、金融资产转移、金融工具列报、租赁、外币折算、非货币性资产交换、债务重组、政府补助、分部报告、中期财务报告、股份支付和每股收益等。该书注重考察会计规则的设计理念，帮助读者运用会计原理鉴别现行规则的成败与得失，培养创造性思维。全书的显著特色是化繁为简：篇幅比较紧凑，语言比较通俗，操作比较简练。该书 2013 年出版第 1 版，2015 年出版第 2 版，2019 年出版第 3 版，2022 年出版第 4 版。

《会计理论》的定位是传道授业、答疑解惑。该书从两个平行的层面展开：其一，对域外会计规则进行辩证分析，全景式地分析公认会计原则和国际会计准则形成和演化的真实历程，力求取其精华、去其糟粕，在扬弃中借鉴西方会计理论；其二，对中国会计理论和会计规则的真实历程进行辩证分析，梳理本土学术成果，为中国会计人提精神、长志气。该教材对中外会计理论和会计规则进行对比分析，帮助读者全面把握会计规则的演进历程和发展趋势，从而达到和保持领先的专业水准，培养和造就能够切实加强会计管理的领军人才。该书讲义已试用十多年，拟于近期出版。

上述四部会计学专业教材的梯度与国内多个版本的优秀教材大体相同并略有扩展。除不涉及石油天然气开采、原保险合同、再保险合同等少数准则外，全套专业用教材涵盖了企业会计准则体系的核心内容，如下表所示（表中【】内的数字为企业会计准则的编号，"0"指基本准则）。这种设计旨在帮助读者从总体上把握会计法规体系和会计理论体系，从容应对职业挑战。

专业用教材的梯度设计及其与企业会计准则体系的对应关系

章	《会计学基础》（第2版）	《中级财务会计》	《高级财务会计》（第4版·立体化数字教材版）
1	快速入门：十个分录学记账	总论【0】	所得税费用【18】
2	总论	货币资金	长期资产减值【8】
3	会计要素与会计等式	存货【1】	企业合并【20】
4	账户与复式记账法	固定资产【4】	合并财务报表【33】
5	会计凭证	债权【22】	衍生工具会计导论
6	会计账簿	无形资产【6】	套期会计【24】
7	企业主要经济业务的核算	股权投资【2、22】	金融资产转移【23】
8	成本计算	投资性房地产【3】	金融工具列报【37】
9	财产清查	流动负债【9】	租赁合同【21】
10	财务会计报告	非流动负债【13、17、22】	外币折算【19】
11	财务处理程序	所有者权益	非货币性资产交换【7】
12	会计管理相关工作规范	收入、费用和利润【14、15】	债务重组【12】
13	模拟实训	财务会计报告【30、31、36】	政府补助【16】
14		会计政策变更、会计估计变更与前期差错更正【28】	中期财务报告和分部报告【32、35】
15		资产负债表日后事项【29】	股份支付【11】
16			每股收益【34】
17			持有待售的非流动资产、处置组和终止经营【42】
18			公允价值计量【39】

非专业用教材包括《会计学》通用教材和《会计：一日入门》。

《会计学》相当于"《会计学基础》精编版+《中级财务会计》精编版"，定位是快速入门、培养兴趣，帮助读者快速掌握会计管理的核心技能。内容覆盖入门知识、基础理论和常用会计准则（如基本准则、存货、固定资产、无形资产、长期股权投资、金融工具确认和计量、财务报表列报等），读者学完之后能够熟练编制和阅读财务报表。该教材适合只开设一门会计课程的非会计学专业本科生和研究生（如 MBA、EMBA 学员和在职研究生），也适合管理人员自修或培训使用。该书 2011 年出版第 1 版，2013 年入选“北京高等教育精品教材”，2015 年出版第 2 版，2019 年出版第 3 版。

《会计：一日入门》的主要内容是“快速入门：十个分录学记账”和“会计职业概览”，旨在帮助初涉会计领域的读者克服入门障碍，培养学习兴趣。通常，人们之所以感到会计比较难学，是因为借贷记账法令人困惑。该教材着重推广中国人民大学会计学科的一些先进教学方法，适合有意了解会计知识或有意从事会计职业的读者。读者学完《会计：一日入门》之后可以顺畅地阅读任何系列、任意版本的会计教材。实践已经反复证明，各专业的读者都能在一天之内找到“感觉”。该书拟于近期出版。

“会计学原论”系列教材的特色

本套“会计学原论”系列教材具有四个方面的特色：

第一，既注重讲解现行法规，又注重阐述理论要领，运用中国人民大学会计学科的部分原创成果对会计规则及其理论背景进行辩证分析，帮助读者既知其然又知其所以然。学完这套教材，读者可达到谙熟会计相关法规、把握会计理论走向的领先水平。书中所设专栏不作教学要求，主讲教师可酌情选用。

第二，语言力求简练，读来较为轻松。相对于法规原文而言，这套教材能够让初学者一读就懂、一学就会。

第三，注重学科关联，以“中外对照、辩证施教”为教育理念，侧重于培养复合型人才。本套教材将财政学、金融学、经济法等学科的相关知识融于一体，结合会计处理阐释常用的交叉学科知识点，帮助读者建立起扎实的专业知识结构并能够灵活运用所学知识。本套教材对专业术语给出了英文标注，从而实现与域外优秀教材及域外会计规则的相互衔接，便于读者同步掌握国际财务报告准则（国际会计准则）。为了方便教学，本套教材把法律法规、理论背景和辩证分析的内容统一安排在专栏中，对专栏内容不作教学要求。如此处理，一来可以增强趣味性，支持主讲教师酌情发挥主观能动性，增加课堂信息量；二来可以突出主线，便于读者在辩证思考的基础上全面掌握正文内容，提升专业水平。

第四，与现行会计考试制度直接衔接。本套教材首先带领读者熟练掌握现行会计法规，然后引领读者深入思考会计规则的设计理念及其理论缺陷，最后启发读者形成自己的专业观点。这种研究型教学方法实际上把通过各种会计考试当作初级目标，力求按照“理论源于实践又指导实践”的科学规律开展教学活动。实践证明，研究型教学方法有助于读者从容准备会计考试。

本套教材为会计学科构建了新的理论架构，力求详尽透彻地阐释会计学基本理论和规则，列举并分析不同学说、域外规则和国内外会计理论新的研究成果。这套教材在杨纪琬先生和阎达五先生首创的会计管理活动论这一本土原创会计理论的指导下，着力贯彻笔者和合作者自 1999 年以来提出的“根据法律事实记账”理论主张。系列教材既着力对会计法规之大义和要点加以分析，也对立法过程中的争议及遗留问题提出独到见解，书中的理论专栏大多源自“会计学原论”系列著作（即《会计制度与经济发展——中国企业会计制度改革的优化路径研究》《法律制度与会计规则——关于会计理论的反思》《会计规则的由来》等）。

上述理念得到兄弟院校教师的大力支持。笔者有幸先后荣获高等教育国家级教学成果二等奖（2014 年）和一等奖（2018 年）。

例如，基于这一理念，本套教材中的《中级财务会计》按照财产权利的法律属性，在第 5 章“债权”中讲解“交易性金融资产（债权）”“债权投资”“其他债权投资”，它们都属于民法上的债权，在第 7 章“股权投资”中集中讲解现行准则体系中所涉及的股权投资的四种会计处理规则，即“交易性金融资产（股权）”“其他权益工具投资”“成本法”“权益法”。这是因为没有理由将股权投资的会计处理规则分为“金融资产”和“长期股权投资”两章去讲述。该书率先将缺乏合理逻辑的金融资产相关内容按照民事法律关系拆解为债权和股权投资两个部分，历年来的教学实践证明，如此设计的提纲更为简练，知识架构（见下图）更为稳定、合理，可以避免教学内容被会计法规“钳制”，初学者学习起来没有任何障碍。2018 年起实施的企业财务报表格式引入了“债权投资”“其他债权投资”“其他权益工具投资”等项目，这一动态验证了上述教育理念的前瞻性和上述知识图谱的稳定性。

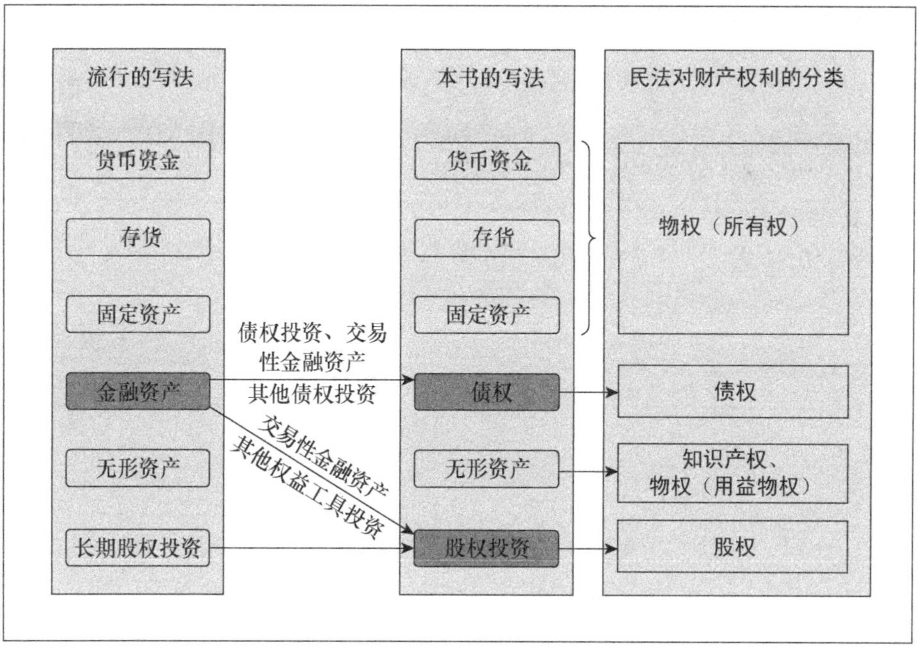

本套教材为会计学科构建的知识架构（示意图）

2017 年 11 月，笔者的专著《法律制度与会计规则——关于会计理论的反思》被业界同人遴选为杨纪琬会计学奖“优秀会计学术专著奖”，2020 年 12 月，荣获第八届高等学校科学研究优秀成果奖（人文社会科学）二等奖。这体现了业界前辈、同人对本土学术成果的厚爱和支持，是对“会计学原论”系列教材的创作理念的肯定和鞭策。在会计界开明氛围的支持下，更多兄弟院校教师开始引入研究型教学方法。有些高校把这些教材用于本科教学或研究生入学考试，有效地推动了教育教学改革。

本套教材是根据中国人民大学会计学科多年积淀的宝贵经验撰写而成的，在系列教材撰写和广泛征求意见的过程中，朱小平、戴德明、耿建新、荆新、于富生、王化成、林钢、徐泓、徐经长、赵西卜、曹伟、支晓强、宋建波、杨万贵、孙蔓莉、王建英、姚岳、蒋砚章、秦玉熙、陈丽京、张小英、文光伟、王平、王彦、钟红山、赵宇斌、宋云、殷建红、李会太、戴璐、徐艳芳、吴武清等同志提出了很好的建议，笔者深表感谢。本套教材自 2005 年以来先后在中国人民大学商学院、财政金融学院、经济学院的“会计学”“财务会计学”“会计理论”“金融分析与会计准则”“财务报表分析”“高级财务会计专题”等课程中使用，受到学生们的普遍欢迎，在此，我们对学生们踊跃提出的反馈意见表示感谢。当然，我们同样期待全国各地兄弟院校的主讲教师和青年学子提出反馈意见。中国人民大学出版社为培育这套著作式教材提供了宝贵支持，于波同志、李文重同志、魏文同志为本套教材付出了大量辛勤的劳动，财政部全国会计领军（后备）人才（学术类）项目、中国人民大学会计创新应用支持中心、中国人民大学财务会计研究所、中国人民大学“面向国家监督体系建设的审计人才培养”跨学科交叉平台也对本套教材提供了大力支持，在此亦致谢意。

本套教材献给所有对会计学感兴趣的读者，献给致力于教给学生们经久耐用的理论知识和实践技能的高校教师。

周　华

于中国人民大学明德楼

前　言

习近平总书记在党的二十大报告中强调，“坚持把发展经济的着力点放在实体经济上”①。这是党中央立足全局、面向未来作出的重大战略抉择，具有重要而深远的意义。会计教学和研究要紧紧围绕实体经济发展来展开。本书所阐释的衍生工具、套期保值等知识点，有助于企业更有效地开展金融风险管理、全面预算管理。

本书为国家级优秀教学团队建设成果和全国会计领军（后备）人才培养项目成果，适于用作会计学专业本科及研究生教育教材，以及高级管理人员培训参考读物，对于经济学、管理学和法学等领域的社会科学研究者也具有一定的参考价值。

本书所采用的教学方法长期应用于中国人民大学会计专业学位研究生（MPAcc）教育项目的“财务分析”“财务会计理论与实务”“审计理论与实务”等课程的教学，该教育项目的教学成果“理论素养和实践技能并重的 MPAcc 人才培养模式”2017 年荣获北京高等教育优秀教学成果一等奖，2018 年荣获高等教育国家级优秀教学成果奖一等奖。

本书的修订情况

本书第 1 版于 2013 年 9 月出版后，得到很多高校骨干教师、青年学子和实务工作者的支持和厚爱，他们热情地反馈了宝贵的意见和建议。

自 2014 年起，财政部先后发布财务报表列报（修订）、公允价值计量、职工薪酬（修订）、合并财务报表（修订）、合营安排、长期股权投资（修订）、在其他主体中权益的披露、金融工具列报（修订）8 项新会计准则。本书针对会计准则体系和财税法规的变化进行了修订，于 2015 年 4 月出版了第 2 版。

2016 年以来，财政部又陆续发布了《增值税会计处理规定》《企业会计准则第 42 号——持有待售的非流动资产、处置组和终止经营》《企业会计准则第 14 号——收入》（修订）等部门规范性文件，并对现行企业财务报表格式进行了三次调整。为了帮助读者高效率地掌握现行会计理论、准则体系和相关财税法规，我们结合读者的反馈建议和

---

① 习近平．高举中国特色社会主义伟大旗帜 为全面建设社会主义现代化国家而团结奋斗——在中国共产党第二十次全国代表大会上的报告．北京：人民出版社，2022：30.

会计准则的修订要点，于 2019 年 5 月出版了第 3 版。

本书第 4 版根据新修订的会计准则，重新编写了第 11 章（非货币性资产交换）、第 12 章（债务重组）和第 13 章（政府补助）。此外，还对一些章节的内容进行了更新和细节修改。这样，“会计学原论”系列教材就能够更好地容纳绝大多数企业会计准则的内容（仅有石油天然气开采、原保险合同等会计准则尚未吸纳进来），为读者提供比较齐全的会计知识框架结构。

本书的编写理念和教学要领

本书将引领读者体会研究型学习的三重境界。首先，以简练的思路引导读者掌握特殊业务和难度较大的会计准则的设计理念及操作规则，切实提高操作能力，从而增强专业自信。其次，考察会计规则的来龙去脉，帮助读者运用会计原理鉴别现行规则的利弊与得失，培养创造性思维。最后，帮助读者从容面对现行规则中的弹性条款，结合特定情形做出理性选择，形成自己的专业观点。这种研究型教学方法能够帮助本科生，硕士、博士研究生和管理培训项目学员掌握研究型学习方法，切实提升理论素养和职业技能。

为深入贯彻落实习近平总书记关于教育的重要论述和全国教育大会精神，贯彻落实中共中央办公厅、国务院办公厅印发的《关于深化新时代学校思想政治理论课改革创新的若干意见》，教育部于 2020 年 5 月 28 日印发《高等学校课程思政建设指导纲要》，对推进高校课程思政建设进行了整体设计，强调要结合专业特点分类推进课程思政建设。本书结合会计专业特点，设置“课程思政要点”和课程思政专栏，帮助读者结合中国特色社会主义法治体系全面把握会计法规体系，深入理解会计规则的理论逻辑、历史逻辑和实践逻辑，从而培养理论素养和实践技能并重的创新型会计管理人才。

全书的显著特色是化繁为简：篇幅比较紧凑，语言比较通俗，操作比较简练。

目前，高等院校会计教育的培养方案普遍将“高级财务会计”（“高级会计学”）课程设置为 2～4 学分。在这种学分的学时安排下，我们建议主讲教师只选讲 10 章左右的内容。其余内容可留给学有余力的学生课余钻研，也可供学生毕业后在工作中查阅参考。我们之所以坚持将本书内容写成 18 章而不是精简成 10 章，是为了避免因会计教材“过度简化”所导致的教学标准、教育质量偏低的问题。我们认为，初级、中级、高级会计课程加在一起，其知识容量不宜少于注册会计师、高级会计师考试大纲的知识容量。

本书的篇章结构和内容简介

本书以递延所得税的计算规则开篇。其重要性在于，企业会计师如果不会计算递延所得税，连资产负债表和利润表都无法编制，其影响可想而知。但是，广大实务工作者普遍感到递延所得税的计算规则令人费解，而且法规原文往往令读者百思不得其解。鉴于此，笔者特意在开篇部分与读者分享中国人民大学会计学科的一种行之有效的研究型教学方法，深入阐释会计准则关键条文的设计思路，帮助业界同人一举掌握该准则的要领。此外，我们还对递延所得税的合理性进行了辩证分析，以期帮助读者从容使用会计准则。

第 2 章“长期资产减值”对散见于会计准则体系的资产减值会计规则进行了归纳提炼，着重阐释长期资产减值规则的设计理念。从单项长期资产的减值，到资产组的减值，再到总部资产的减值，资产减值规则的复杂程度逐步上升，读者可以借此洞察谨慎性原则的偏差和现值算法的失当性。

第 3 章“企业合并”明确指出，“控股合并”并不是公司法语境下的公司合并，其与“合并报表”系同义语。本章先以通俗的语言解读准则的设计理念，对企业合并会计准则进行概括，然后采用简明的示例帮助读者快速掌握操作要领，使读者牢牢掌握权益结合法和购买法的设计理念及操作规则。

第 4 章“合并财务报表”针对高级会计学中的这一传统内容进行了新颖解读。实际上，合并财务报表并不是传统意义上人们所认知的“财务报表”。我们对合并报表工作底稿中烦琐的抵销分录和调整分录进行简化，采用列表的形式归纳初次编制合并财务报表时和连续编制合并财务报表时的操作规则。通过对比，读者可以牢固掌握原本相对烦琐的操作规则。本章还对合并财务报表的基础理论进行了辩证分析，令学习过程更为轻松愉快。

第 5 章至第 8 章阐释了衍生工具、套期会计、金融资产转移、金融工具列报等金融工具会计规则。第 5 章将金融学和会计学的理论和实践紧密对接，阐释远期、期货、期权和互换等衍生工具的设计原理和交易策略，在此基础上简明清晰地阐释会计规则。读者可快速掌握相关金融法规和实用技能，一举多得。鉴于套期会计规则的设计理念比较独特，超出了传统会计学和金融学的范畴，理解起来有一定难度，因此，第 6 章特设专栏阐释会计学和金融学的相关知识点，帮助读者快速掌握准则的设计理念。为了帮助读者理解套期会计规则的实施效果，本章设计了新颖的表述方式，列表比较业务分录和衍生工具交易分录，读者可在表格中清楚地看到套期会计规则的实施效果。第 7 章首先剖析资产证券化业务的交易原理，在此基础上全面阐释了金融资产转移的会计处理规则。第 8 章基于法学原理解读金融负债和权益工具的区分规则，帮助读者从容掌握金融工具列报准则。这 4 章的内容是注册会计师考试和高级会计师考试中的难点，所以这些知识对于提升会计职业胜任能力具有积极意义。此外，金融风险管理和全面预算管理是当今高级会计人才的重要技能，掌握相关金融知识也有助于进一步拓展会计的管理职能。

第 9 章“租赁合同”结合融资租赁的业务内容，在解释清楚“担保余值”“未担保余值”概念的基础上，阐释了融资租赁的会计处理，并对实质重于形式原则进行了辩证分析。

第 10 章“外币折算”首先阐释了外币交易的入账处理、外币交易的期末折算，然后阐释了我国企业会计准则关于外币报表折算的规定。为拓展理论视野，本书穿插讲解了外币分账制和外币报表折算的理论与方法。

第 11 章至第 13 章讲解了非货币性资产交换、债务重组和政府补助等特殊业务的会计处理。这部分内容难度不大，只是略显烦琐。这些内容供主讲教师选讲。

第 14 章“中期财务报告和分部报告”针对准则中的难点进行了通俗的讲解。

第 15 章“股份支付”阐释了会计准则的设计思路和操作要领，同时指出了该准则的局限性。

第 16 章“每股收益”以轻快的笔调阐释了基本每股收益和稀释每股收益的算法，同时对每股收益指标给出了辩证分析。实际上，每股收益的正当用途尚不明确，它的计算规则只是证券分析的行规。

第 17 章“持有待售的非流动资产、处置组和终止经营”主要讲解了持有待售类别的划分条件、持有待售的非流动资产（或处置组）的计量和列报。

第 18 章“公允价值计量”阐释了公允价值计量准则的设计理念，对难点问题进行了深入分析，并对公允价值概念进行了辩证分析。

此外，为丰富教材内容，扩大学生视野，本书通过二维码形式提供视频资源，讲解各章的重点、难点内容；每章末的拓展阅读专栏提供与会计相关的论文、图书、报告等信息。这些材料拓展了知识的广度和深度，有利于调动学生的积极性、提高学生的学习能力。

本书在修改完善的过程中得到了许多老师和学生的厚爱和支持，戴德明教授、赵西卜教授、曹伟教授等在百忙之中审阅了部分书稿，江西财经大学张绪军教授、西北师范大学张强教授等提供了宝贵的反馈意见，孙希荣、何力军、张卓然、李莹、莫彩华、吴晶晶、张姗姗、卢晓哲、李林蔚、尤希琦、孙安文、刘斯曼、赵巍、潘一彬等学生先后提出了很好的修改建议，在此深表感谢。

我们希望能够帮助读者学到实用、新颖、能经受时间考验的会计理论知识和专业技能。但限于笔者的识见和能力，舛误纰缪在所难免，深望读者批评指正。

周　华

于中国人民大学明德楼

目　录

第 1 章 Chapter 1 所得税费用

课程思政要点

1. 结合中国特色社会主义法治体系学习会计法规体系。结合《中华人民共和国企业所得税法》，理解“当期所得税费用”的计算规则。

2. 对照阅读《企业会计准则第 18 号——所得税》和 International Accounting Standard (IAS®) 12：Income Taxes，理解递延所得税会计规则的理论逻辑、历史逻辑和实践逻辑。

学习目标

1. 掌握：资产负债表债务法的操作要领。
2. 理解：资产负债表债务法的设计理念。
3. 了解：纳税影响会计法存在的问题。

本章阐释《企业会计准则第 18 号——所得税》的设计理念及具体规则。该准则是借鉴《国际会计准则第 12 号——所得税》(IAS® 12：Income Taxes) 制定而成的。

准则规定，企业利润表所列示的所得税费用由“当期所得税费用”和“递延所得税费用”两部分组成。前者是指企业遵循《中华人民共和国企业所得税法》，填制企业所得税纳税申报表及其附表等相关资料，在规定的时间内进行汇算清缴，经税务机关查账征收所缴纳的税额。后者是指企业在计算出应纳税额之后，根据准则的规定，针对会计准则与税收法规之间的差异对未来期间企业所得税的预期影响而计算的金额。也就是说，该准则虽然冠以“所得税”之名，但与所得税的实际纳税申报毫无关联，它的重点实际上是要求企业在完成纳税申报之后计算“预期所得税费用”（准则称

如何理解递延所得税

之为“递延所得税费用”）。

鉴于熟练掌握这一准则是编制资产负债表和利润表的前提（该准则设置了“递延所得税资产”“递延所得税负债”等报表项目），我们特将其纳入本书第1章并予以通俗的讲解，冀望能够帮助读者从容使用该准则。

学界对递延所得税的理论及规则存有争议，实务工作者普遍感到难以理解其设计理念。为帮助读者全面掌握递延所得税的理论特点及其局限性，本章1.5节对递延所得税进行了理论反思，该节内容不作教学要求。

本章提及的暂时性差异，其分析依据是：其一，国家统一的会计制度，主要是指财政部颁布的《企业会计准则》和相关的应用指南及解释，以及在本书定稿时具有法律效力的其他相关会计法规。其二，企业所得税相关法规，主要是指本书定稿时具有法律效力的所得税相关法律、行政法规，如全国人民代表大会制定的《中华人民共和国企业所得税法》、国务院制定的《中华人民共和国企业所得税法实施条例》等。读者在实务中需要遵循最新法规计算确定暂时性差异。

1.1 资产和负债的计税基础

《企业会计准则第18号——所得税》规定，企业应当采用资产负债表债务法（balance-sheet liability method）核算企业的所得税费用。据此，应付税款法（tax payable method）、递延法（deferral method）和利润表债务法（income statement liability method）便被该准则视为“非法”。

在资产负债表债务法下，企业应于资产负债表日分析比较资产、负债的账面价值（carrying amount）和计税基础（tax base），如果两者之间存在差异，则应确认相应的递延所得税资产或递延所得税负债，同时记载递延所得税收益（即贷记“所得税费用——递延所得税费用”科目）或递延所得税费用（即借记“所得税费用——递延所得税费用”科目），准则另有规定的情形除外。企业合并等特殊交易或事项中取得的资产和负债，应于购买日比较其入账价值与计税基础，按照准则规定计算确认相关的递延所得税资产或递延所得税负债。

1.1.1 资产的计税基础

资产的计税基础

准则规定，资产的计税基础（tax base of an asset），是指企业收回资产账面价值过程中，计算应纳税所得额时按照税法规定可以自应税经济利益中抵扣的金额。用公式表示如下：

$$\text{资产的计税基础}=\text{未来可税前扣除的金额}=\begin{matrix}\text{资产的}\\\text{入账金额}\end{matrix}-\begin{matrix}\text{以前期间已作}\\\text{税前扣除的金额}\end{matrix}$$

上述准则原文是按照国际会计准则直译而来的，初学者常常感到费解。

通俗地说，资产的计税基础就是指按照税法规定重新计算所得到的金额。换言之，也就是按照税法规定入账、折旧（对于固定资产而言）、摊销（对于无形资产而言），如此所计算出的金额便是纳税申报时税务机关所认可的金额，也就是未来期间可在纳税申报时据实扣除的金额。

通常情况下，资产在取得时的入账价值也是税法认可的金额，换言之，在入账时，资产的账面价值与计税基础是相同的。但在入账之后，由于企业会计准则的不少规定与税收法规存在差异，资产的账面价值与计税基础之间便可能产生差异。准则把资产的账面价值与计税基础之间的差额称作暂时性差异。例如，企业遵循会计准则对存货计提跌价准备，企业超出税法的许可范围对固定资产作加速折旧、缩短折旧年限、资产减值等处理，对无形资产作加速摊销、缩短摊销年限、资产减值等处理，对交易性金融资产作盯市会计（mark-to-market accounting）处理等，都不被税收法规认可。这样，资产的账面价值与计税基础之间就会出现暂时性差异。

1. 固定资产的计税基础

企业会计准则允许企业按其规定缩短折旧年限、采用加速折旧法计提固定资产减值准备，所以：

固定资产的账面价值＝入账成本－累计折旧－固定资产减值准备

而根据企业所得税相关法规的规定，计提固定资产减值准备所记录的资产减值损失一律不得在税前扣除。除非经过报批程序，企业在纳税申报时应当采用直线法计算折旧。所以：

固定资产的计税基础＝入账成本－按照税法规定已在以前期间税前扣除的折旧额

对比以上两个公式不难看出，固定资产的账面价值与计税基础之间产生差异的原因主要在于折旧方法、折旧年限与固定资产减值准备等方面。

例 1－1

东方电气股份公司 20×0 年 12 月购入的某设备原价为 1 000 万元，经济寿命为 10 年，净残值为零。该设备不符合税法规定的加速折旧条件。会计处理中按双倍余额递减法计提折旧。20×2 年年末，公司对该项固定资产计提了 40 万元的减值准备。则在第 20×2 年年末：

固定资产的账面价值＝入账成本－累计折旧－固定资产减值准备

＝1 000－(200＋160)－40＝600(万元)

固定资产的计税基础＝入账成本－按照税法规定已在以前期间税前扣除的折旧额

＝1 000－(100＋100)＝800(万元)

这样，账面价值与计税基础之间就产生了 200 万元的暂时性差异。

接下来，我们来解读上述差异究竟意味着什么。

在会计处理上，所有的资产最终都会被列为利润表中的减项（即费用类项目），如库存商品在销售后会转变成利润表中的“营业成本”项目，管理总部的固定资产在计算折旧时通常会记入“管理费用”等项目，在计算减值时会记入“资产减值损失”项目。可见，资产的账面价值有多少，未来期间利润表中的减项就有多少。

在税务处理上，企业生产经营所发生的所有必要且合理的开支都可以享受税前扣除。换言之，所有有形资产的成本最终都可以享受税前扣除。计税基础实际上指的就是留待以后期间扣除的金额，也就是以后期间纳税申报表中的减项。

上例中，固定资产的账面价值为600万元，这也就是它在未来期间利润表上的减项。假如东方电气股份公司一直使用该项固定资产，则该公司在未来8年的利润表上通过管理费用、资产减值损失或者营业外支出等形式所记载的利润表上的减项合计额为600万元（不考虑时间价值，下同）。

上例中，固定资产的计税基础为800万元，这也就是它在未来期间纳税申报表中的减项（即“税前扣除数”）。假如东方电气股份公司一直使用该项固定资产，则税务机关允许该公司在未来8年的纳税申报表上每年扣除的按照直线法计算的折旧额为100万元，8年的扣除额合计800万元。

由上述分析可见，暂时性差异200万元意味着未来计入利润表的减项小于计入纳税申报表的减项，也就是说，未来的会计利润数字将会比未来的应纳税所得额大200万元，在纳税申报时，税务机关将会在会计利润的基础上作调减处理。准则把这种调减处理称作“可抵扣暂时性差异”。假设该公司未来适用25%的所得税税率，则按照25%的预期适用税率计算，上述差额对未来期间应纳税额的影响，将会使得实际应纳税额比按照会计利润计算的数额少50万元。这是一种“预期好处”，符合企业会计准则关于资产的定义（资产是指企业过去的交易或者事项形成的、由企业拥有或者控制的、预期会给企业带来经济利益的资源），因此，依照准则的规定，应当作为递延所得税资产入账：借记“递延所得税资产”科目50万元，贷记“所得税费用——递延所得税费用”科目50万元。

2. 无形资产的计税基础

无形资产所形成的暂时性差异主要来自无形资产加速摊销和无形资产减值。

企业会计准则根据无形资产的使用寿命情况，把无形资产区分为使用寿命有限的无形资产和使用寿命不确定的无形资产。

对于使用寿命有限的无形资产，企业可以采用直线法、工作量法，或者按照从资产中获得的预期未来经济利益的实现方式确定摊销方法，从而对该资产的账面价值进行摊销，在持有期间的资产负债表日，无形资产存在减值迹象的，应当估计其可收回金额，发生减值时应计提无形资产减值准备。

$$\text{使用寿命有限的无形资产的账面价值} = \text{入账成本} - \text{累计摊销} - \text{无形资产减值准备}$$

对于使用寿命不确定的无形资产，不要求摊销，只要求每年对其进行减值测试，发生减值时应计提无形资产减值准备。

使用寿命不确定的无形资产的账面价值＝入账成本－无形资产减值准备

税法规定，在所得税纳税申报时，企业应当按照企业所得税相关法规的规定按照直线法计算无形资产的摊销额，而且无形资产减值损失一律不得在税前扣除。所以：

无形资产的计税基础＝入账成本－按照税法规定已在以前期间税前扣除的摊销额

这样，无形资产的账面价值与其计税基础常常会产生暂时性差异。

例1-2

东方电气股份公司斥资600万元购入某项专利，法律保护期仅有5年，会计上采用年数总和法进行加速摊销。但税法规定应按直线法摊销。则第一年年底：

无形资产的账面价值＝600－200＝400(万元)

无形资产的计税基础＝600－120＝480(万元)

这样，账面价值与计税基础之间就产生了80万元的暂时性差异。

3. 交易性金融资产的计税基础

企业会计准则规定，交易性金融资产期末应以公允价值计量，公允价值的变动计入当期损益。所以：

交易性金融资产的账面价值＝入账成本±公允价值变动

税法规定，在纳税申报时，纳税人的存货、固定资产、无形资产和投资等各项资产成本的确定应遵循历史成本原则。[①] 因此：

交易性金融资产的计税基础＝入账成本

可见，交易性金融资产形成暂时性差异的原因在于，税法对于公允价值变动损益（未实现的浮动盈亏）一概不予认可。

例1-3

东方电气股份公司20×7年7月以100万元的成本购入上市公司股票作为交易性金融资产处理。当年年末，该资产市价飙升至900万元。

交易性金融资产的账面价值＝入账成本±公允价值变动

＝100＋800＝900(万元)

交易性金融资产的计税基础＝入账成本＝100(万元)

该项交易性金融资产的账面价值与计税基础之间的暂时性差异800万元意味着未来该资产计入利润表的减项大于计入纳税申报表的减项，也就是说，未来的会计利润数字将会比未来的应纳税所得额小800万元，在纳税申报时，税务机关

---

① 企业所得税法规定了有限的例外情形：纳税人发生合并、分立和资本结构调整等整改活动，有关资产隐含的增值或损失在税收上已确认实现的，可按经评估确认后的价值确定有关资产的成本。

将会在会计利润的基础上作调增处理。准则把这种调增处理称作“应纳税暂时性差异”。假设该公司现在和未来均适用 25%的所得税税率，则上述差额对未来期间应纳税额的影响，将会使得实际应纳税额比按照会计利润计算的应纳税额多 200 万元。这是一种“预期坏处”，符合企业会计准则关于负债的定义（即负债是指企业过去的交易或者事项形成的、预期会导致经济利益流出企业的现时义务）。准则要求企业记载相应的“递延所得税负债”，即借记“所得税费用——递延所得税费用”科目 200 万元，贷记“递延所得税负债”科目 200 万元。

采用公允价值模式计量的投资性房地产因公允价值变动损益所导致的暂时性差异，可比照交易性金融资产予以分析。

4. 计提资产减值准备的其他资产

计提资产减值准备的各项资产，如应收款项、存货、在建工程等，可能会存在因资产（信用）减值损失不被税法认可而产生的暂时性差异。

例 1 - 4

东方电气股份公司 20×7 年年初的应收账款及坏账准备余额均为零。20×7 年新发生应收账款 7 000 万元，该公司按照会计准则计提了 3 000 万元的坏账准备。则当年年底，该项应收账款的账面价值和计税基础计算如下：

应收账款的账面价值＝7 000－3 000＝4 000(万元)

应收账款的计税基础＝7 000－0＝7 000(万元)

这样，应收账款的账面价值与计税基础之间就产生了 3 000 万元的可抵扣暂时性差异。

例 1 - 5

东方电气股份公司期初斥资 900 万元购入一批库存商品，期末计提了 300 万元的存货跌价准备。该项库存商品的账面价值和计税基础计算如下：

库存商品的账面价值＝900－300＝600(万元)

库存商品的计税基础＝900(万元)

这样，库存商品的账面价值与计税基础之间就产生了 300 万元的可抵扣暂时性差异。

1. 1. 2 负债的计税基础

负债的计税基础

准则规定，负债的计税基础（tax base of a liability），是指负债的账面价值减去未来期间计算应纳税所得额时按照税法规定可予抵扣的金额后的余额。用公式表示如下：

负债的计税基础＝账面价值－未来期间按照税法规定可予税前扣除的金额

此定义比较令人费解。本章另辟蹊径，对其给出通俗的解读。

对于绝大多数常规意义上的债务而言，由于资产负债表债务法的目的是计算暂时性差异对所得税的预期影响，而负债只存在欠债还钱的问题，既不影响当期的所得税，也不存在预期影响，因此，根本就不需要考虑负债的暂时性差异问题。这是因为短期借款、应付票据、应付账款、其他应付款等常规负债的确认和偿还，不会对当期和未来期间的损益和应纳税所得额产生影响。故而，其“未来期间按照税法规定可予税前扣除的金额”为零，其计税基础等于账面价值，无暂时性差异。

对于极个别的负债项目（如预计负债、已经计入应纳税所得额的预收账款和应付职工薪酬）而言，虽然企业在履行给付义务时，其会计处理（即减记负债、减记资产）并不涉及利润表项目，但税法允许其将该金额予以税前扣除。因此，可直接将该负债科目的金额列为可抵扣暂时性差异。这样，就不必去死记硬背准则中关于负债的计税基础的相关规定了。

1. 因提供售后服务担保而确认的预计负债

由于预计负债是按照本期资产负债表日的最佳估计数入账的，即此时估计的未来期间的给付额，该给付额可在未来履行给付义务时据实税前扣除，因此，预计负债存在可抵扣暂时性差异。

例1-6

东方电气股份公司20×7年因销售产品承诺提供3年的保修服务，在当年的利润表中确认了600万元的销售费用，同时确认了预计负债。该公司当前和未来适用的所得税税率为25%。计算该公司因预计负债所形成的暂时性差异。

分析思路1：采用本书建议的简化思路

按照税法的规定，与产品售后服务相关的费用在实际发生时允许税前扣除。因此，可直接将该项预计负债的金额600万元列入“可抵扣暂时性差异”，其对未来期间应纳税额的影响为150万元（600×25%）。据此，借记“递延所得税资产”科目150万元，贷记“所得税费用——递延所得税费用”科目150万元。

分析思路2：采用准则所规定的步骤

第一步，计算账面价值。

$$\text{账面价值}=600(\text{万元})$$

第二步，计算负债的计税基础。

$$\begin{aligned}\begin{matrix}\text{负债的}\\\text{计税基础}\end{matrix}&=\begin{matrix}\text{账面}\\\text{价值}\end{matrix}-\begin{matrix}\text{未来期间按照税法规定}\\\text{可予税前扣除的金额}\end{matrix}\\&=600-600=0\end{aligned}$$

第三步，对比该项预计负债的账面价值与计税基础。

暂时性差异＝600－0＝600（万元）

该暂时性差异对未来期间应纳税额的影响为150万元（600×25%）。据此，借记“递延所得税资产”科目150万元，贷记“所得税费用——递延所得税费用”科目150万元。

分析思路2分三步算出了分析思路1不用算就能直接得出的暂时性差异。是不是很有趣？图1-1可以帮助你理解其原因。

通过图1-1中的思路，我们可以隐隐约约地体会到规则制定者不太合理的逻辑：负债的计税基础其实就是其在未来期间得以清偿时不予税前抵扣的金额。这与资产的计税基础的定义恰恰相反。如此定义之后，负债的账面价值与计税基础之差，就是负债在清偿时可予税前扣除的金额。

第一步，列出负债的账面价值。

第二步，计算负债的计税基础。

$$\text{负债的计税基础}=\text{账面价值}-\text{未来期间按照税法规定可予税前扣除的金额}$$

第三步，计算负债的暂时性差异。

$$\begin{aligned}\text{负债的暂时性差异}&=\text{账面价值}-\text{计税基础}\\&=\text{账面价值}-\left(\text{账面价值}-\text{未来期间按照税法规定可予税前扣除的金额}\right)\\&=\text{未来期间按照税法规定可予税前扣除的金额}\end{aligned}$$

图1-1　负债的计税基础的计算

总之，负债的暂时性差异的计算可概括如下（见图1-2）：（1）对于常规负债而言，未来期间负债的偿还既不影响利润的计算，也不存在税前扣除的问题，其暂时性差异等于零，即其计税基础（负债在未来期间清偿时不予税前抵扣的金额）等于账面价值。（2）对于那些在清偿时可予税前扣除的负债（如预计负债、已经计入应纳税所得额的预收账款和应付职工薪酬）来说，可直接将账面价值（负债在清偿时可予税前扣除的金额）列为可抵扣暂时性差异。若按准则原文来阐述，即其账面价值本身就是可抵扣暂时性差异，其计税基础（负债在未来期间清偿时不予税前抵扣的金额）等于零。

常规负债 未来可予税前扣除的金额＝0	在清偿时可予税前扣除的负债 未来可予税前扣除的金额＝账面价值
计税基础＝账面价值 暂时性差异＝0	计税基础＝0 暂时性差异＝未来可予税前扣除的金额＝账面价值

图1-2　负债的暂时性差异的计算

2. 已征收企业所得税的预收账款

通常情况下，企业所确认的预收账款，在税法上不列入应纳税所得额，故而不产生暂时性差异，其计税基础等于账面价值。

但在某些特殊情形下，税法要求某些企业将其预收账款按规定计入应纳税所得额（如房地产开发企业的预收账款应按照预计毛利率计算应纳税所得额），如此，该预收账款便会形成可抵扣暂时性差异。

例1-7

东方城建股份公司于20×6年12月9日收到客户交付的合同预付款3 000万元，作为预收账款核算。假设按照税法规定，该款项应计入取得当期的应纳税所得额计算缴纳所得税。

预收账款的账面价值=3 000(万元)

预收账款的计税基础=账面价值-未来期间按照税法规定可予税前扣除的金额

=3 000-3 000=0

这样，该预收账款便产生了可抵扣暂时性差异3 000万元。该暂时性差异对未来期间应纳税额的影响为750万元（3 000×25%）。据此，借记“递延所得税资产”科目750万元，贷记“所得税费用——递延所得税费用”科目750万元。

1.2 暂时性差异

1.2.1 暂时性差异的分类

准则所称暂时性差异（temporary difference），是指资产（或负债）的账面价值与其计税基础之间的差额。根据暂时性差异对未来期间应纳税所得额影响的不同，可将其分为可抵扣暂时性差异和应纳税暂时性差异。

未作为资产和负债确认的项目，如果按照税法规定可以确定其计税基础，则也可计算相关的暂时性差异。

暂时性差异的形式原因及其会计处理规则

1.2.2 可抵扣暂时性差异

可抵扣暂时性差异（deductible temporary difference），是指在企业继续拥有该资产或继续承担该负债的未来期间，在计算确定应纳税所得额时，将导致对会计利润进行调减处理的暂时性差异，换言之，对会计利润按照可抵扣暂时性差异进行调减后才得出应纳税所得额。可抵扣暂时性差异预期会减少未来期间的应纳税所得额，从而减少未来期间的应交所得税。

可抵扣暂时性差异产生于以下几种情形：

（1）资产的账面价值小于其计税基础，即资产的计税基础相对较大。这就意味着，未来期间税法允许税前扣除的金额多，而计入利润表的费用项目金额偏少。因此，未来期间计算的应纳税所得额将会小于会计利润。此情形下的暂时性差异为可抵扣暂时性差异。

出现这种情况的常见原因是，企业依照会计准则加速折旧、加速摊销、提取资产减值准备、确认资产公允价值下降等。这些会计处理会导致资产账面价值减少，而税收法规只承认依照税法计算的折旧额和摊销额，对于会计上所记载的资产减值损失、公允价值变动损失和超过税法规定标准计提的累计折旧和累计摊销的金额，则一概不予认可。这样，资产的账面价值较小，而其计税基础较大，两者之间遂形成了可抵扣暂时性差异。

（2）负债的账面价值大于其计税基础。这种情况主要是指因售后服务担保、预计诉讼赔偿及预计辞退福利等所确认的预计负债。依照准则的设计思路，这些情况下负债账面价值是正数，而其计税基础是零，因此，负债的账面价值大于其计税基础。预计负债之所以会产生暂时性差异，是因为税法允许在未来期间把履行相应的债务所发生的实际开支作税前扣除处理，减少未来期间的应纳税所得额，从而减少应交所得税。

（3）按照税法规定允许用以后年度的所得予以弥补的亏损，以及可结转以后年度的税款抵减。这些可比照可抵扣暂时性差异的原则处理。这些待弥补亏损及税款抵减并不是资产、负债，但它们都能够减少未来期间的应纳税所得额，从而减少未来期间的应交所得税。因此，会计准则要求将它们视同可抵扣暂时性差异进行处理，并在符合条件的情况下确认相关的递延所得税资产。

1.2.3 应纳税暂时性差异

应纳税暂时性差异（taxable temporary difference），是指在企业继续拥有该资产或继续承担该负债的未来期间，在计算确定应纳税所得额时，预期将导致对会计利润进行调增处理的暂时性差异，换言之，对会计利润按照应纳税暂时性差异进行调增之后才得出应纳税所得额。应纳税暂时性差异预期会增加未来期间的应纳税所得额，从而增加未来期间的应交所得税。

应纳税暂时性差异产生于以下几种情形：

（1）资产的账面价值大于其计税基础，即资产的计税基础相对较小。这就意味着，未来期间税法允许税前扣除的金额少，而计入利润表的费用项目金额偏多，因此，未来期间计算的应纳税所得额将会大于会计利润。此情形下的暂时性差异为应纳税暂时性差异。出现这种情况的常见原因是，企业依照会计准则记载了公允价值的上升，而税法则一概不予认可。

（2）负债的账面价值小于其计税基础。这种情形意味着，企业清偿某项债务所发生的实际开支不但不能在税前扣除，还会导致在计算应纳税所得额时的调增处理。根据我国税法的规定，鲜见此类情形。

1.2.4 暂时性差异的主要来源

暂时性差异的主要来源可概括为图 1－3。

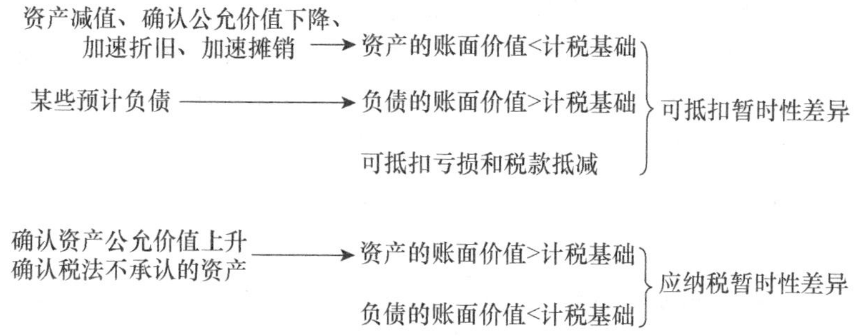

图 1－3 暂时性差异的主要来源示意图

1.3 递延所得税资产及递延所得税负债

1.3.1 递延所得税资产

1. 确认递延所得税资产的情形

让我们来回顾一下例 1－1。对由于固定资产加速折旧和减值所导致的账面价值与计税基础之间的 200 万元可抵扣暂时性差异，该公司预期未来适用 25%的所得税税率。计算如下：

递延所得税资产＝可抵扣暂时性差异×适用税率＝200×25%＝50(万元)

准则规定，对于可抵扣暂时性差异，如果估计未来期间能够取得应纳税所得额，从而得以全部或者部分地利用那些可抵扣暂时性差异，则应以预期很可能取得的应纳税所得额为限，确认相关的递延所得税资产（deferred tax assets）。计算公式为：

递延所得税资产＝可抵扣暂时性差异×适用税率

（1）递延所得税资产的确认应以未来期间很可能取得的应纳税所得额为限。因预期无法取得足够的应纳税所得额而未确认相关的递延所得税资产的，应在财务报表附注中进行披露。

（2）确认递延所得税资产与递延所得税负债时，交易或事项发生时影响到会计利润或应纳税所得额的，相关的所得税影响应作为利润表中所得税费用的组成部分。

（3）对于按照税法规定可以结转以后年度的未弥补亏损和税款抵减，应视同可抵扣暂时性差异处理。在确定可抵扣亏损时，一般应以适当方式与税务部门沟通，取得税务部门的认可。企业在确认与可抵扣亏损和税款抵减相关的递延所得税资产时，应当在财务报表附注中说明估计基础（即企业估计在可抵扣亏损和税款抵减到期前，企业能够产生足够的应纳税所得额所持的主要依据）。

(4) 企业合并中，按照会计准则确定的所取得的各项可辨认资产、负债的入账价值与其计税基础之间形成可抵扣暂时性差异的，应确认相应的递延所得税资产，并调整企业合并所形成的商誉或负商誉。

(5) 与直接计入所有者权益的交易或事项（如其他权益工具投资）相关的可抵扣暂时性差异，相应的递延所得税资产应计入所有者权益（即通过资本公积进行处理）。比如，对因其他权益工具投资的公允价值下降而确认的递延所得税资产，借记“递延所得税资产”科目，贷记“资本公积——其他资本公积”科目。

例1-8

能人证券股份公司20×6年9月斥资500万元购入一只股票，作为其他权益工具投资进行账务处理。当年年底，该股票的公允价值为300万元。该公司当年及以后年度适用的所得税税率为25%。除该事项外，该公司不存在其他会计处理规则与税法规定之间的差异，递延所得税资产和递延所得税负债不存在期初余额。资产负债表日的账务处理如下：

(1) 确认公允价值变动时。

借：资本公积——其他资本公积　　2 000 000

　贷：其他权益工具投资　　2 000 000

(2) 确认可抵扣暂时性差异的所得税影响时。

借：递延所得税资产　　500 000

　贷：资本公积——其他资本公积　　500 000

(6) 在计算递延所得税资产时，应当采用相关可抵扣暂时性差异对应纳税所得额造成影响时的预期的所得税税率。计算时不考虑时间价值因素，即递延所得税资产均不予折现。①

(7) 递延所得税资产账面价值的复核。资产负债表日，企业应当对递延所得税资产的账面价值进行复核。如果未来期间很可能无法取得足够的应纳税所得额用以利用递延所得税资产的利益，应当减记递延所得税资产的账面价值。递延所得税资产的账面价值减记以后，后续期间根据新的环境和情况判断能够产生足够的应纳税所得额以利用可抵扣暂时性差异，使得递延所得税资产包含的经济利益能够实现的，应相应恢复递延所得税资产的账面价值。

2. 不确认递延所得税资产的情形

准则规定，某些情况下，对于除企业合并外的交易或事项，如果该交易或事项在发生时既不影响会计利润也不影响应纳税所得额，且该项交易中产生的资产、负债的初始确认金额与其计税基础不同，则这种情形所产生的可抵扣暂时性

① 如果考虑折现的话，例1-1中的固定资产未来8年所涉及的递延所得税资产都要折现，其工作量之大显而易见。更何况，现值的计算存在较大的主观性且缺乏必要的意义。因此，准则关于不予折现的规定是明智的。作为对比，英国的会计准则要求折现。

差异，不确认相应的递延所得税资产。

上段内容比较令人费解，实际上指的是融资租入固定资产的情形。由于企业会计准则要求租入固定资产按照公允价值与最低租赁付款额的现值两者之中的较低者入账，因此，其入账价值就有可能与税法认可的实际成本存在暂时性差异。但对这种暂时性差异无法确认其递延所得税资产，原因在于，如果要求借记“递延所得税资产”科目，则势必陷入如下困境：由于这种暂时性差异既不影响会计利润也不影响应纳税所得额，因此，不应贷记“所得税费用——递延所得税费用”科目；由于贷记“融资租入固定资产”科目会导致无限循环，因此，也不应贷记“融资租入固定资产”科目。总之，递延所得税的整套规则无法推广于融资租入固定资产。

例1-9

东方电气股份公司以融资租赁方式租入一项固定资产，该资产在租赁日的公允价值为6 000万元。融资租赁合同中约定的最低租赁付款额为7 000万元，最低租赁付款额的现值为5 600万元。则该融资租入固定资产的账面价值和计税基础可计算如下：

$$账面价值=\frac{租赁开始日的公允价值与最低}{租赁付款额的现值中的较低者}=5\,600(万元)$$

$$计税基础=7\,000(万元)$$

上例中的暂时性差异在资产取得时既不影响会计利润也不影响应纳税所得额。依准则之规定，不确认相应的递延所得税资产。

1.3.2 递延所得税负债

1. 确认递延所得税负债的一般情形

企业应当确认应纳税暂时性差异的递延所得税负债（deferred tax liabilities），企业会计准则允许不予确认的情形除外。一般，在确认递延所得税负债的同时，应增加利润表中的所得税费用，即借记“所得税费用——递延所得税费用”科目，贷记“递延所得税负债”科目。

递延所得税负债应以相关应纳税暂时性差异转回期间适用的所得税税率计量。无论相关的应纳税暂时性差异转回期间长短如何，递延所得税负债的确认不要求折现。详见例1-3的示例分析。

对于直接计入所有者权益的交易或事项所形成的应纳税暂时性差异，在确认递延所得税负债的同时，应减记资本公积，即借记“资本公积——其他资本公积”科目，贷记“递延所得税负债”科目。

例1-10

能人证券股份公司20×6年9月斥资500万元购入一只股票，作为其他权益工具投资进行账务处理。当年年底，该股票的公允价值为900万元。该公司当年及以后年度适用的所得税税率为25%。除该事项外，该公司不存在其他会计处理规则与税法规定之间的差异，递延所得税资产和递延所得税负债不存在期初余额。该公司相关的账务处理如下：

(1) 确认公允价值变动时。

借：其他权益工具投资　4 000 000

　贷：资本公积——其他资本公积　4 000 000

(2) 确认应纳税暂时性差异的所得税影响时。

借：资本公积——其他资本公积　1 000 000

　贷：递延所得税负债　1 000 000

2. 不确认递延所得税负债的情形

企业会计准则允许不确认某些特殊情形下的递延所得税负债，主要包括以下情形：

(1) 商誉所导致的应纳税暂时性差异。这是因为在税法规定的免税合并情形下，税法不认可商誉的价值，即从税法角度，商誉的计税基础为零。如果确认该部分暂时性差异产生的递延所得税负债，则意味着将进一步增加商誉的价值，如此会陷入无限循环。

(2) 除企业合并以外的其他交易或事项，如果既不影响会计利润，也不影响应纳税所得额，则可不确认由之产生的应纳税暂时性差异所形成的递延所得税负债。在我国的法律环境中，此款的对应情形尚不明了。

(3) 对于采用权益法核算的长期股权投资所形成的应纳税暂时性差异，一般应确认相应的递延所得税负债。但投资企业能够控制暂时性差异转回的时间且该暂时性差异在可预见的未来很可能不会转回的情形除外。

本节上述内容可概括为图1-4。

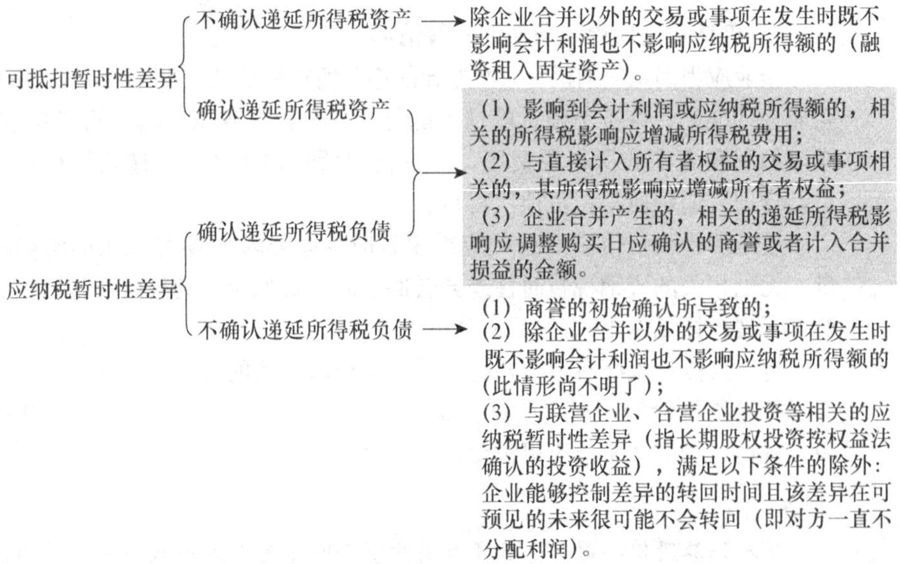

图1-4　暂时性差异的处理示意图

1.4 所得税费用的计算与列报

1.4.1 所得税费用的组成

前已述及，采用资产负债表债务法核算所得税时，利润表中的所得税费用由两部分组成：当期所得税和递延所得税。

当期所得税（即当期应交所得税），是按照税收法规的计算标准，由税务机关在所得税纳税申报的汇算清缴过程中确定的。如果企业的会计处理规则与税法规定不同，则应在会计利润的基础上，按照税法进行调整，调整后得出当期应纳税所得额（这些调整在纳税申报表中完成）。当期应纳税所得额乘以适用的企业所得税税率，就可得出当期的应交所得税。

递延所得税就是在确认递延所得税资产及递延所得税负债时，所记录的递延所得税费用。

例1-11

东方电气股份公司20×7年12月31日资产负债表中有关项目的账面价值及其计税基础如表1-1所示。递延所得税资产及递延所得税负债不存在期初余额。

表1-1 东方电气股份公司20×7年年底暂时性差异计算表 单位：元

	项目	账面价值	计税基础	暂时性差异	
				应纳税暂时性差异	可抵扣暂时性差异
1	存货	20 000 000	23 000 000		3 000 000
2	交易性金融资产	39 600 000	30 000 000	9 600 000	
3	固定资产	70 000 000	70 000 000		
4	无形资产	9 000 000	10 000 000		1 000 000
5	预计负债	1 000 000	0		1 000 000
6	应付账款	800 000	800 000		
7	可抵扣亏损	0	0		
	合计			9 600 000	5 000 000

该公司适用的所得税税率为25%，当期按照税法规定计算确定的应交所得税为800万元。该公司预计在未来期间能够产生足够的应纳税所得额用来抵扣可抵扣暂时性差异。

（1）资产负债表日，按照税法计算当期应交所得税。

借：所得税费用——当期所得税费用 8 000 000

　贷：应交税费——应交所得税 8 000 000

（2）资产负债表日，记录递延所得税资产及其对所得税费用的影响。

借：递延所得税资产　　1 250 000

　贷：所得税费用——递延所得税费用　　1 250 000

（3）资产负债表日，记录递延所得税负债及其对所得税费用的影响。

借：所得税费用——递延所得税费用　　2 400 000

　贷：递延所得税负债　　2 400 000

将上面的分录（2）（3）合写在一起，可看出其综合效果如下：

借：所得税费用——递延所得税费用　　1 150 000

　　递延所得税资产　　1 250 000

　贷：递延所得税负债　　2 400 000

分析：

递延所得税负债＝9 600 000×25%＝2 400 000(元)

递延所得税资产＝5 000 000×25%＝1 250 000(元)

递延所得税费用＝2 400 000－1 250 000＝1 150 000(元)

所得税费用＝当期所得税费用＋递延所得税费用

＝8 000 000＋1 150 000＝9 150 000(元)

利润表中的“所得税费用”项目所列报的，就是这个包含预期的数字(9 150 000元)。

例1-12

沿用例1-11的资料。东方电气股份公司20×8年12月31日资产负债表中有关项目账面价值及其计税基础如表1-2所示。

表1-2　东方电气股份公司20×8年年底暂时性差异计算表　　单位：元

	项目	账面价值	计税基础	暂时性差异	
				应纳税暂时性差异	可抵扣暂时性差异
1	存货	30 000 000	38 000 000		8 000 000
2	交易性金融资产	62 000 000	50 000 000	12 000 000	
3	固定资产	70 000 000	70 000 000		
4	无形资产	0	0		
5	预计负债	800 000	0		800 000
6	应付账款	900 000	900 000		
7	可抵扣亏损	0	0		
	合计			12 000 000	8 800 000

该公司适用的所得税税率为25%，当期按照税法规定计算确定的应交所得税为900万元。该公司预计在未来期间能够产生足够的应纳税所得额用来抵扣可抵扣暂时性差异。

（1）资产负债表日，按照税法计算当期应交所得税。

借：所得税费用——当期所得税费用　　9 000 000
　贷：应交税费——应交所得税　　9 000 000

(2) 资产负债表日，记录递延所得税资产及其对所得税费用的影响。

本期末递延所得税资产应有数＝8 800 000×25%＝2 200 000(元)

本期初递延所得税资产已有数额为 1 250 000 元，故需追加 950 000 元。

借：递延所得税资产　　950 000
　贷：所得税费用——递延所得税费用　　950 000

(3) 资产负债表日，记录递延所得税负债及其对所得税费用的影响。

本期末递延所得税负债应有数＝12 000 000×25%＝3 000 000(元)

本期初递延所得税负债已有数额为 2 400 000 元，故需追加 600 000 元。

借：所得税费用——递延所得税费用　　600 000
　贷：递延所得税负债　　600 000

将上面的分录 (2) (3) 合写在一起，可看出其综合效果如下：

借：递延所得税资产　　950 000
　贷：递延所得税负债　　600 000
　　　所得税费用——递延所得税费用　　350 000

分析：

递延所得税费用＝600 000－950 000＝－350 000(元)
所得税费用＝当期所得税费用＋递延所得税费用
　　　　　＝9 000 000－350 000－8 650 000(元)

1.4.2 资产负债表债务法的设计理念

1. 资产负债表债务法是纳税影响会计法的最新发展

递延法、利润表债务法和资产负债表债务法都属于纳税影响会计法（tax-effect accounting)。前两者是以利润表为基础的纳税影响会计法，存在一定的局限性。一方面，它们在设计理念上仅考虑影响利润表的时间性差异的所得税影响，涵盖面有限；另一方面，由于要求记账者熟知每一项时间性差异何时发生、何时转回，因此，工作量相当大。资产负债表债务法与之不同，它的出发点是资产负债表，涵盖面比以利润表为基础的纳税影响会计法更为广泛，且操作比较简单，每个资产负债表日只需要计算资产和负债的账面价值与其计税基础之间的差额(即暂时性差异)，不需要考虑差异的转回等问题，在税率变化时也不需要考虑进行专门的调整。① 资产负债表债务法延续了递延法和利润表债务法的思路，只不过在操作方式上有所变化。

作为纳税影响会计法的最新版本，资产负债表债务法的目的仍然是在本期的

① 财政部会计司编写组. 企业会计准则讲解 2010. 北京：人民出版社，2010：286－287.

财务报表中大体上按照“利润总额×所得税税率”列报所得税费用。

下面举例予以说明。加速折旧导致递延所得税资产的情形见例1-13，公允价值上升导致递延所得税负债的情形见例1-14。

例1-13

中南重工股份公司的某台机床是20×0年12月购买并投入使用的。使用寿命为4年，净残值为零。会计折旧采用年数总和法，纳税申报一律按直线法。递延所得税的计算如表1-3所示。

表1-3　递延所得税计算表　　单位：元

项目	20×1年	20×2年	20×3年	20×4年
入账成本	10 000 000	10 000 000	10 000 000	10 000 000
当年折旧额	4 000 000	3 000 000	2 000 000	1 000 000
累计折旧	4 000 000	7 000 000	9 000 000	10 000 000
账面价值	6 000 000	3 000 000	1 000 000	0
当年计税折旧	2 500 000	2 500 000	2 500 000	2 500 000
累计计税折旧	2 500 000	5 000 000	7 500 000	10 000 000
计税基础	7 500 000	5 000 000	2 500 000	0
可抵扣暂时性差异	1 500 000	2 000 000	1 500 000	0
适用税率	25%	25%	25%	25%
递延所得税资产应有余额	375 000	500 000	375 000	0
各年应纳税所得额	101 500 000	100 500 000	99 500 000	98 500 000

假定该公司每年的会计利润（利润总额）均为100 000 000元。除上述情形外无其他暂时性差异，无永久性差异。所得税税率为25%。则其20×1年至20×4年计算列报的所得税费用如表1-4所示。

表1-4　所得税费用的计算　　单位：元

项目	20×1年	20×2年	20×3年	20×4年
借：递延所得税资产	375 000	125 000	−125 000	−375 000
贷：所得税费用——递延所得税费用	375 000	125 000	−125 000	−375 000
借：所得税费用——当期所得税费用	25 375 000	25 125 000	24 875 000	24 625 000
贷：应交税费——应交所得税	25 375 000	25 125 000	24 875 000	24 625 000

不难看出，如果没有永久性差异且无税率变更问题，那么利润表列报的所得税费用便恰等于“利润总额×所得税税率”，净利润恰等于“利润总额×(1−所得税税率)”，也就是说，企业所得税法对利润表的影响被“过滤”了。

例1-14

西秦高科股份公司20×1年年初入账价值为1 000 000元的交易性金融资产在4年中屡屡升值，20×4年年底前售出。相关数据如表1-5所示。

表1-5 递延所得税负债的计算 单位：元

项目	20×1年	20×2年	20×3年	20×4年
公允价值变动	200 000	300 000	400 000	—
账面价值	1 200 000	1 500 000	1 900 000	—
计税基础	1 000 000	1 000 000	1 000 000	—
应纳税暂时性差异	200 000	500 000	900 000	—
各年应纳税所得额	9 800 000	9 700 000	9 600 000	—
适用税率	25%	25%	25%	—
递延所得税负债应有余额	50 000	125 000	225 000	—

假定该公司每年的会计利润（利润总额）均为10 000 000元。除上述情形外无其他暂时性差异，无永久性差异。所得税税率为25%。则其20×1年至20×4年计算列报的所得税费用如表1-6所示。

表1-6 所得税费用的计算 单位：元

项目	20×1年	20×2年	20×3年	20×4年
借：所得税费用——递延所得税费用	50 000	75 000	100 000	—
贷：递延所得税负债	50 000	75 000	100 000	—
借：所得税费用——当期所得税费用	2 450 000	2 425 000	2 400 000	—
贷：应交税费——应交所得税	2 450 000	2 425 000	2 400 000	—

通过此例同样可以看出，如果没有永久性差异且无税率变更问题，那么在资产负债表债务法下核算的所得税费用恰等于按照会计准则核算的“利润总额×所得税税率”，于是，利润表上的净利润恰等于“利润总额×(1－所得税税率)”。

2. 资产负债表债务法符合会计准则关于资产和负债的定义

在资产负债表债务法下，递延所得税资产符合《企业会计准则——基本准则》关于资产的定义（资产是指企业过去的交易或者事项形成的、由企业拥有或者控制的、预期会给企业带来经济利益的资源），递延所得税负债符合《企业会计准则——基本准则》关于负债的定义（负债是指企业过去的交易或者事项形成的、预期会导致经济利益流出企业的现时义务）。这就是美国会计学界宣称资产负债表债务法符合“资产/负债观”（asset/liability view）的原因。

沿用例1-3的计算结果，其综合效果是：在资产负债表中，资产项目中记录了公允价值变动800万元，负债项目中记录了递延所得税负债200万元，所有者权益项目中记录了未分配利润600万元；在利润表中，记录了“预期利润”（即公允价值变动损益）800万元，同时计算出“预期费用”（即递延所得税费用）200万元，这样，“预期”净利润就是600万元（见表1-7、表1-8）。

表1-7　资产负债表（简化格式）　　单位：万元

资产	金额	负债及股东权益	金额
流动资产：		流动负债：	
货币资金		交易性金融负债	
交易性金融资产	800	⋮	
存货		非流动负债：	
⋮		⋮	
非流动资产：		预计负债	
债权投资		递延所得税负债	200
其他权益工具投资			
长期股权投资			
投资性房地产		股东权益：	
固定资产		股本	
无形资产		资本公积	
⋮		盈余公积	
商誉		未分配利润	600
递延所得税资产			
资产总计	800	负债及股东权益总计	800

表1-8　利润表（简化格式）　　单位：万元

项目	金额
一、营业收入	
减：营业成本	
税金及附加	
销售费用	
管理费用	
财务费用	
资产减值损失	
加：公允价值变动收益	800
投资收益	
二、营业利润	800
加：营业外收入	
减：营业外支出	
三、利润总额	800
减：所得税费用	200
四、净利润	600

1.5 递延所得税的合理性辨析[①]

递延所得税本质上是对预期利润计算的预期所得税费用。对于企业实现的真实利润，根据税法确定的真实所得税就是“真实利润×所得税税率”；对于预期利润（如公允价值变动收益），根据会计准则确定的预期所得税费用是“预期利润×所得税税率”。由于利润表上的利润总额等于“真实利润＋预期利润”，因此，纳税影响会计法就达到了按照“利润总额×所得税税率”列报所得税费用的效果。如表 1-9 所示，如果企业的真实利润总额是 10 000 元，则其真实所得税费用是 2 500 元；如果预期利润总额是 20 000 元，则其预期所得税费用是 5 000 元。于是，企业利润表中最终列报的利润总额为 30 000 元，所得税费用为 7 500 元。利润表上列报的所得税费用不是企业的实际所得税，而是实际所得税和预期所得税的合计数。不难看出，确保所得税费用与利润总额大体上保持比例关系的关键在于，要通过纳税影响会计法为预期利润计算预期所得税。这就是纳税影响会计法和递延所得税的目的所在。

表 1-9 利润表中的真实与预期数据 单位：元

项目	真实数据	预期数据	合计数
⋮	⋮	⋮	⋮
利润总额	10 000	20 000	30 000
减：所得税费用	2 500	5 000	7 500
净利润	7 500	15 000	22 500

1.5.1 质疑递延所得税的合理性

我国一些学者一度误以为，美国作为当今世界上经济最发达的国家，其会计准则的建设也处于领先地位，尤其对于所得税会计理论和实务的研究方面，可谓起着率先垂范的作用。然而事实上，美国会计程序委员会和会计原则委员会的委员指出，对于“所得税是否应当进行跨期分摊”这一基本理论问题在跨期分摊的规则出台之前从未进行过充分的研究，相关会计规则实际上是在理论缺失的背景下设计并出台的。

1. 所得税究竟是不是一项费用

把所得税视为费用而不是利润分配，这是域外所得税会计规则的理论起点。然而，该理念缺乏理论依据和实践基础。一方面，所得税费用的提法脱离实践，有悖于常理。其目的是为人为地调节报表数据提供理论依据，在利润表上列报的所得税与利润总额之间建立关联。但是，所得税是国家参与企业收益分享（in-

① 本节内容不作教学要求，仅供学有余力者作研究参考。

come sharing）的结果，其性质并不是费用。[①] 立法机关指出，税收是“国家为实现其职能，凭借政治权力，强制、无偿、固定地取得财政收入的一种形式”，“税收的本质是以法律形式处理国家与企业和个人的分配关系”。[②] 立法机关和社会公众所理解的“税”，是由税务机关根据税法确定的应纳所得税，是纳税人向国家缴纳的货币或实物，它是客观情况而不是预期，具有严格界定的内涵。企业所得税是对企业生产经营净收入（也称为经营所得）征收的一种税。域外理论把针对预期进行计算所得到的数字冠以“税”字，是对税法的曲解和亵渎。把递延所得税列入财务报表的做法必然会对财务报表的阅读者造成困扰。[③] 在纳税影响会计法下，利润表中所列示的“所得税费用”项目并非通常所理解的所得税，而是真实所得税（应交所得税）与预期所得税（递延所得税）的混合物。

另一方面，所得税费用的提法即使在公认会计原则的理论框架下也难以自圆其说。纳税影响会计法企图将所得税与收入配比起来，但配比原则不适用于所得税。从实施效果来看，纳税影响会计法只是实现了所得税费用的列报金额与会计利润总额的配比（即大致存在比例关系），而不是所得税与收入的配比。可见，所得税并非可以与收入相提并论的费用。域外理论“先定罪后取证”式的理论论证只不过是强词夺理罢了。

总之，无论域外理论怎样予以解释，税收早已是一种客观存在。会计的使命是告诉人们真实的状况，而不是采用偷换概念的方法诱导企业进行主观上的跨期分摊。试问，如果连纳税情况都敢随意“跨期分摊”，那么，还有什么数字是企业不敢操纵的？因此，“所得税是一项费用”的观点实在经不起推敲。

2. 递延所得税资产和递延所得税负债的误导性

传统上，会计学通常所称的资产是指能够以货币计量的物权、债权、知识产权等财产权利，报表上所列示的财产权利必须具备相应的法律证据。社会公众所理解的债，是指按照合同的约定或者依照法律的规定，在当事人之间产生的特定的权利和义务关系。债的关系自发生时起就具有拘束力（强制力）。据此，财务报表中所记载的负债应当有明确的债权人。而在纳税影响会计法下所记载的递延所得税资产（或递延税款借项）和递延所得税负债（或递延税款贷项）都是查无实据的预期信息，缺乏法律事实。甚至连纳税影响会计法的倡导者也承认，递延税项的计算纯属猜测，其中主要的问题就是显而易见的主观性。递延所得税资产缺乏原始凭证（法律证据），它并非社会公众惯常所理解的资产，而仅仅是记账者根据想象所做的记载；递延所得税负债也

---

① Suojanen W W. Accounting Theory and the Large Corporation. Accounting Review，1954，29（3）：391-398.

② 财政部税政司. 新企业所得税法导读. 北京：中国财政经济出版社，2008：4-6.

③ 实际上，当年参与制定第23号《会计研究公报》的莫里斯·佩卢贝特（Maurice E. Peloubet）曾有类似的观点，当年参与制定第43号《会计研究公报》的威廉·沃恩茨（William W. Werntz）也有类似的观点，但他们的反对并未起作用。参见 American Institute of Accountants. Accounting Research Bulletin No. 43：Restatement and Revision of Accounting Research Bulletins. Committee on Accounting Procedures，1953：92.

缺乏原始凭证（法律证据），仅仅是预期的负债而非通常所称的债，甚至没有明确的债权人。因此，它们一旦列入财务报表，势必影响财务报表的公信力。此外，这些预期信息来无影去无踪，一旦资产和负债从账面上注销，它们便随之消失，就好像从来没有存在过。这意味着，计算递延所得税本身是毫无意义的。

3. 有无必要计算递延所得税

无论是规范研究还是实证研究都无法明确地证明递延所得税是不是必要的。这一问题最终取决于研究者对利润的认识，以及研究者对财务报表的功能的认识。递延所得税资产并非财产权利，递延所得税负债并非债务，它们与股东、债权人、职工、政府等企业利害关系人并无实质关系，财务报表使用者很难弄懂“所得税费用”究竟包含多少真实信息，又包含多少预期信息，把它们列入财务报表究竟有何裨益，这实在是值得思量的问题。美国注册会计师协会所属的会计程序委员会在 1944 年的《会计研究公报》中开宗明义地宣布，它设计所得税会计规则的目的是让报表列报的所得税金额与利润总额大致呈现比例关系，为达到这一目的，遂将所得税视为一项费用而不是利润分配——它并不是从企业经营管理和国民经济管理的现实需要出发来考虑问题的。这种所得税会计规则受到实务工作者的抵制，甚至连会计公司也一再反映，递延所得税的计算、列报和附注披露对于企业没有任何价值，代价巨大而益处甚微。前面的分析也表明，最终列报的各期所得税费用的合计数与各期已交税额的合计数是完全一致的，这再度表明，递延所得税的计算是无意义的重复劳动。

4. 计算递延所得税有无可行性

在资产负债表债务法下，为了计算递延所得税，企业既需要取得按照会计准则记账所形成的账面价值，又需要取得按照税法记账所形成的计税基础数据，然后才能根据两者之间的暂时性差异计算得到没有什么实际用途的递延所得税。显而易见，递延所得税的计算客观上需要保留一套严格按照税法规定进行计算的账簿体系，即传统上根据法律事实记账的历史成本会计。缺少传统的历史成本会计，递延所得税的计算规则是无法运转的。因此，计算递延所得税的公司至少需要设置两套账簿。递延所得税的计算耗时费力，代价要由企业及其会计师承担。在以往的递延法和债务法下，也存在类似情况。主张与税法分道扬镳的会计规则，最后还是要依靠税法才能生存下去，这无疑是对分离论的莫大讽刺。

5. 递延所得税是公共会计师行业为自己量身定做的金融分析规则

依法记账的会计规则不符合公共会计师行业的利益。公共会计师行业根本就不希望存在统一的、稳定的会计法规，因为那将导致该行业的终结。该行业的先驱罗伯特·H. 蒙哥马利（Robert Hiester Montgomery）深刻地认识到，只有在缺乏统一规则的情形下，公共会计师行业才得以凭借其神秘的职业判断而在专业服务领域谋得一席之地，因此，“公共会计师行业最宝贵的资产是思想和行动的独立性”。阿瑟·L. 迪金森爵士（Sir Authur Lowes Dickinson）宣称，“注册会计师从来就没有规章，具体问题必须具体分析，这迫使你必须使用经验，这就是我们成为职业会计师的原因”。乔治·O. 梅（George Oliver May）更是提出了标志性的口号：“会计并非科学，而是一门艺术。”① 公共会计师行业1938年获取美国证券管理委员会转授的会计规则制定权之后，便不遗余力地将会计规则艺术化，实质重于形式原则的出台清楚地表明了该行业对待法律的态度。肆意拉开与税法的差距是公认会计原则的一贯立场。美国的公共会计师行业通过宣扬分离论赚得盆满钵满。一方面，它主持（或参与）设计出一套与法律渐行渐远的会计规则体系，导致实务界的法律遵从成本大增，为自己开辟了广阔的咨询服务市场；另一方面，宣扬分离论的它紧紧依靠税法谋生存——帮助客户履行纳税义务，这是公共会计师行业一项重要的生存技能。1913年美国联邦政府关于所得税的立法扩展了会计服务市场，为公共会计师行业提供了广阔的盈利空间。1954年的税法允许加速折旧，并规定了折耗准备和经营净损失准备等优惠政策，其复杂程度陡然增加，税务代理行业悄然兴起。公共会计师行业与律师行业争夺税务服务市场并渐渐站稳脚跟，使得税务代理和税务筹划成为会计师事务所服务收费的最大来源之一。20世纪80年代颁布的诸多税法更是为公共会计师行业发展税收服务提供了无穷无尽的机会。② 如今，税务、咨询和审计已经成为大型会计公司的三大业务板块。

理论争鸣的缺失使得分离论成为我国会计理论界的流行观点。20世纪80年代初，随着企业所得税相关立法的稳步推进③，所得税会计逐渐成为我国会计学术和会计立法的热点问题。国内刊物开始介绍所得税会计的国际惯例，财务会计与税务会计分离的理论主张逐渐为会计界所接受。虽然曾有文献针锋相对地予以反驳，但质疑之声总是淹没在宣扬国际惯例的潮流之中。

1.5.2 重申会计的依法记账原则

1. 所得税会计规则的设计应当坚持“根据法律事实记账”的原则

根据法律事实记账是会计保持其行业价值的底线。根据法律事实记账，为企业经营管理和国民经济管理提供具有法律证据力的财产权利和业绩信息，是会计的法定职能。定期计算利润是会计规则的首要重点，会计所能提供的最重要的信息是关于企业的收入、费用及利润的信息。④ 作为对比，分离论不恰当地把会计的目标与税收的目标对立起来，严重地曲解了会计的职能。

---

① 乔治·O. 梅是美国注册会计师协会的精神领袖，一贯行事低调，不愿担任一把手职务，1937—1945年任会计程序委员会副主席。普雷维茨，莫里诺. 美国会计史：会计的文化意义. 北京：中国人民大学出版社，2007：220.

② 普雷维茨，莫里诺. 美国会计史：会计的文化意义. 北京：中国人民大学出版社，2007：450.

③ 1980年9月，第五届全国人民代表大会第三次会议通过《中华人民共和国中外合资经营企业所得税法》。1981年12月，第五届全国人民代表大会第四次会议通过《中华人民共和国外国企业所得税法》。

④ Littleton, A C. Structure of Accounting Theory. American Accounting Association, 1953: 23.

递延所得税的相关记载行为缺乏公信力，在证据证明力上应当归于无效。《中华人民共和国会计法》第九条规定，“各单位必须根据实际发生的经济业务事项进行会计核算，填制会计凭证，登记会计账簿，编制财务会计报告。任何单位不得以虚假的经济业务事项或者资料进行会计核算”。据此，在缺乏证据的情况下对会计账簿的篡改应当依法被认定为违法行为。

2. 会计立法应当尽量缩小与税法的差异

遵从税法是根据法律事实记账的内在要求之一（切不可将其狭隘地理解为“会计就是为税法服务的”），会计规则与税收法规的同一化是治本之策。一方面，税收法规是会计的环境要素之一，对会计规则具有最直接的影响，因此，会计法规中必然留有税法影响力的印记；另一方面，国家税收在一定程度上依赖于会计信息资料，会计规则是税收法规有效实施的重要条件和根本基础。[①] 因此，会计法规与税收法规之间应当尽量保持一致，会计准则应积极主动地与税法协调：(1) 应当“修改基本会计准则的有关内容，尽量保持与税法相关精神要求一致”；(2) 尽量缩小会计方法的选择范围，规范会计收益与税收收益差异的调整方法，简化税款的计算；(3) 对于众多的中小企业，可以严格按税法的规定选择会计方法；(4) 应当在税收法规中要求企业在发生重大会计政策变更时，必须报请主管税务机关同意或备案，否则予以处罚。[②]

近年来，会计规则与税法之间的差异主要是引进域外会计“先进经验”所致。税法一贯采取尽可能包容下位法的立场，有时甚至到了全盘接纳的程度。然而，域外会计规则却一再挑战税法的容忍极限，其结果是，税法最终断然否定了明显违背税法原则的会计规则。[③] 众所周知，法具有指引、评价、教育、预测和强制的功能。企业若顺应税法的引导，则其会计处理可与税法完全一致；否则会出现暂时性的分歧，但这种分歧不会也不应成为常态。会计规则与税法的差异只应是不期然之结果，而不应成为会计法规追逐的目标。[④] 就立法技术而论，税法是在广泛调研的基础上经过严格的立法论证所做的规定，而很多会计规则却是由域外公共会计师行业径行发布的，并没有经过严格的立法论证，是非高下，不难判断。主张以域外规则为立法蓝本并任意扩大会计规则与税收法规的差异的理论导向值得警惕。

3. 应付税款法是科学的所得税会计处理方法

在应付税款法下，财务报表中所列报的所得税，是财务报表的使用者非常熟

---

① 国家税务总局教材编写组. 企业会计准则与税收. 北京：中国财政经济出版社，2004：1.

② 国家税务总局教材编写组. 企业会计准则与税收. 北京：中国财政经济出版社，2004：11-12.

③ 以资产减值为例，1992 年的会计改革之后，我国税法一度承认坏账准备、存货跌价准备的税前可扣除性。随着资产减值的范围日益扩大，税法逐渐调整了立场。2007 年出台的《中华人民共和国企业所得税法》原则上不再承认资产减值损失的税前可扣除性。

④ 有学者就此指出，我国会计制度与税收法规之间的差异原本是非常小的，为什么必须扩大两者的差异，实行财务会计与税务会计的分离呢？法国、德国可以做到会计收益与应税所得之间的差异比较小，为什么我国一定要学美国那套烦琐无用的纳税影响会计法呢？黄菊波，杨小舟. 评财务会计与税务会计的分离问题. 会计研究，1996 (4)：1-5.

悉的、曾经感同身受的所得税（即企业实际缴纳的所得税），这样就可保证会计报表更容易被使用者理解。作为对比，纳税影响会计法是通常所无法理解的（只有洞悉预期算法的人才能领会其所以然），不但报表使用者难以理解，甚至连报表编制者也不理解递延所得税有何裨益。

综上所述，倡导会计规则与税收法规各行其是的分离论在理论上不成立，在实践中行不通。从递延法、债务法到资产负债表债务法，纳税影响会计法一直在“所得税是一项费用”这个失当的理论上盘旋，其结果只能是导致实践中的重重困惑。解决这一困局的治本之策是，立法机关严格要求企业按照“根据法律事实记账”的原则记载企业的真实纳税额，让大多数的财务报表使用者了解企业的法律事实和真实业绩；同时，对于缺乏法律依据的信息诉求，允许在会计程序之外以披露的方式予以疏导，例如，可要求企业披露会计利润与应纳税所得额之间的主要差异，让报表使用者自行判断这些差异对以后期间的预期影响。税收法规和会计规则之间应当进一步加强协调，不能放任二者之间差异的扩大。

我国会计学术界长期跟踪域外经验，引入了不少颇有价值的新颖理念，很多成绩值得肯定。但域外经验关于递延所得税的理论和规则并无可取之处，需要学界同人慎思之，明辨之，唯其如此，方能真正对我国经济立法有所助益。当前，应尽快加强对会计规则的理论论证，吸收法学界、财税界专家和实务工作者的意见，改变金融分析理念主导我国会计立法的局面。

拓展阅读

1. 黄菊波，杨小舟．评财务会计与税务会计的分离问题．会计研究，1996（4）：1-5．

2. 周华．递延所得税的合理性辨析．经济管理，2011，33（2）：182-193．

3. 周华，戴德明．所得税会计的理论依据及其局限性——兼论企业所得税法实施条例的些许瑕疵及其改进．税务研究，2016（1）：77-82．

思考题

1. 你是如何看待国际会计准则中资产和负债的定义的？资产/负债观与我国的民商法和经济法是一致的吗？

2. 有学者提出了会计制度与税收法规的分离论，还有学者提出了会计制度与税收法规的同一论，你认为其关键分歧是什么？

3. 你认为所得税会计的处理规则应当如何设定？

4. 我们注意到，在资产负债表债务法下，通常“所得税费用＝利润总额×所得税税率”（不考虑永久性差异），《国际会计准则第12号——所得税》中隐含这种关系，其意图何在？

5. 你认为《国际会计准则第 12 号——所得税》采用资产负债表债务法的主要原因或主要目的是什么？所得税会计有无可能实现国际趋同？为什么？

练习题

一、单项选择题

1. 甲公司本期的会计利润为 210 万元，国债收入 10 万元，环保部门罚款 20 万元。另外，已知固定资产对应的递延所得税负债年初金额为 20 万元，年末金额为 25 万元。甲公司本期的所得税费用金额为（　　）万元。

A. 50　　B. 60　　C. 55　　D. 57.5

2. 20×1 年 12 月 31 日，甲公司因交易性金融资产和其他权益工具投资的公允价值变动，分别确认了 10 万元的递延所得税资产和 20 万元的递延所得税负债。甲公司当期应交所得税的金额为 150 万元。假定不考虑其他因素，该公司 20×1 年度利润表“所得税费用”项目应列示的金额为（　　）万元。

A. 120　　B. 140　　C. 160　　D. 180

二、多项选择题

1. 下列各项中，能够产生应纳税暂时性差异的有（　　）。

A. 账面价值大于其计税基础的资产

B. 账面价值小于其计税基础的负债

C. 超过税法扣除标准的业务宣传费

D. 按税法规定可以结转以后年度的未弥补亏损

2. 甲公司 20×9 年度涉及所得税的有关交易或事项如下：

(1) 甲公司持有乙公司 40%股权，与丙公司共同控制乙公司的财务和经营政策。甲公司对乙公司的长期股权投资系 20×7 年 2 月 8 日购入，初始投资成本为 3 000 万元，初始投资成本小于投资时应享有乙公司可辨认净资产公允价值份额的差额为 400 万元。甲公司拟长期持有乙公司股权。根据税法的规定，甲公司对乙公司长期股权投资的计税基础等于初始投资成本。

(2) 20×9 年 1 月 1 日，甲公司开始对 A 设备计提折旧。A 设备的成本为 8 000 万元，预计使用 10 年，预计净残值为零，采用年限平均法计提折旧。根据税法的规定，A 设备的折旧年限为 16 年。假定甲公司 A 设备的折旧方法和净残值符合税法的规定。

(3) 20×9 年 7 月 5 日，甲公司自行研究开发的 B 专利技术达到预定可使用状态，并作为无形资产入账。B 专利技术的成本为 4 000 万元，预计使用 10 年，预计净残值为零，采用直线法摊销。根据税法的规定，B 专利技术的计税基础为其成本的 150%。假定甲公司 B 专利技术的摊销方法、摊销年限和净残值符合税法的规定。

(4) 20×9年12月31日，甲公司对商誉计提减值准备1 000万元。该商誉系20×7年12月8日甲公司从丙公司处购买丁公司100%股权并吸收合并丁公司时形成的，初始计量金额为3 500万元，丙公司根据税法规定已经缴纳与转让丁公司100%股权相关的所得税及其他税费。根据税法的规定，甲公司购买丁公司产生的商誉在整体转让或者清算相关资产、负债时，允许税前扣除。

(5) 甲公司的C建筑物于20×7年12月30日投入使用并直接出租，成本为6 800万元。甲公司对投资性房地产采用公允价值模式进行后续计量。20×9年12月31日，已出租C建筑物累计公允价值变动收益为1 200万元，其中本年度公允价值变动收益为500万元。根据税法的规定，已出租C建筑物以历史成本按税法规定扣除折旧后的余额作为计税基础，折旧年限为20年，净残值为零，自投入使用的次月起采用年限平均法计提折旧。甲公司20×9年度实现的利润总额为15 000万元，适用的所得税税率为25%。假定甲公司未来年度有足够的应纳税所得额用于抵扣可抵扣暂时性差异。

要求：

根据上述资料，不考虑其他因素，回答下列第（1）小题至第（2）小题。

(1) 下列各项关于甲公司上述各项交易或事项会计处理的表述中，正确的有（　　）。

A. 商誉产生的可抵扣暂时性差异确认为递延所得税资产

B. 无形资产产生的可抵扣暂时性差异确认为递延所得税资产

C. 固定资产产生的可抵扣暂时性差异确认为递延所得税资产

D. 长期股权投资产生的应纳税暂时性差异确认为递延所得税负债

E. 投资性房地产产生的应纳税暂时性差异确认为递延所得税负债

(2) 下列各项关于甲公司20×9年度所得税会计处理的表述中，正确的有（　　）。

A. 确认所得税费用3 725万元

B. 确认应交所得税3 840万元

C. 确认递延所得税收益115万元

D. 确认递延所得税资产800万元

E. 确认递延所得税负债570万元

3. 下列各项资产和负债中，因账面价值与计税基础不一致形成暂时性差异的有（　　）。

A. 使用寿命不确定的无形资产

B. 已计提减值准备的固定资产

C. 已确认公允价值变动损益的交易性金融资产

D. 因违反税法规定应缴纳但尚未缴纳的滞纳金

三、判断题

非同一控制下的企业合并中，因资产、负债的入账价值与其计税基础不同产生的递延所得税资产或递延所得税负债，其确认结果将影响购买日的所得税费用。（　　）

四、计算分析题

1. 甲公司20×2年实现利润总额3 640万元，当年度发生的部分交易或事项如下：

(1) 自3月20日起自行研发一项新技术，20×2年以银行存款支付研发支出共计680万元，其中研究阶段支出220万元，开发阶段符合资本化条件前支出60万元，符合资本化条件后支出400万元，研发活动至20×2年年底仍在进行中。税法规定，企业为开发新技术、新产品、新工艺发生的研究开发费用，未形成资产计入当期损益的，在按规定据实扣除的基础上，按照研究开发费用的50%加计扣除；形成无形资产的，按照无形资产成本的150%摊销。

(2) 7月10日，自公开市场以每股5.5元购入20万股乙公司股票，作为其他权益工具投资。20×2年12月31日，乙公司股票收盘价为每股7.8元。税法规定，企业持有的股票等金融资产以取得成本作为计税基础。

(3) 20×2年发生广告费2 000万元。甲公司当年取得销售收入9 800万元。税法规定，企业发生的广告费不超过当年销售收入15%的部分，准予扣除；超过部分，准予在以后纳税年度结转扣除。

其他有关资料：甲公司适用的所得税税率为25%，本题不考虑中期财务报告的影响，除上述差异外，甲公司20×2年未发生其他纳税调整事项，递延所得税资产和负债无期初余额，假定甲公司在未来期间能够产生足够的应纳税所得额用以利用可抵扣暂时性差异的所得税影响。

要求：

(1) 对甲公司20×2年自行研发新技术发生的支出进行会计处理，确定20×2年12月31日形成开发支出的计税基础，判断是否确认递延所得税并说明理由。

(2) 对甲公司购入及持有乙公司股票进行会计处理，计算该其他权益工具投资在20×2年12月31日的计税基础，编制确认递延所得税相关的会计分录。

(3) 计算甲公司20×2年应交所得税和所得税费用，编制确认所得税费用相关的会计分录。

2. 甲公司为上市公司，20×1年有关资料如下：

(1) 甲公司2010年年初的递延所得税资产借方余额为190万元，递延所得税负债贷方余额为10万元，具体构成项目如下：

单位：万元

项目	可抵扣暂时性差异	递延所得税资产	应纳税暂时性差异	递延所得税负债
应收账款	60	15		
交易性金融资产			40	10
其他权益工具投资	200	50		
预计负债	80	20		
可税前抵扣的经营亏损	420	105		
合计	760	190	40	10

（2）甲公司20×1年度实现的利润总额为1 610万元。20×1年度相关交易或事项资料如下：

1）年末转回应收账款坏账准备20万元。税法规定，转回的坏账损失不计入应纳税所得额。

2）年末根据交易性金融资产公允价值变动确认公允价值变动收益20万元。税法规定，交易性金融资产公允价值变动收益不计入应纳税所得额。

3）年末根据其他权益工具投资公允价值变动增加资本公积40万元。税法规定，其他权益工具投资公允价值变动金额不计入应纳税所得额。

4）当年实际支付产品保修费用50万元，冲减前期确认的相关预计负债；当年又确认产品保修费用10万元，增加相关预计负债。税法规定，实际支付的产品保修费用允许税前扣除。但预计的产品保修费用不允许税前扣除。

5）当年发生研究开发支出100万元，全部费用化计入当期损益。税法规定，计算应纳税所得额时，当年实际发生的费用化研究开发支出可以按50%加计扣除。

（3）20×1年年末资产负债表相关项目金额及其计税基础如下：

单位：万元

项目	账面价值	计税基础
应收账款	360	400
交易性金融资产	420	360
其他权益工具投资	400	560
预计负债	40	0
可税前抵扣的经营亏损	0	0

（4）甲公司适用的所得税税率为25%，预计未来期间适用的所得税税率不会发生变化，未来期间能够产生足够的应纳税所得额用以抵扣可抵扣暂时性差异；不考虑其他因素。

要求：

（1）根据上述资料，计算甲公司20×1年应纳税所得额和应交所得税。

（2）根据上述资料，计算甲公司各项目20×1年年末的暂时性差异金额。

（3）根据上述资料，逐笔编制与递延所得税资产或递延所得税负债相关的会计分录。

（4）根据上述资料，计算甲公司20×1年所得税费用金额。

（答案中的金额单位采用万元。）

第 2 章

Chapter 2 长期资产减值

课程思政要点

1. 结合中国特色社会主义法治体系学习会计法规体系。结合《中华人民共和国企业所得税法》及其实施条例，理解税法对待会计上的“资产减值损失”的态度。

2. 对照阅读《企业会计准则第 8 号——资产减值》和 IAS® 36：Impairment of Assets，理解资产减值会计规则的理论逻辑、历史逻辑和实践逻辑。

3. 培养辩证思维能力，理解谨慎性原则、现值算法、商誉减值规则的理论局限。

学习目标

1. 掌握：单项资产减值的可收回金额的计算。
2. 理解：资产减值的设计思路。
3. 了解：总部资产减值的计算规则。

本章讲解《企业会计准则第 8 号——资产减值》的设计理念及操作要领。该准则系借鉴《国际会计准则第 36 号——资产减值》（IAS® 36：Impairment of Assets）制定而成，而后者又是借鉴美国证券市场上的公认会计原则之《财务会计准则公告第 121 号——长期资产减值和待售长期资产的会计处理》（Statement of Financial Accounting Standard（SFAS）121：Accounting for the Impairment of Long-Lived Assets and for Long-Lived Assets to Be Disposed of）制定而成的。

2.1 准则的设计思路

2.1.1 资产减值规则概览

企业会计准则体系规定有许多资产减值会计规则，散见于不同的准则（见

表 2－1)。《企业会计准则第 8 号——资产减值》并未涵盖所有资产项目，其中的“资产”项目是特指的，如采用成本模式计量的投资性房地产、对子公司的投资和对联营企业或合营企业的长期股权投资、固定资产、生产性生物资产、油气资产（探明矿区权益、井及相关设施）、无形资产（包括资本化的开发支出）和商誉。为明晰起见，本章将该准则所规定的减值称为长期资产减值。常见的资产减值会计处理规则如表 2－1 所示（表中 CAS 表示企业会计准则）。

表 2－1　常见的资产减值会计处理规则

<table>
<tr><th>准则</th><th>资产项目</th><th>测试条件</th><th>比较基准</th><th>转回</th></tr>
<tr><td>CAS 1</td><td>存货跌价准备</td><td>确凿证据</td><td>可变现净值</td><td>允许</td></tr>
<tr><td rowspan="8">CAS 8</td><td>固定资产</td><td rowspan="8">减值迹象</td><td rowspan="7">可收回金额</td><td rowspan="7">禁止</td></tr>
<tr><td>无形资产</td></tr>
<tr><td>工程物资</td></tr>
<tr><td>在建工程</td></tr>
<tr><td>油气资产（探明矿区权益、井及相关设施）</td></tr>
<tr><td>长期股权投资（对子公司、联营企业、合营企业的投资）</td></tr>
<tr><td>投资性房地产（以成本模式计量的）</td></tr>
<tr><td>商誉</td><td>—</td><td>—</td></tr>
<tr><td rowspan="3">CAS 22</td><td>各种应收款项</td><td rowspan="3">—</td><td rowspan="3">未来现金流量现值</td><td rowspan="2">允许</td></tr>
<tr><td>债权投资、其他债权投资</td></tr>
<tr><td>在活跃市场中没有报价、公允价值不能可靠计量的权益工具投资</td><td>—</td></tr>
</table>

除表 2－1 所列示的减值处理规则外，《企业会计准则第 3 号——投资性房地产》规定了采用公允价值模式计量的投资性房地产的减值处理规则，《企业会计准则第 18 号——所得税》规定了递延所得税资产的减值处理规则，《企业会计准则第 21 号——租赁》针对未担保余值规定了减值处理规则，《企业会计准则第 27 号——石油天然气开采》规定了未探明石油天然气矿区权益的减值处理规则。

2.1.2　长期资产减值会计规则的设计思路

长期资产减值会计规则的设计思路可大体梳理如下。

企业采购库存商品的目的大多是销售变现，相应地，其减值规则要求减记至可变现净值。企业进行债券投资（债权投资）的目的是收回本金和获得投资收益，该项投资对于企业的价值是其能够带来未来现金流量，相应地，其减值规则要求减记至未来现金流量现值。那么，固定资产对企业具有什么价值呢？准则认为，一方面，固定资产可以像库存商品那样卖出去，这种情形下其价值就是公允价值减去处置费用后的净额（fair value less costs to sell），又称销售净价（net selling price），这个概念与库存商品的可变现净值如出一辙；另一方面，与库存商品不同，固定资产具有使用价值（value in use），即准则所称的资产预计未来现金流量的现值。显然，两者之中的较高者更为合算，准则用一个新名词——可收回金额（recoverable amount）来称呼它。

循此逻辑，准则规定，资产减值是指资产的可收回金额低于其账面价值。企业应当在资产负债表日判断资产是否存在可能发生减值的迹象（indications of impairment）。资产存在减值迹象的，应当估计其可收回金额。可收回金额应当根据资产的公允价值减去处置费用后的净额与预计未来现金流量的现值两者之间的较高者确定。上述两者只要有一项超过了资产的账面价值，就表明资产没有发生减值，无须再估计另一项金额。如果所计算的可收回金额低于资产的账面价值，则应将资产的账面价值减记至可收回金额，计提相应的资产减值准备，同时将减记的金额确认为资产减值损失（impairment loss），如图2-1所示。

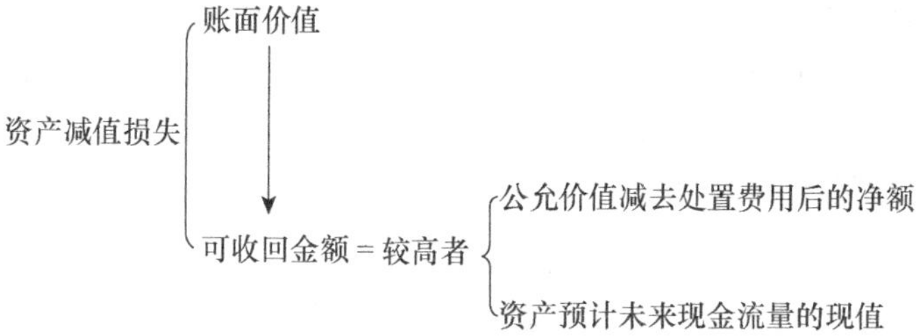

图2-1 长期资产减值规则的设计思路

对于企业合并所形成的商誉和使用寿命不确定的无形资产，无论其是否存在减值迹象，每年都应当进行减值测试。

2.1.3 减值迹象的判断

准则列举了判断是否存在减值迹象的外部信息来源（external sources）：(1) 资产的市价当期大幅下跌，其跌幅明显大于因时间的推移或者正常使用而预计的跌幅。(2) 经济、技术或者法律等环境以及资产所处的市场在当期或者将在近期发生重大变化，从而对企业产生不利影响。(3) 市场利率或者其他市场投资报酬率在当期已经提高，从而影响企业计算资产预计未来现金流量现值的折现率，导致资产可收回金额大幅降低。

准则列举了判断是否存在减值迹象的内部信息来源（internal sources）：(1) 有证据表明资产已经陈旧过时或者其实体已经损坏。(2) 资产已经或者将要被闲置、终止使用或者提前处置。(3) 企业内部报告的证据表明资产的经济绩效已经或者将要低于预期，如资产所创造的净现金流量或者所实现的营业利润（或者亏损）远远低于（或者高于）预计金额等。

2.2 单项长期资产的减值

2.2.1 公允价值减去处置费用后的净额的计算

按照《企业会计准则第39号——公允价值计量》的规定，公允价值是指市场参与者在计量日发生的有序交易中，出售一项资产所能收到或者转移一项负债所需支付的价格。在估计资产的公允价值时，应当按照下列顺序确定：(1) 如果存在有约束力的销售协议（binding agreement），则采用公平交易的销售协议价格。(2) 如果不存在有约束力的销售协议但该项资产存在活跃市场，则应采用该项资产的市场价格，通常应采用最新的买方出价。如果难以获得最新的买方出价，则可采用最近的交易价格。(3) 如果既不存在资产销售协议又不存在资产活跃市场，则应根据可获取的最佳信息进行估计，可参考同行业类似资产的最近交易价格。

处置费用（costs to sell）是指可以直接归属于资产处置的专属代价，包括为使资产达到可销售状态所发生的直接费用，以及与资产处置有关的法律费用、相关税费、搬运费等（不包括财务费用和所得税费用）。

上述知识点可概括为图2-2。

- 公允价值减去处置费用后的净额
  - 公允价值
    - 按以下次序确定
    - 1.公平交易中销售协议价格
    - 2.活跃市场中资产的市场价格（买方出价）
    - 3.以可获取的最佳信息为基础进行估计（同行业类似资产的最近交易价格）
  - 处置费用
    - 为使资产达到可销售状态所发生的直接费用以及与资产处置有关的法律费用、相关税费、搬运费等

图2-2 公允价值减去处置费用后的净额的计算（示意图）

如果按照上述规定仍然无法可靠估计资产的公允价值减去处置费用后的净额，则应当以该资产的预计未来现金流量的现值作为其可收回金额。

2.2.2 预计未来现金流量的现值的计算

资产预计未来现金流量的现值，是根据恰当的折现率（常记为 r）对资产在持续使用过程中和最终处置时所产生的预计未来现金流量进行折现，所计算出的折现值。

计算时，应当综合考虑资产的预计未来现金流量、使用寿命和折现率等因素。计算公式为：

$$\text{预计未来现金流量的现值}=\sum_{t=1}^{n}\frac{\text{第 } t \text{ 期的现金流量}}{(1+r)^{t}}$$

从《企业会计准则第8号——资产减值》的具体条文来看，现值的计算规则弹性较大，可操作空间很大。

1. 对未来现金流量的估计

准则规定，预计资产未来现金流量，通常应当根据资产未来每期最有可能产生的现金流量进行预测。如果采用期望现金流量法更为合理，则应采用期望现金

流量法进行计算。计算公式为：

$$期望现金流量=\sum 各种可能的现金流量\times 相应概率$$

课程思政 培养辩证思维能力

专栏2-1 **现值计算规则的失当性**

现值这一概念缺乏合理逻辑：估值者之所以计算现值，是因为他不知道待估值的资产现在价值几何，而现值的计算却要求估值者知道未来现金流量、折现率和折现期等三套参数。因此，根本不可能形成具有公信力的现值计算规则。

不少实务界专家指出，现值概念被引入会计准则，纯属误导会计师的思维，因为计算现值就意味着“想怎么算就怎么算”。

预计的资产未来现金流量应当包括下列各项：(1) 资产在持续使用过程中所带来的现金流入。(2) 资产的持续使用过程所必需的、可直接归属于或者在合理且一致的基础上归属于该项资产的现金流出（包括为使资产达到预定可使用状态所发生的现金流出）。(3) 资产使用寿命结束时，处置资产所收到或者支付的净现金流量，该现金流量应当是在公平交易中，熟悉情况的交易双方自愿进行交易时，预期可从资产的处置中获取或者支付的、减去预计处置费用后的金额。

准则规定，预计资产未来现金流量时，企业管理层应当合理地、有依据地对资产的后续使用情况进行最佳估计，应当以经企业管理层批准的最近时期的财务预算或者预测数据为基础，以稳定的或者递减的增长率为基础进行计算。企业管理层如能证明递增的增长率是合理的，也可采用递增的增长率。

预测未来现金流量所使用的增长率不应超过企业经营的产品、所处的行业或者所在国家或者地区的长期平均增长率，或者该资产所处市场的长期平均增长率，除非企业能够证明更高的增长率是合理的。

预测时，应当以资产的当前状况（current condition）为基础，不应当考虑将来可能会发生的、尚未做出承诺的重组事项或者与资产改良有关的因素。

预测时，不应考虑筹资活动产生的现金流入或者流出以及与所得税收付有关的现金流量。

如果企业已经承诺重组，则在确定资产的未来现金流量的现值时，预计的未来现金流入数和流出数，应当反映重组所能节约的费用和由重组所带来的其他利益，以及因重组所导致的估计未来现金流出数。其中，重组所能节约的费用和由重组所带来的其他利益，通常应当根据企业管理层批准的最近财务预算或者预测数据进行估计；因重组所导致的估计未来现金流出数应当根据《企业会计准则第13号——或有事项》所确认的因重组所发生的预计负债金额进行估计。

2. 对折现期的估计

建立在预算或者预测基础上的折现期最多涵盖5年。企业管理层如能证明更长的期间是合理的，可以涵盖更长的期间。

3. **对折现率的估计**

准则规定，折现率是反映当前金融市场上的货币时间价值和资产的特定风险的税前利率（pre-tax rate），是企业在购置或者投资资产时所要求的必要报酬率。

如果在估计未来现金流量时已经考虑了资产的特定风险的影响，即对现金流量进行了调整，则在估计折现率时不需要再考虑这些特定风险的影响。

折现率的确定通常应当以该资产的市场利率为依据。如果无法获得市场利率，则可使用替代利率（surrogate）估计折现率。替代利率可以根据加权平均资本成本（weighted average cost of capital，WACC）、增量借款利率（incremental borrowing rate）或者其他相关市场借款利率做适当调整后确定。调整时，应当考虑与资产预计未来现金流量有关的特定风险以及其他有关货币风险和价格风险等。

估计资产未来现金流量现值时，通常应当使用单一的折现率；如果资产未来现金流量的现值对未来不同期间的风险差异或者利率的期限结构反应敏感，则应当使用不同的折现率。

预计资产未来现金流量涉及外币的，应当以该资产所产生的未来现金流量的结算货币为基础，按照该货币适用的折现率计算资产的现值；然后将该外币现值按照计算资产未来现金流量现值当日的即期汇率进行折算。

专栏2-2引自《企业会计准则——应用指南》。建议初学者跳过这一专栏。

专栏2-2　　预计资产未来现金流量应当考虑的主要因素

（1）预计资产未来现金流量和折现率，应当在一致的基础上考虑因一般通货膨胀而导致物价上涨等因素的影响。如果折现率考虑了这一影响因素，则资产预计未来现金流量也应当考虑；如果折现率没有考虑这一影响因素，则预计未来现金流量也应不予考虑。

（2）预计资产未来现金流量时，应当分析以前期间现金流量预计数与实际数的差异情况，以评判预计当期现金流量所依据的假设的合理性。通常应当确保当期预计现金流量所依据的假设与前期实际结果相一致。

（3）预计资产未来现金流量应当以资产的当前状况为基础，不应包括与将来可能会发生的、尚未做出承诺的重组事项有关或者与资产改良有关的预计未来现金流量。如果未来发生的现金流出是为了维持资产正常运转或者原定正常产出水平所必需的，则预计资产未来现金流量时应当将其考虑在内。

（4）预计在建工程、开发过程中的无形资产等的未来现金流量时，应当包括预期为使该资产达到预定可使用或可销售状态而发生的全部现金流出。

（5）若资产的未来现金流量受内部转移价格影响，则应当采用在公平交易前提下企业管理层能够达成的最佳价格估计数进行预计。

例2-1

20×3年12月31日，东南电子股份公司发现市场上出现更加新颖的专利技术，其3年前购入的某项机器设备存在减值迹象。假设20×3年12月31日该设备账面价值3 000 000元，已经计提折旧500 000元，以前年度已计提减值准备200 000元。

该设备在活跃市场中的市场价格（买方出价）为2 200 000元，处置费用忽略不计。

如果继续自用，该设备尚可使用5年，未来5年的现金流量分别为500 000元、480 000元、460 000元、440 000元、420 000元，第6年预计处置带来的现金流量为380 000元。折现率确定为5%。

该设备预计未来现金流量现值的情况如表2-2所示。

表2-2 预计未来现金流量现值计算表　　单位：元

年份	预计未来现金流量	折现率	折现系数	现值
20×4	500 000	5%	$1/(1+5\%)$	476 190
20×5	480 000	5%	$1/(1+5\%)^{2}$	435 374
20×6	460 000	5%	$1/(1+5\%)^{3}$	397 365
20×7	440 000	5%	$1/(1+5\%)^{4}$	361 989
20×8	420 000	5%	$1/(1+5\%)^{5}$	329 081
20×9	380 000	5%	$1/(1+5\%)^{6}$	283 562
合计				2 283 561

账面价值＝原值－折旧－资产减值准备
　　　　＝3 000 000－500 000－200 000
　　　　＝2 300 000(元)

预计未来现金流量现值＝2 283 561(元)

销售净价＝2 200 000(元)

确认的资产减值损失为16 439元（2 300 000－2 283 561）。

借：资产减值损失　　16 439

　贷：固定资产减值准备　　16 439

2.2.3 不必重新计算可收回金额的情形

如果以前报告期间的计算与分析结果表明资产的可收回金额显著高于其账面价值，而且这种状况一直延续至今，则在本期资产负债表日，可以不重新计算该资产的可收回金额。

如果以前报告期间的计算与分析结果表明资产的可收回金额对于某种减值迹象反应不敏感，则在本报告期间可以不针对该减值迹象计算可收回金额。

2.2.4 资产减值损失的确定

如果计算出的可收回金额低于资产的账面价值，则应将该资产减记至可收回金额（即计提资产减值准备），同时将减记的金额确认为资产减值损失。

计提资产减值准备以后，固定资产的折旧和无形资产的摊销，应当按照新的账面价值（扣除预计净残值）予以计算。

《企业会计准则第8号——资产减值》所规范的资产减值损失一经确认，在以后会计期间不得转回。换言之，依照该准则计提的下列资产减值准备禁止转回：长期股权投资减值准备、固定资产减值准备、在建工程减值准备、工程物资减值准备、生产性生物资产减值准备、无形资产减值准备。

纵观企业会计准则体系，允许转回的减值准备主要限于以下几项：坏账准备、存货跌价准备、债权投资减值准备、贷款损失准备、抵债资产跌价准备、损余物资跌价准备。

为什么要限制长期资产减值准备的转回呢？据称，这是为了遏制企业通过转回资产减值准备做大利润数据的冲动。如此生硬的限制措施真能遏制企业的造假行为吗？其实不然。因为对于聪明的企业管理层来说，先行计提固定资产减值准备，然后变卖该固定资产，如此便可通过做大营业外收入的方式做大利润数据。那么，为什么上述限制转回的规定无法达到目的呢？原因在于，准则一旦允许查无实据的信息（如资产减值准备）载入会计账簿，则任何补救措施都难以达到目的，毕竟变卖自己的资产是企业法人受宪法和法律保护的神圣权利。

2.3 资产组的减值

准则所称资产组（cash-generating unit，CGU），是指企业自主认定的、能够产生独立的现金流入的最小的资产组合。企业通常应当以单项资产为基础估计其可收回金额。如果难以对单项资产的可收回金额进行估计，则应以该资产所属的资产组为基础确定资产组的可收回金额。例如，成套设备中的单台机床常常难以独立使用且难以独立出售，在这种情况下，无法计算该资产的可收回金额。此时，就应当以资产组为基础计算资产减值损失。

2.3.1 资产组的认定

企业应当以主要现金流入的独立性为依据，同时考虑企业生产经营活动的管理方式（如按照生产线、业务种类还是按照区域进行管理等）和资产持续使用或处置的决策方式等，来认定资产组。

如果几项资产的组合所生产的产品存在活跃市场，即使该产品全部或者部分地供内部使用，也应依照规定将该组合认定为一个资产组。如果该资产组的现金流入受内部转移价格的影响，则应按公允价值（取企业管理层的最佳估计数）来确定其未来现金流量。

资产组一经确定，应当保持一致。如需变更，则应证明其合理性并在附注中说明。

专栏 2－3 引自《企业会计准则——应用指南》。初学者可以跳过这一专栏。

专栏 2－3 **资产组的认定**

（1）认定资产组最关键的因素是该资产组能否独立产生现金流入。企业的某一生产线、营业网点、业务部门等，如果能够独立于其他部门或者单位等形成收入、产生现金流入，或者其形成的收入和现金流入绝大部分独立于其他部门或者单位，且属于可认定的最小资产组合，则通常应将该生产线、营业网点、业务部门等认定为一个资产组。

几项资产的组合生产的产品（或者其他产出）存在活跃市场的，无论这些产品（或者其他产出）是用于对外出售还是仅供企业内部使用，均表明这几项资产的组合能够独立产生现金流入，应当将这些资产的组合认定为资产组。

（2）企业对生产经营活动的管理或者监控方式，以及对资产使用或者处置的决策方式等，也是认定资产组应考虑的重要因素。比如，某服装企业有童装、西装、衬衫三个分厂，每个分厂在核算、考核和管理等方面都相对独立，在这种情况下，每个分厂通常为一个资产组。再如，某家具制造商有 A 车间和 B 车间，A 车间专门生产家具部件（该家具部件不存在活跃市场），生产完后由 B 车间负责组装，该企业对 A 车间和 B 车间资产的使用和处置等决策是一体的，在这种情况下，A 车间和 B 车间通常应当认定为一个资产组。

2.3.2 资产组的账面价值和可收回金额的计算

资产组的可收回金额应当按照该资产组的公允价值减去处置费用后的净额与其预计未来现金流量的现值两者之间的较高者确定。资产组账面价值的确定基础应当与其可收回金额的确定方式一致。

资产组的账面价值包括可直接归属于资产组的资产的账面价值，还包括可以合理地分摊至资产组的资产的账面价值。通常不应当包括已确认负债的账面价值，但如不考虑该负债金额就无法确认资产组可收回金额的除外。

专栏 2－4 **与资产有关的预计负债**

如果资产组在处置时要求购买者承担一项负债（如环境恢复费用等），该负债金额已经确认并计入相关资产的账面价值，而且企业只能取得包括上述资产和负债在内的单一的公允价值减去处置费用后的净额，那么，为了比较资产组的账面价值和可收回金额，在确定资产组的账面价值及其预计未来现金流量的现值时，应当从中扣除已确认的预计负债金额。

例2-2

东南矿产有限公司在某区域开矿，矿山开发前需把山体表层移走，根据法律规定，该公司必须在完成开采后恢复该地区的地表原貌。因此，该公司在挖走表面土壤覆盖层时，确认了一项预计负债，同时计入矿山成本，其金额为500万元。

(1) 账面价值。20×7年12月31日，该资产组的账面价值为1 000万元。该公司因发现该矿的有色金属储量偏低而进行了减值测试。

调整后的资产组的账面价值＝1 000－500＝500(万元)

(2) 可收回金额。当日，有买方出价820万元（已经考虑了恢复山体原貌的费用）。东南矿产有限公司预计处置费用为20万元。

公允价值减去处置费用后的净额＝820－20＝800(万元)

假设未来现金流量现值为1 200万元，从中扣除已确认的预计负债500万元，则调整后的未来现金流量现值为700万元。

该资产组的可收回金额为800万元。由于资产组的可收回金额超过其账面价值，因此不必确认减值损失。

2.3.3 资产组减值的会计处理

如果资产组[①]的可收回金额低于其账面价值（包括摊入的总部资产和商誉），则应当确认相应的减值损失。减值损失金额应当归属于各个单项资产：先抵减分摊至该资产组中的商誉，再根据该资产组中除商誉以外的其他各项资产的账面价值所占比重，按比例抵减其他各项资产的账面价值。

准则规定，抵减后各单项资产的账面价值不得低于以下三者中的最高数：(1) 该资产的公允价值减去处置费用后的净额（如能确定）；(2) 该资产的预计未来现金流量的现值（如能确定）；(3) 零。对于因这一规则所导致的未能分摊出去的减值损失，应当再次抵减资产组内的其他资产（按账面价值的相对比例分摊）。

例2-3

东方时装股份公司为生产某款时装所装配的专用生产线由三台机器组成：A提花织机、B染色机、C印花机，成本分别为40万元、60万元和100万元。三台机器的经济使用年限均为10年，该公司采用年限平均法计提折旧，净残值为零。各台机器均无法单独产生现金流量，整条生产线构成一个资产组。

由于竞争对手推出了采用最新科技的新款式时装，东方时装股份公司考虑对资产组进行减值测试。20×7年12月31日，A提花织机、B染色机、C印花机的账面价值分别为20万元、30万元和50万元。估计A提花织机的公允价值减

① 此处所称资产组包含资产组组合。资产组组合的含义留待2.4节“总部资产的减值”中予以讲解。

去处置费用后的净额为 15 万元。另两台机器都无法估计可收回金额。整条生产线预计尚可使用 5 年，未来 5 年预计现金流量的现值为 60 万元。无法预计整条生产线的公允价值减去处置费用后的净额。

资产组的减值损失＝资产组的账面价值－资产组的可收回金额
＝(200 000＋300 000＋500 000)－600 000
＝400 000(元)

该资产组的资产减值损失的计算及分摊过程如表 2－3 所示。

表 2－3　资产组资产减值损失的计算表　　单位：元

项目	A 提花织机	B 染色机	C 印花机	资产组（生产线）
账面价值	200 000	300 000	500 000	1 000 000
可收回金额	—	—	—	600 000
减值损失	—	—	—	400 000
减值损失分摊比例	20%	30%	50%	—
减值损失分摊额	50 000*	120 000	200 000	370 000
分摊后账面价值	150 000*	180 000	300 000	—
尚未分摊的减值损失	—	—	—	30 000
二次分摊比例	—	37.5%	62.5%	—
二次分摊额	—	11 250	18 750	30 000
二次分摊后账面价值	150 000	168 750	281 250	600 000

＊由于 A 提花织机的公允价值减去处置费用后的净额为 15 万元，此金额构成其账面价值的下限，因此，虽然按比例应当分摊给该机器减值损失 8 万元，但该资产只能计提减值准备 5 万元（这样才能确保其账面价值不低于 15 万元），其余 3 万元的减值额需要对 B 染色机和 C 印花机进行二次分摊。

根据上述计算结果，东方时装股份公司的会计处理如下：

借：资产减值损失——A 提花织机　　50 000
　　　　　　　　——B 染色机　　131 250
　　　　　　　　——C 印花机　　218 750
　贷：固定资产减值准备——A 提花织机　　50 000
　　　　　　　　　　　——B 染色机　　131 250
　　　　　　　　　　　——C 印花机　　218 750

2.4　总部资产的减值

2.4.1　定　义

准则所称总部资产（corporate assets），包括企业集团或其事业部的办公楼、电子数据处理设备、研究中心等。总部资产的显著特征是，它难以脱离其他资产或者资产组而产生独立的现金流入，因此其账面价值难以完全归属于某一资产组。

如果有迹象表明某项总部资产可能发生减值，则应计算确定该总部资产所归属的资产组或者资产组组合的可收回金额，然后将其与相应的账面价值进行比较，据以判断是否需要确认减值损失。

资产组组合是指由若干资产组组成的最小组合，其中包括资产组本身，以及按合理方法摊入资产组的总部资产及商誉。

2.4.2 处理规则

企业对某一资产组进行减值测试，应当先认定所有与该资产组相关的总部资产，再根据相关总部资产能否按照合理和一致的基础分摊至该资产组分别进行处理。

（1）对于相关总部资产能够按照合理和一致的基础分摊至该资产组的部分，应当将该部分总部资产的账面价值分摊至该资产组，再据以比较该资产组的账面价值（包括已分摊的总部资产的账面价值部分）和可收回金额，并按照规定处理。

（2）对于相关总部资产中有部分资产难以按照合理和一致的基础分摊至该资产组的，应当按照下列步骤处理：首先，在不考虑相关总部资产的情况下，估计和比较资产组的账面价值和可收回金额，并按照规定处理。其次，认定由若干资产组组成的最小的资产组组合，该资产组组合应当包括所测试的资产组与可以按照合理和一致的基础将该部分总部资产的账面价值分摊其上的部分。最后，比较所认定的资产组组合的账面价值（包括已分摊的总部资产的账面价值部分）和可收回金额，记录相应的资产减值损失。

例2-4

中原药业有限公司面对竞争对手的威胁，考虑对资产组进行减值测试。该公司的中药、西药、保健食品三个资产组（生产线）的账面价值分别为200万元、300万元和400万元，预计剩余使用寿命分别为10年、20年和20年，采用直线法计提折旧。

该公司共有两项总部资产。其一是总部办公大楼，账面价值300万元。该公司认为办公大楼的账面价值可在合理和一致的基础上分摊至各资产组，按照以使用寿命为权重加权平均计算的账面价值比例进行分摊。其二是研发中心，账面价值100万元，该公司认为研发中心的账面价值难以在合理和一致的基础上分摊至各资产组，因此，确定将其计入由上述资产组以及总部资产构成的资产组组合（即整个药业公司）进行减值测试。为简化起见，本例假定该公司难以确定资产组（组合）的公允价值减去处置费用后的净额，故而，可收回金额只能按照预计未来现金流量的现值确定。

（1）按照比例把办公大楼的账面价值分摊给三个资产组。

（2）将办公大楼的账面价值分摊给三个资产组来计算减值额。

1）中药组分摊后的账面价值为 237.5 万元，可收回金额为 398 万元，未减值。

2）西药组分摊后的账面价值为 412.5 万元（原西药组资产组账面价值为 300 万元，分摊的办公大楼账面价值为 112.5 万元），可收回金额为 328 万元，减值额为 84.5 万元。按比例计算，归属于原西药组资产组的减值额为 61.45 万元，归属于办公大楼的减值额为 23.05 万元。

3）保健食品组分摊后的账面价值为 550 万元，可收回金额为 542 万元，减值额为 8 万元。归属于原保健食品组资产组的减值额为 5.82 万元，归属于办公大楼的减值额为 2.18 万元。

总之，经过上述计算，办公大楼的减值额合计 25.23 万元（23.05＋2.18）。具体计算过程如图 2－3 所示。

项目	中药组	西药组	保健食品组	合计	办公大楼	研发中心	总计
摊入办公大楼前的资产组账面价值（万元）	200	300	400	900	300	100	1 300
剩余使用寿命（年）	10	20	20	/	/	/	/
权重	1	2	2	/	/	/	/
加权平均计算后的账面价值（万元）	200	600	800	1 600	/	/	/
摊入办公大楼之比例	12.5%	37.5%	50%	100%	/	/	/
摊入办公大楼之金额（万元）	37.5	112.5	150	300	/	/	/
摊入办公大楼后的资产组账面价值（万元）	237.5	412.5	550	1 200	/	/	/
摊入后的资产组确认资产减值损失（万元）	0	84.5	8	/	/	/	92.5
归属于摊入前的资产组的减值损失（万元）	0	61.45	5.82	62.27	/	/	/
归属于办公大楼的减值损失（万元）	0	23.05	2.18	/	25.23	/	/
减值后各资产（组）的账面价值（万元）	200	238.55	394.18	832.73	274.77	100	1 207.5

年次	中药资产组		西药资产组		保健食品资产组		最小资产组组合	
	未来现金流量（万元）	现值（万元）	未来现金流量（万元）	现值（万元）	未来现金流量（万元）	现值（万元）	未来现金流量（万元）	现值（万元）
1	…	…	…	…	…	…	…	…
2	…	…	…	…	…	…	…	…
∑		398		328		542		1 160

图 2－3　中原药业有限公司总部资产减值额的计算（示意图）

（3）研发中心的减值。由于该公司认为研发中心无法按照合理和一致的基础分摊给三个资产组，因此，需要把它与三个资产组以及办公大楼合并组成资产组组合，也就是整个中原药业有限公司。然后计算整个公司的账面价值与可收回金额。

资产组组合的账面价值＝200＋238.55＋394.18＋274.77＋100

＝1 207.5（万元）

资产组组合的可收回金额＝1 160（万元）

细心的读者可能会注意到，本例中资产组组合的可收回金额并不简单地等同于各资产组的可收回金额的合计数。通常情况下，由于规模效应的存在，前者多会大于后者。

所以，按照准则的逻辑，研发中心的减值额为 47.5 万元（1 207.5－1 160）。

注意，以上所计算的减值额还要进一步分摊给总部资产以及各资产组内部的各单项资产，本例从略。本例中没有考虑商誉的减值。

2.5 商誉的减值

2.5.1 一般规定

准则规定，企业合并所形成的商誉，至少应当在每年年度终了进行减值测试。商誉应当结合与其相关的资产组（组合）进行减值测试。相关的资产组（组合）应当是能够从企业合并的协同效应中受益的资产组（组合）。

对于因企业合并形成的商誉的账面价值，应当自购买日起按照合理的方法分摊至相关的资产组（组合）。分摊时，应当按照各资产组（组合）的公允价值占相关资产组（组合）公允价值总额的比例进行分摊。公允价值难以可靠计量的，按照账面价值占比进行分摊。

如果与商誉相关的资产组（组合）存在减值迹象，则应先对不包含商誉的资产组（组合）进行减值测试，计算可收回金额，并与相关账面价值相比较，确认相应的减值损失。再对包含商誉的资产组（组合）进行减值测试，比较这些相关资产组（组合）的账面价值（包括所分摊的商誉的账面价值部分）与其可收回金额，如果相关资产组（组合）的可收回金额低于其账面价值，应当确认商誉的减值损失。

上述资产减值损失的确认，按资产组部分的规则处理。

2.5.2 存在少数股东权益情况下的商誉减值测试

按照《企业会计准则第20号——企业合并》的规定，在合并财务报表中反映的商誉，不包括归属于少数股东的商誉。但《企业会计准则——应用指南》规定，对相关资产组（组合）进行减值测试时，应当考虑归属于少数股东权益的商誉，追加调整资产组的账面价值，然后将调整后的资产组账面价值与其可收回金额进行比较，以确定资产组（包括商誉）是否发生了减值。

根据上述步骤计算的商誉减值损失额包括应由少数股东权益承担的部分，因此，应当将该损失额在母公司和少数股东权益之间按比例进行分摊，以确认归属于母公司的商誉减值损失。

例2-5

东南重工股份公司在20×7年1月1日以1 600万元的代价收购了西南钢铁股份公司80%的股权。购买日西南钢铁股份公司可辨认资产的公允价值为1 500万元，没有负债和或有负债。东南重工股份公司在购买日合并财务报表中确认商誉400万元（1 600－1 500×80%）、西南钢铁股份公司可辨认净资产1 500万元、少数股东权益 300 万元（1 500×20%）。

假定西南钢铁股份公司的所有资产被认定为一个资产组，由于其中包含商誉，因此至少应于每年年底进行减值测试。20×7 年年末，东南重工股份公司确定该资产组（即子公司）的可收回金额为 1 000 万元，可辨认净资产的账面价值为 1 350 万元。

如何对资产组进行减值测试？如发生减值损失，应如何分摊？其计算过程如表 2-4 所示。

表 2-4　商誉减值的计算　　单位：万元

项目	商誉	可辨认净资产	合计
账面价值	400	1 350	1 750
原未确认的归属于少数股东权益的商誉	100*	—	100
调整后的账面价值	500	1 350	1 850
可收回金额			1 000
减值损失			850

* 追加调整的商誉＝(1 600÷80%－1 500)×20%＝100（万元）。

该资产组所发生的减值损失 850 万元，首先应冲减商誉 500 万元，剩余部分 350 万元冲减资产组内其他单项资产。

由于归属于东南重工股份公司的商誉减值损失为 400 万元（500×80%）。因此需要冲减商誉 400 万元，冲减资产组内其余资产 350 万元。分析过程如表 2-5 所示。

表 2-5　减值损失的分摊　　单位：万元

项目	商誉	可辨认净资产	合计
账面价值	400	1 350	1 750
确认的减值损失	－400	－350	－750
确认减值损失后的账面价值	0	1 000	1 000

（1）冲减商誉账面价值。

借：资产减值损失　　4 000 000

　　贷：商誉减值准备　　4 000 000

（2）可辨认资产的资产减值的处理。

借：资产减值损失　　3 500 000

　　贷：相关资产减值准备科目　　3 500 000

例 2-6

沿用例 2-5 的资料。假定 20×7 年年末，东南重工股份公司确定该资产组的可收回金额为 1 400 万元，可辨认净资产的账面价值为 1 350 万元。

如何对资产组进行减值测试？如发生减值损失，应如何分摊？其计算过程如

表2－6所示。

表2－6 商誉减值的计算 单位：万元

项目	商誉	可辨认净资产	合计
资产组的账面价值	400	1 350	1 750
原未确认的归属于少数股东权益的商誉	100*	—	100
调整后的资产组的账面价值	500	1 350	1 850
资产组的可收回金额			1 400
减值损失			450

*追加调整的商誉＝(1 600÷80%－1 500)×20%＝100（万元）。

资产组发生减值损失450万元，应冲减商誉450万元。由于归属于东南重工股份公司的商誉减值损失为360万元（450×80%），因此，只需冲减商誉360万元。分析过程如表2－7所示。

表2－7 减值损失的分摊 单位：万元

项目	商誉	可辨认净资产	合计
账面价值	400	1 350	1 750
确认的减值损失	－360	0	－360
确认减值损失后的账面价值	40	1 350	1 390

（1）冲减商誉账面价值时。

借：资产减值损失 3 600 000

贷：商誉减值准备 3 600 000

（2）不再冲减可辨认净资产。

企业应当在附注中披露与资产减值有关的下列信息：（1）当期确认的各项资产减值损失金额。（2）计提的各项资产减值准备累计金额。（3）提供分部报告信息的，应当披露每个报告分部当期确认的减值损失金额。

发生重大资产减值损失的，应当在附注中披露导致每项重大资产减值损失的原因和当期确认的重大资产减值损失的金额。（1）发生重大减值损失的资产是单项资产的，应当披露该单项资产的性质。提供分部报告信息的，还应披露该项资产所属的主要报告分部。（2）发生重大减值损失的资产是资产组（或者资产组组合，下同）的，应当披露：1）资产组的基本情况。2）资产组中所包括的各项资产于当期确认的减值损失金额。3）资产组的组成与前期相比发生变化的，应当披露变化的原因以及前期和当期资产组组成情况。

对于重大资产减值，应当在附注中披露资产（或者资产组，下同）可收回金额的确定方法。（1）可收回金额按资产的公允价值减去处置费用后的净额确定的，还应当披露公允价值减去处置费用后的净额的估计基础。（2）可收回金额按资产预计未来现金流量的现值确定的，还应当披露估计其现值时所采用的折现率，以及该资产前期可收回金额也按照其预计未来现金流量的现值确定的情况下，前期所采用的折现率。

企业应当列表披露各项资产减值情况，如表 2－8 所示。

表 2－8 资产减值情况的披露格式

项目	年初账面余额	本期计提额	本期减少额		期末账面余额
			转回额	转出额	
一、坏账准备					
二、存货跌价准备					
三、债权投资减值准备					
四、长期股权投资减值准备					
五、投资性房地产减值准备					
六、固定资产减值准备					
七、工程物资减值准备					
八、在建工程减值准备					
九、生产性生物资产减值准备					
十、油气资产减值准备					
十一、无形资产减值准备					
十二、商誉减值准备					
合计					

2.6 关于资产减值会计的理论争鸣[①]

资产减值会计的快速传播是在谨慎性原则的名义下进行的。谨慎性（prudence）原则又称稳健性（conservatism）原则，主张记录资产市场价值的下跌、记录预计负债，从而达到不高估资产、不低估负债的效果。[②] 如此计算的利润数据当然也就更低。这一理论主张源于美国证券市场上的公认会计原则。

谨慎性原则具有很强的迷惑性。我国一些研究者出于借鉴域外经验的良好意愿，"不慎"把谨慎性原则当作国际先进经验引入我国。这是资产减值会计得以引入会计理论体系并在会计法规体系中迅速膨胀的重要原因。与资产减值会计高歌猛进相伴随的，是学术界的普遍叫好。学术界给资产减值添加了种种光环，盛赞资产减值会计"有利于挤干资产和利润的水分""有利于做实利润"……总之，它"有利于提高会计信息质量"。

会计法规制定者和一些研究者误以为谨慎性原则有助于提高会计信息质量，

① 本小节内容供学有余力者用作拓展阅读，不作教学要求。本节主要参考资料来源：周华，戴德明. 资产减值会计的合理性辨析. 经济管理，2016，38（3）：100－112.

② 例如，《企业会计准则——基本准则》第十八条规定，企业对交易或者事项进行会计确认、计量和报告应当保持应有的谨慎，不应高估资产或者收益、低估负债或者费用。

他们引进资产减值会计的动机是好的，但是忽略了对域外理论应有的扬弃，不仅导致现行的规范性文件违背基本法律的规定，还导致基本法律内部产生冲突。其实，谨慎性原则无论是从理论基础还是从实践效果来看都是失当的。

《中华人民共和国会计法》第九条规定，“各单位必须根据实际发生的经济业务事项进行会计核算，填制会计凭证，登记会计账簿，编制财务会计报告。任何单位不得以虚假的经济业务事项或者资料进行会计核算”。全国人民代表大会常务委员会法律工作委员会在立法释义中指出，这一规定具体包括四层含义：一是会计核算应当真实反映单位的财务状况和经营成果，保证会计资料的真实性。二是会计核算应当准确反映单位的财务状况，保证会计信息的准确性。三是会计核算应当具有可验证性，即会计信息应当源于可以被客观证据加以证明的经济活动信息，而不应建立在主观臆断和个人意见的基础上。四是任何单位都不得以虚假的经济业务事项或者资料进行会计核算。“本条所规定的各单位应当以实际发生的经济业务或事项进行会计核算，还有一层含义是法律规定的会计核算是一种事后核算，是对已经发生的经济业务事项所进行的事后记录、计量和反映，不包括对经济活动事前的预测、决策和管理控制等内容”。① 据此，记账行为必须具备原始凭证，在缺乏证据的情况下对会计账簿的篡改应当被认定为违法行为。② 显然，资产减值会计违背会计原理和法律原则，在证明力上应当归于无效。

作为对比，散见于现行企业会计准则体系的资产减值会计规则分别以“确凿证据”“减值迹象”等为减值测试的触发条件，然而，这些触发条件就本质而言并不属于法律事实，相应的记账行为缺乏法律证据（原始凭证）的支持，这就导致资产减值会计所生成的信息缺乏公益性和公信力。

追溯公认会计原则的演进历程可以发现，现行资产减值会计规则是会计准则制定者各种权宜之计的大杂烩：它们是由美国注册会计师协会和财务会计准则委员会这两个机构七拼八凑制定而成的，不存在统一的理论依据和规则体系。作为对比，我国学术界对域外学说的态度值得反思。

以“历史成本会计＋公允价值披露”取代资产减值会计，应当是会计立法的改进方向。会计法规应当强调，会计数据必须是法律事实记账的结果，同时，可以授权企业在具有法律证据力的会计信息之外另行进行低调的评估（如对资产和利润数字统一进行某种程度的低估）并披露预期数据。为保证会计信息的公益性和公信力，资产的升值或减值信息只应在会计程序之外予以补充披露，而不应进入会计程序进行处理。如此，既可以保持会计信息的公益性和公信力，又可以满足报表使用者多层面的信息诉求。这一方案具有成本低、效益高的优点，具有推行的必要性和可行性。

---

① 卞耀武. 中华人民共和国会计法释义. 北京：法律出版社，2000：56-57.

② 《会计基础工作规范》要求，除结账和更正错误的记账凭证可以不附原始凭证外，其他记账凭证必须附有原始凭证。

拓展阅读

1. Stephen Gilman. Bankers Look at the Cost or Market Rule. Journal of Accountancy，1941，71（5）：418－421.

2. 葛家澍，林志军，魏明海. 涉外会计制度与稳健原则. 会计研究，1988（5）：19－22.

3. 王乐锦. 离奇数字的背后——济南轻骑利用谨慎原则操纵会计数据的理性思考. 财务与会计，2003（12）：22－24.

4. 夏冬林. 初探“稳健主义”. 会计研究，1992（4）：19－24.

5. 杨纪琬. 对当前几个会计问题的思考. 会计研究，1996（2）：4－7.

6. 周华，戴德明. 资产减值会计的合理性辨析. 经济管理，2016，38（3）：100－112.

练习题

一、单项选择题

1. 20×3年12月31日，甲公司某项固定资产计提减值准备前的账面价值为1 000万元，公允价值为980万元，预计处置费用为80万元，预计未来现金流量的现值为1 050万元。20×3年12月31日，甲公司应对该项固定资产计提的减值准备为（　　）万元。

A. 0　　B. 20　　C. 50　　D. 100

2. 下列各项资产中，无论是否存在减值迹象，至少应于每年年度终了对其进行减值测试的是（　　）。

A. 商誉　　B. 固定资产

C. 长期股权投资　　D. 投资性房地产

二、多项选择题

1. 下列选项中，至少应于每年年末进行减值测试的有（　　）。

A. 长期股权投资

B. 尚未开发完成的无形资产

C. 使用寿命不确定的专利技术

D. 非同一控制下企业合并产生的商誉

2. 下列各项已计提的资产减值准备，在未来会计期间不得转回的有（　　）。

A. 商誉减值准备　　B. 无形资产减值准备

C. 固定资产减值准备　　D. 债权投资减值准备

三、计算分析题

1. 甲公司拥有A，B，C三家工厂，分别位于国内、美国和英国，假定各工厂除生产设备外无其他固定资产，20×1 年受国内外经济发展趋缓的影响，甲公司产品销量下降 30%，各工厂的生产设备可能发生减值，该公司 20×1 年 12 月 31 日对其进行减值测试，有关资料如下：

(1) A 工厂负责加工半成品，年生产能力为 100 万件，完工后按照内部转移价格全部发往 B，C 工厂进行组装，但 B，C 工厂每年各自最多只能将其中的 60 万件半成品组装成最终产品，并各自负责在当地销售其组装完工的产品。甲公司根据市场需求的地区分布和 B，C 工厂的装配能力，将 A 工厂的半成品在 B，C 工厂之间进行分配。

(2) 12 月 31 日 A，B，C 工厂生产设备的预计尚可使用年限均为 8 年，账面价值分别为 6 000 万元、4 800 万元和 5 200 万元，以前年度均未计提固定资产减值准备。

(3) 由于半成品不存在活跃市场，A 工厂的生产设备无法产生独立的现金流量。12 月 31 日，估计该工厂生产设备的公允价值减去处置费用后的净额为 5 000 万元。

(4) 12 月 31 日，甲公司无法估计 B，C 工厂生产设备的公允价值减去处置费用后的净额以及未来现金流量的现值，也无法合理估计 A，B，C 三家工厂生产设备在总体上的公允价值减去处置费用后的净额，但根据未来 8 年最终产品的销量及恰当的折现率得到的预计未来现金流量的现值为 13 000 万元。

要求：

(1) 为进行减值测试，甲公司应当如何确认资产组？请说明理由。

(2) 分析计算甲公司 20×1 年 12 月 31 日，A，B，C 三家工厂生产设备各应计提的减值准备以及计提减值准备后的账面价值，请将相关计算结果填列在表格的相应位置上（无须列出计算过程），并编制甲公司 20×1 年 12 月 31 日对 A，B，C 三家工厂生产设备计提减值准备的会计分录。

项目	工厂 A	工厂 B	工厂 C	甲公司
账面价值				
可收回金额				
总的资产减值				
减值损失分摊比例				
首次分摊的减值损失				
首次分摊后账面价值				
尚未分摊的减值损失				
二次分摊比例				
二次分摊的减值损失				
二次分摊后应确认的减值损失总额				
二次分摊后账面价值				

2. 南方公司系生产电子仪器的上市公司，由管理总部和甲、乙两个车间组成。该电子仪器主要销往欧美等国家和地区，由于受国际金融危机的不利影响，电子仪器市场销量一路下滑。南方公司在编制 20×9 年度财务报告时，对管理总

部、甲车间、乙车间和商誉等进行减值测试。南方公司有关资产减值测试资料如下：

(1) 管理总部和甲车间、乙车间有形资产减值测试相关资料。

1) 管理总部资产由一栋办公楼组成。20×9年12月31日，该办公楼的账面价值为2 000万元。甲车间仅拥有一套A设备，生产的半成品仅供乙车间加工成电子仪器，无其他用途；20×9年12月31日，A设备的账面价值为1 200万元。乙车间仅拥有B，C两套设备，除对甲车间提供的半成品加工为产成品外，无其他用途；20×9年12月31日，B，C设备的账面价值分别为2 100万元和2 700万元。

2) 20×9年12月31日，办公楼如以当前状态对外出售，估计售价为1 980万元（即公允价值），另将发生处置费用20万元。A，B，C设备的公允价值均无法可靠计量；甲车间、乙车间整体，以及管理总部、甲车间、乙车间整体的公允价值也均无法可靠计量。

3) 办公楼和A，B，C设备均不能单独产生现金流量。20×9年12月31日，乙车间的B，C设备在预计使用寿命内形成的未来现金流量现值为4 658万元；甲车间、乙车间整体的预计未来现金流量现值为5 538万元；管理总部、甲车间、乙车间整体的预计未来现金流量现值为7 800万元。

4) 假定进行减值测试时，管理总部资产的账面价值能够按照甲车间和乙车间资产的账面价值进行合理分摊。

(2) 商誉减值测试相关资料。

1) 20×8年12月31日，南方公司以银行存款4 200万元从二级市场购入北方公司80%的有表决权股份，能够控制北方公司。当日，北方公司可辨认净资产的公允价值和账面价值均为4 000万元；南方公司在合并财务报表层面确认的商誉为1 000万元。

2) 20×9年12月31日，南方公司对北方公司投资的账面价值仍为4 200万元，在活跃市场中的报价为4 080万元，预计处置费用为20万元；南方公司在合并财务报表层面确定的北方公司可辨认净资产的账面价值为5 400万元，北方公司可收回金额为5 100万元。

南方公司根据上述有关资产减值测试资料，进行了如下会计处理：

(1) 认定资产组或资产组组合。

1) 将管理总部认定为一个资产组；

2) 将甲车间、乙车间认定为一个资产组组合。

(2) 确定可收回金额。

1) 管理总部的可收回金额为1 960万元；

2) 对子公司北方公司投资的可收回金额为4 080万元。

(3) 计量资产减值损失。

1) 管理总部的减值损失金额为50万元；

2) 甲车间A设备的减值损失金额为30万元；

3) 乙车间的减值损失金额为120万元；

4）乙车间B设备的减值损失金额为52.5万元；

5）乙车间C设备的减值损失金额为52.5万元；

6）南方公司个别资产负债表中，对北方公司长期股权投资减值损失的金额为120万元；

7）南方公司合并资产负债表中，对北方公司投资产生商誉的减值损失金额为1 000万元。

要求：

根据上述资料，逐项分析、判断南方公司对上述资产减值的会计处理是否正确（分别注明该事项及其会计处理的序号）；如不正确，请说明正确的会计处理。

（答案中的金额单位采用万元。）

第 3 章

Chapter 3 企业合并

课程思政要点

1. 结合中国特色社会主义法治体系学习会计法规体系。运用《中华人民共和国企业所得税法》及其实施条例，阐释企业合并会计规则的理论局限性。

2. 对照阅读《企业会计准则第 20 号——企业合并》和 International Financial Reporting Standard（IFRS®）3：Business Combination，理解资产减值会计规则的理论逻辑、历史逻辑和实践逻辑。

学习目标

1. 掌握：购买法；权益结合法。
2. 理解：公司法语境下与会计准则语境下企业合并概念的联系和区别。
3. 了解：商誉的含义及其形成原因；企业合并的附注披露。

本章讲解《企业会计准则第 20 号——企业合并》的设计理念及其操作规则。该准则系借鉴《国际财务报告准则第 3 号——企业合并》（IFRS® 3：Business Combination）制定而成。

3.1 企业合并的定义

会计准则所称的企业合并与公司法所称的公司合并有所不同。

企业合并的会计处理方法

3.1.1 公司法关于公司合并的规定

根据《中华人民共和国公司法》第九章“公司合并、分立、增资、减资”的规定，公司合并可以采取吸收合并或者新设合并。一个公司吸收其他公司为吸收合并，被吸收的公司解散。两个以上公司合并设立一个新的公司为新设合并，合并各方解散。公司合并，应当由合并各方签订合并协议，并编制资产负债表及财产清单。公司应当自做出合并决议之日起10日内通知债权人，并于30日内在报纸上公告。债权人自接到通知书之日起30日内，未接到通知书的自公告之日起45日内，可以要求公司清偿债务或者提供相应的担保。公司合并时，合并各方的债权、债务，应当由合并后存续的公司或者新设的公司承继。

3.1.2 会计准则语境下的企业合并

会计准则所称的企业合并（business combination）是一个特指的概念，指两个或者两个以上单独的企业合并形成一个报告主体（reporting entity）的情形。

会计准则所称的企业合并除包括吸收合并和新设合并外，还包括控股合并，如图3-1所示。

会计准则所称的企业合并：
- 吸收合并 ┐
- 新设合并 ┘ 公司法所称的公司合并
- 控股合并

图3-1 会计准则所称的企业合并与公司法所称的公司合并之对比

经对比可知，会计准则与公司法都承认吸收合并与新设合并。但对于会计准则比较看重的控股合并，公司法只字未提。

从会计角度而言，判断交易是否构成企业合并从而能够按照企业合并准则进行会计处理，除要看取得的资产或资产、负债组合是否构成业务（business）之外，还要看有关交易或事项发生前后报告主体是否发生了变化。

1. 区分交易是否构成业务的意义在于其会计处理存在实质上的差异

（1）企业取得了不形成业务的一组资产或资产、负债的组合时，应识别并确认所取得的单独可辨认资产（包括符合《企业会计准则第6号——无形资产》中无形资产定义和确认标准的资产）及承担的负债，并将购买成本基于购买日所取得各项可辨认资产、负债的相对公允价值，在各单独可辨认资产和负债间进行分配，不按照企业合并准则进行处理。分配的结果是取得的有关资产、负债的初始入账价值有可能不同于购买时点的公允价值（但若资产的初始确认金额高于其公允价值，需考虑是否存在资产减值），资产或资产、负债打包购买中多付或少付的部分均需要分解到取得的资产、负债项目中，从而不会产生商誉或购买利得。在被购买资产构成业务，需要作为企业合并处理时，购买日（合并日）的确定，合并中取得的资产、负债的计量，合并差额的处理等均需要按照企业合并准则的有关规定进行处理。如在构成非同一控制下企业合并的情况下，合并中自被购买方取得的各项可辨认资产、负债应当按照其在购买日的公允价值计量，合并成本与取得的可辨认净资产公允价值份额的差额应当确认为一项单独的资产——商誉，或是在企业成本小于合并中取得的可辨认净资产公允价值份额的情况下（廉价购买），将该差额确认计入当期损益。

（2）交易费用在购买资产交易中通常作为转让对价的一部分，并根据适用的准则资本化为所购买的资产成本的一部分；而在企业合并中，交易费用应被费用化。

（3）企业会计准则禁止对在以下交易所记录的资产和负债初始确认时产生的暂时性差异确认递延所得税：非业务合并，且既不影响会计利润也不影响应纳税所得额或可抵扣亏损。相应地，资产购买中因账面价值与税务基础不同形成的暂时性差异不应确认递延所得税资产或负债；而业务合并中购买的资产和承担的负债因账面价值与税务基础不同形成的暂时性差异应确认递延所得税影响。

专栏3-1

关于企业合并中取得的经营活动或资产的组合是否构成业务的判断

（一）构成业务的要素

《企业会计准则第20号——企业合并》规定，涉及构成业务的合并，应当比照该准则处理。业务是指企业内部某些生产经营活动或资产的组合，该组合一般具有投入、加工处理过程和产出能力，能够独立计算其成本费用或所产生的收入。合并方在合并中取得的生产经营活动或资产的组合（以下简称组合）构成业务，通常应具有下列三个要素：

1. 投入，指原材料、人工、必要的生产技术等无形资产以及构成产出能力的机器设备等其他长期资产的投入。

2. 加工处理过程，指具有一定的管理能力、运营过程，能够组织投入形成产出能力的系统、标准、协议、惯例或规则。

3. 产出，包括为客户提供的产品或服务、为投资者或债权人提供的股利或利息等投资收益，以及企业日常活动产生的其他的收益。

（二）构成业务的判断条件

合并方在合并中取得的组合应当至少同时具有一项投入和一项实质性加工处理过程，且二者相结合对产出能力有显著贡献，该组合才构成业务。合并方在合并中取得的组合是否有实际产出并不是判断其构成业务的必要条件。

企业应当考虑产出的下列情况分别判断加工处理过程是不是实质性的：

1. 该组合在合并日无产出的，同时满足下列条件的加工处理过程应判断为是实质性的：（1）该加工处理过程对投入转化为产出至关重要；（2）具备执行该过程所需技能、知识或经验的有组织的员工，且具备必要的材料、权利、其他经济资源等投入，例如技术、研究和开发项目、房地产或矿区权益等。

2. 该组合在合并日有产出的，满足下列条件之一的加工处理过程应判断为是实质性的：（1）该加工处理过程对持续产出至关重要，且具备执行该过程所需技能、知识或经验的有组织的员工；（2）该加工处理过程对产出能力有显著贡献，且该过程是独有、稀缺或难以取代的。

企业在判断组合是否构成业务时，应当从市场参与者角度考虑可以将其作为业务进行管理和经营，而不是根据合并方的管理意图或被合并方的经营历史来判断。

（三）判断非同一控制下企业合并中取得的组合是否构成业务时也可选择采用集中度测试

集中度测试是非同一控制下企业合并的购买方在判断取得的组合是否构成一项业务时，可以选择采用的一种简化判断方式。进行集中度测试时，如果购买方取得的总资产的公允价值几乎相当于其中某一单独可辨认资产或一组类似可辨认资产的公允价值的，则该组合通过集中度测试，应判断为不构成业务，且购买方无须按照上述（二）的规定进行判断；如果该组合未通过集中度测试，购买方仍应按照上述（二）的规定进行判断。

购买方应当按照下列规定进行集中度测试：

1. 计算确定取得的总资产的公允价值。取得的总资产不包括现金及现金等价物、递延所得税资产以及由递延所得税负债影响形成的商誉。购买方通常可以通过下列公式之一计算确定取得的总资产的公允价值：

（1）总资产的公允价值＝合并中取得的非现金资产的公允价值
＋(购买方支付的对价
＋购买日被购买方少数股东权益的公允价值
＋购买日前持有被购买方权益的公允价值
－合并中所取得的被购买方可辨认净资产公允价值)
－递延所得税资产－由递延所得税负债影响形成的商誉

（2）总资产的公允价值＝购买方支付的对价
＋购买日被购买方少数股东权益的公允价值
＋购买日前持有被购买方权益的公允价值
＋取得负债的公允价值(不包括递延所得税负债)
－取得的现金及现金等价物－递延所得税资产
－由递延所得税负债影响形成的商誉

2. 关于单独可辨认资产。单独可辨认资产是企业合并中作为一项单独可辨认资产予以确认和计量的一项资产或资产组。如果资产（包括租赁资产）及其附着物分拆成本重大，应当将其一并作为一项单独可辨认资产，例如土地和建筑物。

3. 关于一组类似资产。企业在评估一组类似资产时，应当考虑其中每项单独可辨认资产的性质及其与管理产出相关的风险等。下列情形通常不能作为一组类似资产：（1）有形资产和无形资产；（2）不同类别的有形资产，例如存货和机器设备；（3）不同类别的可辨认无形资产，例如商标权和特许权；（4）金融资产和非金融资产；（5）不同类别的金融资产，例如应收款项和权益工具投资；（6）同一类别但风险特征存在重大差别的可辨认资产等。

资料来源：企业会计准则解释第13号．

---

2. 交易发生前后是否涉及标的业务控制权的转移

从企业合并的定义看，是否形成企业合并，除要看取得的资产或资产、负债组合是否构成业务之外，还要看有关交易或事项发生前后，报告主体是否发生变化。报告主体的变化产生于控制权的变化。在交易事项发生以后，投资方拥有对被投资方的权力，通过参与被投资方的相关活动享有可变回报，且有能力运用对被投资方的权力影响其回报金额的，投资方对被投资方具有控制，形成母子公司关系，则涉及控制权的转移，该交易或事项发生以后，子公司需要纳入母公司合并财务报表的范围，从合并财务报告角度形成报告主体的变化；交易事项发生以后，一方能够控制另一方的全部净资产，被合并的企业在合并后失去其法人资格，也涉及控制权及报告主体的变化，形成企业合并。

3.1.3　新设合并

在新设合并下，原有的企业需要到工商行政管理部门办理注销登记，新成立的企业要办理设立登记。新企业重新建账，与一般企业一样填制会计凭证、登记会计账簿、编制财务报表。这种情形下的会计处理并无新意，也没有什么难题。因此，《企业会计准则第20号——企业合并》根本就没有针对新设合并制定会计规则。

3.1.4　吸收合并

在吸收合并下，被吸收的企业办理注销登记，存续的企业办理变更登记。

由于吸收方原来已经建有账簿，因此，此时会产生新的会计问题，即如何记载被吸收方的资产和负债。是按照原账面价值接收，还是按照公允价值予以重新计量？

3.1.5　控股合并

会计准则所称的控股合并，是指投资方能够控制被投资方的财务及经营政策并从中获益的情形。这一概念是从证券分析的角度提出的。控股合并并不是惯常意义、法律意义上的企业合并。

依法理分析，投资方和被投资方仍为独立的企业法人，既不需要办理注销登记，也不需要办理变更登记，它们分别建账，独立核算，各自填制会计凭证、登记会计账簿、编制财务报表。因此，本身并无特殊的会计问题。但准则认为，此时投资方和被投资方形成了企业集团，即它们作为集团成员，形成了母子公司关系，母公司需要根据母子公司各自的个别报表（又称个别财务报表）编制合并报表（又称合并财务报表），从而反映企业集团的财务状况和经营成果。这就需要制定统一的编报规则。

可见，控股合并与合并报表系同义语。会计准则实际上把需要编制合并报表的股权投资行为也定义为企业合并了。初学者常常对此感到困惑。为便于理解，表3-1对企业合并相关会计处理规则进行了简单的归纳（假定共有两家企业参与合并）。

表 3-1 会计规则与证券分析规则之比较

项目	法律事实	同一控制下的处理规则	非同一控制下的处理规则
新设合并	两个注销登记 一个设立登记	—	—
吸收合并	一个注销登记 一个变更登记	在个别报表中，按照收到的对价与付出的代价的账面价值之差调整股东权益（所有者权益）	在个别报表中，把收到的对价与付出的代价的公允价值之差计入商誉或负商誉
控股合并	—	在合并报表中，按照收到的对价与付出的代价的账面价值之差调整股东权益（所有者权益）	在合并报表中，把收到的对价与付出的代价的公允价值之差计入商誉或负商誉

3.1.6 企业合并会计准则中的主要问题及其解决方案

综上所述，会计准则语境下的企业合并带来了两个问题。第一，吸收合并下如何记载所收购企业的资产和负债。究竟是照抄被吸收企业的账面数据，还是按照公允价值重新计算？第二，控股合并的情形下，编制合并报表时要不要对子公司的账面数据进行调整，究竟是照抄其账面数据，还是按照公允价值重新计算？

这样，问题就归结为：被吸收企业（或子公司）的资产和负债究竟按照原账面价值记载，还是按照公允价值重新计量？

会计理论对上述问题提出了两种做法：一是权益结合法（pooling of interests method/uniting of interests method），即被吸收企业（或子公司）的资产和负债仍然按照原账面价值记载，不调整为公允价值；二是购买法（purchase method），即被吸收企业（或子公司）的资产和负债按照公允价值重新计量。这两种做法自20世纪中叶起在美国证券市场上的公众公司会计实践中长期并存并引发了持续数十年的争论，最终，美国证券市场于2001年确定以购买法作为唯一的会计处理方法。但争论仍未结束。

3.2 同一控制下的企业合并

准则针对同一控制下的企业合并所制定的会计规则实际上是权益结合法的延续。

3.2.1 定 义

准则所称的同一控制下的企业合并（business combinations of entities under common control），是指参与合并的企业在合并前后均受同一方或相同的多方最终控制且该控制并非暂时性的情形，通常指企业集团内部所发生的合并（除此之外的合并一般不作为同一控制下的企业合并）。其中，同一方是指在合并前后一直拥有控制权的企业；相同的多方通常是指在对被投资单位的生产经营决策行使表决权时发

表一致意见的两个或两个以上的投资者。该控制并非暂时性，是指参与合并的各方在合并前后较长的时间（通常指不少于1年）内受到控制。

3.2.2 会计规则

针对同一控制下的企业合并，准则把在合并日（acquisition date）获得其他企业控制权的一方称作合并方，把相对方称作被合并方。作为对比，准则把非同一控制下企业合并的参与方分别称作购买方和被购买方。

准则规定，合并方记录被合并方的资产和负债时，应当按照合并日的原账面价值计量。合并方付出的代价（如付出资产、举借债务、出让股权等）与获得的对价（即被合并方净资产账面价值）之间的差额，应当增记或减记资本公积。在减记资本公积的情况下，如果资本公积不够冲减，则应依次冲减盈余公积和未分配利润。

在吸收合并的情况下，上述增减记录体现在存续企业的个别财务报表之中。在控股合并的情况下，上述增减记录体现在合并财务报表之中。

为便于记忆，上述规则可浓缩为一句话："合并方付出的代价与收到的对价一律按照账面价值计算，差额计入股东权益。"

准则规定，如果被合并方的会计政策与合并方不一致，则应调整一致。合并方的各项直接相关费用，包括为进行企业合并而支付的审计、评估、法律服务等费用，直接计入当期损益（管理费用）。为进行企业合并而发行债券或举借债务所支付的手续费、佣金等，应当计入所发行债券及其他债务的初始计量金额。为进行企业合并而发行股票所支付的手续费、佣金等费用，应当冲减股票溢价收入，溢价收入不够冲减的，冲减留存收益。

专栏3-2　　合并日（或购买日）的确定

准则规定，合并日（或购买日）是指合并方（或购买方）实际取得对被合并方（或被购买方）控制权的日期，即被合并方（或被购买方）的净资产或生产经营决策的控制权转移给合并方（或购买方）的日期。

同时满足下列条件的，通常可认为实现了控制权的转移：(1) 企业合并合同已获股东大会等通过；(2) 企业合并事项需要经过国家有关主管部门审批的，已获得批准；(3) 参与合并各方已办理了必要的财产权转移手续；(4) 合并方（或购买方）已支付了合并价款的大部分（一般应超过50%），并且有能力、有计划支付剩余款项；(5) 合并方（或购买方）实际上已经控制了被合并方（或被购买方）的财务和经营政策，并享有相应的利益、承担相应的风险。

3.2.3 同一控制下的吸收合并

这种情形下，被合并方不复存在，合并方只需记录所付出的代价与所收到的对价即可。会计分录如下：

借：接收的被合并方的各种资产　　[被合并方的账面价值]
　　资本公积→盈余公积→未分配利润（依次冲减）　　[若为不利差额]
　贷：接收的被合并方的各种负债　　[被合并方的账面价值]
　　各种对价（如现金/非现金资产/负债/股本面值）　　[按其账面价值]
　　资本公积　　[若为有利差额]

例3-1

中原粮油集团公司旗下的神州粮仓股份公司于20×7年1月1日，以银行存款70 000 000元、库存商品公允价值50 000 000元（账面价值30 000 000元）和固定资产公允价值80 000 000元（账面价值40 000 000元）吸收合并了集团旗下的豫州食品股份公司。具体数据如表3-2所示。

表3-2　账面价值与公允价值一览表　　单位：元

项目	神州粮仓股份公司账面价值	豫州食品股份公司		
		账面价值	公允价值	差异
货币资金	90 000 000	0	0	0
存货	120 000 000	60 000 000	80 000 000	20 000 000
固定资产	150 000 000	50 000 000	100 000 000	40 000 000
无形资产	80 000 000	40 000 000	50 000 000	30 000 000
资产合计	440 000 000	150 000 000	230 000 000	90 000 000
长期借款	100 000 000	60 000 000	60 000 000	0
股本	20 000 000	10 000 000		
资本公积	160 000 000	20 000 000		
盈余公积	100 000 000	30 000 000		
未分配利润	60 000 000	30 000 000		
股东权益合计	340 000 000	90 000 000	170 000 000	90 000 000

以上所述的公允价值信息为本例题的冗余信息。神州粮仓股份公司的会计分录如下：

借：库存商品　60 000 000
　　固定资产　50 000 000　　接收的资产
　　无形资产　40 000 000
　　　　　　　　　　　　　　　　收到的对价
不利差额→　资本公积　50 000 000
　贷：长期借款　60 000 000　　承受的负债
　　银行存款　70 000 000
　　库存商品　30 000 000　　付出的代价
　　固定资产　40 000 000

吸收合并完成后，神州粮仓股份公司的规模有所壮大，如表3-3所示。

表3-3 合并方的财务数据

单位：元

项目	神州粮仓股份公司			
	吸收合并前	借方	贷方	吸收合并后
货币资金	90 000 000		70 000 000	20 000 000
存货	120 000 000	60 000 000	30 000 000	150 000 000
固定资产	150 000 000	50 000 000	40 000 000	160 000 000
无形资产	80 000 000	40 000 000		120 000 000
资产合计	440 000 000			450 000 000
长期借款	100 000 000		60 000 000	160 000 000
股本	20 000 000			20 000 000
资本公积	160 000 000	50 000 000		110 000 000
盈余公积	100 000 000			100 000 000
未分配利润	60 000 000			60 000 000
股东权益合计	340 000 000			290 000 000

3.2.4 同一控制下的控股合并

1. 准则的设计思路

在这种情形下，合并方、被合并方继续存在并分别编制自己的财务报表（即个别财务报表）。会计准则要求母公司根据母子公司的个别报表编制合并日的合并财务报表（包括合并资产负债表、合并利润表和合并现金流量表）。这时，准则要解决的不是常规意义上的会计处理程序的问题，而是如何编制合并财务报表。

关于如何编制合并财务报表，学术界一直存有争议。大体公认的做法是，把各个个别财务报表的数据加起来，然后抵销其中重复记载的信息即可。例如，在母公司100%控股子公司的情况下，母公司账簿上记载的对子公司的长期股权投资和子公司账簿上记载的股东权益信息实际上是重复的。因为在对个别财务报表的数据进行简单加总的过程中，实际上已经把子公司的资产和负债数据计算在内了，所以，为了如准则所说，公允地反映企业集团的财务状况和经营成果，应当把上述长期股权投资和股东权益作抵销处理。这种抵销处理是在合并报表工作底稿上完成的。

专栏3-3 为何要抵销母公司的长期股权投资项目和子公司的股东权益类项目

简单地说，合并资产负债表试图把母公司和子公司的资产和负债进行加总，从而反映其所标称的“企业集团的整体财务状况”。但这样做会导致信息大量重复。例如，在母公司全资控股某子公司的情况下，在合并日（或购买日），两个公司个别资产负债表的加总数字实际上会放大它们的规模。因为该子公司的资产和负债已经加总进入合并报表，这就已经相当于把子公司的净资产计入合并报表了。因此，没有必要再把子公司的股东权益项目完整地照搬到合并报表上去。同理，既然子公司被母公司全资控股，那么，把子公司的资产和负债加总过来已经反映出了对子公司的长期股权投资的价值（即子公司相对于母公司的价值），因此，没有必要再把母公司的长期股权投资项目照搬到合并报表上去了。简单地进行加总的做法必然导致母公司的长期股权投资和子公司的股东权益项目被重复计入合并报表。这就是对母公司的长期股权投资和子公司的股东权益项目进行抵销处理的原因。

---

2. 合并方对股权投资的会计处理

值得注意的是，为了编制合并报表时抵销母公司长期股权投资和子公司股东权益的方便，甚至连母公司对外投资时的入账规则也被修改了。准则要求，母公司在投资时，要按照“被合并方所有者权益账面价值×持股比例”作为其股权投资的入账金额。

（1）以支付资产或承担债务作为合并对价的情形。

借：长期股权投资　　[按“被合并方所有者权益账面价值×持股比例”]
　　资本公积→盈余公积→未分配利润（依次冲减）　　[若为借方差额]
　贷：有关资产或负债科目　　[按账面价值]
　　　资本公积　　[若为贷方差额]

（2）以发行股份作为合并对价的情形。

借：长期股权投资　　[按“被合并方所有者权益账面价值×持股比例”]
　　资本公积→盈余公积→未分配利润（依次冲减）　　[若为借方差额]
　贷：股本　　[按股票面值总额]
　　　资本公积　　[若为贷方差额]

建议读者多多研读以上两个分录，深刻体会合并报表编报规则对会计规则的“倒逼机制”。这是《企业会计准则第20号——企业合并》的一个重点和难点，同样的知识点还出现在《企业会计准则第2号——长期股权投资》之中。

准则制定者认为，对于同一控制下的控股合并，编制合并报表时应当秉持这样的理念，即企业集团视为在合并日以及以前期间一直存在。因此，在确认同一控制下的控股合并所形成的长期股权投资后，编制合并报表时，应当保留被合并方在企业合并前所记载的留存收益（即盈余公积和未分配利润之和）应当归属于合并方的部分，即把被合并方在合并前实现的留存收益中按照持股比例计算应归属于合并方的部分自资本公积转入盈余公积和未分配利润（在合并工作底稿中，借记“资本公积”项目，贷记“盈余公积”和“未分配利润”项目）。

若合并方账面上的资本公积（仅指资本溢价或股本溢价的部分）贷方余额小于被合并方在合并前实现的留存收益中按持股比例计算应归属于合并方的部分，则在合并资产负债表中，应以合并方资本公积（资本溢价或股本溢价）的贷方余额为限，将被合并方在企业合并前实现的留存收益中归属于合并方的部分自资本公积转入盈余公积和未分配利润。因合并方的资本公积（资本溢价或股本溢价）余额不足，被合并方在合并前实现的留存收益在合并资产负债表中未予全额恢复的，合并方应当在财务报表附注中对这一情况进行说明。

例3-2a

根据集团总公司的指示，P公司于20×7年1月1日，以银行存款40 000 000元、股票5 000 000股（其中每股面值1元）与集团内S公司的老股东交换得到该公司90%的股份。两家公司的信息如表3-4所示。

表3-4　参与合并的交易双方的相关信息　　单位：元

项目	P公司	S公司		
	账面价值	账面价值	公允价值	差异
货币资金	60 000 000	30 000 000	30 000 000	0
存货	120 000 000	60 000 000	80 000 000	20 000 000
固定资产	180 000 000	50 000 000	90 000 000	40 000 000
无形资产	80 000 000	40 000 000	70 000 000	30 000 000
资产合计	440 000 000	180 000 000	270 000 000	90 000 000
长期借款	100 000 000	50 000 000	50 000 000	0
股本	20 000 000	10 000 000		
资本公积	160 000 000	20 000 000		
盈余公积	100 000 000	70 000 000		
未分配利润	60 000 000	30 000 000		
股东权益合计	340 000 000	130 000 000	220 000 000	90 000 000

以上所述的S公司的公允价值信息为冗余信息。在合并日，P公司的长期股权投资入账时的会计分录如下：

借：长期股权投资　117 000 000←90%×S公司股东权益账面价值　→ 收到的对价
　贷：银行存款　40 000 000
　　　股本　5 000 000　→ 付出的代价
　　　资本公积　72 000 000　→ 差额

P公司的投资行为只对S公司的股权结构（即股东花名册）产生影响，S公司的资产负债状况并没有变更，因此，S公司不需要作会计分录，只需在备查簿中登记股权结构的变更即可。

上述投资完成后，双方的个别财务报表的账面价值如表3-5所示。

表3-5　个别财务报表的报表项目一览表　　单位：元

项目	P公司		S公司（被合并前后不变）
	投资前	投资后	
货币资金	60 000 000	20 000 000	30 000 000
存货	120 000 000	120 000 000	60 000 000
长期股权投资		117 000 000	
固定资产	180 000 000	180 000 000	50 000 000
无形资产	80 000 000	80 000 000	40 000 000
资产合计	440 000 000	517 000 000	180 000 000
长期借款	100 000 000	100 000 000	50 000 000

续表

项目	P公司		S公司（被合并前后不变）
	投资前	投资后	
股本	20 000 000	25 000 000	10 000 000
资本公积	160 000 000	232 000 000	20 000 000
盈余公积	100 000 000	100 000 000	70 000 000
未分配利润	60 000 000	60 000 000	30 000 000
股东权益合计	340 000 000	417 000 000	130 000 000

3. 合并日的合并财务报表的编制

准则规定，对于同一控制下的控股合并，母公司应当编制合并日的合并资产负债表、合并利润表和合并现金流量表。

(1) 合并日的合并资产负债表。合并资产负债表中被合并方的各项资产、负债，应当按其账面价值计量。如果被合并方采用的会计政策与合并方不一致，合并方在合并日应当按照本企业的会计政策对被合并方的财务报表相关项目进行调整，并以调整后的账面价值计量。

由于前面已经做好了铺垫（即母公司已经按照“被合并方所有者权益账面价值×持股比例”作为其股权投资的入账金额），因此，在编制合并报表时，可在合并工作底稿上直接抵销母公司的长期股权投资和子公司的股权权益项目。在母公司持股比例不足100%的情况下，子公司的所有者权益（也即简单加总进来的子公司的资产和负债的差额）之中不属于母公司的份额以“少数股东权益”予以表示。

在合并工作底稿中所作的抵销分录如下：

借：股本
　　资本公积
　　盈余公积
　　未分配利润
　　} ←被合并方股东权益的账面价值
　贷：长期股权投资　　[合并方享有的被合并方所有者权益账面价值的份额]
　　　少数股东权益　　[少数股权享有的被合并方所有者权益账面价值的份额]

注意，抵销分录不是会计分录。抵销分录仅仅代表工作底稿中的演算思路。

例 3-2b

沿用例3-2a的资料。P公司在合并工作底稿中所作的抵销分录如下：

借：股本　　10 000 000
　　资本公积　　20 000 000
　　盈余公积　　70 000 000
　　未分配利润　　30 000 000
　　} ←S公司股东权益的账面价值
　贷：长期股权投资　　117 000 000←90%×S公司股东权益的账面价值
　　　少数股东权益　　13 000 000←10%×S公司股东权益的账面价值

合并报表工作底稿如表3-6所示。

表3-6 合并报表工作底稿

单位：元

报表项目	个别资产负债表		抵销分录		合并报表
	P公司	S公司	借方	贷方	
货币资金	20 000 000	30 000 000			50 000 000
存货	120 000 000	60 000 000			180 000 000
长期股权投资	117 000 000			117 000 000	—
固定资产	180 000 000	50 000 000			230 000 000
无形资产	80 000 000	40 000 000			120 000 000
资产合计	517 000 000	180 000 000			580 000 000
长期借款	100 000 000	50 000 000			150 000 000
股本	25 000 000	10 000 000	10 000 000		25 000 000
资本公积	232 000 000	20 000 000	20 000 000		232 000 000
盈余公积	100 000 000	70 000 000	70 000 000		100 000 000
未分配利润	60 000 000	30 000 000	30 000 000		60 000 000
少数股东权益	—	—		13 000 000	13 000 000
股东权益合计	417 000 000	130 000 000			430 000 000

除上述抵销分录外，还需要考虑把被合并方在合并前已实现的留存收益中按持股比例计算归属于合并方的部分自资本公积转入盈余公积和未分配利润。由表3-5可知，在确认同一控制下的控股合并所形成的长期股权投资后，合并方的资本公积余额为232 000 000元。假定其中的资本溢价（或股本溢价）金额大于被合并方在合并前实现的留存收益（后者金额为100 000 000元，即盈余公积70 000 000元加上未分配利润30 000 000元），则在合并工作底稿中，应作如下调整：

借：资本公积　　90 000 000（100 000 000×90%）

　贷：盈余公积　　63 000 000（70 000 000×90%）

　　　未分配利润　　27 000 000（30 000 000×90%）

如此调整以后，P公司编制的合并资产负债表如表3-7所示。

表3-7 合并资产负债表

单位：元

项目	金额	项目	金额
流动资产：		流动负债：	
货币资金	50 000 000	⋮	
存货	180 000 000	非流动负债：	
非流动资产：		长期借款	150 000 000
长期股权投资	0	股东权益：	
固定资产	230 000 000	股本	25 000 000
无形资产	120 000 000	资本公积	142 000 000
商誉	0	盈余公积	163 000 000
		未分配利润	87 000 000
		归属于母公司股东权益合计	417 000 000
		少数股东权益	13 000 000
资产总计	580 000 000	负债和股东权益总计	580 000 000

值得注意的是，母公司个别报表中的“股东权益合计”与合并报表中的“归属于母公司股东权益合计”是一样的，都是417 000 000元。

专栏3-4　　抵销分录与会计分录的区别

抵销分录仅仅出现在工作底稿中。它和记账凭证上的会计分录不同，不是母公司或子公司的会计分录。

(1) 抵销分录上列示的是报表项目，记账凭证上列示的是会计科目。

(2) 抵销分录不登账，与账务处理无关。企业集团仅仅是一个报告主体，并不是记账主体。由于不存在企业集团账簿，因此，抵销分录并不用于记账。

(3) 抵销分录上的对应关系与会计分录不同。记账凭证上借记、贷记科目的对应关系基本上是唯一的和确定的，实际经济事项发生以后，涉及的科目就基本确定了。作为对比，编制合并报表时，有些项目的抵销可以采用不同的对应关系。

---

(2) 合并日的合并利润表。合并利润表应当包括参与合并各方自合并当期期初至合并日所发生的收入、费用和利润。被合并方在合并前实现的净利润，应当在合并利润表中单列项目反映。

对于同一控制下的控股合并，为了帮助会计信息使用者了解合并利润表中净利润的构成，合并方应在合并利润表中的“净利润”项下单列“其中：被合并方在合并前实现的净利润”项目，以提示会计信息使用者关注合并利润表中记载的被合并方在合并日前实现的净利润的情况。

(3) 合并日的合并现金流量表。合并现金流量表应当包括参与合并各方自合并当期期初至合并日的现金流量。

3.3 非同一控制下的企业合并

《企业会计准则第20号——企业合并》中关于非同一控制下的企业合并的规定是比照《国际财务报告准则第3号——企业合并》制定而成的，有些词句比较拗口。为方便读者，本书没有照搬准则用语，而是力求通俗简练。

准则把参与合并的各方在合并前后不受同一方或相同的多方最终控制的企业合并（即参与合并的各方在市场交易中自愿达成的合并）称为非同一控制下的企业合并。准则规定，母公司应当根据母子公司的个别报表编制购买日的合并报表（只要求编制合并资产负债表）。

3.3.1 界定购买方

国际准则是从购买方的角度来制定会计规则的。购买方（acquirer）是指在购买日取得其他企业的控制权的一方，相对的一方为被购买方（acquiree）。购买日是指实际取得控制权的日期。

3.3.2 准则的设计理念

国际准则的基本设计理念是，购买方应当按照公允价值计量其所付出的代价（准则称之为企业合并成本（cost of business combination））与获得的对价（国际准则称之为净公允价值（net fair value）；我国准则译为可辨认净资产公允价值）。对价与代价之差，若为不利差异，则计入商誉（goodwill）作挂账处理；若为有利差异，则作为负商誉（negative goodwill）计入营业外收入。

上述增减记录，在吸收合并的情况下计入存续企业的个别报表，在控股合并的情况下计入合并报表。

3.3.3 购买方的合并成本的计算

准则规定，通过一次交易实现的企业合并，合并成本为购买方在购买日为取得控制权而付出的全部代价（如所付出的资产、所承担的负债、所发行的股票）的公允价值。作上述处理时，购买方付出的资产、发生的债务的公允价值与其账面价值的差额，计入当期损益（作为营业外收入或营业外支出）。

购买方为进行企业合并发生的各项直接相关费用计入当期损益（管理费用），不计入合并成本。

如果购买方在购并合同中对可能影响合并成本的未来事项做出约定，在购买日估计未来事项很可能发生并且其对合并成本的影响金额能够可靠计量，则应将其计入合并成本。

《企业会计准则解释第 4 号》规定，购买方为企业合并发生的审计、法律服务、评估咨询等中介费用以及其他相关管理费用，应当于发生时计入当期损益；购买方作为合并对价发行的权益性证券或债务性证券的交易费用，应当计入权益性证券或债务性证券的初始确认金额。

3.3.4 被购买方的净公允价值的计算

国际准则所称的净公允价值是一个全新的概念，其计算方法比较特殊，在常规的会计核算中不曾出现。我国的会计准则将之翻译为“可辨认净资产公允价值”。由于会计原理认为净资产是不可辨认的，其计量结果取决于资产和负债的计量，因此，这种翻译过来的概念往往词不达意，文化差异在所难免。鉴于此，《企业会计准则——应用指南》给出了详细的阐释。

准则规定，被购买方的可辨认净资产公允价值，是可辨认资产的公允价值减去负债及或有负债的公允价值后的余额。其中，公允价值是指购买日的公允价值。其计算公式为：

$$\text{可辨认净资产公允价值（即净公允价值）} = \text{可辨认资产的公允价值} - \text{负债及或有负债的公允价值}$$

1. **可辨认资产的公允价值**

购买方应当按照以下规定确定被购买方各项可辨认资产（identifiable assets）的公允价值：

（1）货币资金，按照购买日被购买方的原账面价值确定。

（2）有活跃市场的金融工具（股票、债券、基金等），按照购买日活跃市场中的市场价格确定。

（3）应收款项，其中的短期应收款项，一般按照应收取的金额作为其公允价值；长期应收款项，应按照根据适当的利率折现后的现值确定其公允价值。还应把发生坏账的可能性及相关收款费用考虑在内。

（4）存货，对其中的产成品和商品，按其估计售价减去估计的销售费用、相关税费以及购买方出售类似产成品或商品估计可能实现的利润确定；在产品，按完工产品的估计售价减去至完工将会发生的成本、估计的销售费用、相关税费以及基于同类或类似产成品的基础估计的出售可能实现的利润确定；原材料，按现行重置成本确定。

（5）房屋建筑物、机器设备、无形资产，存在活跃市场的，应以购买日的市场价格为基础确定其公允价值；不存在活跃市场，但同类或类似资产存在活跃市场的，应参照同类或类似资产的市场价格确定其公允价值；同类或类似资产也不存在活跃市场的，应采用估值技术确定其公允价值。

（6）不存在活跃市场的金融工具（如权益性投资等），应当参照《企业会计准则第 22 号——金融工具确认和计量》等，采用估值技术确定其公允价值。

2. **负债及或有负债的公允价值**

购买方应当按照以下规定确定合并中取得的被购买方各项负债及或有负债的公允价值：

（1）应付账款、应付票据、应付职工薪酬、应付债券、长期应付款，其中的短期负债，一般按照应支付的金额确定其公允价值；长期负债，应以采用适当的折现率折现后的现值作为其公允价值。

（2）取得的被购买方的或有负债，其公允价值在购买日能够可靠计量的，应确认为预计负债。此项负债应当按照市场上独立的第三方的立场来计算。注意，此时不再要求“很可能发生”，这与《企业会计准则第 13 号——或有事项》有所不同。

3. **特殊的资产和负债项目**

被购买方在合并前所记载的商誉、递延所得税资产、递延所得税负债，在计算净公允价值时均不考虑在内。

准则规定，取得的被购买方各项可辨认资产、负债及或有负债的公允价值与其计税基础之间存在差额的，应当按照《企业会计准则第 18 号——所得税》的规定确认相应的递延所得税资产或递延所得税负债。

3.3.5 购买方付出的企业合并成本与获得的净公允价值份额之比较

根据计算出的净公允价值，购买方可按照持股比例计算得出自己所享有的净公允价值份额。对于企业合并成本（即代价）与净公允价值份额（即对价）之间的差异，分别作如下处理。

1. 企业合并成本大于所享有的净公允价值份额的情形

购买方应当将差额确认为商誉。入账之后的商誉，应当以其成本扣除累计减值准备后的金额计量，减值额的计算按照《企业会计准则第 8 号——资产减值》处理。

2. 企业合并成本小于所享有的净公允价值份额的情形

如果出现这种差异，购买方应当复核企业合并成本与净公允价值的计算是否正确，若核对无误，则应将差额计入当期损益（营业外收入）。这种情形下的差异被称作负商誉。

在吸收合并的情况下，上述操作是在存续企业的个别报表中进行的；在控股合并的情况下，上述处理是在合并报表中进行的。

3.3.6 非同一控制下的吸收合并

这种情形下，被合并方不复存在，合并方只需记录所付出的代价与所收到的对价即可，不存在合并财务报表的问题。也就是说，购买方编制会计分录，在自己的账簿和个别报表中确认商誉或负商誉。

购买方在购买日确定合并成本的会计分录如下：

借：长期股权投资　　[按企业合并成本]
　　营业外支出　　[付出代价的公允价值与账面价值的差额]
　贷：作为对价的有关资产或负债科目　　[账面价值]
　　　营业外收入　　[付出代价的公允价值与账面价值的差额]

购买方在购买日以公允价值接收被购买方的资产和承受被购买方的负债，其会计分录如下：

借：取得的被购买方各项可辨认资产科目　　[按公允价值]
　　商誉（或贷：营业外收入）　　[按正商誉（或负商誉）]
　贷：长期股权投资　　[按企业合并成本]
　　　取得的被购买方各项可辨认负债及或有负债　　[按公允价值]

实务操作中，以上两个分录可以合为一个分录。上面之所以分成两个分录，是为了在第一个分录中清晰地反映合并成本，在第二个分录中清晰地反映商誉

（或负商誉）的形成机理。

例3-3

东南重工股份公司于20×7年1月1日，以银行存款70 000 000元、库存商品公允价值50 000 000元（账面价值30 000 000元）、固定资产公允价值80 000 000元（账面价值40 000 000元）吸收合并西北机车股份公司。两公司素无关联。相关数据如表3-8所示。

表3-8　参与合并的交易双方的相关信息　　单位：元

项目	东南重工股份公司账面价值	西北机车股份公司		
		账面价值	公允价值	差异
货币资金	90 000 000	0	0	0
存货	120 000 000	60 000 000	80 000 000	20 000 000
固定资产	150 000 000	50 000 000	100 000 000	50 000 000
无形资产	80 000 000	40 000 000	50 000 000	10 000 000
资产合计	440 000 000	150 000 000	230 000 000	80 000 000
长期借款	100 000 000	60 000 000	60 000 000	0
股本	20 000 000	10 000 000		
资本公积	160 000 000	20 000 000		
盈余公积	100 000 000	30 000 000		
未分配利润	60 000 000	30 000 000		
股东权益合计	340 000 000	90 000 000	170 000 000	80 000 000

东南重工股份公司确定合并成本及商誉的会计分录如下：

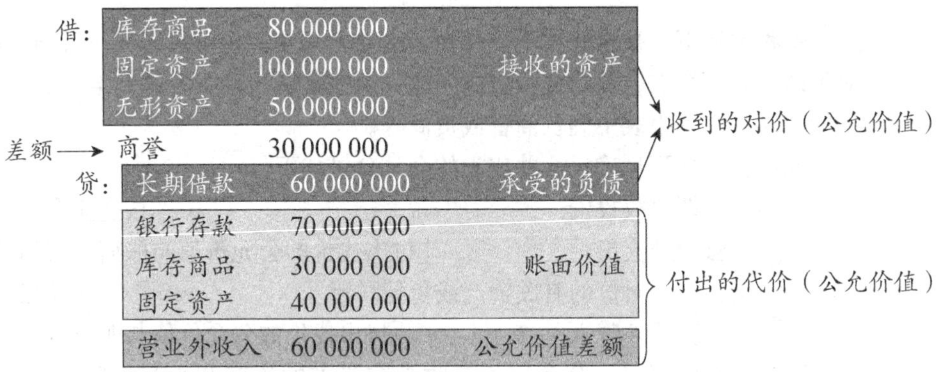

经过吸收合并，东南重工股份公司的规模有所壮大，如表3-9所示。

表3-9　合并方的财务数据　　单位：元

项目	东南重工股份公司			
	吸收合并前	借方	贷方	吸收合并后
货币资金	90 000 000		70 000 000	20 000 000
存货	120 000 000	80 000 000	30 000 000	170 000 000

续表

项目	东南重工股份公司			
	吸收合并前	借方	贷方	吸收合并后
固定资产	150 000 000	100 000 000	40 000 000	210 000 000
无形资产	80 000 000	50 000 000		130 000 000
商誉		30 000 000		30 000 000
资产合计	440 000 000			560 000 000
长期借款	100 000 000		60 000 000	160 000 000
股本	20 000 000			20 000 000
资本公积	160 000 000			160 000 000
盈余公积	100 000 000			100 000 000
未分配利润	60 000 000		60 000 000	120 000 000
股东权益合计	340 000 000			400 000 000

3.3.7 非同一控制下的控股合并

此情形下，在母公司（购买方）的个别报表中，控股合并是作为长期股权投资核算的。准则要求，购买方应当按照公允价值计量合并成本。在合并日，母公司需要在合并工作底稿中编制抵销分录。

1. 购买方对股权投资的会计处理

若通过转让资产或承担负债的方式完成合并，则购买方在购买日确定合并成本的会计分录如下：

借：长期股权投资　［按企业合并成本］
　　营业外支出　［付出代价的公允价值与账面价值的差额］
　贷：作为代价的有关资产或负债科目　［账面价值］
　　　营业外收入　［付出代价的公允价值与账面价值的差额］

若通过发行股票的方式完成合并，则购买方在购买日确定合并成本的会计分录如下：

借：长期股权投资　［按所发行股票的公允价值］
　贷：股本　［按所发行股票的面值］
　　　资本公积——股本溢价　［按差额］

例3-4a

北方实业股份公司于20×7年1月1日，以银行存款50 000 000元、发行股票公允价值180 000 000元（其中计入股本10 000 000元）从南方地产股份公司老股东购得90%的股权。并购交易双方的相关信息如表3-10所示。

表 3-10 参与并购的交易双方的相关信息 单位：元

项目	北方实业股份公司账面价值	南方地产股份公司		
		账面价值	公允价值	差异
货币资金	60 000 000	30 000 000		
存货	120 000 000	60 000 000	80 000 000	20 000 000
固定资产	180 000 000	50 000 000	90 000 000	40 000 000
无形资产	80 000 000	40 000 000	70 000 000	30 000 000
资产合计	440 000 000	180 000 000	270 000 000	90 000 000
长期借款	100 000 000	50 000 000	50 000 000	0
股本	20 000 000	10 000 000		
资本公积	160 000 000	20 000 000		
盈余公积	100 000 000	70 000 000		
未分配利润	60 000 000	30 000 000		
股东权益合计	340 000 000	130 000 000	220 000 000	90 000 000

北方实业股份公司购买日的会计分录如下：

借：长期股权投资 230 000 000

　贷：银行存款 50 000 000

　　股本 10 000 000

　　资本公积 170 000 000

南方地产股份公司不需要作会计分录，只需在备查簿中登记股权结构变更即可，因为交易只涉及老股东个人，公司法人财产权没有变化。

由于会计法规通常不允许持续经营的会计主体记录资产的评估升值情况，因此南方地产股份公司无须为企业合并业务编制会计分录，其资产负债表上维持原账面价值不变。

合并后，双方公司的个别报表的账面价值如表 3-11 所示。

表 3-11 个别报表的报表项目一览表 单位：元

项目	北方实业股份公司		南方地产股份公司（收购前后不变）
	收购前	收购后	
货币资金	60 000 000	10 000 000	30 000 000
存货	120 000 000	120 000 000	60 000 000
长期股权投资		230 000 000	
固定资产	180 000 000	180 000 000	50 000 000
无形资产	80 000 000	80 000 000	40 000 000
资产合计	440 000 000	620 000 000	180 000 000
长期借款	100 000 000	100 000 000	50 000 000
股本	20 000 000	30 000 000	10 000 000
资本公积	160 000 000	330 000 000	20 000 000
盈余公积	100 000 000	100 000 000	70 000 000
未分配利润	60 000 000	60 000 000	30 000 000
股东权益合计	340 000 000	520 000 000	130 000 000

2. 准则的设计思路

按照购买法的设计思路，在合并报表中，购买方应当将所付出的代价（即“长期股权投资”项目）与所得到的对价（母公司享有的子公司净公允价值份额）进行对比，在合并报表中作抵销处理，并将两者的差额在合并报表中作商誉或负商誉处理。

但是，由于母公司、子公司分别是独立的企业法人，它们独立编制自己的个别财务报表，因此子公司资产负债表并未按照母公司的评估情况调整为公允价值。也就是说，母公司拿到的子公司资产负债表是账面价值信息，而不是公允价值信息。因此，在合并工作底稿中，必须把子公司资产负债表的账面价值数据调整为公允价值数据。这种调整通常称作公允价值调整（fair value adjustment）。

准则规定，非同一控制的控股合并下，母公司应当编制购买日的合并资产负债表。母公司应当设置备查簿记录子公司各项可辨认资产、负债及或有负债等在购买日的公允价值。编制合并报表时，应当以购买日确定的子公司各项可辨认资产、负债及或有负债的公允价值为基础对子公司的财务报表进行调整。

3. 合并日的合并报表的编制

在合并工作底稿中按照调整分录进行公允价值调整后，购买方所付出的代价（即“长期股权投资”项目）与所得到的对价（母公司享有的子公司净公允价值）已经全部列示在合并工作底稿上，这样就可以进行抵销处理了。

对于非同一控制下的控股合并，母公司应当编制购买日的合并资产负债表，因企业合并取得的被购买方各项可辨认资产、负债及或有负债应当以公允价值列示。母公司的合并成本与取得的子公司可辨认净资产公允价值份额的差额，作为商誉或负商誉进行处理。

例3-4b

沿用例3-4a的资料。北方实业股份公司首先需要在合并工作底稿中将南方地产股份公司的资产、负债调整为公允价值。

(1) 调整分录如下：

借：存货	20 000 000	
固定资产	40 000 000	
无形资产	30 000 000	
贷：子公司公允价值调整		90 000 000

说明：这个调整分录不是会计分录，而只是合并工作底稿中的操作依据。其目的是根据子公司资产的公允价值与其账面价值之差，把子公司报表中的账面价值数据调整为公允价值数据。前已述及，因为在编制合并报表所依据的子公司个别报表中，子公司是按照账面价值记载其资产和负债的，所以，在工作底稿中需要把资产和负债的账面价值调整为公允价值。其中，“子公司公允价值调整”是本书创设的报表项目，仅作过渡使用。

在合并工作底稿中调整得到子公司的净公允价值为220 000 000元。购买方作为大股东持股90%，分享其中的198 000 000元，其余22 000 000元属于少数股东权益。

（2）抵销分录如下：

借：子公司公允价值调整	90 000 000	←子公司公允价值调整
股本	10 000 000	←子公司股东权益的账面价值
资本公积	20 000 000	
盈余公积	70 000 000	
未分配利润	30 000 000	
贷：长期股权投资	198 000 000	←90%×子公司净公允价值
少数股东权益	22 000 000	←10%×子公司净公允价值

在合并工作底稿中，购买方付出的代价（即企业合并成本）为230 000 000元，而所获得的对价（即子公司净公允价值份额）仅为198 000 000元，代价高于对价的差额32 000 000元，依准则规定应当计入商誉。

（3）商誉的调整分录如下：

借：商誉　　32 000 000

　贷：长期股权投资　　32 000 000

合并工作底稿如表3-12所示。

表3-12　合并工作底稿　　单位：元

报表项目	个别资产负债表		抵销分录		合并报表
	北方实业股份公司	南方地产股份公司	借方	贷方	
货币资金	10 000 000	30 000 000			40 000 000
存货	120 000 000	60 000 000	（1）20 000 000		200 000 000
长期股权投资	230 000 000			（2）198 000 000 （3）32 000 000	—
固定资产	180 000 000	50 000 000	（1）40 000 000		270 000 000
无形资产	80 000 000	40 000 000	（1）30 000 000		150 000 000
商誉	—	—	（3）32 000 000		32 000 000
资产合计	620 000 000	180 000 000			692 000 000
长期借款	100 000 000	50 000 000			150 000 000
股本	30 000 000	10 000 000	（2）10 000 000		30 000 000
资本公积	330 000 000	20 000 000	（2）20 000 000		330 000 000
盈余公积	100 000 000	70 000 000	（2）70 000 000		100 000 000
未分配利润	60 000 000	30 000 000	（2）30 000 000		60 000 000
少数股东权益	—	—		（2）22 000 000	22 000 000
公允价值调整			（2）90 000 000	（1）90 000 000	—
股东权益合计	520 000 000	130 000 000			542 000 000

为进一步深化理解，把调整分录和抵销分录（1）（2）（3）组合成一个分录：

借：存货　　20 000 000
　　固定资产　　40 000 000　←子公司公允价值调整
　　无形资产　　30 000 000
　　股本　　10 000 000
　　资本公积　　20 000 000
　　盈余公积　　70 000 000　←子公司股东权益的账面价值
　　未分配利润　　30 000 000
　　商誉　　32 000 000←商誉
　贷：长期股权投资　　230 000 000←90%×子公司净公允价值+商誉
　　　少数股东权益　　22 000 000←10%×子公司净公允价值

北方实业股份公司编制的合并日的合并资产负债表如表3-13所示。

表3-13　合并资产负债表

20×7年1月1日　　单位：元

项目	金额	项目	金额
流动资产：		流动负债：	
货币资金	40 000 000	⋮	
存货	200 000 000	非流动负债：	
非流动资产：		长期借款	150 000 000
长期股权投资	0	股东权益：	
固定资产	270 000 000	股本	30 000 000
无形资产	150 000 000	资本公积	330 000 000
商誉	32 000 000	盈余公积	100 000 000
		未分配利润	60 000 000
		归属于母公司股东权益合计	520 000 000
		少数股东权益	22 000 000
资产总计	692 000 000	负债和股东权益总计	692 000 000

课程思政　培养辩证思维能力

专栏3-5　合并报表编报规则的设计理念

初学者往往感到合并报表的编报规则十分费解。这里借助图形直观地帮助读者尽快理解合并报表的编报思路。

P公司因收购S公司老股东所持有的S公司的100%股权，而成为S公司的母公司。这样，在P公司的资产负债表上，便出现了一项长期股权投资（以竖条纹标示）。我们先来考虑P公司的出资（长期股权投资，如图3-2（c）所示）恰等于S公司的所有者权益（图3-2（b））的情形。稍后会在此基础上有所扩展。

合并报表指在P公司和S公司各自编报个别报表的基础上，由控股公司（即母公司P）根据两家公司的财务报表，“拿着报表编报表”，从而编制出一张所谓的集团报表，即PS集团报表。合并报表并不是财务报表，它是一种金融分析工具。人们之所以习惯于把合并报表称作财务报表，只是因为它看起来像是财务报表，正如同鲸看起来像是鱼，但实际上并不是鱼一样。

假设除长期股权投资项目外（在编制合并报表时，先不考虑该项长期股权投资），P公司和S公司分别拥有名为A1，A2，A3，A4，A5的五项资产，以及名为L1，L2，L3的三项负债。P公司把它自己和S公司的五项资产和三项负债分别加到一起，就得到了PS集团合并的资产和负债，如图3-2（c）所示。

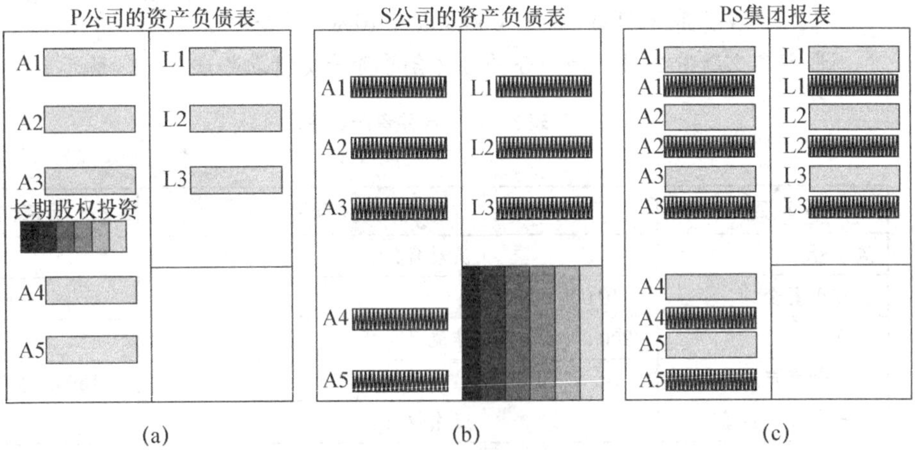

图3-2　合并报表的编报原理

对于S公司来说，由于其资产和负债均已经加到集团报表里，因此其所有者权益信息便成为冗余信息。对于P公司来说，由于其长期股权投资的价值已经通过合并进来的子公司的资产和负债的形式予以体现，因此报表中的长期股权投资也变成冗余信息。

如果P公司的长期股权投资持股100%的账面价值恰等于S公司的所有者权益，那么，应当直接将两者注销。

如果P公司的长期股权投资持股比例为90%，那么，在注销S公司100%的所有者权益、注销P公司持股90%的长期股权投资的同时，应当承认，PS集团报表中加进来的S公司的资产和负债只有90%是控股股东所拥有的，其余10%属于少数股东。因此，应当在PS集团报表中标明这10%属于少数股东权益。

3.4　分步实现的企业合并[①]

准则规定，通过多次交易分步实现的企业合并（business combination achieved in stages），合并成本为每一单项交易成本之和。2006年10月出台的《企业会计准则——应用指南》给出了一套具体规则，但该套规则2010年7月被

① 本节内容不作教学要求，仅供硕士生和博士生作研究参考。

《企业会计准则解释第4号》取代。

专栏3-6　　《企业会计准则解释第4号》的相关规定

企业通过多次交易分步实现非同一控制下企业合并的，对于购买日之前持有的被购买方的股权，应当如何进行会计处理？

答：企业通过多次交易分步实现非同一控制下企业合并的，应当区分个别财务报表和合并财务报表进行相关会计处理：

（一）在个别财务报表中，应当以购买日之前所持被购买方的股权投资的账面价值与购买日新增投资成本之和，作为该项投资的初始投资成本；购买日之前持有的被购买方的股权涉及其他综合收益的，应当在处置该项投资时将与其相关的其他综合收益（例如，其他权益工具投资公允价值变动计入资本公积的部分，下同）转入当期投资收益。

（二）在合并财务报表中，对于购买日之前持有的被购买方的股权，应当按照该股权在购买日的公允价值进行重新计量，公允价值与其账面价值的差额计入当期投资收益；购买日之前持有的被购买方的股权涉及其他综合收益的，与其相关的其他综合收益应当转为购买日所属当期投资收益。购买方应当在附注中披露其在购买日之前持有的被购买方的股权在购买日的公允价值、按照公允价值重新计量产生的相关利得或损失的金额。

例3-5

抶洋自重股份公司于20×2年1月1日斥资6 000万元购入广和商贸股份公司10%的股权。当日，广和商贸股份公司净资产的公允价值为55 000万元。假定该项投资在活跃市场中没有可供参考报价，即公允价值难以可靠计量。投资方没有参与被投资方的生产经营决策，因此，采用成本法核算该项投资。20×3年1月1日，抶洋自重股份公司另支付40 000万元取得广和商贸股份公司50%的股权，能够对广和商贸股份公司实施控制。购买日广和商贸股份公司可辨认净资产公允价值为71 000万元，抶洋自重股份公司之前所取得的10%的股权在购买日的公允价值为6 400万元。广和商贸股份公司自20×2年1月1日取得抶洋自重股份公司投资后至20×3年1月1日购买进一步股权前实现的留存收益为1 500万元，未进行利润分配。

（1）个别报表中的处理。20×2年1月1日，抶洋自重股份公司的股权投资成本为6 000万元。20×3年1月1日，抶洋自重股份公司进一步取得广和商贸股份公司50%的股权时，支付价款40 000万元。该项长期股权投资于购买日的账面价值为46 000万元。抶洋自重股份公司在购买日的账务处理如下：

借：长期股权投资	400 000 000	
贷：银行存款		400 000 000

（2）合并财务报表中的处理。

1）调整购买日之前的长期股权投资，并计算应计入损益的金额。

应计入损益的金额＝6 400－6 000＝400(万元)

借：长期股权投资	4 000 000	
贷：投资收益		4 000 000

2）计算合并成本。

合并成本＝6 400＋40 000＝46 400(万元)

3）计算商誉。

在合并财务报表中应体现的商誉＝46 400－71 000×60%＝3 800(万元)

在合并工作底稿上应作的合并抵销分录为：

借：广和商贸股份公司所有者权益	710 000 000	
商誉	38 000 000	
贷：长期股权投资		464 000 000
少数股东权益		284 000 000

专栏3-7　　报表附注关于企业合并的信息披露

1. 合并方的信息披露

在企业合并发生当期的期末，合并方应当在附注中披露与同一控制下的企业合并有关的下列信息：

(1) 参与合并企业的基本情况。

(2) 属于同一控制下的企业合并的判断依据。

(3) 合并日的确定依据。

(4) 以支付现金、转让非现金资产以及承担债务作为合并对价的，所支付对价在合并日的账面价值；以发行权益性证券作为合并对价的，合并中发行权益性证券的数量及定价原则，以及参与合并各方交换有表决权股份的比例。

(5) 被合并方的资产、负债在上一会计期间资产负债表日及合并日的账面价值；被合并方自合并当期期初至合并日的收入、净利润、现金流量等情况。

(6) 合并合同或协议约定将承担被合并方或有负债的情况。

(7) 被合并方采用的会计政策与合并方不一致所作调整情况的说明。

(8) 合并后已处置或准备处置被合并方资产、负债的账面价值及处置价格等。

2. 购买方的信息披露

企业合并发生当期的期末，购买方应当在附注中披露与非同一控制下的企业合并有关的下列信息：

(1) 参与合并企业的基本情况。

(2) 购买日的确定依据。

(3) 合并成本的构成及其账面价值；公允价值及其确定方法。

(4) 被购买方各项可辨认资产、负债在上一会计期间资产负债表日及购买日的账面价值和公允价值。

(5) 合并合同或协议约定将承担被购买方或有负债的情况。

(6) 被购买方自购买日起至报告期期末的收入、净利润和现金流量等情况。

(7) 商誉的金额及其确定方法。

(8) 因合并成本小于合并中取得的被购买方可辨认净资产公允价值的份额计入当期损益的金额。

(9) 合并后已处置或准备处置被购买方资产、负债的账面价值及处置价格等。

3.5 企业合并涉及的或有对价

同一控制下企业合并形成的控股合并，在确认长期股权投资初始投资成本时，应按照《企业会计准则第13号——或有事项》的规定，判断是否应就或有对价确认预计负债或者确认资产，以及应确认的金额；确认预计负债或资产的，该预计负债或资产金额与后续或有对价结算金额的差额不影响当期损益，而应当调整资本公积（资本溢价或股本溢价），资本公积（资本溢价或股本溢价）不足冲减的，调整留存收益。

非同一控制下企业合并涉及或有对价时长期股权投资成本的计量。在某些情况下，企业合并各方可能在合并协议中约定，根据未来一项或多项或有事项的发生，购买方通过发行额外证券、支付额外现金或其他资产等方式追加合并对价，或者要求返还之前已经支付的对价，这将导致企业合并的或有对价问题。会计准则规定，购买方应当将合并协议约定的或有对价作为企业合并转移对价的一部分，按照其在购买日的公允价值计入企业合并成本。或有对价符合权益工具和金融负债定义的，购买方应当将支付或有对价的义务确认为一项权益或负债；符合资产定义并满足资产确认条件的，购买方应当将符合合并协议约定条件的、对已支付的合并对价中可收回部分的权利确认为一项资产。同时规定，购买日12个月内出现对购买日已存在情况的新的或进一步证据需要调整或有对价的，应当予以确认并对原计入合并商誉的金额进行调整。其他情况下发生的或有对价变化或调整，应当区分情况进行会计处理：或有对价为权益性质的，不进行会计处理；或有对价为资产或负债性质的，如果属于会计准则规定的金融工具，应当按照以公允价值计量且其变动计入当期损益进行会计处理，不得指定为以公允价值计量且其变动计入其他综合收益的金融资产。

上述关于或有对价的规定，主要侧重于两个方面：一是在购买日应当合理估计或有对价并将其计入企业合并成本，购买日后12个月内取得新的或进一步证据表明购买日已存在状况，从而需要对企业合并成本进行调整的，可以据以调整企业合并成本；二是无论是购买日后12个月内还是其他时点，如果出现新的情况导致对原估计或有对价进行调整，则不能再对企业合并成本进行调整，相关或有对价属于金融工具的，应以公允价值计量，公允价值变动计入当期损益。上述会计处理的出发点在于，对于企业合并交易，原则上应将确认和计量时点限定为购买日，购买日以后视新的情况对原购买成本进行调整的，不能视为购买日的状况，因此也就不能据以对企业合并成本进行调整。

非同一控制下企业合并中的或有对价构成金融资产或金融负债的，应当以公允价值计量并将其变动计入当期损益；或有对价属于权益性质的，应作为权益性交易进行会计处理。

3.6 反向购买的处理

非同一控制下的企业合并，以发行权益性证券交换股权的方式进行的，通常发行权益性证券的一方为购买方。但在某些企业合并中，发行权益性证券的一方的生产经营决策在合并后被参与合并的另一方控制，发行权益性证券的一方虽然为法律上的母公司，但其为会计上的被购买方，该类企业合并通常称为“反向购买”。例如，A公司为一家规模较小的上市公司，B公司为一家规模较大的公司。B公司拟通过收购A公司的方式达到上市目的，但该交易通过A公司向B公司原股东发行普通股用以交换B公司原股东持有的B公司股权的方式实现。该项交易后，B公司原控股股东持有A公司50%以上股权，A公司持有B公司50%以上股权，A公司为法律上的母公司，B公司为法律上的子公司，但从会计的角度来看，A公司为被购买方，B公司为购买方。

拓展阅读

1. Abraham J. Briloff. Dirty Pooling. The Accounting Review, 1967, 42 (3): 489-496.

2. 查尔斯·盖斯特（Charles R. Geisst）. 百年并购——20世纪的美国并购和产业发展. 北京：人民邮电出版社，2006.

练习题

1. 甲公司是一家在境内外上市的综合性国际能源公司。该公司在致力于内涵式发展的同时，也高度重视企业并购以实现跨越式发展。以下是该公司近年来的一些并购资料：

(1) 20×1年9月30日，甲公司与其母公司乙集团签订协议，以100 000万元购入乙集团下属全资子公司A公司50%的有表决权股份。收购完成后，A公司董事会进行重组，7名董事中4名由甲公司委派；A公司所有生产经营和财务管理重大决策须由半数以上董事表决通过。9月30日，A公司的净资产账面价值为160 000万元，可辨认净资产公允价值为180 000万元。10月1日，甲公司向乙集团支付了100 000万元。10月31日，甲公司办理完毕股权转让手续并拥有实质控制权，A公司当日的净资产账面价值为170 000万元，可辨认净资产公允价值为190 000万元。此外，甲公司为本次收购发生审计、法律服务、咨询等费用1 000万元。

(2) 20×1年6月30日，甲公司决定进军银行业，其战略目的是依托油气主业进行产融结合，实现更好发展。20×1年11月1日，甲公司签订协议以160 000万元的对价购入与其无关联关系的B银行90%的有表决权股份；20×1年11月30日，甲公司支付价款并取得实质控制权，B银行当日净资产账面价值为180 000万元，可辨认净资产公允价值为190 000万元。并购完成后，甲公司对B银行进行了一系列整合：1）要求B银行将服务重点转向与石油业务链相关的业务，支持油气主业发展；2）要求B银行对其业务进行调整、优化，使经营效率更高、运行效果更好；3）要求B银行更加重视风险管理，按照银保监会有关要求完善制度，规范运作；4）要求B银行按照发展目标和业务变化，调整其部门设置和人事安排，以与甲公司有关机构设置相协同；5）要求B银行努力吸收甲公司长期形成的良好企业文化，以此来促进银行管理。以上整合取得了很好的效果。

(3) 20×2年上半年，欧债危机继续蔓延，世界经济复苏乏力，我国经济也面临较大的下行压力。受此影响，我国成品油销量增速放缓。C公司是一家与甲公司无关联关系的成品油销售公司，拥有较好的营销网络，但受市场形势影响，上半年经营业绩不佳。经多次协商，甲公司于20×2年6月30日以12 000万元取得了C公司70%的有表决权股份，能够实施控制，C公司当日可辨认净资产公允价值为15 000万元。8月31日，甲公司又以4 000万元取得了C公司20%的有表决权股份，C公司自6月30日始持续计算的可辨认净资产公允价值为18 000万元。

假定不考虑其他因素。

要求：

(1) 根据资料(1)，指出甲公司购入A公司股份是否属于企业合并，并简要说明理由；如果属于企业合并，指出属于同一控制下的企业合并还是非同一控制下的企业合并，并简要说明理由，同时指出合并日（或购买日）。

(2) 根据资料(1)，计算甲公司在合并日（或购买日）应确定的长期股权投资金额，简要说明支付的价款与长期股权投资金额之间差额的会计处理方法；简要说明甲公司支付的审计、法律服务、咨询等费用的会计处理方法。

(3) 根据资料(2)，指出该项合并属于同一控制下的企业合并还是非同一控制下的企业合并，并简要说明理由；计算甲公司合并成本与确认的可辨认净资产公允价值份额之间的差额，并简要说明该差额的会计处理方法。

(4) 根据资料(2)，指出该项合并属于横向合并、纵向合并还是混合合并，简要说明理由，并根据1）至5）指出合并后进行了哪些类型的整合。

(5) 根据资料(3)，指出甲公司购入C公司20%股份是否构成企业合并，并简要说明理由；计算甲公司购入C公司20%股份后，甲公司个别报表上的长期股权投资金额，以及在甲公司合并报表上应该列示的商誉金额。

(6) 根据资料 (3)，计算甲公司购入C公司20%股份支付的价款与其应享有C公司自购买日始持续计算的可辨认净资产公允价值份额之间的差额，并简要说明该差额的会计处理方法。

2. 甲公司为一家从事房地产开发的上市公司，20×8年与企业并购有关的情况如下：

(1) 甲公司为取得B公司拥有的正在开发的某房地产项目，20×8年3月1日，以公允价值为15 000万元的非货币性资产作为对价购买了B公司35%的有表决权股份；20×8年下半年，甲公司筹集到足够资金，以现金20 000万元作为对价再次购买了B公司45%的有表决权股份。

(2) 甲公司为进入西北市场，20×8年6月30日，以现金2 400万元作为对价购买了C公司90%的有表决权股份。C公司为20×8年4月1日新成立的公司，截至20×8年6月30日，C公司持有货币资金2 600万元，实收资本2 000万元，资本公积700万元，未分配利润−100万元。

(3) 甲公司20×7年持有D公司80%的有表决权股份，基于对D公司市场发展前景的分析判断，20×8年8月1日，甲公司以现金5 000万元作为对价向乙公司购买了D公司20%的有表决权股份，从而使D公司变为其全资子公司。

假定本题中有关公司的所有者均按所持有表决权股份的比例参与被投资单位的财务和经营决策，不考虑其他情况。

要求：

根据企业会计准则规定，逐项分析、判断甲公司20×8年上述并购是否形成企业合并；如不形成企业合并，请简要说明理由。

第4章 合并财务报表

Chapter 4

课程思政要点

1. 结合中国特色社会主义法治体系学习会计法规体系。运用《中华人民共和国民法典》关于法人制度的规定、《中华人民共和国税收征收管理法》关于纳税人的规定，理解合并报表的理论局限性。

2. 对照阅读《企业会计准则第33号——合并财务报表》和IFRS® 10：Consolidated Financial Statements，理解合并报表编报规则的理论逻辑、历史逻辑和实践逻辑。

3. 培养辩证思维能力，分析“控制”概念长期存在争议的可能原因。

学习目标

1. 掌握：合并财务报表的合并范围的界定规则。

2. 理解：合并资产负债表、合并利润表的编制流程。

3. 了解：合并现金流量表、合并所有者权益变动表的编制流程；合并报表的附注披露要求。

本章讲解《企业会计准则第33号——合并财务报表》的设计理念及操作要领。该准则是借鉴《国际会计准则第27号——合并财务报表与个别财务报表》(IAS® 27：Consolidated and Separate Financial Statements) 制定而成的。后者被国际会计准则理事会2011年5月发布的《国际财务报告准则第10号——合并财务报表》(IFRS® 10：Consolidated Financial Statements) 取代。财政部2014年2月发布的《企业会计准则第33号——合并财务报表》(修订) 反映了国际准则2006年以来的相应变化。

鉴于合并财务报表在理论上存在较多问题，在实践中饱受争议，因此，本章采取辩证的态度来介绍相关的理论及规则，以帮助读者全面认识现行的合并报表编报规则，从而把有限的精力投入有效的管理活动之中。基于辩证分析理念，主讲教师可以教得清清楚楚，学生可以学得明明白白。

4.1 合并财务报表概述

在第3章中，我们已经知道如何编制合并日（或购买日）的合并报表。本章将要阐释的是如何编制合并日（或购买日）之后的资产负债表日的合并报表。

4.1.1 定　义

准则所称合并财务报表（consolidated financial statements），是指反映企业集团（包括母公司及其全部子公司）的整体财务状况、经营成果和现金流量的财务报表。母公司（parent company）是指控制一个或一个以上主体（含企业、被投资单位中可分割的部分，以及企业所控制的结构化主体等，下同）的主体。子公司（subsidiary）是指被母公司控制的主体。

准则规定，母公司应当编制合并财务报表。合并财务报表至少应当包括下列组成部分：（1）合并资产负债表；（2）合并利润表；（3）合并现金流量表；（4）合并所有者权益（或股东权益）变动表；（5）附注。企业集团中期期末编制合并财务报表的，至少应当包括合并资产负债表、合并利润表、合并现金流量表和附注。

合并报表在理论上存有争议，在实践中也存在不少问题。有些学者认为，合并报表主要对母公司的股东和潜在投资者具有一定参考价值，但对合并各方的债权人和子公司的少数股东只有有限的用途。虽然会计准则标榜自身是为投资者服务的，但证券分析师常常猛烈抨击合并报表。他们认为，对于多元化经营的控股企业来说，其跨行业集团的合并报表包罗万象，不能用于比较分析、行业分析。或许分部报告更实用一些。

4.1.2 合并范围

准则规定，合并财务报表的合并范围应当以控制为基础予以确定。

母公司应当将其全部子公司（包括母公司所控制的单独主体）纳入合并财务报表的合并范围。

以下简要介绍《企业会计准则第33号——合并财务报表》（2014年修订）关于如何判断是否对被投资方构成控制的规定。

1. 控制的基本要素

控制（control）是指投资方拥有对被投资方的权力，通过参与被投资方的相关活动享有可变回报，并且有能力运用对被投资方的权力影响其回报金额。

上述控制的定义包含三项基本要素：（1）投资方拥有对被投资方的权力。（2）投资方通过参与被投资方的相关活动享有可变回报。（3）投资方有能力运用对被投资方的权力影响其回报金额。当且仅当投资方满足上述三项基本要素(即权力、可变回报、权力与回报的关联)时,投资方才被视为控制了被投资方。

(1)权力。控制的第一项要素是投资方拥有对被投资方的权力。权力(power)是指赋予投资方主导被投资方相关活动的现时能力(current ability)的现实权利(existing rights)。

对控制的判断应当侧重于评价投资方是否具备主导被投资方相关活动的现时能力。只要具备这种现时能力,无论投资方是否实施该控制权,均构成对被投资方的权力。

如果两个或两个以上的投资方分别享有单方面主导被投资方的某些不同的相关活动的现时权利,那么,能够主导对被投资方的回报产生最重大影响的活动的一方拥有对被投资方的权力。

(2)可变回报。控制的第二项要素是投资方通过涉入被投资方而承担或有权获得可变回报。可变回报(variable returns)是指可能随着被投资方业绩而变化的回报,可以仅仅是正回报,仅仅是负回报,或者同时包括正回报和负回报。投资方自被投资方取得的回报可能会随着被投资方业绩而变动的,视为享有可变回报。

(3)权力与回报的关联。控制的第三项要素是,投资方必须有能力使用权力来影响因涉入被投资方而获得的可变回报。

2. 投资方对控制的判断

投资方应当在综合考虑所有相关事实和情况的基础上,对其是否控制被投资方进行判断。一旦相关事实和情况的变化导致控制定义所涉及的相关要素发生变化的,投资方应当进行重新评估。相关事实和情况主要包括以下方面:

(1)被投资方的设立目的。在评估对被投资方的控制时,投资方应当首先考虑被投资方设立的目标,以明确其相关活动、决策机制、拥有现时能力的主导者以及相关活动的受益者。

(2)被投资方的相关活动以及其如何对相关活动做出决策。相关活动(relevant activities)是指对被投资方的回报产生重大影响的活动,应当根据具体情况进行判断,通常包括商品或劳务的销售和购买、金融资产的管理、资产的购买和处置、研究与开发活动以及融资活动等。

(3)投资方享有的权利是否使其目前有能力主导被投资方的相关活动(即投资方的权利是否使其拥有权力)。

1)实质性权利和非保护性权利。权力来源于权利(power arises from rights)。投资方在判断其是否拥有对被投资方的权力时,只应考虑实质性权利和非保护性权利。

实质性权利(substantive rights)是指持有人在对相关活动进行决策时有实际能力(practical ability)行使的可执行的(exercisable)权利,包括投资方自身所享有的实质性权利以及其他方所享有的实质性权利。判断一项权利是否为实质性权利，应当综合考虑所有相关因素，包括权利持有人行使该项权利是否存在财务、价格、条款、机制、信息、运营、法律法规等方面的障碍；当权利由多方持有或者行权需要多方同意时，是否存在实际可行的机制使得这些权利持有人在其愿意的情况下能够一致行权；权利持有人能否从行权中获利等。某些情况下，其他方享有的实质性权利有可能会阻止投资方对被投资方的控制。这种实质性权利既包括提出议案以供决策的主动性权利，也包括对已提出议案做出决策的被动性权利。

仅享有保护性权利的投资方不拥有对被投资方的权力。保护性权利（protective rights）是指仅仅为保护权利持有人利益而设立的、没有赋予持有人对相关活动决策权的一项权利。保护性权利通常只能在被投资方发生根本性改变或某些例外情况发生时行使，它既没有赋予其持有人对被投资方拥有权力，也不能阻止其他方对被投资方拥有权力。

2）赋予投资方权力的权利。除非有确凿证据表明其不能主导被投资方相关活动，否则下列情况表明投资方对被投资方拥有权力：一是投资方持有被投资方半数以上的表决权的；二是投资方持有被投资方半数或以下的表决权，但通过与其他表决权持有人之间的协议能够控制半数以上表决权的。

投资方持有被投资方半数或以下的表决权，但综合考虑下列事实和情况后，判断投资方持有的表决权足以使其目前有能力主导被投资方相关活动的，视为投资方对被投资方拥有权力：一是投资方持有的表决权相对于其他投资方持有的表决权份额的大小，以及其他投资方持有表决权的分散程度；二是投资方和其他投资方持有的被投资方的潜在表决权，如可转换公司债券、可执行认股权证等；三是其他合同安排产生的权利；四是被投资方以往的表决权行使情况等其他相关事实和情况。

当表决权不能对被投资方的回报产生重大影响时，如仅与被投资方的日常行政管理活动有关，并且被投资方的相关活动由合同安排决定，投资方需要评估这些合同安排，以评价其享有的权利是否足够使其拥有对被投资方的权力。

某些情况下，投资方可能难以判断其享有的权利是否足以使其拥有对被投资方的权力。在这种情况下，投资方应当考虑其具有实际能力以单方面主导被投资方相关活动的证据，从而判断其是否拥有对被投资方的权力。投资方应考虑的因素包括但不限于下列事项：一是投资方能否任命或批准被投资方的关键管理人员；二是投资方能否出于其自身利益决定或否决被投资方的重大交易；三是投资方能否掌控被投资方董事会等类似权力机构成员的任命程序，或者从其他表决权持有人获得代理权；四是投资方与被投资方的关键管理人员或董事会等类似权力机构中的多数成员是否存在关联方关系。若投资方与被投资方之间存在某种特殊关系，则在评价投资方是否拥有对被投资方的权力时，应当适当考虑这种特殊关系的影响。特殊关系通常包括：被投资方的关键管理人员是投资方的现任或前任职工，被投资方的经营依赖于投资方，被投资方活动的重大部分有投资方参与其中或者以投资方的名义进行，投资方自被投资方承担可变回报的风险或享有可变回报的收益远超过其持有的表决权或其他类似权利的比例等。

(4) 投资方是否通过参与被投资方的相关活动享有可变回报。投资方应当基于合同安排的实质而非回报的法律形式对回报的可变性进行评价。例如，对于固定利息的债券投资，投资方需要承担被投资方违约的信用风险，因此，投资方所享有的固定利息回报构成变动回报。又如，投资方因管理被投资方资产而获得的固定管理费也是一种变动回报，因为投资方能否获得此回报，取决于被投资方能否获得足够的收益以支付该固定管理费。

回报的形式多种多样，包括但不限于：1）股利、被投资方经济利益的其他分配形式（例如，被投资方发行的债务工具产生的利息）、投资方对被投资方的投资的价值变动。2）因向被投资方的资产或负债提供服务而得到的报酬、因提供信用支持或流动性支持所收取的费用或所承担的损失、当被投资方清算时投资方在其剩余净资产中所享有的权益、税务利益、因参与被投资方而获得的未来流动性。3）投资方专有的、其他利益持有方无法得到的回报。例如，投资方将自身资产与被投资方的资产进行整合，可以实现规模经济，从而达到节约成本的目的；投资方通过参与被投资方来保证稀缺资源的供应、获得专有技术或限制被投资方某些运营或资产，从而提高投资方其他资产的价值。

(5) 投资方是否有能力运用对被投资方的权力影响其回报金额（即权力与回报之间是否存在关联）。准则规定，投资方在判断是否控制被投资方时，应当确定其自身是以主要责任人（principal，通常译作委托人）还是代理人（agent）的身份行使决策权，在其他方拥有决策权的情况下，还需要确定其他方是否以其代理人的身份代为行使决策权。代理人仅代表主要责任人行使决策权，不控制被投资方。投资方将被投资方相关活动的决策权委托给代理人的，应当将该决策权视为自身直接持有。在确定决策者是否为代理人时，应当综合考虑该决策者与被投资方以及其他投资方之间的关系：1）存在单独一方拥有实质性权利可以无条件罢免决策者的，该决策者为代理人；2）除1）以外的情况下，应当综合考虑决策者对被投资方的决策权范围、其他方享有的实质性权利、决策者的薪酬水平、决策者因持有被投资方中的其他权益所承担可变回报的风险等相关因素进行判断。

(6) 投资方与其他方的关系（识别实质代理人）。在评估控制时，投资方应当考虑其与其他各方之间关系的性质以及其他各方是否代表投资方行动，即识别投资方的实质代理人。要识别其他方是否构成投资方的实质代理人需要职业判断，例如，需要考虑投资方与其他各方之间关系的性质以及其他方之间、其他方与投资者之间如何互动。前述投资方与其实质代理人之间的关系无须合同安排。当投资方（或有能力主导投资方活动的一方）有能力主导其他方代表投资方行动时，则该方为投资方的实质代理人。在这种情况下，投资方在评估对被投资方是否存在控制时，应将其自身和其实质代理人的决策权及其通过实质代理人间接承担或者享有的可变回报的风险或权利与其自身的前述权利一并考虑。

实质代理人包括但不限于以下情形：投资方的关联方；因投资方出资或提供贷款而取得其在被投资方中权益的一方；未经投资方同意，不得出售、转让或抵押其持有的被投资方权益的一方（但不包括此项限制系通过投资方和其他非关联方之间通过自愿基础上的协商一致实现的情形）；没有投资方的财务支持，就不能获得经营资金的一方；该另一方系与投资方的权力机构的多数成员或关键管理人员相同的被投资方；与投资方具有紧密业务联系（如专业服务的提供者与其一家重要客户的关系）的一方。

（7）对被投资方可分割部分的控制。投资方通常应当对是否控制被投资方整体进行判断。但极个别情况下，有确凿证据表明同时满足下列条件并且符合相关法律法规规定的，投资方应当将被投资方的一部分（以下称该部分）视为被投资方可分割的部分（单独主体），进而判断是否控制该部分（单独主体）：1）该部分的资产是偿付该部分负债或该部分其他权益的唯一来源，不能用于偿还该部分以外的被投资方的其他负债；2）除与该部分相关的各方外，其他方不享有与该部分资产相关的权利，也不享有与该部分资产剩余现金流量相关的权利。

不能控制的被投资单位，不纳入合并财务报表的合并范围。例如，合营企业、联营企业应当采用权益法核算，不纳入合并范围。

现行会计准则体系针对投资方影响力的不同，设计了不同的处理规则，可概括为表4-1。

表4-1　投资方的影响力及其会计处理与披露规则

<table>
<tr><th>影响力（投资对象）</th><th>会计方法</th><th>关联方关系</th><th>合并财务报表</th></tr>
<tr><td>控制（子公司）</td><td>成本法</td><td>不论公司之间有无交易，均应当在财务报表附注中披露相关信息</td><td>纳入合并范围</td></tr>
<tr><td>共同控制（合营企业）</td><td rowspan="2">权益法</td><td rowspan="2">如果公司之间无交易，则不需要在财务报表附注中披露任何信息</td><td rowspan="3">不纳入合并范围</td></tr>
<tr><td>重大影响（联营企业）</td></tr>
<tr><td>无控制、共同控制、重大影响</td><td>参照《企业会计准则第22号——金融工具确认和计量》处理</td><td>非关联方</td></tr>
</table>

4.1.3 豁免条款

1. 豁免编制合并财务报表

属于投资性主体的母公司应当仅将为其投资活动提供相关服务的子公司（如有）纳入合并范围并编制合并财务报表；其他子公司不应当予以合并，母公司对其他子公司的投资应当按照公允价值计量且其变动计入当期损益。

如果属于投资性主体的母公司旗下不存在为其投资活动提供相关服务的子公司，则不应当编制合并财务报表，该母公司应当以公允价值计量其对所有子公司的投资，且公允价值变动计入当期损益。

2. 投资性主体的认定标准

同时满足下列条件的母公司，属于准则所称的投资性主体：（1）该公司以向投资者提供投资管理服务为目的，从一个或多个投资者处获取资金；(2) 该公司的唯一经营目的，是通过资本增值、投资收益或两者兼有使投资者获得回报；(3) 该公司按照公允价值对几乎所有投资的业绩进行考量和评价。

属于投资性主体的母公司，通常情况下应当具备下列所有特征：(1) 拥有一个以上的投资对象；(2) 拥有一个以上的投资者；(3) 投资者不是该主体的关联方；(4) 其所有者权益以股权或类似权益方式存在。

若投资性主体的母公司本身不是投资性主体，则应当将其控制的全部主体，包括那些通过投资性主体间接控制的主体，纳入合并财务报表范围。

当母公司由非投资性主体转变为投资性主体时，除仅将为其投资活动提供相关服务的子公司纳入合并财务报表范围编制合并财务报表外，企业自转变日起对其他子公司不再予以合并，并按照视同在转变日处置子公司但保留剩余股权的原则进行会计处理。当母公司由投资性主体转变为非投资性主体时，应将原未纳入合并财务报表范围的子公司于转变日纳入合并财务报表范围，原未纳入合并财务报表范围的子公司在转变日的公允价值视同购买的交易对价。

4.1.4 合并程序

准则规定，母公司应当以自身和其子公司的财务报表为基础，根据其他有关资料，编制合并财务报表。母公司编制合并财务报表，应当将整个企业集团视为一个会计主体，依据相关企业会计准则的确认、计量和列报要求，按照统一的会计政策，反映企业集团整体财务状况、经营成果和现金流量。具体工作内容如下：(1) 合并母公司与子公司的资产、负债、所有者权益、收入、费用和现金流等项目。(2) 抵销母公司对子公司的长期股权投资与母公司在子公司所有者权益中所享有的份额。(3) 抵销母公司与子公司、子公司相互之间发生的内部交易的影响。内部交易表明相关资产发生减值损失的，应当全额确认该部分损失。(4) 站在企业集团角度对特殊交易事项予以调整。

母公司应当统一子公司所采用的会计政策，使子公司采用的会计政策与母公司保持一致。子公司所采用的会计政策与母公司不一致的，应当按照母公司的会计政策对子公司财务报表进行必要的调整；或者要求子公司按照母公司的会计政策另行编报财务报表。

母公司应当统一子公司的会计期间，使子公司的会计期间与母公司保持一致。子公司的会计期间与母公司不一致的，应当按照母公司的会计期间对子公司财务报表进行调整；或者要求子公司按照母公司的会计期间另行编报财务报表。

在编制合并财务报表时，子公司除了应当向母公司提供财务报表外，还应当向母公司提供下列有关资料：(1) 采用的与母公司不一致的会计政策及其影响金额；(2) 与母公司不一致的会计期间的说明；(3) 与母公司、其他子公司之间发生的所有内部交易的相关资料；(4) 所有者权益变动的有关资料；(5) 编制合并财务报表所需要的其他资料。

上述编制程序看似简单明了，但抵销的处理操作起来较为烦琐。前已述及，合并报表在理论上尚存争议。① 它是建立在“集团合并报表比母公司的个别报表更为有用”的假设之上的，而至于究竟合并报表有什么确切用途，至今仍未达成共识。由于基础理论缺失，关于合并技术的说法和做法可谓五花八门、流派纷呈。由于合并报表的抵销处理是在假想的状态下进行的，没有什么科学性可言，因此初学者大抵了解编报思路即可，实务操作中可比照财政部会计司组织编写的《企业会计准则讲解》等读物予以处理。

4.2 合并资产负债表

准则规定，合并资产负债表应当以母公司和子公司的资产负债表为基础，在抵销企业集团成员之间（即母公司与子公司、子公司相互之间）发生的内部交易对合并资产负债表的影响后，由母公司合并编制。

之所以需要对内部交易作抵销处理，主要是基于如下考虑：控股合并完成后，企业集团成员之间常常会发生内部交易。如果对内部交易不作抵销处理，那么企业集团成员之间简单地通过相互倒卖、相互借债、相互投资等内部交易就可以调节资产、负债和利润数据。因此，既然准则所认定的合并报表的目标是如实反映企业集团的财务状况和经营成果，那么，就有必要要求企业集团在编制合并报表时对内部交易作抵销处理。

4.2.1 准则的原则性规定

准则针对合并资产负债表的编制问题，制定了一些相当笼统的规定。本小节原文复述准则的规定。后面各小节逐步讲解准则实施的难点所在。

（1）母公司对子公司的长期股权投资与母公司在子公司所有者权益中所享有的份额应当相互抵销，同时抵销相应的长期股权投资减值准备。子公司持有母公司的长期股权投资，应当视为企业集团的库存股，作为所有者权益的减项，在合并资产负债表中所有者权益项目下以“减：库存股”项目列示。子公司相互之间持有的长期股权投资，应当比照母公司对子公司的股权投资的抵销方法，将长期股权投资与其对应的子公司所有者权益中所享有的份额相互抵销。子公司所有者权益中不属于母公司的份额，应当作为少数股东权益，在合并资产负债表中所有者权益项目下以“少数股东权益”项目列示。

（2）母公司与子公司、子公司相互之间的债权与债务项目应当相互抵销，同时抵销相应的减值准备。

① 合并财务报表往往被国内教材列为“高级会计学”的核心内容，这可能具有一定的误导性。实际上，我国会计法规（乃至其立法蓝本——境外某些证券市场的信息披露规则如国际会计准则等）中尚未形成一套具备合理逻辑的合并报表编报规则。实务中，合并财务报表通常是母公司委托中介机构编制而成的。很多学者认为，在校大学生只要掌握合并报表的编报原理就足够了。

（3）母公司与子公司、子公司相互之间销售商品（或提供劳务，下同）或其他方式形成的存货、固定资产、工程物资、在建工程、无形资产等所包含的未实现内部销售损益应当抵销。对存货、固定资产、工程物资、在建工程和无形资产等计提的跌价准备或减值准备与未实现内部销售损益相关的部分应当抵销。

（4）母公司与子公司、子公司相互之间发生的其他内部交易对合并资产负债表的影响应当抵销。

（5）因抵销未实现内部销售损益导致合并资产负债表中资产、负债的账面价值与其在所属纳税主体的计税基础之间产生暂时性差异的，在合并资产负债表中应当确认递延所得税资产或递延所得税负债，同时调整合并利润表中的所得税费用，但与直接计入所有者权益的交易或事项及企业合并相关的递延所得税除外。

4.2.2　抵销母公司的长期股权投资项目与子公司的所有者权益类项目

从上述规定可以看出，与合并日（或购买日）的合并报表的编制规则相比，合并日（或购买日）之后的合并报表的编制规则的实施难度更大。第一个难题是，如何抵销母公司的长期股权投资项目与子公司的所有者权益类项目。这个难题包括以下两个相互影响的方面。

1. 把母公司的长期股权投资按照权益法进行调整

现行准则要求母公司采用成本法核算其对子公司的长期股权投资，这就意味着，母公司的长期股权投资与子公司的股东权益数字不存在比例关系，难以进行抵销处理。因此，在编制合并报表时，有必要对母公司个别报表中的长期股权投资按照权益法进行调整（即从成本法调整为权益法），使得母公司的长期股权投资的账面价值与子公司的股东权益大体上保持比例关系，以便对二者进行抵销处理。

通过对比成本法与权益法的操作规则（如表 4－2 所示），不难把母公司报表中的长期股权投资项目从成本法下的金额调整为权益法下的金额。

表 4－2　成本法与权益法操作规则的对比

项目	成本法	权益法
投资时	借：长期股权投资 　贷：资产、股东权益等科目	借：长期股权投资 　贷：资产、股东权益等科目
被投资方报告净利润时（亏损情形下相反）	（不作处理）	借：长期股权投资 　贷：投资收益
被投资方分红时	借：应收股利 　贷：投资收益	借：应收股利 　贷：长期股权投资
被投资方除净损益以外所有者权益的其他变动	（不作处理）	借：长期股权投资 　贷：资本公积——其他资本公积

首先，要按照权益法的操作规则，分享被投资方（子公司）的净利润或分担被投资方的净亏损。如果子公司报告了净利润，母公司则在合并工作底稿上作如下调整：

借：长期股权投资　　×××
　贷：投资收益　　×××

子公司报告净亏损的情形则相反。

其次，对于所收到的现金股利的记载，在合并工作底稿上作如下调整：

借：投资收益　　×××
　贷：长期股权投资　　×××

最后，对于被投资方（子公司）除净损益以外所有者权益的其他变动，作如下调整：

借：长期股权投资　　×××
　贷：资本公积——其他资本公积　　×××

这样，在理论上，就能把母公司资产负债表中的长期股权投资项目的列报金额调整为“持股比例×子公司股东权益”，为抵销处理做好准备。

上述从成本法向权益法的调整，其结果取决于如何确定子公司的股东权益，具体有按照账面价值计算和按照公允价值计算两种做法。

课程思政　培养辩证思维能力

专栏4-1　对子公司的股权投资应采用权益法还是成本法进行核算

对于这一问题，有人赞成采用权益法，有人赞成使用成本法。

赞成采用权益法的人认为，权益法强调了母子公司关系的经济实质，因为二者构成了财务会计上一个单一的经济实体。但是，母子公司显然不是单一的民事主体，也就是说，母子公司并不是一个独立的市场主体。还有人认为，权益法符合权责发生制原则，能够反映投资方的权利和责任。但是，这种观点缺乏法律支持。

赞成采用成本法的人认为，成本法能够如实反映母子公司之间的法律关系，因而是恰当的会计处理方法。母子公司都是独立的法律主体，母公司对长期股权投资的核算应当体现出这种独立性。所以，应在子公司宣布股利时（而不是在子公司报告净利润时）确认投资收益，而不应当仅仅在子公司公布业绩时按持股比例分享子公司的经营净利润或者分担子公司的经营净亏损。

2. 如何确定子公司的所有者权益项目的金额

关于这一点，准则语焉不详。市面上各种书籍所介绍的规则多是沿袭准则起草者在一些解释性的书籍中所陈述的含糊其词的奇妙逻辑，可概括如下：对于同一控制下的控股合并而言，子公司的所有者权益仍然按照账面价值计算似乎更合乎逻辑，不必从账面价值调整为公允价值。[①] 对于非同一控制下的控股合并而言，继续比照合并日编制合并报表的做法、按照公允价值计算似乎更为合理。这意味着，前面所述的从成本法向权益法的调整，存在两种做法，这在理论上难以自圆其说。如果真的按照公允价值计算，那也存在很大的难度，原因在于，子公司资产和负债在购买日的公允价值信息往往是通过评估得到的，但在随后的资产负债表日，很难确定子公司资产和负债的公允价值信息。资产评估代价不菲，每个资产负债表日都进行评估成本较高，因此，也许比较经济的做法是参考购买日的公允价值数据对子公司的个别报表进行调整，从而计算子公司的股东权益在购买日后各个资产负债表日的净公允价值（net fair value，即准则中的可辨认净资产公允价值）。[②]

课程思政 培养辩证思维能力

专栏 4-2　　是否应要求会计师估算企业的价值

对于“究竟应当如何进行调整”这个关键问题，准则没有给出合乎逻辑的解决方案。根据购买日的公允价值推算其后资产负债表日的公允价值，缺乏严谨性。有什么证据能够证明其估值是否正确？又有哪一个学科能够评估企业的价值？

4.2.3 内部债权债务的相关抵销处理

准则规定，企业集团成员之间的债权与债务项目应当相互抵销，同时抵销坏账准备和债权投资减值准备。母子公司之间、子公司相互之间的债券投资与应付债券相互抵销所产生的差额应当记入“投资收益”项目。如果企业集团某成员企业作为投资方所持有的企业集团另一成员企业发行的债券是从集团外购进的，则在抵销时可能会出现差额，这种差额应当记入合并利润表的“投资收益”或“财务费用”项目。

---

① 准则起草者提出：“对于属于同一控制下企业合并中取得的子公司的个别财务报表，如果不存在与母公司会计政策和会计期间不一致的情况，则不需要对该子公司的个别财务报表进行调整，即不需要将该子公司的个别财务报表调整为公允价值反映的财务报表，只需要抵销内部交易对合并财务报表的影响即可。”参见：财政部会计司编写组. 企业会计准则讲解 2010. 北京：人民出版社，2010：560.

② 准则起草者提出：“对于属于非同一控制下企业合并中取得的子公司，除了存在与母公司会计政策和会计期间不一致的情况，需要对该子公司的个别财务报表进行调整外，还应当根据母公司为该子公司设置的备查簿的记录，以记录的该子公司的各项可辨认资产、负债及或有负债等在购买日的公允价值为基础，通过编制调整分录，对该子公司的个别财务报表进行调整，以使子公司的个别财务报表反映在购买日公允价值基础上确定的可辨认资产、负债及或有负债在本期资产负债表日的金额。”参见：财政部会计司编写组. 企业会计准则讲解 2010. 北京：人民出版社，2010：560. 有的书上干脆笼统地提出这样的观点：“在对非同一控制下取得的子公司编制合并财务报表时，首先，应当以购买日确定的各项可辨认资产、负债及或有负债的公允价值为基础对子公司的财务报表进行调整。”至于如何调整，并未说明。参见：中国注册会计师协会. 会计. 北京：中国财政经济出版社，2014：451.

1. 初次编制合并报表时的抵销处理

（1）债权债务的抵销。在合并工作底稿上，借记“应付票据”“应付账款”“预收款项”“应付债券”等报表项目，贷记“应收票据”“应收账款”“预付款项”“债权投资”等报表项目。

（2）相关的减值准备的抵销。在合并工作底稿上，借记“应收账款（坏账准备）”报表项目，贷记“资产减值损失”报表项目。注意，抵销分录是对报表项目的调整，有别于会计分录。这时借记的报表项目是“应收账款——坏账准备”而非“坏账准备”，因为坏账准备不是报表项目。（一般，“报表项目A——会计科目或理由B”表示由于“会计科目或理由B”的原因而调整“报表项目A”，下同。）

有的书上还会讨论抵销处理对递延所得税造成的影响，实属徒增烦恼，并无裨益。一方面，递延所得税相关信息的正当用途尚不明确，其数据来源往往查无实据，即企业集团难以复核成员企业的个别财务报表中相关信息的可靠程度，更难以从企业集团的层面来全部重新计算；另一方面，企业集团本身并不是民事主体，不是《中华人民共和国税收征收管理法》所称的纳税人，因此，所得税这一概念并不适用于企业集团。综合上述因素可知，要求在合并报表中计算递延所得税的理念，缺乏合理依据。基于上述考虑，本书对合并报表工作底稿中的递延所得税问题一律不作教学要求（即不作探讨）。

例4-1

中原重工集团有限公司20×7年个别资产负债表中应收账款项目的账面价值为900万元，系20×7年度向子公司洛阳机械股份公司赊销商品形成，中原重工集团有限公司对该笔应收账款计提了100万元的坏账准备，则该笔应收账款的账面余额为1 000万元。洛阳机械股份公司20×7年个别资产负债表中应付账款1 000万元，系20×7年度向中原重工集团有限公司赊购商品发生的应付账款。

在编制20×7年度中原重工集团有限公司与洛阳机械股份公司合并资产负债表时，应将内部应收账款与内部应付账款及计提的坏账准备予以抵销。合并工作底稿中的抵销分录如下：

借：应付账款	10 000 000	
贷：应收账款		10 000 000
借：应收账款——坏账准备	1 000 000	
贷：信用减值损失		1 000 000

2. 连续编制合并报表时的抵销处理

合并报表是在个别报表的基础上经过调整和抵销处理之后编制而成的。初次编制时，合并工作底稿中利润表项目的调整必然影响到合并报表中的期末未分配利润。

因此，后一期间编制合并报表时，为了保证合并报表编制的连续性，要重复以前期间对利润表项目的调整情况，调整期初未分配利润。

注意，所有的抵销处理都是在合并工作底稿上完成的，而母子公司的个别报表的报表项目并未进行任何的增减处理。因此，在后续期间编制合并报表时，母公司需要在其取得的企业集团成员单位的个别报表的基础上重新进行一遍合并报表的编报流程，这就有必要首先在合并报表中延续以前的抵销处理，以保证本期期初未分配利润与上期期末未分配利润保持一致，从而保证各期合并报表首尾相连，即本年年初数与上年年末数保持一致，如表4-3所示。例如，如果以前某一期间曾借记“应收账款——坏账准备”报表项目，贷记“信用减值损失”报表项目，则本期编制合并报表时要借记“应收账款——坏账准备”报表项目，贷记“未分配利润——年初”报表项目，这样才能保证各期合并报表首尾相连。

表4-3　合并工作底稿中债权债务的抵销处理

项目	初次编制合并报表时	连续编制合并报表时
为保持合并报表连续性所作的调整	—	借：应收账款——坏账准备 　贷：未分配利润——年初
债权债务的抵销	借：应付账款 　贷：应收账款	借：应付账款 　贷：应收票据及应收账款
减值准备的抵销	借：应收账款——坏账准备 　贷：信用减值损失	借：应收账款——坏账准备 　贷：信用减值损失

连续编制合并报表时，一旦完成为保持合并报表连续性所作的调整，就可以比照初次编制合并报表的思路进行债权债务的抵销和减值准备的抵销。具体操作与前述步骤相同，兹不赘述。

例4-2

沿用例4-1的资料。中原重工集团有限公司20×8年个别资产负债表中应收账款1 350万元系20×7年、20×8年向洛阳机械股份公司赊销商品形成，中原重工集团有限公司对该笔应收账款在20×7年计提了100万元坏账准备的基础上于20×8年又计提了50万元的坏账准备，则该笔应收账款的账面余额为1 500万元。洛阳机械股份公司20×8年个别资产负债表中应付账款1 500万元，系20×7年、20×8年向中原重工集团有限公司赊购商品发生的应付账款。

在编制20×8年度合并资产负债表时，应先将上期抵销的坏账准备的金额延续调整至本期，同时将内部应收账款与内部应付账款予以抵销，再将本期增加的坏账准备的金额与计入当期资产减值损失的金额予以抵销，应作的抵销分录如下：

(1) 上年抵销内部应收账款相应的坏账准备，在本年度延续调整。

借：应收账款——坏账准备　　1 000 000

　贷：未分配利润——年初　　1 000 000

(2) 20×8年12月31日，内部应收账款与内部应付账款的抵销。

借：应付账款　　15 000 000

　贷：应收账款　　15 000 000

(3) 20×8年当期中原重工集团有限公司补提坏账准备50万元（150－100），应将当期提取的坏账准备予以抵销。

借：应收账款——坏账准备　　500 000
　贷：信用减值损失　　500 000

课程思政　培养辩证思维能力

专栏4-3　**现行的抵销规则是完备的吗**

上述抵销规则初看似乎丝丝入扣，令人赞叹，却经不起推敲。

须知，个别报表中与内部债权债务有关的会计操作不仅包括资产减值准备的计提（即坏账准备、债权投资减值准备），还包括因计算递延所得税而对净利润所作的调整。这就会涉及投资方的长期股权投资与被投资方的股东权益数字的抵销。不仅如此，递延所得税的调整还使合并报表的编制变得更为烦琐。

4.2.4 存货项目的相关抵销处理

准则规定，企业集团成员之间销售商品、提供劳务形成的存货、固定资产、工程物资、在建工程、无形资产等所包含的未实现内部销售损益应当抵销。对存货、固定资产、工程物资、在建工程和无形资产等计提的资产减值准备与未实现内部销售损益相关的部分应当抵销。

存货项目的相关抵销处理的原理与集团内部债权债务的抵销相同，但抵销分录复杂得多，初学者往往感到困惑。为了便于记忆，可将存货项目的相关抵销处理概括为表4-4，其中，抵销分录A、抵销分录B和抵销分录C所使用的会计科目在各年是相同的，例如，抵销分录2A表示第2年的分录A，其余以此类推。抵销分录C是以前年度的抵销分录A和抵销分录B合成效果的延续。以下将逐项解读抵销分录A，B和C的含义。

表4-4　合并工作底稿中存货项目的抵销处理

项目	初次编制合并报表时	连续编制合并报表时
为保持合并报表连续性所作的调整（调整得出合并报表期初未分配利润）	—	延续以前各期的做法，抵销存货中包含的未实现内部销售利润 抵销分录2C 借：未分配利润——年初 　贷：营业成本
抵销本期内部销售的营业收入和营业成本（金额以卖方的营业收入为准）	抵销分录1A 借：营业收入 　贷：营业成本	抵销分录2A 借：营业收入 　贷：营业成本
抵销期末存货中包含的未实现内部销售利润	抵销分录1B 借：营业成本 　贷：存货	抵销分录2B 借：营业成本 　贷：存货

1. 初次编制合并报表时的抵销处理

我们先来解读初次编制合并报表时的抵销分录（即抵销分录1A和抵销分录1B）的含义。

存货的抵销处理：初次编制合并报表时

（1）内部交易的存货当期全部实现对外销售的情形。企业集团成员之间发生存货的内部交易之后，若内部交易的买方在当期便将该存货销售给企业集团成员以外的其他企业（即已经实现对外销售），则企业集团成员的账簿上便不再包含该批存货，这种情况下就不存在期末存货中包含的未实现内部销售利润的抵销问题。

此时，需要考虑的是利润表中的抵销问题，即抵销内部交易的卖方的营业收入和买方的营业成本。按内部交易的卖方的销售收入，借记“营业收入”项目，贷记“营业成本”项目。这种抵销处理的效果是抵销单个报表中重复记载的营业成本和营业收入，但不改变合并工作底稿中的利润数据。

之所以需要作上述抵销处理，有两个方面的原因。一方面，对于企业集团之外的观测者来说，该企业集团的存货先是从内部交易的卖方搬到买方，然后由该买方代表企业集团实现对外销售，因此，该货物的对外销售利润是“内部交易的买方的对外营业收入”与“内部交易的卖方的营业成本”之差，该差额在个别财务报表中体现为内部销售的卖方和买方的营业利润之和，即存在下述关系（注意，式中的“内部交易的卖方的对内营业收入”等于“内部交易的买方的对外营业成本”）：

$$
\begin{aligned}
\begin{matrix}\text{对外销售的}\\ \text{营业利润}\end{matrix} &= \begin{matrix}\text{内部交易的买方的}\\ \text{对外营业收入}\end{matrix} - \begin{matrix}\text{内部交易的卖方的}\\ \text{对内营业成本}\end{matrix} \\
&= \left(\begin{matrix}\text{内部交易的卖方的}\\ \text{对内营业收入}\end{matrix} - \begin{matrix}\text{内部交易的卖方的}\\ \text{对内营业成本}\end{matrix}\right) \\
&\quad + \left(\begin{matrix}\text{内部交易的买方的}\\ \text{对外营业收入}\end{matrix} - \begin{matrix}\text{内部交易的买方的}\\ \text{对外营业成本}\end{matrix}\right) \\
&= \begin{matrix}\text{内部交易的卖方的}\\ \text{营业利润}\end{matrix} + \begin{matrix}\text{内部交易的买方的}\\ \text{营业利润}\end{matrix}
\end{aligned}
$$

因此，营业利润的计算结果在抵销处理后应当保持不变。

另一方面，由于内部销售的卖方和买方均记载了各自的营业收入和营业成本，即合并工作底稿中抵销前的数据放大了企业集团的营业收入和营业成本规模，因此，为避免合并报表中的营业收入和营业成本数据虚高，应予抵销。

综合上述两方面的考虑，在内部交易的存货全部实现对外销售的情况下，抵销分录应为借记“营业收入”项目，贷记“营业成本”项目。

例4-3

20×3年度派曼电子股份公司（简称P公司）向子公司顺发电器股份公司（简称S公司）销售商品，销售收入为10万元，销售成本为6万元，销售毛利为4万元（即该商品的销售毛利率为40%）。S公司将该批存货销售给企业集团外的其他企业，销售收入为16万元，销售成本为10万元，销售毛利为6万元（即该商品的销售毛利率为37.5%）。相关信息如表4-5所示。

表4-5 合并工作底稿（局部） 单位：万元

报表项目	个别财务报表		合计数	抵销分录		合并财务报表
	P公司	S公司		借方	贷方	
利润表项目：						
营业收入	10	16	26	10		16
减：营业成本	6	10	16		10	6
⋮						
营业利润	4	6	10			10
⋮						
资产负债表项目：						
存货						
⋮						
未分配利润——年初						
未分配利润——年末*	4	6	10			10

*此处假定不考虑企业所得税问题，营业利润直接转入未分配利润，下同。在实践中，如欲考虑并抵销相关的所得税，则必须知道每一笔内部交易的卖方所适用的所得税税率。显然，实践中的难度远非理论假设所能比拟。

不难看出，对于企业集团外部的观测者来说，上述业务的营业收入应为16万元，营业成本应为6万元，营业利润应为10万元。显然，基于合并报表的编报逻辑，表中阴影方框中的数据（P公司的营业收入10万元与S公司的营业成本10万元）应予抵销。合并报表中的抵销分录如下（抵销效果如表4-5中的圆形阴影所示）：

借：营业收入　　100 000

　贷：营业成本　　100 000

上述抵销分录就是表4-4中归纳的抵销分录1A的具体运用。

经过抵销，企业集团的合并报表中显示其营业收入为16万元，营业成本为6万元，营业利润和年末未分配利润为10万元。

（2）内部交易的存货当期全部未实现对外销售的情形。

例4-4

20×3年度P公司向子公司S公司销售商品，销售收入为10万元，销售成本为8万元，销售毛利为2万元（即该商品的销售毛利率为20%）。S公司本期未能将该批存货售出。相关信息如表4-6所示。

表4-6 合并工作底稿（局部） 单位：万元

报表项目	个别财务报表		合计数	抵销分录		合并财务报表
	P公司	S公司		借方	贷方	
利润表项目：						
营业收入	10		10	10		0
减：营业成本	8		8		8	0
⋮						

续表

报表项目	个别财务报表		合计数	抵销分录		合并财务报表
	P 公司	S 公司		借方	贷方	
营业利润	2		2			0
⋮						
资产负债表项目：						
存货		10	10		②	8
⋮						
未分配利润——年初						
未分配利润——年末	2		2			0

不难看出，对于企业集团外部的观测者来说，该批存货的账面价值应为 8 万元，企业集团的营业收入、营业成本均为零。抵销分录如下（抵销效果如表 4－6 中的圆形阴影所示）：

借：营业收入　　100 000
　贷：营业成本　　80 000
　　　存货　　20 000

上述抵销分录也可以理解为下述两个抵销分录的合并。

（1）对于本期内部交易的存货，假定全部实现对外销售，抵销营业收入和营业成本。

借：营业收入　　100 000
　贷：营业成本　　100 000

（2）对于尚未实现对外销售的存货，抵销其中包含的未实现内部销售利润。

借：营业成本　　20 000
　贷：存货　　20 000

这两个分录就是表 4－4 中归纳的抵销分录 1A 和抵销分录 1B 的具体运用。

上述抵销处理体现了两层意思：一方面，存货只不过是在企业集团内部发生了转移，其账面价值不应因此而改变，因此，仍应以原入账价格（即内部交易的卖方的成本 8 万元）予以列示；另一方面，P 公司个别财务报表中所记载的营业利润和未分配利润均为未实现的内部销售利润，在抵销处理后均应归于零，原因在于，未实现的内部销售利润只有通过对外销售才能实现，企业集团并不因存货的内部转移而实现利润。

在内部交易的存货当期全部实现对外销售的情形下，只涉及抵销分录 1A。在内部交易的存货当期全部未实现对外销售的情形下，需要使用抵销分录 1A 和抵销分录 1B 的组合。不难看出，至于内部交易的存货当期仅有一部分实现对外销售的情形，只不过是上述两种情形的叠加。鉴于使用抵销分录 1A 和抵销分录 1B 的组合进行抵销处理的做法（即分两个分录作抵销处理）更具规律性，因此，本书倾向于以这种做法为基准，如此处理既便于记忆，又便于与后续年度的抵销分录作对比分析。

上述经验可归纳为如下两步：第一步，对于本期内部交易的存货，假定全部实现对外销售，抵销营业收入和营业成本。按内部交易的卖方的营业收入，借记“营业收入”项目，同时，以相同金额贷记“营业成本”项目。第二步，按照结存的存货所包含的内部销售利润，借记“营业成本”项目，贷记“存货”项目。

（3）内部交易的存货仅有一部分实现对外销售的情形。

例4-5

本例中的数据为例4-3和例4-4数据的叠加，即表4-7中的数据是表4-5和表4-6的汇总。

20×3年度P公司向子公司S公司销售两批商品。第一批商品销售收入为10万元，销售成本为6万元，销售毛利为4万元（即该商品的销售毛利率为40%）。第二批商品销售收入为10万元，销售成本为8万元，销售毛利为2万元（即该商品的销售毛利率为20%）。

S公司购入上述商品后，将上述第一批商品全部销售给企业集团外的其他企业，销售收入为16万元，销售成本为10万元，销售毛利为6万元（即该商品的销售毛利率为37.5%）。第二批商品未能售出。

相关信息如表4-7所示。运用前文总结的规律，可方便地进行抵销处理。

表4-7　合并工作底稿（局部） 单位：万元

报表项目	个别财务报表		合计数	抵销分录		合并财务报表
	P公司	S公司		借方	贷方	
利润表项目：						
营业收入	20	16	36	20		16
减：营业成本	14	10	24		18	6
⋮						
营业利润	6	6	12			10
⋮						
资产负债表项目：						
存货		10	10		2	8
⋮						
未分配利润——年初						
未分配利润——年末	6	6	12			10

（1）按照内部交易的卖方（P公司）所记载的营业收入20万元（第一批10万元，第二批10万元），借记“营业收入”项目，贷记“营业成本”项目。

借：营业收入　　200 000

　贷：营业成本　　200 000

（2）对于期末结存的存货，抵销其中包含的未实现内部销售利润。S公司的存货中包含未实现内部销售利润2万元。

借：营业成本　　20 000

　贷：存货　　20 000

上述抵销处理的综合效果如表4-7中的圆形阴影所示。

2. 连续编制合并报表时的合并处理

与连续编制合并报表时对企业集团内部债权债务的相关抵销相似，在后续期间编制合并报表时，也需要先延续以前年度的合并处理，从而使得本期的期初未分配利润等于上期的期末未分配利润。这样才能保证合并报表的各期未分配利润数字首尾相连。除此以外的操作与首次编制合并报表相同。

存货的抵销处理：连续编制合并报表时

（1）期初存货中包含的未实现内部销售利润的合并处理。现在来解释表4-4中抵销分录2C的来历。初学者往往不太容易理解抵销分录2C为什么贷记的是“营业成本”项目而不是“存货”项目。下面以简明的示例予以说明。

例4-6

本例在例4-4的基础上添加后续年度的抵销处理。

20×3年度P公司向子公司S公司销售商品，销售收入为10万元，销售成本为8万元，销售毛利为2万元（即该商品的销售毛利率为20%）。S公司本期未能将该批存货售出。

P公司20×4年在合并工作底稿中的抵销分录如下。

（1）假定该批存货在20×4年全部销售给企业集团外的其他企业，销售收入为16万元，销售成本为10万元，销售毛利为6万元。

由于以前记载于未分配利润的未实现内部销售损益已经全部实现，且此时账簿中已经没有该项存货（故无法贷记“存货”项目），因此，应借记“未分配利润——年初”项目，同时，调整营业成本，贷记“营业成本”项目（如表4-8所示）。

借：未分配利润——年初　　20 000
　贷：营业成本　　20 000

表4-8 合并工作底稿（局部）　　单位：万元

报表项目	个别财务报表		合计数	抵销分录		合并财务报表
	P公司	S公司		借方	贷方	
利润表项目：						
营业收入		16	16			16
减：营业成本		10	10		②	8
⋮						
营业利润		6	6			8
⋮						
资产负债表项目：						
存货						
⋮						
未分配利润——年初	2		2	②		0
未分配利润——年末		6	6			8

（2）假定该批存货在20×4年仍然未能售出，则抵销分录只需要注销P公司个别财务报表中记载的未分配利润，同时抵销S公司的存货中包含的未实现内部销售利润（如表4-9所示）。

借：未分配利润——年初　　20 000

　贷：存货　　20 000

表4-9　合并工作底稿（局部）　　单位：万元

报表项目	个别财务报表		合计数	抵销分录		合并财务报表
	P公司	S公司		借方	贷方	
利润表项目：						
营业收入						
减：营业成本						
⋮						
营业利润						
⋮						
资产负债表项目：						
存货		10	10		②	8
⋮						
未分配利润——年初	2		2	②		0
未分配利润——年末						

为了总结规律，不妨将分录（2）改写为两步（实施效果如表4-10所示）：

1）借：未分配利润——年初　　20 000

　　贷：营业成本　　20 000

2）借：营业成本　　20 000

　　贷：存货　　20 000

表4-10　合并工作底稿（局部）　　单位：万元

报表项目	个别财务报表		合计数	抵销分录		合并财务报表
	P公司	S公司		借方	贷方	
利润表项目：						
营业收入						
减：营业成本				②	②	0
⋮						
营业利润						
⋮						
资产负债表项目：						
存货		10	10		②	8
⋮						
未分配利润——年初	2		2	②		0
未分配利润——年末						

注意，上述抵销分录2）与表4－4所概括的抵销分录1B和抵销分录2B是相同的。这样，它就可以与本年新增的内部交易的存货的抵销分录一并进行处理。

综合上述分析，连续编制合并报表时，期初未分配利润的抵销分录可以统一归纳为借记“未分配利润——年初”项目，贷记“营业成本”项目，即表4－4中所概括的抵销分录2C。

（2）本期内部交易的存货的合并处理。本期内部交易的存货的合并处理与首次编制合并报表时相同，见表4－4中抵销分录2A和抵销分录2B。

3. 存货跌价准备的合并处理

存货跌价准备的合并处理：首次编制合并报表时

（1）初次编制合并报表时存货跌价准备的合并处理。对于内部交易的买方而言，其存货的成本等同于内部交易的卖方的营业收入，其中包含未实现内部销售利润。内部交易的买方以此成本与可变现净值做对比，计提的存货跌价准备往往较多，需要进行相应的抵销处理。抵销分录如下。

首先，假定内部交易的存货全部实现对外销售，抵销营业收入和营业成本。按照内部交易的卖方的营业收入，借记“营业收入”项目，贷记“营业成本”项目。

其次，抵销结存的内部交易的存货所包含的未实现内部销售利润。按照期末存货中所包含的未实现内部销售利润，借记“营业成本”项目，贷记“存货”项目。

最后，抵销从企业集团层面来看多计提的存货跌价准备。按照从企业集团层面来看应予抵销的存货跌价准备，借记“存货——存货跌价准备”项目，贷记“资产减值损失”项目。

上述“从企业集团层面来看应予抵销的存货跌价准备”，对于“存货在企业集团层面未发生减值”和“存货在企业集团层面发生减值”这两种情形而言，其含义有所不同。兹分述如下。

1）存货在企业集团层面未发生减值的情形。这种情形是指内部交易的买方所计算的可变现净值低于其存货成本（其成本等于内部交易的卖方的营业收入），但仍高于卖方的营业成本，如图4－1所示。

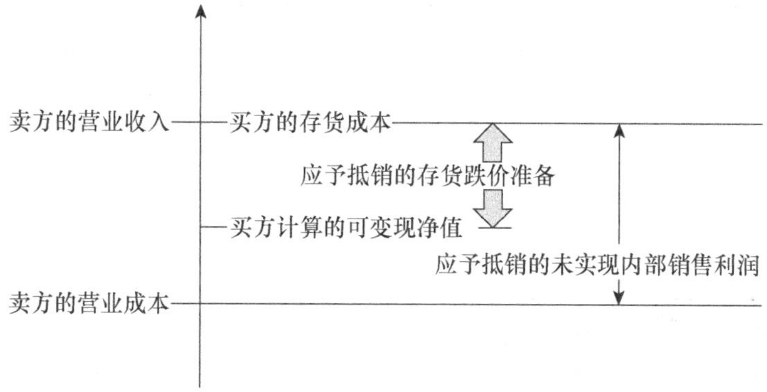

图4－1 存货在企业集团层面未发生减值的情形

此情形下，“从企业集团层面来看应予抵销的存货跌价准备”是指内部交易的买方当期计提的存货跌价准备，如图4-1中的粗箭头所示。原因在于，从企业集团的层面来看，存货并未发生减值，因此，内部交易的买方当期计提的存货跌价准备应予抵销。

例4-7

20×3年1月，P公司向子公司S公司销售商品，销售收入为10万元，销售成本为8万元，销售毛利为2万元（即该商品的销售毛利率为20%）。

S公司该年度未能将该批存货售出。12月31日，该公司计算该批存货的可变现净值为8.4万元，因此，计提存货跌价准备1.6万元。

合并工作底稿中的抵销分录如下：

（1）假定内部交易的存货全部实现对外销售，抵销营业收入和营业成本。

借：营业收入　　100 000

　贷：营业成本　　100 000

（2）抵销结存的内部交易的存货所包含的未实现内部销售利润。

借：营业成本　　20 000

　贷：存货——未实现内部销售利润　　20 000

（3）抵销从企业集团层面来看多计提的存货跌价准备。

借：存货——存货跌价准备　　16 000

　贷：资产减值损失　　16 000

上述抵销分录的实施效果如表4-11所示。

表4-11　合并工作底稿（局部）　　单位：万元

报表项目	个别财务报表		合计数	抵销分录		合并财务报表
	P公司	S公司		借方	贷方	
利润表项目：						
营业收入	10		10	（1）10		0
减：营业成本	8		8	（2）2	（1）10	0
资产减值损失		1.6	1.6		（3）1.6	0
⋮						
营业利润	2	−1.6	0.4			0
⋮						
资产负债表项目：						
存货		8.4	8.4	（3）1.6	（2）2	8
⋮						
未分配利润——年初						
未分配利润——年末	2	−1.6	0.4			0

表4-11中的存货项目的调整情况可以形象地说明上述抵销分录的效果，分

录（3）抵销了存货跌价准备，把存货的账面价值从 8.4 万元调整为 10 万元，分录（2）进一步把存货的账面价值调整到 8 万元，这也是 P 公司当初的成本。存货只不过是在企业集团内换了个地方存放，其账面价值依然不变。同时，经过抵销，P 公司个别财务报表中所记载的营业利润、未分配利润等均归于零，说明存货在企业集团内运转，对企业集团的业绩并无贡献。

2）存货在企业集团的层面发生减值的情形。此情形下，“从企业集团层面来看应予抵销的存货跌价准备”等于该批存货中包含的、应予抵销的未实现内部销售利润，如图 4-2 中的粗箭线所示。这是因为从企业集团层面来看，图 4-2 中虚箭线所示的存货跌价准备应予认可，其余的存货跌价准备应予抵销，其抵销额恰好等于应予抵销的未实现内部销售利润。

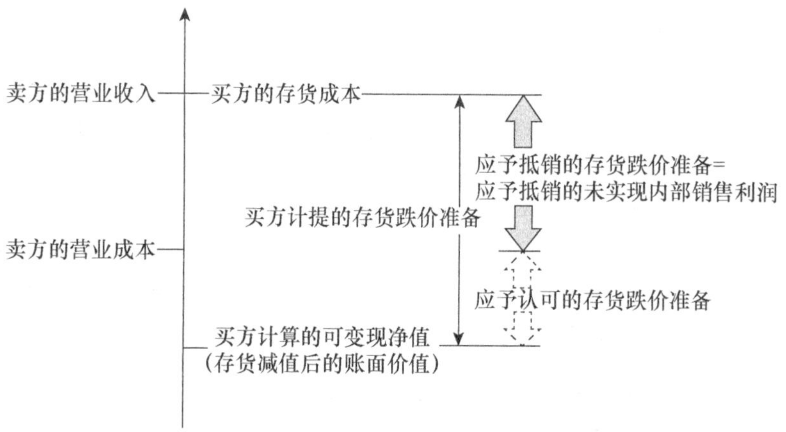

图 4-2　存货在企业集团层面发生减值的情形

例 4-8

20×3 年 1 月，P 公司向子公司 S 公司销售商品，销售收入为 10 万元，销售成本为 8 万元，销售毛利为 2 万元（即该商品的销售毛利率为 20%）。

S 公司该年度未能将该批存货售出。12 月 31 日，该公司计算该批存货的可变现净值为 7 万元，因此，计提存货跌价准备 3 万元。

合并工作底稿中的抵销分录如下。

（1）假定内部交易的存货全部实现对外销售，抵销营业收入和营业成本。

借：营业收入	100 000	
贷：营业成本		100 000

（2）抵销结存的内部交易的存货所包含的未实现内部销售利润。

借：营业成本	20 000	
贷：存货——未实现内部销售利润		20 000

（3）抵销因存货中包含未实现内部销售利润而多计提的存货跌价准备。

借：存货——存货跌价准备	20 000	
贷：资产减值损失		20 000

上述抵销分录的实施效果如表 4-12 所示。

表4-12 合并工作底稿（局部） 单位：万元

报表项目	个别财务报表		合计数	抵销分录		合并财务报表
	P公司	S公司		借方	贷方	
利润表项目：						
营业收入	10		10	(1) 10		0
减：营业成本	8		8	(2) 2	(1) 10	0
资产减值损失		3	3		(3) 2	1
⋮						
营业利润	2	−3	−1			−1
⋮						
资产负债表项目：						
存货		7	7	(3) 2	(2) 2	7
⋮						
未分配利润——年初						
未分配利润——年末	2	−3	−1			−1

从表4-12中可以看出，S公司记载的资产减值损失1万元被合并财务报表认可，相应地，子公司个别财务报表中所记载的存货项目的账面价值（7万元）得以保留。可见，上述抵销最终把存货的账面价值调整到了以企业集团外的视角来观测所应记载的金额。经过抵销，合并财务报表中的未分配利润调整为−1万元。也就是说，存货搬来搬去，不但未能通过对外销售赚取利润，反而产生减值损失1万元。

下面运用一个综合性的例子，结合上述经验总结，完整地阐释初次编制合并财务报表时存货跌价准备的合并处理。

例4-9

20×1年度北方制造股份公司向子公司南方商贸股份公司销售商品3 000万元，其销售成本为2 400万元，销售毛利为600万元。

南方商贸股份公司购进该批价值为3 000万元的商品后，当年共计对外售出40%，其余60%形成期末存货。20×1年年底，该公司确定该批结存的存货的可变现净值为1 600万元，因其账面价值为1 800万元（3 000×60%），故计提存货跌价准备200万元。

北方制造股份公司在编制20×1年合并财务报表时的抵销分录如下。

(1) 对于本期内部销售的存货，假定全部实现对外销售，抵销营业收入和营业成本。

借：营业收入　　30 000 000

　贷：营业成本　　30 000 000

(2) 对于尚未实现对外销售的存货，抵销其中包含的未实现内部销售利润。南方商贸股份公司期末结存的账面价值为1 800万元的存货中包含未实现内部销售利润360万元（1 800×20%）。

借：营业成本　　3 600 000

　贷：存货——未实现内部销售利润　　3 600 000

（3）抵销从企业集团的层面来看多计提的存货跌价准备。该批存货的可变现净值为1 600万元，高于内部交易的卖方的成本1 440万元（2 400×60%）。从企业集团的层面来看，该批存货并未减值，因此，原已计提的减值应全部抵销。

借：存货——存货跌价准备　　2 000 000

　贷：资产减值损失　　2 000 000

（2）连续编制合并报表时存货跌价准备的合并处理。

存货跌价准备的合并处理：连续编制合并报表时

例 4-10

本例在例 4-7 的基础上添加后续年度的抵销处理。

20×3 年 1 月，P 公司向子公司 S 公司销售商品，销售收入为 10 万元，销售成本为 8 万元，销售毛利为 2 万元（即该商品的销售毛利率为 20%）。

S 公司该年度未能将该批存货售出。12 月 31 日，该公司计算该批存货的可变现净值为 8.4 万元，因此，计提存货跌价准备 1.6 万元。

以下区分 20×4 年该批货物全部实现对外销售和未能售出，分别演示如何进行抵销处理。

情形 1：假定 S 公司 20×4 年将该批存货全部销售给企业集团外的其他企业

假定 S 公司该批存货的销售收入为 16 万元。则其销售成本为 8.4 万元，营业利润为 7.6 万元。则 P 公司 20×4 年在合并工作底稿中的抵销分录如下。

（1）延续以前期间的抵销处理，抵销存货中包含的未实现内部销售利润对期初未分配利润的影响。

借：未分配利润——年初　　20 000

　贷：营业成本　　20 000

（2）延续以前期间的抵销处理，抵销以前期间计提的存货跌价准备对期初未分配利润的影响。延续以往的记录时，原本应借记“存货——存货跌价准备”项目，贷记“未分配利润——年初”项目，但由于此时账簿中已经没有该项存货（因此无法借记“存货”项目），因此，应借记“营业成本”项目，同时，调整营业成本，贷记“未分配利润——年初”项目。

借：营业成本　　16 000

　贷：未分配利润——年初　　16 000

经过抵销处理（如表 4-13 所示），从企业集团的层面来看，营业收入为 16 万元，营业成本为 8 万元，营业利润、期末未分配利润为 8 万元。

表 4-13　合并工作底稿（局部）　　单位：万元

报表项目	个别财务报表		合计数	抵销分录		合并财务报表
	P公司	S公司		借方	贷方	
利润表项目：						
营业收入		16	16			16
减：营业成本		8.4	8.4	1.6	2	8

续表

报表项目	个别财务报表		合计数	抵销分录		合并财务报表
	P公司	S公司		借方	贷方	
资产减值损失						
⋮						
营业利润		7.6	7.6			8
⋮						
资产负债表项目：						
存货						
⋮						
未分配利润——年初	2	−1.6	0.4	2	1.6	0
未分配利润——年末		7.6	7.6			8

情形2：假定S公司的该批存货20×4年未能实现对外销售

假定存货的可变现净值没有变化。则P公司20×4年在合并工作底稿中的抵销分录如下。

(1) 延续以前期间的抵销处理，抵销存货中包含的未实现内部销售利润对期初未分配利润的影响。

借：未分配利润——年初　　20 000

　贷：存货　　20 000

(2) 延续以前期间的抵销处理，抵销以前期间计提的存货跌价准备对期初未分配利润的影响。

借：存货　　16 000

　贷：未分配利润——年初　　16 000

经过抵销处理（如表4-14所示），从企业集团的层面来看，该批存货的账面价值仍为8万元，营业利润、期末未分配利润仍归于零。

表4-14　合并工作底稿（局部）　　单位：万元

报表项目	个别财务报表		合计数	抵销分录		合并财务报表
	P公司	S公司		借方	贷方	
利润表项目：						
营业收入						
减：营业成本						
资产减值损失						
⋮						
营业利润						
⋮						
资产负债表项目：						
存货		8.4	8.4	1.6	2	8
⋮						
未分配利润——年初	2	−1.6	0.4	2	1.6	0
未分配利润——年末						

为了总结规律，结合例4-10中两种情形下的会计处理，可将内部交易的存货相关的存货跌价准备的抵销规则概括为表4-15。

表 4－15　内部交易的存货相关的存货跌价准备的抵销

<table>
<tr><th>项目</th><th>初次编制合并报表时</th><th colspan="2">连续编制合并报表时</th></tr>
<tr><td rowspan="2">为保持合并报表连续性所作的调整（调整合并报表期初未分配利润）</td><td rowspan="2">—</td><td colspan="2">对于以前年度内部交易所形成的存货，延续以前年度对存货跌价准备的合并处理</td></tr>
<tr><td>实现对外销售的存货所对应的存货跌价准备
抵销分录 2E－1
借：营业成本
　贷：未分配利润
　　——年初</td><td>仍未对外销售的存货所对应的存货跌价准备
抵销分录 2E－2
借：存货
　贷：未分配利润
　　——年初</td></tr>
<tr><td>抵销因存货中包含未实现内部销售利润而多计提的存货跌价准备</td><td>抵销分录 1D
（按照从企业集团层面来看应予抵销的金额）
借：存货——存货跌价准备
　贷：资产减值损失</td><td colspan="2">抵销分录 2D
（按照当期补提的金额）
借：存货——存货跌价准备
　贷：资产减值损失</td></tr>
</table>

现在，将表 4－4 和表 4－15 所归纳的抵销分录汇总起来，可以得到内部交易的存货的相关抵销分录一览表（见表 4－16）。

表 4－16　内部交易的存货的相关抵销分录一览表

<table>
<tr><th colspan="2">项目</th><th>初次编制合并报表时</th><th colspan="2">连续编制合并报表时</th></tr>
<tr><td rowspan="3">为保持合并报表连续性所作的调整（调整合并报表期初未分配利润）</td><td rowspan="2">期初存货相关的资产减值准备</td><td rowspan="3">—</td><td colspan="2">对于以前年度内部交易所形成的存货，延续以前年度对存货跌价准备的合并处理</td></tr>
<tr><td>实现对外销售的存货所对应的存货跌价准备
抵销分录 2E－1
借：营业成本
　贷：未分配利润
　　——年初</td><td>仍未对外销售的存货所对应的存货跌价准备
抵销分录 2E－2
借：存货
　贷：未分配利润
　　——年初</td></tr>
<tr><td>存货中包含的未实现内部销售利润</td><td colspan="2">延续以前各期的做法，抵销存货中包含的未实现内部销售利润
抵销分录 2C
借：未分配利润——年初
　贷：营业成本</td></tr>
<tr><td colspan="2">抵销本期内部销售的营业收入和营业成本（金额以卖方的营业收入为准）</td><td>抵销分录 1A
借：营业收入
　贷：营业成本</td><td colspan="2">抵销分录 2A
借：营业收入
　贷：营业成本</td></tr>
<tr><td colspan="2">抵销期末存货中包含的未实现内部销售利润</td><td>抵销分录 1B
借：营业成本
　贷：存货</td><td colspan="2">抵销分录 2B
借：营业成本
　贷：存货</td></tr>
<tr><td colspan="2">抵销因存货中包含未实现内部销售利润而多计提的存货跌价准备</td><td>抵销分录 1D
（按照从企业集团层面来看应予抵销的金额）
借：存货
　贷：资产减值损失</td><td colspan="2">抵销分录 2D
（按照从企业集团层面来看应予抵销的金额）
借：存货
　贷：资产减值损失</td></tr>
</table>

例 4-11

沿用例4-9的相关资料。20×2年度，南方商贸股份公司20×1年内部交易结存的60%的存货均未售出。

20×2年度北方制造股份公司又向南方商贸股份公司销售商品2 000万元，其销售成本为1 400万元，销售毛利为600万元（即该商品的销售毛利率为30%）。南方商贸股份公司购进该批存货后，未能售出，年末计算的可变现净值为1 700万元，因此，计提存货跌价准备300万元。

北方制造股份公司在20×2年合并工作底稿中的抵销处理如下。

(1) 延续以前年度的抵销处理，抵销期初存货中的未实现内部销售利润（即表4-16中的抵销分录2C）。

借：未分配利润——年初　　3 600 000

　贷：营业成本　　3 600 000

(2) 延续以前年度对存货跌价准备的抵销处理。由于该批存货未实现对外销售，因此，应借记“存货”项目，贷记“未分配利润——年初”项目（即表4-16中的抵销分录2E-2）。

借：存货　　2 000 000

　贷：未分配利润——年初　　2 000 000

此后的抵销处理便可比照初次编制合并报表的程序进行处理。

(3) 对于本期内部交易的存货，假定全部实现对外销售，抵销营业收入和营业成本。

借：营业收入　　20 000 000

　贷：营业成本　　20 000 000

(4) 对于期末结存的尚未实现对集团外销售的存货，抵销其中包含的未实现内部销售利润。其中，上年结转过来的内部交易的存货中包含未实现内部销售利润360万元，本年新增的内部交易的存货中包含未实现内部销售利润600万元，合计960万元。

借：营业成本　　9 600 000

　贷：存货　　9 600 000

(5) 抵销从企业集团层面来看多计提的存货跌价准备。由于从企业集团层面来看本期新增的内部交易的存货没有发生减值（可变现净值为1 700万元，成本为1 400万元），因此，本期计提的存货跌价准备应予抵销。

借：资产减值损失　　3 000 000

　贷：存货——存货跌价准备　　3 000 000

4.2.5 固定资产项目的相关抵销处理

合并报表中的抵销处理如表4-17所示，其原理与集团内部债权债务的抵销相同。

表 4－17　合并工作底稿中固定资产项目的抵销

项目	初次编制合并报表时	连续编制合并报表时
购入对方的固定资产的情形	借：营业外收入 　贷：固定资产——原价	—
购入对方的产品作固定资产的情形	借：营业收入——主营业务收入 　贷：营业成本——主营业务成本 　　　固定资产——原价	
为保持合并报表连续性所作的调整（调整得出合并报表期初未分配利润）	—	抵销以前未实现内部销售利润： 借：未分配利润——年初 　贷：固定资产——原价 抵销以前多计提的折旧的累积数： 借：固定资产——累计折旧 　贷：未分配利润——年初
抵销本期多计提的折旧	借：固定资产——累计折旧 　贷：管理费用	借：固定资产——累计折旧 　贷：管理费用

1. 初次编制合并报表时的抵销处理

对于企业集团成员之间在本期发生的涉及固定资产的内部销售，应按照如下思路处理：

（1）抵销销售方的销售利润以及购买方的固定资产原价中所包含的未实现内部销售利润。对于一方购入对方的产品作固定资产的情形，按照销售方所记载的营业收入，借记“营业收入——主营业务收入”项目，按照销售方所记载的营业成本，贷记“营业成本——主营业务成本”项目，按照两者之差，贷记“固定资产——原价”项目。对于一方购入对方的固定资产的情形，按照销售方所记载的营业外收入，借记“营业外收入”项目，贷记“固定资产——原价”项目。

（2）抵销购入方由于其记载的固定资产原价中包含未实现内部销售利润而多计提的折旧。按照因固定资产中包含未实现内部销售利润而多计提的折旧，借记“固定资产——累计折旧”项目，贷记“管理费用”等项目。（为简化表达，本章仅针对总部管理使用的固定资产进行举例阐释，在实际工作中，需要根据固定资产的具体用途确定应贷记的项目。）

2. 连续编制合并报表时的抵销处理

一方面，要在合并报表工作底稿中延续以前的抵销处理，从而保持合并报表的连续性；另一方面，要抵销本期由于固定资产中包含未实现内部销售利润而多计提的折旧，其操作与初次编制合并报表相同。

例 4－12

范蠡实业股份公司将其自用的一台设备销售给企业集团内的另一家成员企业西施服装股份公司，销售价格为 600 万元，该固定资产账面原价 800 万元，已计提折旧 320 万元，未计提减值准备。西施服装股份公司将该设备作为固定资产使用，按照 600 万元入账。假设西施服装股份公司对该固定资产按 4 年的使用寿命采用年限平均法计提折旧，预计净残值为零。该固定资产交易时间为20×7年1月1日，本例为简化抵销处理，假定西施服装股份公司对该内部交易形成的固定资产在20×7年度按照12个月计提折旧。

（1）与该固定资产相关的销售收入、销售成本以及原价中包含的未实现内部销售损益的抵销，应作抵销分录如下：

借：营业外收入　1 200 000

　贷：固定资产——原价　1 200 000

（2）该固定资产当期多计提折旧额的抵销。该固定资产折旧年限为4年，原价为600万元，预计净残值为零，当年计提的折旧为150万元，而按照抵销其原价中包含的未实现内部销售损益后的原价计提的折旧为120万元，当期多计提的折旧为30万元。应作抵销分录如下：

借：固定资产——累计折旧　300 000

　贷：管理费用　300 000

例4-13

沿用例4-12的资料。在编制20×8年合并财务报表时，针对该内部交易形成的固定资产应作合并抵销分录如下。

（1）延续抵销该内部交易形成固定资产原价中包含的未实现内部销售损益。

借：未分配利润——年初　1 200 000

　贷：固定资产——原价　1 200 000

（2）为保持合并报表的连续性，抵销以前各期累计多计提的折旧。

借：固定资产——累计折旧　300 000

　贷：未分配利润——年初　300 000

（3）抵销本期多计提的折旧。

借：固定资产——累计折旧　300 000

　贷：管理费用　300 000

例4-14

沿用例4-13的资料。在编制20×9年合并财务报表时，针对该内部交易形成的固定资产应作合并抵销分录如下。

（1）延续抵销该内部交易形成固定资产原价中包含的未实现内部销售损益。

借：未分配利润——年初　1 200 000

　贷：固定资产——原价　1 200 000

（2）为保持合并报表的连续性，抵销以前因未实现内部销售利润而累计多计提的折旧。

借：固定资产——累计折旧　600 000

　贷：未分配利润——年初　600 000

（3）抵销本期多计提的折旧。

借：固定资产——累计折旧　300 000

　贷：管理费用　300 000

3. 内部交易形成的固定资产在清理时的抵销处理

(1) 在固定资产使用寿命期满时予以处置的情形。此情形下，由于固定资产已经从购入方的个别报表中注销，因此，既无必要也不可能再对固定资产项目进行抵销处理。那么，是否还有需要进行抵销处理的项目？答案是肯定的。

以局外人的眼光来观察整个企业集团，由于购入方本期仍然计提了折旧，因此需要予以抵销。

例 4-15a

沿用例 4-14 的资料。2×10 年 12 月 31 日，A 公司对固定资产进行清理，未产生处置收益，则在编制 2×10 年合并财务报表时，应冲销本期计提的折旧，作抵销处理如下：

借：未分配利润——年初 300 000
　贷：管理费用 300 000

本例中的上述处理可视为以下三步分录的合成。

(1) 延续抵销该内部交易形成固定资产原价中包含的未实现内部销售损益。

借：未分配利润——年初 1 200 000
　贷：固定资产——原价 1 200 000

(2) 为保持合并报表的连续性，抵销以前因未实现内部销售利润而累计多计提的折旧。

借：固定资产——累计折旧 900 000
　贷：未分配利润——年初 900 000

(3) 抵销本期多计提的折旧。

借：固定资产——累计折旧 300 000
　贷：管理费用 300 000

注意，上述三步分录是虚构的，对固定资产这个报表项目的调整额合计为零。

(2) 在固定资产提足折旧之后的某一期间进行清理的情形。

例 4-15b

沿用例 4-14 的资料。2×10 年 12 月 31 日，A 公司未对固定资产进行清理，则在编制合并财务报表时，应作抵销处理如下。

(1) 延续抵销该内部交易形成固定资产原价中包含的未实现内部销售损益。

借：未分配利润——年初 1 200 000
　贷：固定资产——原价 1 200 000

(2) 为保持合并报表的连续性，抵销以前因未实现内部销售利润而累计多计提的折旧。

借：固定资产——累计折旧 900 000
　贷：未分配利润——年初 900 000

(3) 抵销本期多计提的折旧。

借：固定资产——累计折旧 300 000
　贷：管理费用 300 000

在之后的年份，由于各期不再计提折旧，因此抵销处理相对简单。

(1) 延续抵销该内部交易形成固定资产原价中包含的未实现内部销售损益。

借：未分配利润——年初　　1 200 000

　贷：固定资产——原价　　1 200 000

(2) 为保持合并报表的连续性，抵销以前因未实现内部销售利润而累计多计提的折旧。

借：固定资产——累计折旧　　1 200 000

　贷：未分配利润——年初　　1 200 000

在进行固定资产清理的年份，合并报表中不需要作抵销处理。

内部交易形成的工程物资、在建工程、无形资产等，比照上述存货、固定资产的抵销进行处理。

专栏4-4　集团内部商品购销交易抵销土地增值税和增值税的处理

1. 集团内转让房地产缴纳的土地增值税

土地增值税是按照纳税人转让房地产所取得的增值额和对应税率计算缴纳的，土地增值税的确认应与房地产增值的实现相对应。因此，在销售企业的个别财务报表中，应在转让房地产取得增值额的当期，将土地增值税计入损益。集团以出售为目的而持有房地产的，在合并财务报表中，集团内部转让房地产的期间，由于内部交易未实现损益已被抵销，集团层面没有实现房地产增值，因而合并利润表中没有反映该项转让交易的利得。相应地，集团内公司缴纳的土地增值税也不应确认为当期损益，而应在合并资产负债表中将其作为一项资产列示；待房地产从该集团出售给第三方，在集团合并利润表中实现增值利得时，再将已缴纳的土地增值税转入当期损益。

2. 集团内交易中产生的单方计提的增值税

集团内成员企业将自产产品销售给其他成员企业，按照税法规定，销售企业属增值税免税项目，销售自产产品免征增值税，而购买企业属增值税应税项目，其购入产品过程中可以计算相应的增值税进项税额用于抵扣。由于税项是法定事项，集团内部企业间进行产品转移时，进项税抵扣的权利已经成立，原则上不应抵销，在合并财务报表层面应体现为一项资产。另外，在内部交易涉及的产品出售给第三方之前，对合并财务报表而言，该交易本身并未实现利润。因此，在编制合并财务报表并抵销销售企业对有关产品的未实现内部销售损益与购买企业相应的存货账面价值时，该部分因增值税进项税额产生的差额在合并财务报表中可以确认为一项递延收益，并在后续产品实现向第三方销售时再转入当期损益。

4.2.6　报告期内增减子公司的处理

准则规定，母公司在报告期内因同一控制下企业合并增加的子公司以及业务，编制合并资产负债表时，应当调整合并资产负债表的期初数，同时应当对比较报表的相关项目进行调整，视同合并后的报告主体自最终控制方开始控制时点起一直存在。因非同一控制下企业合并或其他方式增加的子公司以及业务，编制合并资产负债表时，不应当调整合并资产负债表的期初数。

母公司在报告期内处置子公司以及业务，编制合并资产负债表时，不应当调整合并资产负债表的期初数。

4.2.7 合并资产负债表的格式

合并资产负债表与个别资产负债表相比具有鲜明的区别，主要体现为四个报表项目："商誉""外币报表折算差额""归属于母公司所有者权益合计""少数股东权益"。

准则规定，子公司所有者权益中不属于母公司的份额，应当作为少数股东权益，在合并资产负债表中所有者权益项目下以"少数股东权益"项目列示。

有的企业集团既有工商企业，又有金融企业（商业银行、保险公司和证券公司等），其合并资产负债表的报表项目相当庞杂。

合并资产负债表的格式如表4-18所示。

表4-18 合并资产负债表

会合01表

编制单位： ________年____月____日 单位：元

资产	期末余额	上年年末余额	负债和所有者权益（或股东权益）	期末余额	上年年末余额
流动资产：			流动负债：		
货币资金			短期借款		
结算备付金*			向中央银行借款*		
拆出资金*			拆入资金*		
交易性金融资产			交易性金融负债		
衍生金融资产			衍生金融负债		
应收票据			应付票据		
应收账款			应付账款		
应收款项融资			预收款项		
预付款项			合同负债		
应收保费*			卖出回购金融资产款*		
应收分保账款*			吸收存款及同业存放*		
应收分保合同准备金*			代理买卖证券款*		
其他应收款			代理承销证券款*		
买入返售金融资产*			应付职工薪酬		
存货			应交税费		
合同资产			其他应付款		
持有待售资产			应付手续费及佣金*		
一年内到期的非流动资产			应付分保账款*		

续表

资产	期末余额	上年年末余额	负债和所有者权益（或股东权益）	期末余额	上年年末余额
其他流动资产			持有待售负债		
流动资产合计			一年内到期的非流动负债		
非流动资产：			其他流动负债		
发放贷款和垫款*			流动负债合计		
债权投资			非流动负债：		
其他债权投资			保险合同准备金*		
长期应收款			长期借款		
长期股权投资			应付债券		
其他权益工具投资			其中：优先股		
其他非流动金融资产			永续债		
投资性房地产			租赁负债		
固定资产			长期应付款		
在建工程			预计负债		
生产性生物资产			递延收益		
油气资产			递延所得税负债		
使用权资产			其他非流动负债		
无形资产			非流动负债合计		
开发支出			负债合计		
商誉			所有者权益（或股东权益）：		
长期待摊费用			实收资本（或股本）		
递延所得税资产			其他权益工具		
其他非流动资产			其中：优先股		
非流动资产合计			永续债		
			资本公积		
			减：库存股		
			其他综合收益		
			专项储备		
			盈余公积		
			一般风险准备*		
			未分配利润		
			归属于母公司所有者权益（或股东权益）合计		
			少数股东权益		
			所有者权益（或股东权益）合计		
资产总计			负债和所有者权益（或股东权益）总计		

注：标注“*”的项目为金融企业专用行项目。

4.3 合并利润表

合并利润表应当以母公司和子公司的利润表为基础，在抵销母公司与子公司、子公司相互之间发生的内部交易对合并利润表的影响后，由母公司合并编制。

4.3.1 准则的原则性要求

1. 抵销处理

企业集团成员之间（即母公司与子公司、子公司相互之间，下同）销售商品所产生的营业收入和营业成本应当抵销。具体又分为以下两种情形：第一，期末全部实现对外销售的，应当将购买方的营业成本与销售方的营业收入相互抵销；第二，期末未实现对外销售，从而结存有存货、固定资产、工程物资、在建工程、无形资产等资产的，在抵销销售商品的营业成本和营业收入的同时，应当将各项资产所包含的未实现内部销售损益予以抵销。对于企业集团成员之间相互销售商品所形成的固定资产或无形资产，在对其中所包含的未实现内部销售损益进行抵销处理的同时，还应当抵销由于购入方所记载的固定资产（或无形资产）包含未实现内部销售损益而导致的多计提或少计提的折旧额（或摊销额）。

企业集团成员之间相互持有对方债券所产生的投资收益、利息收入及其他综合收益等，应当与其相对应的发行方利息费用相互抵销。

企业集团成员之间相互持有对方长期股权投资的投资收益应当抵销。

企业集团成员之间发生的其他内部交易对合并利润表的影响应当抵销。

2. 少数股东损益的列示

子公司当期净损益中属于少数股东权益的份额，应当在合并利润表中净利润项目下以“少数股东损益”项目列示。子公司当期综合收益中属于少数股东权益的份额，应当在合并利润表中综合收益总额项目下以“归属于少数股东的综合收益总额”项目列示。

3. 顺流交易和逆流交易的区分

母公司向子公司出售资产所发生的未实现内部交易损益，应当全额抵销归属于母公司股东的净利润。

子公司向母公司出售资产所发生的未实现内部交易损益，应当按照母公司对该子公司的分配比例在归属于母公司股东的净利润和少数股东损益之间分配抵销。

子公司之间出售资产所发生的未实现内部交易损益，应当按照母公司对出售方子公司的分配比例在归属于母公司股东的净利润和少数股东损益之间分配抵销。

4.3.2 企业集团内部的股权投资的投资收益的相关抵销处理

从被投资方利润分配的结果来看，本年的利润分配及其结余情况体现为所有者权益变动表中的“利润分配——提取盈余公积”项目、“利润分配——对股东的分配”项目以及“年末未分配利润”项目。从可供分配的利润的来源来看，投资方按照权益法所记载的“投资收益”和少数股东分享的“少数股东损益”之合计数，就是被投资方本年度新增的净利润，这个合计数再加上“期初未分配利润”，就是被投资方可供分配的利润。这样，就可以把被投资方利润分配的结果及其来源进行抵销。

合并报表工作底稿上的抵销处理如图4-3所示。

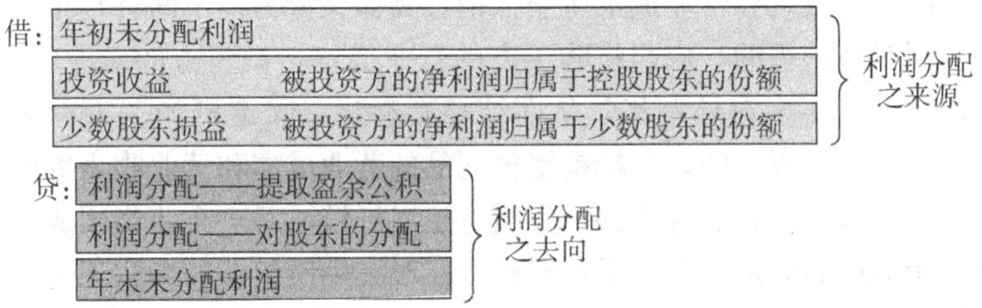

图4-3 企业集团内部的股权投资的投资收益的相关抵销处理

4.3.3 企业集团内部的债券投资的投资收益与利息费用的抵销

假定不存在利息开支资本化的情况，投资方把所买债券全部列为债权投资，则可在工作底稿中，借记投资方所记载的“投资收益”项目，贷记筹资方所记载的“财务费用”项目。

但上述假定往往并不成立，如何进行抵销遂变成仁者见仁、智者见智的问题。

4.3.4 少数股东分担的超额亏损

准则规定，子公司少数股东分担的当期亏损超过了少数股东在该子公司期初所有者权益中所享有的份额的，其余额仍应当冲减少数股东权益。

4.3.5 报告期内增减子公司的处理

母公司在报告期内因同一控制下企业合并增加的子公司以及业务，应当将该子公司以及业务合并当期期初至报告期末的收入、费用、利润纳入合并利润表，同时应当对比较报表的相关项目进行调整，视同合并后的报告主体自最终控制方开始控制时点起一直存在。因非同一控制下企业合并或其他方式增加的子公司以及业务，应当将该子公司以及业务购买日至报告期末的收入、费用、利润纳入合并利润表。

母公司在报告期内处置子公司以及业务，应当将该子公司以及业务期初至处置日的收入、费用、利润纳入合并利润表。

有的企业集团既有工商企业，又有金融企业（商业银行、保险公司和证券公司等），其合并利润表的报表项目相当庞杂。

合并利润表的格式如表 4-19 所示。

表 4-19　合并利润表

会合 02 表

编制单位：　　　　______年____月　　　　单位：元

项目	本期金额	上期金额
一、营业总收入		
其中：营业收入		
利息收入*		
已赚保费*		
手续费及佣金收入*		
二、营业总成本		
其中：营业成本		
利息支出*		
手续费及佣金支出*		
退保金*		
赔付支出净额*		
提取保险责任准备金净额*		
保单红利支出*		
分保费用*		
税金及附加		
销售费用		
管理费用		
研发费用		
财务费用		
其中：利息费用		
利息收入		
加：其他收益		
投资收益（损失以“—”号填列）		
其中：对联营企业和合营企业投资收益		
以摊余成本计量的金融资产终止确认收益		
汇兑收益（损失以“—”号填列）*		
净敞口套期收益（损失以“—”号填列）		
公允价值变动收益（损失以“—”号填列）		
信用减值损失（损失以“—”号填列）		
资产减值损失（损失以“—”号填列）		

续表

项目	本期金额	上期金额
资产处置收益（损失以“－”号填列）		
三、营业利润（亏损以“－”号填列）		
加：营业外收入		
减：营业外支出		
四、利润总额（亏损总额以“－”号填列）		
减：所得税费用		
五、净利润（净亏损以“－”号填列）		
（一）按经营持续性分类		
1. 持续经营净利润（净亏损以“－”号填列）		
2. 终止经营净利润（净亏损以“－”号填列）		
（二）按所有权归属分类		
1. 归属于母公司股东的净利润（净亏损以“－”号填列）		
2. 少数股东损益（净亏损以“－”号填列）		
六、其他综合收益的税后净额		
（一）归属于母公司所有者的其他综合收益的税后净额		
1. 不能重分类进损益的其他综合收益		
（1）重新计量设定受益计划变动额		
（2）权益法下不能转损益的其他综合收益		
（3）其他权益工具投资公允价值变动		
（4）企业自身信用风险公允价值变动		
……		
2. 将重分类进损益的其他综合收益		
（1）权益法下可转损益的其他综合收益		
（2）其他债权投资公允价值变动		
（3）金融资产重分类计入其他综合收益的金额		
（4）其他债权投资信用减值准备		
（5）现金流量套期储备		
（6）外币财务报表折算差额		
……		
（二）归属于少数股东的其他综合收益的税后净额		
七、综合收益总额		
（一）归属于母公司所有者的综合收益总额		
（二）归属于少数股东的综合收益总额		
八、每股收益		
（一）基本每股收益		
（二）稀释每股收益		

注：标注“*”的项目为金融企业专用行项目。

4.4　合并现金流量表、合并所有者权益变动表及对特殊交易的处理

准则规定，合并现金流量表应当以母公司和子公司的现金流量表为基础，在抵销母公司与子公司、子公司相互之间发生的内部交易对合并现金流量表的影响后，由母公司合并编制。以下所称现金，包括现金和现金等价物。

准则规定，合并所有者权益变动表应当以母公司和子公司的所有者权益变动表为基础，在抵销母公司与子公司、子公司相互之间发生的内部交易对合并所有者权益变动表的影响后，由母公司合并编制。

4.4.1　合并现金流量表

（1）母公司与子公司、子公司相互之间当期以现金投资或收购股权增加的投资所产生的现金流量应当抵销。

（2）母公司与子公司、子公司相互之间当期取得投资收益、利息收入收到的现金，应当与分配股利、利润或偿付利息支付的现金相互抵销。

（3）母公司与子公司、子公司相互之间以现金结算债权与债务所产生的现金流量应当抵销。

（4）母公司与子公司、子公司相互之间当期销售商品所产生的现金流量应当抵销。

（5）母公司与子公司、子公司相互之间处置固定资产、无形资产和其他长期资产收回的现金净额，应当与购建固定资产、无形资产和其他长期资产支付的现金相互抵销。

（6）母公司与子公司、子公司相互之间当期发生的其他内部交易所产生的现金流量应当抵销。

合并现金流量表及其补充资料也可以根据合并资产负债表和合并利润表进行编制。

母公司在报告期内因同一控制下企业合并增加的子公司以及业务，应当将该子公司以及业务合并当期期初至报告期末的现金流量纳入合并现金流量表，同时应当对比较报表的相关项目进行调整，视同合并后的报告主体自最终控制方开始控制时点起一直存在。因非同一控制下企业合并增加的子公司以及业务，应当将该子公司购买日至报告期末的现金流量纳入合并现金流量表。

母公司在报告期内处置子公司以及业务，应当将该子公司以及业务期初至处置日的现金流量纳入合并现金流量表。

4.4.2　合并所有者权益变动表

（1）母公司对子公司的长期股权投资应当与母公司在子公司所有者权益中所

享有的份额相互抵销。

子公司持有母公司的长期股权投资以及子公司相互之间持有的长期股权投资，其抵销方法与前述合并资产负债表的抵销相同，即子公司持有母公司的长期股权投资，应当视为企业集团的库存股，作为所有者权益的减项，在合并资产负债表中所有者权益项目下以“减：库存股”项目列示；子公司相互之间持有的长期股权投资，应当比照母公司对子公司的股权投资的抵销方法，将长期股权投资与其对应的子公司所有者权益中所享有的份额相互抵销。

（2）母公司对子公司、子公司相互之间持有对方长期股权投资的投资收益应当抵销。

（3）母公司与子公司、子公司相互之间发生的其他内部交易对所有者权益变动的影响应当抵销。合并所有者权益变动表也可以根据合并资产负债表和合并利润表进行编制。

有少数股东的，应当在合并所有者权益变动表中增加“少数股东权益”栏目，反映少数股东权益变动的情况。

4.4.3 对特殊交易的处理

母公司购买子公司少数股东拥有的子公司股权，在合并财务报表中，因购买少数股权新取得的长期股权投资与按照新增持股比例计算应享有子公司自购买日或合并日开始持续计算的净资产份额之间的差额，应当调整资本公积（资本溢价或股本溢价），资本公积不足冲减的，调整留存收益。

企业因追加投资等原因能够对非同一控制下的被投资方实施控制的，在合并财务报表中，对于购买日之前持有的被购买方的股权，应当按照该股权在购买日的公允价值进行重新计量，公允价值与其账面价值的差额计入当期投资收益；购买日之前持有的被购买方的股权涉及权益法核算下的其他综合收益等的，与其相关的其他综合收益等应当转为购买日所属当期收益。购买方应当在附注中披露其在购买日之前持有的被购买方的股权在购买日的公允价值、按照公允价值重新计量产生的相关利得或损失的金额。

母公司在不丧失控制权的情况下部分处置对子公司的长期股权投资，在合并财务报表中，处置价款与处置长期股权投资对应的享有子公司自购买日或合并日开始持续计算的净资产份额之间的差额，应当调整资本公积（资本溢价或股本溢价），资本公积不足冲减的，调整留存收益。

企业因处置部分股权投资等原因丧失了对被投资方的控制权的，在编制合并财务报表时，对于剩余股权，应当按照其在丧失控制权日的公允价值进行重新计量。处置股权取得的对价与剩余股权公允价值之和，减去按原持股比例计算应享有原有子公司自购买日或合并日开始持续计算的净资产的份额之间的差额，计入丧失控制权当期的投资收益，同时冲减商誉。与原有子公司股权投资相关的其他综合收益等，应当在丧失控制权时转为当期投资收益。

企业通过多次交易分步处置对子公司股权投资直至丧失控制权的，如果处置对子公司股权投资直至丧失控制权的各项交易属于一揽子交易，应当将各项交易作为一项处置子公司并丧失控制权的交易进行会计处理；但是，在丧失控制权之前每一次处置价款与处置投资对应的享有该子公司净资产份额的差额，在合并财务报表中应当确认为其他综合收益，在丧失控制权时一并转入丧失控制权当期的损益。处置对子公司股权投资的各项交易的条款、条件以及经济影响符合下列一种或多种情况，通常表明应将多次交易事项作为一揽子交易进行会计处理：(1) 这些交易是同时或者在考虑了彼此影响的情况下订立的；(2) 这些交易整体才能达成一项完整的商业结果；(3) 一项交易的发生取决于其他至少一项交易的发生；(4) 一项交易单独考虑时是不经济的，但和其他交易一并考虑时是经济的。

对于准则未列举的交易或者事项，如果站在企业集团合并财务报表角度的确认和计量结果与其所属的母公司或子公司的个别财务报表层面的确认和计量结果不一致，则在编制合并财务报表时，也应当站在企业集团角度对特殊交易事项的确认和计量结果予以调整。

4.5　合并财务报表的相关理论评介①

合并财务报表的实践遥遥领先于之后的理论构建。在美国的证券市场上，合并财务报表的编报规则长期缺乏统一的规范。经过半个世纪的实践之后，美国的公共会计师行业才推出合并报表的首份编报规则，这就是美国注册会计师协会麾下的会计程序委员会1959年8月公布的《会计研究公报第51号——合并财务报表》(Accounting Research Bulletin (ARB) 51: Consolidated Financial Statements)。与其说会计研究者指导实践，不如说会计实践者（公共会计师行业）在领导会计研究者。不管学者们多么不情愿承认，事实就是如此。

课程思政　**理解会计规则的理论逻辑、历史逻辑和实践逻辑**

专栏4-5　　合并财务报表之路

在美国，合并财务报表是随着1900—1930年间公司间投资和控股公司（holding company）的兴起而逐渐引起关注的。

1890年的《谢尔曼反托拉斯法》(Sherman Antitrust Act) 禁止合营（pools）和托拉斯（trusts）等对贸易构成妨碍的企业合并，控股公司遂得以兴起，其中包括标准石油、美国钢铁、杜邦和柯达等公司。垄断机构希望通过控股公司的组织架构避免遭到反托拉斯

---

① 本节内容不作教学要求，仅供硕士生和博士生作研究参考。

诉讼，因为控股公司是通过股权控制成员的，而成员企业在法律上依然保持独立性，这与注销成员企业法人资格的企业购并（merger）相比似乎更合乎反垄断法的要求。

但法院的判决很快就击碎了那种幻想，一些违反《谢尔曼反托拉斯法》的控股公司被判解散，1911年标准石油公司就落此下场。

1914年，《克莱顿法》（Clayton Act）宣布，若跨州收购股权的行为对产业竞争构成妨碍，则将被认定为非法。因此，相互竞争的企业便无法通过相互投资进行合并，无论其目的是不是形成垄断组织。有意思的是，该法并不禁止相互竞争的企业进行购并，因为购并是通过整体性购买资产的形式而不是购买股权的形式进行的。

尽管有上述两项联邦反垄断法的限制，公司间的股权投资和购并依然是20世纪美国企业合并的两种主要形式。

虽然美国钢铁公司并不是第一个公布合并报表的公司，但它自1902年起公布合并报表的做法起到了推广合并报表并使之获得认可的作用。此前，美国钢铁公司所公布的母公司报表中仅仅把它从子公司那里收到的股利列入利润表。

有人认为，通过把成员企业的业绩纳入合并报表，美国钢铁公司试图在政府的反托拉斯行动面前证明，更高的合并盈余和合并资产意味着更高的效率和更好的财务状况——它已经掌控了美国60%的钢铁产能。

美国钢铁公司的合并报表得到了它聘请的普华会计公司（Price Waterhouse & Co.）的强烈支持。普华会计公司在20世纪上半叶居于行业领先地位，其审计师迪金森（Arthur L. Dickinson）和迪克西（Lawrence R. Dicksee）均支持美国钢铁公司的做法。他们宣称，仅仅把子公司发放的股利确认为盈余的做法会形成误导，在子公司持续亏损的情况下更是如此。

20世纪20年代，除了公共会计师行业以外，投资银行家协会（Investment Bankers Association）和纽约证券交易所（NYSE）等也呼吁采用合并报表，纽约证券交易所要求上市公司要么公布合并报表，要么同时公布母公司报表和重要的子公司的报表。美国税法曾于1917年要求提供合并报表（但后续立法有所改变），这有助于财务报告和税务报告对合并报表保持一致的态度。

合并报表变成大路货之后，各种理论才争相出现，解读合并报表之意义。早期的争论之一是，究竟应该把合并范围限定于持有多数股权的那些子公司，还是不管持股比例而合并所有被共同控制的公司。这一争议也是财务会计准则委员会最近的讨论稿中最重要的问题。

资料来源：Pacter P，Rosman A J. The Debate over Consolidating Statements：The Road to the DM on Consolidated Financial Statements. Financial Executive，1992，8（2）：22－27.

少数股东权益（minority interest）又称非控制权益（non-controlling interest），对它应该如何归类和表达，是长期困扰会计师的难题，也是合并报表相关理论流派的关注重点。因为它只在合并报表的编制过程中出现，并非来源于母公司或子公司的经营交易或事项，从来不在母公司和子公司的个别报表中出现，因此，它的编制过程缺乏直接的证据予以约束。于是，有四种关于合并报表的理论主张得以并行，谁也无法在理论上证明自己的相对正确性。

4.5.1　主体理论

1. 主体理论的主要主张

第 3 章所阐述的准则条文是基于主体理论（entity theory）设计出来的。主体理论又译作经济主体理论、实体理论、主体观，主张合并报表要反映企业集团整体上的资产和负债。也就是说，子公司的资产和负债要 100%进入合并报表，而不仅仅是把母公司所拥有的份额列入合并报表。循此思路，报表上反映出来的资产和负债总额包含属于少数股东的部分，因此，应在合并资产负债表的股东权益部分专门列示“少数股东权益”。在合并利润表中，少数股东损益也视为合并主体净收益分配给少数股东的部分。这种理论倡导合并报表反映整个企业集团（即“主体”）而不仅仅是母公司的相关信息，平等地对待控股股东和少数股东。

主体理论的要点可概括为以下四点：

（1）子公司的资产调整为公允价值，然后按照大小股东的持股比例“下推”给控股股东和少数股东。也就是说，子公司资产公允价值与账面价值之间的差额要 100%在合并工作底稿中进行调整，从而计算子公司净公允价值。子公司少数股东权益等于“子公司净公允价值×少数股东的持股比例”。控股股东的投资代价与“子公司净公允价值×控股股东的持股比例”（即分享的净公允价值份额）之差，作商誉或负商誉处理。

（2）在合并资产负债表中，少数股东权益是按比例计算的归属于少数股东的净公允价值份额，被视为股东权益的一部分。

（3）把少数股东损益视为合并净收益分配给少数股东的部分。

（4）对于内部销售收入，全部予以抵销处理。

主体理论以控制（control）而不是所有权（ownership）为基础确定合并范围。

2. 主体理论的发展历程①

主体理论主要是由美国学者哈特菲尔德（H. R. Hatfield）和他的学生穆尼茨（Maurice Moonitz）率先提出和论证的。哈特菲尔德和穆尼茨师徒二人先后于 1910—1940 年和 1947—1978 年任加利福尼亚大学伯克利分校教授。

哈特菲尔德在其享有盛誉的《会计学：原理与问题》（Appleton，1927）一书中倡导，无论控股股东是否完全控股，商誉都应当 100%予以确认。1942 年，穆尼茨在《采用主体理论编制合并报表》一文中发展了这一观点。② 穆尼茨提

---

① Zeff S A. The Entity Theory of Recording Goodwill in Business Combinations: Old Stuff. The CPA Journal，2005，75 (10)：80.

② Moonitz M. The Entity Approach to Consolidated Statements. The Accounting Review，1942，17 (3)：236 - 242.

出，在存在少数股东的情况下，如果仅仅按照控股股东的持股比例确认商誉，将会使得商誉取决于控股股东的持股比例，而不是取决于被购买方出众的盈利能力。1944年，美国会计学会（American Accounting Association，AAA）出版了穆尼茨的著作《合并报表的主体理论》（The Entity Theory of Consolidated Statements）。该书进一步阐释并论证了主体理论。[①]

20世纪50年代，两本颇有影响的高级会计教材响应了穆尼茨的主体理论。芬尼（H. A. Finney）和米勒（H. E. Miller）的《会计学原理——高级分册》（Prentice-Hall，1952）举例演示了主体理论。卡伦布罗克（Wilbert E. Karrenbrock）和西门子（Harry Simons）的《高级会计学（合订本）》（South-Western，1955）也举例宣传了主体理论。

但密歇根大学的佩顿（W. A. Paton）有不同的看法。他认为应当将商誉分摊给少数股东，即按照扣除了分摊给少数股东的商誉份额之后的余数来列报商誉。他提出，“一般认为，少数股权的市场价值与多数股权是一致的”，因此，如果不确认少数股权应分担的商誉份额，“合并报表将成为一个大杂烩（hodgepodge），而不是对控股方权益的清晰的和一致的列报”（参见其著作Corporation Accounts and Statements，Macmillan，1955）。在佩顿主编的《会计师手册（第3版）》（Ronald，1943）中，其弟子在自己主笔的“合并报表”一章中阐释了确认少数股东的商誉份额的主张，该书第4版沿用了这一立场。

主体理论一直是会计教材中的热门话题。1970年，在戴维森（Sidney Davidson）主编的《高级会计学手册》（McGraw-Hill，1970）一书中，合著者乔丹（Louis H. Jordan）提出，采信主体理论就意味着要在合并资产负债表中列报少数股权所分担的商誉份额。在各个版本的著作中，最著名的评论来自穆尼茨的弟子凯姆（Vernon Kam）所著的《会计理论》（Accounting Theory，Wiley，1990），该书声称，“主体理论的优点是，它的论证似乎更为合理”。

示例参见例3-4。

4.5.2 母公司理论

母公司理论（parent company theory/parent company concept）又译作母公司观，认为合并报表主要是为母公司的股东和债权人服务的，主要是为了展示母公司股东所拥有的资产、负债和净资产，只不过是母公司的个别报表的扩充。该理论不仅与主体理论有所差异，而且认为比例合并的思路是不恰当的，其反对比例合并做法的理由是，母公司控股股东虽然对子公司（包括其资产和负债）具有整体上的控制能力，但并不直接拥有子公司的资产和负债。

母公司理论忽视了少数股东权益，合并报表的编制以拥有（ownership）而非控制（control）作为合并的基础。

该理论的要点可概括为以下五点：

---

① Moonitz M. The Entity Theory of Consolidated Statements. American Accounting Association，1944.

(1) 对于子公司资产和负债的公允价值与账面价值之差，只按母公司股东的股权比例对合并报表资产和负债项目进行公允价值调整。换言之，只按“控股股东的持股比例×子公司资产（和负债）的公允价值与账面价值的差额”对子公司的资产（和负债）项目进行公允价值调整，即只按控股股东的持股份额对子公司的报表数据进行公允价值调整。这就导致了混合使用公允价值与成本对同一资产进行计价的问题。

(2) 合并资产负债表的股东权益部分仅限于母公司股东的权益。少数股东权益（非控股股东权益）被视为特殊的负债，作为独立项目列示在负债部分和股东权益部分之间。

(3) 在利润表上，把少数股东权益的净收益视为合并报表意义上的费用。

(4) 在抵销企业集团未实现的内部销售损益时，对于顺流销售（下销），作完全的抵销处理；对于逆流销售（上销），只按控股公司的持股比例抵销内部销售利润。

(5) 报表中所列报的商誉只列报控股股东所对应的部分，即已扣除少数股东所对应的商誉。

例4-16

沿用例3-4b的资料，采用母公司理论进行会计处理。

(1) 北方实业股份公司在合并工作底稿中，针对南方地产股份公司资产和负债的账面价值与公允价值之差，按持股比例90%对子公司进行公允价值调整，即仅对母公司多数股权对应的部分进行公允价值调整。其调整分录如下：

借：存货 18 000 000
　　固定资产 36 000 000
　　无形资产 27 000 000
　贷：子公司公允价值调整 81 000 000

(2) 在合并工作底稿中抵销子公司的股东权益账面价值及90%的公允价值调整。其抵销分录如下：

借：子公司公允价值调整 81 000 000
　　股本 10 000 000
　　资本公积 20 000 000
　　盈余公积 70 000 000
　　未分配利润 30 000 000
　贷：长期股权投资 198 000 000 ←90%×子公司净公允价值
　　　少数股东权益 13 000 000 ←10%×子公司股东权益的账面价值

(3) 在合并工作底稿中确认商誉。其抵销分录如下：

借：商誉 32 000 000
　贷：长期股权投资 32 000 000

合并工作底稿如表4-20所示。

表 4-20　合并工作底稿

单位：元

报表项目	个别资产负债表		抵销分录		合并报表
	北方实业	南方地产	借方	贷方	
货币资金	10 000 000	30 000 000			40 000 000
存货	120 000 000	60 000 000	（1）18 000 000		198 000 000
长期股权投资	230 000 000			（2）198 000 000 （3）32 000 000	—
固定资产	180 000 000	50 000 000	（1）36 000 000		266 000 000
无形资产	80 000 000	40 000 000	（1）27 000 000		147 000 000
商誉	—	—	（3）32 000 000		32 000 000
资产合计	620 000 000	180 000 000			683 000 000
长期借款	100 000 000	50 000 000			150 000 000
股本	30 000 000	10 000 000	（2）10 000 000		30 000 000
资本公积	330 000 000	20 000 000	（2）20 000 000		330 000 000
盈余公积	100 000 000	70 000 000	（2）70 000 000		100 000 000
未分配利润	60 000 000	30 000 000	（2）30 000 000		60 000 000
少数股东权益	—	—		（2）13 000 000	13 000 000
子公司公允价值调整			（2）81 000 000	（1）81 000 000	—
股东权益合计	520 000 000	130 000 000			533 000 000

为进一步理解，把上述调整分录和抵销分录（1）（2）（3）组合成一个分录来看一看：

借：存货　　18 000 000
　　固定资产　　36 000 000
　　无形资产　　27 000 000　　←90%公允价值调整（以上三项）
　　股本　　10 000 000
　　资本公积　　20 000 000
　　盈余公积　　70 000 000
　　未分配利润　　30 000 000　　←子公司股东权益的账面价值（以上四项）
　　商誉　　32 000 000　　←商誉
贷：长期股权投资　　230 000 000　　←90%×（公允价值调整+子公司股东权益的账面价值）+商誉
　　少数股东权益　　13 000 000　　←10%×子公司股东权益的账面价值

编制的合并资产负债表如表 4-21 所示。

表 4-21　合并资产负债表

20×7年1月1日

单位：元

项目	金额	项目	金额
流动资产：		流动负债：	
货币资金	40 000 000	⋮	
存货	198 000 000	非流动负债：	
非流动资产：		长期借款	150 000 000

续表

项目	金额	项目	金额
长期股权投资	0	股东权益：	
固定资产	266 000 000	股本	30 000 000
无形资产	147 000 000	资本公积	330 000 000
商誉	32 000 000	盈余公积	100 000 000
		未分配利润	60 000 000
		归属于母公司股东权益合计	520 000 000
		少数股东权益	13 000 000
资产总计	683 000 000	负债和股东权益总计	683 000 000

4.5.3　所有权理论

所有权理论（proprietary theory），有的译作业主观，与比例合并法（pro rata consolidation/proportionate consolidation）系同义语，把子公司的资产和负债视为母公司自身的资产和负债，把子公司的收入和费用视为母公司的收入和费用，主张按照比例合并法编制合并报表。即母公司直接按照其持股比例把它对子公司的资产（或负债）理论上的分享额（或分担额）记入合并报表。这种按照母公司的持股比例合并子公司的资产、负债、收入和费用的做法，常见于被两个投资方共同控制的被投资方（如合资企业）。

我国准则要求采用权益法核算这种情形下的股权投资，不允许采用比例合并的方法。

实际上，母公司理论是介于主体理论和所有权理论之间的一种理论主张。

4.5.4　母公司扩展理论

母公司扩展理论（parent company extension theory），有的书上译作修正的母公司理论，既不是母公司理论，也不是主体理论。该理论认为，合并报表反映的是将整个公司集团作为一个经济实体来看待时的财务状况和经营成果。在此理论下，公司集团的财务报表对所有事项的处理必须是一致的。这一理论适用于那些隶属于几个集团或只是部分属于一个集团的公司。采用该理论，既没有形成单一的母公司，也不存在少数股权；既不存在法定支配权，也不存在单一的经济主体，仅强调能对经营和财务决策产生“重大影响”的可能性的所有权。这一理论要求在合并报表中母公司所取得的全部资产与负债和少数股权的比例股份都要按照公允价值来反映，这一点与实体理论是一致的。其不同点在于对商誉的处理。修正的母公司理论认为，商誉是母公司所取得的无形资产，其价值只应是母公司所支付的价款，绝不应由少数股权承担商誉。换言之，确认少数股权的账面价值和可辨认有形资产及无形资产，但仅仅确认归属于母公司的商誉。

合并报表相关理论的比较如表4-22所示。

表4-22 合并报表相关理论的比较

<table>
<tr><th>项目</th><th>主体理论</th><th>母公司理论</th><th>扩展的母公司理论</th><th>所有权理论</th></tr>
<tr><td>子公司的有形资产、可辨认无形资产、负债</td><td>以公允价值计量</td><td>按照“账面价值+母公司的持股比例×公允价值与账面价值的差额”计算</td><td>以公允价值计量</td><td>按“母公司的持股比例×公允价值”计算</td></tr>
<tr><td>子公司账面上所记载的商誉</td><td>以公允价值计量</td><td colspan="3">按母公司的持股比例计算（即购得的份额）</td></tr>
<tr><td>未实现的内部销售（逆流销售）</td><td>按控股股东和少数股东的持股比例完全予以抵销</td><td rowspan="2">仅按母公司的持股比例抵销</td><td>按控股股东和少数股东的比例完全抵销</td><td rowspan="2">仅按母公司的持股比例抵销</td></tr>
<tr><td>未实现的内部销售（顺流销售）</td><td>按控股股东的持股比例予以抵销</td><td>完全抵销控股股东权益</td></tr>
<tr><td>合并日的少数股东权益</td><td>按“持股比例×子公司净资产公允价值”计算</td><td>按“持股比例×子公司账面价值”计算</td><td>按“持股比例×子公司可辨认净资产”计算</td><td rowspan="3">—</td></tr>
<tr><td>归属于少数股东的子公司净利润</td><td>将其计入合并利润。在合并所有者权益变动表中，将其“分配”给少数股东</td><td colspan="2">在合并利润表中作减项处理，将其视为合并报表意义上的费用</td></tr>
<tr><td>归属于少数股东的资产和负债</td><td>在股东权益部分，单列一项</td><td>列作负债</td><td>在负债和股东权益之间单列一项</td></tr>
</table>

资料来源：Baxter G C，Spinney J C. A Closer Look at Consolidated Financial Statement Theory. CA Magazine (Canada)，1975 (1)：32.

4.6 关于合并报表的理论争鸣①

关于合并报表的理论争鸣

迄今为止，我国关于合并报表的理论研究仍然不够充分，在基础理论上仍然存有争议。试举几例说明。

1. 企业集团不是从事经营活动的民事主体

国家工商行政管理局1998年4月发布的《企业集团登记管理暂行规定》明确指出，“企业集团不具有企业法人资格”，而仅仅是指以资本为主要联结纽带，以母子公司为主体，以集团章程为共同行为规范

① 本节内容供学有余力者用作拓展阅读，不作教学要求。

的母公司、子公司、参股公司及其他成员企业或机构共同组成的具有一定规模的企业法人联合体（第三条）；企业集团的登记应当由企业集团的母公司提出申请（第七条）；母公司应当是依法登记注册，取得企业法人资格的控股企业（第四条）；企业集团经登记主管机关核准登记，发给《企业集团登记证》，该企业集团即告成立（第十三条）。该规定明确指出，经核准的企业集团名称可以在宣传和广告中使用，但不得以企业集团名义订立经济合同，从事经营活动（第十四条）。

综上可知，在法律地位上，企业集团本质上是由母公司（即控股企业）牵头、以集团章程为纽带而形成的企业法人联合体。它仅仅对该集团内的“母公司、子公司、参股公司以及其他成员单位”有意义。经登记主管机关核准登记而获得的《企业集团登记证》仅仅对于签订或认可企业集团章程的全体成员具有约束力，对外没有证明效力。

2. 会计要素之概念不适用于企业集团

第一，资产和负债的概念不适用于企业集团。财产权利（资产）和债务（负债）是就民事主体而言的，必须首先界定民事主体，然后才能界定该民事主体的财产权利和债务。而企业集团[①]并非民事主体，它“好像”而并非真正的单一公司。因此，列报企业集团的资产和负债的报表并无公信力。第二，收入和费用的概念不适用于企业集团。收入和费用的概念仅仅对特定的独立经营主体而言才有意义，在我国，它应当具有独立的企业营业执照或企业法人营业执照。而企业集团并非法律意义上的独立经营主体，因此，列报企业集团的收入和费用的报表并无公信力。第三，所得税的概念不适用于企业集团。所得税这一概念仅仅对于持有税务登记证的经营主体而言才有意义，而企业集团并非经营主体。由于企业集团并不是纳税人，因此，所得税以及净利润、税后利润等概念不适用于企业集团。[②] 这就是说，资产负债表、利润表等会计概念不适用于企业集团。

3. 合并报表有悖于会计原理和立法理念

就会计原理而论，合并报表的编制是以母公司报表和子公司报表的汇总数字为基础，抵消内部交易的影响后编制而成的。它所列示的数据缺乏原始凭证、账簿数据的支持，这与强调原始凭证的会计原理相悖。[③] 就《中华人民共和国会计法》所规定的会计程序而论，财务报表是独立核算的记账主体对自己实际发生的经济业务事项的记载。各单位必须根据实际发生的经济业务事项进行会计核算，填制会计凭

① 企业集团是母公司及其子公司的合称。有些注册为“（集团）有限责任公司”“（集团）股份有限公司”的公司本身只是独立注册的企业法人，其实质是单一法人——控股公司，它和它的子公司才是通常所称的企业集团。

② 《中华人民共和国税收征收管理法》第四条规定，“法律、行政法规规定负有纳税义务的单位和个人为纳税人”。《中华人民共和国企业所得税法》第五十二条规定，“除国务院另有规定外，企业之间不得合并缴纳企业所得税”。据此，经国务院批准，财政部、国家税务总局对 2007 年 12 月 31 日前经国务院批准或按国务院规定条件批准实行合并缴纳企业所得税的 106 个企业集团，在 2008 年度继续按原规定执行。从 2009 年 1 月 1 日起，上述企业集团一律停止执行合并缴纳企业所得税政策。

③ 《会计基础工作规范》规定，“除结账和更正错误的记账凭证可以不附原始凭证外，其他记账凭证必须附有原始凭证”。

证，登记会计账簿，编制财务会计报告。任何单位不得以虚假的经济业务事项或者资料进行会计核算。会计核算必须填制或者取得原始凭证，记账凭证应当根据经过审核的原始凭证及有关资料编制，会计账簿必须以经过审核的会计凭证为依据进行登记，财务会计报告应当根据经过审核的会计账簿记录和有关资料编制。[①] 作为对比，企业集团本身并非从事经营活动的主体，因此，合并报表并不是对单一主体实际发生的经济业务事项的记载。合并报表的编制不是会计程序的产物，而是在缺乏法律证据的情况下，在若干份财务报表的基础上编制的金融分析报表。

域外理论为了推广合并报表，宣称“法律主体一定是会计主体，会计主体不一定是法律主体”，试图借此来论证企业集团作为会计主体的合理性，进而论证把合并报表视为财务报表的合理性。但那种论证存在循环论证、偷换概念等逻辑问题，其效果不过是欲盖弥彰。目前，会计主体的定义仍未取得共识。《中华人民共和国会计法》第二条所称的依法办理会计事务的主体是“国家机关、社会团体、公司、企业、事业单位和其他组织”。1992年11月发布的《企业会计准则》第四条规定，会计核算应当以企业发生的各项经济业务为对象，记录和反映企业本身的各项生产经营活动。2006年2月发布的《企业会计准则——基本准则》第五条重申：“企业应当对其本身发生的交易或者事项进行会计确认、计量和报告。”根据上述规定可知，会计主体是针对拥有独立的法律地位的单位（如“企业本身”）而言的，资产、负债、收入、费用等会计要素必须针对明确的会计主体；其内部机构（如车间、分厂、分公司等）并不拥有独立从事经营活动的法律地位，因而，并不是惯常意义上的会计主体。在这个意义上，独立的会计主体一定是法律主体，而法律主体一定是独立的会计主体。

综上可知，企业集团既非法律主体，也非会计主体。

拓展阅读

1. 汪一凡．合并会计报表纵横谈．新理财，2007（4）：78-79.
2. 汪一凡．已成玄学的“合并法”．新理财，2007（5）：78-79.
3. 杨金忠．关联公司合并报表范围分析．中国注册会计师，2006（10）：55-56.
4. 周华，吴晶晶，戴德明，莫彩华．合并报表的利弊对经济监管规则的潜在影响研究——以江山制药并表权纠纷为例．中国软科学，2018（2）：177-185.

练习题

一、单项选择题

1. 20×2年12月5日，甲公司向其子公司乙公司销售一批商品，不含增值

① 《中华人民共和国会计法》第九条、第十四条、第十五条、第二十条。

税的销售价格为 2 000 万元，增值税税额为 260 万元，款项已收存银行；该批商品成本为 1 600 万元，不考虑其他因素，甲公司在编制 20×2 年度合并现金流量表时，“销售商品、提供劳务收到的现金”项目应抵销的金额为（　　）万元。

A. 1 600　　B. 1 860　　C. 2 000　　D. 2 260

2. 甲公司持有乙公司 30%的股权，能够对乙公司施加重大影响。20×2 年度乙公司实现净利润 8 000 万元，当年 6 月 20 日，甲公司将成本为 600 万元的商品以 1 000 万元的价格出售给乙公司，乙公司将其作为管理用固定资产并于当月投入使用，预计使用 10 年，净残值为零，采用年限平均法计提折旧。不考虑其他因素，甲公司在其 20×2 年度的个别财务报表中应确认对乙公司投资的投资收益（　　）万元。

A. 2 100　　B. 2 280　　C. 2 286　　D. 2 400

3. 甲公司及其子公司（乙公司）20×7 年至 20×9 年发生的有关交易或事项如下：

(1) 20×7 年 12 月 25 日，甲公司与乙公司签订设备销售合同，将生产的一台 A 设备销售给乙公司，售价（不含增值税）为 500 万元。20×7 年 12 月 31 日，甲公司按合同约定将 A 设备交付乙公司，并收取价款。A 设备的成本为 400 万元。乙公司将购买的 A 设备作为管理用固定资产，于交付当日投入使用。乙公司采用年限平均法计提折旧，预计 A 设备可使用 5 年，预计净残值为零。

(2) 20×9 年 12 月 31 日，乙公司以 260 万元（不含增值税）的价格将 A 设备出售给独立的第三方，设备已经交付，价款已经收取。甲公司和乙公司均为增值税一般纳税人，适用的增值税税率均为 13%。根据税法的规定，乙公司为购买 A 设备支付的增值税进项税额可以抵扣；出售 A 设备按照适用税率缴纳增值税。

要求：

根据上述资料，不考虑其他因素，回答下列第 (1) 小题至第 (2) 小题。

(1) 在甲公司 20×8 年 12 月 31 日合并资产负债表中，乙公司的 A 设备作为固定资产应当列报的金额是（　　）万元。

A. 300　　B. 320　　C. 400　　D. 500

(2) 甲公司在 20×9 年度合并利润表中因乙公司处置 A 设备确认的损失是（　　）万元。

A. −60　　B. −40　　C. −20　　D. 40

二、多项选择题

1. 甲公司持有乙公司 70%的股权并控制乙公司，甲公司 20×3 年度合并财务报表中少数股东权益为 950 万元，20×4 年度，乙公司发生净亏损 3 500 万元。无其他所有者权益变动，除乙公司外，甲公司没有其他子公司。不考虑其他因素，下列关于甲公司在编制 20×4 年度合并财务报表的处理中，正确的有（　　）。

A. 母公司所有者权益减少 950 万元

B. 少数股东承担乙公司亏损 950 万元

C. 母公司承担乙公司亏损2 450万元

D. 少数股东权益的列报金额为－100万元

2. 下列各项中，被投资方不应纳入投资方合并财务报表合并范围的有（　　）。

A. 投资方和其他投资方对被投资方实施共同控制

B. 投资方拥有被投资方半数以上表决权但不能控制被投资方

C. 投资方未拥有被投资方半数以上表决权但有权决定其财务和经营政策

D. 投资方直接拥有被投资方半数以上表决权但被投资方已经被宣告清理整顿

3. 甲公司20×0年1月1日购入乙公司80%的股权，能够对乙公司的财务和经营政策实施控制。除乙公司外，甲公司无其他子公司。20×0年度，乙公司以购买日可辨认净资产公允价值为基础计算的净利润为2 000万元，无其他所有者权益变动。20×0年年末，甲公司合并财务报表中少数股东权益为825万元。20×1年度，乙公司以购买日可辨认净资产公允价值为基础计算的净亏损为5 000万元，无其他所有者权益变动。20×1年年末，甲公司个别财务报表中所有者权益总额为8 500万元。下列各项关于甲公司20×0年度和20×1年度合并财务报表列报的表述中，正确的有（　　）。

A. 20×1年度少数股东损益为零

B. 20×0年度少数股东损益为400万元

C. 20×1年12月31日少数股东权益为零

D. 20×1年12月31日股东权益总额为5 925万元

E. 20×1年12月31日归属于母公司股东权益为6 100万元

4. 下列各项中，母公司在编制合并财务报表时，应纳入合并范围的有（　　）。

A. 经营规模较小的子公司

B. 已宣告破产的原子公司

C. 资金调度受到限制的境外子公司

D. 经营业务性质有显著差别的子公司

三、判断题

1. 对于通过非同一控制下企业合并在年度中期增加的子公司，母公司在编制合并报表时，应将该子公司合并当期期初至报告期末的收入、费用和利润纳入合并利润表中。（　　）

2. 报告中期新增的符合纳入合并财务报表范围条件的子公司，如无法提供可比中期合并财务报表，可不将其纳入合并范围。（　　）

3. 子公司向少数股东支付的现金股利或利润，在合并现金流量表中应当在“投资活动产生的现金流量”项目上单独反映。（　　）

4. 投资企业对其实质上控制的被投资企业进行的长期股权投资，在编制其个别财务报表和合并财务报表时均应采用权益法核算。（　　）

5. 企业控股合并形成的商誉，不需要进行减值测试，但应在合并财务报表中分期摊销。（　　）

四、计算分析题

1. 甲公司与长期股权投资、合并财务报表有关的材料如下：

(1) 20×3年度资料。

1) 1月1日，甲公司与非关联方丁公司进行债务重组，丁公司以其持有的公允价值为15 000万元的乙公司70%有表决权的股份，抵偿前欠甲公司货款16 000万元，甲公司对上述应收账款已计提坏账准备800万元。乙公司股东变更登记手续及董事会改选工作已于当日完成。交易前，甲公司与乙公司不存在关联方关系且不持有乙公司任何股份；交易后，甲公司能够对乙公司实施控制并将持有的乙公司股份作为长期股权投资核算。当日，乙公司可辨认净资产公允价值和账面价值均为20 000万元，其中股本10 000万元，资本公积5 000万元，盈余公积2 000万元，未分配利润3 000万元。

2) 12月1日，甲公司向乙公司销售一件A产品，销售价格为3 000万元，销售成本为2 400万元；乙公司当日收到后作为管理用固定资产并于当月投入使用，该固定资产预计使用年限为5年，预计净残值为零，采用年限平均法计提折旧，12月31日，甲公司尚未收到上述款项，并对其计提坏账准备90万元，乙公司未对该固定资产计提减值准备。

3) 20×3年度，乙公司实现的净利润为零，未进行利润分配，所有者权益无变化。

(2) 20×4年度资料。

1) 1月1日，甲公司以银行存款280 000万元取得丙公司100%有表决权的股份，并作为长期股权投资核算，交易前，甲公司与丙公司不存在关联方关系且不持有丙公司任何股份；交易后，甲公司能够对丙公司实施控制。当日，丙公司可辨认净资产的公允价值和账面价值均为280 000万元，其中股本150 000万元，资本公积60 000万元，盈余公积30 000万元，未分配利润40 000万元。

2) 3月1日，甲公司以每套130万元的价格购入丙公司10套B产品，作为存货，货款于当日以银行存款支付。丙公司生产B产品的单位成本为100万元/套，截至12月31日，甲公司以每套售价150万元对外销售8套，另外2套存货不存在减值迹象。

3) 5月9日，甲公司收到丙公司分配的现金股利500万元。

4) 12月31日，甲公司以15 320万元将其持有的乙公司股份全部转让给戊公司，款项已收存银行，乙公司股东变更登记手续及董事会改选工作已于当日完成，当日，甲公司仍未收到乙公司前欠的3 000万元货款，并对其补提了510万元的坏账准备，坏账准备余额为600万元。

5) 20×4年度，乙公司实现的净利润为300万元，除净损益和股东变更外，没有影响所有者权益的其他交易或事项；丙公司实现的净利润为960万元，除净损益外，没有影响所有者权益的其他交易或事项。

(3) 其他相关资料。

1) 甲、乙、丙公司均以公历年度作为会计年度，采用相同的会计政策。

2) 假定不考虑增值税、所得税及其他因素。

要求：

(1) 根据资料(1)，编制甲公司取得乙公司股份的会计分录。

(2) 根据资料(1)，计算甲公司在20×3年1月1日编制合并财务报表时应确认的商誉。

(3) 根据资料(1)，逐笔编制与甲公司编制20×3年度合并财务报表相关的抵销分录（不要求编制与合并现金流量表相关的抵销分录）。

(4) 根据资料(2)，计算甲公司出售乙公司股份的净损益，并编制相关会计分录。

(5) 根据资料(2)，分别说明在甲公司编制的20×4年度合并财务报表中应如何列示乙公司的资产、负债、所有者权益、收入、费用、利润和现金流量。

(6) 根据资料(2)，逐笔编制与甲公司编制20×4年合并财务报表相关的调整抵销分录（不要求编制与合并现金流量表相关的抵销分录）。

（答案中的金额单位采用万元。）

2. 蓝天公司与其被投资单位甲、乙、丙、丁、戊公司均为增值税一般纳税人，适用的增值税税率均为13%，有关资料如下：

(1) 蓝天公司与各被投资单位的关系。

1) 蓝天公司拥有甲公司70%有表决权的股份，对甲公司的财务和经营政策拥有控制权，该项股权于20×3年1月取得时准备长期持有，截至20×4年12月31日，该持有意图尚未改变，甲公司股票在活跃市场中存在报价，公允价值能够可靠计量。

2) 蓝天公司拥有乙公司5%有表决权的股份，对乙公司不具有控制、共同控制或重大影响，该乙公司股票在活跃市场中存在报价，公允价值能够可靠计量。

3) 蓝天公司拥有丙公司100%有表决权的股份，对丙公司的财务和经营政策拥有控制权，该项股权于20×3年5月取得时准备长期持有，截至20×4年12月31日，该持有意图尚未改变，丙公司股票在活跃市场中不存在报价，公允价值不能可靠计量。

4) 蓝天公司拥有丁公司20%有表决权的股份，对丁公司的财务和经营政策有重大影响，该项股权于20×3年4月取得时准备长期持有，截至20×4年12月31日，该持有意图尚未改变，丁公司股票在活跃市场中存在报价，公允价值能够可靠计量。

5) 蓝天公司拥有戊公司90%有表决权的股份，该项股权系20×1年6月取得，并准备长期持有，戊公司已于20×4年10月20日被人民法院直接宣告破产清算，20×4年12月31日尚未清算完毕，戊公司股票在活跃市场中不存在报价，公允价值不能可靠计量。

(2) 蓝天公司与各被投资单位20×4年发生的相关业务。

1) 20×4年9月1日，蓝天公司自甲公司购入一批A商品作为存货核算，增值税专用发票上注明价款为500万元，增值税税额为65万元，截至20×4年12月31日，蓝天公司尚未支付上述款项，A商品尚未对外销售，未出现减值迹象。

甲公司生产该批产品的实际成本为400万元（未计提存货跌价准备）。20×4

年12月31日，甲公司对该笔应收款项计提了8万元的坏账准备。

2）20×4年8月30日，蓝天公司向乙公司销售其生产的设备一台，增值税专用发票上注明价款为3 000万元，增值税税额为390万元，款项已存入银行，该设备的实际成本为2 700万元，未计提存货跌价准备。

乙公司将该设备确认为管理用固定资产，采用年限平均法计提折旧，折旧年限为10年，预计净残值为零。

3）20×4年12月31日，蓝天公司以银行存款1 800万元购入丙公司一栋房屋作为固定资产核算，该房屋在丙公司的账面原价为2 000万元，累计折旧为540万元，未计提固定资产减值准备。

4）20×4年12月31日，蓝天公司按面值向丁公司定向发行公司债券1 000万元（假定未发生交易费用），款项已存入银行。该债券期限为5年，票面年利率与实际利率均为4%，自次年起每年12月31日付息。

丁公司将购入的上述债券划分为债权投资。

（3）其他相关资料。

1）上述各公司均以公历年度作为会计年度，采用相同的会计政策。

2）蓝天公司取得各被投资单位股权投资时，各被投资单位各项可辨认资产、负债的公允价值与其账面价值均相同。

3）各公司的个别财务报表编制正确，蓝天公司已在工作底稿中汇总得出本公司和各子公司财务报表项目的合计金额。

4）假定不考虑所得税及其他相关因素。

要求：

（1）逐一确定蓝天公司对各被投资单位的股权投资进行初始确认时的分类，后续计量采用的方法，并判断说明应否将各被投资单位纳入蓝天公司20×4年度合并财务报表的合并范围。请将答案填入下表。

项目	初始确认类型	后续计量方法	是否纳入合并范围	理由
甲公司				
乙公司				
丙公司				
丁公司				
戊公司				

（2）分析计算相关业务对蓝天公司20×4年度合并工作底稿中有关项目合计金额的抵销额，请将答案填入下表。

项目	计算过程	抵销金额
应收账款		
存货		
固定资产		
应付账款		

续表

项目	计算过程	抵销金额
营业收入		
营业成本		
资产减值损失		
信用减值损失		
营业外收入		

3. 京雁公司和甲公司均为增值税一般纳税人，适用的增值税税率为13%；年末均按实现净利润的10%提取法定盈余公积。假定产品销售价格均为不含增值税的公允价格。20×7年度发生的有关交易或事项如下：

(1) 1月1日，京雁公司以3 200万元取得甲公司60%的有表决权股份作为长期股权投资。当日，甲公司可辨认净资产的账面价值和公允价值均为5 000万元；所有者权益为5 000万元，其中股本2 000万元，资本公积1 900万元，盈余公积600万元，未分配利润500万元。在此之前，京雁公司和甲公司之间不存在关联方关系。

(2) 6月30日，京雁公司向甲公司销售1件A产品，销售价格为500万元，销售成本为300万元，款项已于当日收存银行。甲公司购买的A产品作为管理用固定资产，于当日投入使用，预计可使用年限为5年，预计净残值为零，采用年限平均法计提折旧。

(3) 7月1日，京雁公司向甲公司销售200件B产品，单位销售价格为10万元，单位销售成本为9万元，款项尚未收取。

甲公司将购入的B产品作为存货入库；截至20×7年12月31日，甲公司已对外销售40件B产品，单位销售价格为10.3万元；20×7年12月31日，对尚未销售的B产品每件计提存货跌价准备1.2万元。

(4) 12月31日，京雁公司尚未收到向甲公司销售200件B产品的款项；当日，对该笔应收账款计提了20万元的坏账准备。

(5) 4月12日，甲公司对外宣告发放上年度现金股利300万元；4月20日，京雁公司收到甲公司发放的现金股利180万元。甲公司20×7年度利润表列报的净利润为400万元。

要求：

(1) 编制京雁公司20×7年12月31日合并甲公司财务报表时按照权益法调整相关长期股权投资的调整分录。

(2) 编制京雁公司20×7年12月31日合并甲公司财务报表的各项相关抵销分录。(不要求编制与合并现金流量表相关的抵销分录；不要求编制与抵销内部交易相关的递延所得税抵销分录。)

(答案中的金额单位采用万元。)

第 5 章

Chapter 5 衍生工具会计导论

课程思政要点

1. 结合中国特色社会主义法治体系学习会计法规体系。学习《中华人民共和国期货和衍生品法》，理解衍生工具在风险管理中的作用。了解我国有关衍生工具交易的法律法规。

2. 理解投机、套期保值和套利的含义，端正使用衍生工具的态度。

3. 结合衍生工具交易的成功案例和失败案例，理解风险管理的要领。

学习目标

1. 掌握：衍生工具的会计处理规则。

2. 理解：远期、期货、期权和互换等合约的设计原理；期货交易制度和期货交易过程。

3. 了解：境内外的主要期货期权交易所及其热门交易品种；衍生工具交易的若干行规；我国金融监管机构制定的衍生工具交易相关规则；期权的交易策略。

企业会计准则体系引入了大量的金融术语，常常令许多会计界同人费解，想要学习却又无从下手。鉴于此，笔者运用近年来在教学实践中探索出的研讨方法，本着中外对照、务求实效的理念，尝试简明扼要地阐释中外金融市场上衍生工具交易的相关理论和实践要点，冀望能够帮助读者高效率地掌握衍生工具的基本知识，从而为深入研究衍生工具会计和套期会计打下坚实的基础。本章内容需结合《中华人民共和国期货和衍生品法》（以下简称《期货和衍生品法》）来学习。为方便读者，本章引用了该法相关条款。

5.1 衍生工具概述

5.1.1 何谓衍生工具

学术界尚未就金融工具的定义达成共识。简单地说，金融工具（financial instrument）是交易各方基于各自的预期所签订的按照其意愿来转移资金的合同，泛指可在金融市场进行交易的各种金融合同（或称金融载体，financial vehicle）。金融工具交易中常常将合同、合约、协议视为同义语，我国现行金融法规的常用词汇是远期协议、期货合约、期权合约、互换合约。

金融工具有原生金融工具与衍生金融工具之分。

原生金融工具（primary financial instruments）又称原生工具、原生资产、基础资产、基础工具，泛指可作为合同标的物或计价参照物，用于构造其他金融合同的金融合同，一般是指债券（又称作债务工具，debt instrument）和股票（又称作权益工具，equity instrument）。此外，鉴于金融机构常常以本币、外汇、股票价格指数等为基础开发交易品种，因此，业界也常常将它们抽象地称作原生工具。

衍生金融工具（derivative financial instruments，derivatives）又称衍生工具、金融衍生品、衍生产品、衍生品，是由原生工具派生出来的金融合同，其结算价格通常主要取决于原生工具的价格变动。衍生金融工具的种类多样，常见的交易品种如表5-1所示。一般，为便于理解和分析，业界常常将衍生工具区分为远期合约、期货合约、期权合约和互换合约，并视之为衍生工具的四种基本形态（详见后文）。基于这些基本形态可以组合出新的产品形态，如期货期权、远期互换、互换期货、互换期权等。

表5-1　衍生工具的常见构成

基础资产的风险来源（衍生工具的计价参照物）	衍生工具			
	远期	期货	期权	互换
商品价格	—	商品期货	—	—
利率（本币的价格）	远期利率协议	利率期货	利率期权	利率互换
汇率（外汇的价格）	远期外汇协议	汇率期货	汇率期权	货币互换
股票价格	—	—	股票期权	—
股票价格指数	—	股指期货	—	—

《企业会计准则第22号——金融工具确认和计量》（2017年修订）第五条定义的衍生工具，是指属于该准则范围并同时具备下列特征的金融工具或其他合同：(1) 其价值随特定利率、金融工具价格、商品价格、汇率、价格指数、费率指数、信用等级、信用指数或其他变量的变动而变动。变量为非金融变量的，该变量不应与合同的任何一方存在特定关系。(2) 不要求初始净投资，或者与对市场因素

变化预期有类似反应的其他合同相比，要求较少的初始净投资。(3) 在未来某一日期结算。上述定义比较抽象，学完本章内容之后再来回味，会更容易理解一些。

期货和期权等衍生工具大多是由美国境内的期货交易所首先推出的，其历史不算悠久。

专栏 5-1　　衍生工具创新历程概览

1848 年，芝加哥商品交易所 (Chicago Board of Trade，CBOT) 成立。1865 年，该交易所规定了期货合约的标准化形式。

1968 年，美国国民抵押贷款协会 (Government National Mortgage Association，GNMA) 成立，并于 1970 年发行第一只转手型抵押担保证券 (pass through mortgage backed securities)。这是金融资产证券化的起点。

1970 年，浮动利率债券 (floating rate note，FRN) 开始在欧洲货币市场进行交易。

1972 年 5 月 16 日，芝加哥商业交易所 (Chicago Mercantile Exchange，CME) 旗下的国际货币市场 (international monetary market，IMM) 首创金融期货 (汇率期货)。

1973 年，芝加哥商品交易所的成员组建成立芝加哥期权交易所 (Chicago Board Options Exchange，CBOE)。

1975 年，芝加哥商品交易所首次推出利率期货，其交易标的为美国国民抵押贷款协会发行的转手型抵押担保证券。

1981 年，IBM 与世界银行以瑞士法郎及美元进行交换，这是世界上第一笔公之于世的货币互换。

1982 年 2 月，美国堪萨斯交易所 (Kansas City Board of Trade，KCBT) 推出 Value Line 股价指数期货，这是第一份股指期货合约。

1983 年 1 月，芝加哥商业交易所推出 S&P 100 股价指数期权。该品种迅速成为该交易所交易最活跃的商品之一。

1983 年，抵押担保债券 (collateralized mortgage obligations，CMO) 问世。资产证券化进入新阶段。

1984 年，美国金融市场推出公债分割交易。

1986 年，各种新型公司债券纷纷出现，如利息递增型债券 (stepped coupon bond)、反浮动利率债券、附认股权证浮动利率债券 (FRN with warrant)、S&P 指数联动债券 (S&P index note，SPIN) 等。

1991 年，股价指数成长债券 (stock index growth notes，SIGN) 问世，投资者可以通过标的股票指数的上涨提升债券收益率。

1993 年，美国证券交易所 (American Stock Exchange) 将一篮子股票与基金概念结合，推出第一个交易所买卖基金 (exchange traded fund，ETF)，名为 S&P Depositary Receipts。

1997 年，美国财政部发行通货膨胀补贴政府债券 (inflation-linked treasury bonds)。

5.1.2 衍生工具的作用

衍生工具的支持者往往夸大衍生工具的作用。若作局外观，交易所开发新品种并彼此竞争，这跟其他企业做生意谋利在本质上没什么不同。场外交易的情形与此相似。

面对市面上林林总总的衍生工具，投资者究竟能用它来干什么？不妨套用通俗的套利、套期保值和投机“三分法”来说明。总体而言，有少数投资者使用衍生工具进行套利活动（arbitraging），即利用金融市场上的既有规则或既有价格差构造交易策略而谋利。有一些投资者利用衍生工具从事套期保值（hedging），即利用衍生工具交易来控制其从事实业所面临的种种价格风险（如商品价格、利率、汇率、股票价格等的波动），这是企业风险管理和全面预算管理的重要组成部分。套期保值对工商企业的健康、持续、快速发展具有积极意义，因而值得提倡。作为对比，大多数衍生工具的交易者从事的是投机活动（speculating）。因此，对于衍生工具、金融创新等概念，宜作辩证的理解。

衍生工具的交易过程实际上是风险再分配和财富转移的过程。其本身并没有增加社会财富，甚至不会创造虚拟资本，这是衍生工具与原生工具（股票等）的重要区别。有的金融书籍认为衍生工具能够创造价值，实际上说的是衍生工具能够为参与者降低融资成本或规避价格风险（即私人财富有所转移），从社会财富的角度来说，它仍然没有创造价值。

会计研究者的使命是完善会计规则，帮助有关机构规范金融工具信息披露要求，加强监管，遏制衍生工具的弊端，从而发挥金融创新的积极作用。

课程思政 培养交叉学科贯通思维能力

专栏 5-2　**金融理念面面观——金融专家观点摘录**

王广谦（中央财经大学原校长）：大家都说金融是核心，金融作用很大，把金融的地位看得很高。我不赞成过分重视金融而轻视其他，我认为还是实体经济在先，应该把实体经济、真正的需求放在第一位。

李扬（中国社会科学院金融研究所创始所长）：我谈几点看法：（1）自 20 世纪 90 年代以来，金融有过度发展、自我服务的倾向。很多理财产品纯粹是生造的。我不是说不要搞金融创新，而是金融创新一定要密切联系实体经济。（2）最近几年债券市场规模很大，与企业相关、居民相关的债券不够发达，与金融机构相关的债券则大大膨胀，可就是到不了实体经济中去。今后需要思考，传统金融和现代金融应保持怎样的关系？（3）关于金融业发展市场化的问题。这次危机告诉我们，迅速市场化可能是有问题的。次贷危机宣告了新自由主义的终结。新自由主义就是主张完全市场化、放松管制等。中国这次幸免于难，上次亚洲金融危机也幸免于难，这与我们谨慎的市场化有关。此外，金融业在相当程度上是一个公共行业，因此在金融业完全推行市场原则可能不是最好的模式，应当给政策性金融保留一些地方。

吴晓求（中国人民大学原副校长）：在我看来，无论发生什么事情，金融在现代生活中的核心地位是不可动摇的。我们的资源越来越金融化，如果不把握这种趋势，总想慢慢回到实体经济，那是很危险的。首先，目前的资源已经很金融化了，你不做金融别人要做，因此必须了解它。其次，财富也很金融化了。最后，经济的增长无论是增量资源还是存量资源，都越来越多地依赖于金融体系的配置。增量资源的配置主要依靠传统商业银行，存量资源的再配置和优化则是通过资本市场来完成。经济增长是通过资源配置来完成的，如果不注重这两种资源配置机制，经济增长就会非常缓慢，质量和效率也差。所以，不能因为风险来临了，我们就怀疑金融。

这场金融危机是一场灾难，但是新的金融模式一定会从中产生。金融体系有一种功能就是帮助全社会来分散风险。没有这种机制，经济增长会很麻烦，经济发展会没有效率。现代金融体系通过各种产品的设计在分散风险的同时，也创造了财富的增长模式。人们一般都认为金融体系没有财富创造功能，只有资源配置功能、媒介功能，这是不对的。事实上，金融具有财富创造的功能。

叶永刚（武汉大学中国金融工程与风险管理研究中心主任）：不少人认为现在是衍生金融工具搞多了、搞快了，我不这样认为。美国的金融市场是充分发展的，这个市场我们还没有，还不如别人，对这个市场我们也不够熟悉。我们选择了社会主义市场经济，市场经济是由价格信号来配置资源的，其实价格信号也是一种风险信号，而金融衍生工具能够锁定未来的价格。我认为，金融市场建设得越快，这个国家就越安全；越是关起门来，就越不安全。此外，我们的金融监管体系还需要进一步完善，现在我们只是微观的监管体系，只是事后的监管体系。金融监管体系要从微观到宏观、从金融机构到企业到政府到个人构成一个整体体系。

资料来源：美国金融危机对中国有何影响. 光明日报，2008－10－07.

5.1.3 衍生工具的会计处理规则

1. 会计科目的设置

《企业会计准则第 22 号——金融工具确认和计量》（2017 年修订）第十六条规定，企业应当根据其管理金融资产的业务模式和金融资产的合同现金流量特征，将金融资产划分为以下三类：（1）以摊余成本计量的金融资产；（2）以公允价值计量且其变动计入其他综合收益的金融资产；（3）以公允价值计量且其变动计入当期损益的金融资产。

该准则第二十一条规定，除下列各项外，企业应当将金融负债分类为以摊余成本计量的金融负债：（1）以公允价值计量且其变动计入当期损益的金融负债，包括交易性金融负债（含属于金融负债的衍生工具）和指定为以公允价值计量且其变动计入当期损益的金融负债。（2）金融资产转移不符合终止确认条件或继续涉入被转移金融资产所形成的金融负债。对此类金融负债，企业应当按照《企业会计准则第 23 号——金融资产转移》相关规定进行计量。（3）不属于上述（1）

或（2）情形的财务担保合同，以及不属于上述（1）情形的以低于市场利率贷款的贷款承诺。

根据上述规定，衍生工具应当划分为交易性金融资产或交易性金融负债。但被指定为有效套期工具的衍生工具除外，改用“套期工具”进行账务处理。

企业的衍生工具交易如果构成有效套期（即符合套期会计的适用条件），则应按照套期会计规则，设置“套期工具”科目对衍生工具进行账务处理（见本书第6章）。

2. 衍生工具会计处理的一般规定

（1）衍生工具的入账处理。

1）对于期货和期权，企业应按其支付的期货交易保证金和期权费，在交易日作入账处理，即借记“衍生工具”科目，贷记“银行存款”等科目。

2）对于远期和互换，在交易日不需要作入账处理（因其在交易日不需要支付价款）。远期在结算日作入账处理，企业按其收取（或支付）的结算金额，借记（或贷记）“银行存款”科目，贷记（或借记）“衍生工具”科目。互换在交易日后的首个资产负债表日作入账处理，该衍生工具形成资产的，借记“衍生工具”科目，贷记“公允价值变动损益”科目；该衍生工具形成负债的，作相反的会计分录。

如果在交易日发生相关交易费用①，则应当将其直接计入当期损益（借记“投资收益”科目，贷记“银行存款”等科目）。

（2）资产负债表日的盯市处理。在资产负债表日，企业应当按照公允价值计量其衍生工具，并将其公允价值变动所形成的利得或损失计入当期损益。对于远期、互换和期权，上述公允价值是指该合约的公允价值（市值或者估值）；对于期货，上述公允价值是指企业按照交易所通知的结算价划转期货交易保证金后，其保证金账户的应有数额。

上述一般规定是公允价值会计理念在衍生工具会计中的具体体现。在实际操作中，由于远期、期货、期权和互换的合约设计及其交易策略机理存在一定差异，因此，其账务处理在细节上存在一定的差异。详见以下各节的讲解。

专栏5-3　如何确定衍生工具的公允价值

《企业会计准则第39号——公允价值计量》借鉴国际财务报告准则和美国证券市场上的公认会计原则，要求依次遵照三个层级的计算方法来确定公允价值：第一层级是直接引用活跃市场中的市价（marking-to-market）。第二层级是比照活跃市场中类似资产的可比价格。第三层级是按照估值模型进行估计（marking-to-model）。

对于场内交易（即在交易所内交易）的衍生工具来说，由于证券交易所公布有收盘价，期货交易所会告知交易者当日结算价格，远期合约的交易价格通常也能从金融信息

---

① 交易费用是指可直接归属于购买、发行或处置金融工具新增的外部费用（即企业不购买、发行或处置金融工具就不会发生的费用），包括支付给代理机构、咨询公司、券商等的手续费和佣金及其他必要支出，不包括内部管理成本及其他与交易不直接相关的费用。

提供商获得，因此，为执行准则的规定，可据此按第一层级确定衍生工具的公允价值。

对于场外交易（即在交易所外进行的OTC交易）的衍生工具（如互换合约和多数的期权合约）来说，由于合约条款是交易各方按需定做设计成型的，难以找到市价和类似合约的可比价格，因此，不得不按照未来现金流量折现乃至更复杂的估值模型（如期权估价模型）去估计这些合约的公允价值。

5.2 远 期

通俗地说，远期合约（forward contracts）是指交易双方先行谈妥价格，等到未来某一确定时间再办理交割手续的合同。《期货和衍生品法》所称远期合约，是指期货合约以外的，约定在将来某一特定的时间和地点交割一定数量标的物的金融合约。准备买入标的物的一方为多头，准备卖出标的物的一方为空头。如果远期合约以一般商品为交易标的，则这种合同其实就是先谈妥价格后提货的买卖合同。其实读者对此并不陌生，如购买期房所签订的房屋买卖合同。

在风险管理实践中，常用的是金融远期合约，也就是以金融原生工具为标的资产的远期合约，一般是指远期利率协议和远期外汇协议。远期利率协议通常用于利率风险管理，远期外汇协议通常用于外汇风险管理。

专栏5-4　　金融行话——头寸

头寸（position）作为金融业的行话，在不同语境下有不同的含义。

（1）款项。头寸旧时指银行、钱庄等所拥有的款项，收多付少叫头寸多，收少付多叫头寸缺，结算收付差额叫轧头寸，借款弥补差额叫拆头寸。

（2）银根，即指市场上货币周转流通的情况。市场需要货币多而流通量小叫头寸紧（银根紧），反之则叫头寸松（银根松）。

（3）预期。在衍生工具交易中，头寸指投资者根据其对资产价格走势的预期而持有的买入或卖出的立场。如果投资者看好某项资产，那么，投资者会买入或者想要买入该项资产，以期在未来获利，其立场为多方头寸（bull position/long position），或曰多头。也有投资者认为该项资产的价值未来有可能缩水，因而决定卖出或者想要卖出该项资产，其立场为空方头寸（bear position/short position），或曰空头。

本章多从预期的角度来使用头寸一词。

远期合约的交易是场外交易，即在OTC市场进行交易，不通过交易所进行交易。OTC是“面对面”的意思（over the counter），这个词形象地刻画了一个画面：买卖双方随便找个桌子面对面坐下来谈一谈，就有可能签署一份合同。OTC交易具有简单快捷、量身定做、得遂所愿的优点，但反过来看，它是缺乏监管的交易，其安全性完全取决于交易双方的信誉，存在较大的违约风险。

远期合约的特点及优点主要体现在以下三个方面：(1) 远期合约是非标准化合约，灵活性较大是其主要优点。交易双方可以就交割地点、交割时间、交割价格、合约规模、标的物的品质等细节进行谈判，实现按需定制。(2) 远期合约可以弥补期货合约的不足。期货的交易品种相对有限，且期货的到期日可能与套期保值对象的期限不匹配。(3) 远期交易在买卖成交时并不发生现金流动，双方只是将交易的各项条件（如交易标的物的质量、交易的数量、交易的价格及交割结算日等）用合约的形式确定下来，而实际交割则在预约的将来某一个特定日期进行。

远期合约的缺点如下：与期货相比，由于远期合约不是标准化合约，因此，一方面，远期合约通常不在交易所中进行集中交易，这不利于信息交流和传递，导致价格发现的效率较低；另一方面，远期合约流动性较差，履约没有保证，违约风险较高，即使采取缴纳定金、第三方担保等方式也无法解决违约风险问题。

5.2.1 远期利率协议及其会计处理

1. 交易过程

远期利率协议（forward rate agreement，FRA）是买卖双方同意从未来某一商定的时刻开始，在某一特定时期内按协议利率借贷一笔数额确定、以具体货币表示的名义本金的协议。之所以称为名义，是因为在将来清算时，往往不涉及本金的交易，而是由某一方支付利息差额。换言之，借贷双方不必交换本金，只是在结算日按照协议利率与参考利率之间的差额以及名义本金额，由交易一方付给另一方结算金额。远期利率是指现在约定的将来一定期限的利率，如 1×4 远期利率，即表示 1 个月之后开始的期限为 3 个月的远期利率。

远期利率协议的作用是通过固定将来的利率水平控制利率风险。由于该协议仅仅按照利率差额结算，而不必支付本金，因此其资金流动量较小。这就给企业提供了一种无须改变其资产负债结构即可管理利率风险的工具。

与场内交易的衍生工具（期货、期权）相比，远期利率协议的优点是简便、灵活、无须支付保证金等。虽然场外交易存在信用风险和流动性风险，但是由于仅仅按照差额结算、不涉及本金，因此其风险相对有限。

英国银行家协会（British Bankers' Association，BBA）1985 年颁布的远期利率标准化文件（British Bankers' Association London Interbank Forward Rate Agreements Recommended Terms and Conditions，FRABBA）是业界常用的参考范本。根据该文件，每笔 FRA 仅需一个电传确认即可成交。该范本规定了合约中的重要术语。

(1) 名义本金额（contract amount），是指借贷的名义金额。

(2) 合同货币（contract currency），是指合同标的货币币种。

(3) 合同利率（contract rate），是指缔约双方确定的借贷利率。

(4) 参考利率（reference rate），是指协议中指定的在确定日用以确定结算金额的某种市场利率，通常采用确定日的伦敦银行间拆借利率（London interbank offered rate，LIBOR/ICE LIBOR）。

专栏 5-5　　浮动利率的常用参照标准

伦敦银行间拆借利率于20世纪80年代推出，是使用频率较高、影响较大的浮动利率计算基准。经英国银行家协会授权，汤森路透（Thomson Reuters）向“标杆银行”（panel banks）征询其在每个工作日的上午11:00前筹集10种货币（美元、英镑、欧元、日元、瑞士法郎、瑞典克朗、丹麦克朗、加拿大元、澳大利亚元和新西兰元）的15种期限（隔夜、1个星期、2个星期、1到12个月）的无担保融资的利息率（共有150个），然后采用截尾均值（trimmed arithmetic mean）算法（即去掉若干极端值后计算平均数）计算并公布这150个利息率，这就是伦敦银行间拆借利率。

自2012年开始，银行操纵LIBOR案件频频曝光。随后，一系列声誉卓著的国际性大型银行被调查。2012年6月，美国联邦商品期货交易委员会、英国金融服务监管局和美国联邦司法部公布了英国巴克莱银行在2005—2009年间操纵、虚报LIBOR和EURIBOR的案件，三者对该公司的处罚合计约4.52亿美元。英国银行家协会声誉扫地，宣布不再管理LIBOR业务，将LIBOR管理权上交给英国金融监管局。

2013年7月，旗下拥有伦敦国际金融期货期权交易所（LIFFE）的纽约泛欧交易所集团（NYSE Euronext）击败伦敦证券交易所集团（London Stock Exchange Group）和汤森路透，获得了LIBOR的管理合同，以1英镑的象征性价格从英国银行家协会收购了LIBOR的运营商BBA Libor Ltd.。同年，纽约泛欧交易所集团被洲际交易所（Intercontinental Exchange，ICE）收购。

2014年2月1日，英国金融监管局批准洲际交易所集团的伦敦全资子公司——基准管理有限公司（ICE Benchmark Administration Limited，IBA）管理LIBOR。IBA向11～16家标杆银行征集其在当日（特定假日除外）上午11:00前筹集5种货币（美元、英镑、欧元、日元、瑞士法郎）的7种期限（即隔夜拆借、1个星期、1个月、2个月、3个月、6个月、12个月）的无担保融资的利息率（共有35个），计算截尾均值（去掉最高25%和最低25%的报价，然后计算平均数）。IBA一般在每天上午的11：45左右公布当日ICE LIBOR，进一步的信息可访问洲际交易所网站（www.theice.com）或其会员单位网站（如www.global-rates.com）。

（5）结算金额（settlement sum），是指在结算日，根据合同利率和参照利率的差额计算出来的、由某一缔约方向另一方交付的金额。

（6）交易日（dealing date），是指合同生效的日期。一般，交易日与起算日间隔两个交易日。

（7）结算日（settlement date），是指名义借贷开始的日期，也是某一缔约方向另一方交付结算金额的日期。

（8）到期日（maturity date），是指名义借贷到期的日期。

（9）合同期（contract period），是指结算日至到期日之间的天数。天数的计算规则通常预先在协议中予以约定。

专栏 5-6 **利息天数的计算规则**

1. 中国人民银行规定的人民币存贷款利息计算规则

《中国人民银行关于人民币存贷款计结息问题的通知》（银发〔2005〕129 号）规定了存贷款利率的换算和计息公式。

（1）人民币业务的利率换算公式为：

日利率(‰)＝年利率(%)÷360

月利率(‰)＝年利率(%)÷12

（2）银行可采用积数计息法和逐笔计息法计算利息。

1）积数计息法按实际天数每日累计账户余额，以累计积数乘以日利率计算利息。其计息公式为：

利息＝累计计息积数×日利率

式中，累计计息积数＝每日余额合计数。

2）逐笔计息法按预先确定的计息公式逐笔计算利息。

计息期为整年（月）的，其计息公式为：

利息＝本金×年(月)数×年(月)利率

计息期有整年（月）又有零头天数的，其计息公式为：

利息＝本金×年(月)数×年(月)利率＋本金×零头天数×日利率

同时，银行可选择将计息期全部化为实际天数计算利息，即每年为 365 天（闰年 366 天），每月为当月公历实际天数，其计息公式为：

利息＝本金×实际天数×日利率

2. 金融衍生产品交易中的计息基准

金融实践中有多种约定俗成的计息基准（又称天数计算惯例，day count convention）。例如，中国银行间市场交易商协会公布的《中国银行间市场金融衍生产品交易定义文件（2012 年版）》就应计利息的计息基准给出了如下常用规则。

（1）“实际天数/实际天数”（简写为 A/A），指该计息期实际天数除以 365 的商（或者如果该计息期的任何部分属于闰年，则应为以下二者之和：1）计息期属于闰年那部分的实际天数除以 366 的商；2）计息期属于非闰年的那部分的实际天数除以 365 的商）。

（2）“实际天数/365”（简写为 A/365），指该计息期实际天数除以 365 的商，若该计息期包含 2 月 29 日，计算该日利息。

（3）“实际天数/365（固定）”（简写为 A/365F），指该计息期实际天数除以 365 的商，若该计息期包含 2 月 29 日，不计算该日利息。

（4）“实际天数/360”（简写为 A/360），指该计息期实际天数除以 360 的商。

（5）“30/360”，指该计息期天数除以 360 的商。计息期天数的计算根据每年 12 个月、每个月 30 天的原则计算，但下述两种情况应按以下指定的天数计算当月天数：1）若计息期第一天不是 30 日或 31 日，但最后一天为 31 日，计息期最后一天所在月份应为 31 天；2）若计息期最后一天是 2 月的最后一天，则 2 月计息天数应为当月的实际天数。

说明：上文中 A 表示 Actual，F 表示 Fixed。

(10) 确定日 (fixing date)，是指确定参考利率的日期。一般，确定日与结算日间隔两个交易日。

上述日期之间的关系如图 5-1 所示。

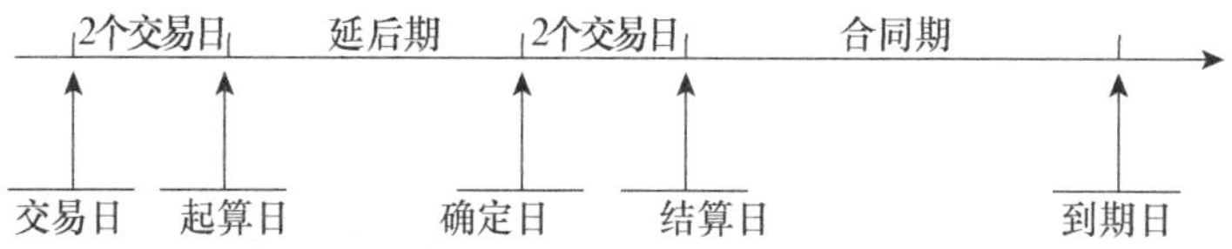

图 5-1　远期利率协议的交易过程示意图

令 C＝合同利率，S＝参考利率，N＝合同标的金额，d＝远期利率协议的合同期的计息天数，D＝参考利率计息基准对应的年度计息天数。若 $S>C$，则卖方向买方支付；若 $S<C$，则买方向卖方支付。结算金额的一种常用计算公式如下：

$$N\times\frac{(S-C)\times d/D}{1+S\times d/D}$$

2. 会计处理

采用“衍生工具”科目对远期利率协议进行账务处理时，需要把握以下四个要点：

(1) 在交易日，不需要作账务处理。这是因为远期利率协议属于场外交易的合约，企业在签约时不发生交易代价。

(2) 在结算日，需要作衍生工具的入账分录。按实际收到的结算金额，借记“银行存款”科目，贷记“衍生工具”科目。支付结算金额的情形，作相反的会计分录。

(3) 在资产负债表日，应当按照公允价值计量远期利率协议，并将其公允价值变动所形成的利得或损失计入当期损益。若远期利率协议与企业的借款相关，则应按其公允价值变动，借记（或贷记）“衍生工具”科目，贷记（或借记）“财务费用”科目。若远期利率协议用于投机，则应按其公允价值变动，借记（或贷记）“衍生工具”科目，贷记（或借记）“公允价值变动损益”科目。

(4) 远期利率协议到期时，应注销其账面价值，同时调整当期损益。

例 5-1

假定 20×5 年 6 月 29 日，范鑫商贸股份公司与某银行签订了一份“3×9”、名义金额 100 万元、合同利率为 4%的远期利率协议。交易日是 6 月 29 日，起算日是 7 月 1 日，结算日是 10 月 1 日，到期日是 20×6 年的 4 月 1 日，合同期是 6 个月。确定日与结算日间隔两日（即为 9 月 29 日），确定日的参考利率为 6%。假定计息期按实际天数计，一年按 360 天计。则按照前述公式，范鑫商贸股份公司在结算日收到的现金可计算如下：

$$1\,000\,000\times\frac{(6\%-4\%)\times183/360}{1+6\%\times183/360}=9\,866(\text{元})$$

上述计算过程常常令初学者感到困惑。以下给出通俗的解读（以下计算结果均取整数）：范鑫商贸股份公司在合同到期时（即20×6年4月1日）可得到的好处约为10 167元（1 000 000×(6%−4%)×183÷360），那么，若其在结算日（即20×6年4月1日）就取走该笔款项，则按照利率6%计算，到期日的10 167元就相当于结算日的9 866元（10 167÷(1+6%×183÷360)）。

假定范鑫商贸股份公司于20×5年10月1日借入一笔期限为6个月的流动资金贷款，利率为6%。则该公司的借款及远期利率协议的会计处理如表5-2所示。假定不满足套期会计的条件。

表5-2 远期利率协议的会计处理

日期	业务分录	衍生工具交易
交易日（20×5年6月29日）	—	—
结算日（20×5年10月1日）	—	（1）远期利率协议入账时。 借：银行存款 9 866 贷：衍生工具——远期利率协议 9 866
资产负债表日（20×5年12月31日）	（3）记载应付利息时。 借：财务费用 15 333 贷：应付利息 15 333*	（2）记载衍生工具的公允价值变动时。 借：衍生工具——远期利率协议 4 886* 贷：财务费用 4 886
到期日（20×6年4月1日）	（5）补记应付利息时。 借：财务费用 15 167 贷：应付利息 15 167** （6）支付6个月的利息时。 借：应付利息 30 500** 贷：银行存款 30 500	（4）注销衍生工具时。 借：衍生工具——远期利率协议 4 980[1] 贷：财务费用 4 980

注：*按照参考利率6%，自结算日（20×5年10月1日）到资产负债表日（20×5年12月31日）应负担的财务费用计算如下：

3个月的应付利息=1 000 000×6%×92/360=15 333(元)

20×5年12月31日，远期利率协议自20×6年1月1日到4月1日所节省的财务费用的现值计算如下：

$$节省的财务费用的现值=\frac{1\ 000\ 000\times(6\%-4\%)\times 91/360}{1+6\%\times 91/360}=4\ 980(元)$$

远期利率协议自结算日（20×5年10月1日）到资产负债表日（20×5年12月31日）已节省的财务费用计算如下：

前三个月节省的财务费用=9 866−4 980=4 886(元)

也可以将分录（2）和（3）合并成一个复合分录：

借：财务费用 10 447
　衍生工具——远期利率协议 4 886
　贷：应付利息 15 333

**按照参考利率6%，自20×6年1月1日到4月1日应负担的财务费用计算如下：

3个月的应付利息=1 000 000×6%×91/360=15 167(元)

自20×5年10月1日到20×6年4月1日的应付利息共计30 500元。

也可以将分录（4）和分录（5）合并成一个复合分录：

借：财务费用 10 187
　衍生工具——远期利率协议 4 980
　贷：应付利息 15 167

专栏5-7 中国人民银行2007年制定的《远期利率协议业务管理规定》摘录

本规定所称远期利率协议是指交易双方约定在未来某一日，交换协议期间内一定名义本金基础上分别以合同利率和参考利率计算的利息的金融合约。其中，远期利率协议的买方支付以合同利率计算的利息，卖方支付以参考利率计算的利息。

远期利率协议的参考利率应为经中国人民银行授权的全国银行间同业拆借中心（简称交易中心）等机构发布的银行间市场具有基准性质的市场利率或中国人民银行公布的基准利率，具体由交易双方共同约定。

全国银行间债券市场参与者（简称市场参与者）中，具有做市商或结算代理业务资格的金融机构可与其他所有市场参与者进行远期利率协议交易，其他金融机构可以与所有金融机构进行远期利率协议交易，非金融机构只能与具有做市商或结算代理业务资格的金融机构进行以套期保值为目的的远期利率协议交易。

市场参与者开展远期利率协议业务应签署《中国银行间市场金融衍生产品交易主协议》。《中国银行间市场金融衍生产品交易主协议》中关于单一协议和终止净额等约定适用于远期利率协议交易。《中国银行间市场金融衍生产品交易主协议》由中国人民银行授权中国银行间市场交易商协会（简称交易商协会）制定并发布。

远期利率协议交易既可以通过交易中心的交易系统达成，也可以通过电话、传真等其他方式达成。未通过交易中心交易系统的，金融机构应于交易达成后的次一工作日将远期利率协议交易情况送交易中心备案。

市场参与者进行远期利率协议交易时，应订立书面交易合同。书面交易合同包括交易中心交易系统生成的成交单，或者合同书、信件和数据电文等。交易合同应至少包括交易双方名称、交易日、名义本金额、协议起止日、结算日、合同利率、参考利率、资金清算方式、争议解决方式等要素。交易双方认为必要时，可签订补充合同。

市场参与者可按对手的信用状况协商建立履约保障机制。

5.2.2 远期外汇协议及其会计处理

远期外汇协议又称期汇合同，是指缔约双方约定在将来某一时间，按约定的远期汇率买卖一定金额的某种外汇的合约。如果直接从现在起算，则可称之为直接远期外汇协议（outright forward foreign exchange contracts）；如果从未来的某个时点起算，则可称之为远期外汇综合协议（synthetic agreement for forward exchange，SAFE）。

2005年，中国外汇交易中心、全国银行间同业拆借中心发布人民币外汇远期交易主协议和交易规则，对全国银行间外汇远期交易进行统一规范。

远期外汇协议的交易方式比远期利率协议略微复杂。例如，远期外汇协议有全额结算和差额结算之分，前者指在结算日根据约定的远期汇率全额交割本金的结算方式，后者指在结算日根据约定的远期汇率与参考价格轧差交割本金的结算方式。

采取差额结算方式的远期外汇综合协议的交易过程和会计处理与远期利率协议相似，这里不再赘述。以下简要介绍对采取差额结算方式的直接远期外汇协议进行会计处理的操作要点：

（1）在交易日，不需要作账务处理。

（2）在交易日后的首个资产负债表日，应当将直接远期外汇协议按照公允价值作会计分录。该衍生工具形成资产的，按其公允价值借记“衍生工具”科目，贷记“公允价值变动损益”科目；该衍生工具形成负债的，作相反的会计分录。

（3）在后续的资产负债表日，企业应当按照公允价值计量其衍生工具，并将其公允价值变动所形成的利得或损失计入当期损益。对于有利的变动，借记“衍生工具”科目，贷记“公允价值变动损益”科目；对于不利的变动，作相反的会计分录。

（4）合同期满，收取对方给付的款项时，按实际收到的结算金额借记“银行存款”科目，贷记“衍生工具”科目；支付结算金额的情形，作相反的会计分录。

采取全额结算方式的情形，可比照上述规则予以处理，此处从略。

例5-2

昌富投资股份公司预期英镑将会走强，遂于20×7年10月2日与某银行签订了一份180天的购入1 000 000英镑的远期外汇协议。约定的汇率为1英镑=9.1元人民币。

汇率信息如表5-3所示。

表5-3 英镑的即期汇率和远期汇率变动情况

项目	20×7年10月2日	20×7年12月31日	20×8年3月31日
即期汇率	1英镑=9.0元人民币	1英镑=9.3元人民币	1英镑=9.8元人民币
远期汇率	1英镑=9.1元人民币 （期限6个月的远期外汇协议）	1英镑=9.5元人民币 （期限3个月的远期外汇协议）	1英镑=9.8元人民币

假定采用3%的折现率，计息天数按照每月30天、每年360天计算。则会计处理情况如下。

（1）20×7年10月2日（交易日），无会计分录。

（2）20×7年12月31日（资产负债表日），采用公允价值会计规则记录公允价值变动损益。

借：衍生工具——远期外汇协议　　397 022

　贷：公允价值变动损益　　397 022

上述数字是采用折现法计算的，其逻辑如下：在20×7年12月31日，昌富投资股份公司预期当前已经实现的汇率差（9.5−9.1）能够一直持续到合同终止，则其在合同终止时（即20×8年3月31日）预期可实现的盈利额为400 000元（(9.5−9.1)×1 000 000）。但距合同到期还有3个月（计算时按每月30天匡算），所以要把上述预期的盈利额折算为20×7年12月31日的现值，即397 022元（(9.5−9.1)×1 000 000÷(1+3%×90÷360)）。这就是美国证券市场上的公认会计原则的奇特逻辑，我国的会计准则并未明确规定上述算法。

(3) 20×8年3月31日，记录金融投机的利得。此时远期外汇协议已经到期，昌富投资股份公司计算已经实现的盈利额如下：

已实现的盈利额＝(9.8－9.1)×1 000 000＝700 000(元)

此前已经记载公允价值变动损益397 022元，因此，需要补记公允价值变动损益302 978元，其会计分录如下：

借：衍生工具——远期外汇协议　　302 978

　贷：公允价值变动损益　　302 978

(4) 收取对方给付的款项时。

借：银行存款　　700 000

　贷：衍生工具——远期外汇协议　　700 000

5.3 期　货

《期货和衍生品法》所称期货交易，是指以期货合约或者标准化期权合约为交易标的的交易活动。期货合约（future contracts/futures），是指期货交易场所统一制定的、约定在将来某一特定的时间和地点交割一定数量标的物的标准化合约。为避免引起混淆，本节仅探讨期货相关知识，期权的知识留待下一节探讨。

期货合约包括商品期货合约和金融期货合约及其他期货合约。

通俗地说，期货合约是指标准化的买卖合同，即标准化的远期合同，其主要条款包括：合约名称、交易品种、交易单位、报价单位、最小变动价位、每日价格最大波动限制（又称涨跌停板幅度）、合约月份、交易时间、最后交易日、交割日期、交割品级、交割地点、最低交易保证金、交易手续费、交割方式、交易代码。期货合约的交易单位为“手”，期货交易必须以“一手”的整数倍进行，不同交易品种每手合约的商品数量在该品种的期货合约中载明。

期货交易所提供期货合约，对买方和卖方的报价进行撮合成交。买方和卖方不直接签订合同，而是以交易所为交易对手，分别向期货交易所提交买入交易指令和卖出交易指令，不必考虑真正的成交对手（甚至日后的交割对手）是谁。

一般认为，期货市场具有价格发现（price discovery）的功能。期货价格是买方和卖方在期货交易所通过公开竞价方式所达成的成交价格，他们在竞价之前通常需要对交易标的物的价格形成机制进行详尽的研究。因此，在公开、公平、高效、竞争的期货市场中，通过期货交易形成的期货价格，具有真实性、预期性、连续性和权威性的特点，能够比较真实地反映出未来商品价格变动的趋势。某些期货交易所的交易量最大的交易品种的期货价格，常常成为世界范围内的指标性价格。

国际市场上，期货市场的公开竞价方式一度主要有两种：一种是电脑自动撮合成交方式；另一种是公开叫价方式（open-outcry system）。在我国交易所中全部采用电脑自动撮合成交方式，期货价格的形成遵循价格优先、时间优先的原则。公开叫价方式那种热热闹闹、比比划划的场面如今在境外交易所中也已较为罕见。

基于期货市场的价格发现功能，工商企业可以通过期货交易进行套期保值，即风险管理。有的书上称之为避险（hedging）功能。此功能源于可观测的经济规律：同种商品的期货价格走势与现货价格走势从长期来看基本一致；现货市场价格与期货市场价格随着合约到期日的临近存在逼近并大致相等的趋势，如图5-2所示。

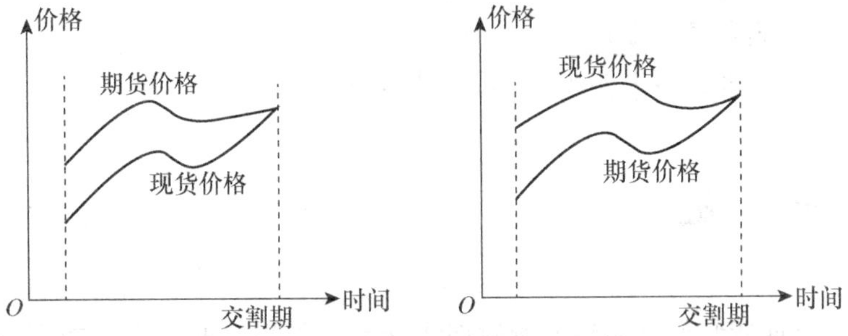

图5-2　期货价格与现货价格的收敛

5.3.1　期货交易市场

期货交易市场一般称作商品交易所（或期货交易所）。全世界的数十家期货交易所大多分布在北美洲和欧洲。我国的期货市场自1986年开始进入理论探讨阶段，之后经过快速发展，目前已经成立5家颇具规模的期货交易所。

1. 境外的主要期货交易所

1848年，芝加哥的82位商人发起组建了芝加哥商品交易所。该交易所于1851年推出远期合同，1865年推出标准化合约，在合同中预先规定商品名称、质量标准、每份合同中标的物的数量、交货时间和交货地点等条款，只有价格留待买方和卖方竞价，同时实行保证金制度（向签约双方收取不超过合约价值10%的保证金）。这些具有历史意义的制度创新促成了真正意义上的期货交易的诞生。1972年，芝加哥商业交易所旗下的国际货币市场首创金融期货（汇率期货）。1975年，芝加哥商品交易所首次推出利率期货，其交易标的为美国国民抵押贷款协会发行的转手型抵押担保证券。1982年2月，美国堪萨斯交易所推出Value Line股价指数期货，这是第一份股指期货合约。

目前，芝加哥商业交易所集团因其旗下拥有芝加哥商业交易所、芝加哥商品交易所、纽约商品交易所（Commodity Exchange Inc.，COMEX）和纽约商业交易所（New York Mercantile Exchange，NYMEX）等知名交易所而备受关注。同样具有较大影响的还有中国香港交易所集团（HKEx Group）旗下的伦敦金属交易所（London Metal Exchange，LME）、纽约泛欧证券交易所集团旗下的伦敦国际金融期货期权交易所等大型交易所。

2. 境内的主要期货交易所

1990—1994 年是我国期货交易所的初步形成阶段。1990 年 10 月 12 日，中国郑州粮食批发市场经国务院批准，引入期货交易机制，成为我国第一个商品期货市场。在期货市场初创时期，一度涌现出 50 多家交易所。1995—2000 年是我国期货交易所的清理整顿阶段。1995 年，全国共有 15 家期货交易所，分布于北京、上海、郑州、大连、苏州、深圳等地。1998 年，监管部门对交易所进行清理整顿、撤销合并，按照“继续试点，加强监管，依法规范，防范风险”的原则，只在郑州、上海、大连保留 3 家期货交易所。2001 年至今是我国期货市场的规范发展阶段。2004 年 3 月，国务院发布《国务院关于推进资本市场改革开放和稳定发展的若干意见》，要求稳步发展期货市场，在严格控制风险的前提下，逐步推出为大宗商品生产者和消费者提供发现价格和套期保值功能的商品期货品种。2006 年 9 月，中国金融期货交易所在上海成立。该交易所肩负建立和发展中国金融期货市场的艰巨任务。2021 年 1 月，经国务院同意，中国证监会正式批准成立广州期货交易所，我国第五家期货交易所落地。

期货交易所作为专门进行标准化期货合约买卖的场所，按照其章程实行自律管理，以其全部财产承担民事责任，具有高度系统性和严密性、高度组织化和规范化的特点。其主要职能是提供交易场所、设施及相关服务；发布市场信息，制定并实施规则；设计期货合约，安排合约上市；保证期货合约的履行；组织和监督期货交易，监管交割仓库，监管会员的交易行为；监控市场风险。期货交易所本身不参与交易活动，不参与期货价格的形成，也不拥有合约标的商品。

专栏 5-8　　境内主要期货交易所简介

1. 郑州商品交易所

郑州商品交易所的前身是 1990 年 10 月 12 日成立的郑州粮食批发市场，当时是国务院确定的第一家期货市场试点单位。1993 年 5 月 28 日，郑州商品交易所正式推出期货交易。

郑州商品交易所目前上市交易的期货品种有普通小麦、优质强筋小麦、早籼稻、晚籼稻、粳稻、棉花、棉纱、油菜籽、菜籽油、菜籽粕、白糖、苹果、红枣、动力煤、甲醇、精对苯二甲酸（PTA）、玻璃、硅铁、锰硅、尿素、纯碱、短纤、花生等 23 个期货品种和白糖、棉花、PTA、甲醇、菜粕、动力煤等 6 个期权。郑州商品交易所网站（www. czce. com. cn）提供了详尽的期货相关法规、基础数据、研究报告等参考资料。

2. 大连商品交易所

大连商品交易所成立于 1993 年 2 月 28 日，并于同年 11 月 18 日正式开业，是中国东北地区唯一一家期货交易所。经中国证监会批准，目前上市交易的有玉米、玉米淀粉、粳米、黄大豆 1 号、黄大豆 2 号、豆粕、豆油、棕榈油、鸡蛋、生猪、纤维板、胶合板、线型低密度聚乙烯、聚氯乙烯、聚丙烯、乙二醇、苯乙烯、焦炭、焦煤、铁矿石、液化石油气共计21个期货品种和豆粕、玉米、棕榈油、铁矿石、液化石油气、聚丙烯、聚氯乙烯、线型低密度聚乙烯共计8个期权品种，并推出了17个期货品种和8个期权品种的夜盘交易。此外，该交易所还提供豆粕期权合约。

3. 上海期货交易所

上海期货交易所是以基础金属、贵金属、能源、化工等大宗商品为主的期货市场，其前身是上海市在期货市场试点建设时期开办的金属、石油、农资、粮油、建材、化工等6家期货交易所。1994年、1995年规范整顿时，保留金属、粮油交易所，另外4家交易所合并组成商品交易所。1998年、1999年规范整顿时，金属、商品、粮油3家交易所合并组建上海期货交易所。

上海期货交易所目前上市交易的有铜、铝、锌、铅、镍、锡、黄金、白银、螺纹钢、线材、热轧卷板、原油、燃料油、石油沥青、天然橡胶、纸浆、20号胶、不锈钢、低硫燃料油、国际铜等20个期货品种，以及铜、天然橡胶、黄金、铝、锌、原油等6个期权合约。详细信息可查询上海期货交易所网站（www. shfe. com. cn）。

以上3家商品期货交易所采用计算机系统撮合交易，通过卫星信息系统向国内外发布即时行情，在全国主要城市开通异地远程交易终端。

4. 中国金融期货交易所

1992年，我国开办了国债期货交易。由于投机严重、风险控制滞后，1995年5月17日，经国务院同意，国债期货市场暂时停止交易。

2006年2月，经国务院同意，中国证监会批准成立中国金融期货交易所筹备组，由上海期货交易所、郑州商品交易所、大连商品交易所、上海证券交易所和深圳证券交易所各出资1亿元共同发起设立中国金融期货交易所。9月4日，中国金融期货交易所股份有限公司完成工商注册登记，注册资本金为5亿元。9月8日，中国金融期货交易所股份有限公司在上海宣告成立。目前提供的交易品种有沪深300股指期货、上证50股指期货、中证500股指期货、中证1000股指期货、沪深300股指期权、中证1000股指期权、2年期国债期货、5年期国债期货、10年期国债期货。

中国金融期货交易所是我国内地首家金融衍生品交易所、首家公司制交易所。采用电子化交易方式，不设交易大厅和出市代表。金融期货产品的交易均通过交易所计算机系统进行竞价，由交易系统按照价格优先、时间优先的原则自动撮合成交。

详细信息可查询中国金融期货交易所网站（www. cffex. com. cn）。

5.3.2 期货交易品种

1. 商品期货

商品期货合约（commodity futures）是指以农产品、工业品、能源和其他商品及其相关指数产品为标的物的期货合约。

商品期货合约是根据社会经济实践中的大宗商品买卖的实际情况设计而成的。一般，大宗交易的标的物只要在质量技术上可予以标准化、在现有技术条件下可以储存较长时间，就可以设计成为期货合约。各交易所的主打品种互有差异，它们推出的交易品种并不总是成功的。

实践中，常见的商品期货合约是基于金属（包括贵金属、粗金属和战略性稀有金属）、常用消费品和易耗品（如咖啡、糖、可可）、农产品（如大豆、玉米、小麦、家畜、纤维物、谷物、油料作物种子）、工业原料（如燃料油、天然橡胶、线型低密度聚乙烯、聚氯乙烯、焦炭）和能源物资（如原油、石油产品、天然气）而设计成形的。其中，大豆、小麦和玉米因其交易量极大而被称为“三大农产品期货”。

在我国，郑州商品交易所、大连商品交易所和上海期货交易所结合国内的市场需求，已经开发出30余个商品期货品种（详见专栏5-8）。

期货合约的每手交易单位规模较大。如表5-4、表5-5、表5-6所示，郑州商品交易所强麦期货合约的每手（即每份合同）交易单位为20吨，大连商品交易所黄大豆1号期货合约的每手交易单位为10吨，上海期货交易所阴极铜期货合约的每手交易单位为5吨。

表5-4 郑州商品交易所强麦期货合约

交易品种	强麦
交易单位	20吨/手
报价单位	元（人民币）/吨
最小变动价位	1元/吨
每日价格波动限制	上一个交易日结算价的±4%及《郑州商品交易所期货交易风险控制管理办法》相关规定
最低交易保证金	合约价值的5%
合约月份	1月，3月，5月，7月，9月，11月
交易时间	每周一至周五（北京时间，法定节假日除外） 9:00—11:30，13:30—15:00
最后交易日	合约月份的第10个交易日
最后交割日	合约月份的第12个交易日
交割品级	符合《中华人民共和国国家标准——小麦》（GB 1351-2008）的三等及以上小麦，且稳定时间、湿面筋等指标符合《郑州商品交易所期货交割细则》规定要求
交割地点	交易所指定交割仓库
交割方式	实物交割
交易代码	WH
上市交易所	郑州商品交易所

表5-5 大连商品交易所黄大豆1号期货合约

交易品种	黄大豆1号
交易单位	10吨/手
报价单位	元（人民币）/吨
最小变动价位	1元/吨

涨跌停板幅度	上一交易日结算价的±4%
最低交易保证金	合约价值的5%
合约月份	1月，3月，5月，7月，9月，11月
交易时间	每周一至周五9:00—11:30，13:30—15:00 以及交易所规定的其他时间
最后交易日	合约月份第10个交易日
最后交割日	最后交易日后第3个交易日
交割品级	《大连商品交易所黄大豆1号交割质量标准》(F/DCE A001-2018)
交割地点	大连商品交易所指定交割仓库
交割方式	实物交割
交易代码	A
上市交易所	大连商品交易所

表5-6　上海期货交易所阴极铜期货合约

交易品种	阴极铜
交易单位	5吨/手
报价单位	元（人民币）/吨
最小变动价位	10元/吨
涨跌停板幅度	上一交易日结算价的±3%
最低交易保证金	合约价值的5%
合约月份	1—12月
交易时间	9:00—11:30，13:30—15:00 以及交易所规定的其他交易时间
最后交易日	合约月份的15日（遇国家法定节假日顺延，春节月份等最后交易日交易所可另行调整并通知）
交割日期	最后交易日后连续5个工作日
交割品级	标准品：阴极铜，符合国标GB/T 467-2010中1号标准铜(Cu-CATH-2)规定，其中主成分铜加银含量不小于99.95%。 替代品：阴极铜，符合国标GB/T 467-2010中A级铜(Cu-CATH-1)规定；或符合BS EN 1978：1998中A级铜(Cu-CATH-1)规定。
交割地点	交易所指定交割仓库
交割方式	实物交割
交割单位	25吨
交易代码	CU
上市交易所	上海期货交易所

2013年11月6日，上海国际能源交易中心股份有限公司（简称上期能源）在中国（上海）自由贸易试验区注册成立，注册资本50亿元。上海国际能源交易中心是经中国证监会批准，由上海期货交易所发起设立的、面向期货市场参与者的国际交易场所，根据《中华人民共和国公司法》《期货交易管理条例》和中国证监会等有关法律法规履行期货市场自律管理职能，致力于建设完善的国际能源衍生品交易平台，目标是客观反映能源供需状况，为能源生产、流通、消费企

业及投资者提供价格发现和风险管理的工具以及投资管理的功能，积极促进能源类商品的资源优化配置，促进经济发展。上海国际能源交易中心经营范围包括组织安排原油、天然气、石化产品等能源类衍生品上市交易、结算和交割，制定业务管理规则，实施自律管理，发布市场信息，提供技术、场所和设施服务。

2018 年 3 月 26 日，原油期货合约在上海国际能源交易中心正式挂牌交易（见表 5－7）。目前，上期能源提供的期货产品包括能源化工期货产品（中质含硫原油、低硫燃料油、20 号胶）和有色金属期货产品（阴极铜），期权产品是原油期货期权合约，指数产品（上期原油指数）包括上期原油价格指数（SHFE Sour Crude Oil Commodity Index，SCCI）和上期原油超额收益指数（SHFE Sour Crude Oil Excessive Return Index，SCEI）。

表 5－7　上海国际能源交易中心原油期货标准合约

交易品种	中质含硫原油
交易单位	1 000 桶/手
报价单位	元（人民币）/桶（交易报价为不含税价格）
最小变动价位	0.1 元（人民币）/桶
涨跌停板幅度	上一交易日结算价的±4%
最低交易保证金	合约价值的 5%
合约月份	最近 1—12 个月为连续月份以及随后 8 个季月*
交易时间	上午 9:00—11:30，下午 1:30—3:00 以及上海国际能源交易中心规定的其他交易时间
最后交易日	合约月份前第 1 月的最后一个交易日；上海国际能源交易中心有权根据国家法定节假日调整最后交易日
交割日期	最后交易日后连续 5 个交易日
交割品质	中质含硫原油，基准品质为 API 度 32.0，硫含量 1.5%，具体可交割油种及升贴水由上海国际能源交易中心另行规定
交割地点	上海国际能源交易中心指定交割仓库
交割方式	实物交割
交易代码	SC
上市机构	上海国际能源交易中心

*季月指每季度的第 3 个月，即 3 月、6 月、9 月、12 月。

2. 金融期货

金融期货合约（financial futures）是指以有价证券、利率、汇率等金融产品及其相关指数产品为标的物的期货合约。实践中，金融期货的交易品种主要是基于债务工具的利率期货、基于外汇汇率的外汇期货、基于股票价格指数的股票指数期货。从全球市场的实践来看，金融期货的交易量占整个期货市场交易量的比例远大于商品期货交易量所占的比例。

金融期货和商品期货在原理上是相似的，但报价方法、交付和结算条款有所区别。

（1）利率期货。利率期货（interest rate future）是以固定收益证券（fixed-income securities/fixed-income instruments）为标的物的期货合约，可以用于规避利率波动所引起的债券价格变动的风险。在金融期货发展的早期，利率期货由于存在庞大的现货市场（即债券市场）而占据期货市场的主导地位。

1）短期利率期货。1975 年 10 月，芝加哥商品交易所推出以美国国民抵押贷款协会抵押凭证为标的物的期货合约，这是第一个利率期货交易品种。此后不久，其当时的竞争对手[①]芝加哥商业交易所旗下的国际货币市场就于 1976 年 1 月推出了标的物为面值 100 万美元、到期时间为 13 个星期（90 天、91 天或 92 天）的美国国库券期货。这是第一个短期利率期货品种，交割方式为实物交割。1981 年，国际货币市场推出欧洲美元期货（eurodollar futures），即标的物为面值 100 万美元、距到期日 3 个月的欧洲美元定期存单，交割方式为现金交割。这一交易品种迅速超越美国国库券期货，成为短期利率期货中更为热门的交易品种，合约条款如表 5-8 所示。

表 5-8 芝加哥商业交易所集团的欧洲美元期货合约（部分条款）

基础资产	本金为 1 000 000 美元、期限为 3 个月的欧洲美元定期存单
报价方式	按照国际货币市场 3 个月 LIBOR 指数，即 100 减去年利率点数（例如，若年利率为 2.5%，则报价为 97.5） 报价每变动 1 个基点（basis point）即 0.01%，合约价值变动 25 美元
最小变动单位	略
到期月份	3 月，6 月，9 月，12 月
头寸限制	无

鉴于债券的价格与利率呈反方向变动（即利率越高，债券价格越低；利率越低，债券价格越高），考虑到短期债券普遍采取零息债券的发行方式（即以贴现方式发行，到期支付面值），因此，投资者的“低价位买、高价位卖”交易策略从利率的角度来看恰恰就是“高利率时买入期货合约，低利率时卖出期货合约”（高买低卖），这容易导致投资者产生错觉，出现操作错误。

为克服上述缺陷，尽量使短期利率期货的报价方式符合人们低买高卖的直觉，短期利率期货合约的设计者发明了以指数报价的方法，尤以国际货币市场设计的 IMM 指数为典型。其计算公式为：

$$\text{IMM 指数}=100-\text{折现年报酬率}\times 100$$

例如，假设折现年报酬率为 3%，则 IMM 指数=100－3=97；假设折现年报酬率为 6%，则 IMM 指数=100－6=94。

根据这种报价方式，投资者可以在 IMM 指数高时（如报价为 97）卖出欧洲美元期货合约，在 IMM 指数低时（如报价 93）买入，这样操作符合低买高卖的习惯，不容易出错。

初学者往往感到不易理解短期利率期货的交易策略机理。不妨以简单的类比来阐释。欧洲美元期货的多头（即买方）的预期是期货价格即 IMM 指数走高

① 2007 年，芝加哥商品交易所和芝加哥商业交易所合并，组建芝加哥商业交易所集团。

（这意味着利率走低），因此其做多的行为可理解为抢先在高利率时购买债券或发放贷款。欧洲美元期货的空头的预期是期货价格即 IMM 指数走低（这意味着利率走高），因此其做空的行为可理解为抢先在低利率时发行债券或者借款。简言之，多头预期 IMM 指数将会走高，空头预期 IMM 指数将会走低。

由于欧洲美元期货合约的期限只有 3 个月，因此 IMM 指数并不等同于期货的成交价格。由于

$$\text{年报酬率}=\frac{100-\text{IMM 指数}}{100}\times 100\%$$

因此，短期利率期货的成交价格可计算如下：

$$\begin{aligned}\begin{matrix}\text{短期利率期货}\\\text{成交价格}\end{matrix}&=\begin{matrix}\text{到期时的}\\\text{面值}\end{matrix}\times\left(1-\text{年报酬率}\times\frac{\text{期货合约的天数}}{360}\right)\\&=\begin{matrix}\text{到期时的}\\\text{面值}\end{matrix}\times\left(1-\frac{100-\text{IMM 指数}}{100}\times\frac{\text{期货合约的天数}}{360}\right)\end{aligned}$$

例 5-3

若欧洲美元期货合约的报价为 91.6，则其每手实际成交价格可计算如下：

$$\begin{aligned}\text{成交价格}&=\begin{matrix}\text{到期时的}\\\text{面值}\end{matrix}\times\left(1-\frac{100-\text{IMM 指数}}{100}\times\frac{\text{期货合约的天数}}{360}\right)\\&=1\,000\,000\times\left(1-\frac{100-91.6}{100}\times\frac{90}{360}\right)\\&=979\,000(\text{美元})\end{aligned}$$

2）长期利率期货。芝加哥商品交易所 1977 年 8 月推出的美国政府长期公债期货是热门的长期利率期货合约。

以芝加哥商业交易所集团的 10 年期美国国债期货合约（10-Year U. S. Treasury Note Futures）为例，该合约的基础资产为到期面值为 100 000 美元的美国国债，报价方式以点数（整数）加小数表示。小数部分以 1/32 的若干倍表示，最小报价单位为 0.5 个 1/32。例如，126－16 表示 $126\frac{16}{32}$，126－16.5 表示 $126\frac{16.5}{32}$。票面价值为 100 点。

例 5-4

若芝加哥商业交易所的 10 年期美国国债期货合约报价为 93－06，则该期货合约每手实际成交价格可计算如下：

$$\begin{aligned}\text{每手成交价格}&=100\,000\times 93\frac{6}{32}\times\frac{1}{100}\\&=93\,187.5(\text{美元})\end{aligned}$$

芝加哥商品交易所在交易制度上进行的创新值得称道。为限制少数投机者在交割时垄断市场，该交易所允许使用不同票面利率的长期国库券充任交割标的

物，只要距到期日或赎回日超过15年的国库券都可以用于交割。当然，在交割计价时，应当比照标准标的物（即票面利率为8%的长期国库券），采用转换因子（conversion factor）进行调整。限于本章的教学目的，此处从略，感兴趣者可参阅金融工程相关书籍。

在我国，中国金融期货交易所推出的国债期货合约有2年期、5年期和10年期的国债期货合约，合约条款分别如表5-9、表5-10所示。

表5-9　中国金融期货交易所5年期国债期货合约表

合约标的	面值为100万元人民币、票面利率为3%的名义中期国债
可交割国债	发行期限不高于7年、合约到期月份首日剩余期限为4～5.25年的记账式附息国债
报价方式	百元净价报价
最小变动价位	0.005元
合约月份	最近的3个季月（3月、6月、9月、12月中的最近3个月循环）
交易时间	9:15—11:30，13:00—15:15
最后交易日交易时间	9:15—11:30
每日价格最大波动限制	上一交易日结算价的±1.2%
最低交易保证金	合约价值的1%
最后交易日	合约到期月份的第2个星期五
最后交割日	最后交易日后第3个交易日
交割方式	实物交割
交易代码	TF
上市交易所	中国金融期货交易所

表5-10　中国金融期货交易所10年期国债期货合约表

合约标的	面值为100万元人民币、票面利率为3%的名义长期国债
可交割国债	发行期限不高于10年、合约到期月份首日剩余期限不低于6.5年的记账式附息国债
报价方式	百元净价报价
最小变动价位	0.005元
合约月份	最近的3个季月（3月、6月、9月、12月中的最近3个月循环）
交易时间	9:15—11:30，13:00—15:15
最后交易日交易时间	9:15—11:30
每日价格最大波动限制	上一交易日结算价的±2%
最低交易保证金	合约价值的2%
最后交易日	合约到期月份的第2个星期五
最后交割日	最后交易日后第3个交易日
交割方式	实物交割
交易代码	T
上市交易所	中国金融期货交易所

(2) 股票指数期货。股票指数期货(index futures,股指期货)一般基于某个区域内的代表性股票价格指数(如标准普尔500指数、日经225指数、伦敦金融时报100指数)而设计成形。股指期货合约价格的计算公式为:

股指期货合约价格=股票价格指数的点数×每点价格

在我国,中国金融期货交易所推出的股指期货合约有沪深300股指期货合约、上证50股指期货合约、中证500股指期货合约和中证1000股指期货合约。

沪深300股指是中证指数有限公司开发的,以上海和深圳证券市场中规模大、流动性好的最具代表性的300只A股作为样本而编制的成分股指数。该指数是沪深证券交易所第一次联合发布的综合反映沪深A股市场整体走势的指数。该指数以2004年12月31日为基日,基点为1 000点。沪深300股指期货合约的合约条款如表5-11所示。

表5-11 中国金融期货交易所沪深300股指期货合约表

合约标的	沪深300指数
合约乘数	每点300元
报价单位	指数点
最小变动价位	0.2点
合约月份	当月、下月及随后2个季月
交易时间	9:30—11:30,13:00—15:00
每日价格最大波动限制	上一个交易日结算价的±10%
最低交易保证金	合约价值的8%
最后交易日	合约到期月份的第3个星期五,遇国家法定节假日顺延
交割日期	同最后交易日
交割方式	现金交割
交易代码	IF
上市交易所	中国金融期货交易所

上证50指数由上海证券交易所发布,该指数挑选上海证券市场规模大、流动性好的最具代表性的50只股票组成样本股,综合反映上海证券市场最具市场影响力的一批龙头企业的整体状况。指数依据样本稳定性和动态跟踪相结合的原则,每半年调整一次成分股,调整时间与上证180指数一致。特殊情况下也可能对样本进行临时调整。每次调整的比例一般情况不超过10%。样本调整设置缓冲区,排名在40名之前的新样本优先进入,排名在60名之前的老样本优先保留。该指数以2003年12月31日为基日,基点为1 000点。上证50股指期货合约的合约条款如表5-12所示。

表5-12 中国金融期货交易所上证50股指期货合约表

合约标的	上证50指数
合约乘数	每点300元

报价单位	指数点
最小变动价位	0.2点
合约月份	当月、下月及随后2个季月
交易时间	9:30—11:30，13:00—15:00
每日价格最大波动限制	上一个交易日结算价的±10%
最低交易保证金	合约价值的8%
最后交易日	合约到期月份的第3个星期五，遇国家法定节假日顺延
交割日期	同最后交易日
交割方式	现金交割
交易代码	IH
上市交易所	中国金融期货交易所

中证500指数由中证指数有限公司发布，综合反映沪深证券市场内小市值公司的整体状况。该指数的样本空间由满足以下条件的沪深A股构成：上市时间超过一个季度，除非该股票自上市以来的日均A股总市值在全部沪深A股中排在前30位；非ST、*ST股票，非暂停上市股票。在样本空间中扣除沪深300指数样本股及最近一年日均总市值排名前300名的股票后，剩余股票按照最近一年（新股为上市以来）的日均成交金额由高到低排名，剔除排名后20%的股票，然后按照日均总市值由高到低进行排名，选取排名在前500名的股票作为中证500指数样本股。该指数以2004年12月31日为基日，基点为1000点。中证500股指期货合约的合约条款如表5-13所示。

表5-13　中国金融期货交易所中证500股指期货合约表

合约标的	中证500指数
合约乘数	每点200元
报价单位	指数点
最小变动价位	0.2点
合约月份	当月、下月及随后2个季月
交易时间	9:30—11:30，13:00—15:00
每日价格最大波动限制	上一个交易日结算价的±10%
最低交易保证金	合约价值的8%
最后交易日	合约到期月份的第3个星期五，遇国家法定节假日顺延
交割日期	同最后交易日
交割方式	现金交割
交易代码	IC
上市交易所	中国金融期货交易所

中证指数有限公司基于其所推出的中证500指数和沪深300指数的成分股，设计了中证800指数，用于综合反映沪深证券市场内大、中、小市值公司的整体状况。此外，中证指数有限公司在中证800指数的成分股之外，遴选了规模偏小

且流动性好的 1 000 只证券，设计了中证 1000 指数，力求与沪深 300 指数和中证 500 指数等形成互补。中证指数有限公司的部分指数关系见图 5-3。

<table>
<tr><td rowspan="5">中证全指</td><td rowspan="3">中证800指数</td><td rowspan="2">沪深300指数</td><td>中证100指数</td></tr>
<tr><td>中证200指数</td></tr>
<tr><td colspan="2">中证500指数</td></tr>
<tr><td colspan="3">中证1000指数</td></tr>
<tr><td colspan="3">其他证券（股票和存托凭证）</td></tr>
</table>

图 5-3　中证指数有限公司的部分指数关系图

中证 1000 股指期货合约的合约条款如表 5-14 所示。

表 5-14　中国金融期货交易所中证 1000 股指期货合约表

合约标的	中证 1000 指数
合约乘数	每点 200 元
报价单位	指数点
最小变动价位	0.2 点
合约月份	当月、下月及随后 2 个季月
交易时间	9:30—11:30，13:00—15:00
每日价格最大波动限制	上一个交易日结算价的±10%
最低交易保证金	合约价值的 8%
最后交易日	合约到期月份的第 3 个星期五，遇国家法定假日顺延
交割日期	同最后交易日
交割方式	现金交割
交易代码	IM
上市交易所	中国金融期货交易所

专栏 5-9　1995 年沪市的 327 国债期货事件

上海证券交易所在 1993 年 10 月 25 日向社会公众开放国债期货交易。最初，国债期货交易未被投资者认识，市场规模较小，行情波动也不大。1994 年 10 月以后，中国人民银行提高 3 年期以上储蓄存款利率和恢复存款保值贴补，国库券利率也同样保值贴补，保值贴补率的不确定性为炒作国债期货提供了空间，大量机构投资者由股市转入债市，国债期货市场行情火爆，成交迭创新高，市场成交规模急速扩大。多空双方对峙的焦点，始终是对 327 国债期货品种到期价格的预测。1992 年 3 年期国库券到期的基础价格已经确定，为票面价值 100 元加上 3 年合计利息 28.5 元（年息为 9.5%），共 128.5 元。此外，其到期的预测价格还受到保值贴补率和是否加息的影响，市场对此看法不一。多空双方在 148 元附近大规模建仓，327 品种未平仓合约数量逐渐加大。市场潜伏的危机已经到了一触即发的地步。1995年2月23日，空头主力上海万国证券公司在收市前8分钟内抛出1 056万口卖单，这一数字相当于327国债期货的本品——1992年国库券发行量的3倍多，并将327国债期货价位从150.3元打压到147.5元，希望以此来减少其已持有的巨大空头头寸的亏损。这完全是一种蓄意违规行为。为避免事态进一步扩大，上海证券交易所宣布最后8分钟交易无效，从2月27日开始休市，并组织协议平仓。最后，上海万国证券公司等有关违规当事人受到严肃查处。1995年5月18日，鉴于我国开放国债期货市场的条件尚未成熟，国务院决定暂停国债期货交易。

资料来源：周正庆. 证券知识读本（修订本）. 北京：金融出版社，2006.

(3) 外汇期货。外汇期货（foreign exchange futures）又称货币期货，是以外汇为标的物的期货合约。

1972年5月16日，芝加哥商业交易所旗下的国际货币市场首创金融期货（汇率期货）。另一个重要的外汇期货交易场所是1982年成立的伦敦金融期货期权交易所。

芝加哥商业交易所集团的英镑期货合约（GBP/USD Future）的主要条款如表5-15所示。

表5-15 芝加哥商业交易所集团的英镑期货合约

交易单位	62 500英镑/手
合约月份	期限为6个月，3月、6月、9月、12月交割
交割方式	实物交割
最大持仓量	10 000手
交易代码	略
最小变动价位	0.000 1美元
交易时间	略
最后交易日期/时间	略
是否允许大宗交易	允许
大宗交易最低规模	100手

5.3.3 期货交易制度

期货交易所实行保证金制度、风险准备金制度、每日无负债结算制度、涨跌停板制度、实物交割制度、套期保值头寸审批制度、信息披露制度、投资者交易编码制度、投机头寸限仓制度、大户报告制度、强制平仓制度、市场禁止进入制度等，对期货交易进行管理和风险控制。当然，它们提供上述服务不是免费的，每一份期货合约的买方和卖方都要向期货交易所支付少量的手续费（具体金额在合同中明确给出，见表5-4、表5-5、表5-6）。《期货交易所管理办法》规定，期货交易所应当按照手续费收入的20%的比例提取风险准备金，风险准备金应当单独核算，专户存储。

1. **保证金制度**

期货交易实行保证金制度，期货结算机构向结算参与人收取保证金，结算参与人向交易者收取保证金。保证金用于结算和履约保障。保证金的形式包括现金，国债、股票、基金份额、标准仓单等流动性强的有价证券，以及国务院期货监督管理机构规定的其他财产。以有价证券等作为保证金的，可以依法通过质押等具有履约保障功能的方式进行。在我国，保证金分为结算准备金和交易保证金。

（1）结算准备金。结算准备金是指会员为了交易结算在交易所专用结算账户中预先准备的资金，是未被合约占用的保证金。结算准备金的最低余额由交易所规定并公告，会员须以自有资金足额缴纳。2005年中国证监会把结算准备金的要求从50万元提高到200万元，从而大大提高了经纪商的准入门槛。我国的三大商品交易所对存入结算账户的资金支付利息，每季度核算一次。

（2）交易保证金。交易保证金（margin，俗称垫头）是指会员在交易所专用结算账户中确保合约履行的资金，是已被合约占用的保证金。买卖双方成交后，交易所按持仓合约价值和规定的比例收取交易保证金。

期货交易所的清算所会对买卖双方的浮动盈亏进行逐日盯市，也就是说，每天都要根据期货价格的涨跌调整买卖双方的保证金，当天兑现浮动盈亏。这在制度上确立了结算机构作为期货交易最终履约担保人的地位。同时，期货合约不会有累积的未交割盈亏。

专栏5-10　　域外期货市场中的初始保证金与维持保证金

国内教材引用国外书籍中的词汇，常常提及初始保证金（initial margin）和维持保证金（maintenance margin）。前者是指建仓时即应存入的保证金。后者是指对保证金账户（margin account）的最低金额要求，通常低于初始保证金。二者的关系如图5-4所示。如果保证金账户的余额低于维持保证金，投资者就会收到要求其立即将保证金账户余额补足到初始保证金水平的保证金催付通知（margin call）。通常称这一追加的资金为追加保证金（variation margin）。

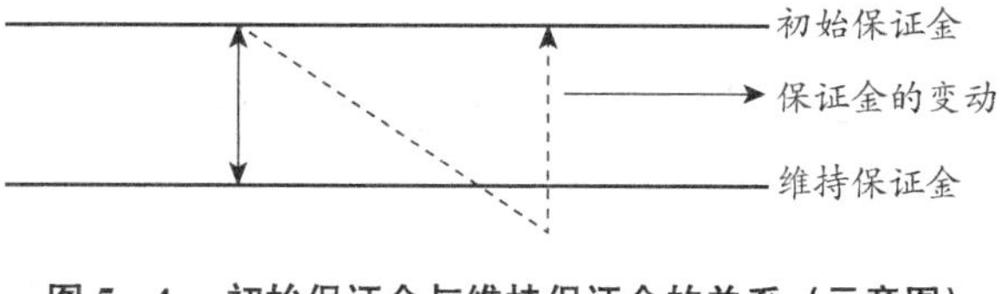

图5-4　初始保证金与维持保证金的关系（示意图）

期货交易所有时会根据市场风险情况、持仓情况、合约到期情况，调整保证金比例。经纪公司可根据市场风险以及客户资金情况，调整保证金比例。从国外的实践情况来看，期货合约中载明的初始保证金比例通常是合约市值的5%～15%。有的期货交易所规定的维持保证金为初始保证金的75%。目前我国期货交易所的维持保证金等于初始保证金，通常为合约价值的5%～6%。

由于交易保证金仅仅占合约价值很小的一个百分比，这就给交易者提供了“以小博大”的机会。又由于保证金的功能只是保证执行，期货交易所并不总是需要以现金的形式提供担保（经交易所同意，会员可用有价证券、标准仓单或交易所允许的其他质押物充作交易保证金充抵保证金），因此，期货市场在一定意义上可以看作不需要投资就能构筑头寸的市场。

在我国，期货结算是由各交易所的内设结算机构负责的，它们根据交易所公布的结算价格，对客户持有头寸的盈亏状况进行资金清算。与股票类似，我国期货采用两级结算制度：其一是交易所对会员进行结算；其二是会员公司对其所代理的客户进行结算。

2. 当日无负债结算制度（逐日盯市制度）

期货交易实行当日无负债结算制度，又称逐日盯市制度（marking to market）。在期货交易场所规定的时间，期货结算机构应当在当日按照结算价对结算参与人进行结算；结算参与人应当根据期货结算机构的结算结果对交易者进行结算。结算结果应当在当日及时通知结算参与人和交易者。客户应当及时查询并妥善处理自己的交易持仓。

结算是指根据期货交易所公布的结算价格对交易双方的交易结果进行的资金清算和划转。

当日盈亏为持仓盈亏与平仓盈亏之和。

(1) 持仓盈亏。持仓盈亏等于当日结算价减去上一交易日结算价或当日开仓价。

具体而言，当日开仓持仓盈亏的计算公式如下：

$$\begin{aligned}\begin{matrix}\text{当日开仓}\\\text{持仓盈亏}\end{matrix} &= \sum\left(\begin{matrix}\text{卖出}\\\text{开仓价}\end{matrix} - \begin{matrix}\text{当日}\\\text{结算价}\end{matrix}\right) \times \begin{matrix}\text{卖出}\\\text{开仓量}\end{matrix}\\ &\quad + \sum\left(\begin{matrix}\text{当日}\\\text{结算价}\end{matrix} - \begin{matrix}\text{买入}\\\text{开仓价}\end{matrix}\right) \times \begin{matrix}\text{买入}\\\text{开仓量}\end{matrix}\end{aligned}$$

例 5－5

天良粮油股份公司担心其常用原料玉米的价格会上涨，遂于20×3年7月3日购入100手同年11月交割的玉米期货，买入开仓价为2 360元/吨，每手交易单位为10吨。假设当日的期货结算价上升为2 369元/吨，不考虑手续费等各项费用，则天良粮油股份公司当日应收的期货保证金计算如下：

$$\begin{aligned}\begin{matrix}\text{当日开仓}\\\text{持仓盈亏}\end{matrix} &= \left(\begin{matrix}\text{当日}\\\text{结算价}\end{matrix} - \begin{matrix}\text{买入}\\\text{开仓价}\end{matrix}\right) \times \begin{matrix}\text{买入}\\\text{开仓量}\end{matrix}\\ &= (2\,369 - 2\,360) \times 100 \times 10\\ &= 9\,000(\text{元})\end{aligned}$$

例 5－6

强盛钢铁股份公司担心钢材产品的价格会大幅下跌，遂于20×3年6月5日卖出100 000手同年9月交割的螺纹钢期货，卖出开仓价为3 680元/吨，每手交易单位为10吨。假设当日的期货结算价下跌为3 675元/吨，则强盛钢铁股份公司当日应收的期货保证金计算如下：

$$\begin{aligned}\text{当日开仓持仓盈亏} &= \left(\text{卖出开仓价}-\text{当日结算价}\right)\times \text{卖出开仓量}\\ &=(3\,680-3\,675)\times 100\,000\times 10\\ &=5\,000\,000(\text{元})\end{aligned}$$

历史持仓盈亏的计算公式如下：

$$\begin{aligned}\text{历史持仓盈亏} &= \sum\left(\text{上一交易日结算价}-\text{当日结算价}\right)\times \text{卖出历史持仓量}\\ &\quad+\sum\left(\text{当日结算价}-\text{上一交易日结算价}\right)\times \text{买入历史持仓量}\end{aligned}$$

其中，持仓量是指期货交易者所持有的未平仓合约的数量。

例5-7

沿用例5-5的资料。假设20×3年7月4日期货价格下降为2 361元/吨，则天良粮油股份公司该日应划出的期货保证金可依照上述公式计算如下：

$$\begin{aligned}\text{历史持仓盈亏} &= \left(\text{当日结算价}-\text{上一交易日结算价}\right)\times \text{买入历史持仓量}\\ &=(2\,361-2\,369)\times 100\times 10\\ &=-8\,000(\text{元})\end{aligned}$$

即天良粮油股份公司该日应划出的期货保证金为8 000元。

例5-8

沿用例5-6的资料。假设20×3年6月6日期货价格上升为3 681元/吨，则强盛钢铁股份公司当日应划出的期货保证金可依照上述公式计算如下：

$$\begin{aligned}\text{历史持仓盈亏} &= \left(\text{上一交易日结算价}-\text{当日结算价}\right)\times \text{卖出历史持仓量}\\ &=(3\,675-3\,681)\times 100\,000\times 10\\ &=-6\,000\,000(\text{元})\end{aligned}$$

即强盛钢铁股份公司该日应划出的期货保证金为6 000 000元。

(2) 平仓盈亏。平仓盈亏等于当日平仓价减去上一交易日结算价或当日开仓价。注意，结算价是指期货合约当日结算使用的价格，不能简单地理解为开盘价或收盘价。① 当日有成交价格的期货合约，其当日结算价是指该合约当日成交价格按照成交量的加权平均价。当日无成交价格的期货合约，其当日结算价按交易

① 作为对比，开盘价是指某一期货合约开市前5分钟内经集合竞价产生的成交价格，集合竞价未产生成交价格的，以集合竞价后第一笔成交价为开盘价；收盘价是指某一期货合约当日交易的最后一笔成交价。

所规定的计算方法确定（如以上一交易日的结算价作为当日结算价等）。

值得注意的是，逐日盯市时，期货交易保证金的划转金额是按照标的物的期货价值的变动总额进行计算的。这与初始保证金仅仅按照成交额乘以保证金比例（通常为较小的百分比）计算的做法存在显著差异。

具体而言，平历史仓盈亏的计算公式如下：

$$\begin{aligned}\text{平历史仓盈亏} &= \sum\left(\text{卖出平仓价} - \text{上一交易日结算价}\right) \times \text{卖出平仓量} \\ &\quad + \sum\left(\text{上一交易日结算价} - \text{买入平仓价}\right) \times \text{买入平仓量}\end{aligned}$$

平当日仓盈亏的计算公式如下：

$$\begin{aligned}\text{平当日仓盈亏} &= \sum\left(\text{当日卖出平仓价} - \text{当日买入开仓价}\right) \times \text{卖出平仓量} \\ &\quad + \sum\left(\text{当日卖出开仓价} - \text{当日买入平仓价}\right) \times \text{买入平仓量}\end{aligned}$$

当日结算完毕后，交易所通过会员服务系统向会员发送结算结果。会员的结算准备金低于最低余额时，该结算结果即视为交易所向会员发出的追加保证金通知。交易所发出追加保证金的通知后，可以通过存管银行从会员的专用资金账户中扣划。会员应当及时追加保证金（即在下一个交易日开市前补足至结算准备金最低余额）或者自行平仓。会员未在期货交易所规定的时间内追加保证金或者自行平仓的，期货交易所应当将该会员的合约强制平仓，强制平仓的有关费用和发生的损失由该会员承担。

客户保证金不足时，应当及时追加保证金或者自行平仓。客户未在期货公司规定的时间内及时追加保证金或者自行平仓的，期货公司应当将该客户的合约强制平仓，强制平仓的有关费用和发生的损失由该客户承担。

3. 持仓限额制度

期货交易实行持仓限额制度，防范合约持仓过度集中的风险。从事套期保值等风险管理活动的，可以申请持仓限额豁免。持仓限额是指期货交易所对期货交易者的持仓量规定的最高数额。

在国外，会员公司对某种合约的持仓总量（单边计算）不得超过交易所此种合约持仓总量的一定比例（如15%），否则强制平仓。距交割日越近，持仓限量越小。套期保值者不受限制。

在我国，交易所实行投机头寸限仓制度，套期保值头寸不限仓。一般月份合约和交割月前一个月份合约同时按会员和投资者编码限仓，经纪会员的限仓由交易所根据其注册资本、信誉、抗风险能力、以前年度交易情况和投资者数量核定。交割月份合约实行对会员和投资者绝对量限仓。投资者在不同经纪会员处开户，其持仓量应合并计算。交易所实行套期保值头寸审批制度。交易所对套期保值申请者的经营范围和以前年度经营业绩资料、现货购销合同等能够表明其现货经营情况的资料进行审核，确定其套期保值额度。投资者申请套期保值额度必须委托经纪会员办理。

4. 涨跌停板制度

涨跌停板是指合约在一个交易日中的交易价格不得高于或者低于规定的涨跌幅度，超出该涨跌幅度的报价将被视为无效，不能成交。例如，郑州商品交易所强麦期货合约、大连商品交易所黄大豆 1 号期货合约规定的每日价格最大上下波动限制均为不超过上一交易日结算价的±4%。上海期货交易所阴极铜期货合约规定的每日价格最大上下波动限制均为不超过上一交易日结算价的±3%。此外，当某一期货合约在某一交易日收盘前 5 分钟内出现只有停板价位的买入（卖出）申报、没有停板价位的卖出（买入）申报，或者一有卖出（买入）申报就成交、但未打开停板价位的情况时，交易所确定该合约在该交易日收市时出现涨（跌）停板，并按交易所制定的有关规定处理。

不少国际性交易所对股指期货的交易采用熔断机制（circuit breakers），即在市场非理性暴跌时暂停某些品种的交易，待市场参与者“冷静”一段时间后再恢复交易。

5. 大户报告制度

我国期货交易所实行大户报告制度。当会员或投资者某品种持仓合约的投机头寸达到交易所对其规定的投机头寸最大持仓限制标准 80%时，会员或投资者应向交易所报告其资金情况、头寸情况，投资者须通过经纪会员报告。交易所可根据市场风险状况，调整持仓报告标准。报告内容包括：会员或投资者名称、住所、经营范围；持仓方向、品种、月份、数量；持仓意向；资金来源和追加保证金的能力；实际拥有的交货或接货能力等。

6. 强制平仓制度

我国期货交易所实行强制平仓制度，对会员或投资者违规超仓的或者未按规定及时追加交易保证金的，以及发生其他违规行为的，交易所对违规会员采取强制平仓措施。强制平仓盈利按有关规定处理，发生的费用及损失由违规者承担。由于市场原因无法强制平仓造成的损失扩大部分也由违规者承担。

课程思政　培育和践行社会主义核心价值观

专栏 5-11　　期货合约的用途

郑州商品交易所提供通俗易懂的投资者教育资料，读者可借此了解期货合约的用途。

1. 期货用于套期保值

套期保值就是买入（或卖出）与现货市场数量相当，但交易方向相反的期货合约，以期在未来某一时间通过卖出（或买入）期货合约补偿现货市场价格变动带来的实际价格风险。

（1）买入套期保值。买入套期保值又称多头套期保值，是在期货市场购入期货，用期货市场的多头保证现货市场的空头，以规避价格上涨的风险。例如，某小麦加工厂3月计划两个月后购进100吨小麦，当时的现货价格为每吨1 560元，5月期货价格为每吨1 600元。该厂担心价格上涨，于是买入100吨小麦期货。到了5月，现货价格每吨上涨30元，而期货价格为每吨1 630元。该厂于是买入现货，每吨亏损30元；同时卖出期货，每吨盈利30元。两个市场的盈亏相抵，有效地锁定了成本。

（2）卖出套期保值。卖出套期保值又称空头套期保值，是在期货市场中出售期货，用期货市场的空头保证现货市场的多头，以规避价格下跌的风险。例如，某白糖厂5月与饮料厂签订8月销售100吨白糖的销售合同，价格按市价计算，5月现货价格为每吨4 820元，9月交割期货价格为每吨4 620元。白糖厂担心价格下跌，于是卖出100吨白糖期货。8月，现货价格跌至每吨4 000元。该公司卖出现货，每吨亏损820元；又按每吨3 800元价格买进100吨9月交割的期货，每吨盈利820元。两个市场的盈亏相抵，有效地规避了白糖价格下跌的风险。

2. 期货用于投机

在期货市场上纯粹以谋取利润为目的而买卖标准化期货合约的行为，称为期货投机。投机者可以买空，也可以卖空。投机的目的很明确，就是获得价差利润，但投机是有风险的。

（1）买空投机。例如，某投机者判断某月份的棉花价格趋涨，于是买入10张合约（每张5吨），价格为每吨14 200元，后来棉花期货价格上涨到每吨14 250元，于是按该价格卖出10张合约。若不考虑手续费等费用，则可计算其获利额如下：

$$获利额=(14\,250-14\,200)\times5\times10=2\,500(元)$$

（2）卖空投机。例如，某投机者预期11月的小麦价格会从目前的1 300元/吨下跌，于是卖出5张合约（每张10吨）。后小麦期货价格下跌至1 250元/吨，于是买入5张合约。若不考虑手续费等费用，则可计算其获利额如下：

$$获利额=(1\,300-1\,250)\times10\times5=2\,500(元)$$

3. 期货用于套利

套利是指期货市场参与者利用不同月份、不同市场、不同商品之间的差价，同时买入和卖出两张不同的期货合约以从中获取风险利润的交易行为。套利分为以下几种：

（1）跨期套利。跨期套利又称跨月套利，是利用同一商品不同交割月份合约之间的价差进行交易并在出现有利变化时对冲而获利的。其交易特点主要体现为“两个相同”和“两个不同”，即交易的期货商品相同、买进或卖出的时间相同，期货合约的交割月份不同、两个期货合约的价格不同。跨期套利属于套期图利交易中最常用的一种，实际操作中又分为牛市套利（买空套利）、熊市套利（卖空套利）和蝶式套利。

（2）跨市套利。跨市套利是在两个期货交易所买进和卖出相同交割月份的期货合约，并利用可能的地域差价来赚取利润。交易者必须考虑不同条件下影响市场间价差的重要因素。通常，跨市交易既可在国内交易所之间进行，也可在不同国家的交易所之间进行。若是前者，应注意运输费用的大小、不同交易所合约价值和交割等级的各自规定等影响价差的因素；若是后者，还应关注两国货币汇率的变动，以防范期货合约价格和汇率变动引发的双重风险。

(3) 跨商品套利。跨商品套利指利用两种具有高度替代性或受相同供求因素影响的期货商品合约存在的价差进行交易。主要特点是：商品期货合约不同，但相互关联性较大（如小麦和玉米之间的价格变化趋势相关性很大），两种商品期货的交割月份相同。

(4) 原料与商品套利。

(5) 利用现货与期货的价差套利。

5.3.4 期货交易的过程

参与期货交易前，投资者需要基于自己的交易经验、资产状况，妥当评估自己的风险承受能力，对交易标的物有足够的认识。总之，应当对交易风险有充分的了解，还应当充分了解期货合约条款的约束力，制定合理的投资计划，采取严格的风险控制措施。

1. 开户

在我国期货交易所进行期货交易的，应当是期货交易所会员。期货交易所会员应当是在中华人民共和国境内登记注册的企业法人或者其他经济组织。会员分为期货经纪公司会员（简称经纪会员）和非期货经纪公司会员。符合规定条件的境外机构，可以在期货交易所从事特定品种的期货交易。

期货公司接受客户委托为其进行期货交易，应当事先向客户出示风险说明书，经客户签字确认后，与客户签订书面合同。

投资者（包括单位投资者和个人投资者）必须事先在交易所认可的期货经纪公司会员处办理开户登记，然后才能通过该经纪公司进行期货交易。期货公司应当为每一个客户单独开立专门账户、设置交易编码，不得混码交易。经纪会员对其名下的期货交易先行承担全部责任，投资者对自己委托的期货交易负全部责任。

期货经纪公司会员和非期货经纪公司会员可以电子方式或纸质方式，向交易所提交套期保值申请及相关材料。申请套期保值交易的客户和非期货公司会员必须具备与套期保值交易品种相关的生产经营资格。

2. 选择期货合约

商品期货合约明确规定有合约交割月份。从事套期保值的投资者通常需要选择稍稍超出套期保值期限的那个交割月份的期货合约。例如，正明食品有限公司为生产面包和巧克力需要大量使用白糖，根据现有原料库存来看，需要在 20×7 年 9 月中旬大批量采购白糖，遂决定采用买入郑州商品交易所期货合约的方式进行套期保值。该合约的交割月份为 1 月、3 月、5 月、7 月、9 月、11 月，则该公司需要选择11月交割的期货合约。这是因为如果选择9月交割的期货合约，则有可能面临期货价格在交割前大幅波动的不利局面。

3. 下达交易指令

期货交易所只接受会员单位代理客户发出的交易指令（又称委托单）。交易所是所有买家的卖家，是所有卖家的买家。

国外的实践中，委托单有市价委托单（market order）、限价委托单（limit order）、停止委托单或撤销委托单（stop order）之分。

目前国内期货交易所只有限价指令、撤销指令，前者是执行时必须按限定价格或更好价格成交的指令，后者是投资者要求将某一指定指令取消的指令。交易指令当日有效。在指令成交前，投资者可提出变更或撤销指令。期货合约的交易价格是指该期货合约的交割标准品在基准交割仓库交货的含增值税价格。客户可以通过书面、电话、互联网或者国务院期货监督管理机构规定的其他方式，向期货公司下达交易指令。客户的交易指令应当明确、全面。

4. 交易所撮合成交

经纪会员对其代理投资者的所有指令，须通过交易所集中撮合交易。期货交易实行价格优先、时间优先的撮合成交原则。买卖申报经计算机撮合成交即生效，其信息通过计算机成交回报系统发送至会员的计算机联网终端。会员在收到成交回报信息时应及时通知投资者。申报买卖的数量如未能一次全部成交，其余量仍存于交易所计算机主机内，继续参加当日竞价交易。每日交易结束，会员可通过交易所会员服务系统获得成交记录。

专栏5-12　　期货交易的集合竞价与连续竞价

我国三大商品期货交易所均为上午9:00开始交易，此前5分钟为集中竞价撮合交易（其中，前4分钟为叫价申报时间，后1分钟为集合竞价撮合），此后为连续竞价。集中竞价如果能够产生成交价格，则作为开盘价，否则，以集合竞价后（即连续竞价）的第一笔成交价为开盘价。

1. 集合竞价

集合竞价（call auction）是指为形成第一个成交价（开盘价），将一段时间内投资者提交的交易指令进行一次性撮合，从而获得一个单一成交价的过程。其特点是：选择成交量最大的价位；高于成交价的买进申报和低于成交价的卖出申报都全额成交；与成交价相同的买方或卖方至少有一方的交易指令所包含的手数全部成交。

2. 连续竞价

集合竞价之后的集中撮合交易为连续竞价（continuous auction）撮合交易。期货交易所计算机自动撮合系统将买卖申报指令以价格优先、时间优先的原则进行排序。若买入价大于或等于卖出价，则自动撮合成交，撮合成交价等于买入价、卖出价和前一成交价三者中居中的一个价格。具体如表5-16所示。

表 5-16

叫价情况	最新成交价的确定
买入价≥卖出价≥前一成交价	卖出价
买入价≥前一成交价≥卖出价	前一成交价
前一成交价≥买入价≥卖出价	买入价

5. 了结期货合约

了结未平仓合约（open interest）的方法有平仓、实物交割、现金结算和期货转现货等几种方式。

（1）平仓。平仓（offset）是指期货交易者买入或者卖出与其所持合约的品种、数量和交割月份相同但交易方向相反的合约，以了结期货交易的行为。这是期货交易最主要的了结方式。

通俗地讲，对一份期货合约的多头（即买入期货合约的一方）而言，平仓是指通过卖出一份同样的期货合约，使得自己同时是该期货合约的多头和空头，这样，就可以达到退出市场的效果。对一份期货合约的空头（即卖出期货合约的一方）而言，平仓是指通过买入一份同样的期货合约，使得自己同时是该期货合约的空头和多头，这样也可以达到退出市场的效果。因此，平仓可以简单地概括为一句话：卖出已买入合约，买回已卖出合约。

对于买入期货合约然后平仓的交易者来说，其结算结果的计算公式如下：

盈利或亏损=(卖出价－买入价)×合约张数×合约单位－手续费

对于卖出期货合约然后平仓的交易者来说，其结算结果的计算公式如下：

盈利或亏损=(买入价－卖出价)×合约张数×合约单位－手续费

（2）实物交割。期货合约到期时，交易者应当通过实物交割或者现金交割，了结到期未平仓合约。期货合约采取实物交割的，由期货结算机构负责组织货款与标准仓单等合约标的物权利凭证的交付。实物交割（delivery）是指期货合约到期时，根据交易所的规则和程序，交易双方通过该期货合约所载商品所有权的转移，了结未平仓合约的过程。各期货合约最后交易日后未平仓合约必须进行交割。到期合约的交割只能以会员的名义进行。投资者交割，须通过会员办理。会员进行实物交割必须在交易所规定的时间内将货款或交割单据交到交易所。交易所采用配对的办法，确定卖方会员和买方会员的交割关系。交割关系一经确定，买卖双方不得擅自调整或变更。在交易所规定的时间内，卖方会员交出标准仓单后，交易所付给卖方会员货款；买方会员交入货款后，交易所付给买方会员标准仓单，一收一付，先收后付。标准仓单是指交割仓库开具并经期货交易所认定的标准化提货凭证。交易所在收到卖方会员标准仓单或买方会员货款后，将应清退的保证金部分划转卖方会员或买方会员。交割结算价为该期货合约交割结算的基准价。发生允许范围内的数量溢短时，以配对日结算价计算溢短货款。

自然人不能进行交割。原因在于，自然人不是增值税的一般纳税人，无法开具或接受增值税专用发票。而根据目前国家税收政策，在商品期货的交割环节，参与交割的双方要开具或接受增值税发票。

（3）现金结算。期货合约采取现金交割的，由期货结算机构以交割结算价为基础，划付持仓双方的盈亏款项。金融期货或石油期货一般采取现金交割的方式。我国商品期货市场不允许进行现金交割。

（4）期货转现货。期货转现货（exchange-for-physicals，EFP）是指期货合约的多头和空头私下谈妥后，向交易所申请将期货头寸转为现货头寸（即交易所负责将其合约平仓），多空双方以私下谈妥的价格在场外完成实物交割。

5.3.5 期货的会计处理

采用“衍生工具”科目对期货进行会计处理时，需要把握以下三个要点：

（1）在交易日，期货应当按照实际支付的期货交易保证金入账。企业按其支付的保证金，借记“衍生工具”科目，按发生的交易费用，借记“投资收益”科目，按实际支付的金额，贷记“银行存款”科目。①

（2）在资产负债表日，企业应当将“衍生工具”科目的账面价值，调整为其期货交易保证金在逐日盯市结算后的实际数额。在收取保证金的情形下，借记“衍生工具”科目，贷记“公允价值变动损益”科目；在追加保证金的情形下，应当先记录公允价值变动损益，即借记“公允价值变动损益”科目，贷记“衍生工具”科目，同时，按实际追加支付的保证金，借记“衍生工具”科目，贷记“银行存款”科目。

（3）通过平仓了结期货合约时，应按收回的期货保证金，借记“银行存款”科目，贷记“衍生工具”科目。

通过实物交割了结期货合约时，比照采购货物的情形进行相关账务处理即可。

1. 商品期货的会计处理

例5-9

20×3年4月1日，能人投资股份公司预计强麦的价格将会下跌，遂出于投机的动机，于当日售出11月交割的强麦期货5 000手，每手交易单位为20吨，期货卖价每吨2 790元。初始保证金为标的额的5%。交易手续费等因素此处从略。

6月30日，现货价格为每吨2 580元，11月交割的强麦期货的结算价格为每吨2 610元。

9月7日，11月交割的强麦期货买价为每吨2 560元，能人投资股份公司平仓，了结期货合约（即买入11月交割的强麦期货5 000手）。

能人投资股份公司上述投机业务的账务处理如下：

（1）4月1日进场交易支付初始保证金时。

---

① 实务中，企业通过证券期货经纪机构进行衍生工具交易时，通常采用“其他货币资金——存出投资款”科目核算保证金及结算事宜。本书为简化讨论，一律以“银行存款”科目予以处理。

借：衍生工具——期货保证金（100 000×2 790×5%）　　13 950 000
　贷：银行存款　　13 950 000

（2）6 月 30 日记录衍生工具的公允价值变动时。

借：衍生工具——期货保证金　　18 000 000
　贷：公允价值变动损益（100 000×(2 790−2 610)）　　18 000 000

（3）9 月 7 日记录衍生工具的公允价值变动时。

借：衍生工具——期货保证金　　5 000 000
　贷：公允价值变动损益（100 000×(2 610−2 560)）　　5 000 000

（4）9 月 7 日了结期货合约时。

借：银行存款　　36 950 000
　贷：衍生工具——期货保证金　　36 950 000

2. 外汇期货的会计处理

例 5 - 10

新锐电商股份公司的记账本位币为美元。该公司于 20×7 年 11 月 30 日向英国的邦德科技公司购买了 10 000 000 英镑的商品。双方约定，卖方当年 11 月 30 日发货，买方于 20×8 年 5 月 31 日以英镑付款。

新锐电商股份公司为规避英镑升值的风险，于 20×7 年 11 月 30 日买入次年 6 月交割的 160 手英镑期货合约，买入价格为 1 英镑=1.53 美元。每手期货合约标的金额为 62 500 英镑，每手期货合约的初始保证金为 10 000 美元。维持保证金为初始保证金的 80%。

英镑的即期汇率和期货结算价格如表 5 - 17 所示。

表 5 - 17　英镑的即期汇率与期货结算价格

项目	20×7 年 11 月 30 日	20×7 年 12 月 31 日	20×8 年 5 月 31 日
现汇价格	1 英镑=1.5 美元	1 英镑=1.56 美元	1 英镑=1.61 美元
期货结算价格	—	1 英镑=1.59 美元	—

新锐电商股份公司在 20×8 年 5 月 31 日将买入的英镑期货提前平仓，卖出的 6 月交割的期货合约价格为 1 英镑=1.63 美元。

假定新锐电商股份公司的上述业务不满足套期会计的条件，其相关账务处理如表 5 - 18 所示。

表 5 - 18　新锐电商股份公司的相关账务处理一览表　　单位：美元

日期	业务分录	衍生工具交易分录
20×7 年 11 月 30 日	（1）发生应付账款时。 借：在途物资　　15 000 000 　贷：应付账款——英镑　15 000 000 （计算过程：15 000 000=10 000 000×1.5）	（2）记录期货保证金时。 借：衍生工具——期货保证金　　1 600 000 　贷：银行存款　　1 600 000 （计算过程：1 600 000=10 000×160）

续表

日期	业务分录	衍生工具交易分录
20×7年 12月31日	(3) 资产负债表日记录汇兑损益时。 借：财务费用——汇兑损益 600 000 贷：应付账款——英镑 600 000 (计算过程：600 000＝10 000 000×(1.56－1.5))	(4) 记录持仓盈亏（浮动盈亏）时。 借：衍生工具——期货保证金 600 000 贷：公允价值变动损益 600 000 (计算过程：600 000＝10 000 000×(1.59－1.53))
20×8年 5月31日	(5) 记录汇兑损益时。 借：财务费用——汇兑损益 500 000 贷：应付账款——英镑 500 000 (计算过程：500 000＝10 000 000×(1.61－1.56))	(6) 记录平仓盈亏时。 借：衍生工具——期货保证金 400 000 贷：公允价值变动损益 400 000 (计算过程：400 000＝10 000 000×(1.63－1.59))
	(7) 以即期汇率购入英镑偿付债务时。 借：应付账款——英镑 161 000 000 贷：银行存款 161 000 000	(8) 退出期货交易收回结算款时。 借：银行存款 2 600 000 贷：衍生工具——期货保证金 2 600 000

3. 短期利率期货的会计处理

例5-11

布劳证券股份公司的记账本位币为美元。该公司20×7年11月30日买入100手次年6月交割的欧洲美元期货合约，买入价格为96.40（IMM指数，下同）。假定按照合约价值的8%交纳保证金。

20×7年12月31日，期货合约结算价格为97.72。

20×8年3月1日，布劳证券股份公司将上述期货合约平仓，卖出价格为98.92。

布劳证券股份公司上述业务的会计处理如下。

(1) 买入欧洲美元期货时。

$$\text{每手成交价格}=1\,000\,000\times\left(1-\frac{100-96.40}{100}\times\frac{90}{360}\right)$$
$$=991\,000(\text{美元})$$

$$\text{期货交易保证金}=991\,000\times100\times8\%=7\,928\,000(\text{美元})$$

借：衍生工具——期货保证金 7 928 000

　贷：银行存款 7 928 000

(2) 20×7年12月31日（资产负债表日）记录浮动盈亏时。

按照期货报价（IMM指数）计算成交价格并逐日盯市固然可行，但略显麻烦。实务中，常常根据IMM指数报价每变动1个基点，期货合约价格变动25美元的规则进行计算。

$$\text{持仓盈亏}=(9\,772-9\,640)\times25\times100$$
$$=330\,000(\text{美元})$$

借：衍生工具——期货保证金　　330 000

　贷：公允价值变动损益　　330 000

(3) 20×8年3月1日记录平仓盈亏时。

平仓盈亏=(9 892−9 772)×25×100

　　　　=300 000(美元)

借：衍生工具——期货保证金　　300 000

　贷：公允价值变动损益　　300 000

(4) 退出期货交易收回结算款时。

借：银行存款　　8 558 000

　贷：衍生工具——期货保证金　　8 558 000

4. 股指期货的会计处理

例5-12

20×2年12月9日，牛柒证券股份公司购入1 000手次年6月交割的沪深300指数期货合约，合约乘数为每点300元，买入时的成交价位为2 300点。该公司按照合约价值的12%支付最低交易保证金。

20×2年12月31日，沪深300指数期货的结算价格为2 480点。

20×3年3月1日，牛柒证券股份公司将股指期货平仓，卖出价格为2 700点。

牛柒证券股份公司上述业务的相关账务处理如下。

(1) 买入股指期货支付期货交易保证金时。

交易保证金=2 300×300×1 000×12%=82 800 000(元)

借：衍生工具——期货保证金　　82 800 000

　贷：银行存款　　82 800 000

(2) 20×2年12月31日（资产负债表日）记录持仓盈亏时。

平仓盈亏=(2 480−2 300)×300×1 000=54 000 000(元)

借：衍生工具——期货保证金　　54 000 000

　贷：公允价值变动损益　　54 000 000

(3) 记录平仓盈亏时。

平仓盈亏=(2 700−2 480)×300×1 000=66 000 000(元)

借：衍生工具——期货保证金　　66 000 000

　贷：公允价值变动损益　　66 000 000

(4) 退出期货交易收回结算款时。

借：银行存款　　202 800 000

　贷：衍生工具——期货保证金　　202 800 000

5.4 期　权

《期货和衍生品法》所称期权合约（option contract/option），是指约定买方有权在将来某一时间以特定价格买入或者卖出约定标的物（包括期货合约）的标准化或非标准化合约。该合同赋予合同持有人在某指定日期（或该日期之前任何时间）以预先约定的价格买进或卖出一定数量的标的资产的权利，但合同持有人并不因之而负有买入或卖出标的资产的义务。也就是说，期权的持有人可以选择是否行使合同所赋予的权利，在未来出现新信息的时候再进行决策。授权合同持有人买入标的物的期权称作看涨期权，又称买权、买入期权（call options/calls），如我国证券市场上出现的认股权证和备兑认购权证。授权合同持有人卖出标的物的期权称看跌期权，又称卖权、卖出期权（put options/puts），如我国证券市场上出现的备兑认沽权证。

课程思政　培养辩证思维能力

专栏5-13　我国证券市场上的期权合约

1. 认股权证和备兑权证

根据《上海证券交易所权证业务管理暂行办法》和《深圳证券交易所权证业务管理暂行办法》，权证是指标的证券发行人（上市公司）或其以外的第三人（证券公司）发行的，约定持有人在规定期间内或特定到期日，有权按约定价格向发行人购买或出售标的证券，或以现金结算方式收取结算差价的有价证券。标的证券是发行人承诺按约定条件向权证持有人购买或出售的证券，一般是指上市公司发行的股票。权证发行人应当按照交易所的规定提供并维持足够数量的标的证券或现金作为履约担保，并应保证用于履约担保的标的证券或者现金不存在质押、司法冻结或其他权利瑕疵。权证采用竞价方式进行交易。权证上市后存续期满前，流通数量低于1 000万份的，只参加每日集合竞价。权证买卖单笔申报数量不超过100万份，申报价格最小变动单位为0.001元人民币。权证买入申报数量为100份的整数倍。

实务中，标的证券发行人（上市公司）发行的权证称为认股权证，标的证券发行人以外的第三人（证券公司）发行的权证称为备兑权证。

认股权证（warrant）全称股票认购授权证，是上市公司发行的，授权权证持有人依照约定价格购入其新发行的股票的合同，属于看涨期权。

备兑权证（又称衍生权证）（covered warrant）是金融机构（多为券商）以上市公司的股票为标的资产所设计并发行的期权交易品种。“备兑”是指发行人将权证的标的证券存放在独立的受托人、托管人或存管处，作为其履行责任的抵押，以备兑付。备兑权证分为备兑认购权证（属于看涨期权）和备兑认沽权证（属于看跌期权）。

2. 股票期权

2015年2月9日，首个股票期权品种上证50ETF期权合约亮相上海证券交易所。这是第一个在证券交易所上市的标准化衍生产品，也是第一个在结算日以股票ETF现货交割了结的跨期、现货市场的衍生产品。

上证50ETF期权合约的交易代码包含合约标的、合约类型、到期月份、行权价格等要素（见表5-19），共有17位，具体组成为：第1位至第6位为合约标的证券代码；第7位为C或P，分别表示认购期权或者认沽期权；第8，9位表示到期年份的后两位数字；第10，11位表示到期月份；第12位期初设为M，并根据合约调整次数按照A至Z依序变更，如变更为A表示期权合约发生首次调整，变更为B表示期权合约发生第二次调整，以此类推；第13位至第17位表示行权价格，单位为0.001元。

表5-19 上证50ETF期权合约基本条款

合约标的	上证50交易型开放式指数证券投资基金（50ETF）
合约类型	认购期权和认沽期权
合约单位	10 000份
合约到期月份	当月、下月及随后2个季月
行权价格	9个（1个平值合约、4个虚值合约、4个实值合约）
行权价格间距	3元或以下为0.05元，3元至5元（含）为0.1元，5元至10元（含）为0.25元，10元至20元（含）为0.5元，20元至50元（含）为1元，50元至100元（含）为2.5元，100元以上为5元
行权方式	到期日行权（欧式）
交割方式	实物交割（业务规则另有规定的除外）
到期日	到期月份的第4个星期三，遇国家法定节假日顺延
行权日	同合约到期日，行权指令提交时间为9:15—9:25，9:30—11:30，13:00—15:30
交收日	行权日次一交易日
交易时间	上午9:15—9:25，9:30—11:30（9:15—9:25为开盘集合竞价时间） 下午13:00—15:00（14:57—15:00为收盘集合竞价时间）
委托类型	普通限价委托、市价剩余转限价委托、市价剩余撤销委托、全额即时限价委托、全额即时市价委托以及业务规则规定的其他委托类型
买卖类型	买入开仓、买入平仓、卖出开仓、卖出平仓、备兑开仓、备兑平仓以及业务规则规定的其他买卖类型
最小报价单位	0.000 1元
申报单位	1张或其整数倍
涨跌幅限制	认购期权最大涨幅=max{合约标的前收盘价×0.5%，min[(2×合约标的前收盘价−行权价格)，合约标的前收盘价]×10%} 认购期权最大跌幅=合约标的前收盘价×10% 认沽期权最大涨幅=max{行权价格×0.5%，min[(2×行权价格−合约标的前收盘价)，合约标的前收盘价]×10%} 认沽期权最大跌幅=合约标的前收盘价×10%

熔断机制	连续竞价期间，期权合约盘中交易价格较最近参考价格涨跌幅度达到或者超过50%且价格涨跌绝对值达到或者超过5个最小报价单位时，期权合约进入3分钟的集合竞价交易阶段
开仓保证金最低标准	认购期权义务仓开仓保证金=[合约前结算价+max(12%×合约标的前收盘价−认购期权虚值，7%×合约标的前收盘价)]×合约单位 认沽期权义务仓开仓保证金=min[合约前结算价+max(12%×合约标的前收盘价−认沽期权虚值，7%×行权价格)，行权价格]×合约单位
维持保证金最低标准	认购期权义务仓维持保证金=[合约结算价+max(12%×合约标的收盘价−认购期权虚值，7%×合约标的收盘价)]×合约单位 认沽期权义务仓维持保证金=min[合约结算价+max(12%×合标的收盘价−认沽期权虚值，7%×行权价格)，行权价格]×合约单位

2019年12月23日，上海证券交易所和深圳证券交易所推出了沪深300ETF期权（期权标的分别为华泰柏瑞沪深300ETF、嘉实沪深300ETF），中国金融期货交易所推出了沪深300股指期权（期权标的为沪深300指数）。

设计并出售期权合同的一方称为卖方（seller/writer/grantor），或称空头、立权者、授权者。付出期权费（option premium）购入期权合同的一方为买方（holder/purchaser/buyer），或称多头、持有者。合同中约定有到期日（expiration date/expiry），随后合同终止。期权合同中所约定的行权价格（strike price/exercise price）又称敲定价格或执行价格。如果期权合同的持有人选择行使合同所约定的权利，则称为执行期权（exercising the option）。

如果合同约定持有人仅能在到期日行使合同所约定的权利，则称为欧式期权（European options）；如果合同约定持有人可以在到期日之前的任意一天行使合同所约定的权利，则称为美式期权（American options）。美式期权的选择余地更大、更灵活，价格相对较高。在到期日，二者的价值是相同的。在交易所内（即场内）交易的多为美式期权，场外交易的多为欧式期权。某些用于风险管理的期权是在场外交易的。

至于期权合同究竟该卖多少钱，恐怕没有哪个学科能够给出令人信服的算法。一些教材中通常会给出很多种估值模型，但模型本身的可信度是难以验证的。这是因为根据估值模型给出的所谓“定价”，本质上是基于多种多样颇为精妙的假设所算出的理论数值。恰如打扑克牌时人们往往约定A（即扑克牌中的Ace）比3大，这样牌局就可以按约定玩下去，如果玩兴正浓时突然有人问为什么A比3大，又有谁能说得清原因呢？目前，期权定价模型在金融学等学术杂志中遍地开花，仍未达成共识。感兴趣者可参阅金融工程相关书籍。

有的书中说“期权费（option premium）=内在价值（intrinsic value）+时间价值（time value）”，这种说法其实只是一种笼统的理论化说法，看似严谨，其实并没有多少内涵。其中所称的内在价值通常是指根据各种估值模型所计算的理论数值。这种说法的逻辑是这样的：人们注意到，实际交易价格与内在价值往往存在差异，对于这种差异却没有什么妥当的理由去解释它，干脆就笼统地称为时间价值或投机价值（speculative value）。

5.4.1 期权的价值图和盈亏图

1. 看涨期权的价值图

对于买入看涨期权（buy-a-call，又译作多头看涨期权、多头买权）的情形而言，该期权在到期日的价值为：

到期日的期权价值=标的资产的最新市价－约定的行权价格

我们可以在一张图中描述期权的到期价值与标的物市价的关系。一般，以横轴表示标的资产的现行市价，以纵轴表示不考虑期权费情况下的到期回报（pay-off）。这张图一般称作期权的价值图。

例 5－13

基于某只股票的看涨期权，执行价格为 50 元，对应于不同的股价，对于买入或卖出看跌期权的交易者而言，到期日的期权价值如表 5－20 所示。则看涨期权对于买方和卖方的到期价值如图 5－5、图 5－6 所示。

表 5－20 期权的到期价值 单位：元

股票价格	30	40	50	60	70	80
基于股票的看涨期权的到期价值	0	0	0	10	20	30

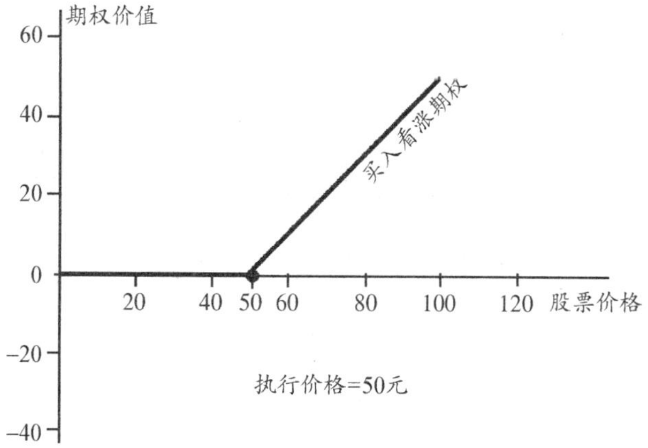

图 5－5 看涨期权的价值图（买方）

对于买入看涨期权的情形而言，如果标的物的市价（或估值）大于行权价格，则称其为价内的或实值的（in-the-money）；如果标的物的市价（或估值）等于行权价格，则称其为平价的或两平的（at-the-money）；如果标的物的市价（或估值）小于行权价格，则称其为价外的或虚值的（out-of-the-money）。

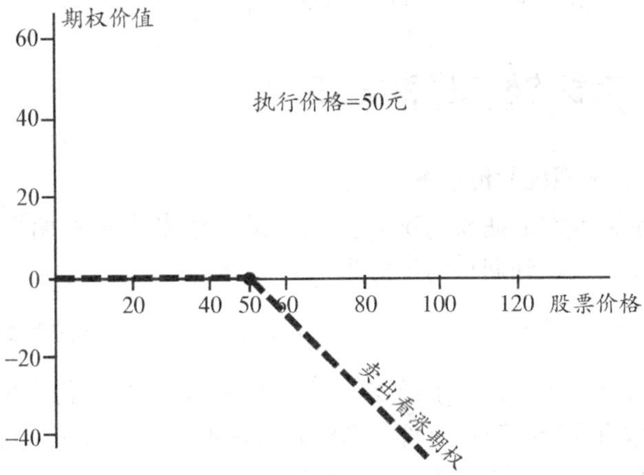

图5-6　看涨期权的价值图（卖方）

2. 看涨期权的盈亏图

如果在价值图中添加期权费的信息（设期权费为10元），即把例5-13中的价值线上下平移（平移的距离等于期权费），就可以绘制出盈亏图或利润图（见图5-7）。

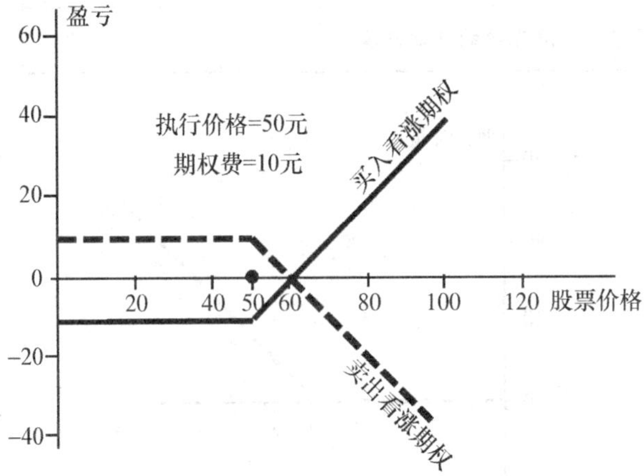

图5-7　看涨期权的盈亏图

3. 看跌期权的价值图

对于买入看跌期权（buy-a-put，又译作多头看跌期权、多头卖权）的情形而言，该期权在到期日的价值为：

到期日的期权价值＝约定的行权价格－标的资产的最新市价

例5-14

基于某只股票的看跌期权，执行价格为50元，对应于不同的股价，对于买入或卖出看跌期权的交易者而言，到期日的期权价值如表5－21所示。则看跌期权对于买方和卖方的到期价值如图5－8、图5－9所示。

表5－21 期权的到期价值

单位：元

股票价格	30	40	50	60	70	80
基于股票的看跌期权的到期价值	20	10	0	0	0	0

对于买入看跌期权的情形而言，如果标的物的市价（或估值）大于行权价格，则称其为价外的或虚值的；如果标的物的市价（或估值）等于行权价格，则称其为平价的或两平的；如果标的物的市价（或估值）小于行权价格，则称其为价内的或实值的。

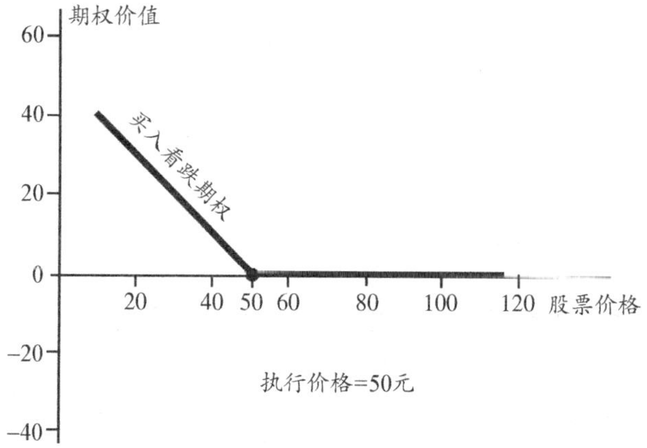

图5－8 看跌期权的价值图（买方）

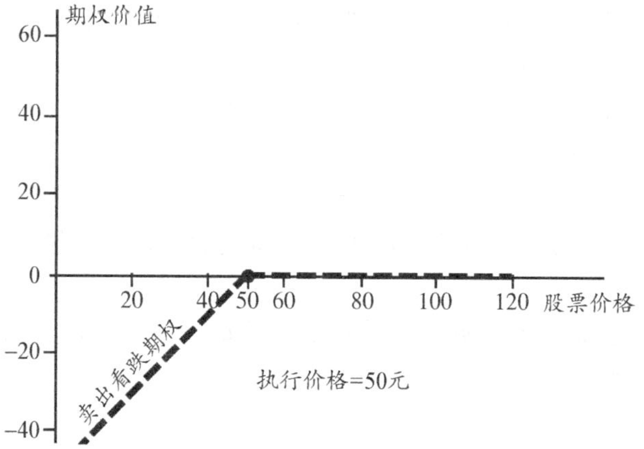

图5－9 看跌期权的价值图（卖方）

4. **看跌期权的盈亏图**

如果在价值图中添加期权费的信息（设期权费为10元），即把例5－14中的价值线上下平移（平移的距离等于期权费），就可以绘制出盈亏图或利润图（见图5－10）。

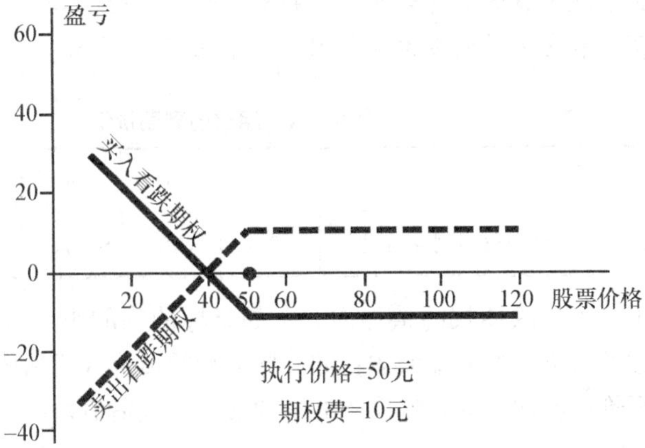

图5-10　看跌期权的盈亏图

上述期权盈亏图直观地表明，衍生工具是交易双方基于各自对未来的预期所签订的转移资金的合同，其交易属于零和博弈，实质上实现了风险的转移（或称再分配），总体而言它不创造价值（即社会财富并没有因之而增长）。

5.4.2　期权的会计处理

与期货的情形相似，采用“衍生工具”科目对期权进行会计处理时，有三个要点（以期权合约的买方为例）：

(1) 在交易日，期权应当按照公允价值入账。企业按其支付的期权费（期权的公允价值），借记“衍生工具”科目，按发生的交易费用，借记“投资收益”科目，按实际支付的金额，贷记“银行存款”科目。

(2) 在资产负债表日，企业应当按照公允价值计量其期权合约，并将其公允价值变动所形成的利得或损失计入当期损益。期权的公允价值高于其账面价值的差额，借记“衍生工具”科目，贷记“公允价值变动损益”科目；公允价值低于其账面价值的差额，作相反的会计分录。

(3) 行权时，按取得的资产的公允价值，借记相应的资产类科目，按期权的账面价值，贷记“衍生工具”科目，按两者之差（补付的价款），贷记“银行存款”科目。

期权到期放弃行权时，按期权的账面价值，借记“投资收益”科目，贷记“衍生工具”科目。

1. 外汇期权的会计处理

例5-15

安全食品有限公司的记账本位币为人民币，该公司于20×7年12月11日从英国采购了价款为1 000 000英镑的商品，约定于20×8年1月10日付款。该公司为规避英镑升值的风险，于采购当天与某银行订立了30天的欧式看涨期权合约。该合约授权安全食品有限公司在行权日以1英镑=10.00元人民币的行权价格购入1 000 000英镑。该公司支付的期权费为每英镑0.07元。

20×8年1月10日，期权到期，安全食品有限公司执行期权（即以行权价格购入1 000 000英镑），如约支付给英国方面。

假定上述业务不满足套期会计的适用条件，一律以“衍生工具”科目进行会计处理。即期汇率的变动与期权价值的计算如表5-22所示。

表5-22　即期汇率的变动与期权价值的计算　　单位：元

项目	20×7年		20×8年
	12月11日	12月31日	1月10日
即期汇率	1英镑＝10.00元人民币	1英镑＝10.56元人民币	1英镑＝10.96元人民币
期权的公允价值	—	600 000*	960 000**

注：*由于此项期权合约为OTC交易，因此按照估值模型计算公允价值，假定为600 000元。
**此时，期权已到期，时间价值为零，其公允价值即等于其到期价值。

安全食品有限公司上述业务的账务处理如表5-23所示。

表5-23　安全食品有限公司的相关账务处理一览表　　单位：元

日期	业务分录	衍生工具交易分录
20×7年 12月11日	(1) 应付账款入账时。 借：库存商品　10 000 000 　贷：应付账款——英镑　10 000 000	(2) 支付期权费时。 借：衍生工具——期权　70 000 　贷：银行存款　70 000
20×7年 12月31日	(3) 记录汇兑损益时。 借：汇兑损益　560 000 　贷：应付账款——英镑　560 000 (计算过程：560 000＝(10.56－10)×1 000 000)	(4) 记录衍生工具的公允价值变动时。 借：衍生工具——期权　530 000 　贷：公允价值变动损益　530 000
20×8年 1月10日	(5) 记录汇兑损益时。 借：财务费用——汇兑损益400 000 　贷：应付账款——英镑　400 000 (计算过程：400 000＝(10.96－10.56)×1 000 000)	(6) 记录衍生工具的公允价值变动时。 借：衍生工具——期权　360 000 　贷：公允价值变动损益　360 000
	(7) 清偿应付账款时。 借：应付账款　10 960 000 　贷：银行存款——英镑　10 960 000	(8) 行权时。 借：银行存款——英镑 10 960 000 　贷：衍生工具——期权　960 000 　　　银行存款　10 000 000

2. 权证的会计处理

例5-16

能人投资股份公司出于投机的动机，于20×3年12月1日以每份1元的价格，购入1 000 000份某证券公司发行的基于中原畜产股份公司股票的存续期尚有10个月的百慕大式备兑认沽权证。该权证的行权价格为8元，结算方式为证券给付，行权期限为20×4年8月1日至9月30日。能人投资股份公司并未持有该畜产公司的股票。

20×3年12月31日，该权证的市价为1.5元，中原畜产股份公司的股票收盘价为每股7元。

20×4年5月初，中原畜产股份公司接连发布重大利好消息，股价逐步攀升，认沽权证应声下跌。

20×4年6月30日，该权证的市价为0.6元，中原畜产股份公司的股票收盘价为每股8.3元。

20×4年9月30日，权证到期，中原畜产股份公司的股票收盘价为每股13元，能人投资股份公司放弃行权。

能人投资股份公司上述业务的账务处理如下：

(1) 20×3年12月1日购入认沽权证时。

借：衍生工具——认沽权证	1 000 000	
贷：银行存款		1 000 000

(2) 20×3年12月31日（资产负债表日）记录认沽权证公允价值变动形成的利得时。

借：衍生工具——认沽权证	500 000	
贷：公允价值变动损益		500 000

(3) 20×4年6月30日（资产负债表日）记录认沽权证公允价值变动形成的利得时。

借：公允价值变动损益	900 000	
贷：衍生工具——认沽权证		900 000

(4) 20×4年9月30日权证到期放弃行权时。

借：投资收益	600 000	
贷：衍生工具——认沽权证		600 000

5.4.3 期权交易策略

金融工具相关会计准则中的许多金融术语往往令初学者感到困惑。下面择要解释套期保值会计规则所提及的“由一项发行的期权和一项购入的期权组成的期权”的含义，这要先从期权的交易策略谈起。

1. 多方头寸和空方头寸的实现方式

构造多方头寸时，投资者可以买入基础资产、买入远期合同（或期货合约），也可以买入看涨期权，还可以卖出看跌期权。构造空方头寸时，投资者可以卖出基础资产、卖出远期合同（或期货合约），也可以买入看跌期权，还可以卖出看涨期权。上述方式中，卖出看涨期权和卖出看跌期权的风险较大。例如，对于本身并没有基础资产（标的资产）却卖出看涨期权的情形，其风险格外大，一般称作无保护的空头买权（naked call）。

专栏 5-14　　无保护的空头买权

中国航空油料集团公司在新加坡注册和上市的分公司（简称中航油新加坡公司）自 2003 年上半年开始投机性的期权交易。国际原油价格连续上涨到每桶 30 元时，该公司预期未来价格将会下跌，于是在 OTC 市场从 38 美元的价位大量出售看涨期权，试图借此赚取期权费。但 2004 年 11 月，石油价格上涨到每桶 55.9 美元，创下历史新高。中航油新加坡公司当时持仓量最高达 5 200 万桶，也就是说，油价每上涨 1 美元，该公司就亏损 5 000 多万美元。该公司被迫平仓了结期权合约，向法院申请破产保护。2004 年 12 月 1 日，该公司公告总计亏损 5.5 亿美元。

2. 多头跨式期权组合

如果同时买进一个看涨期权和一个看跌期权，则可对波动率做多，即利用基础资产价格的大幅波动而获利。这种策略就是多头跨式期权组合（long straddle），其盈亏图呈 V 字形。有学者将 straddle 译作“鞍式期权组合”。

例 5-17

天下精明基金公司预测中原实业股份公司的股票很可能暴涨或暴跌，因为它正面临一起重大的商标侵权诉讼。当前该公司股票市价为每股 50 元。基于这种预期，天下精明基金公司购入基于中原实业股份公司股票的一份看涨期权和一份看跌期权，每份期权的期权费均为 10 元。

这项期权组合的盈亏图如图 5-11 所示。

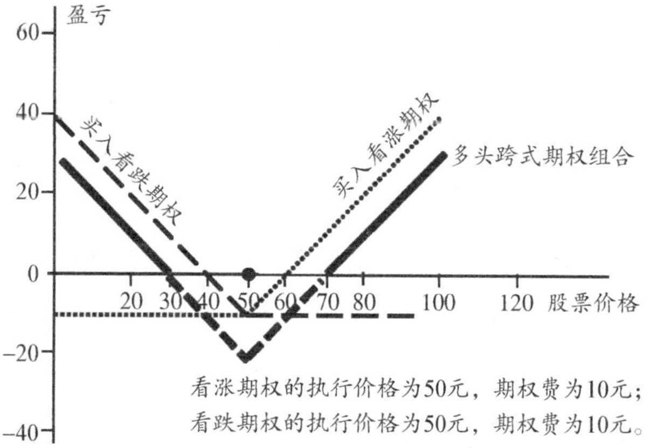

图 5-11　多头跨式期权组合的盈亏图

从图中可以清楚地看到跨式组合特有的 V 字形状。如图中的粗实线所示，在中原实业股份公司股票市价跌破每股 30 元或者超过每股 70 元的情况下，天下精明基金公司均会从中获利。

多头跨式期权组合的目的是利用市场的剧烈波动来盈利。基础资产的价格跳离现行市价越远，投资方的盈利额越大。在企业并购或重大诉讼判决前，构造这种期权组合的情形比较常见。不难看出，此策略是对价格的波动性做多，而不是简单地针对价格的某一个方向的走势做多。

3. 空头跨式期权组合

如果同时卖出一个看涨期权和一个看跌期权，则可对波动率做空，即利用小幅波动获利。这种策略就是空头跨式期权组合（short straddle），其盈亏图看起来像是“扎马步”。

例5-18

达令证券股份公司预测东方食品股份公司的股票很可能在近期保持稳定或小幅震荡，因为它的主业经营一直很稳健。当前该股票市价为每股50元。基于这种预期，达令证券股份公司设计并卖出一份看涨期权和一份看跌期权，每份期权的期权费均为10元。

这项期权组合的盈亏图如图5-12所示。

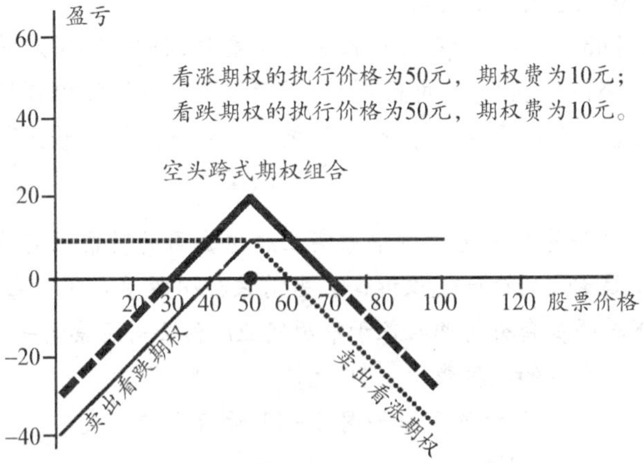

图5-12 空头跨式期权组合的盈亏图

从图5-12中可以清楚地看到跨式组合的V字形状，只不过是倒过来的V字。如图中的粗实线所示，如果该股票市价介于每股30元和每股70元之间，达令证券股份公司便可从中获利。

空头跨式期权组合的目的是利用市场的稳定态势或小幅波动来盈利。此策略是对价格的波动性做空，而不是简单地针对价格的某一个方向的走势做空。

4. 垂直差价组合

期权费的价格形成具有一定的规律。对看涨期权而言，在执行价格相同时，距到期时间越长，期权的价格越高；在期限相同时，行权价格越低，期权的价格越高。对看跌期权而言，在执行价格相同时，距到期时间越长，期权的价格越高；在期限相同时，行权价格越高，期权的价格越高。

差价组合（spread）策略就是利用期权交易市场上各种产品由于到期期限或行权价格的差异所导致的价格差异而构造的交易策略。通过同时买入一份和卖出一份同类期权（即共采用两份期权，同为看涨期权或看跌期权），利用卖出的期权所收取的期权费抵减买入期权所支付的期权费，如此能够降低风险管理的成本。

由于西方金融报刊中习惯于在期权报价表中垂直排列不同的行权价格，水平排列不同的到期期限，因此，人们把利用期限相同但执行价格不同的期权构造而成的策略称作垂直差价组合（vertical spread）策略，把利用执行价格相同但期限不同的期权构造而成的策略称作水平差价组合（horizontal spread）或差期组合（calendar spread）策略。

（1）使用看涨期权构造牛市价差组合（bull spread using calls）。如图 5－13 所示，其策略是，买入一份执行价格为 X_1 的看涨期权，出售一份执行价格为 X_2（高于 X_1）的看涨期权。其盈亏情况如图中的粗实线所示，可见，此组合旨在利用基础资产的牛市行情获利。

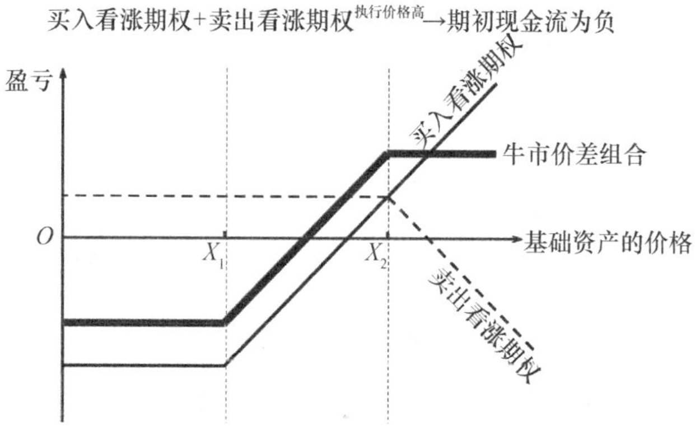

图 5－13　使用看涨期权构造的牛市价差组合的盈亏图

由于期限相同的看涨期权的行权价格越低则期权价格越高，亦即买入执行价格为 X_1 的看涨期权所支付的期权费，要高于卖出执行价格为 X_2 的看涨期权所收到的期权费，因此，这种交易策略的期初现金流为负。

（2）使用看跌期权构造牛市价差组合（bull spread using puts）。如图 5－14 所示，其策略是，买入一份执行价格为 X_1 的看跌期权，出售一份执行价格为 X_2（高于 X_1）的看跌期权。其盈亏情况如图中的粗实线所示，可见，此组合旨在利用基础资产的牛市行情获利。

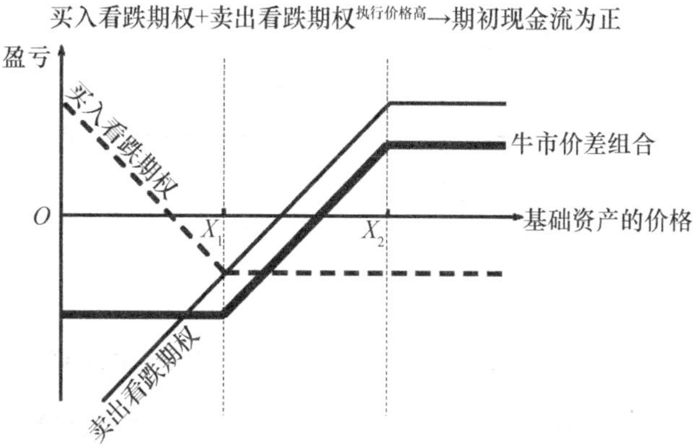

图 5－14　使用看跌期权构造的牛市价差组合的盈亏图

由于期限相同的看跌期权的行权价格越高则期权价格越高，亦即卖出执行价

格为 X_2 的看跌期权所收取的期权费，要高于买入执行价格为 X_1 的看跌期权所支付的期权费，因此，这种交易策略的期初现金流为正。

（3）使用看涨期权构造熊市价差组合（bear spread using calls）。如图 5 - 15 所示，其策略是，出售一份执行价格为 X_1 的看涨期权，买入一份执行价格为 X_2（高于 X_1）的看涨期权。其盈亏情况如图中的粗实线所示，可见，此组合旨在利用基础资产的熊市行情获利。

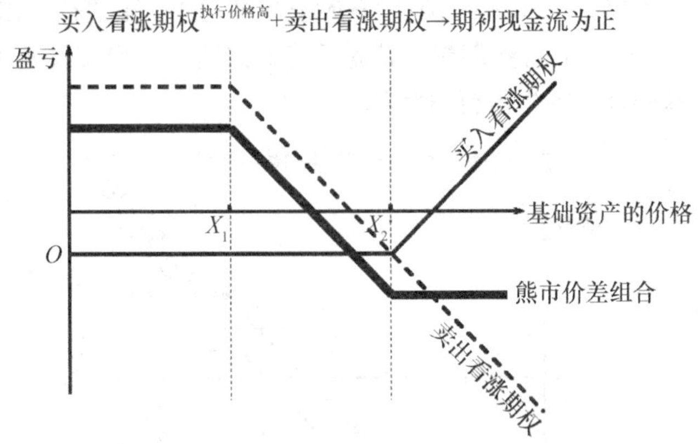

图 5 - 15　使用看涨期权构造的熊市价差组合的盈亏图

由于期限相同的看涨期权的行权价格越低则期权价格越高，亦即卖出执行价格为 X_1 的看涨期权所收取的期权费，要高于买入执行价格为 X_2 的看涨期权所支付的期权费，因此，这种交易策略的期初现金流为正。

（4）使用看跌期权构造熊市价差组合（bear spread using puts）。如图 5 - 16 所示，其策略是，出售一份执行价格为 X_1 的看跌期权，买入一份执行价格为 X_2（高于 X_1）的看跌期权。其盈亏情况如图中的粗实线所示，可见，此组合旨在利用基础资产的熊市行情获利。

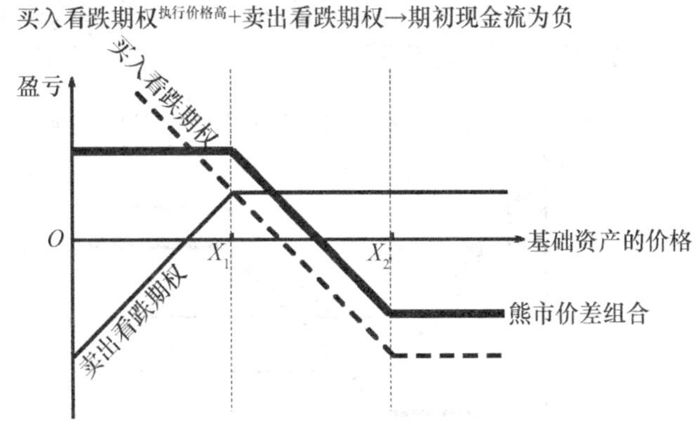

图 5 - 16　使用看跌期权构造的熊市价差组合的盈亏图

由于期限相同的看跌期权的行权价格越高则价格越高，亦即卖出执行价格为 X_1 的看跌期权所收取的期权费，要低于买入执行价格为 X_2 的看涨期权所支付的期权费，因此，这种交易策略的期初现金流为负。

利用期限相同、执行价格不同的四份同种期权，可以构造蝶式差价组合（butterfly spread）。此外，利用期限和执行价格均不相同的两份同种期权，可以构造对角组合（diagonal spreads）。限于本书的教学目的，此处不再展开，感兴趣的读者可参阅金融工程相关书籍。

5. 利率上下限期权

利率期权（interest rate option）是针对变动利率的债务工具的风险管理需要而开发的交易品种，常见的交易品种有利率上限期权、利率下限期权和利率上下限期权，一般为场外交易。

利率上限期权（interest rate cap）又称利率封顶期权，实质上是以交易双方约定的利率水平为行权价格的看涨期权。封顶期权的买入方与卖出方指定某个市场参照利率，确定一个利率上限水平。当市场参照利率高于该利率上限水平时，封顶期权的买入方选择行权，卖出方需要向买入方支付差额部分；当市场参照利率低于该利率上限水平时，封顶期权的买入方选择不行权，卖出方没有支付义务。

利率下限期权（interest rate floor）又称利率封底期权、保底期权，实质上是以交易双方约定的利率水平为行权价格的看跌期权。保底期权的卖出方与买入方指定某个市场参照利率，确定一个利率下限水平。当市场参照利率低于该利率下限水平时，保底期权的买入方选择行权，卖出方需要向买入方支付差额部分；当市场参照利率高于该利率下限水平时，保底期权的买入方选择不行权，卖出方没有支付义务。

利率上下限期权（interest rate collar）又称领子期权、双限期权、利率双限期权或利率两头封，是利率上限期权和利率下限期权的组合。一方在买入利率上限期权的同时，卖出利率下限期权；另一方在卖出利率上限期权的同时，买入利率下限期权。如此，交易双方可将利率水平锁定在约定的区间范围内，同时还能以收取的期权费适当地抵销支付的期权费，达到降低风险管理成本的目的。

5.5 互　换

通俗地说，互换合约（swap contracts/swaps，又称套购、掉期），是指两个或两个以上的当事人按照商定条件，在约定的时间内交换某种资产（即他们认为具有相同经济价值的现金流）的合同。交易双方如果在两种资产或负债上存在比较优势且对对方的资产或负债均有需求，就可以进行互换。《期货和衍生品法》所称互换合约，是指约定在将来某一特定时间内相互交换特定标的物的金融合约。

互换是英国著名经济学家大卫·李嘉图（David Ricardo）的比较优势（comparative advantage）理论在金融领域的生动运用。比较优势理论的思想精髓是“两弊相衡取其轻，两利相权取其重”。根据该理论，在两国都能生产特定的两种产品，且一国在这两种产品的生产上均处于有利地位，而另一国均处于不利地位的条件下，如果前者专门生产优势较大的产品，后者专门生产劣势较小（即具有比较优势）的产品，那么通过专业化分工和国际贸易，双方仍能从合作中获益。下面借助示例予以说明。

互换市场的特征是，互换不在交易所内进行交易，而主要是通过银行进行场外交易，对互换交易几乎没有政府监管。为了达成交易，互换合约的一方必须找到愿意与之交易的另一方。如果一方对期限或现金流等有特殊要求，则不大容易找到交易对手。由于互换是两个对手之间的合约，因此，如果没有双方的同意，互换合约是不能更改或终止的。对于期货和在场内交易的期权而言，交易所为交易双方都提供了履约保证，而互换市场则没有人提供这种保证。因此，互换双方都必须关注对方的信用。

利率互换和货币互换是常见的互换合同。前者通常是指一方以其固定利率与另一方的浮动利率的金融条件进行互换。后者是指双方对不同种类的货币进行互换。

5.5.1 利率互换

1. 交易策略

利率互换（interest rate swaps，IRS）又称利率调换、利率掉期，是指双方同意在未来的一定期限内根据同种货币的同样的名义本金交换现金流，其中，一方的现金流按照浮动利率计算，而另一方的现金流按照固定利率计算。互换的期限通常在一年以上。双方进行利率互换的主要原因是各自在固定利率和浮动利率市场上分别具有比较优势。由于合约中所交换的是同种货币，一般不伴随本金的交换，因此，利率互换的信用风险较小。最早公之于世的利率互换发生于1982年。

例5-19a

假定A公司和B公司的信用等级不同，故市场向它们提供的利率条件也不同，如表5-24所示，表中的利率均为一年计一次复利的年利率。两家公司都想借入2年期的某种货币1 000万元，其中，A公司想借入基于6个月LIBOR的浮动利率借款（即每隔6个月，根据最新的6个月LIBOR重新确定浮动利率），B公司想借入固定利率借款。如果各自直接按照自己的意愿去借款，而不是寻求合作共赢，则各自的实际筹资成本如表5-24中的铺灰部分所示。

表5-24 筹资成本与比较优势

项目	A公司	B公司	比较优势
固定利率	6%	7%	1%
浮动利率	6个月LIBOR+0.6%	6个月LIBOR+1%	0.4%

(1) 如果两家公司基于比较优势进行互换交易，则可共同降低筹资成本。交易安排如下：

A公司以其比较优势（6%的固定利率）借入1 000万元，B公司以其比较优势（6个月LIBOR+1%的浮动利率）借入1 000万元。由于本金相同，因此，以后期间两家公司只需要交换利息的现金流（即A公司向B公司支付浮动利息，B公司向A公司支付固定利息），就可以确保交易双方得偿所愿（即A公司的借款按照浮动利率计息，B公司的借款按照固定利率计息）。

两家公司通过各自发挥其比较优势分头融资并签署互换合同，共同实现的互换利益可计算如下：

互换利益＝互换前的融资成本－互换后的融资成本
＝[7%＋(6个月LIBOR＋0.6%)]－[6%＋(6个月LIBOR＋1%)]
＝0.6%

通常情况下，双方通过谈判决定各自对互换利益的分享比例。本例中，假定它们基于各自的信用等级，决定按照2∶1分享互换利益（即A公司享有0.4%，B公司享有0.2%），则交易双方通过互换交易所实现的实际筹资成本可计算如下：

互换后A公司的筹资成本＝无互换时独自筹资的成本－分享的互换利益
＝(6个月LIBOR＋0.6%)－0.4%
＝6个月LIBOR＋0.2%

互换后B公司的筹资成本＝无互换时独自筹资的成本－分享的互换利益
＝7%－0.2%
＝6.8%

把上述分析结果列示在表5-25中，现在，我们要来计算双方如何交换利息现金流。

表5-25 利息现金流的交换额的计算

项目		A公司	B公司
无互换时的筹资成本		6个月LIBOR＋0.6%	7%
互换	按照比较优势筹资所负担的筹资成本	6%	6个月LIBOR＋1%
	收到的利息现金流互换金额	待求解	待求解
互换后的净筹资成本		6个月LIBOR＋0.2%	6.8%
通过互换节省的筹资成本		0.4%	0.2%

显然，按照比较优势筹资所负担的筹资成本和互换后的净筹资成本存在下列关系：

按照比较优势筹资所负担的筹资成本－收到的互换利息差额＝互换后的净筹资成本

亦即

收到的互换利息差额＝按照比较优势筹资所负担的筹资成本－互换后的净筹资成本

因此，可计算各自每6个月（因本例中的浮动利率借款是基于6个月的LIBOR）收到的利息现金流互换金额如下：

A公司收到的利息现金流互换金额＝10 000 000×0.5×[6%－(6个月LIBOR＋0.2%)]
＝10 000 000×0.5×(5.8%－6个月LIBOR)

$$\text{B公司收到的利息现金流互换金额}=10\,000\,000\times0.5\times[(6\text{个月 LIBOR}+1\%)-6.8\%]$$
$$=10\,000\,000\times0.5\times(6\text{个月 LIBOR}-5.8\%)$$

设计后的互换交易流程如图5-17所示。

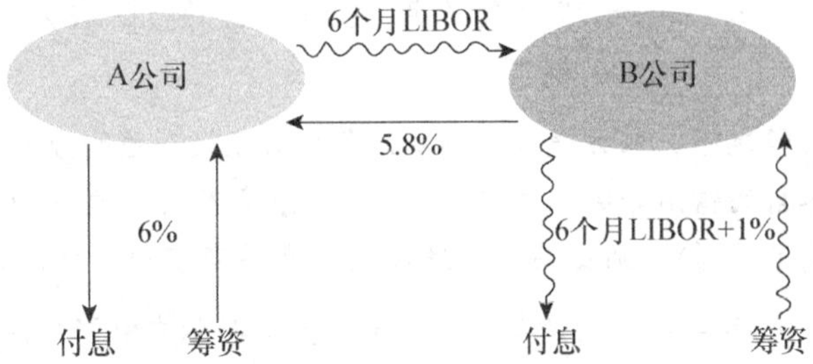

图5-17 利率互换的交易流程（示意图）

假定某一支付日的6个月LIBOR为5%，则A公司应收取的利息现金流互换金额可计算如下：

$$\text{A公司收到的利息现金流互换金额}=10\,000\,000\times0.5\times(5.8\%-5\%)$$
$$=40\,000(\text{元})$$

也就是说，A公司应收取B公司支付的40 000元的互换利息差。

(2) 法律文书（合约文本）的设计。基于上述交易策略，A公司以6%的年利率借入本金为1 000万元的某种货币的2年期贷款，B公司以6个月LIBOR+1%的浮动利率借入本金为1 000万元的某种货币的2年期贷款。

20×1年1月1日，双方签署名义本金为1 000万元的2年期利率互换合约，如表5-26所示。实务中的合同样式多种多样，既可能是表格形式的，也可能是纯文字形式的。

表5-26 A公司和B公司利率互换的主要条款

一、名义金额（notional amount）	1 000万元
二、交易日（trade date）	20×1年1月1日
三、起息日（effective date）	20×1年1月1日
四、到期日（termination date）	20×2年12月31日
五、固定金额（fixed amounts）	
固定利率支付方（fixed rate payer）	B公司
固定利率支付方支付日期（fixed rate payer payment dates）	每年的6月30日和12月31日
固定利率（fixed rate）	5.8%
计息基准（fixed rate day count fraction）	（本例不涉及）
六、浮动金额（floating amounts）	
浮动利率支付方（floating rate payer）	A公司
浮动利率支付方支付日期（floating rate payer payment dates）	每年的6月30日和12月31日

浮动利率选项（floating rate option)	6个月LIBOR
重定日（reset date)	每年的6月30日和12月31日
计息基准（floating rate day count fraction)	（本例不涉及）

对于A公司而言，该合约为“收5.8%的固定利息、付6个月LIBOR的浮动利息”的利率互换合约（即A公司按照5.8%的年利率向B公司收取固定利息；同时，按6个月LIBOR的浮动利率向B公司支付浮动利息）。对于B公司而言，该合约为“收6个月LIBOR的浮动利息、付5.8%的固定利息”的利率互换合约（即B公司按照6个月LIBOR的浮动利率向A公司收取浮动利息；同时，按5.8%的年利率向A公司支付固定利息）。

浮动利率每半年重订一次，一般在6月30日和12月31日重订下一个半年的浮动利率。为简化起见，本例将重订日与支付日视为同一天（实务中，利率重订日通常稍早于支付日）。

通过上述示例可以看出，互换合约往往是交易双方基于各自的实际需求和融资待遇而设计成形的。交易双方巧妙地利用现有的融资待遇，重新设计业务流程，通常能够达到双赢的效果（即共同降低筹资成本）。作为对比，远期、期货、期权的交易通常体现为财富在交易者之间的转移（即一方受益、另一方受损），就总体而言实属零和博弈，难以形成双赢的效果。

教材中通常把这种最常见的利率互换称作“plain vanilla swap”（又译作常规互换、基本的互换或普通香草型互换）或“fixed-for-floating swaps”（以固定利率换浮动利率的互换）。

实务中，往往由大型银行充任利率互换的中介，它们会参与分享以上所述的互换利益，因此，实务中的合同条款要比本节示例复杂一些。

2. 会计处理规则及示例

我国2006年发布的企业会计准则体系未对互换合同的会计处理给出明确的规定。鉴于我国衍生工具相关会计规则系借鉴《国际会计准则第39号——金融工具确认与计量》制定而成，而后者又是以美国证券市场上的公认会计原则之《财务会计准则公告第133号——衍生工具会计与套期保值会计》(SFAS 133: Accounting for Derivative Instruments and Hedging Activities）为蓝本设计出台的，因此，本章基于上述域外规则的设计理念，分析业务分录和衍生工具会计分录，记载相应的法律事实和预期因素。感兴趣的读者可访问美国财务会计准则委员会网站（www.fasb.org)，参阅公认会计原则中的操作指南。

(1）浮动利率支付方（“收固定、付浮动”的一方）的会计处理。

1）在交易日，不需要为互换合约作账务处理。这是因为互换合约是场外交易的合约，企业在签订合约时无须支付价款。

2）在交易日后的首个资产负债表日，应当将互换合约按照公允价值入账。该衍生工具形成资产的，按其公允价值借记“衍生工具”科目，贷记“公允价值变动损益”科目；该衍生工具形成负债的，作相反的会计分录。

3）在后续的资产负债表日，企业应当按照公允价值计量互换合约，并将其公允价值变动所形成的利得或损失计入当期损益。当发生有利变动时，借记“衍生工具”科目，贷记“公允价值变动损益”科目；当发生不利变动时，作相反的会计分录。

4）合同期满注销衍生工具时，按照衍生工具的账面价值，以相反方向，借记或贷记“衍生工具”科目，同时，贷记或借记“公允价值变动损益”科目。

例 5-19b

沿用例 5-19a 的资料。本例阐释 A 公司对利率互换的会计处理。

为简化起见，本例将重订日与支付日视为同一天（实务中，利率重订日通常稍早于支付日）。

LIBOR 的变动、相关支付情况及互换合约的公允价值变动情况如表 5-27 所示。

表 5-27 “收固定、付浮动”互换合约的相关计算 金额单位：元

日期	LIBOR ①	收固定利息 ②＝本金×5.8%÷2	付浮动利息 ③＝本金×上期①÷2	得款数 ④＝②－③	互换的公允价值 ⑤	公允价值变动额 ⑥＝本期⑤－上期⑤
20×1 年 1 月 1 日	5.8%					
20×1 年 6 月 30 日	5.4%	290 000	290 000	0	56 900[a]	56 900
20×1 年 12 月 31 日	5.6%	290 000	270 000	20 000	19 190[b]	－37 710
20×2 年 6 月 30 日	5.2%	290 000	280 000	10 000	29 240[c]	10 050
20×2 年 12 月 31 日	5%	290 000	260 000	30 000	0	－29 240[d]

注：a. 20×1 年 6 月 30 日，重订的 LIBOR 为 5.4%。预期未来将会产生的互换利息差额计算如下：

互换利息差额＝10 000 000×(5.8%－5.4%)÷2＝20 000(元)

预期未来三个半年均能获得此项现金流入，按照半年的利率（2.7%）折现计算三次现金流入的现值，可得到互换的公允价值如下：

$$\text{互换的公允价值} = 20\,000 \times \sum_{t=1}^{3} \frac{1}{(1+2.7\%)^t} = 56\,900(\text{元})$$

因此，本期应将衍生工具作为金融资产入账，借记“衍生工具”科目，贷记“公允价值变动损益”科目。

b. 20×1 年 12 月 31 日，重订的 LIBOR 为 5.6%。预期未来将会产生的互换利息差额计算如下：

互换利息差额＝10 000 000×(5.8%－5.6%)÷2＝10 000(元)

预期未来两个半年均能获得此项现金流入，按照半年的利率（2.8%）折现计算两次现金流入的现值，可得到互换的公允价值如下：

$$\text{互换的公允价值} = 10\,000 \times \sum_{t=1}^{2} \frac{1}{(1+2.8\%)^t} = 19\,190(\text{元})$$

因此，本期应冲减衍生工具所形成的金融资产 37 710 元。

c. 20×2 年 6 月 30 日，重订的 LIBOR 为 5.2%。预期未来将会产生的互换利息差额计算如下：

互换利息差额＝10 000 000×(5.8%－5.2%)÷2＝30 000(元)

预期未来一个半年仍将产生此项现金流入，按照半年的利率（2.6%）折现计算现金流入的现值，可得到互换的公允价值如下：

$$\text{互换的公允价值} = 30\,000 \times \frac{1}{1+2.6\%} = 29\,240(\text{元})$$

因此，本期应增记衍生工具所形成的金融资产 10 050 元。

d. 互换协议到期，冲减相应的账面价值 29 240 元。

A 公司对利率互换的会计处理如表 5-28 所示。

表 5-28　借款业务和互换合约的会计处理　　单位：元

日期	业务分录	衍生工具分录
20×1 年 1 月 1 日	(1) 取得固定利率借款。 借：银行存款　10 000 000 　贷：长期借款　10 000 000	—
20×1 年 6 月 30 日	(2) 支付固定利率借款的利息。 借：财务费用　300 000 　贷：银行存款　300 000	(3) 记录利率互换合约的公允价值。 借：衍生工具——利率互换　56 900 　贷：公允价值变动损益　56 900
20×1 年 12 月 31 日	(4) 支付固定利率借款的利息。 借：财务费用　300 000 　贷：银行存款　300 000 (6) 收到互换结算款，冲抵财务费用。 借：银行存款　20 000 　贷：财务费用　20 000	(5) 记录利率互换合约的公允价值变动。 借：公允价值变动损益　37 710 　贷：衍生工具——利率互换　37 710
20×2 年 6 月 30 日	(7) 支付固定利率借款的利息。 借：财务费用　300 000 　贷：银行存款　300 000 (8) 收到互换结算款，冲抵财务费用。 借：银行存款　10 000 　贷：财务费用　10 000	(9) 记录利率互换合约的公允价值变动。 借：衍生工具——利率互换　10 050 　贷：公允价值变动损益　10 050
20×2 年 12 月 31 日	(10) 支付固定利率借款的利息。 借：财务费用　300 000 　贷：银行存款　300 000 (11) 收到互换结算款，冲抵财务费用。 借：银行存款　30 000 　贷：财务费用　30 000 (12) 归还借款本金。 借：长期借款　10 000 000 　贷：银行存款　10 000 000	(13) 注销衍生工具。 借：公允价值变动损益　29 240 　贷：衍生工具——利率互换　29 240

表 5-29 对比了 6 个月 LIBOR 的变动与 A 公司的实际筹资成本。

表 5-29　A 公司的 1 000 万元借款实际承担的浮动利率

项目	20×1 年		20×2 年	
	上半年	下半年	上半年	下半年
适用的 6 个月 LIBOR（%）	5.8	5.4	5.6	5.2
6 个月 LIBOR+0.2%（%）	6	5.6	5.8	5.4
半年的财务费用（元）	300 000	280 000	290 000	270 000

可以看出，A 公司首先通过比较优势筹得固定利率为 6%的 2 年期借款，然后签订“收 5.8%的固定利息、付 6 个月 LIBOR 的浮动利息”的 2 年期利率互换合约，这样，就达到了将其财务费用转变为 6 个月 LIBOR+0.2%的浮动利率贷款的目的，而且每年比独自径行筹措浮动利率借款（筹资成本为 6 个月

LIBOR+0.6%）节约了0.4个百分点的财务费用。

(2) 固定利率支付方（“收浮动、付固定”的一方）的会计处理。

例5-19c

沿用例5-19a的资料。本例阐释B公司对利率互换的会计处理。

为简化起见，本例将重订日与支付日视为同一天（实务中，利率重订日通常稍早于支付日）。

LIBOR的变动、相关支付情况及互换合约的公允价值变动情况如表5-30所示。

表5-30　“收浮动、付固定”利率互换合约的相关计算　　金额单位：元

日期	LIBOR ①	筹资利率 ②=上期①+1%	利率互换的现金流量			互换的公允价值 ⑥	公允价值变动额 ⑦=本期⑥-上期⑥
			收浮动利息 ③=本金×上期①÷2	付固定利息 ④=本金×5.8%÷2	得款数 ⑤=③-④		
20×1年1月1日	5.8%						
20×1年6月30日	5.4%	6.8%	290 000	290 000	0	−56 900[a]	−56 900
20×1年12月31日	5.6%	6.4%	270 000	290 000	−20 000	−19 190[b]	37 710
20×2年6月30日	5.2%	6.6%	280 000	290 000	−10 000	−29 240[c]	−10 050
20×2年12月31日	5%	6.2%	260 000	290 000	−30 000	—	29 240[d]

注：a. 20×1年6月30日，重订的LIBOR为5.4%。预期未来将会产生的互换利息差额计算如下：

$$互换利息差额=10\,000\,000\times(5.4\%-5.8\%)\div 2=-20\,000(元)$$

预期未来三个半年均会产生此项现金流出，按照半年的利率（2.7%）折现计算三次现金流出的现值，可得到互换的公允价值如下：

$$互换的公允价值=-20\,000\times\sum_{t=1}^{3}\frac{1}{(1+2.7\%)^t}=-56\,900(元)$$

因此，本期应将衍生工具作为金融负债入账，借记“公允价值变动损益”科目，贷记“衍生工具”科目。

b. 20×1年12月31日，重订的LIBOR为5.6%。预期未来将会产生的互换利息差额计算如下：

$$互换利息差额=10\,000\,000\times(5.6\%-5.8\%)\div 2=-10\,000(元)$$

预期未来两个半年均能获得此项现金流出，按照半年的利率（2.8%）折现计算两次现金流出的现值，可得到互换的公允价值如下：

$$互换的公允价值=-10\,000\times\sum_{t=1}^{2}\frac{1}{(1+2.8\%)^t}=-19\,190(元)$$

因此，本期应冲减衍生工具所形成的金融负债37 710元。

c. 20×2年6月30日，重订的LIBOR为5.2%。预期未来将会产生的互换利息差额计算如下：

$$互换利息差额=10\,000\,000\times(5.2\%-5.8\%)\div 2=-30\,000(元)$$

预期未来一个半年仍将产生此项现金流出，按照半年的利率（2.6%）折现计算现金流出的现值，可得到互换的公允价值如下：

$$互换的公允价值=-30\,000\times\frac{1}{1+2.6\%}=-29\,240(元)$$

因此，本期应增记衍生工具所形成的金融负债10 050元。

d. 互换协议到期，注销相应的账面价值29 240元。

B公司对利率互换的会计处理如表5-31所示。

表 5-31 借款业务和互换合约的会计处理 单位：元

日期	业务分录	衍生工具分录
20×1 年 1 月 1 日	(1) 取得浮动利率借款。 借：银行存款 10 000 000 贷：长期借款 10 000 000	—
20×1 年 6 月 30 日	(2) 支付浮动利率借款的利息。 借：财务费用 340 000 贷：银行存款 340 000	(3) 记录利率互换合约的公允价值。 借：公允价值变动损益 56 900 贷：衍生工具——利率互换 56 900
20×1 年 12 月 31 日	(4) 支付浮动利率借款的利息。 借：财务费用 320 000 贷：银行存款 320 000 (5) 支付互换结算款，记录财务费用。 借：财务费用 20 000 贷：银行存款 20 000	(6) 记录利率互换合约的公允价值变动。 借：衍生工具——利率互换 37 710 贷：公允价值变动损益 37 710
20×2 年 6 月 30 日	(7) 支付浮动利率借款的利息。 借：财务费用 330 000 贷：银行存款 330 000 (8) 支付互换结算款，记录财务费用。 借：财务费用 10 000 贷：银行存款 10 000	(9) 记录利率互换合约的公允价值变动。 借：公允价值变动损益 10 050 贷：衍生工具——利率互换 10 050
20×2 年 12 月 31 日	(10) 支付浮动利率借款的利息。 借：财务费用 310 000 贷：银行存款 310 000 (11) 支付互换结算款，记录财务费用。 借：财务费用 30 000 贷：银行存款 30 000 (12) 归还借款本金。 借：长期借款 10 000 000 贷：银行存款 10 000 000	(13) 注销衍生工具。 借：衍生工具——利率互换 29 240 贷：公允价值变动损益 29 240

表 5-32 对比了 6 个月 LIBOR 的变动与 B 公司的实际筹资成本。

表 5-32 B 公司的 1 000 万元借款实际承担的浮动利率

项目	20×1 年		20×2 年	
	下半年	上半年	下半年	上半年
适用的 6 个月 LIBOR（%）	5.8	5.4	5.6	5.2
6 个月 LIBOR+1%（%）	6.8	6.4	6.6	6.2
支付的浮动利息（元）	340 000	320 000	330 000	310 000
互换支付额（元）	0	20 000	10 000	30 000
半年的财务费用（元）	340 000	340 000	340 000	340 000

可以看出，B公司首先通过比较优势筹得浮动利率为6个月LIBOR+1%的2年期借款，然后，签订“收6个月LIBOR的浮动利息、付5.8%的固定利息”的2年期利率互换合约，这样，就达到了将其浮动利率借款转变为固定利率借款（半年的利率为3.4%）的目的。

本例中，B公司曾多次向A公司支付互换差额，看似吃亏了。但实际上，经由互换筹措固定利率借款的筹资成本，每年比独自径行筹措固定利率借款（筹资成本为7%）节约了0.2个百分点的财务费用。

5.5.2 货币互换

货币互换（currency swaps）又称货币掉期，一般用于将一种货币的本金和利息与另一货币的等价本金和利息进行交换。货币互换的主要原因是双方在各自所在区域的金融市场上具有比较优势。最早公之于世的货币互换发生于1981年。

2007年8月，中国人民银行发布《关于在银行间外汇市场开办人民币外汇货币掉期业务有关问题的通知》，在银行间外汇市场开办人民币兑美元、欧元、日元、港元、英镑五种货币对的货币掉期交易。该文件所称人民币外汇货币掉期，是指在约定期限内交换约定数量人民币与外币本金，同时定期交换两种货币利息的交易协议。本金交换的主要形式是在协议生效日双方按约定汇率交换人民币与外币的本金，在协议到期日双方再以相同的汇率、相同金额进行一次本金的反向交换。利息交换是指双方定期向对方支付以换入货币计算的利息金额，可以固定利率计算利息，也可以浮动利率计算利息。同年11月，经国家外汇管理局批准，中国外汇交易中心、全国银行间同业拆借中心公布《全国银行间外汇市场人民币外汇货币掉期交易规则》和《全国银行间外汇市场人民币外汇货币掉期交易指引》。

1. 交易策略

基本的货币互换所涉及的利息交换均按固定利率计算。为简化起见，本小节以英镑和美元的固定利率借款为例来阐释基本的货币互换的交易策略机理。

例5-20a

假定英镑和美元汇率为1英镑=1.5美元，在本例的合同期间保持不变。以美元为记账本位币的C公司想借入3年期的借款1 000万英镑，以英镑为记账本位币的D公司想借入5年期的借款1 500万美元。市场向它们提供的固定利率借款如表5-33所示，表中利率均为每年计一次复利的年利率。看起来C公司的融资待遇样样都比D公司强，似乎没有必要去关注D公司的境遇。如果它们各自直接按照自己的意愿去筹资，而不是寻求合作共赢，则各自的实际筹资成本如表5-33中的铺灰部分所示。

表 5-33 筹资成本与比较优势

项目	C公司	D公司	比较优势
筹措美元所负担的利率	8%	10%	2%
筹措英镑所负担的利率	11.6%	12%	0.4%

然而，如果两家公司基于比较优势进行货币互换交易，则可共同降低筹资成本。

(1) 交易安排如下：C公司以其比较优势即优势较大的融资待遇（8%的美元利率）借入1 500万美元，D公司以其比较优势即劣势较小的融资待遇（12%的英镑利率）借入1 000万英镑。然后，双方进行本金的交换（即C公司向D公司交付1 500万美元，换取1 000万英镑）。

通过发挥比较优势并互换本金，双方共同实现的互换利益可计算如下：

$$
\begin{aligned}
\text{互换利益} &= \text{互换前的融资成本} - \text{互换后的融资成本} \\
&= (11.6\% + 10\%) - (8\% + 12\%) \\
&= 1.6\%
\end{aligned}
$$

在上述计算中，由于汇率为1英镑=1.5美元，即1 500万美元与1 000万英镑为等值货币，因此，可以做上述抽象化的计算。

通常情况下，双方通过谈判决定各自对互换利益的分享比例。本例中，假定二者商定C公司分享1%，D公司分享0.6%，则各自的实际筹资成本可计算如下。

$$
\begin{aligned}
\begin{matrix}\text{C公司使用的英镑的}\\ \text{实际筹资成本}\end{matrix} &= \begin{matrix}\text{无互换时独自}\\ \text{筹资的成本}\end{matrix} - \begin{matrix}\text{分享的}\\ \text{互换利益}\end{matrix} \\
&= 11.6\% - 1\% = 10.6\%
\end{aligned}
$$

$$
\begin{aligned}
\begin{matrix}\text{D公司使用的美元的}\\ \text{实际筹资成本}\end{matrix} &= \begin{matrix}\text{无互换时独自}\\ \text{筹资的成本}\end{matrix} - \begin{matrix}\text{分享的}\\ \text{互换利益}\end{matrix} \\
&= 10\% - 0.6\% = 9.4\%
\end{aligned}
$$

把上述分析结果列示在表5-34中。现在，我们要来计算双方如何交换利息现金流。

表 5-34 互换结算差额的计算

项目		C公司	D公司
无互换时的筹资成本（本金×利率）		1 000万英镑×11.6%	1 500万美元×10%
互换	按照比较优势筹资所负担的筹资成本	1 500万美元×8%	1 000万英镑×12%
	收到的互换利息差额	?	?
互换后的净筹资成本		1 000万英镑×10.6%	1 500万美元×9.4%
通过互换节省的筹资成本		1%	0.6%

显然，按照比较优势筹资所负担的筹资成本和互换后的净筹资成本存在下列关系：

$$\text{按照比较优势筹资所负担的筹资成本} - \text{收到的互换利息差额} = \text{互换后的净筹资成本}$$

因此，可计算各公司应收到的互换利息差额如下（统一以美元表示）。

$$\begin{aligned}\text{C公司收到的互换利息差额} &= 15\ 000\ 000\times 8\% - 10\ 000\ 000\times 10.6\%\times 1.5\\ &= -390\ 000(\text{美元})\end{aligned}$$

$$\begin{aligned}\text{D公司收到的互换利息差额} &= 10\ 000\ 000\times 12\%\times 1.5 - 15\ 000\ 000\times 9.4\%\\ &= 390\ 000(\text{美元})\end{aligned}$$

也就是说，C公司每年应付给D公司39万美元（或26万英镑）。互换交易终止时，双方交换本金后予以清偿即可。

设计后的互换交易流程如图5-18所示，图中以虚线表示与美元相关的现金流量，实线表示与英镑相关的现金流量。

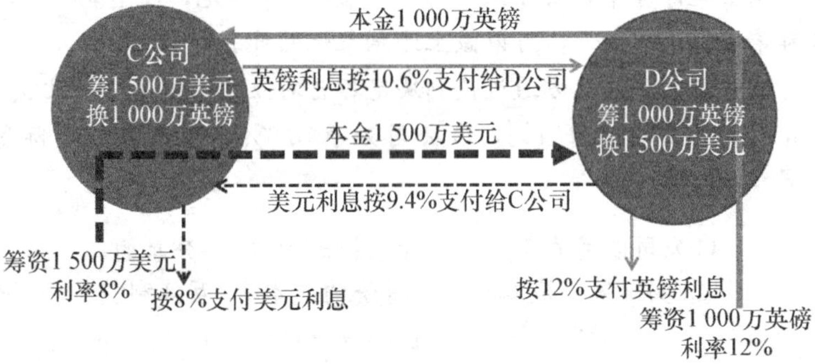

图5-18 货币互换的交易流程（示意图）

(2) 法律文书（合约文本）的设计。基于上述交易策略，C公司以8%的年利率借入本金为1 500万美元的3年期借款，D公司以12%的年利率借入本金为1 000万英镑的3年期借款。

20×1年1月1日，C公司与D公司签订基本的货币互换合约（见表5-35），并于当日交换本金（即C公司换入1 000万英镑，D公司换入1 500万美元）。之后三年每年年末，C公司按照英镑年利率10.6%向D公司支付利息，D公司按照美元年利率9.4%向C公司支付利息。第三年年末，双方换回本金并清偿借款。

表5-35 C公司和D公司货币互换的主要条款

一、交易日	20×1年1月1日
二、起息日	20×1年1月1日

三、到期日	20×3年12月31日
四、本金交换形式	期初期末均交换本金 期初：C公司换入1 000万英镑，D公司换入1 500万美元 期末：C公司换回1 500万美元，D公司换回1 000万英镑
五、利率类型	固定利率
六、利息交换形式	每年12月31日 C公司按照英镑年利率10.6%向D公司支付利息 D公司按照美元年利率9.4%向C公司支付利息

实务中，往往由大型银行充任货币互换的中介，而且要考虑汇率波动的问题。因此，其合同条款要比本节的示例复杂得多。

2. 会计处理

货币互换的会计处理规则与利率互换相似。此处不再赘述。

例5-20b

沿用例5-20a的资料。本例阐释C公司对基本的货币互换的会计处理。

本例为直观地展示货币互换的实施效果，假定英镑兑换美元的汇率为1英镑=1.5美元，在合同期间保持不变。因此，C公司每年直接向D公司支付差额39万美元即可。

C公司对利率互换的会计处理如表5-36所示。

表5-36 借款业务和货币互换的会计处理 记账本位币：美元

日期	业务分录	衍生工具分录
20×1年1月1日	(1) 取得美元借款。 借：银行存款——美元 15 000 000 贷：长期借款——美元 15 000 000	—
	(2) 以美元换英镑。 借：银行存款——英镑 15 000 000 贷：银行存款——美元 15 000 000	
20×1年12月31日	(3) 按8%支付美元借款的利息。 借：财务费用 1 200 000 贷：银行存款 1 200 000	(5) 记录货币互换合约的公允价值。 借：公允价值变动损益 695 473[a] 贷：衍生工具——货币互换 695 473
	(4) 支付互换利息差额。 借：财务费用 390 000 贷：银行存款 390 000	
20×2年12月31日	(6) 按8%支付美元借款的利息。 借：财务费用 1 200 000 贷：银行存款 1 200 000	(8) 记录货币互换合约的公允价值变动。 借：衍生工具——货币互换 334 362[b] 贷：公允价值变动损益 334 362
	(7) 支付互换利息差额。 借：财务费用 390 000 贷：银行存款 390 000	

续表

日期	业务分录	衍生工具分录
20×3年12月31日	(9) 按8%支付美元借款的利息。 借：财务费用　1 200 000 　贷：银行存款　1 200 000	(13) 记录货币互换合约的公允价值变动。 借：衍生工具——货币互换　361 111[c] 　贷：公允价值变动损益　361 111
	(10) 支付互换利息差额。 借：财务费用　390 000 　贷：银行存款　390 000	
	(11) 以英镑换回美元。 借：银行存款——美元　15 000 000 　贷：银行存款——英镑　15 000 000	
	(12) 归还美元借款。 借：长期借款——美元　15 000 000 　贷：银行存款——美元　15 000 000	

注：a. 20×1年12月31日，支付本年度互换利息差额390 000美元，预期未来两年仍会发生此项现金流出。因此，按照年利率8%计算未来两年的现金流出的现值，可得到互换的公允价值如下：

$$互换的公允价值 = -390\,000 \times \sum_{t=1}^{2} \frac{1}{(1+8\%)^t} = -695\,473(美元)$$

b. 20×2年12月31日，支付本年度互换利息差额390 000美元，预期未来一年仍会发生此项现金流出。因此，按照年利率8%计算未来一年的现金流出的现值，可得到互换的公允价值如下：

$$互换的公允价值 = -390\,000 \times \frac{1}{(1+8\%)} = -361\,111(美元)$$

因此，本期应增记衍生工具334 362美元。

c. 互换协议到期，冲减相应的账面价值361 111美元。

可以看出，C公司使用英镑的代价（即每年记录的财务费用与本金之比）均为10.6%。虽然C公司曾多次向D公司支付互换差额，看似吃亏了，但实际上，它每年经由互换筹措英镑，比独自径行筹措英镑（筹资成本为11.6%）节约了1个百分点的财务费用。

D公司的会计处理与C公司的操作思路相同，限于篇幅，本节从略。

实务中，汇率波动实属常态，这会对货币互换的实施效果产生影响。

专栏5-15　货币掉期交易与外汇掉期交易的区别

注意，有些学者将货币互换译作“货币掉期”，这样就容易与“外汇掉期交易”相混淆。

外汇掉期交易（foreign exchange swap）是指外汇交易者在当期按照约定汇率买进（或卖出）某种外汇时，同时按照另一约定汇率卖出（或买进）相等金额但期限不同的同一种外汇的交易活动。其主要特点是买进和卖出的货币数量相同，买进和卖出的交易行为同时发生；只是交易期限不同，方向相反。

外汇掉期交易虽然一般不会改变交易者的外汇头寸，但是会改变他们持有头寸的期限，因而可用于防范汇率风险。

按照交割期限的差异，外汇掉期交易可分为以下几种类型：(1) 即期对即期掉期交易。这种交易方式一般用于银行同业间的隔夜拆借。(2) 即期对远期的掉期交易。在短期资本输出（入）中，通常需要这种形式的掉期交易来规避外汇风险。(3) 远期对远期的掉期交易。这种交易方式可用来套期保值和改变币种，从而起到避险的作用。

可见，外汇掉期交易实际上是外汇即期交易和远期交易的一种结合，它只是一种交易方法，并没有专用的实质性合约，更不是衍生工具，本身并没有专门的市场，只需在外汇市场交易即可。因此，前面所述的货币互换是一种合约，掉期交易是一种交易方法。这就是它们最显著的差异。

2006年4月，经国家外汇管理局批准，中国外汇交易中心发布《全国银行间外汇市场人民币外汇掉期交易规则》。该文件所称银行间人民币外汇掉期交易（简称掉期交易），是指交易双方约定一前一后两个不同的交割日、方向相反的两次本外币交换，在前一次货币交换中，一方用外汇按照约定汇率从另一方换入人民币，在后一次货币交换中，该方再用人民币按照另一约定汇率从另一方换回币种相同的等额外汇；反之亦可。其中交割日在前的交易称为交易近端，交割日在后的交易称为交易远端。掉期交易在近端结算日和远端结算日的资金交割可采用本金全额交割的结算方式或差额结算方式。交易双方应在结算日将约定的人民币或外汇资金付至交易对手方指定资金账户。

拓展阅读

1. 弗兰克·帕特诺伊. 泥鸽靶：华尔街高等金融实录. 北京：当代中国出版社，2004.

2. 劳伦特·雅克. 滥用之灾——该死的金融衍生品. 北京：北京大学出版社，2012.

3. “327国债期货事件”4玩家血色谢幕. 北京青年报，2015-02-11.

4. 陈九霖反思中航油期货事件：救市半途而废是血的教训. 中国经济周刊，2015-07-28.

5. 成败陈久霖 揭开中航油事件内幕. 财经，2004-12-13.

6. 证券教父管金生的最后一战. 法制周末，2014-06-06.

7. 贾若. OTC金融衍生交易的市场风险、定价风险与交易公平性之间的关系——中信泰富澳元衍生交易案例研究. 金融法苑，2009 (2)：147-158.

8. 李欣婷，闫妍，薛欣. 金融衍生品案例研究：高盛金融欺诈案. 管理评论，2012，24 (12)：14-19+52.

9. 钱泳. 金融衍生产品运用的案例分析及启示. 中国货币市场，2011 (4)：45-48.

10. 郑洪涛，张颖. 为失控买单——中航油的罪与罚. 财务与会计，2006 (19)：8-12.

11. 上海国际能源交易中心. 原油期货100问. 2018.

12. 上海国际能源交易中心. 原油期货合约交易操作手册. 2018.

思考题

现实生活中存在多种多样的射幸合同，如保险合同、彩票、衍生工具、赌博合同等。人民法院确认合同是否有效的依据是全国人民代表大会及其常务委员会制定的法律和国务院制定的行政法规。有的射幸合同是有效合同，如依照《中华人民共和国保险法》签订的保险合同。有的射幸合同却被认定为无效合同，如赌博合同。请阅读《中华人民共和国民法典》第八条和第一百四十三条，结合本章所介绍的金融法规，想一想：远期合约、期货合约和期权合约具有射幸合同的特征，它们应当被认定为有效还是无效？请阐释相应的法律依据。

练习题

1. 20×5年6月29日，范蠡商贸股份公司与某银行签订了一份“3×9”、名义金额为100万元、合同利率为3%的远期利率协议。交易日是6月29日，起算日是7月1日，结算日是10月1日，到期日是20×6年4月1日，合同期是6个月。确定日与结算日间隔两日（即为9月29日），确定日的参照利率为7%。

假定范蠡商贸股份公司于20×5年10月1日借入一笔期限为6个月的流动资金贷款，利率为7%。假定计息基准为“实际天数/360”（即计息期按实际天数计，一年按360天计）。

要求：

请对该公司的借款及远期利率协议的相关业务作账务处理。

2. 能人投资股份公司预期强麦价格将会下跌，遂出于投机的动机，于20×3年4月1日售出11月交割的强麦期货5 000手，每手交易单位为20吨，期货卖价为每吨2 790元。初始保证金为标的额的5%。交易手续费等因素此处从略。

6月30日，现货价格为每吨2 810元，11月交割的强麦期货结算价格为每吨2 830元。

9月7日，现货价格为每吨2 960元。11月交割的强麦期货买价为每吨2 980元，能人投资股份公司在该价位平仓，了结期货合约（即买入11月交割的强麦期货5 000手）。

要求：

请对能人投资股份公司的上述投机业务作账务处理。

3. 能人投资股份公司出于投机的动机，于20×3年12月1日以每份1元的价格，购入1 000 000份某证券公司发行的基于中原畜产股份公司股票的存续期尚有10个月的百慕大式备兑认沽权证。该权证的行权价格为8元，结算方式为证券给付，行权期限为20×4年8月1日至9月30日。能人投资股份公司并未持有该畜产公司的股票。

20×3年12月31日，该权证的市价为1.5元，中原畜产股份公司的股票收盘价为每股7元。

20×4年5月初，市场上接连传出中原畜产股份公司的重大利空消息，股价逐步下跌，认沽权证应声上涨。

20×4年6月30日，该权证的市价为6元，中原畜产股份公司的股票收盘价为每股3元。

20×4年9月30日，权证到期，中原畜产股份公司的股票收盘价为每股1元，能人投资股份公司立即行权。

要求：

请对能人投资股份公司的上述业务作账务处理。

第 6 章 Chapter 6 套期会计

课程思政要点

1. 结合中国特色社会主义法治体系学习会计法规体系。学习《中华人民共和国期货和衍生品法》和套期保值相关部门规章，理解套期保值的交易策略机理。

2. 理解套期会计和公允价值会计的关系。

3. 结合套期保值相关案例，理解套期会计适用条件的设计理念及其局限性。

学习目标

1. 掌握：公允价值套期和现金流量套期的处理规则。

2. 理解：会计学和金融学对套期保值的分类之异同。

3. 了解：境外经营净投资套期。

本章讲解《企业会计准则第 24 号——套期会计》(2017 年修订)[①] 的设计理念及操作要领。该准则是借鉴《国际财务报告准则第 9 号——金融工具》(IFRS® 9: Financial Instruments) 的套期会计部分制定而成的，基本上是直译而来，以至于不少语句读起来比较拗口，再加上国际准则本身的设计逻辑不大合理，读者阅读起来可能会感到比较吃力。

本章采用通俗的语言，帮助读者深入理解准则的设计理念，从而掌握套期会计规则的操作要领。

6.1 套期会计概述

企业为规避外汇风险、利率风险、商品价格风险、股票价格风险、信用风险

① 此前，2006 年颁布的准则名称为《企业会计准则第 24 号——套期保值》。

等特定风险，可能会想到利用金融工具进行金融交易，使得该金融工具的价格变动基本能够抵补上述特定风险。这种行为就是准则所称的套期。其中，金融工具泛指交易各方根据约定条件转移资金的各种合同。

根据《企业会计准则第 24 号——套期会计》第二条的规定，套期是指企业为管理外汇风险、利率风险、价格风险、信用风险等特定风险引起的风险敞口，指定金融工具为套期工具，从而使套期工具的公允价值变动（或现金流量变动）预期能够大致抵销被套期项目的全部或部分公允价值变动（或现金流量变动）的风险管理活动。

如本书第 5 章所述，金融工具有原生工具和衍生工具之分。原生工具又称基础工具，即交易盈亏取决于交易标的物的价格变动的金融工具，如货币、外汇、债券、股票等。衍生工具又称衍生品，即交易盈亏取决于原生工具的价格变动的金融工具，如远期、期货、期权、互换等。企业在进行套期交易时，既可以选择使用金融市场上的金融工具，也可以寻找交易对手并量身定做金融工具，金融工程（financial engineering）就专门为企业量身定做金融工具。

6.1.1 套期工具

套期工具（hedging instruments）是指企业为进行套期而指定的、其公允价值或现金流量变动预期可抵销被套期项目的公允价值或现金流量变动的金融工具，包括以下两类。

（1）以公允价值计量且其变动计入当期损益的衍生工具，如远期、期货、期权、互换等。例如，企业可以使用商品期货合约进行套期，其套期保值策略通常是，通过买入期货合同提前锁定买入价格，或者通过卖出期货合约提前锁定卖出价格。

有些签出期权①不应当指定为套期工具。② 只有那些用于对购入期权（包括嵌入混合合同中的购入期权）进行套期的签出期权，才可以指定为套期工具。

嵌入混合合同中但未分拆的衍生工具也不能作为单独的套期工具。

（2）以公允价值计量且其变动计入当期损益的非衍生金融资产或非衍生金融负债。但指定为以公允价值计量且其变动计入当期损益、其自身信用风险变动引起的公允价值变动计入其他综合收益的金融负债除外。③

企业自身权益工具（即企业自身所发行的股票）不属于企业的金融资产或金融负债，不能作为套期工具。

---

① 签出期权（written options）是指企业作为发行人（writer，又称立权人）售出的期权合约，如卖出看涨期权、卖出看跌期权。

② 签出期权的潜在损失可能大大超过被套期项目的潜在利得，从而不能有效地对冲被套期项目的风险。作为对比，购入期权的一方可能承担的损失最多就是期权费，可能拥有的利得通常等于或大大超过被套期项目的潜在损失，可被用来有效对冲被套期项目的风险，因此，购入期权的一方可以将购入的期权作为套期工具。

③ 这种金融资产由于没有将整体公允价值变动计入损益，因而不能被指定为套期工具。

专栏6-1 **准则关于套期工具的规定**①

在确立套期关系（hedging relationships）时，企业应当将符合条件的金融工具整体指定为套期工具，但下列情形除外：

（1）对于期权，企业可以将期权的内在价值（intrinsic value）和时间价值（time value）分开，只将期权的内在价值变动指定为套期工具。

（2）对于远期合同，企业可以将远期合同的远期要素（forward element）和即期要素（spot element）分开，只将即期要素的价值变动指定为套期工具。

（3）对于金融工具，企业可以将金融工具的外汇基差（foreign currency basis spread）单独分拆，只将排除外汇基差后的金融工具指定为套期工具。

（4）企业可以将套期工具的一定比例（如名义金额的50%）指定为套期工具，但不可以将套期工具剩余期限内某一时段的公允价值变动部分指定为套期工具。例如，不可以将剩余期限为10年的收浮动利率、付固定利率的利率互换合约中前5年的公允价值变动部分，指定为其所发行的5年期浮动利率债券的套期工具。

企业可以将两项或两项以上金融工具（或其一定比例）的组合指定为套期工具（包括组合内的金融工具形成风险头寸相互抵销的情形）。

对于一项由签出期权和购入期权组成的期权（如利率上下限期权），或对于两项或两项以上金融工具（或其一定比例）的组合，其在指定日实质上相当于一项净签出期权的，不能指定为套期工具。

只有在对购入期权（包括嵌入混合合同中的购入期权）进行套期时，净签出期权才可以作为套期工具。

企业设置"套期工具"科目核算企业开展套期业务的套期工具及其公允价值变动所形成的资产或负债。该科目可按套期工具类别或套期关系进行明细核算。该科目期末借方余额，反映企业套期工具所形成的资产的公允价值；期末贷方余额，反映企业套期工具所形成的负债的公允价值。

企业将已确认的衍生工具、以公允价值计量且其变动计入当期损益的非衍生金融资产（或非衍生金融负债）等金融资产（或金融负债）指定为套期工具的，应当按照其账面价值，借记（或贷记）"套期工具"科目，贷记（或借记）"衍生工具""交易性金融资产"等科目。

6.1.2 被套期项目

准则原文相当复杂。通俗地说，企业所关心的、承受公允价值变动或现金流量变动风险的所有事项（包括账上已经记载的资产和负债，以及账上没有记载的事项），都是被套期项目。

准则规定，被套期项目是指使企业面临公允价值变动或现金流量变动风险，

① 初次阅读时，请跳过本专栏。本专栏仅供学有余力者研读，不作教学要求。

且被指定为被套期对象的、能够可靠计量的项目。企业可以将下列单个项目、项目组合或其组成部分指定为被套期项目：

(1) 已确认的资产或负债。

(2) 尚未确认的确定承诺。尚未确认是指尚未在资产负债表中确认。确定承诺是指在未来某特定日期或期间以约定价格交换特定数量资源、具有法律约束力的协议。

(3) 极可能发生的预期交易。预期交易是指尚未承诺但预期会发生的交易。评估预期交易发生的可能性不能仅依靠企业管理人员的意图，而应当基于可观察的事实和相关因素。在评估预期交易发生的可能性时，企业应当考虑以下因素：1) 类似交易之前发生的频率；2) 企业在财务和经营上从事此项交易的能力；3) 企业有充分的资源（例如，在短期内仅能用于生产某一类型商品的设备）能够完成此项交易；4) 交易不发生时可能对经营带来的损失和破坏程度；5) 为达到相同的业务目标，企业可能会采用在实质上不同的交易的可能性（例如，计划筹集资金的企业可以通过获取银行贷款或者发行股票等方式筹集资金）；6) 企业的业务计划。此外，企业还应当考虑预期交易发生时点距离当前的时间跨度和预期交易的数量或价值占企业相同性质交易的数量或价值的比例。在其他因素相同的情况下，预期交易发生的时间越远，或预期交易的数量或价值占企业相同性质交易的数量或价值的比例越高，预期交易发生的可能性就越小，就越需要有更强有力的证据来支持“极可能发生”的判断。例如，企业预计将在3年后发生的交易比预计将在3个月后发生的交易的可能性小，判断前者“极可能发生”时需要更多的证据支持；企业预计将在1个月内销售1 000件商品（假设过去3个月平均每月的销售量为1 000件）比预计将在1个月内销售200件商品的可能性小，判断前者“极可能发生”时需要更多的证据支持。

企业应当明确区分预期交易与确定承诺。例如，某公司20×8年5月1日签订了一份法律上具有约束力的采购协议，约定于20×8年6月30日向乙公司以每吨4万元的价格购买200吨铜，由于签订了法律上具有约束力的采购协议，因而构成确定承诺。作为对比，某公司20×8年5月1日预期2个月后将购买200吨铜，用于20×8年7月的生产，这种尚未承诺但预期会发生的交易为预期交易。

(4) 境外经营净投资。境外经营净投资是指企业在境外经营净资产中的权益份额，如境外的子公司、合营安排、联营企业或分支机构。在境内的子公司、合营安排、联营企业或分支机构，采用不同于企业记账本位币的，也视同境外经营。企业既无计划也无可能在可预见的未来会计期间结算的长期外币货币性应收项目（含贷款），应当视同实质构成境外经营净投资的组成部分。但是，因销售商品或提供劳务等形成的期限较短的应收账款，不构成境外经营净投资。

上述四类项目的组成部分，是指小于项目整体公允价值或现金流量变动的部分，企业只能将下列项目组成部分或其组合指定为被套期项目：(1) 项目整体公允价值或现金流量变动中仅由某一个或多个特定风险引起的公允价值或现金流量变动部分（风险成分）。根据在特定市场环境下的评估，该风险成分应当能够单独识别并可靠计量。如铜线价格中的铜基准价格风险。风险成分也包括被套期项目公允价值或现金流量的变动仅高于或仅低于特定价格或其他变量的部分。(2) 一项或多项选定的合同现金流量。(3) 项目名义金额的组成部分，即项目整体金额或数量的特定部分，既可以是项目整体的一定比例部分，也可以是项目整体的某一层级部分（如库存原油中最先实现销售的100桶原油的价格风险）。若某一层级部分包含提前还款权，且该提前还款权的公允价值受被套期风险变化影响的，企业不得将该层级指定为公允价值套期的被套期项目，但企业在计量被套期项目的公允价值时已包含该提前还款权影响的情况除外。

企业可以将符合被套期项目条件的风险敞口与衍生工具组合形成的汇总风险敞口指定为被套期项目。

专栏 6-2　准则关于被套期项目的规定①

当企业出于风险管理目的对一组项目进行组合管理，且组合中的每一个项目（包括其组成部分）单独都属于符合条件的被套期项目时，可以将该项目组合指定为被套期项目。

在现金流量套期中，企业对一组项目的风险净敞口（存在风险头寸相互抵销的项目）进行套期时，仅可以将外汇风险净敞口指定为被套期项目，并且应当在套期指定中明确预期交易预计影响损益的报告期间，以及预期交易的性质和数量。

企业将一组项目名义金额的组成部分指定为被套期项目时，应当分别满足下列条件：

(1) 企业将一组项目的一定比例指定为被套期项目时，该指定应当与该企业的风险管理目标相一致。风险管理目标是指企业在某一特定套期关系层面上，确定如何指定套期工具和被套期项目，以及如何运用指定的套期工具对指定为被套期项目的特定风险敞口进行套期。

(2) 企业将一组项目的某一层级部分指定为被套期项目时，应当同时满足下列条件：1) 该层级能够单独识别并可靠计量；2) 企业的风险管理目标是对该层级进行套期；3) 该层级所在的整体项目组合中的所有项目均面临相同的被套期风险；4) 对于已经存在的项目（如已确认的资产或负债、尚未确认的确定承诺）进行的套期，被套期层级所在的整体项目组合可识别并可追踪；5) 该层级包含提前还款权的，应当符合项目名义金额的组成部分中的相关要求。

如果被套期项目是净敞口为零的项目组合（即各项目之间的风险完全相互抵销），同时满足下列条件时，企业可以将该组项目指定在不含套期工具的套期关系中：

(1) 该套期是风险净敞口滚动套期策略的一部分，在该策略下，企业定期对同类型的新的净敞口进行套期；

(2) 在风险净敞口滚动套期策略整个实施过程中，被套期净敞口的规模会发生变

---

① 初次阅读时，请跳过本专栏。本专栏仅供学有余力者研读，不作教学要求。

化，当其不为零时，企业使用符合条件的套期工具对净敞口进行套期，并通常运用套期会计方法；

（3）如果企业不对净敞口为零的项目组合运用套期会计，将导致不一致的会计结果，因为不运用套期会计方法将不会确认在净敞口套期下确认的相互抵销的风险敞口。

运用套期会计时，在合并财务报表层面，只有与企业集团之外的对手方之间交易形成的资产、负债、尚未确认的确定承诺或极可能发生的预期交易才能被指定为被套期项目；在合并财务报表层面，只有与企业集团之外的对手方签订的合同才能被指定为套期工具。对于同一企业集团内的主体之间的交易，在企业个别财务报表层面可以运用套期会计，在企业集团合并财务报表层面不得运用套期会计，但下列情形除外：

（1）在合并财务报表层面，符合《企业会计准则第33号——合并财务报表》规定的投资性主体与其以公允价值计量且其变动计入当期损益的子公司之间的交易，可以运用套期会计。

（2）企业集团内部交易形成的货币性项目的汇兑收益或损失，不能在合并财务报表中全额抵销的，企业可以在合并财务报表层面将该货币性项目的外汇风险指定为被套期项目。

（3）企业集团内部极可能发生的预期交易，按照进行此项交易的主体的记账本位币以外的货币标价，且相关的外汇风险将影响合并损益的，企业可以在合并财务报表层面将该外汇风险指定为被套期项目。

不单独承担公允价值变动或现金流量变动风险的项目，不能作为被套期项目，如采用权益法核算的股权投资①、对纳入合并财务报表范围且采用记账本位币核算的境内子公司的股权投资等。

企业设置“被套期项目”科目核算企业开展套期业务的被套期项目及其公允价值变动所形成的资产或负债。该科目可按被套期项目类别或套期关系进行明细核算。该科目期末借方余额，反映企业被套期项目形成的资产；期末贷方余额，反映企业被套期项目形成的负债。

企业将已确认的资产、负债或其组成部分指定为被套期项目时，应当按照其账面价值，借记（或贷记）“被套期项目”科目，贷记（或借记）“原材料”“债权投资”“长期借款”等科目。已计提跌价准备或减值准备的，还应当同时结转跌价准备或减值准备。

6.1.3 准则对套期保值的分类

会计准则基于独特的逻辑，将套期保值分为公允价值套期、现金流量套期和

① 因为权益法下，投资方只是将其在联营企业或合营企业中的损益份额确认为当期损益，而不确认投资的公允价值变动。

境外经营净投资套期三类，并分别规定了会计处理规则，如表6-1所示。

表6-1 常见的被套期项目和套期工具

套期保值在会计上的分类	被套期项目	套期工具
公允价值套期	已确认的资产或负债 尚未确认的确定承诺	衍生工具 非衍生的金融资产或金融负债（仅对外汇风险）
现金流量套期	已确认的资产或负债 极可能发生的预期交易	
境外经营净投资套期	在境外经营净资产中的权益份额	

1. 公允价值套期

公允价值套期（fair value hedge）是指对已确认的资产或负债、尚未确认的确定承诺，或上述项目组成部分的公允价值变动风险敞口进行的套期。也就是说，企业所担心的是被套期项目的公允价值。该公允价值变动源于特定风险，且将影响企业的损益或其他综合收益。这种情形下的被套期项目包括已确认的资产或负债、尚未确认的确定承诺，或上述项目组成部分的公允价值变动风险敞口。其中，已确认的资产或负债已经记载于账簿；尚未确认的确定承诺属于账外的事项。上述影响其他综合收益的情形，仅限于企业对指定为以公允价值计量且其变动计入其他综合收益的权益工具投资的公允价值变动风险敞口进行的套期。

例如，以下情形属于准则所称的公允价值套期：

（1）某企业签订一项以固定利率换浮动利率的利率互换合约，对其承担的固定利率负债的利率风险引起的公允价值变动风险敞口进行套期。

（2）某石油公司签订一项6个月后以固定价格购买原油的合同（尚未确认的确定承诺），为规避原油价格风险，该公司签订一项未来卖出原油的期货合约，对该确定承诺的价格风险引起的公允价值变动风险敞口进行套期。

（3）某企业购买一项看跌期权合同，对持有的选择以公允价值计量且其变动计入其他综合收益的权益工具投资的证券价格风险所引起的公允价值变动风险敞口进行套期。

2. 现金流量套期

现金流量套期（cash flow hedge）是指对被套期项目的现金流量变动风险敞口进行的套期。也就是说，企业所担心的是被套期项目的现金流量变动。该现金流量变动源于与已确认的资产或负债、极可能发生的预期交易，或上述项目组成部分有关的特定风险，且将影响企业的损益。其中，极可能发生的预期交易属于账外的事项。

例如，以下情形属于准则所称的现金流量套期：

（1）某企业签订一项以浮动利率换固定利率的利率互换合约，对其承担的浮动利率债务的利率风险引起的现金流量变动风险敞口进行套期。

(2) 某橡胶制品公司签订一项未来买入橡胶的远期合同，对3个月后预期极可能发生的与购买橡胶相关的价格风险引起的现金流量变动风险敞口进行套期。

(3) 某企业签订一项购入外币的远期外汇协议，对以固定外币价格买入原材料的极可能发生的预期交易的外汇风险引起的现金流量变动风险敞口进行套期。

3. 境外经营净投资套期

境外经营净投资套期（hedge of a net investment in a foreign operation），是指对境外经营净投资外汇风险敞口进行的套期。其中，境外经营净投资是指企业在境外经营净资产中的权益份额。境外经营净投资套期这个名词比较令人费解。其设计思路是，在对境外子公司的外币财务报表进行折算时，折算出的净资产常常受到汇率变动的影响。那么，能不能想办法让折算结果不至于波动太大？于是，就有人提出了对外币报表折算进行套期的设想，这种做法称作境外经营净投资套期。显然，境外经营净投资套期中的被套期风险是指境外经营的记账本位币与母公司的记账本位币之间的折算差额。

课程思政 培养交叉学科贯通思维能力

专栏6-3 会计学与金融学中对套期保值的不同分类

会计准则对套期保值的分类与金融学教材中对套期保值的分类不同。初学者往往会对此感到困惑。

金融上的分类依据是交易工具和交易策略。金融学中通常按照交易工具（金融工具种类）的不同，将套期保值分为基于远期的套期保值、基于期货的套期保值、基于期权的套期保值和基于互换的套期保值。

会计上的分类依据是企业管理层的意图。无论企业采用什么金融工具从事套期保值行为，在会计操作上均需按照准则所规定的三类规则进行处理。

此外，企业对确定承诺的外汇风险进行套期的，按照准则的规定，可以将其作为现金流量套期或公允价值套期处理。例如，某航空公司签订一项3个月后以固定外币金额购买飞机的合同（尚未确认的确定承诺），为规避外汇风险，签订一项远期外汇协议，对该确定承诺的外汇风险进行套期。在这种情况下，该航空公司既可以按照公允价值套期进行处理，也可以按照现金流量套期进行处理。

6.1.4 套期会计方法

套期会计方法（hedge accounting）是指企业将套期工具和被套期项目产生

的利得或损失在相同会计期间计入当期损益（或其他综合收益），以反映风险管理活动的影响的方法。其核心思路是，套期保值行为对利润表的冲击应当仅限于将套期工具和被套期项目产生的利得或损失抵销之后的部分。显然，套期会计方法可以降低利润表的波动程度。

套期会计规则起源于20世纪90年代美国证券市场上的公认会计原则。

课程思政 理解会计规则的理论逻辑、历史逻辑和实践逻辑

专栏6-4 为什么要设计套期会计规则

公允价值会计在20世纪90年代推行于金融工具领域之后，从事套期保值交易的企业怨声载道。因为套期保值行为常常需要使用衍生工具，而衍生工具在公允价值会计规则下需要按照公允价值予以计量，其结果往往导致利润表出现大幅波动。

这时，有人提出了两种方案来消除利润表的波动。一种方案是，在按照公允价值会计将套期工具的浮动盈亏（即公允价值变动损益）计入利润表的同时，想办法在利润表中作相反方向记录，同时调整被套期项目。这意味着，被套期项目也采用了公允价值会计规则。另一种方案是，干脆不把套期工具的浮动盈亏计入利润表，而是改为计入资产负债表中的其他综合收益项目。这两种方法都能够避免利润表的大幅波动。前一种方案就是准则所称的公允价值套期，其核心思路是比照交易性金融资产来对被套期项目进行会计处理。后者就是准则所称的现金流量套期，其核心思路是比照其他权益工具投资（或其他债权投资）来对套期工具进行会计处理，这样，自然也会降低利润表的波动幅度。

6.1.5 套期损益

企业设置“套期损益”科目核算套期工具和被套期项目价值变动形成的利得和损失。该科目可按套期关系进行明细核算。

在套期会计规则下，套期保值行为对会计数据的影响仅限于套期工具和被套期项目的套期损益相互抵销之后剩余的部分，也就是无效套期的部分。

6.2 公允价值套期

6.2.1 被套期项目为已确认资产或负债的情形

当被套期项目为已确认资产或负债时，公允价值套期满足运用套期会计方法条件的，应当按照下列规定处理。

1. **被套期项目为实物资产的情形**

(1) 套期工具的会计处理。套期工具产生的利得或损失应当计入当期损益。

资产负债表日，企业应当按照套期工具产生的利得，借记“套期工具”科目，贷记“套期损益”科目。套期工具产生损失的，作相反的会计分录。

公允价值套期：已确认的资产

(2) 被套期项目的会计处理。被套期项目因被套期风险敞口形成的利得或损失应当计入当期损益，同时调整未以公允价值计量的已确认被套期项目的账面价值。

被套期项目为按成本与可变现净值孰低进行后续计量的存货、按摊余成本进行后续计量的金融资产或其他权益工具投资的，也应当按上述规定处理。注意，依此规则，存货有可能以高于成本的公允价值入账。

资产负债表日，应当按照被套期项目因被套期风险敞口形成的利得，借记“被套期项目”科目，贷记“套期损益”科目。被套期项目因被套期风险敞口形成损失的，作相反的会计分录。

下面以已确认资产为例来阐释上述会计规则。

例 6－1

神州粮仓股份公司库存有 100 000 吨强麦，成本为每吨 2 200 元，现货价格为每吨 2 780 元。该公司的强麦质量优异，深受市场欢迎，但受季节和天气影响，近期销售欠佳。

20×8 年 4 月 1 日，该公司担心这批存货的公允价值会下跌，遂决定采用期货作为套期工具，对被套期项目（存货）的全部公允价值变动风险进行套期。当日售出 11 月交割的强麦期货 5 000 手，每手交易单位为 20 吨，期货卖价为每吨 2 790 元。初始保证金为标的额的 5%。交易手续费等因素此处从略。

6 月 30 日，现货价格为每吨 2 580 元，11 月交割的强麦期货的结算价格为每吨 2 610 元。

9 月 7 日，现货价格为每吨 2 530 元，神州粮仓股份公司将库存的强麦全部售出，增值税等税费本例从略。11 月交割的强麦期货买价为每吨 2 560 元，神州粮仓股份公司平仓，了结期货合约（即买入 11 月交割的强麦期货 5 000 手）。

为便于理解，可对上述信息进行梳理，如表 6－2 和图 6－1 所示。

表 6－2 强麦的现货与期货报价

日期	现货价格	11 月交割的期货			
		买价（叫买价）	卖价（叫卖价）	成交价	结算价
4 月 1 日	2 780 元/吨	2 790 元/吨	—	2 790 元/吨	—
6 月 30 日	2 580 元/吨	—	—	—	2 610 元/吨
9 月 7 日	2 530 元/吨	—	2 560 元/吨	2 560 元/吨	—

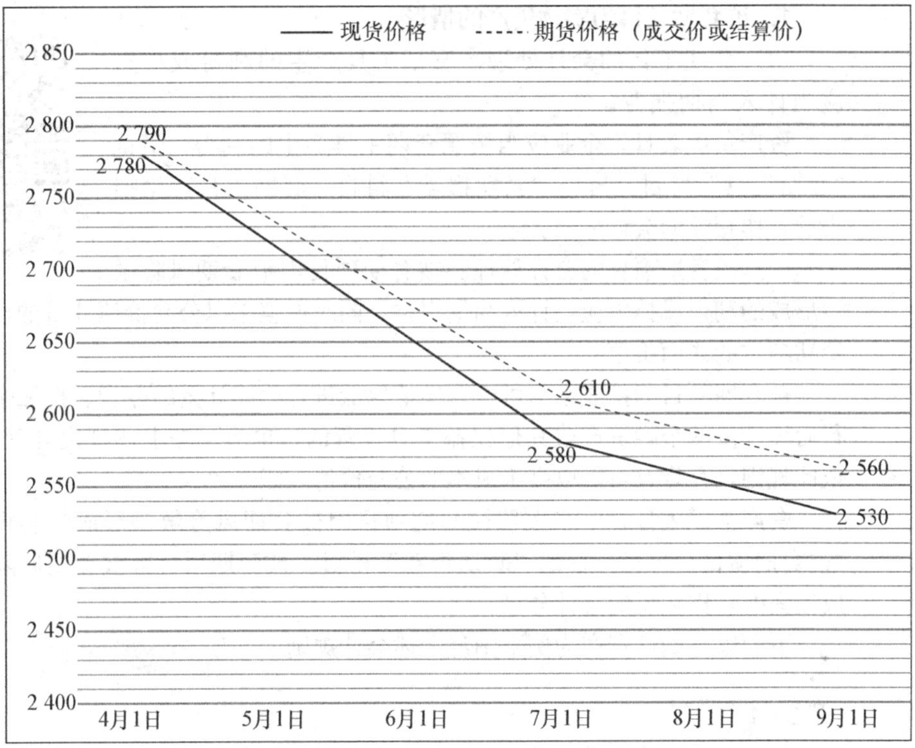

图6-1 强麦的期货价格（成交价或结算价）和现货价格走势图

会计处理如表6-3所示。

表6-3 公允价值套期的套期会计规则（示意） 单位：元

日期	业务分录	衍生工具交易分录
4月1日	(2) 指定被套期项目。 借：被套期项目——库存商品 220 000 000 贷：库存商品 220 000 000	(1) 指定套期工具。 借：套期工具——期货保证金 13 950 000 贷：银行存款 13 950 000
		计算过程：100 000×2 790×5%
6月30日	(4) 反方向记录套期损益，调整被套期项目。 借：套期损益 20 000 000 贷：被套期项目——库存商品 20 000 000	(3) 记录套期工具的公允价值变动。 借：套期工具——期货保证金 18 000 000 贷：套期损益 18 000 000
	计算过程：100 000×(2 780−2 580)	计算过程：100 000×(2 790−2 610)
9月7日	(6) 反方向记录套期损益，调整被套期项目。 借：套期损益 5 000 000 贷：被套期项目——库存商品 5 000 000	(5) 记录套期工具的公允价值变动。 借：套期工具——期货保证金 5 000 000 贷：套期损益 5 000 000

续表

日期	业务分录	衍生工具交易分录
	计算过程：100 000×(2 580−2 530)	计算过程：100 000×(2 610−2 560)
9月7日	(8) 记录主营业务收入。 借：应收账款 253 000 000 贷：主营业务收入 253 000 000	(7) 了结期货合约。 借：银行存款 36 950 000 贷：套期工具——期货保证金 36 950 000
	(9) 结转主营业务成本。 借：主营业务成本 195 000 000* 贷：被套期项目——库存商品 195 000 000	

* 在结转成本前，被套期项目的账面价值＝220 000 000−20 000 000−5 000 000＝195 000 000（元）。

我们先来看套期保值的效果。在套期保值之前，神州粮仓股份公司如果能够在4月1日全部售出该批存货，则可实现利润58 000 000元（100 000×(2 780−2 200)）。这也是该公司套期保值的大致目标。

套期保值的效果如何？在现货市场上，神州粮仓股份公司的100 000吨强麦由于现货价格从2 780元下降到2 530元而蒙受了25 000 000元的损失。在期货市场上，该公司卖出的强麦期货却为之赚得23 000 000元。可见，期货市场上赚得的价差未能完全弥补现货市场上的损失，两者之差为2 000 000元。

在利润表上可以看到，神州粮仓股份公司通过套期保值业务实现的利润是56 000 000元，与最初的套期保值目标相差不大。该公司的套期保值效果相当令人满意。

我们再来看套期会计的效果。上述会计处理的结果表明，神州粮仓股份公司采用套期会计规则后，6月30日所记录的套期损益净额为借记2 000 000元，这一结果能够减小利润表的波动。作为对比，如果没有采用套期会计，该公司需要在6月30日记录公允价值变动收益18 000 000元。

在例6-1中，期货和现货的价格走势如神州粮仓股份公司所料，呈双双下跌态势。在这种情况下，套期保值的效果相当显著。那么，假如期货和现货的价格走势与预期完全相反，套期保值的效果又会怎样？我们来看一个例子。

例6-2

沿用例6-1的资料。

6月30日，现货价格为每吨2 810元，11月交割的强麦期货的结算价格为每吨2 830元。

9月7日，现货价格为每吨2 960元，神州粮仓股份公司将库存的强麦全部售出，增值税等税费本例从略。11月交割的强麦期货买价为每吨2 980元，神州粮仓股份公司在该价位平仓，了结期货合约（即买入11月交割的强麦期货5 000手）。

为便于理解，可对上述信息进行梳理，如表6-4、图6-2所示。

表 6-4　强麦的现货与期货报价

日期	现货价格	11 月交割的期货			
		买价（叫买价）	卖价（叫卖价）	成交价	结算价
4 月 1 日	2 780 元/吨	2 790 元/吨	—	2 790 元/吨	—
6 月 30 日	2 810 元/吨	—	—	—	2 830 元/吨
9 月 7 日	2 960 元/吨	—	2 980 元/吨	2 980 元/吨	—

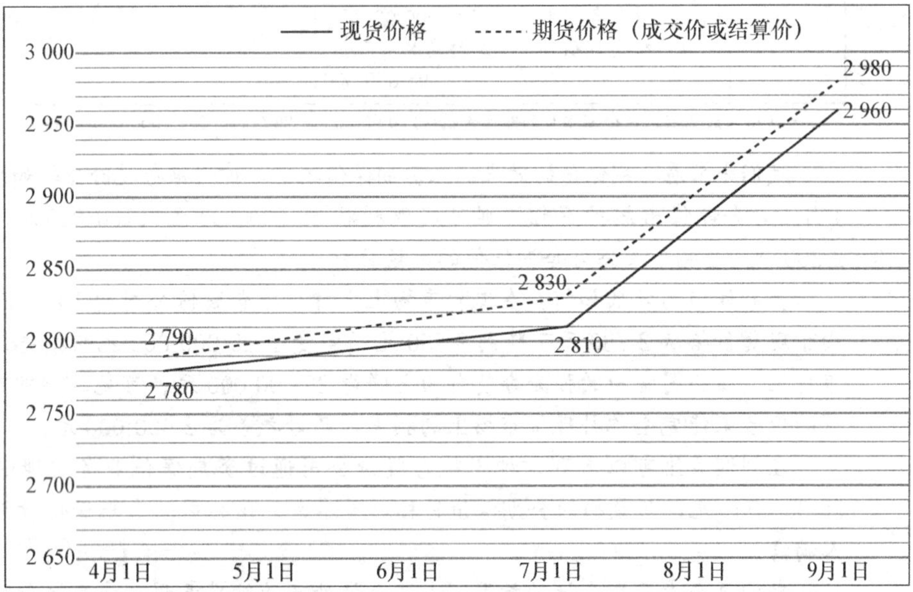

图 6-2　强麦的期货价格（成交价或结算价）和现货价格走势图

会计处理如表 6-5 所示。

表 6-5　公允价值套期的套期会计规则（示意）　　单位：元

日期	业务分录	衍生工具交易分录
4 月 1 日	(2) 指定被套期项目。 借：被套期项目——库存商品　220 000 000 　贷：库存商品　220 000 000	(1) 指定套期工具。 借：套期工具——期货保证金　13 950 000 　贷：银行存款　13 950 000 计算过程：100 000×2 790×5%
6 月 30 日	(5) 反方向记录套期损益，调整被套期项目。 借：被套期项目——库存商品　3 000 000 　贷：套期损益　3 000 000 计算过程：100 000×(2 780—2 810)	(3) 记录套期损益。 借：套期损益　4 000 000 　贷：套期工具——期货保证金4 000 000 (4) 追加保证金。 借：套期工具——期货保证金4 000 000 　贷：银行存款　4 000 000 计算过程：100 000×(2 830—2 790)

续表

<table>
<tr><th>日期</th><th>业务分录</th><th>衍生工具交易分录</th></tr>
<tr><td rowspan="4">9月7日</td><td>(8) 反方向记录套期损益，调整被套期项目。
借：被套期项目——库存商品
15 000 000
贷：套期损益 15 000 000</td><td>(6) 记录套期损益。
借：套期损益 15 000 000
贷：套期工具——期货保证金
15 000 000
(7) 追加保证金。
借：套期工具——期货保证金
15 000 000
贷：银行存款 15 000 000</td></tr>
<tr><td>计算过程：100 000×(2 810－2 960)</td><td>计算过程：100 000×(2 980－2 830)</td></tr>
<tr><td>(10) 记录主营业务收入。
借：应收账款 296 000 000
贷：主营业务收入 296 000 000</td><td rowspan="2">(9) 了结期货合约。
借：银行存款 13 950 000
贷：套期工具——期货保证金
13 950 000</td></tr>
<tr><td>(11) 结转主营业务成本。
借：主营业务成本 238 000 000*
贷：被套期项目——库存商品
238 000 000</td></tr>
</table>

*在结转成本前，被套期项目的账面价值=220 000 000+3 000 000+15 000 000=238 000 000（元）。

我们先来看套期保值的效果。在套期保值之前，神州粮仓股份公司如果能够在4月1日全部售出该批存货，则可实现利润58 000 000元（100 000×(2 780－2 200)）。这也是该公司套期保值的大致目标。

套期保值的效果最终如何？在现货市场上，神州粮仓股份公司的100 000吨强麦由于现货价格从2 780元上升到2 960元而增值18 000 000元。在期货市场上，该公司卖出的强麦期货却损失了19 000 000元。可见，期货市场上的损失超过了现货市场上的增值，两者之差为1 000 000元。

在利润表上可以看到，神州粮仓股份公司通过套期保值业务实现的利润是57 000 000元，与最初的套期保值目标相差不大。该公司的套期保值效果相当令人满意。

也许有人会说，如果该公司根本不做套期保值，也就不会损失那19 000 000元，则其利润将会是76 000 000元，何苦去做套期保值？这种理解过于片面。套期保值的立意是为实体经济保驾护航，规避价格变动对企业经营造成的冲击，从而协助管理层遵照战略定位去实现预算目标，这是全面预算管理和全面风险管理的价值所在。

我们再来看套期会计的效果。上述会计处理的结果表明，神州粮仓股份公司采用套期会计规则后，6月30日所记录的套期损益净额为借记1 000 000元，这一结果能够减小利润表的波动。作为对比，如果没有采用套期会计，该公司需要在6月30日记录公允价值变动损失4 000 000元。

2. 被套期项目为其他权益工具投资的情形[①]

企业在“其他综合收益”科目下设置“套期损益”明细科目，核算公允价值套期下对指定为以公允价值计量且其变动计入其他综合收益的权益工具投资（即其他权益工具投资）或其组成部分进行套期时，套期工具和被套期项目的公允价值变动所形成的利得和损失。该明细科目可按套期关系进行明细核算。当套期关系终止时，应当将该明细科目转入“盈余公积”“利润分配——未分配利润”等科目。

(1) 套期工具的会计处理。针对企业选择以公允价值计量且其变动计入其他综合收益的权益工具投资（即其他权益工具投资）或其组成部分进行公允价值套期的，该套期工具产生的利得或损失应当记入“其他综合收益——套期损益”科目。

资产负债表日，企业应当按照套期工具产生的利得，借记“套期工具”科目，贷记“其他综合收益——套期损益”等科目。套期工具产生损失的，作相反的会计分录。

(2) 被套期项目的会计处理。被套期项目（即其他权益工具投资）因被套期风险敞口形成的利得或损失应当记入“其他综合收益——套期损益”科目，其账面价值已经按公允价值计量，不需要调整。

资产负债表日，应当按照被套期项目因被套期风险敞口形成的利得，借记“被套期项目”科目，贷记“套期损益”“其他综合收益——套期损益”等科目。被套期项目因被套期风险敞口形成损失的，作相反的会计分录。

例6-3

20×6年1月1日，正阳实业股份公司以每股100元的价格购入蔡州纺织股份公司股票10 000股（占该公司有表决权股份的0.5‰），且选择将其指定为以公允价值计量且其变动计入其他综合收益的权益工具投资（即其他权益工具投资）。为规避该股票价格下跌的风险，该公司与某客户于20×6年12月31日签订一份远期协议，约定其将于20×8年12月31日以每股130元的价格将上述股份出售给该客户。在缔约日，该远期合同的公允价值为零。正阳实业股份公司通过分析发现，蔡州纺织股份公司股票与远期协议存在经济关系，且价值变动中信用风险不占主导地位，套期比率也反映了套期的实际数量，符合套期有效性要求。

正阳实业股份公司购入的蔡州纺织股份公司股票和股票远期合同的公允价值如表6-6所示。

表6-6 股票和股票远期合同的公允价值 单位：元

项目	20×6年12月31日	20×7年12月31日	20×8年12月31日
每股价格	130	120	114
股票公允价值	1 300 000	1 200 000	1 140 000
远期合同公允价值	0	100 000	160 000

① 本小节仅供学有余力者研读，不作教学要求。

20×8年12月31日，正阳实业股份公司履行远期协议，出售了上述股份。假设不考虑远期合同的远期要素。

据此，正阳实业股份公司进行的套期有效性分析及会计处理情况如表6-7所示。

表6-7　公允价值套期的套期会计规则（示意）　　单位：元

日期	业务分录	衍生工具交易分录
20×6年1月1日	(1) 购入其他权益工具投资。 借：其他权益工具投资　1 000 000 　贷：银行存款　1 000 000	—
20×6年12月31日	(2) 确认其他权益工具投资的公允价值变动。 借：其他权益工具投资　300 000 　贷：其他综合收益——公允价值变动　300 000 (3) 指定被套期项目。 借：被套期项目——其他权益工具投资　1 300 000 　贷：库存商品　1 300 000	—
20×7年12月31日	(5) 记录被套期项目的公允价值变动。 借：其他综合收益——套期损益　100 000 　贷：被套期项目——其他权益工具投资　100 000	(4) 确认套期工具的公允价值变动。 借：套期工具——远期协议　100 000 　贷：其他综合收益——套期损益　100 000
20×8年12月31日	(7) 记录被套期项目的公允价值变动。 借：其他综合收益——套期损益　60 000 　贷：被套期项目——其他权益工具投资　60 000	(6) 确认套期工具的公允价值变动。 借：套期工具——远期协议　60 000 　贷：其他综合收益——套期损益　60 000
	(8) 履行远期合同，出售其他权益工具投资。 借：银行存款　1 300 000 　贷：被套期项目——其他权益工具投资　1 140 000 　　套期工具——远期协议　160 000 (9) 将计入其他综合收益的公允价值变动转出，计入留存收益。 借：盈余公积——法定盈余公积　30 000 　利润分配——未分配利润　270 000 　贷：其他综合收益——公允价值变动　300 000	—

表6-7中，分录(4)和分录(5)直观地展示了20×7年12月31日采用套期会计的效果，分录(6)和分录(7)直观地展示了20×8年12月31日采用套期会计的效果。

3. 被套期项目为债权投资的情形①

被套期项目为以摊余成本计量的金融工具（即债权投资）或其组成部分的，企业对被套期项目账面价值所作的调整应当按照开始摊销日重新计算的实际利率进行摊销，并计入当期损益。该摊销可以自调整日开始，但不应当晚于对被套期项目终止套期利得和损失调整的时点。

例 6-4

20×6 年 12 月 31 日，城南商业银行做了两项交易：

(1) 按面值购入 100 000 000 元国债，票面年利率为 3.39%，每季度付息一次，到期日为 20×7 年 12 月 31 日。城南商业银行对该国债以摊余成本计量（即作为债权投资）。

(2) 与某交易对手签订名义金额 100 000 000 元的 1 年期利率互换合约，起息日为 20×6 年 12 月 31 日。城南商业银行每个季度按照 3.39%的年利率支付固定利息，同时按照每个季度初重置的 3 个月期 SHIBOR 计算并收取浮动利息。浮动利率的首个确定日为 20×6 年 12 月 31 日。利率互换合约的初始公允价值为零。

城南商业银行将利率互换合约指定为套期工具，对该国债由于市场利率变动产生的公允价值变动风险进行套期保值。假设不考虑国债的信用风险。

上述国债和利率互换合约的计息基准均为 30/360（即每个月按 30 天，全年按 360 天计算）。

20×7 年 7 月 1 日，城南商业银行的风险管理目标发生变化，导致套期关系不再满足运用套期会计的条件。该银行遂在当日终止运用套期会计。

利率互换合约现金流量以及公允价值变动如表 6-8 所示。

表 6-8　套期工具和被套期项目的相关信息一览表　　单位：元

日期	套期工具的公允价值变动					对被套期项目的调整及其摊销情况						
	收浮动	付固定	收款额	期末余额	本期变动	重新计算的实际利率	投资收益	实际收款	摊销额	本期调整额	期末摊余成本	公允价值
	①	②	③	④	⑤	a*	b=a÷4×上期 f	c	d=b−c	e	f=e+上期 f	g
20×6年12月31日											100 000 000	100 000 000
20×7年3月31日	3.568%	3.39%	44 448	131 000	131 000	3.39%	847 500	847 500	0	−129 000	99 871 000	99 871 000
20×7年6月30日	3.521%	3.39%	32 750	−520 000	−651 000	3.565 075 032 718 79%	890 119	847 500	42 619	656 000	100 569 619	100 527 000
20×7年9月30日	3.091%	3.39%	−74 750	−283 000	237 000	2.241 178 450 244 55%	563 486	847 500	−284 014	0	100 285 605	100 888 000

① 本小节仅供学有余力者研读，不作教学要求。

续表

日期	套期工具的公允价值变动					对被套期项目的调整及其摊销情况						
	收浮动	付固定	收款额	期末余额	本期变动	重新计算的实际利率	投资收益	实际收款	摊销额	本期调整额	期末摊余成本	公允价值
	①	②	③	④	⑤	a*	b=a÷4×上期f	c	d=b−c	e	f=e+上期f	g
20×7年12月31日	3.002%	3.39%	−97 000	0	283 000	2.241 178 450 244 55%	561 895	847 500	−285 605	0	100 000 000	100 000 000
合计	—	—	−94 552	—	—	—	2 863 000	3 390 000	−527 000	527 000	—	—

* 实际利率的具体计算方法参见专栏 9－3。

20×7 年 6 月 30 日，根据间隔为一年的现金流量（−99 871 000，847 500，847 500，100 847 500）计算的实际利率为 3.565 075 032 718 79%；

20×7 年 9 月 30 日，根据间隔为一年的现金流量（−100 569 619，847 500，100 847 500）计算的实际利率为 2.241 178 450 244 55%；

20×7 年 12 月 31 日，根据间隔为一年的现金流量（−100 285 605，100 847 500）计算的实际利率为 2.241 178 450 244 55%。

从表 6－8 中的右端第⑤列可以直观地看出，该公司在 20×7 年 3 月 31 日记录调减被套期项目 129 000 元，6 月 30 日记录调增被套期项目 656 000 元，累计调增 527 000 元。

从表 6－8 中的右端第④列可以直观地看出，该公司在 20×7 年 3 月 31 日后，分三次对上述被套期项目的调增额 527 000 元进行了摊销。

会计处理如表 6－9 所示。

表 6－9 公允价值套期的套期会计规则（示意） 单位：元

日期	业务分录	衍生工具交易分录
20×6 年 12 月 31 日	（1）指定被套期项目。 借：被套期项目——债权投资 100 000 000 贷：债权投资 100 000 000	—
20×7 年 3 月 31 日	（3）记录收到的债券利息。 借：银行存款 847 500 贷：利息收入 847 500	（2）记录收到的互换金。 借：银行存款 44 448 贷：利息收入 44 448
	（5）反方向记录套期损益（即记录被套期项目的公允价值变动）。 借：被套期项目——债权投资 129 000 贷：套期损益 129 000	（4）记录套期工具的公允价值。 借：套期工具——利率互换 131 000 贷：套期损益 131 000
20×7 年 6 月 30 日	（7）记录收到的债券利息，同时摊薄对被套期项目的公允价值调整额。 借：银行存款 847 500 被套期项目——债权投资 42 619 贷：利息收入 890 119	（6）记录收到的互换金。 借：银行存款 32 750 贷：利息收入 32 750

续表

日期	业务分录	衍生工具交易分录
20×7年6月30日	(9) 反方向记录套期损益（即记录被套期项目的公允价值变动）。 借：被套期项目——债权投资 656 000 贷：套期损益 656 000	(8) 记录套期损益。 借：套期损益 651 000 贷：套期工具——利率互换 651 000
20×7年7月1日	(11) 套期关系终止，调整被套期项目。 借：债权投资——本金 100 000 000 ——利息调整 569 619 贷：利息收入 100 569 619	(10) 套期关系终止，调整套期工具。 借：套期工具——利率互换 520 000 贷：衍生工具——利率互换 520 000
20×7年9月30日	(13) 记录收到的债券利息，同时摊薄对被套期项目的公允价值调整额。 借：银行存款 847 500 贷：利息收入 563 486 债权投资——利息调整 284 014	(12) 记录收到的互换金。 借：投资收益 74 750 贷：银行存款 74 750
		(14) 记录衍生工具的公允价值变动。 借：衍生工具——利率互换 237 000 贷：公允价值变动损益 237 000
20×7年12月31日	(16) 记录收到的债券利息，同时摊薄对被套期项目的公允价值调整额。 借：银行存款 847 500 贷：利息收入 561 895 债权投资——利息调整 285 605 (17) 收回债权投资的本金。 借：银行存款 100 000 000 贷：债权投资——本金 100 000 000	(15) 记录收到的互换金。 借：投资收益 97 000 贷：银行存款 97 000
		(18) 记录衍生工具的公允价值变动。 借：衍生工具——利率互换 283 000 贷：公允价值变动损益 283 000

表6-9中，分录（4）和分录（5）直观地展示了20×7年3月31日采用套期会计的效果，分录（8）和分录（9）直观地展示了20×7年6月30日采用套期会计的效果。分录（14）和分录（18）是没有采用套期会计规则，而采用公允价值会计规则的效果，这种会计处理下利润表的波动比较大。

4. 被套期项目为其他债权投资的情形①

被套期项目为以公允价值计量且其变动计入其他综合收益的金融资产（即其他债权投资）或其组成部分的，企业对被套期项目账面价值所作的调整应当按照开始摊销日重新计算的实际利率进行摊销，并计入当期损益，其账面价值已经按公允价值计量，不需要调整。

① 本小节仅供学有余力者研读，不作教学要求。

例6-5

沿用例6-4的资料，以便读者作对比。20×6年12月31日，城南商业银行做了两项交易：

(1) 按面值购入100 000 000元国债，票面年利率为3.39%，每季度付息一次，到期日为20×7年12月31日。城南商业银行将该国债分类为以公允价值计量且其变动计入其他综合收益的金融资产（即作为其他债权投资）。

(2) 与某交易对手签订名义金额100 000 000元的1年期利率互换合约，起息日为20×6年12月31日。城南商业银行每个季度按照3.39%的年利率支付固定利息，同时按照每个季度初重置的3个月期SHIBOR计算并收取浮动利息。浮动利率的首个确定日为20×6年12月31日。利率互换合约的初始公允价值为零。

城南商业银行将利率互换合约指定为套期工具，对该国债由于市场利率变动产生的公允价值变动风险进行套期保值。假设不考虑国债的信用风险。

上述国债和利率互换合约的计息基准均为30/360（即每个月按30天，全年按360天计算）。

20×7年7月1日，城南商业银行的风险管理目标发生变化，导致套期关系不再满足运用套期会计的条件。该银行遂在当日终止运用套期会计。

利率互换合约现金流量以及公允价值变动如表6-10所示（同表6-8，为便于阅读，重录至此）。

表6-10　套期工具和被套期项目的相关信息一览表　　单位：元

日期	套期工具的公允价值变动					对被套期项目的调整及其摊销情况						
	收浮动	付固定	收款额	期末余额	本期变动	重新计算的实际利率	投资收益	实际收款	摊销额	本期调整额	期末摊余成本	公允价值
	①	②	③	④	⑤	a	b=a÷4×上期f	c	d=b−c	e	f=e+上期f	g
20×6年12月31日											100 000 000	100 000 000
20×7年3月31日	5.009%	3.39%	404 750	131 000	131 000	3.39%	847 500	847 500	0	−129 000	99 871 000	99 871 000
20×7年6月30日	3.521%	3.39%	32 750	−520 000	−651 000	3.565 075 032 718 79%	890 119	847 500	42 619	656 000	100 569 619	100 527 000
20×7年9月30日	3.091%	3.39%	−74 750	−283 000	237 000	2.241 178 450 244 55%	563 486	847 500	−284 014	0	100 285 605	100 888 000
20×7年12月31日	3.002%	3.39%	−97 000	0	283 000	2.241 178 450 244 55%	561 895	847 500	−285 605	0	100 000 000	100 000 000
合计	—	—	609 250	—	—	—	2 863 000	3 390 000	−527 000	527 000	—	—

会计处理如表6-11所示。

表6-11　公允价值套期的套期会计规则（示意）　　单位：元

日期	业务分录	衍生工具交易分录
20×6年12月31日	(1) 指定被套期项目。 借：被套期项目——其他债权投资　100 000 000 　贷：其他债权投资　100 000 000	—
20×7年3月31日	(3) 记录收到的债券利息。 借：银行存款　847 500 　贷：利息收入　847 500	(2) 记录收到的互换金。 借：银行存款　44 448 　贷：利息收入　44 448
	(5) 反方向记录套期损益（即记录被套期项目的公允价值变动）。 借：被套期项目——其他债权投资　129 000 　贷：套期损益　129 000	(4) 记录套期工具的公允价值。 借：套期工具——利率互换　131 000 　贷：套期损益　131 000
20×7年6月30日	(7) 记录收到的债券利息，同时摊薄对被套期项目的公允价值调整额。 借：银行存款　847 500 　　被套期项目——其他债权投资　42 619 　贷：利息收入　890 119	(6) 记录收到的互换金。 借：银行存款　32 750 　贷：利息收入　32 750
	(9) 反方向记录套期损益（即记录被套期项目的公允价值变动）。 借：被套期项目——其他债权投资　656 000 　贷：套期损益　656 000	(8) 记录套期工具的公允价值变动。 借：套期损益　651 000 　贷：套期工具——利率互换　651 000
20×7年7月1日	(11) 套期关系终止，调整被套期项目。 借：其他债权投资——本金　100 000 000 　　　　　　　——利息调整　569 619 　贷：利息收入　100 569 619	(10) 套期关系终止，调整套期工具。 借：套期工具——利率互换　520 000 　贷：衍生工具——利率互换　520 000
20×7年9月30日	(13) 记录收到的债券利息，同时摊薄对被套期项目的公允价值调整额。 借：银行存款　847 500 　贷：利息收入　563 486 　　其他债权投资——利息调整　284 014	(12) 记录收到的互换金。 借：投资收益　74 750 　贷：银行存款　74 750
	(15) 记录其他债权投资的公允价值变动。 借：其他债权投资——公允价值变动　601 395 　贷：其他综合收益——其他债权投资公允价值变动　601 395	(14) 记录衍生工具的公允价值变动。 借：衍生工具——利率互换　237 000 　贷：公允价值变动损益　237 000

续表

日期	业务分录	衍生工具交易分录
20×7年12月31日	(17) 记录收到的债券利息，同时摊薄对被套期项目的公允价值调整额。 借：银行存款 847 500 贷：利息收入 561 895 其他债权投资——利息调整 285 605 (18) 收回其他债权投资的本金。 借：银行存款 100 000 000 贷：其他债权投资——本金 100 000 000	(16) 记录收到的互换金。 借：投资收益 97 000 贷：银行存款 97 000
	(20) 注销其他债权投资的其他综合收益。 借：其他综合收益——其他债权投资公允价值变动 601 395 贷：其他债权投资——公允价值变动 601 395	(19) 注销衍生工具。 借：衍生工具——利率互换 283 000 贷：公允价值变动损益 283 000

表6-11中，分录（4）和分录（5）直观地展示了20×7年3月31日采用套期会计的效果，分录（8）和分录（9）直观地展示了20×7年6月30日采用套期会计的效果。分录（14）和分录（19）是没有采用套期会计规则，而采用公允价值会计规则的效果，这种会计处理下利润表的波动比较大。

6.2.2 被套期项目为尚未确认的确定承诺的情形

准则规定，对确定承诺的外汇风险进行的套期，既可以划分为公允价值套期，也可以划分为现金流量套期。以下先讲解公允价值套期会计规则下的处理。

在公允价值套期下，被套期项目为尚未确认的确定承诺（或其组成部分）的，在其套期关系指定后，由被套期风险引起的公允价值累计变动额应当确认为一项资产或负债，相关的利得或损失应当计入各相关期间损益。

当履行确定承诺而取得资产或承担负债时，应当调整该资产或负债的初始确认金额，以包括已确认的被套期项目的公允价值累计变动额。

例6-6

天良粮油有限公司20×8年10月2日开出订单从英国订购价值1 000 000英镑的威士忌生产设备，约定在20×9年3月31日交货、付款。由中国银行出面开出不可撤销付款担保。

为规避英镑升值风险，天良粮油有限公司20×8年10月2日同时与银行签订了一项180天的购入同额英镑的远期外汇协议（又称期汇合同），约定的汇率为1英镑=9.1元人民币。汇率信息如表6-12、图6-3所示。

表6-12 英镑的即期汇率和远期汇率变动情况

项目	20×8年10月2日	20×8年12月31日	20×9年3月31日
即期汇率	1英镑=9.0元人民币	1英镑=9.3元人民币	1英镑=9.8元人民币
远期汇率	1英镑=9.1元人民币 （期限6个月的远期外汇协议）	1英镑=9.5元人民币 （期限3个月的远期外汇协议）	1英镑=9.8元人民币

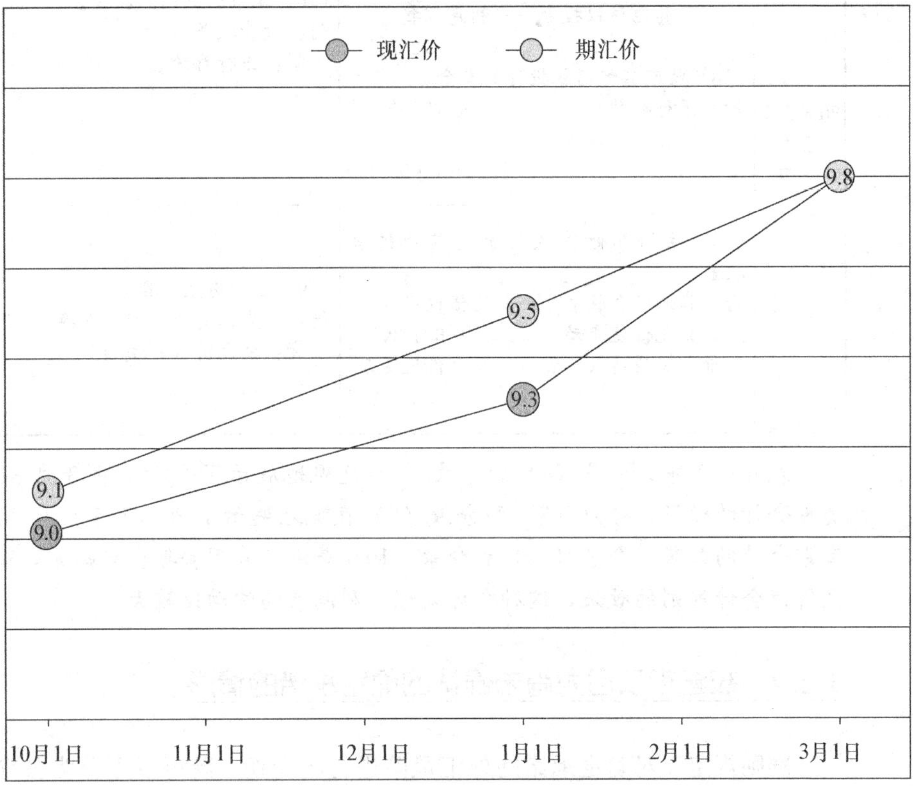

图6-3 英镑的现汇价和期汇价走势图

假定采用3%的折现率，计息天数按照每月30天、每年360天计算。会计处理情况如表6-13所示。

表6-13 公允价值套期的套期会计规则（示意） 单位：元

日期	业务分录	衍生工具交易分录
20×8年10月2日	—	—
20×8年12月31日	（2）反方向记录套期损益，被套期项目入账。 借：套期损益 300 000 贷：被套期项目——确定承诺 300 000	（1）衍生工具入账，记录套期损益。 借：套期工具——远期外汇协议 397 022 贷：套期损益 397 022
	计算过程：(9.3－9.0)×1 000 000	计算过程：(9.5－9.1)×1 000 000÷(1＋3%×90÷360)

续表

日期	业务分录	衍生工具交易分录
20×9年3月31日	(4) 反方向记录套期损益，调整被套期项目。 借：套期损益　500 000 　贷：被套期项目——确定承诺　500 000	(3) 记录套期损益。 借：套期工具——远期外汇协议　302 978 　贷：套期损益　302 978
	计算过程：(9.8－9.3)×1 000 000	计算过程：(9.8－9.1)×1 000 000－397 022
	(6) 购入固定资产。 借：固定资产　9 800 000 　贷：银行存款　9 800 000	(5) 了结远期合约。 借：银行存款　700 000 　贷：套期工具——远期外汇协议 700 000
	(7) 调整资产的入账价值。 借：被套期项目——确定承诺　800 000 　贷：固定资产　800 000	

其中，折现算法的逻辑是这样的：20×8 年 12 月 31 日，天良粮油有限公司预期当前已经实现的利率差（9.5－9.1）能够一直持续到合同终止，则其在合同终止时（即 20×9 年 3 月 31 日）预期可实现的盈利额为 400 000 元((9.5－9.1)×1 000 000)。但距合同到期还有 3 个月（计算时按每月 30 天匡算），所以要把上述预期的盈利额折算为 20×8 年 12 月 31 日的现值，即 397 022 元((9.5－9.1)×1 000 000÷(1＋3%×90÷360))。这就是美国证券市场上公认会计原则的奇特逻辑，我国的会计准则并未明确规定上述算法。

我们先来看套期保值的效果。在即期外汇市场上，汇率波动使得天良粮油有限公司在 20×9 年 3 月 31 日实际付款时支付了 9 800 000 元，比起按照 20×8 年 10 月 2 日的汇率计算的 9 000 000 元，多支付了 800 000 元。在衍生工具交易中，企业进行套期保值所取得的套期收益为 700 000 元。可见，套期保值的效果相当不错。

我们再来看套期会计的效果。上述会计处理的结果表明，天良粮油有限公司采用套期会计规则后，20×8 年 12 月 31 日所记录的套期损益净额为贷记 97 022 元，这一结果能够减小利润表的波动。作为对比，如果没有采用套期会计，该公司需要在 20×8 年 12 月 31 日记录公允价值变动收益 397 022 元。

6.3　现金流量套期和境外经营净投资套期

6.3.1　基本规则

现金流量套期的会计规则的设计思路与其他权益工具投资的设计思路相似，着眼于将金融工具由于公允价值变动所形成的浮动盈亏计入资产负债表（其他综合收益），而不是计入利润表（套期损益）。这样，与公允价值套期需要对利润表作两次方向相反的记录（即一次借记“套期损益”科目、一次贷记“套期损益”科目）的做法相比，现金流量套期的处理规则显得更为简洁。

准则规定，现金流量套期满足运用套期会计方法条件的，应当按照下列规定处理：

(1) 套期工具产生的利得或损失中属于套期有效①的部分，作为现金流量套期储备，应当计入其他综合收益。现金流量套期储备的金额，应当按照“套期工具自套期开始以来的累计利得或损失”和“被套期项目自套期开始以来的预计未来现金流量现值的累计变动额”之中的较低者确定。每期计入其他综合收益的现金流量套期储备的金额应当为当期现金流量套期储备的变动额。

如果在其他综合收益中确认的现金流量套期储备金额是一项损失，且该损失全部或部分预计在未来会计期间不能弥补，企业应当在预计不能弥补时，将预计不能弥补的部分从其他综合收益中转出，计入当期损益。

(2) 套期工具产生的利得或损失中属于套期无效的部分（即扣除计入其他综合收益后的其他利得或损失），应当计入当期损益。

企业在“其他综合收益”科目下设置“套期储备”明细科目核算现金流量套期下套期工具累计公允价值变动中的套期有效部分，该明细科目可按套期关系进行明细核算。

现金流量套期：已确认的资产

资产负债表日，企业应当按照套期工具产生的利得，借记“套期工具”科目，按照套期有效部分的变动额，贷记“其他综合收益——套期储备”等科目，按照套期工具产生的利得大于套期有效部分的变动额的差额（即套期无效部分），贷记“套期损益”科目。套期工具产生损失的，作相反的会计分录。

以下以已确认资产为例来阐释上述基本规则。

例6-7

神州粮仓股份公司库存有100 000吨强麦，成本为每吨2 200元，现货价格为每吨2 780元。该公司的强麦质量优异，深受市场欢迎，但受季节和天气影响，近期销售欠佳。

20×3年4月1日，该公司担心这批存货卖不到好价钱，遂决定采用期货作为套期工具，对被套期项目（存货）的未来现金流量变动风险进行套期。当日售出11月交割的强麦期货5 000手，每手交易单位为20吨，期货卖价为每吨2 790元。初始保证金为标的额的5%。交易手续费等因素此处从略。

6月30日，现货价格为每吨2 580元，11月交割的强麦期货的结算价格为每吨2 610元。

9月7日，现货价格为每吨2 530元，神州粮仓股份公司将库存的强麦全部

① 套期有效性是指套期工具的公允价值或现金流量变动能够抵销被套期风险引起的被套期项目公允价值或现金流量变动的程度。套期工具的公允价值变动（或现金流量变动）大于或小于被套期项目的公允价值变动（或现金流量变动）的部分为套期无效部分。详见本章6.5节。

售出，增值税等税费本例从略。11 月交割的强麦期货买价为每吨 2 560 元，神州粮仓股份公司平仓，了结期货合约（即买入 11 月交割的强麦期货 5 000 手）。

为便于理解，可对上述信息进行梳理，如表 6-14 所示。

表 6-14　强麦的现货与期货报价

日期	现货价格	11 月交割的期货			
		买价（叫买价）	卖价（叫卖价）	成交价	结算价
4 月 1 日	2 780 元/吨	2 790 元/吨	—	2 790 元/吨	—
6 月 30 日	2 580 元/吨	—	—	—	2 610 元/吨
9 月 7 日	2 530 元/吨	—	2 560 元/吨	2 560 元/吨	—

会计处理如表 6-15 所示。

表 6-15　现金流量套期的套期会计规则（示意）　　单位：元

日期	业务分录	衍生工具交易分录
4 月 1 日	—	(1) 指定套期工具。 借：套期工具——期货保证金　13 950 000 　贷：银行存款　13 950 000
		计算过程：100 000×2 790×5%
6 月 30 日	—	(2) 记录套期工具的公允价值变动。 借：套期工具——期货保证金　18 000 000 　贷：其他综合收益——套期储备　18 000 000[a]
9 月 7 日	—	(3) 记录套期工具的公允价值变动。 借：套期工具——期货保证金　5 000 000 　贷：其他综合收益——套期储备　5 000 000[h]
	(6) 记录主营业务收入。 借：应收账款　253 000 000 　贷：主营业务收入　253 000 000	(4) 了结期货合约。 借：银行存款　36 950 000 　贷：套期工具——期货保证金　36 950 000
	(7) 记录主营业务成本。 借：主营业务成本　220 000 000 　贷：库存商品　220 000 000	(5) 结转套期损益。 借：其他综合收益——套期储备　23 000 000 　贷：套期损益　23 000 000

注：a. 本期应记录的现金流量套期储备按照"套期工具自套期开始以来的累计利得或损失"（即 100 000×(2 780－2 580)＝20 000 000(元)），与"被套期项目自套期开始以来的预计未来现金流量现值的累计变动额"（即 100 000×(2 790－2 610)＝18 000 000(元)）之中的较低者确定，为 18 000 000 元。

b. 现金流量套期储备的累计数按照"套期工具自套期开始以来的累计利得或损失"（即 100 000×(2 780－2 530)＝25 000 000(元)），与"被套期项目自套期开始以来的预计未来现金流量现值的累计变动额"（即 100 000×(2 790－2 560)＝23 000 000(元)）之中的较低者确定，为 23 000 000 元。因此，本期应补记的金额为 5 000 000 元。

我们先来看套期保值的效果。表 6-15 中的业务分录显示，营业利润（本例中简化为营业收入与营业成本之差）为 33 000 000 元；衍生工具交易分录显示，套期损益为 23 000 000 元。因此，该公司通过套期保值业务记录的利润总额为 56 000 000 元。作为对比，如果该公司在 4 月 1 日将该批商品售出，则可实现利润58 000 000元。可见，该公司的套期保值效果显著。

我们再来看套期会计的效果。本例中，由于套期有效的部分一律被计入其他综合收益，因此，减小了利润表的波动。

6.3.2 极可能发生的预期交易的处理规则

对于极可能发生的预期交易，现金流量套期储备的金额应当按照下列规定处理。

1. 随后形成非金融资产（或负债）的情形

准则规定，被套期项目为预期交易，且该预期交易使企业随后确认一项非金融资产或非金融负债的，或者非金融资产或非金融负债的预期交易形成一项适用于公允价值套期会计的确定承诺时，企业应当将原在其他综合收益中确认的现金流量套期储备金额转出，计入该资产或负债的初始确认金额，即对资产的入账价值进行基数调整（basis adjustment）。

2. 随后形成金融资产（或金融负债）的情形

准则规定，企业应当在被套期的预期现金流量影响损益的相同期间，将原在其他综合收益中确认的现金流量套期储备金额转出，计入当期损益。

前已述及，准则规定，对确定承诺的外汇风险进行的套期，既可以划分为公允价值套期，也可以划分为现金流量套期。6.2.2节中已经讲解了公允价值套期会计规则下的处理，以下讲解现金流量套期会计规则下的处理。

例6-8

天良粮油有限公司20×8年10月2日决定在次年4月新建生产部门，需从英国订购价值1 000 000英镑的威士忌生产设备。该交易极可能发生，但仍需要董事局批准，有不确定性。如获批准，则需在20×9年3月31日交货、付款。为规避英镑升值风险，天良粮油有限公司20×8年10月2日同时与银行签订了一项180天的购入同额英镑的远期外汇协议（又称期汇合同）。业务期间的汇率变化如表6-16所示。

表6-16 英镑的即期汇率和远期汇率变动情况

项目	20×8年10月2日	20×8年12月31日	20×9年3月31日
即期汇率	1英镑=9.0元人民币	1英镑=9.3元人民币	1英镑=9.8元人民币
远期汇率	1英镑=9.1元人民币 （期限6个月的远期外汇协议）	1英镑=9.5元人民币 （期限3个月的远期外汇协议）	1英镑=9.8元人民币

假定采用3%的折现率，计息天数按照每月30天、每年360天计算。

会计处理情况如表6-17所示。

表 6-17 现金流量套期的套期会计规则（示意） 单位：元

日期	业务分录	衍生工具交易分录
20×8年 10月2日	—	—
20×8年 12月31日	—	(1) 衍生工具入账，记录套期损益。 借：套期工具——远期外汇协议 397 022 贷：其他综合收益——套期储备 300 000[a] 套期损益 97 022[a]
20×9年 3月31日	—	(2) 记录套期工具的公允价值变动。 借：套期工具——远期外汇协议 302 978 套期损益 97 022[a] 贷：其他综合收益——套期储备 400 000[b]
	(4) 固定资产按照调整基数后的金额入账。 借：固定资产 9 100 000 其他综合收益——套期储备 700 000 贷：银行存款 9 800 000	(3) 了结远期合约。 借：银行存款 700 000 贷：套期工具——远期外汇协议 700 000

注：a. 我国准则并未明确规定这时如何计量衍生工具的公允价值。鉴于国际准则乃是借鉴美国证券市场上的公认会计原则《财务会计准则公告第133号——衍生与套期会计》制定而成的，因此，本例比照该文件进行计算。此处计算过程的逻辑是：假定到合同结束时依然能够保持当前的获利水平，从远期外汇协议中获利的金额为：

(9.5－9.1)×1 000 000＝400 000(元)

这是合同到期后的获利额，如果把它折现为当年年末的现值，则为：

400 000÷(1＋3%×90÷360)＝397 022(元)

本期应记录的现金流量套期储备按照“套期工具自套期开始以来的累计利得或损失”（即损失额1 000 000×(9.3－9.0)＝300 000(元)），与“被套期项目自套期开始以来的预计未来现金流量现值的累计变动额”(397 022元）之中的较低者确定，为300 000元。

套期工具产生的利得或损失中属于套期无效的部分（即扣除计入其他综合收益后的其他利得或损失）97 022元，应当计入当期损益。

b. 现金流量套期储备的累计数按照“套期工具自套期开始以来的累计利得或损失”（即累计损失1 000 000×(9.8－9.0)＝800 000(元)），与“被套期项目自套期开始以来的预计未来现金流量现值的累计变动额”（即1 000 000×(9.8－9.1)＝700 000(元)）之中的较低者确定，为700 000元。

本期计入其他综合收益的现金流量套期储备的金额，应当为当期现金流量套期储备的变动额400 000元。

我们先来看套期保值的效果。与例6-6的套期保值情形相同，在即期外汇市场上，汇率波动使得天良粮油有限公司在20×9年3月31日实际付款时支付了9 800 000元，比起按照20×8年10月2日的汇率计算的9 000 000元，多支付了8 000 000元。在衍生工具交易中，企业进行套期保值所取得的套期收益为7 000 000元。可见，套期保值的效果相当不错。

我们再来看套期会计的效果。与例6-6的套期会计不同，天良粮油有限公司采用套期会计规则后，套期工具套期有效部分的浮动盈亏300 000元不再被计入利润表，只有套期无效部分的浮动盈亏97 022元被计入其他综合收益，因此，套期会计能够减小利润表的波动。作为对比，如果没有采用套期会计，该公司则需要在20×8年12月31日记录公允价值变动收益397 022元。

当企业对现金流量套期终止运用套期会计时，在其他综合收益中确认的累计现金流量套期储备金额，应当按照下列规定进行处理：

(1) 被套期的未来现金流量预期仍然会发生的，累计现金流量套期储备的金额应当予以保留，并按照现金流量套期储备的会计规则进行会计处理。

(2) 被套期的未来现金流量预期不再发生的，累计现金流量套期储备的金额应当从其他综合收益中转出，计入当期损益。被套期的未来现金流量预期不再极可能发生但预期仍然会发生的，累计现金流量套期储备的金额应当予以保留，并按照现金流量套期储备的会计规则的规定进行会计处理。

6.3.3 境外经营净投资套期

对境外经营净投资的套期，应当按照类似于现金流量套期会计的规定处理。

(1) 套期工具形成的利得或损失中属于有效套期的部分，应当直接确认为所有者权益，并单列项目反映。处置境外经营时，上述在所有者权益中单列项目反映的套期工具利得或损失应当转出，计入当期损益。

(2) 套期工具形成的利得或损失中属于无效套期的部分，应当计入当期损益。

对确定承诺的外汇风险进行的套期，企业可以作为现金流量套期或公允价值套期处理。

例6-9

20×6年10月1日，神功建设有限公司（记账本位币为美元）在其境外子公司有一笔金额为50 000 000英镑的境外经营净投资。为规避汇率风险，该公司与境外某金融机构签订了一项远期外汇协议，约定其于20×7年4月1日卖出100 000 000英镑。其他有关资料如表6-18所示（汇率均采用直接标价法，即外币：本币）。

表6-18　境外经营净投资的相关资料　　单位：美元

日期	即期汇率	远期汇率	远期外汇协议的公允价值*
20×6年10月1日	1.71	1.70	0
20×6年12月31日	1.64	1.63	6 860 000
20×7年3月31日	1.60	1.60	10 000 000

* 远期外汇协议的公允价值是根据估值模型计算的估计值。

假定：神功建设有限公司不把远期合同的远期要素和即期要素分开考虑；该公司的上述套期满足运用套期会计方法的所有条件。

神功建设有限公司的账务处理如表6-19所示。

表6-19　境外经营净投资套期的套期会计规则（示意）　　单位：美元

日期	业务分录	衍生工具交易分录
20×6年10月1日	—	—

续表

日期	业务分录	衍生工具交易分录
20×6年12月31日	(2) 确认对子公司净投资的汇兑损益。 借：其他综合收益——外币报表折算差额 7 000 000 贷：长期股权投资 7 000 000 计算过程： 100 000 000×(1.71−1.64)	(1) 确认远期外汇协议的公允价值变动。 借：套期工具——远期外汇协议 6 860 000 贷：其他综合收益——外币报表折算差额 6 860 000
20×7年3月31日	(4) 确认对子公司净投资的汇兑损益。 借：其他综合收益——外币报表折算差额 4 000 000 贷：长期股权投资 4 000 000 计算过程： 100 000 000×(1.64−1.60)	(3) 确认远期外汇协议的公允价值变动。 借：套期工具——远期外汇协议 3 140 000 贷：其他综合收益——外币报表折算差额 3 140 000
	—	(5) 结算远期外汇协议。 借：银行存款 10 000 000 贷：套期工具——远期外汇协议 10 000 000

境外经营净投资中套期工具形成的利得在其他综合收益中列示，直至子公司被处置。

课程思政 培养辩证思维能力

专栏6-5 套期会计对传统会计的冲击

套期会计出台以后，传统会计受到较大的冲击。

(1) 套期会计规则改变了传统的财务会计要素概念。传统上，会计是对企业的法律事实的历史记录。而套期会计所处理的确定承诺、极可能发生的预期交易，都是未来的事项。

关于套期会计的理论争鸣

(2) 套期会计方法改变了传统会计计量模式。例如，在套期会计出台以前，存货的会计处理规则为成本与市价孰低法，不允许记载存货的升值。但在公允价值套期下，存货可能要按照高于成本的市价计量。

(3) 套期会计方法是建立在估计的基础上的一套规则。套期有效性的判断事先往往无法合理预计，这是金融市场的风险特性决定的。很多情况下只能采用金融工程的分析思路去判断套期有效性，这导致会计处理往往建立在估计的基础之上。2008年的金融危机表明，企业在大多数情况下并不知道如何对衍生工具进行估价，这意味着，套期会计的处理结果的可靠性是相当值得怀疑的。

有人质疑，如此看来，会计理论还有什么内容是一以贯之的？还有人指出，如果没有公允价值会计规则，也就没有必要设计套期会计规则了；如果完全采用公允价值计量，也同样没有必要采用套期会计；套期会计之所以在公允价值会计规则出台之后面世，是因为公允价值会计只适用于极少数报表项目（如衍生工具），而大多数报表项目（如存货、固定资产等）仍未采用公允价值会计，这就导致会计计量上的不匹配，套期会计规则实际上是对公允价值会计的“局部纠正”措施。

6.4 套期会计规则的一些特殊问题①

6.4.1 再平衡

2006年版的《企业会计准则第24号——套期保值》要求，如果套期关系不再符合套期有效性要求，企业就应当终止套期会计。2017年修订后的《企业会计准则第24号——套期会计》则引入了灵活的套期关系再平衡机制，允许企业在套期关系的风险管理目标没有改变的情况下，通过调整套期关系的套期比率延续此前的套期关系，这样就不必终止原有的套期关系，再重新指定套期关系了。准则制定者认为，套期关系再平衡机制的引入，更加贴合企业风险管理活动的实际情况，在一些情形下避免了套期关系的终止，简化了企业的会计处理，能够更好地适应企业实务发展和风险管理的需要。

企业对套期关系做出再平衡时，应当在调整套期关系之前确定套期关系的套期无效部分，并将相关利得或损失计入当期损益。

套期关系再平衡可能会导致企业增加或减少指定套期关系中被套期项目（或套期工具）的数量。企业增加了指定的被套期项目（或套期工具）的，增加部分自指定增加之日起作为套期关系的一部分进行处理；企业减少了指定的被套期项目（或套期工具）的，减少部分自指定减少之日起不再作为套期关系的一部分，作为套期关系终止处理。

例6-10

正道石化股份公司的记账本位币为美元。20×6年1月1日，该公司预计未来12个月将要采购100万桶西得克萨斯中质原油（West Texas Intermediate，WTI原油），遂购入105万桶布伦特原油（Brent原油）期货合约，对该项预期采购进行现金流量套期（即套期比率为1∶1.05）。

同年6月30日，被套期项目（即WTI原油）自套期开始的预计未来现金流量现值的累计变动额为上升2 000 000美元，套期工具（即Brent原油期货合约）的公允价值累计下降2 290 000美元。正道石化股份公司通过分析发现，上述套期工具与被套期项目的经济关系与预期效果存在差异，因此决定对套期关系进行再平衡，遂将套期比率重新设定为1∶0.98。具体方案可以在以下两种做法中选择：一种做法是将被套期风险敞口扩大至107万桶（105÷0.98），另一种做法是

① 本节只有6.4.1节属于教学范围，其余各小节仅供学有余力者研读，不作教学要求。

将套期工具减少至98万桶（100×0.98）。根据成本效益分析，该公司决定选用后一种做法，即终止指定7万桶Brent原油期货合约作为套期工具。

假定正道石化股份公司的上述套期满足运用套期会计方法的所有条件，不考虑其他因素。正道石化股份公司20×6年6月30日的账务处理如下（金额单位为美元）。

（1）记录套期工具的套期损益。现金流量套期储备的金额，应当按照“套期工具自套期开始以来的累计利得或损失”和“被套期项目自套期开始以来的预计未来现金流量现值的累计变动额”之中的较低者确定。

借：其他综合收益——套期储备　　2 000 000

　　套期损益　　290 000

　贷：套期工具——期货合约　　2 290 000

（2）记录套期关系的再平衡。由于正道石化股份公司终止指定7万桶Brent原油期货合约作为套期工具，该公司需将其转为衍生工具来处理，并更新相应的套期保值业务的书面记录。重分类的套期工具的公允价值为2 290 000×7÷105＝152 667（美元）。进行再平衡时的会计处理如下。

借：套期工具——期货合约　　152 667

　贷：衍生工具——期货合约　　152 667

例6-11

豫东石化股份公司的记账本位币为美元。20×6年4月1日，该公司预期极可能在9月1日采购10 000吨柴油，遂购入9 500吨以D2柴油新加坡普氏（PLATTS）价格为标的的期货合约，进行套期保值，即套期比率为1∶0.95。

同年6月30日，被套期项目自套期开始的预计未来现金流量现值的累计变动额为上升8 200 000美元，套期工具的公允价值累计下降6 500 000美元。豫东石化股份公司分析认为，未来的适当套期比率应为1∶1.05。具体方案可以在以下两种做法中选择：一种做法是将被套期项目减少至9 048万吨（9 500÷1.05），另一种做法是将套期工具增加至10 500万吨（10 000×1.05）。根据成本效益分析，该公司决定选用前一种做法，即减少被套期项目952万吨（10 000－9 048）。

豫东石化股份公司20×6年6月30日的账务处理如下（金额单位为美元）。

（1）记录套期工具的套期损益。现金流量套期储备的金额，应当按照“套期工具自套期开始以来的累计利得或损失”和“被套期项目自套期开始以来的预计未来现金流量现值的累计变动额”之中的较低者确定。

将套期工具公允价值的累计变动6 500 000美元作为现金流量套期储备计入其他综合收益。

借：其他综合收益——套期储备　　6 500 000

　贷：套期工具——期货合约　　6 500 000

（2）套期关系的再平衡。豫东石化股份公司进行再平衡时，套期文件有关书面记录应当予以相应更新，无须进行账务处理。

6.4.2 被套期项目为风险净敞口的情形

对于被套期项目为风险净敞口的套期，被套期风险影响利润表不同列报项目的，企业应当将相关套期利得或损失单独列报，不应当影响利润表中与被套期项目相关的损益列报项目金额（如营业收入或营业成本）。

例如，某公司有一笔由 1 000 000 美元的预期外币销售收入和 1 200 000 美元的预期外币支出构成的外汇风险净头寸，该公司利用金额为 200 000 美元的远期外汇协议对该外汇风险净头寸进行套期。当该外汇风险净头寸影响损益时，该远期外汇协议产生的现金流量套期储备重分类至损益的利得或损失，应当与被套期的销售收入和费用区分开来并单独列示。如果销售收入产生的期间早于支出发生的期间，则销售收入仍应当按照即期汇率计量。相关的套期利得（或损失）应当单独列示，从而在损益中反映出净头寸套期的影响，并相应调整现金流量套期储备。如果被套期的支出将影响以后期间的损益（例如该支出将分期摊销），则之前对支出确认的套期利得或损失应在以后期间重分类至损益，且在利润表中与包含被套期费用的项目区分开来并单独列示。

再如，企业通过利率互换合同对固定利率债务工具的利率风险进行套期。企业的套期目标旨在将固定利率现金流量转换成浮动利率现金流量。在对净头寸（例如，一项固定利率资产和一项固定利率负债构成的净头寸）进行套期时，套期工具的应计净利息应当单独列示，以避免将单个套期工具产生的利得或损失净额以相互抵销的总额形式在不同的报表项目中分别列示（即不得将单项利率互换合同产生的净利息收入列示为利息收入总额和利息支出总额）。

因此，企业开展净敞口套期业务的，应当在利润表中增设“净敞口套期收益”项目，将“净敞口套期损益”科目的当期发生额在该项目中列示。

企业设置“净敞口套期损益”科目，核算净敞口套期下被套期项目累计公允价值变动转入当期损益的金额或现金流量套期储备转入当期损益的金额。该科目可按套期关系进行明细核算。期末，应当将该科目余额转入“本年利润”科目，结转后该科目无余额。

1. 对于净敞口公允价值套期

对于被套期项目为风险净敞口的公允价值套期，涉及调整被套期各组成项目账面价值的，企业应当对各项资产和负债的账面价值做相应调整。

企业应当在被套期项目影响损益时，将被套期项目因被套期风险敞口形成的累计利得（或损失）转出，贷记（或借记）“被套期项目”等科目，借记（或贷记）“净敞口套期损益”科目。

2. 对于净敞口现金流量套期

企业应当在将相关现金流量套期储备转入当期损益时，借记（或贷记）“其他综合收益——套期储备”科目，贷记（或借记）“净敞口套期损益”科目。

将相关现金流量套期储备转入资产（或负债）的，当资产（和负债）影响损益时，借记资产或其备抵科目（或贷记负债科目），贷记（或借记）“净敞口套期损益”科目。

例6-12

润叶家具有限公司的记账本位币为人民币。该公司预计20×6年12月31日极有可能收取10 000 000美元的销售货款，极有可能支付12 000 000美元用于采购固定资产，遂于20×6年1月1日按照1美元=6.5元人民币签订了1年期的远期外汇协议，对上述2 000 000美元的外汇净头寸进行套期，如表6-20所示。

表6-20

日期	美元汇率（直接标价法）	远期外汇协议的公允价值（元）
20×6年1月1日	6.5	0
20×6年12月31日	6.4	−200 000

20×6年12月31日，该公司的预期销售收款和预期现金流出如期发生，该公司也于当日对远期外汇协议进行了结算。假设该公司不区分远期外汇协议的远期要素和即期要素（即不考虑远期外汇协议的远期要素）。上述购入的固定资产将采用直线法在5年内计提折旧。润叶家具有限公司的相关账务处理见表6-21。

表6-21　净敞口套期的会计处理（示意）　单位：元

<table>
<tr><th>日期</th><th>业务分录</th><th>衍生工具交易分录</th></tr>
<tr><td>20×6年
1月1日</td><td>—</td><td>—</td></tr>
<tr><td rowspan="4">20×6年
12月
31日</td><td>—</td><td>(1) 确认套期工具的公允价值变动。
借：其他综合收益——套期储备　200 000
　贷：套期工具——远期外汇协议　200 000</td></tr>
<tr><td>—</td><td>(2) 结算远期外汇协议。
借：套期工具——远期外汇协议　200 000
　贷：银行存款　200 000</td></tr>
<tr><td rowspan="2">(3) 记录销售收入。
借：银行存款　64 000 000
　贷：主营业务收入　64 000 000</td><td>(4) 将套期工具的累计损失中对应预期销售的部分从其他综合收益中转出，计入净敞口套期损益。
借：其他综合收益——套期储备1 000 000
　贷：净敞口套期损益　1 000 000</td></tr>
<tr><td>计算过程：10 000 000×(6.5−6.4)</td></tr>
<tr><td rowspan="2">20×6年
12月
31日</td><td>(5) 将套期工具的累计损失中对应预期采购的部分从其他综合收益中转出，计入固定资产的初始确认金额。
借：固定资产　78 000 000
　贷：银行存款　76 800 000
　　其他综合收益——套期储备
　　　1 200 000</td><td rowspan="2"></td></tr>
<tr><td>计算过程：12 000 000×(6.4−6.5)</td></tr>
</table>

续表

日期	业务分录	衍生工具交易分录
其后5年	(6) 每年按照实际付款额计提折旧。 借：制造费用——折旧费用 15 360 000 贷：累计折旧 15 360 000	(7) 每年在固定资产折旧期间摊销套期调整。 借：净敞口套期损益 240 000 贷：累计折旧 240 000
	计算过程：76 800 000÷5	计算过程：1 200 000÷5

值得注意的是，在净敞口套期下，与被套期项目相关的利润表列示项目（即营业收入和营业成本）不会因采用套期会计而受到影响。

6.4.3 被套期项目组合的公允价值套期和现金流量套期

对于被套期项目为一组项目的公允价值套期，企业在套期关系存续期间，应当针对被套期项目组合中各组成项目，分别确认公允价值变动所引起的相关利得或损失，按照公允价值套期会计规则进行相应处理，计入当期损益或其他综合收益。涉及调整被套期各组成项目账面价值的，企业应当对各项资产和负债的账面价值做相应调整。被套期项目为风险净敞口的情形除外。

对于被套期项目为一组项目的现金流量套期，企业在将其他综合收益中确认的相关现金流量套期储备转出时，应当按照系统、合理的方法将转出金额在被套期各组成项目中分摊，并按照现金流量套期会计规则进行相应处理。被套期项目为风险净敞口的情形除外。

6.4.4 用于套期的期权的时间价值

课程思政 理解会计规则的理论逻辑、历史逻辑和实践逻辑

专栏6-6　　期权时间价值的会计处理方法的出台原因

原准则（即2006年颁布的《企业会计准则第24号——套期保值》）规定，当企业仅指定期权的内在价值为被套期项目时，剩余的未指定部分即期权的时间价值部分作为衍生工具的一部分，应当以公允价值计量且其变动计入当期损益。企业界抱怨，上述规定造成了损益的潜在波动，不利于反映企业风险管理的成果。

针对上述情况，2017年颁布的《企业会计准则第24号——套期会计》引入了新的会计处理方法，试图帮助企业减小期权的时间价值导致的利润表的波动。期权时间价值的公允价值变动应当首先计入其他综合收益，后续的会计处理取决于被套期项目的性质：被套期项目与交易相关的（如对预期商品采购进行套期），对其进行套期的期权的时间价值被视为被套期项目的交易成本，累计计入其他综合收益的金额应当采用与现金流量套期储备金额相同的会计处理方法进行处理；被套期项目与时间段相关的（如对6

个月内的商品存货进行套期），对其进行套期的期权的时间价值被视为为保护企业在特定时间段内规避风险所需支付的成本，累计计入其他综合收益的金额应当按照系统、合理的方法，在套期关系影响损益（或其他综合收益）的期间摊销，计入当期损益。

准则制定者认为，针对期权时间价值的新会计处理方法的引入，有利于更好地反映企业交易的经济实质，提供了与其他领域相一致的会计处理方法，提高了会计结果的可比性，减少了企业损益的波动性。

企业在“其他综合收益”科目下设置“套期成本”明细科目，核算企业将期权的时间价值、远期合同的远期要素或金融工具的外汇基差排除在套期工具之外时，期权的时间价值等产生的公允价值变动。该科目可按套期关系进行明细核算。

资产负债表日，对于期权的时间价值等的公允价值变动中与被套期项目相关的部分，应当借记（或贷记）“衍生工具”等科目，贷记（或借记）“其他综合收益——套期成本”科目。

企业在选择将期权的内在价值和时间价值分开，只将期权的内在价值变动指定为套期工具的情况下，应当根据被套期项目的性质（如该被套期项目何时以及如何影响到企业的损益），将其区分为与交易相关的被套期项目（transaction related hedged item）或与时间段相关的被套期项目（time-period related hedged item），并分别对期权的时间价值进行会计处理。

1. 与交易相关的被套期项目

如果套期工具（期权）的时间价值对于被套期项目来说具备交易成本的特征，那么，该被套期项目便属于与交易相关的被套期项目。如套期工具（期权）的时间价值未来将会被计入被套期项目所形成的资产的入账价值的情形。

在这种情形下，企业应当将套期工具（期权）的时间价值的公允价值变动中与被套期项目相关的部分计入其他综合收益。对于其他综合收益的公允价值累计变动额，应当按照现金流量套期会计规则进行处理，这里不再赘述。

2. 与时间段相关的被套期项目

如果套期工具（期权）的时间价值对于被套期项目来说具备为保护企业在特定时间段内规避风险所需支付成本的特征，那么，该被套期项目便属于与时间段相关的被套期项目。例如，企业使用商品期权对未来 6 个月存货的价格风险进行套期保值时，期权的时间价值将会按照系统和合理的方法分摊到未来 6 个月的损益中。再如，企业使用外汇期权对未来 18 个月境外经营净投资进行套期保值时，期权的时间价值也需要在未来 18 个月按照系统、合理的方法予以分摊。

对于与时间段相关的被套期项目，企业应当将期权时间价值的公允价值变动中与被套期项目相关的部分计入其他综合收益。同时，企业应当按照系统、合理的方法，将期权被指定为套期工具当日的时间价值中与被套期项目相关的部分，在套期关系影响损益或影响其他综合收益（仅限于企业对指定为以公允价值计量且其变动计入其他综合收益的权益工具投资的公允价值变动风险敞口进行的套期）的期间摊销，摊销金额从其他综合收益中转出，计入当期损益。若企业终止运用套期会计，则其他综合收益中剩余的相关金额应当转出，计入当期损益。

如果期权的主要条款（如名义金额、期限和基础资产）与被套期项目一致，则可认为期权的时间价值与被套期项目相关。

如果期权的主要条款与被套期项目不完全一致，企业应当参照对主要条款与被套期项目完全一致的期权所进行的估值，即校准时间价值（aligned time value），确定期权费中所包含的与被套期项目有关的实际时间价值（actual time value）。

（1）实际时间价值高于校准时间价值的情形。如果在套期关系开始时期权的实际时间价值高于校准时间价值，企业则应以校准时间价值为基础，将其累计公允价值变动计入其他综合收益，并将两者的公允价值变动额之差额计入当期损益。

（2）实际时间价值低于校准时间价值的情形。如果在套期关系开始时期权的实际时间价值低于校准时间价值，企业则应将两个时间价值中累计公允价值变动的较低者计入其他综合收益。如果实际时间价值的累计公允价值变动扣减累计计入其他综合收益金额后尚有剩余，则应计入当期损益。

例6-13

神州重工股份公司在发行一只7年期的浮动利率债券后，为了防范前2年利率上升的风险，遂买入了一份期限为2年的利率上限期权。该公司按照现金流量套期来进行会计处理，且仅将利率上限期权的内在价值指定为套期工具。

假定该期权在被指定为套期工具时的实际时间价值为200 000元，神州重工股份公司在保护期（即前2年）内按照系统、合理的方法将其分摊至当期损益（为简化核算，本例采用直线法进行分摊）。

（1）实际时间价值等于校准时间价值的情形。由于期权被指定时的实际时间价值为200 000元，假定其开始时的校准时间价值也为200 000元，因此，期权实际时间价值等于校准时间价值。假定期权的时间价值在第1年年末为130 000元。

在这种情形下，期权时间价值的变动如表6-22所示。

表6-22　期权实际时间价值等于校准时间价值的情形　　单位：元

项目	指定套期时	第1年年末	第2年年末	合计
期权的时间价值	200 000	130 000	0	
计入其他综合收益的公允价值变动	—	70 000	130 000	200 000
从其他综合收益转出（分摊）的金额	—	100 000	100 000	200 000

甲公司有关期权时间价值的账务处理如下：

1）第1年。

借：其他综合收益——套期成本　　70 000

　贷：衍生工具　　70 000

借：财务费用　100 000
　贷：其他综合收益——套期成本　100 000

2）第 2 年。

借：其他综合收益——套期成本　130 000
　贷：衍生工具　130 000
借：财务费用　100 000
　贷：其他综合收益——套期成本　100 000

（2）实际时间价值高于校准时间价值的情形。期权被指定时的实际时间价值为 200 000 元，假定开始时的校准时间价值为 150 000 元，此时期权实际时间价值高于校准时间价值。假定该期权的实际时间价值在第 1 年年末为 100 000 元，校准时间价值在第 1 年年末为 90 000 元。

在这种情形下，期权时间价值的变动如表 6-23 所示。

表 6-23　期权实际时间价值高于校准时间价值的情形　单位：元

项目	行次	指定套期时	第 1 年年末	第 2 年年末	合计
期权的实际时间价值	①	200 000	100 000	0	
期权的校准时间价值	②	150 000	90 000	0	
期权实际时间价值的变动金额	③	—	100 000	100 000	200 000
期权校准时间价值的变动金额（计入其他综合收益）	④	—	60 000	90 000	150 000
期权实际时间价值变动不计入其他综合收益的部分	⑤=③-④	—	40 000	10 000	50 000
从其他综合收益转出（分摊）的金额	⑥	—	75 000	75 000	150 000
影响当期损益的金额	⑦=⑤+⑥	—	115 000	85 000	200 000

甲公司有关期权时间价值的账务处理如下：

1）第 1 年。

借：其他综合收益——套期成本　60 000
　　公允价值变动损益　40 000
　贷：衍生工具　100 000
借：财务费用　75 000
　贷：其他综合收益——套期成本　75 000

2）第 2 年。

借：其他综合收益——套期成本　90 000
　　公允价值变动损益　10 000
　贷：衍生工具　100 000
借：财务费用　75 000
　贷：其他综合收益——套期成本　75 000

（3）实际时间价值低于校准时间价值的情形。期权被指定时的实际时间价值为200 000元，假定开始时的校准时间价值为240 000元，此时期权实际时间价值低于校准时间价值。假定该期权的实际时间价值在第1年年末为120 000元，校准时间价值在第1年年末为100 000元。

在这种情形下，期权时间价值的变动如表6-24所示。

表6-24　期权实际时间价值低于校准时间价值的情形　　单位：元

项目	行次	指定套期时	第1年年末	第2年年末	合计
期权的实际时间价值	①	200 000	120 000	0	
期权的校准时间价值	②	240 000	100 000	0	
期权实际时间价值的变动金额	③	—	80 000	120 000	200 000
期权校准时间价值的变动金额	④	—	140 000	100 000	240 000
计入其他综合收益的变动金额	⑤	—	80 000	120 000	200 000
从其他综合收益转出（分摊）的金额	⑥	—	100 000	100 000	200 000
影响当期损益的金额	⑦=⑥	—	100 000	100 000	200 000

甲公司有关期权时间价值的账务处理如下：

1）第1年。

借：其他综合收益——套期成本　　80 000

　贷：衍生工具　　80 000

借：财务费用　　100 000

　贷：其他综合收益——套期成本　　100 000

2）第2年。

借：其他综合收益——套期成本　　120 000

　贷：衍生工具　　120 000

借：财务费用　　100 000

　贷：其他综合收益——套期成本　　100 000

6.4.5　远期用于套期的情形

如果企业选择将远期合同的远期要素和即期要素分开，只将即期要素的价值变动指定为套期工具，或者将金融工具的外汇基差单独分拆，只将排除外汇基差后的金融工具指定为套期工具，那么，该企业可以按照与前述期权时间价值相同的处理方式对远期合同的远期要素或金融工具的外汇基差进行会计处理。

6.4.6　信用风险敞口的公允价值选择权

1. 公允价值选择权的行使

企业使用以公允价值计量且其变动计入当期损益的信用衍生工具管理金融工具（或其组成部分）的信用风险敞口时，可以在该金融工具（或其组成部分）初始确认时、后续计量中或尚未确认时，将其指定为以公允价值计量且其变动计入当期损益的金融工具，并同时做出书面记录，但应当同时满足下列条件：

（1）金融工具信用风险敞口的主体（如借款人或贷款承诺持有人）与信用衍生工具涉及的主体相一致。

（2）金融工具的偿付级次与根据信用衍生工具条款须交付的工具的偿付级次相一致。

上述金融工具（或其组成部分）被指定为以公允价值计量且其变动计入当期损益的金融工具的，企业应当在指定时将其账面价值（如有）与其公允价值之间的差额计入当期损益。如该金融工具是按照《企业会计准则第 22 号——金融工具确认和计量》第十八条分类为以公允价值计量且其变动计入其他综合收益的金融资产的，企业应当将之前计入其他综合收益的累计利得或损失转出，计入当期损益。

2. 公允价值选择权的停止

同时满足下列条件的，企业应当停止公允价值选择权，即终止以公允价值计量且其变动计入当期损益：

（1）企业不再具备行使公允价值选择权的条件。例如信用衍生工具或金融工具（或其一定比例）已到期、被出售、合同终止或已行使，或企业的风险管理目标发生变化，不再通过信用衍生工具进行风险管理。

（2）金融工具（或其一定比例）按照《企业会计准则第 22 号——金融工具确认和计量》的规定，仍然不满足以公允价值计量且其变动计入当期损益的金融工具的条件。

当企业对金融工具（或其一定比例）终止以公允价值计量且其变动计入当期损益时，该金融工具（或其一定比例）在终止时的公允价值应当作为其新的账面价值。同时，企业应当采用与该金融工具被指定为以公允价值计量且其变动计入当期损益之前相同的方法进行计量。

上述规则的设计本意是，如果允许企业针对金融工具的信用风险敞口，选择以公允价值计量且其变动计入当期损益的方式来进行会计处理，就可以实现信用风险敞口和信用衍生工具公允价值变动在利润表中的自然对冲。如此，就能够取得套期会计的效果，而不需要真的采用套期会计规则。准则制定者认为，这种方法其实是套期会计的一种替代，能够更好地反映企业管理信用风险活动的结果，提高企业管理信用风险的积极性。

6.5 套期会计规则的适用条件

6.5.1 套期会计规则适用条件的设计思路及其具体要求

如前所述，套期会计规则的目的是避免套期工具（通常是衍生工具）因公允价值变动所导致的浮动盈亏对利润表造成冲击，也就是说，套期会计规则的目的是尽量避免公允价值会计规则造成利润表的大幅波动，从而降低公允价值会计对利润表的冲击。尤其对于那些从事套期保值交易的企业来说，其目的并不是投机，而是规避价格风险、促进实体经济的业务发展。所以，套期会计的目的实际上是一边继续推广公允价值会计，一边“纠正”公允价值会计对从事套期保值交易的企业的财务业绩的负面影响。

但是，套期会计规则出台后，就出现了利用套期会计规则掩盖金融投机活动的可能。对此，准则为套期会计规则规定了比较严格的适用条件。其设计思路是，只允许真正从事套期保值交易的企业采用套期会计方法。①

准则规定，套期保值行为同时满足下列条件的，才能运用准则规定的套期会计方法进行处理：

（1）套期关系（即套期工具和被套期项目之间的关系）仅由符合条件的套期工具和被套期项目组成。

（2）在套期开始时，企业正式指定了套期工具和被套期项目，并准备了关于套期关系和企业从事套期的风险管理策略、风险管理目标的书面文件。该文件至少载明了套期工具、被套期项目、被套期风险的性质以及套期有效性评估方法（包括套期无效部分产生的原因分析以及套期比率确定方法）等内容。

专栏6-7　风险管理策略和风险管理目标

企业应当区分风险管理策略（risk management strategy）和风险管理目标（risk management objective）。

风险管理策略由企业风险管理最高决策机构制定，一般在企业有关纲领性文件中阐述，并通过含有具体指引的政策性文件在企业范围内贯彻落实。风险管理策略通常应当识别企业面临的各类风险并明确企业如何应对这些风险，一般适用于较长时期的风险管理活动，并且包含一定的灵活性以适应策略实施期间环境的变化（例如，不同利率或商品价格水平导致不同程度的套期）。

而风险管理目标是指企业在某一特定套期关系层面上，确定如何指定套期工具和被套期项目，以及如何运用指定的套期工具对指定为被套期项目的特定风险敞口进行套期。

总之，风险管理策略可以涵盖许多不同的套期关系，而这些套期关系的风险管理目标旨在落实整体的风险管理策略。

（3）套期关系符合套期有效性要求。

6.5.2 套期有效性的认定

套期有效性是指套期工具的公允价值或现金流量变动能够抵销被套期风险引

① 比较而言，2006年颁布的《企业会计准则第24号——套期保值》所规定的适用条件更为严格。不少企业抱怨，它们的某些套期业务往往因为不满足套期会计的适用条件，而无法在财务报表上将套期损益与被套期项目的公允价值变动（或现金流量变动）对冲，这显然加剧了企业损益的波动，影响了企业参与套期业务的积极性。因此，它们迫切希望准则制定者能够降低套期会计的运用门槛。因此，2017年颁布的《企业会计准则第24号——套期会计》大幅降低了套期会计的运用门槛。

起的被套期项目公允价值或现金流量变动的程度。套期工具的公允价值变动（或现金流量变动）大于或小于被套期项目的公允价值变动（或现金流量变动）的部分为套期无效部分。

套期同时满足下列条件的，企业应当认定套期关系符合套期有效性要求：

（1）被套期项目和套期工具之间存在经济关系（economic relationship）。该经济关系使得套期工具和被套期项目的价值因面临相同的被套期风险而发生方向相反的变动。

（2）在被套期项目和套期工具之间的经济关系产生的价值变动中，信用风险（credit risk）的影响不占主导地位。①

（3）套期关系的套期比率（hedge ratio），应当等于企业实际套期的被套期项目数量与对其进行套期的套期工具实际数量之比。但套期比率不应当反映被套期项目和套期工具相对权重的失衡，这种失衡会导致套期无效，并可能产生与套期会计目标不一致的会计结果。例如，企业确定拟采用的套期比率是为了避免确认现金流量套期的套期无效部分，或是为了创造更多的被套期项目进行公允价值调整以达到增加使用公允价值会计的目的，可能会产生与套期会计目标不一致的会计结果。

显然，2017 年颁布的《企业会计准则第 24 号——套期会计》所规定的上述套期有效性的认定标准都是定性的要求，注重评估套期的预期有效性。作为对比，2006 年版的《企业会计准则第 24 号——套期保值》中所提及套期有效性（套期高度有效）的 80%～125%量化指标及回顾性评估要求均被取消。准则制定者认为，这使得套期会计更契合企业的风险管理实践，从而有效降低企业运用套期会计的门槛，减少企业运用套期会计的成本和工作量，并且有助于在财务报表中更加恰当地反映企业的风险管理活动。

企业应当在套期开始日及以后期间持续地对套期关系是否符合套期有效性要求进行评估，尤其应当分析在套期剩余期限内预期将影响套期关系的套期无效部分产生的原因。企业至少应当在资产负债表日及相关情形发生重大变化将对套期有效性造成影响时对套期关系进行评估。

套期关系由于套期比率的原因而不再符合套期有效性要求，但指定该套期关系的风险管理目标没有改变的，企业应当进行套期关系再平衡，即对已经存在的套期关系中被套期项目或套期工具的数量进行调整，以使套期比率重新符合套期有效性要求。也就是说，企业不必先终止套期关系再重新指定套期关系，而是仅仅进行再平衡便可以延续以往所建立的套期关系。

基于其他目的对被套期项目或套期工具所指定的数量进行变动，不构成套期关系再平衡。企业在套期关系再平衡时，应当首先确认套期关系调整前的套期无效部分，并更新在套期剩余期限内预期将影响套期关系的套期无效部分产生原因的分析，同时相应地更新套期关系的书面文件。

---

① 反之，如果信用风险的影响占据主导地位，则意味着套期工具与被套期项目之间的经济关系（即相互抵销的程度）可能会变得不再具有规律性。

6.5.3 套期会计的终止

1. 应当终止运用套期会计的情形

企业发生下列情形之一的，应当终止运用套期会计：

（1）因风险管理目标发生变化，导致套期关系不再满足风险管理目标。

（2）套期工具已到期、被出售、合同终止或已行使。下列情形不作为套期工具已到期或合同终止处理：1）套期工具展期或被另一项套期工具替换，而且该展期或替换是企业书面文件所载明的风险管理目标的组成部分；2）由于法律法规或其他相关规定的要求，套期工具的原交易对手方变更为一个或多个清算交易对手方（例如清算机构或其他主体），以最终达成由同一中央交易对手方进行清算的目的。如果存在套期工具其他变更，该变更应当仅限于达成此类替换交易对手方所必需的变更。

（3）被套期项目与套期工具之间不再存在经济关系，或者被套期项目和套期工具经济关系产生的价值变动中，信用风险的影响开始占主导地位。

（4）套期关系不再满足套期会计准则所规定的运用套期会计方法的其他条件。在适用套期关系再平衡的情况下，企业应当首先考虑套期关系再平衡，然后评估套期关系是否满足套期会计准则所规定的运用套期会计方法的条件。

终止套期会计可能会影响套期关系的整体或其中一部分，在仅影响其中一部分时，剩余未受影响的部分仍适用套期会计。

2. 不得终止套期关系的情形

套期关系同时满足下列条件的，企业不得撤销套期关系的指定并由此终止套期关系：

（1）套期关系仍然满足风险管理目标。

（2）套期关系仍然满足套期会计准则运用套期会计方法的其他条件。在适用套期关系再平衡的情况下，企业应当首先考虑套期关系再平衡，然后评估套期关系是否满足套期会计准则所规定的运用套期会计方法的条件。

拓展阅读

1. Dennis R. Beresford. Can We Go Back to the Good Old Days? The CPA Journal，74（12）：6.

2. 三一重工股份有限公司董事会. 三一重工股份有限公司关于开展金融衍生品业务的公告. 2021-03-31.

思考题

某上市公司购入某外资银行的结构化金融产品，对该公司的外币债务进行套期保值，公司董事会已经为此发布了临时公告，对该项套期保值业务的套期关系进行正式指定，并准备了关于套期关系、风险管理目标和套期策略的正式书面文件，文件中载明了套期工具、被套期项目、被套期风险的性质以及套期有效性评价方法等内容。总之，其操作符合套期会计的适用条件。近几年该公司连续收到交易对手支付的数亿元交割款，目前距该套期合同的到期日尚有数年时间。该上市公司欲将该项套期保值业务的浮动盈利作为公允价值变动损益计入本年度的利润表。

如果你是该公司的财务顾问，请问你会提出哪些专业建议？为什么？

练习题

1. 甲集团为国有大型钢铁企业。近年来，国内钢铁行业产能过剩，国际铁矿石价格居高不下，产品市场价格不断下跌，企业经济效益持续下滑。

（1）为充分利用期货市场管理产品价格风险，甲集团决定开展套期保值业务，由总经理主持专题办公会进行部署。有关决议如下：

1）开展套期保值业务应以效益最大化为目标。为应对当前螺纹钢市场价格不断下跌的不利形势，要求有关部门准确研判宏观经济形势，科学把握期货市场行情，利用期货市场开展套期保值业务，力求经济效益最大化。

2）集团总会计师全权负责套期保值业务。鉴于集团总会计师负责会计核算、财务管理等相关工作，为减少协调工作量、提高工作效率，授权集团总会计师全权负责套期保值的决策及组织实施。

3）集团风险管理部门应加快制度建设。套期保值业务相关风险较大，应当建立健全涉及前台、中台、后台等方面的管理制度，制定涉及止损警示及处理等方面的应急预案，以有效应对市场价格出现对套期保值头寸的不利变化。

4）开展套期保值业务要勇于创新。集团发展得益于创新，开展套期保值也要努力创新。集团开展套期保值业务时，买卖期货合约的规模可以根据具体情况，扩大到现货市场所买卖的被套期保值商品数量的2～3倍。

5）套期保值业务要遵循企业会计准则进行处理。要结合公司开展套期保值业务的具体情况，将套期保值业务均作为公允价值套期，并在符合企业会计准则规定条件的基础上，采用相应的公允价值套期会计方法进行处理。

（2）按照上述决议，甲集团开展了如下套期保值业务：

20×3年3月3日，螺纹钢现货市场价格为4 650元/吨，期货市场价格为4 620元/吨。为防范螺纹钢价格持续下跌给集团带来重大损失，甲集团在期货市场卖出期限为3个月的期货合约100 000吨作为套期保值工具，对现货螺纹钢100 000吨进行套期保值。6月20日，螺纹钢现货市场价格为4 570元/吨，期货市场价格为4 550元/吨；当日，甲集团在现货市场卖出螺纹钢100 000吨，同时在期货市场买入100 000吨螺纹钢合约平仓。

假定不考虑其他因素。

要求：

(1) 根据资料(1)，逐项判断甲集团1)至5)项决议是否存在不当之处；对存在不当之处的，分别指出不当之处，并逐项说明理由。

(2) 根据资料(2)，计算甲集团开展套期保值业务在现货和期货两个市场盈亏相抵后的净值（不考虑手续费等交易成本，要求列出计算过程）。

2. 北方公司是A股上市公司，主要从事黑色金属冶炼和加工，所需原料铁矿石主要依赖国外进口，产品主要在国内市场销售：面对铁矿石价格总体上涨趋势，北方公司董事会决定通过境外衍生品市场开展套期保值业务，以有效锁定铁矿石采购价格，并责成公司经理层做好相关准备工作。为此，北方公司总经理杨某于近日召集有关人员进行了专题讨论，相关人员发言要点如下：

总经理杨某：第一，应当充分认识通过境外衍生品市场开展套期保值业务的必要性和复杂性；第二，应当充分了解境外衍生品市场运行特点，认真研究境外衍生品市场相关交易规则和管理制度；第三，应当建立健全相关组织机构和管理制度，成立套期保值业务管理委员会和套期保值业务工作小组，建议由总会计师朱某牵头负责。

总会计师朱某：第一，完全同意总经理杨某的意见；第二，公司应当在符合国家相关法律法规的前提下，积极利用境外衍生品市场对进口铁矿石进行套期保值；第三，考虑到公司目前对境外衍生品市场尚不熟悉，建议对境外衍生品投资进行决策时寻求专业第三方支持；第四，考虑到铁矿石价格总体呈上涨趋势，建议采用卖出套期保值方式对进口铁矿石进行套期保值。

财务部经理王某：第一，赞同总会计师朱某的意见；第二，鉴于企业会计准则要求采用公允价值计量衍生品投资，而公司目前尚无这方面技术力量，建议有关业务只作表外披露，待结清时再记入表内；第三，鉴于公司开展套期保值业务的主要目的是锁定铁矿石采购价格，应当作为公允价值套期，并在符合企业会计准则规定条件的基础上采用套期会计方法进行处理。

风险管理部经理胡某：第一，开展套期保值业务应当坚持衍生品市场和现货市场买卖商品方向相同原则；第二，公司应当建立健全境外衍生品交易业务前台、中台、后台风险管理机制；第三，公司应当建立健全境外衍生品交易业务报批程序，但在市场发生特殊变化时可先交易后补办报批手续；第四，公司应当建立健全突发事件应急处理机制。

假定不考虑其他因素。

要求：

根据上述资料，逐项判断北方公司总经理杨某、总会计师朱某、财务部经理王某、风险管理部经理胡某的观点是否存在不当之处；对存在不当之处的，分别指出不当之处，并逐项说明理由。

3. 华南公司是境内国有控股大型化工类上市公司，其产品所需MN原材料主要依赖进口。近期，由于国际市场上MN原材料价格波动较大，且总体上涨趋势明显，该公司决定尝试利用境外衍生品市场开展套期保值业务。套期保值属该公司新业务，且需向有关主管部门申请境外交易相关资格。该公司管理层组织相关人员进行专题研究，主要发言如下：

发言一：公司作为大型上市公司，如任凭MN原材料价格波动，加之汇率波动较大的影响，可能不利于实现公司成本战略。因此，应当在遵守国家法律法规的前提下，充分利用境外衍生品市场对MN原材料进口进行套期保值。

发言二：近年来，某些国内大型企业由于各种原因发生境外衍生品交易巨额亏损事件，造成重大负面影响。鉴于此，公司应当慎重利用境外衍生品市场对MN原材料进口进行套期保值，不应展开境外衍生品投资业务。

发言三：公司应当利用境外衍生品市场开展MN原材料套期保值。针对MN原材料国际市场价格总体上涨的情况，可以采用卖出套期保值方式进行套期保值。

发言四：公司应当在开展境外衍生品交易前抓紧各项制度建设，对于公司衍生品交易前台操作人员应予特别限制，所有重大交易均须实行事前报批、事中控制、事后报告制度。

发言五：公司应当加强套期保值业务的会计处理，将对MN原材料预期进口进行套期保值确认为公允价值套期，并在符合规定条件的基础上采用套期会计方法进行处理。

假定不考虑其他有关因素。

要求：

根据上述资料，逐项判断华南公司发言一至发言五中的观点是否存在不当之处；存在不当之处的，请分别指出不当之处，并逐项说明理由。

第7章 金融资产转移

Chapter 7

课程思政要点

1. 立足本来、吸收外来、面向未来。结合次贷危机的案例，分析资产证券化融资的交易机理、法律关系及其风险管控要点。

2. 对照阅读《企业会计准则第23号——金融资产转移》和IFRS® 9：Financial Instrument，理解金融资产转移会计规则的设计思路及其局限性。

学习目标

1. 掌握：金融资产终止确认的常见情形。
2. 理解：准则的设计理念。
3. 了解：资产证券化。

本章讲解《企业会计准则第23号——金融资产转移》（2017年修订）的设计理念及操作要领。该准则是借鉴《国际财务报告准则第9号——金融工具》（IFRS® 9：Financial Instruments）的部分内容制定而成的。

准则中的大量条款是针对金融机构的复杂交易设计的，对大多数工商企业而言用处不大。因此，对本章内容大致了解即可。本章内容对初学者而言具有较大难度，好在大量的专业术语已经在第5章衍生工具会计导论中探讨过，因此，读者通过反复研读是有可能掌握其核心思路的。

7.1 金融资产转移概述

7.1.1 金融资产转移的含义

《企业会计准则第23号——金融资产转移》将“金融资产转移”定义为企业

（转出方，transferor）将金融资产（或其现金流量）让与（或交付给）该金融资产发行方之外的另一方（转入方，transferee）。这是转出方通过出售证券或者将债权进行权利质押来筹集资金的交易形式。

金融资产转移存在多种多样的操作方式，常见的有票据背书转让、票据（商业汇票）贴现、应收账款保理、福费廷、债券回购交易、融资融券、资产证券化等。

1．票据贴现

贴现泛指贴付利息将未到期的经济利益变现的交易行为，包括票据贴现和寿险保单贴现等。

票据贴现有贴现、转贴现和再贴现之分。贴现是指持票人贴付利息将未到期商业汇票（即商业承兑汇票或银行承兑汇票）背书后转让给受让人（通常是商业银行），受让人将票面金额扣除自贴现日至汇票到期日的利息后的剩余金额支付给持票人的交易行为。转贴现是指商业银行将其持有的已贴现但未到期的商业汇票交给其他商业银行予以贴现的交易行为。再贴现是指商业银行将其持有的已贴现但未到期的商业汇票交给中央银行予以贴现的交易行为。再贴现是中央银行的货币政策工具之一。

与其他各种类型的人民币贷款业务相比，贴现业务具有利率低、开票成本低的优势。

贴现存在附追索权的贴现和不附追索权的贴现两种情形。对于附追索权的情形，其法律关系实质上是通过权利质押来借款。

2．应收账款保理

中国银行业监督管理委员会 2014 年公布的《商业银行保理业务管理暂行办法》所称的保理业务，是以债权人转让其应收账款为前提，集应收账款催收、管理、坏账担保及融资于一体的综合性金融服务。债权人将其应收账款转让给商业银行，由商业银行向其提供下列服务中至少一项的，即为保理业务。

（1）应收账款催收：商业银行根据应收账款账期，主动或应债权人要求，采取电话、函件、上门等方式或运用法律手段等对债务人进行催收。

（2）应收账款管理：商业银行根据债权人的要求，定期或不定期向其提供关于应收账款的回收情况、逾期账款情况、对账单等财务和统计报表，协助其进行应收账款管理。

（3）坏账担保：商业银行与债权人签订保理协议后，为债务人核定信用额度，并在核准额度内，对债权人无商业纠纷的应收账款，提供约定的付款担保。

（4）保理融资：以应收账款合法、有效转让为前提的银行融资服务。

以应收账款为质押的贷款，不属于保理业务范围。

保理业务按照基础交易的性质和债权人、债务人所在地，分为国际保理和国内保理。国内保理是债权人和债务人均在境内的保理业务。国际保理是债权人和债务人中至少有一方在境外（包括保税区、自贸区、境内关外等）的保理业务。

保理业务按照商业银行在债务人破产、无理拖欠或无法偿付应收账款时，是否可以向债权人反转让应收账款、要求债权人回购应收账款或归还融资，分为有追索权保理（又称回购型保理）和无追索权保理（又称买断型保理）。

3. 福费廷

福费廷（forfeiting）又称买断票据、包买票据，是商业银行对出口企业因真实贸易背景而产生的应收账款（具体表现形式包括远期银行承兑汇票或远期信用证下的开证行承兑电文），所提供的无追索权的贴现服务。

通过办理福费廷业务，出口企业无须占用银行授信额度，就可以便利快捷地获得银行的融资服务。

4. 债券回购交易

（1）银行间市场的债券回购交易。银行间市场的债券回购交易通常采用场外市场传统的询价交易方式，资金的融入方和融出方通过一对一询价逐笔达成交易。

1）中国人民银行的债券回购交易。中央银行出于管理流动性的需要，可以开展债券回购交易。中国人民银行于1998年恢复债券回购业务，回购交易对象为公开市场业务一级交易商，操作工具为国债（含专项国债）、政策性金融债和中央银行融资券。中国人民银行视货币政策需要，采用正回购与逆回购两种类型，对商业银行的流动性进行双向、灵活性调节。

专栏7-1 **正回购与逆回购**

金融市场上所称的回购（repo），是销售及回购协议（sale and repurchase agreement）的简称。

正回购（sell repo）是指持券人（正回购方，即资金融入方）以债券作抵押融入资金，同时与买方（逆回购方，即资金融出方）约定在日后再购回所抵押债券的交易行为。中央银行正回购属于公开市场操作的方式之一，用于从市场收回流动性（即从市场回笼资金）。其运作成本低于中央银行票据，且影响又不会像调整存款准备金率那么长。

逆回购（reverse repo）是指中央银行向一级交易商购买有价证券，并约定在未来特定日期将有价证券卖给一级交易商的交易行为。逆回购用于向市场上投放流动性（即向市场投放资金）。

简单地说，正回购是先卖后买，逆回购是先买后卖。

2）银行业金融机构之间的债券回购交易。银行业金融机构之间出于资产负债配置的需要，也会开展债券回购交易。银行间债券回购交易是指市场参与者之间通过一对一方式达成的、基于固定收益类有价证券的回购交易，包括债券质押式回购交易和债券买断式回购交易。交易各方通过签署《中国银行间市场债券回购交易主协议（2013年版）》来明确各自的权利与义务。

专栏7-2 **国债的质押式回购和买断式回购**

1. 质押式回购

质押式回购（pledged repo）本质上是一种以证券为质押品来拆借资金的交易行为。出质人（pledger/pledgor，即正回购方、资金融入方）将证券质押给质权人（pledgee），从而筹集资金，同时约定在未来某一日期按照约定回购利率回购该证券。出质人仍然拥有该证券的所有权，但由质权人占有该证券及其担保物。

回购成交后，相应的债券所有权并没有发生转移，因此，质押式回购仅具有融资功能，不具有融券功能。

在我国的国债回购交易中，质押式回购实行标准券质押制度。

2. 买断式回购

买断式回购（outright transfer repo）是一种实券过户的交易，卖方（债券持有人）在卖出一笔债券的同时，与买方约定在未来某一日期，再由其以约定价格购回该笔债券的交易行为。买断式回购可以看作两笔现券交易的组合：第一笔是成交当日的现券交易，相应债券从融资方（债券出售方）账户过户至融券方（债券购买方）账户；第二笔是回购到期时反向的现券交易，债券从融券方账户过户至融资方账户。融券方在回购期间拥有相应债券的所有权，因此，买断式回购不仅是一种融资的工具，同时也可以作为融券的工具。

买断式回购的标的券种为指定的单只债券。

买断式回购实行履约金保证制度和有限责任交收制度。参与者按规定比例交纳的履约金冻结在结算公司，回购期满方可解冻。履约金不同于期货保证金，前者是逐笔冻结的，不可对冲，不实行逐日盯市制度。违约或申报不履约的一方的履约金划归守约的对手方，双方交收责任解除。买断式回购为持券方提供了在市场看涨时的做多机制，为其对手方提供了融券便利以及在市场下跌时的做空机制。此外，买断式回购的成交价格实际上就是该债券的远期价格，这使得买断式回购还具有远期价格发现功能。

（2）交易所债券回购交易。交易所债券回购交易是以中国证券登记结算有限责任公司为中央对手方的集中撮合式的标准券回购交易。交易所一般选择发行量大、市场流动性好、期限较为合适、新发行的基准国债开展买断式回购交易。交易所债券回购交易采用标准券制度，即不同的抵押债券按照各自的折扣系数折算为标准券，融资交易均以标准券进行。国债、地方政府债券（通常简称地方债）、公司债、企业债、可转换公司债券、可分离债券等都可以成为质押回购券种。中国证券登记结算有限责任公司定期向市场公布不同债券的折扣系数。

专栏7-3 **交易所债券回购交易的债券品种**

1. 国债

国债是国家为筹集财政资金，以其信用为基础，通过向社会筹集资金所形成的债权债务关系。目前，我国国债主要有记账式国债和储蓄国债两种。记账式国债可以上市和流通转让，储蓄国债不可以上市流通。托管在交易所市场的均为记账式国债。记账式国债又分为附息国债和贴现国债两类。附息国债定期支付利息，到期还本付息，期限为1年以上（含1年）。贴现国债以低于面值的价格贴现发行，到期按面值还本，期限为1年以下（不含1年）。

2. 地方债

地方债是指地方政府、地方公共机构发行的债券，一般用于交通、通信、住宅、教育、医院和污水处理系统等的建设，以当地政府的税收能力和其他收入作为还本付息的担保。2015年3月，财政部印发《地方政府一般债券发行管理暂行办法》和《2015年地方政府专项债券预算管理办法》，规定一般债券由地方政府按照市场化原则自发自还，采用记账式固定利率附息形式；专项债券收入、安排的支出、还本付息、发行费用纳入政府性基金预算管理。

3. 政策性银行金融债

政策性银行金融债是我国政策性银行（国家开发银行、中国农业发展银行和中国进出口银行）为筹集信贷资金，经国务院批准向银行业金融机构及其他机构发行的金融债券。按性质分为浮动利率债券、固定利率债券、投资人选择权债券、发行人选择权债券以及增发债券等。2013年国家开发银行获准并成功在上海证券交易所试点发行政策性银行金融债，首批发行额度为300亿元。

4. 公司债

公司债是指公司依照法定程序发行、约定在一定期限内还本付息的有价证券。公司债是以公司制法人作为发行主体，期限通常在1年以上。2015年1月15日，证监会发布《公司债券发行与交易管理办法》，规定公司债发行按照大公募债、小公募债和私募债进行分类审核。

5. 企业债

根据《企业债券管理条例》的规定，企业债券是指企业依照法定程序发行、约定在一定期限内还本付息的有价证券。国家发展和改革委员会作为企业债主管机关，负责发行核准工作。企业债可在银行间市场和交易所市场发行交易，是目前我国唯一可以跨市场上市交易的信用债品种。

6. 可转换公司债券

可转换公司债券（简称可转债）是指在一定时间内可以按照既定的转股价格转换为指定股票的债券。转股权是可转债持有者的权利，而非义务，持有者可以选择转股，也可以选择继续持有可转债。可转债可以看作“债券＋股票期权”的组合。除了转股权外，可转债还包含发行人向下修正条款、赎回条款、回售条款等。

7. 可交换债券

可交换债券是指上市公司的股东依法发行、在一定期限内依据约定的条件可以交换成该股东所持有的上市公司股份的债券品种。可交换债券的持有人有权按一定条件将债券交换为标的公司的股票，在此之前可定期获得如常规债权一样的票息，若持有到期未行权可获得到期本息偿付。除了换股条款外，常见于可转债的赎回条款、回售条款以及向下修正转（换）股价条款也常出现在可交换债券上。

8. 可分离债券

可分离债券是上市公司公开发行的认股权和债券分离交易的可转债，是公司债券加上认股权证的组合产品。可分离债券由可转债和股票权证两大部分组成，将传统可转债的转股权利剥离出来，以认股权证的形式送给债券购买者，该认股权证可以独立于债券本身进行转让交易。

9. 资产支持证券

资产支持证券是指企业或其他融资主体将合法享有的、缺乏流动性但具有可预测的稳定现金流的资产或资产组合（基础资产）出售给特定的机构或载体，它们以该基础资产产生的现金流为支持发行证券，以获得融资并最大限度提高资产流动性的一种结构性融资手段。基础资产类型包括企业应收款、租赁债权、信贷资产、信托受益权等财产权利，基础设施、商业物业等不动产财产或不动产收益权，以及证监会认可的其他财产或财产权利。2014年11月，证监会发布《证券公司及基金管理公司子公司资产证券化业务管理规定》及配套规则，改事前行政审批为事后备案，实施负面清单管理制度。

资料来源：上海证券交易所网站，www.sse.com.cn/assortment/bonds/home/.

7.1.2 证券化业务

证券化（securitization）业务的实质是企业通过出售未来的现金流来融资，使得发起人在扣除证券化成本之后能够筹集到和基础资产未来现金流量现值相等的现金流。如果未来的现金流来自资产负债表上已经记载的债权，那么，证券化其实是在利用出售债权来获得融资，这是着眼于资产负债表左侧的资产方的融资行为，与资产负债表右侧的债务融资（debt financing）和权益融资（equity financing，又称股权融资）存在显著的不同（如图7-1所示）。证券化不会增大

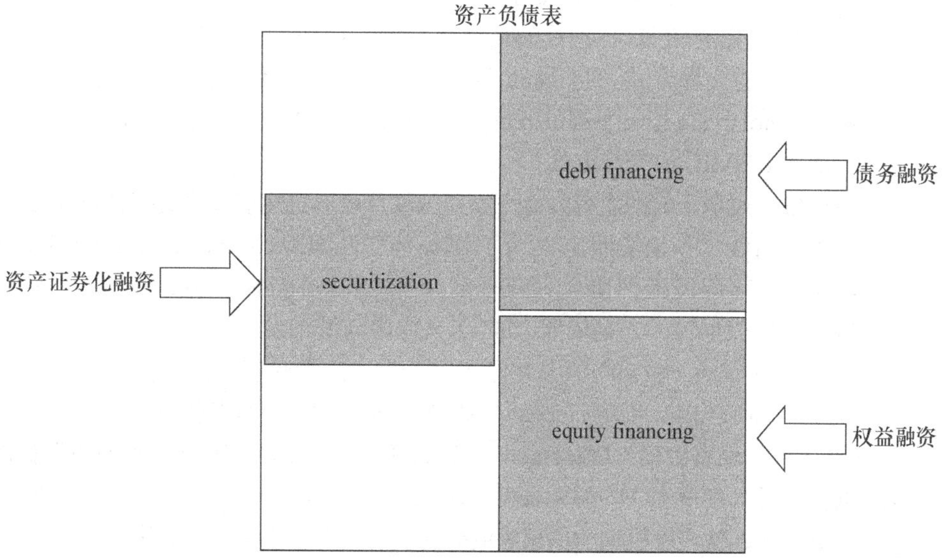

图7-1 资产证券化融资、债务融资、权益融资对资产负债表的影响（示意图）

发起人的资产负债规模，反而可能会使得发起人因资金充裕、负债融资需求下降而“收缩”资产负债表，因而，是一种比较有效的资产负债管理方法。随着证券化业务的开展，整个银行体系的资产负债规模也可能会随之下降。

在会计处理上，对于针对资产负债表上已经记载的债权所开展的证券化业务，会计管理中需要考虑该债权是否“出表”的问题。对于针对企业资产负债表上尚未记载的未来现金流（如高速公路的收费权）所开展的证券化业务，就无须考虑“出表”的问题。

1. 资产证券化在储贷危机和次贷危机中的角色

证券化业务虽然历史并不悠久，但在世界金融史上扮演过显赫的角色。20世纪80年代的储贷危机和21世纪初的次贷危机都和它密切相关。

美国20世纪80年代的储贷危机和21世纪初的次贷危机在很多方面有着惊人的相似：这两次金融危机都源于美国经济的金融化和金融脱离实体经济的虚拟资本化；两者都以资产证券化为主线；会计在两次危机中都为千夫所指。两者的一个显著区别是，由于公允价值会计狂飙突进，会计规则在20世纪90年代中期发展到混合计量模式，因此，会计规则的顺周期效应在次贷危机期间表现得淋漓尽致，这是储贷危机期间所未见到的。

在美元与黄金脱钩的20世纪70年代，美国制造业的主导地位逐渐衰落，平均利润率远不如第二次世界大战后的黄金时代。金融部门越来越多地通过虚拟资本运动谋取利润，证券化业务成为金融资本的新宠，最终直接造成储贷危机和次贷危机的爆发。

2. 资产证券化的交易方式的演变

证券化业务的交易方式有三种，在初始阶段（1968—1983年）采取的是过手证券的交易方式，之后的短暂过渡期（1983—1986年）采取过转付债券（CMO）的交易方式，自1986年至今采取的是不动产抵押贷款投资渠道（real estate mortgage investment conduit，REMIC）的交易方式。如今，资产证券化均采用REMIC的交易方式。

（1）过手证券的发行。有三家美国联邦政府机构或政府支持企业冲在证券化业务的最前线。一是依照1938年《国民住房法案》（National Housing Act of 1938）成立的联邦国民抵押协会（Federal National Mortgage Association，FNMA/Fannie Mae，即房利美）。二是依照1968年《住房与城市发展法案》（Housing and Urban Development Act of 1968）从房利美中分拆出来的政府国民抵押协会（Government National Mortgage Association，GNMA/Ginnie Mae，即吉利美）。三是依照1970年《紧急住房融资法案》（Emergency Home Finance Act of 1970）成立的联邦住宅贷款抵押公司（Federal Home Loan Mortgage Corporation，FHLMC/Freddie Mac，即房地美）等。这三家机构的信用等级等同于或接近于美国政府的信用等级。

1968年，吉利美为第一只抵押贷款过手证券（mortgage pass-through securities）

提供担保[①]，证券化业务拉开大幕。过手证券有多种多样的称呼。1971年，房地美发行其首只抵押贷款过手证券，称作参与凭证（participation certificate，PC）。1981年，房利美发行其首只抵押贷款过手证券，称作抵押贷款支持证券（mortgage backed security，MBS）。后来的MBS包括基于居民住房抵押贷款（residential mortgage）开发的RMBS，以及基于商业地产抵押贷款（commercial mortgage）开发的CMBS。

20世纪六七十年代发行的过手证券的特点是“过手”，即发行人（或其委托的服务人）先行收取基础资产的现金流量，然后转付给证券化产品的投资人。这种产品中，发行人（或其委托的服务人）被动地收款后就过手转付，不主动对现金流量进行管理，过手证券的这种特点被称作转递结构（pass-through structure）。发行人不得对现金流量进行主动管理，而只能将现金流量转付给证券化产品的投资者，这是为了满足税法对特殊目的载体的免税要求——税法是金融活动的制度基础之一。相应地，证券化产品也就只能是单一档次的证券。满足会计准则规定条件的，还可以把基础资产“出表”。

大型会计公司作为各大投资银行的顾问，积极参与证券化（结构化金融）业务。美国财务会计准则委员会更是于1983年发布第77号财务会计准则，允许商业银行将证券化的贷款以及相关债务移出资产负债表。[②] 这种存在明显缺陷的会计规则，允许商业银行通过出售贷款来记录利润，为它们通过表外业务规避金融监管提供了便利。商业银行的盈利模式由传统的“发放贷款并长期持有”转变为“发放贷款并转让出去”，这是金融部门在20世纪80年代最大的转变。[③] 因失当的会计规则造就的影子银行系统（shadow banking system），至今仍是金融监管的棘手难题。

（2）CMO的发行。20世纪80年代初，新自由主义成为资本主义制度的新模式，为金融化扫清政府管制障碍。自罗斯福新政以来主导美国经济的凯恩斯主义被抛弃[④]，放松金融监管的法律和政策陆续出台。

1983年，房地美对过手证券进行升级改造，发行了第一只CMO。CMO是对基础资产（即抵押贷款）的现金流量进行主动管理，按照期限和风险程度分层次设计的债券，故又称转付债券（pay-through bond）。其实质是债务融资，因此，不允许“出表”。这意味着，CMO的发行将会导致资产负债规模的膨胀。此外，税法也不允许CMO享有免税待遇。这些因素导致CMO注定只能是一种过渡性的产品形态。

---

① 对抵押贷款的证券化，主要由房利美和房地美这两家政府赞助企业主导进行。吉利美为两者提供政府担保，目标是依照联邦法律改善国民住房条件。

② Financial Accounting Standards Board. Statement of Financial Accounting Standards No. 77: Reporting by Transferors for Transfers of Receivables with Recourse. 1983.

③ Engerman S L. Gallman R E. The Cambridge Economic History of the United States, Volume 3: The Twentieth Century. Cambridge University Press, 2000: 754 - 787.

④ 19世纪末至1933年，美国的金融业是在监管松弛的条件下发展的。大萧条时期，罗斯福新政通过金融管制抑制了金融部门的利益。凯恩斯主义从此主导美国经济近30年，在这个时期，金融部门服务于非金融部门，促进了非金融部门的资本积累。

（3）REMIC 政策与证券化新业务模式的出台。能不能将过手证券的免税待遇与 CMO 的主动管理（即对现金流分层）这两个优点结合起来？这就是后来资产证券化的主要政策思路。1986 年，美国国会通过《税收改革法》，对满足该法规定的 REMIC 的证券化产品发行人（即特殊目的机构）给予免税待遇。此举进一步扶持了抵押贷款的证券化。从此以后，证券化业务得以享受免税待遇，同时主动管理基础资产现金流，从而按照基础资产的现金流的期限和风险程度设计多档次的证券。满足会计准则规定条件的，还可以把基础资产“出表”。

1986 年以来，采用 REMIC 发行方式的发行人得以主动对基础资产的现金流量进行管理，按照风险等级将资产包（即债权包）打包、评估，并按照期限和风险程度分成若干层次（tranches），分别进行期限分层（maturity tranching）和信用分层（credit tranching），然后针对不同分层的现金流，设计出适应投资者不同偏好的证券化产品，如图 7－2 所示。

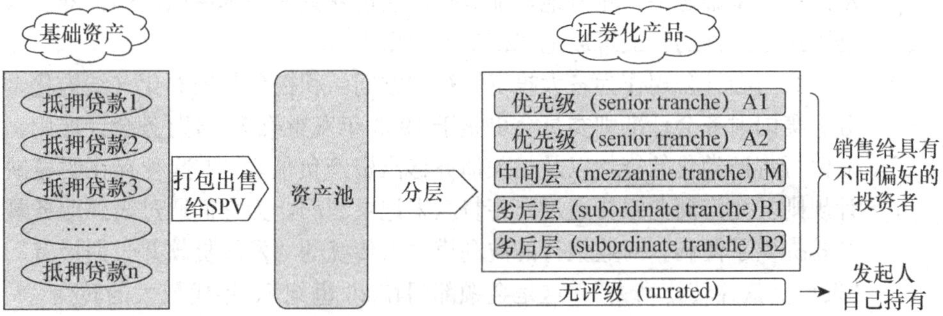

图 7－2　REMIC 交易方式下证券化产品的打包和分层（示意图）

特殊目的实体通常会将基础资产的全部现金流量按照不同的期限档次与信用档次进行划分，从而实现证券化产品的分档定价。这种主动管理能够有效地应对期限风险、提前还款风险等问题，从而使得证券化产品可以同时吸引收益导向型投资者（yield oriented investor）①、期限导向型投资者（maturity oriented investor）和信用导向型投资者（credit oriented investor）。

（4）资产支持证券的发行与再证券化。在宽松的监管政策背景下，金融机构积极地针对除抵押贷款（即居民住房抵押贷款、商业地产抵押贷款）以外的资产进行证券化，所发行的证券称作资产支持证券（asset backed securities，ABS）。20 世纪 80 年代，租赁应收款、汽车贷款、信用卡应收款、房屋净值贷款、学生贷款等均成为证券化的对象。银行的各类资产业务均可用于证券化。

20 世纪 80 年代末，ABS 的升级品种——债务抵押债券（collateralized debt obligation，CDO）在市场上出现。CDO 是基于低信用评级的 ABS 进行再证券化所形成的证券品种，包括以大额工商业贷款为原始基础资产所开发的担保贷款凭证（collateralized loan obligation，CLO）以及以公司债券、垃圾债券为原始基础资产所开发的担保债券凭证（collateralized bond obligation，CBO）。后来，次

① 又称利差型投资者（yield spread investor）。

级房地产抵押贷款也被用作原始基础资产。如此反复，以市场上既存的证券为基础设计新的证券，导致资本市场上的证券品种急剧增长。美国证券市场上的证券化相关产品可归纳为图 7-3。图中上部显示了 REMIC 发行模式的形成过程。图中下部左侧的基础资产也可进行证券化和再证券化，且其证券化产品也可采用 REMIC 发行模式。

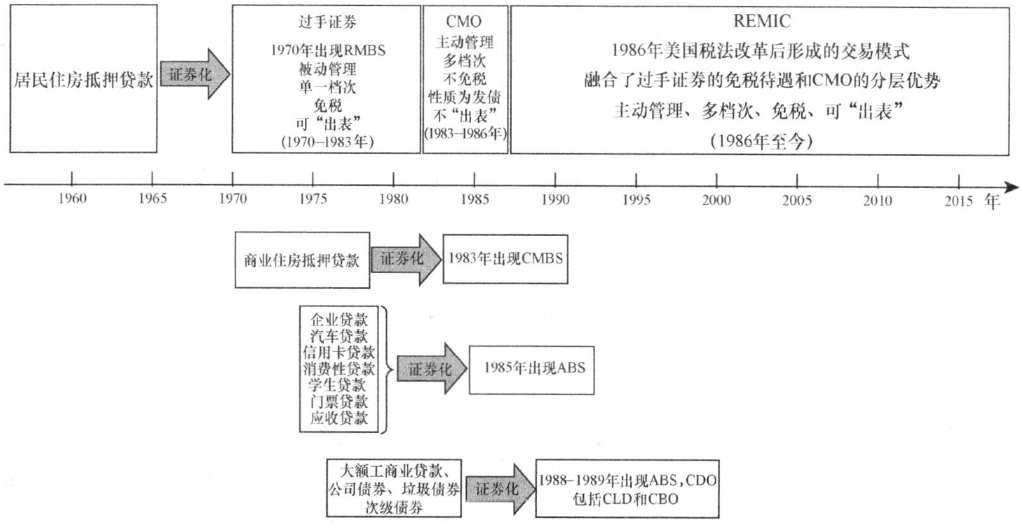

图 7-3 美国证券市场上的证券化相关产品

21 世纪以来，美国经济处于低利率、加杠杆的资本生态环境，房地产价格屡创新高，商业银行（法律已经允许组建全能型商业银行）的资产证券化业务再度兴起。中小银行向资信等级较低的居民发放次级住房抵押贷款之后，将该资产打包出售给投资银行获得现款。投资银行以这些抵押贷款为基础设计 MBS，出售给投资者。商业银行积极发放掠夺性贷款（predatory lending），放贷标准一再降低，信贷扩张反过来助长房价的急速上升。比会计规则的质量下降更糟糕的是，20 世纪 90 年代美国的经济政策非但没有纠正商业银行盈利模式的失当变革（商业银行在证券化过程中其实是在做投资银行业务，而不是在履行信用中介职能），反而进一步放松管制，甚至取消了限制混业经营的法律。21 世纪初，证券市场充斥着 RMBS，CMBS，ABS，CDO 以及 CDO^2，CDO^3 等证券品种。交易者无法判断众多证券的风险程度，于是金融产品的“金融保险”信用违约互换（credit default swap，CDS）出笼，将次贷规模推向新高，直至爆发第二次世界大战后最严重的金融危机。

3. 证券化业务的基本操作流程

证券化业务的基本操作流程其实并不复杂，如图 7-4 所示。

以抵押贷款的证券化为例。商业银行发放住房抵押贷款之后，面临现款短缺的问题，授信规模因此受到限制。这时，它们往往在金融中介的诱导下，将该资产包出售给特定目的信托，然后由特定目的信托以这些抵押贷款为基础设计抵押

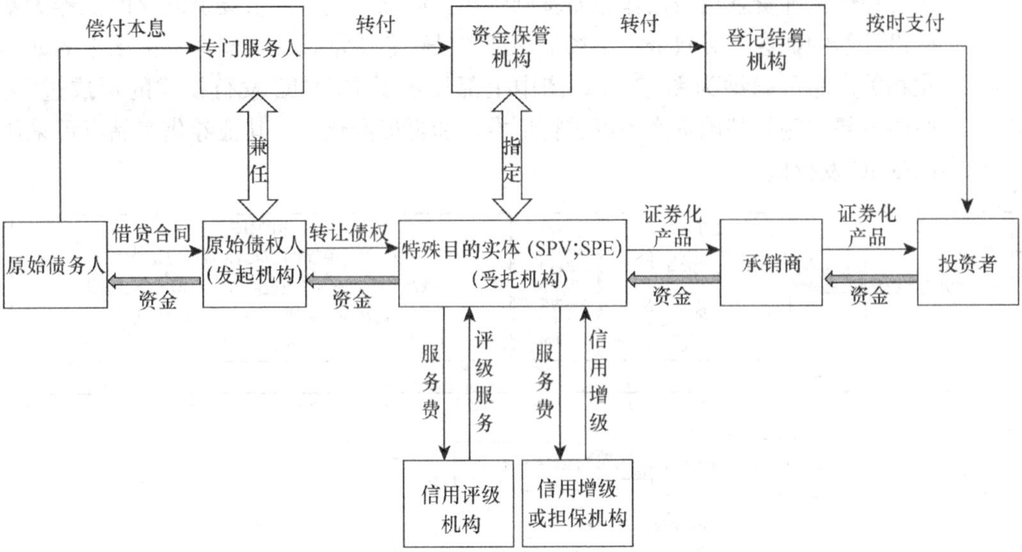

图7-4 证券化的基本操作流程（示意图）

贷款支持证券出售给公司及公众，最后把筹到的现款扣除佣金后交给商业银行。这个业务流程就是证券化。通俗地说，证券化就是把未到期债权中的预期现金流做成证券，通过出售证券来提前变现。此时，商业银行实际上在从事投资银行业务：它在证券化业务中兼任专门服务人，赚取其作为服务商的手续费或佣金。

资产证券化的操作流程大致可概括为以下八个步骤。

（1）确定资产池。发起人（也即转出方、原始权益人）包括商业银行、储蓄贷款公司、抵押贷款公司、信用卡服务商、汽车金融公司、消费金融公司、证券公司等。确定用于证券化的基础资产（即各类债权）时，需要对基础资产的信用级别进行筛选。

（2）选择特殊目的实体。资产证券化交易是通过特殊目的实体来实施的，发起人并不直接发行证券，而由特殊目的实体（special-purpose entity，SPE），或称特殊目的载体（special-purpose vehicle，SPV）担任证券化产品的发行人。证券化产品（即特殊目的实体所发行的证券）的利息和本金是通过组合基础资产的未来现金流量来支付的。从这些方面来看，资产证券化又称作结构化融资（structured finance）。

特殊目的实体需要与发起人签订贷款购买协议（loan purchase agreement）以确定双方在基础资产上的交易，签订信托协议（trust agreement）来明确特殊目的实体作为托管人的权限。

特殊目的载体可以采用信托、合伙企业、公司等组织形式。实践中的常见形式是信托。

（3）设计破产隔离机制。这一步骤的目的是尽力实现有关资产信用与发起人信用的破产隔离（bankruptcy remoteness），即便发起人破产，特殊目的实体的资产也不会用于清偿发起人的债务。这样，证券化产品的投资人的权利有望不因为发起人破产而受到影响。

在资产证券化实务中，企业通常设立“信托计划”“专项支持计划”等结构化主体作为结构化融资的载体，由结构化主体向第三方发行证券并向企业自身购买金融资产。这种情况下，从法律角度看企业可能已将金融资产转移到结构化主体，两者之间实现了风险隔离。

(4) 确定证券化产品的类型和交易方式。产品类型可以是简单的 MBS 和 ABS 等，也可以是 CDO 等复杂的再证券化产品。既可以简单地采用过手证券的交易方式，也可以采用 REMIC 的方式。

(5) 确定专门服务人。资产证券化需要有专门服务人来收集基础资产的未来现金流，并按照证券化产品的合同约定转付给证券投资者。专门服务人通常由发起人（即基础资产的出售方）兼任。特殊目的实体与专门服务人需要签订服务协议。

(6) 进行信用增级。在美国，证券化产品有机构担保抵押贷款支持证券（agency MBS）和非机构担保抵押贷款支持证券（non-agency MBS）之分。

机构担保的证券化产品是指由联邦政府机构或政府支持企业提供信用保障的证券化产品。主要的担保机构有前述的 1938 年成立的房利美、1968 年从房利美中分拆出来的吉利美、1970 年成立的房地美等三家机构，吉利美属于政府机构，房利美和房地美属于政府支持企业。

对于非机构担保的证券化产品，如果基础资产的信用级别有时难以达到证券化产品试图向投资者标称的信用级别，就需要对证券化产品提供信用增级（credit enhancement）。信用增级主要有以下四种方法：

一是自我保险（self-insurance）。自我保险是指以基础资产的本金作为信用增级来源的做法，比较常见的有高级/次级结构和超额抵押。

高级/次级结构（senior/subordinate structure）是指在证券化产品的设计上，将资金池的全部现金流分成高级和次级两个档次（通常以 A 级和 B 级表示），规定高级证券的投资者优先于次级证券的投资者获得偿付，B 级证券用于吸收损失，直至其为零。[①] 例如，假设某资产池在存续期内的累积违约率（cumulative default rate）为 15%，违约贷款的最坏损失率为 60%，那么，基础资产池在存续期内的累积损失率（cumulative loss rate）最坏将会达到 9%。根据这些现金流假设，就可以将 9%的基础资产现金流评级为次级证券，由其吸收最坏情况下的损失，这样，可确保高级证券的现金流不受影响；剩余的 91%的基础资产现金流可评级为高级证券，其信用可增级到最高的评级档次。

超额抵押（over-collateralization）是指以低于基础资产本金的数额确定证券化产品的本金，从而为证券化产品提供更高程度的本金保护（principal protection）。例如，证券化产品的本金仅为 80 亿美元，而贷款本金为 100 亿美元，可见，基础资产的现金流是所发行证券本金的 125%，于是，这额外 25%的超额抵押就类似于为高级证券提供支持的次级证券。

二是母公司信用担保（corporate parent credit guarantee）。这种做法其实是

① 也有的 A/B 结构在高级和次级之间增加一层或多层的中间层（mezzanine tranche），形成了 A/M/B 结构。

在利用母公司的信用，使得证券化产品的信用等级等同于母公司的信用等级。

三是担保债券（surety bond）。担保债券是指由担保债券公司为证券化产品提供担保的做法。如此，证券化产品的信用等级将会等同于担保债券公司的信用等级。

四是信用证（letter of credit）。证券化产品的发行人还可以请求商业银行（通常拥有AAA评级）以信用证的方式提供信用增级，这种做法往往用于短期交易。

（7）进行信用评级。一旦发行人和信用评级机构就信用增级达成一致，证券化产品就可以正式发行了。产品发行后，信用评级机构会提供跟踪的评级调整（rating change），如降级（downgrade）或升级（upgrade）。

在我国，根据《信贷资产证券化试点管理办法》的规定，资产支持证券在全国银行间债券市场发行与交易应聘请具有评级资质的资信评级机构，对资产支持证券进行持续信用评级。但是，向投资者定向发行的资产支持证券可免于信用评级。定向发行的资产支持证券只能在认购人之间转让。

（8）委托证券承销商向投资者销售证券化产品。证券化的最后一步就是由证券承销商把新发行的证券卖给投资者。

4. 资产证券化的参与主体及其法律地位

从发起人的角度来看，证券化业务对商业银行有效控制资产的利率及信用风险具有一定积极意义，但也会诱导商业银行从存贷利差型银行转变成发放收费型银行。商业银行在作为发起人从事证券化业务时，主要赚取的是贷款发放费（origination fee）①，而不是存贷利差。证券化就是出售既有的或者即将形成的资产。它使得商业银行在不扩大资产规模的情况下就可以发放贷款并赚取发放费。只要能够将其新发放的贷款卖出去，发起人就可以在不增加负债的情况下筹得资金。资产证券化使得商业银行减少了对债务融资的依赖，提高了银行资本的使用效率，有助于提高资本充足率、降低资产负债率。② 作为证券化业务发起人的商业银行往往还会担任专门服务人，赚取30～45个基点的服务费，此外还可以享有第三方资金保管账户的利息、资金过手期间的浮动利息以及延迟还款的罚没收入等。

从投资者的角度来看，证券化提供了新的金融产品，拓宽了投资渠道，使得个人也能成为抵押贷款的投资者，实际上把资本市场中投资者的资金引入了房地产市场。投资者群体的扩大明显降低了抵押贷款的资金成本。

5. 我国的资产证券化业务

在我国，资产证券化业务按照归口管理部门的不同，分成了信贷资产证券化和企业资产证券化两大业务领域。相关专业术语与美国有所不同。

（1）信贷资产证券化。理论界、实务界和金融监管方面自20世纪90年代开

---

① 在美国金融市场上，发放费一般略低于2%。

② 扈企平. 资产证券化：原理与实务. 北京：中国人民大学出版社，2007：28.

始关注资产证券化业务。2005年金融监管机构密集发布了一批部门规范性文件。4月20日，中国人民银行和中国银行业监督管理委员会发布《信贷资产证券化试点管理办法》，这是第一份用于管理证券化业务的部门规范性文件。5月16日，建设部发布《关于个人住房抵押贷款证券化涉及的抵押权变更登记有关问题的试行通知》，为发起人批量式地办理抵押权变更登记；财政部发布《信贷资产证券化试点会计处理规定》（该文件现已失效）。① 6月13日和15日，中国人民银行先后发布《资产支持证券信息披露规则》《关于资产支持证券在银行间债券市场的登记、托管、交易和结算等有关事项的公告》。11月7日，中国银行业监督管理委员会发布《金融机构信贷资产证券化试点监督管理办法》。

2005年年底，首批资产证券化产品正式推出，中国建设银行发行了国内首只RMBS“建元2005-1个人住房抵押贷款证券化信托”，国家开发银行发行了国内首只ABS“2005年第一期开元信贷资产支持证券”。这两个产品统称金融资产证券化产品，在银行间债券市场发行和交易。

（2）企业资产证券化。进入21世纪以来，银行业以外的一些工商企业也试图基于其未来现金流入开展证券化业务。这种业务称作企业资产证券化。此类业务的归口监管机构是中国证券监督管理委员会，证券化产品在上海证券交易所和深圳证券交易所发行和交易。发行企业资产证券化产品比发行企业债、公司债融资更为快捷，融资成本也显著偏低。

2003年12月18日，中国证券监督管理委员会发布《证券公司客户资产管理业务试行办法》。该办法后被2012年10月18日发布的《证券公司客户资产管理业务管理办法》取代。2013年6月26日，中国证券监督管理委员会对《证券公司客户资产管理业务管理办法》进行了修订。根据《证券公司客户资产管理业务管理办法》，证券公司可以为客户办理特定目的的专项资产管理业务。证券公司为客户办理特定目的的专项资产管理业务，应当签订专项资产管理合同，针对客户的特殊要求和基础资产的具体情况，设定特定投资目标，通过专门账户为客户提供资产管理服务。证券公司应当充分了解并向客户披露基础资产所有人或融资主体的诚信合规状况、基础资产的权属情况、有无担保安排及具体情况、投资目标的风险收益特征等相关重大事项。证券公司可以通过设立综合性的集合资产管理计划（角色类似于SPE，但不具备法人资格）办理专项资产管理业务。办理专项资产管理业务的证券公司应当按照该办法的规定向中国证券监督管理委员会提出逐项申请。

2004年10月21日，中国证券监督管理委员会发布《关于证券公司开展资产证券化业务试点有关问题的通知》。该文件所称资产证券化业务，是指证券公司面向境内机构投资者推广资产支持受益凭证，发起设立专项资产管理计划，用所募集的资金按照约定购买原始权益人能够产生可预期稳定现金流的特定资产

---

① 《信贷资产证券化试点会计处理规定》规定，信贷资产所有权上的风险和报酬转移了95%或者以上情形时，可以确认为该信贷资产所有权上的风险和报酬已几乎全部转移。根据这一监管规则，证券化产品大多自留不超过5%的基础资产。

（即基础资产），并将该资产的收益分配给受益凭证持有人的专项资产管理业务活动。基础资产应当为能够产生未来现金流的可以合法转让的财产权利，可以是单项财产权利，也可以是多项财产权利构成的资产组合。基础资产为收益权的，收益权的来源应符合法律、行政法规规定，收益权应当有独立、真实、稳定的现金流量历史记录，未来现金流量保持稳定或稳定增长趋势并能够合理预测和评估；基础资产为债权的，有关交易行为应当真实、合法，预期收益金额能够基本确定。

2014年11月19日，中国证券监督管理委员会发布《证券公司及基金管理公司子公司资产证券化业务管理规定》。该规定所称资产证券化业务，是指以基础资产所产生的现金流为偿付支持，通过结构化等方式进行信用增级，在此基础上发行资产支持证券的业务活动。该规定所称基础资产，是指符合法律法规规定，权属明确，可以产生独立、可预测的现金流且可特定化的财产权利或财产。基础资产可以是单项财产权利或者财产，也可以是多项财产权利或者财产构成的资产组合。基础资产可以是企业应收款、租赁债权、信贷资产、信托受益权等财产权利，基础设施、商业物业等不动产财产或不动产收益权，以及中国证券监督管理委员会认可的其他财产或财产权利。资产支持证券可以按照规定在证券交易所、全国中小企业股份转让系统、机构间私募产品报价与服务系统、证券公司柜台市场以及中国证券监督管理委员会认可的其他证券交易场所进行挂牌、转让。资产支持证券仅限于在合格投资者范围内转让。转让后，持有资产支持证券的合格投资者合计不得超过200人。

在我国，无论是信贷资产证券化还是企业资产证券化，证券化产品只允许合格投资者购买。监管层在这一机制设计上的基本理念是，合格投资者无须证券法律的特别保护。

2015年12月23日，国务院常务会议审议通过《关于进一步显著提高直接融资比重优化金融结构的实施意见》，明确提出要“扩大信贷资产证券化规模，发展企业资产证券化，推进基础设施资产证券化试点”。

7.1.3 金融资产的整体转移和部分转移

金融资产转移既有可能是整体转移，也有可能是部分转移。

金融资产部分转移包括下列三种情形。

（1）转移金融资产所包含的一部分特定的、可辨认的现金流量。如利息剥离合同，即企业（转出方）就某债务工具与转入方签订一项利息剥离合同，合同约定，转入方拥有获得该债务工具利息现金流量的权利，但无权获得该债务工具本金现金流。也就是说，转出方仅仅转移某一组同类贷款的应收利息，但不转让该组同类贷款的本金。

（2）转移金融资产所包含的全部现金流量的一定比例。如转移某一组同类贷款的全部现金流量（即本金和应收利息合计额）的90%。

（3）转移金融资产所包含的现金流量中的特定的、可辨认部分的一定比例，如转移某一组同类贷款的应收利息的 90%等。

企业发生满足上述情形（2）或情形（3）的金融资产转移，且存在多个转入方的，只要企业转移的份额与金融资产全部现金流量或特定可辨认现金流量完全成比例即可，不要求每个转入方均持有成比例的份额。

在除上述三种情形外的其他所有情况下，《企业会计准则第 23 号——金融资产转移》有关金融资产终止确认的相关规定适用于金融资产的整体。例如，企业转移了公允价值为 100 万元的一组类似的固定期限贷款组合，约定向转入方支付贷款组合预期产生的最初 90 万元现金流量，企业保留了取得剩余现金流量的次级权益。因为最初 90 万元的现金流量既可能来自贷款本金，也可能来自利息，且无法辨认来自贷款组合中的哪些贷款，所以不是特定可辨认的现金流量，也不是该金融资产所产生的全部或部分现金流量的完全成比例的份额。在这种情况下，企业不能仅仅将终止确认的相关规定适用于该金融资产 90 万元的部分，而应当将其适用于该金融资产的整体。又如，企业转移了一组应收款项产生的现金流量 90%的权利，同时提供了一项担保以补偿转入方可能遭受的信用损失，最高担保额为应收款项本金金额的 8%。在这种情况下，由于存在担保，在发生信用损失的情况下，企业可能需要向转入方支付部分已经收到的企业自留的 10%的现金流量，以补偿对方就 90%现金流量所遭受的损失，导致该组应收款项下实际合同现金流量的分布并非按 90% 及 10%完全成比例分配，因此终止确认的相关规定适用于该组金融资产的整体。

7.1.4 金融资产转移的两种情形

会计准则所称的金融资产转移仅指以下两种情形。

1. 转让收取金融资产现金流量的合同权利

有时，转出方会把收取金融资产现金流量的合同权利转移给转入方。例如，票据的背书转让和贴现。

在这种情形下，转出方可基于合同条款判断金融资产风险和报酬的转移情况，从而确定是否终止确认该金融资产。

2. 过手证券

过手证券又称转手证券，常见于资产证券化的情形，是指转出方保留了收取金融资产现金流量的合同权利，但承担了将收取的该现金流量支付给一个或多个最终收款方的合同义务，且同时满足下列条件：

（1）企业只有从该金融资产收到对等的现金流量时，才有义务将其支付给最终收款方。也就是说，转出方如果收到钱就会交付给转入方，如果没收到钱就不必交付，总而言之就是不垫款。

企业提供短期垫付款（short-term advances），但有权全额收回该垫付款并按照市场利率计收利息的，视同满足这一条件。这种情况是指在有的资产证券化业务中，如果发生由于被转移金融资产的实际收款日期与向最终收款方付款的日期不同而导致的款项缺口，转出方就需要向结构化主体提供现金或其他资产（即提供短期垫付款项）以建立流动性储备。在这种情况下，当且仅当转出方有权全额收回该短期垫付款并按照市场利率就该垫款计收利息，方能视同满足这一条件。如果转出方收回该垫款的权利仅优先于次级资产支持证券持有人，但劣后于优先级资产支持证券持有人，或者转出方不计收利息的，则均不满足上述"不垫款"的要求。

（2）该金融资产只能用作履行义务（即向最终收款方支付现金流量）的保证，不得出售或用于抵押。也就是说，转出方不得把金融资产挪作他用。

（3）企业有义务将代表最终收款方收取的所有现金流量及时划转给最终收款方，且无重大延误（material delay），即延误最长不超过3个月。也就是说，转出方一旦收到钱就需要尽快"过手"交付给转入方。[①] 企业无权将该现金流量进行再投资，但在收款日和最终收款方要求的划转日之间的短暂结算期内，将所收到的现金流量进行现金或现金等价物投资，并且按照合同约定将此类投资的收益支付给最终收款方的，视同满足这一条件。[②]

上述三条可以概括为：过手协议对转出方的要求是"不垫款""不挪用""不延误"。

7.1.5 金融资产转移的会计问题

企业在上述贴现、保理、债券回购等业务中所转让的债权（如应收账款、应收票据、债权投资等），商业银行在资产证券化业务中向特殊目的主体出售的贷款，究竟应当作为资产销售还是作为担保借款处理？这些问题就是金融资产转移准则要解决的核心问题。作为销售处理，就是把金融资产从转出方的资产负债表上注销；用会计准则语言来表述，就是金融资产的终止确认，俗称金融资产"出表"。"出表"意味着金融资产成为表外业务，这是金融监管部门、证券投资者等会计信息使用者关注的热门话题。作为担保借款处理，就是将转出的债权用于权利质押，转出方应当在收到款项时记录一项负债。

根据现行会计准则的规定，金融资产的转移不一定必然导致终止确认（即"出表"）。

如果企业收取某一金融资产的现金流量的权利已经终止，则应终止确认该金融资产。如在合同到期等情况下，金融资产不能再为企业带来经济利益，因此，

---

① 准则之所以制定这样的条款，是为了遏制证券化业务实践中出现的转入方（通常是信托机构等SPE）通过扣留服务机构"过手"交付的本金和利息，长期将一部分资金用作流动性储备等损害证券化产品持有人的权益的现象。

② 准则之所以制定这样的条款，是为了应对证券化业务实践中的"循环结构"即循环证券化（revolving-period securitizations）的问题。在循环结构下，转入方（通常是信托机构等SPE）在收到服务机构"过手"交付的本金和利息后，并未转付给证券化产品的持有人，而是重新用于购买转出方转让的金融资产。

应当终止确认该金融资产。

如果企业收取该金融资产的现金流量的权利尚未终止，则应在发生金融资产转移时，评估其保留金融资产所有权上的风险和报酬的程度，并区分转移了金融资产所有权上几乎所有风险和报酬、保留了金融资产所有权上几乎所有风险和报酬、既没有转移也没有保留金融资产所有权上几乎所有风险和报酬等三种情形分别予以处理，如图 7－5 所示。

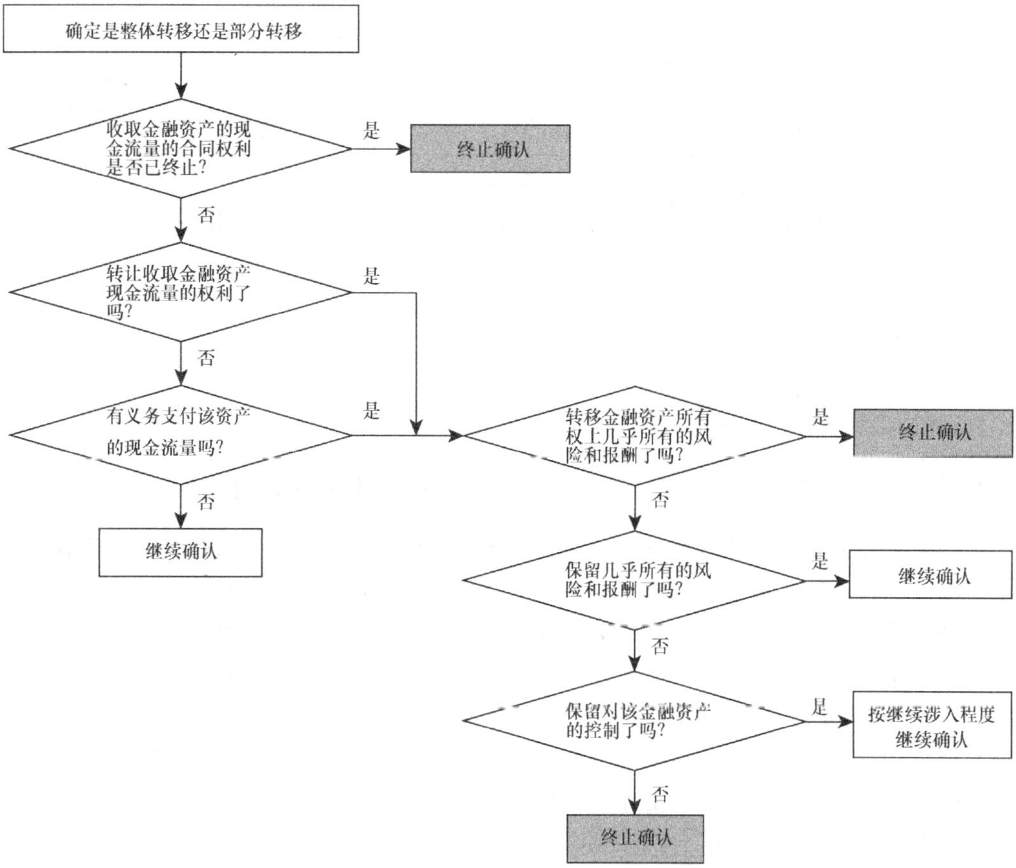

图 7－5　金融资产转移的会计规则

1. 终止确认

对于满足下列条件的金融资产转移，企业应当终止确认该金融资产：(1) 转移了金融资产所有权上几乎所有风险和报酬的；(2) 企业既没有转移也没有保留金融资产所有权上几乎所有风险和报酬，但放弃了对该金融资产的控制的。

2. 继续确认

企业保留了金融资产所有权上几乎所有风险和报酬的，不应当终止确认该金融资产。

3. 按继续涉入程度继续确认

企业既没有转移也没有保留金融资产所有权上几乎所有风险和报酬，但保留了对该金融资产的控制的（准则称之为继续涉入），则应当按照其继续涉入所转移金融资产的程度确认有关金融资产，并相应确认有关负债。

上述会计规则既考虑了风险和报酬的因素，又考虑了控制的因素，可简要概括为表7-1。

表7-1 现行金融资产转移会计规则

<table>
<tr><th colspan="2">具体情形</th><th>会计处理</th></tr>
<tr><td colspan="2">保留了几乎所有风险和报酬</td><td>继续确认资产</td></tr>
<tr><td rowspan="2">既未转移也未保留几乎所有风险和报酬</td><td>保留了对该金融资产的控制</td><td>按照涉入程度确认资产、负债及保留权益</td></tr>
<tr><td>放弃了对该金融资产的控制</td><td rowspan="2">终止确认资产</td></tr>
<tr><td colspan="2">转移了几乎所有风险和报酬</td></tr>
</table>

课程思政 培养辩证思维能力

专栏7-4 对金融资产所有权上风险和报酬的转移程度的评估

企业在评估金融资产所有权上风险和报酬的转移程度时，应当比较金融资产转移前后，其所承担的该金融资产未来净现金流量的金额及其时间分布变动的风险。

企业承担的金融资产未来净现金流量现值变动的风险，相对于金融资产的未来净现金流量现值的全部变动风险不再显著的，表明该企业已经转移了金融资产所有权上几乎所有风险和报酬。如无条件出售金融资产，或者出售金融资产且仅保留以其在回购时的公允价值进行回购的选择权。这里所指的“几乎所有风险和报酬”，企业应当根据金融资产的具体特征做出判断。需要考虑的风险类型通常包括利率风险、信用风险、外汇风险、逾期未付风险、提前偿付风险（或报酬）、权益价格风险等。需要注意的是，金融资产转移后企业承担的未来净现金流量现值变动的风险占转移前变动风险的比例，并不等同于企业保留的现金流量金额占全部现金流量的比例。例如，在一项资产证券化交易中，次级资产支持证券的份额占全部资产支持证券的5%，转出方持有全部次级资产支持证券，这并不意味着转出方仅保留金融资产5%的风险和报酬。实际上，次级资产支持证券向优先级资产支持证券提供了信用增级，而使得基础资产未来现金流量在优先级和次级之间不再完全成比例分配，因此，转移后企业承担的次级资产支持证券对应的未来净现金流量现值变动的风险可能远大于转移前全部变动风险的5%。

通常情况下，企业不需要计算即可判断其是否转移或保留了金融资产所有权上几乎所有风险和报酬。而在其他情况下，企业需要通过计算来评估是否已经转移了金融资产所有权上几乎所有风险和报酬，在计算和比较金融资产未来现金流量净现值的变动时，应当考虑所有合理、可能的现金流量变动，对于更可能发生的结果赋予更高的权重，并采用适当的市场利率作为折现率。

实务中，可通过分析金融资产转移协议中的条款和现金流量分布实际情况（如将超额服务费等纳入考虑），计算确定金融资产转移前后所承担的未来现金流量现值变动情况。实践中，存在多种可行的计算方法，以下举例说明两种常用的方法。

（1）使用离差的绝对值的均值来衡量风险变动程度。甲公司向不存在关联方关系的乙公司出售剩余期限为30天、总金额为100万元的短期应收账款组合。根据历史经验，此类应收账款的平均损失率为2%。假设甲公司承诺为应收账款组合最先发生的、不超过应收款总金额1.25%损失的部分提供担保，且该交易被认定为金融资产转移。

为了判断其保留的该短期应收账款组合所有权上的风险和报酬的程度，甲公司对应收账款组合的未来现金流量设定6种不同的合理且可能发生的情景并进行分析。根据估计的每种情景下的现金流量现值的发生概率，甲公司采用现值变动的绝对值与发生概率的乘积来衡量风险变动程度，计算得出金融资产转移之前甲公司面临的该应收账款组合的未来现金流量变动总额为6 472元（即未来现金流量现值预计变动敞口），如表7-2所示。

表7-2 金融资产转移之前的未来现金流量变动情况 金额单位：元

假设情景	未来现金流量现值	概率	概率加权	离差	离差的概率加权	预计变动
	①	②	③=①×②	④=①-Σ③	⑤=②×④	⑥
低损失	990 000	15%	148 500	11 050	1 658	1 658
正常损失和少量提前还款	985 000	20%	197 000	6 050	1 210	1 210
正常损失	980 000	35%	343 000	1 050	368	368
正常损失和大量提前还款	970 000	25%	242 500	-8 950	-2 238	2 238
严重损失	960 000	4.5%	43 200	-18 950	-853	853
非常严重损失	950 000	0.5%	4 750	-28 950	-145	145
合计		100%	978 950	38 700	0	6 472

采用类似的方法可以计算出金融资产转移之后甲公司面临的该应收账款组合的预期现金流量变动情况，如表7-3所示。

表7-3 金融资产转移之后的未来现金流量变动情况 金额单位：元

假设情景	未来现金流量现值	概率	概率加权	离差	离差的概率加权	预计变动
	①	②	③=①×②	④=①-Σ③	⑤=②×④	⑥
低损失	10 000	15%	1 500	-2 126	-319	319
正常损失和少量提前还款	12 500	20%	2 500	374	75	75
正常损失	12 500	35%	4 375	374	131	131
正常损失和大量提前还款	12 500	25%	3 125	374	94	94
严重损失	12 500	4.5%	563	374	17	17
非常严重损失	12 500	0.5%	63	374	2	2
合计	—	100%	12 126	-256	0	638

根据上述计算，金融资产转移之后，甲公司承受的相对变动为638÷6 472=9.86%，表明甲公司已经转移了该应收账款组合所有权上几乎所有风险和报酬，应当终止确认该应收账款组合。

（2）使用方差或标准差来衡量风险变动程度。甲银行持有一组类似的可提前偿还的固定利率贷款，2×18年1月1日该组贷款的本金和摊余成本均为1亿元，合同年利率和实际年利率均为10%，剩余偿还期限为2年。

当日，甲银行拟将该组贷款转移给某信托机构（简称转入方）进行证券化，遂与转入方签订协议，将该组贷款转移给转入方，并办理有关手续。甲银行收到款项9 115万元，同时保留以下权利：（1）收取本金1 000万元以及这部分本金按10%的年利率计算确定的利息的权利；（2）收取以9 000万元为本金、以0.5%的利率计算确定的利息（超额利差账户）的权利。转入方取得收取该组贷款本金中的9 000万元以及这部分本金按9.5%的利率计算确定的利息的权利。根据双方签订的协议，如果债务人提前偿付该组贷款，则偿付金额按1∶9的比例在甲银行和转入方之间进行分配，但是，如果该组贷款发生违约，则违约金额从甲银行拥有的1 000万元贷款本金中扣除，直到扣完为止。

假设该交易可以被认定为金融资产转移，为了判断甲银行保留的该组贷款所有权上的风险和报酬的程度，甲银行对该组贷款的未来现金流量设定4种不同的情景并进行分析，估算每种情景下的现金流量金额和发生概率，并采用8.5%的折现率进行折现，如表7-4所示。

表7-4　金融资产的预计未来现金流量的现值计算表　　单位：万元

假设情景		合计	转入方	甲银行
情景1（概率20%）：所有贷款被立即提前偿还	2×18年1月1日未折现的预计现金流量	10 000	9 000	1 000
	现值合计	10 000	9 000	1 000
情景2（概率30%）：所有贷款1年后被提前偿还没有违约	2×18年1月1日未折现的预计现金流量	—	—	—
	2×19年1月1日未折现的预计现金流量	11 000	9 855	1 145
	现值合计	10 138	9 083	1 055
情景3（概率30%）：所有贷款在到期日收回本金	2×18年1月1日未折现的预计现金流量	—	—	—
	2×19年1月1日未折现的预计现金流量	1 000	855	145
	2×20年1月1日未折现的预计现金流量	11 000	9 855	1 145
	现值合计	10 265	9 159	1 106
情景4（概率20%）：所有贷款在1年后违约，处置后收回10 741万元	2×18年1月1日未折现的预计现金流量	—	—	—
	2×19年1月1日未折现的预计现金流量	10 741	9 855	886
	现值合计	9 900	9 083	817

甲银行采用现值变动的标准差来衡量风险和报酬的变动程度，计算得出转移之前该组贷款的现金流量变动总额（即未来现金流量现值变动敞口）为136万元（即18 600的平方根），转移之后该组贷款的现金流量变动总额（即未来现金流量现值变动敞口）为104万元（即10 839的平方根）。计算过程如7-5所示。

表7-5 金融资产转移前后的风险变动 金额单位：万元

假设情景	概率	金融资产转移之前的现金流量变动				金融资产转移之后的现金流量变动			
		未来现金流量现值	概率加权	离差	离差平方概率加权	未来现金流量现值	概率加权	离差	离差平方概率加权
	①	②	③=①×②	④=②-∑③	⑤=①×④^2	⑥	⑦=①×⑥	⑧=⑥-∑⑦	⑨=①×⑧^2
情景1	20%	10 000	2 000	−101	2 040	1 000	200	−12	29
情景2	30%	10 138	3 041	37	411	1 055	317	43	554
情景3	30%	10 265	3 080	164	8 069	1 106	332	94	2 651
情景4	20%	9 900	1 980	−201	8 080	817	163	−195	7 605
合计	100%	—	10 101	—	18 600	—	1 012	—	10 839

比较金融资产转移之前和之后甲银行承担的该组贷款的风险敞口的变动情况（104÷136=76%），甲银行认为其既没有转移也没有保留该组贷款所有权上几乎所有风险和报酬。因此，该银行应当进一步判断其是否保留了对金融资产的控制，从而确定是否应终止确认该组贷款。

不难看出，上述现金流量的估计以及风险和报酬是否转移，都是企业自行确定的。金融资产转移的相关会计规则貌似严谨，其实只不过是在庄严地玩“过家家”的游戏。

7.2 转移了金融资产所有权上几乎所有风险和报酬的情形

7.2.1 常见情形

企业转移了金融资产所有权上几乎所有风险和报酬的常见情形有：

（1）企业无条件出售金融资产（即出售时不带追索权）。在这种情况下，当所出售的金融资产违约时，转入方不能向转出方追偿。因此，转出方一旦把金融资产转让出去，便不再承担任何风险。例如，某商业银行向某资产管理公司出售一组贷款，合同约定，在出售后该银行不再承担该组贷款的任何风险，该组贷款的所有损失均由资产管理公司承担，资产管理公司不能因该组已出售贷款的包括逾期未付在内的任何未来损失向银行要求补偿。在这种情况下，银行已经将该组贷款上几乎所有风险和报酬转移，可以终止确认该组贷款。

（2）企业出售金融资产，同时约定按回购日该金融资产的公允价值回购。在这种情况下，转出方不再承担该金融资产的价格变动风险，因此可以认定其已经转移了该项金融资产所有权上几乎所有风险和报酬，应当终止确认该金融资产。

（3）企业出售金融资产，同时卖出看跌期权（即转入方有权将该金融资产返售给转出方）或者购入看涨期权（即转出方有权回购该金融资产），且根据合同条款判断，该看跌期权或看涨期权为重大价外期权（即期权合约的条款设计，使得期权行权的可能性极小）。

7.2.2 终止确认的会计处理

企业转移了金融资产所有权上几乎所有风险和报酬的，应当终止确认该金融资产，并将转移中产生或保留的权利和义务单独确认为资产或负债。前已述及，金融资产的终止确认是指企业将之前确认的金融资产从其资产负债表中予以转出（注销）。

企业认定金融资产所有权上几乎所有风险和报酬已经转移的，除企业在新的交易中重新获得被转移金融资产外，不应当在未来期间再次确认该金融资产。

1. 金融资产整体转移的情形

金融资产转移整体满足终止确认条件的，应当将下列两项金额的差额计入当期损益：

（1）被转移金融资产在终止确认日的账面价值。

（2）因转移金融资产而收到的对价，与原直接计入其他综合收益的公允价值变动累计额中对应终止确认部分的金额（涉及转移的金融资产为根据《企业会计准则第22号——金融工具确认和计量》第十八条分类为以公允价值计量且其变动计入其他综合收益的金融资产的情形）之和。

用公式表示如下：

$$\text{金融资产整体转移的损益}=\left(\text{因转移收到的对价}\pm\text{原直接计入其他综合收益的公允价值变动累计利得或损失}\right)-\text{所转移的金融资产的账面价值}$$

企业因金融资产转移导致整体终止确认金融资产，同时获得了新金融资产或承担了新金融负债或服务负债的，应当在转移日确认新获得的金融资产和新承担的金融负债（包括看涨期权、看跌期权、担保负债、远期合同、互换等）或服务负债（servicing liability），并以公允价值进行初始计量。该金融资产扣除金融负债和服务负债后的净额应当作为上述对价的组成部分。

$$\text{因转移收到的对价}=\text{因转移交易实际收到的价款}+\text{新获得金融资产的公允价值}+\text{新获得服务资产的公允价值}-\text{新承担金融负债的公允价值}-\text{新承担服务负债的公允价值}$$

例7-1

20×8年9月9日，裕隆银行股份公司将其划分为次级类、可疑类和损失类的贷款共100笔打包出售给骈前资产管理公司，获得6 000万元。该批贷款账面余额为8 000万元，已计提减值准备1 200万元。贷款一经售出，裕隆银行股份公司不再保留与之有关的权利和义务。

裕隆银行股份公司会计处理如下。

借：存放中央银行款项　　60 000 000
　　贷款损失准备　　12 000 000
　　贷款处置损益（或投资收益）　　8 000 000
　贷：贷款　　80 000 000

例 7-2

嘉泰实业有限公司将其作为其他债权投资核算的一批债券卖出，获得 10 100 000 元。该批债券的账面价值为 9 800 000 元（其中，“其他债权投资——面值”账户借方余额为 10 000 000 元，“其他债权投资——利息调整”账户贷方余额为 205 882 元，“其他债权投资——公允价值变动”账户借方余额为 5 882 元）。

该公司的相关会计处理如下。

金融资产转移的损益＝(10 100 000＋5 882)－9 800 000
　　　　　　　　　＝305 882(元)

(1) 收到对价时。

借：银行存款　　10 100 000
　　其他债权投资——利息调整　　205 882
　贷：其他债权投资——面值　　10 000 000
　　　　　　　　　——公允价值变动　　5 882
（以上三项：公允价值：9 800 000 元）
　　　投资收益　　300 000

(2) 将其他综合收益转入投资收益时。

借：其他综合收益——其他债权投资公允价值变动　　5 882
　贷：投资收益　　5 882

例 7-3

20×7 年 7 月 7 日，天良实业有限公司将其 3 个月后到期的应收账款 348 000 元出售给某商业银行，收到款项 280 000 元。该应收账款到期无法收回时，该商业银行不能向天良实业有限公司追偿。

天良实业有限公司根据以往经验估计，该项应收账款将发生的销售退回金额为 22 600 元，其中，不含增值税的价格为 20 000 元，增值税销项税额为 2 600 元。所涉及货物的成本为 13 000 元。实际发生的销售退回由天良实业有限公司承担。

20×7 年 8 月 8 日，天良实业有限公司收到客户退回的商品，价款 22 600 元。假定不考虑其他因素。

该公司与应收债权出售有关的账务处理如下。

(1) 20×7 年 7 月 7 日出售应收债权时。

借：银行存款　　280 000
　　财务费用　　45 400
　　其他应收款　　22 600
　贷：应收账款　　348 000

（2）20×7年8月8日收到退回的商品时。

借：主营业务收入	20 000	
应交税费——应交增值税（销项税额）	2 600	
贷：其他应收款		22 600
借：库存商品	13 000	
贷：主营业务成本		13 000

例7-4

东方科技股份公司销售给康泰股份公司一批商品，增值税专用发票上注明的不含增值税金额为200 000元，增值税销项税额为26 000元。当日收到康泰股份公司签发的一张3个月期的不带息商业承兑汇票。货物已经发出且符合收入的确认条件。

（1）销售时。

借：应收票据	226 000	
贷：主营业务收入		200 000
应交税费——应交增值税（销项税额）		26 000

（2）假设东方科技股份公司因急需资金，持商业汇票向银行贴现，银行将贴现资金224 000元存入东方科技股份公司的存款账户。合同约定，银行不拥有追索权。

借：银行存款	224 000	
财务费用	2 000	
贷：应收票据		226 000

例7-5

20×7年7月7日，嘉泰实业有限公司将其作为其他权益工具投资核算的一只股票卖给能人投资有限公司，获得90 000 000元。该项投资的账面价值为80 000 000元（其中，“其他权益工具投资——成本”账户借方余额为30 000 000元，“其他权益工具投资——公允价值变动”账户借方余额为50 000 000元）。

出售时，嘉泰实业有限公司向能人投资有限公司购入了一份欧式看涨期权，期权的公允价值（时间价值）为700 000元。

约定的行权日为20×7年12月31日，行权价格为100 000 000元。预计该股票在行权日的公允价值为91 000 000元。

由于该期权的行权价格（100 000 000元）大于行权日的公允价值（91 000 000元），属于重大价外期权，因此，预计在行权日嘉泰实业有限公司将不会重新购回该只股票。因此，该只股票所有权上的风险和报酬已经在转让日转移给转入方。嘉泰实业有限公司的相关会计处理如下。

借：银行存款	90 000 000	
衍生工具——看涨期权	700 000	
贷：其他权益工具投资——成本		30 000 000
——公允价值变动		50 000 000
投资收益		10 700 000

2. **金融资产部分转移的情形**

企业转移了金融资产的一部分，且该被转移部分整体满足终止确认条件的，应当将转移前金融资产整体的账面价值，在终止确认部分和继续确认部分（在此情形下，所保留的服务资产应当视同继续确认金融资产的一部分）之间，按照转移日各自的相对公允价值进行分摊，并将下列两项金额的差额计入当期损益：

（1）终止确认部分在终止确认日的账面价值。

（2）终止确认部分收到的对价，与原计入其他综合收益的公允价值变动累计额中对应终止确认部分的金额（涉及转移的金融资产为根据《企业会计准则第22号——金融工具确认和计量》第十八条分类为以公允价值计量且其变动计入其他综合收益的金融资产的情形）之和。对价包括获得的所有新资产减去承担的所有新负债后的金额。

对于原计入其他综合收益的公允价值变动累计额中对应终止确认部分的金额，应当按照金融资产终止确认部分和继续确认部分的相对公允价值，对该累计额进行分摊后确定。

企业将转移前金融资产整体的账面价值按相对公允价值在终止确认部分和继续确认部分之间进行分摊时，应当按照下列规定确定继续确认部分的公允价值：

（1）企业出售过与继续确认部分类似的金融资产，或继续确认部分存在其他市场交易的，近期实际交易价格可作为其公允价值的最佳估计。

（2）继续确认部分没有报价或近期没有市场交易的，其公允价值的最佳估计为转移前金融资产整体的公允价值扣除终止确认部分的对价后的差额。

例7-6

东方银行股份公司将一笔贷款80%的收益转让给西部证券有限公司。该笔贷款账面价值为1 000 000元，公允价值为1 070 000元，东方银行股份公司获得856 000元。西部证券有限公司继受贷款合同中的债权债务关系，没有追索权。假定不存在其他服务性资产或负债。

由于合同的法律关系（即其中的风险和报酬）已经转移，因此，金融资产的部分转移符合终止确认的条件。

对贷款的账面价值进行分摊，已转移部分的账面价值为800 000元，应予注销。

借：存放中央银行款项	856 000	
贷：贷款		800 000
贷款处置损益（或投资收益）		56 000

7.3 保留了金融资产所有权上几乎所有风险和报酬的情形

与上述终止确认程序相同，企业在评估金融资产所有权上风险和报酬的转移程度时，应当比较金融资产转移前后，其所承担的该金融资产未来净现金流量的金额及其时间分布变动的风险。如果企业承担的金融资产未来净现金流量现值变动的风险没有因转移而发生显著变化，则表明该企业仍保留了金融资产所有权上几乎所有风险和报酬。

7.3.1 常见情形

企业保留了金融资产所有权上几乎所有风险和报酬的常见情形有：

（1）以固定价格（或者按照原售价加上合理的资金成本）回购原被转移的金融资产（或与售出的金融资产相同或实质上相同的金融资产）的证券回购业务。如采用质押式回购交易卖出债券等。

（2）融券协议。如证券公司按照约定的期限和利率水平将其持有的证券临时出借给客户，到期客户需归还相同数量的同种证券，并向证券公司支付出借费用。证券公司保留了融出证券所有权上几乎所有风险和报酬。因此，证券公司应当继续确认融出的证券。

（3）企业出售金融资产并附有将市场风险敞口转回给企业的总回报互换。总回报互换（total return swap，TRS/total rate of return swap，TRORS）又称总收益互换，是一种信用衍生工具。转入方（信用保障的卖方）在协议期内将基于参照资产计算的总收益（包括本金、利息、预付费用以及因资产价格的有利变化带来的资本利得）支付给转出方（信用保障的买方），转出方将协议资产增值的特定比例（一般是参照利率加上若干基点）以及因转出资产的价格的不利变化导致的损失支付给转入方。在这种交易下，转入方将该金融资产所产生的利息现金流量支付给转出方，以换取固定付款额或变动利率付款额。该金融资产的公允价值变动仍然是由转出方承担的。因此，转出方应当继续确认所出售的金融资产。

（4）企业出售短期应收款项或信贷资产，并且全额补偿转入方可能因被转移金融资产发生的信用损失。这种情形经常出现在资产证券化业务中，例如，商业银行通过持有次级权益或承诺对特定现金流量担保，实现了对证券化资产的信用增级。如果商业银行通过这种信用增级技术保留了被转移资产所有权上几乎所有风险和报酬，那么，就不应当终止确认该金融资产。

（5）企业出售金融资产，同时卖出看跌期权（即转入方有权将该金融资产返售给转出方）或者购入看涨期权（即转出方有权回购该金融资产），且根据合同条款判断，该看跌期权或看涨期权为重大价内期权。即期权合约的条款设计，使得该期权很可能被行权。

（6）采用附追索权方式出售金融资产。这种情况下，转出方保留了该金融资产所有权上几乎所有风险和报酬。

7.3.2 会计处理

1. 转出方的处理

企业保留了被转移金融资产所有权上几乎所有风险和报酬，因而不满足终止确认条件的，应当继续确认被转移金融资产整体，并将收到的对价确认为一项金融负债。

在继续确认被转移金融资产的情形下，金融资产转移所涉及的金融资产与所确认的相关金融负债不得相互抵销。在后续会计期间，企业应当继续确认该金融资产产生的收入（或利得）和该金融负债产生的费用（或损失），不得相互抵销。

在金融资产转移不满足终止确认条件的情况下，如果同时确认衍生工具和被转移金融资产或转移产生的负债会导致对同一权利或义务的重复确认，则企业（转出方）与转移有关的合同权利或义务不应当作为衍生工具进行单独会计处理。

2. 转入方的处理

在金融资产转移不满足终止确认条件的情况下，转入方不应当将被转移金融资产全部或部分确认为自己的资产。

转入方在支付现金等对价时，应确认一项对转出方的债权。如果转出方同时拥有以固定金额重新控制整个被转移金融资产的权利和义务（如以固定金额回购被转移金融资产），那么，在满足《企业会计准则第22号——金融工具确认和计量》关于摊余成本计量规定的情况下，转入方可以将其应收款项以摊余成本计量。

例7-7

德兴证券有限公司将一笔年利率为3.5%的国债以成交价200 000元出售给雄洋证券有限公司，同时签订了3个月后以201 750元回购该批国债的合同。3个月后，德兴证券有限公司如约回购了该批国债。假定该批国债的合同利率与实际利率相同。

此交易到期后德兴证券有限公司需要回购该笔国债。该笔国债几乎所有风险和报酬没有转移给雄洋证券有限公司。德兴证券有限公司不应终止确认该笔国债。

（1）出售国债时。

借：银行存款	200 000	
贷：卖出回购金融资产款		200 000

（2）将与出售国债相关的负债调整为到期价值。

利息支出＝200 000×3.5%×3/12＝1 750(元)

借：利息支出	1 750	
贷：应付利息		1 750

（3）到期回购时。

借：卖出回购金融资产款	200 000	
应付利息	1 750	
贷：银行存款		201 750

该笔国债与该笔卖出回购金融资产款在资产负债表上不应抵销；该笔国债确认的收益，与该笔卖出回购金融资产款产生的利息支出在利润表中不应抵销。

例 7-8

东方科技股份公司销售给康泰股份公司一批商品，增值税专用发票上注明的金额为200 000元，税额为26 000元。当日收到康泰股份公司签发的一张5个月期的不带息商业承兑汇票。货物已经发出且符合收入的确认条件。

东方科技股份公司在该票据到期前向银行贴现获得现金净额223 660元，银行拥有追索权。

由于转入方（银行）拥有追索权，表明转出方（东方科技股份公司）的应收票据贴现不符合金融资产终止确认条件。东方科技股份公司应将贴现所得确认为一项金融负债（短期借款），其会计处理如下：

借：银行存款	223 660	
短期借款——利息调整	2 340	
贷：短期借款——成本		226 000

贴现息2 340元应在票据贴现期间采用实际利率法确认为利息费用。

7.4 既没有转移也没有保留金融资产所有权上几乎所有风险和报酬的情形

如果转出方既没有转移也没有保留金融资产所有权上几乎所有风险和报酬，则应考虑其是否继续控制该金融资产。

7.4.1 未保留对该金融资产的控制的处理

对于既没有转移也没有保留金融资产所有权上几乎所有风险和报酬的情形，如果企业未保留对该金融资产的控制，则应当终止确认该金融资产，并将转移中产生或保留的权利和义务单独确认为资产或负债。

专栏 7-5　关于"是否保留了对被转移金融资产的控制"的判断

《企业会计准则第33号——合并财务报表》中的控制是指投资方拥有对被投资方的权力，通过参与被投资方的相关活动享有可变回报，并且有能力运用对被投资方的权力影响其回报金额。

与之相比，金融资产转移准则所称控制在适用场景和判断条件上都有所不同。企业在判断是否保留了对被转移金融资产的控制时，应当根据转入方是否具有出售被转移金融资产的实际能力（practical ability）确定。转入方能够单方面将被转移金融资产整体出售给不相关的第三方，且没有额外条件对此项出售加以限制的，表明转入方有出售被转移金融资产的实际能力，从而表明企业未保留对被转移金融资产的控制；在其他情形下，表明企业保留了对被转移金融资产的控制。

在判断转入方是否具有出售被转移金融资产的实际能力时，企业考虑的关键应当是转入方实际上能够采取的行动。即转入方实际上能够做什么，而不是合同约定转入方可以做什么或不可以做什么。

被转移金融资产不存在市场或转入方不能单方面自由地处置被转移金融资产的，通常表明转入方不具有出售被转移金融资产的实际能力。一般认为，在我国现行法规环境下不良信贷资产转入方可能没有实际能力在市场上方便地处置被转移不良信贷资产。

虽然"转入方不大可能出售被转移金融资产"并不意味着"企业（转出方）保留了对被转移金融资产的控制"，但是若存在看跌期权或担保而限制转入方出售被转移金融资产，转出方实际上保留了对被转移金融资产的控制。例如，企业转移金融资产时附有一项深度价内看跌期权，这意味着该资产当前的市场价格显著低于行权价格，转入方不可能放弃行权而以市场价格将资产出售给第三方。若转入方以不低于行权价格的价格将资产出售，则第三方将会要求转入方签发类似的看跌期权。上述情况下，转入方实际上无法在不附加类似看跌期权或其他限制性条款的情况下出售该金融资产，因此，企业保留了对该金融资产的控制。

7.4.2　保留了对该金融资产的控制的处理

对于既没有转移也没有保留金融资产所有权上几乎所有风险和报酬的情形，如果企业保留了对该金融资产的控制，则称为继续涉入（continuing involvement）。

1. 继续涉入被转移金融资产的常见情形

继续涉入被转移金融资产的常见情形有：

（1）企业转移金融资产，并采用保留次级权益或承担担保义务等方式进行信用增级，企业只转移了被转移金融资产所有权上的部分（非几乎所有）风险和报酬，且保留了对被转移金融资产的控制。

（2）企业转移金融资产时，因附有既非重大价内也非重大价外的看涨期权或看跌期权，导致企业既没有转移也没有保留所有权上几乎所有风险和报酬，且保留了对被转移金融资产的控制。

（3）具有追索权、提供服务、签订回购或赎回协议等。

2. 继续涉入被转移金融资产的会计处理

如果既没有转移也没有保留金融资产所有权上几乎所有风险和报酬，且企业保留了对该金融资产的控制，则应当按照其继续涉入被转移金融资产的程度继续确认该被转移金融资产，并相应确认相关负债。

继续涉入被转移金融资产的程度，是指企业承担的被转移金融资产价值变动风险或报酬的程度。

被转移金融资产和相关负债应当在充分反映企业因金融资产转移所保留的权利和承担的义务的基础上进行计量。

（1）继续涉入资产。企业可以设置"继续涉入资产"科目核算企业（转出方）因通过对转出金融资产提供信用增级（如提供担保、持有次级权益等）的方式继续涉入被转移金融资产而拥有的抽象的合同权利，借此来表明该金融资产与企业（转出方）仍然存在联系。其金额按照企业（转出方）所承担的最大可能损失金额来计量。企业可以按金融资产转移业务的类别、继续涉入的性质或者被转移金融资产的类别设置该科目的明细科目。

(2) 继续涉入负债。企业可以设置“继续涉入负债”科目核算企业在金融资产转移中因继续涉入被转移资产而产生的义务。企业可以按金融资产转移业务的类别、被转移金融资产的类别或者交易对手设置该科目的明细科目。

企业应当按照下列规定对相关负债进行计量：

1）被转移金融资产以摊余成本计量的，相关负债的账面价值等于继续涉入被转移金融资产的账面价值减去企业保留的权利（如果企业因金融资产转移保留了相关权利）的摊余成本，并加上企业承担的义务（如果企业因金融资产转移承担了相关义务）的摊余成本；相关负债不得指定为以公允价值计量且其变动计入当期损益的金融负债。

$$\text{相关负债的账面价值} = \text{继续涉入的被转移金融资产的账面价值} - \text{企业保留的权利的摊余成本} + \text{企业承担的义务的摊余成本}$$

2）被转移金融资产以公允价值计量的，相关负债的账面价值等于继续涉入被转移金融资产的账面价值减去企业保留的权利（如果企业因金融资产转移保留了相关权利）的公允价值并加上企业承担的义务（如果企业因金融资产转移承担了相关义务）的公允价值，该权利和义务的公允价值应为按独立基础计量时的公允价值。

$$\text{相关负债的账面价值} = \text{继续涉入的被转移金融资产的账面价值} - \text{企业保留的权利的公允价值} + \text{企业承担的义务的公允价值}$$

例7-9

20×7年1月1日，勤裕实业银行股份公司将一组住房抵押贷款打包转移给晨兴信托股份公司进行证券化，当日收到款项91 150 000元。该组贷款的本金和摊余成本均为100 000 000元，1年期的票面利率和实际利率均为8%。

勤裕实业银行股份公司采取持有次级权益的内部信用增级方式，为该证券化提供信用增级：

(1) 该银行继续持有上述贷款中的10%（即贷款本金10 000 000元），并保留按照8%的年利率收取该部分贷款的利息的权利。该组贷款一旦发生违约，其损失首先由勤裕实业银行股份公司承担，即从勤裕实业银行股份公司拥有的10 000 000元贷款本金中扣除，直至扣完为止。也就是说，勤裕实业银行股份公司保留的10 000 000元贷款本金优先用于为转入方提供担保，构成次级权益。

(2) 该银行保留按照0.5%的年利率收取本金为90 000 000元的贷款利息的权利（即超额利差）。超额利差（excess spread）是指基础资产的利率与证券化产品的利率的差额。基础资产的转出方必须保证转入方能够如期收到合同约定的现金流量，否则无法享有超额利差。因此，超额利差账户能够起到对转入方的损失进行担保的作用，是信用增级的一种方法。

晨兴信托股份公司取得本金为 90 000 000 元的贷款，以及按照 7.5%的年利率收取该部分贷款的利息的权利（即两项债权）。

鉴于基础资产（即该组住房抵押贷款）允许借款人提前还款，因此，双方为合理分配提前还款风险，同意按照 1∶9 的比例将偿付金额在勤裕实业银行股份公司和晨兴信托股份公司之间进行分配。

转让当日（即 20×7 年 1 月 1 日），该组贷款的公允价值为 101 000 000 元，0.5%的超额利差的公允价值为 400 000 元。

20×7 年 12 月 31 日，已转移贷款发生信用损失 2 000 000 元。

勤裕实业银行股份公司的分析及会计处理如下。

（1）会计处理规则的确定。该银行转移了与该组贷款的所有权相关的部分重大风险和报酬（如重大提前偿付风险），但由于设立了次级权益（即内部信用增级），因而也保留了与所有权相关的部分重大风险和报酬，并且能够对留存的该部分权益实施控制。根据金融资产转移准则，该银行应采用继续涉入法对该金融资产转移交易进行会计处理。

（2）已转移部分的利得或损失的确定。假定该银行无法取得所转移该组贷款的 90%和 10%部分各自的公允价值，则该银行所转移该组贷款的 90%部分形成的利得或损失计算如表 7-6 所示。

表 7-6

项目	估计的公允价值（元）	百分比（%）	分摊后的账面价值（元）
已转移部分	90 900 000	90	90 000 000
未转移部分	10 100 000	10	10 000 000
合计	101 000 000	100	100 000 000

该银行该项金融资产转移形成的利得＝90 900 000－90 000 000
＝900 000(元)

（3）记录已转移部分的利得或损失。

借：存放中央银行款项　　90 900 000
　贷：贷款　　90 000 000
　　　贷款处置损益（或投资收益）　　900 000

注意，在继续涉入法下，优先级的基础资产（即 90%的贷款本金）其实已经按照真实出售“出表”了。转出方的资产构成、利润数据都发生了变化，相应地，股东权益也有所增加。于是，其资产报酬率（ROA）和净资产报酬率（ROE）都有所提升。资产证券化的“出表”处理对银行业的影响由此可见一斑。[①] 作为对比，不“出表”（即继续确认）的做法往往使得企业的资产负债率

① 这种会计规则为资产证券化业务大开绿灯，其结果必然是影子银行泛滥。这也正是金融资产转移准则争议最大的地方。

相对而言显得偏高、财务业绩（如资产报酬率等指标）显得偏低。

（4）继续涉入资产的确定。该银行仍保留继续涉入的贷款本金10 000 000元，此即按双方协议约定的、因信用增级而使得该银行不能收到的现金流入的最大值。

此外，超额利差形成的资产400 000元本质上也是继续涉入形成的资产。

因此，继续涉入资产金额为10 400 000元。

（5）继续涉入负债的确定。先来计算保留的权益次级化所取得的对价。该银行收到的91 150 000元对价由两部分构成：一部分是转移的90%贷款本金及相关利息的对价，即90 900 000元（101 000 000×90%）；另一部分是因为使保留的权益次级化所取得的对价250 000元（91 150 000－90 900 000），这个对价可以理解为该银行因提供信用增级服务（即担保服务的一种）而收到的转入方给付的对价。

超额利差的公允价值为400 000元。

因此，该银行的该项金融资产转移交易的信用增级相关的对价为650 000元（250 000＋400 000）。

继续涉入负债＝继续涉入资产的账面价值＋企业承担的义务的公允价值
＝10 000 000＋650 000
＝10 650 000(元)

（6）记录继续涉入资产和继续涉入负债。

1）记录保留的贷款本金部分（即次级权益）。

借：继续涉入资产——次级权益	10 000 000	
贷：继续涉入负债		10 000 000

上面的会计分录其实是以同步记录资产和负债的方式，对保留的贷款本金的重复记录（因为账上还保留这10%的贷款）。

2）记录因提供信用增级服务而收到的转入方给付的对价。

借：存放中央银行款项	250 000	
贷：继续涉入负债		250 000

3）记录收到的超额利差。

借：继续涉入资产——超额利差账户	400 000	
贷：继续涉入负债		400 000

也可以把上述步骤（3）和步骤（6）的四个会计分录合成一个会计分录（但理解起来较困难）：

借：存放中央银行款项（90 900 000＋250 000）	91 150 000	
继续涉入资产——次级权益	10 000 000	
——超额利差账户	400 000	
贷：贷款		90 000 000
继续涉入负债（10 000 000＋250 000＋400 000）		10 650 000
贷款处置损益（或投资收益）		900 000

（7）将继续涉入负债分摊计入各期损益。金融资产转移后，该银行应根据收入确认原则，采用实际利率法将信用增级取得的上述对价 650 000 元分期予以确认。

借：继续涉入负债　　650 000

　贷：其他业务收入　　650 000

此外，还应在资产负债表日对已确认资产确认可能发生的减值损失。

（8）20×7 年 12 月 31 日对已转移贷款的信用损失的账务处理。

借：信用减值损失　　2 000 000

　贷：继续涉入资产——次级权益　　2 000 000

（9）实际向转入方赔付时。

借：继续涉入负债　　2 000 000

　贷：存放中央银行款项　　2 000 000

专栏 7-6　　继续涉入的会计规则：特殊情形

企业通过对被转移金融资产提供担保的方式继续涉入的，应当在转移日按照金融资产的账面价值和担保金额两者的较低者，继续确认被转移金融资产。同时，按照担保金额和担保合同的公允价值（通常是因提供担保而收到的对价）之和确认相关负债。担保金额是指企业所收到的对价中可被要求偿还的最高金额。

在后续会计期间，担保合同的初始确认金额应当随担保义务的履行进行摊销，计入当期损益。被转移金融资产发生减值的，计提的损失准备应从被转移金融资产的账面价值中抵减。

例 7-10

A 银行与 B 银行签订一项贷款转让协议，将本金为 10 000 000 元、年利率为 10%、贷款期限为 9 年的组合贷款出售给 B 银行，售价为 9 900 000 元。A 银行为该笔贷款提供的担保金额为 3 000 000 元，实际贷款损失超过担保金额的部分由 B 银行承担。转移日，该笔贷款（包括担保）的公允价值为 10 000 000 元，其中，担保的公允价值为 1 000 000 元。A 银行没有保留对该笔贷款的管理服务权，既没有转移也没有保留该笔组合贷款所有权上几乎所有风险和报酬。该笔贷款没有活跃的市场，B 银行不具备出售该笔贷款的实际能力，因此 A 银行并未放弃对该笔贷款的控制。

A 银行应当按照继续涉入该笔贷款的程度确认有关资产和负债。在转移日，A 银行的会计处理如下。

（1）继续涉入资产的计量。

被转移金融资产的账面价值＝10 000 000(元)

担保金额＝3 000 000(元)

A 银行按照上述两者的较低者（即担保金额 3 000 000 元）记录继续涉入资产。

（2）继续涉入负债的计量。A银行按照担保金额3 000 000元和担保合同的公允价值1 000 000元之和（4 000 000元）记录继续涉入负债。

借：存放中央银行款项　　9 900 000
　　继续涉入资产　　3 000 000
　　贷款处置损益　　1 100 000
　贷：贷款　　10 000 000
　　　继续涉入负债（3 000 000+1 000 000）　　4 000 000

例7-11

20×8年1月1日，C公司（转出方）签订保理协议，将一组同年6月30日到期的账面价值为5 000 000元的应收账款转让给D公司，转让价格为4 900 000元。C公司保留最高30日的迟付风险，需要按照实际迟付天数（不超过30日）支付年化6%的费率。该项迟付风险担保的公允价值为20 000元。逾期30日的应收账款被认定为违约，由D公司向与C公司不相关的某信用保险公司索赔。

除了迟付风险，C公司没有保留任何信用风险或利率风险，也不承担应收账款相关的服务。根据测算，C公司既未转移也未保留该组应收账款所有权上几乎所有风险和报酬。该组应收账款没有交易市场，D公司没有出售被转移资产的实际能力，C公司保留了对该组应收账款的控制。因此，C公司继续涉入该组被转移的应收账款。

（1）继续涉入资产的计量。

被转移金融资产的账面价值=5 000 000(元)
担保金额=5 000 000×6%×30÷360=25 000(元)

担保金额即C公司被要求返还的已收取的对价中的最大金额。

C公司按照上述两者的较低者（即担保金额25 000元）记录继续涉入资产。

（2）继续涉入负债的计量。C公司按照担保金额25 000元和担保合同的公允价值20 000元之和（45 000元）记录继续涉入负债。在转移日，C公司相关账务处理如下。

借：银行存款　　4 900 000
　　继续涉入资产　　25 000
　　贷款处置损益　　120 000
　贷：应收账款　　5 000 000
　　　继续涉入负债　　45 000

C公司后续期间的账务处理如下。

（1）摊销担保的对价（分期）。

借：继续涉入负债　　20 000
　贷：其他业务收入　　20 000

（2-1）如果D公司按时收到所有应收账款，则担保到期失效。随着被转移应收账款的及时付款，C公司可能被要求返还的最大金额减为零，C公司在保留迟付风险的后续期间作如下账务处理。

借：继续涉入负债　　25 000

　贷：继续涉入资产　　25 000

(2－2a) 如果发生迟付风险，D公司要求支付15 000元。

借：信用减值损失　　15 000

　贷：继续涉入资产　　15 000

(2－2b) C公司实际支付赔偿时。

借：继续涉入负债　　15 000

　贷：银行存款　　15 000

2. 附期权合同并且所转移金融资产按摊余成本计量的继续涉入

企业因持有看涨期权或签出看跌期权而继续涉入被转移金融资产，且该金融资产以摊余成本计量的，应当按照其可能回购的被转移金融资产的金额继续确认被转移金融资产，在转移日按照收到的对价确认相关负债。

被转移金融资产在期权到期日的摊余成本和相关负债初始确认金额之间的差额，应当采用实际利率法摊销，计入当期损益，同时调整相关负债的账面价值。相关期权行权的，应当在行权时，将相关负债的账面价值与行权价格之间的差额计入当期损益。

例7－12

20×8年1月1日，M公司将其持有的一笔账面价值为1 020 000元、划分为以摊余成本计量的金融资产（作为债权投资的债券）作价1 000 000元出售给N公司。同时，M公司向N公司买入行权日为20×9年12月31日、行权价格为 1 050 000元的看涨期权。该债券在公开市场不能交易且不易获得。假定预计在行权日，该债券的摊余成本为1 060 000元、公允价值为1 040 000元。

M公司将债券的合同权利转移给了N公司。但是，出售债券时所附的看涨期权既不是重大的价内期权也不是重大的价外期权（期权行权价格1 050 000元与债券的公允价值1 040 000元相比），因此，M公司既没有转移也没有保留该债券所有权上几乎所有风险和报酬。

因债券没有活跃的市场，N公司不拥有出售该债券的实际能力，所以M公司保持了对该债券的控制。M公司应当按照继续涉入程度确认和计量被转移债券。有关计算和会计分录如下。

(1) 转移日（20×8年1月1日），M公司应当按照收到的对价确认相关负债。

借：银行存款　　1 000 000

　贷：继续涉入负债　　1 000 000

(2) 等待期内摊销继续涉入负债与行权日债券的摊余成本之间的差额时。20×8年1月1日至20×9年12月31日期间，M公司将继续涉入负债与行权日债券的摊余成本之间的差额60 000元（1 060 000—1 000 000），采用实际利率法分期摊销并计入损益，从而使继续涉入形成的负债的账面价值在20×9年12月

31日达到1 060 000元。

与此同时，M公司继续以摊余成本计量该债券，并且采用实际利率法摊销债券行权日的摊余成本与出售日账面价值之间的差额40 000元（1 060 000－1 020 000）。

(3) 行权日（20×9年12月31日）的会计处理。

1) 如果M公司行权，则会计处理如下。

借：继续涉入负债　　1 060 000

　贷：银行存款　　1 050 000

　　　投资收益　　10 000

2) 如果M公司不行权，则会计处理如下。

借：继续涉入负债　　1 060 000

　贷：债权投资　　1 060 000

同样，如果转出方向转入方签出一项看跌期权，其会计处理方法与上例类似。

3. 附期权合同并且所转移金融资产按公允价值计量的继续涉入

企业因买入看涨期权或卖出看跌期权（或两者兼有，即上下限期权）而继续涉入被转移金融资产，且以公允价值计量该金融资产的，应当区分以下情形分别进行处理。

(1) 买入看涨期权的情形。企业因买入看涨期权而继续涉入被转移金融资产的，应当继续按照公允价值计量被转移金融资产，同时按照下列规定计量相关负债：

1) 该期权是价内或平价期权的，应当按照期权的行权价格扣除期权的时间价值后的金额，计量相关负债。

2) 该期权是价外期权的，应当按照被转移金融资产的公允价值扣除期权的时间价值后的金额，计量相关负债。

例7－13

20×7年1月1日，P公司将一项初始入账价值800 000元、分类为以公允价值计量且其变动计入其他综合收益的金融资产的债券出售给Q公司，作价1 000 000元。当日，该债券的公允价值为1 040 000元。

P公司向Q公司购买了一份行权日为20×8年12月31日、行权价格为1 050 000元的欧式看涨期权合约。假定Q公司没有出售该资产的实际能力，P公司没有放弃对该资产的控制。

20×7年12月31日，该资产的公允价值增加为1 060 000元。假定期权的时间价值为20 000元。

P公司的会计处理如下。

(1) 转移日（20×7年1月1日）的处理。P公司持有一项看涨期权，使得其既没有转移也没有保留该金融资产所有权上几乎所有风险和报酬，同时也没有放弃对该金融资产的控制，因此，应当按照继续涉入程度确认有关金融资产和负债。

P公司继续按照公允价值确认该金融资产。

P公司买入的看涨期权为价外期权（行权价格1 050 000元大于资产的公允价值1 040 000元），内在价值为零。P公司收到的对价低于该金融资产公允价值的差额40 000元（1 040 000－1 000 000）即为期权的时间价值。因此，按照被转移金融资产的公允价值扣除期权的时间价值后的金额计量，继续涉入负债的入账价值为1 000 000元（1 040 000－40 000）。

借：银行存款　　1 000 000
　贷：继续涉入负债　　1 000 000

（2）20×7年12月31日的处理。由于该资产的公允价值增加为1 060 000元，因此，期权变成了价内期权（行权价格为1 050 000元）。由于假定期权的时间价值为20 000元，因此，按照期权的行权价格扣除期权的时间价值后的金额计量，继续涉入负债变为1 030 000元（1 050 000－20 000）。

借：其他债权投资　　20 000
　　其他综合收益　　10 000
　贷：继续涉入负债　　30 000

（3）20×8年12月31日的处理。

1）若该金融资产的公允价值未发生变动，则P公司行权。

借：继续涉入负债　　1 030 000
　　其他综合收益　　20 000
　贷：银行存款　　1 050 000

2）若该金融资产的公允价值降为1 030 000元，则P公司不行权，终止确认该金融资产和继续涉入的负债。

借：继续涉入负债　　1 030 000
　　其他综合收益（1 040 000－800 000－10 000）　　230 000
　贷：其他债权投资　　1 060 000
　　　投资收益（1 000 000－800 000）　　200 000

（2）卖出看跌期权的情形。企业因签出（即卖出）看跌期权形成的义务而继续涉入被转移金融资产的，应当按照该金融资产的公允价值和该期权行权价格两者的较低者，计量继续涉入形成的资产；同时，按照该期权的行权价格与时间价值之和，计量相关负债。

也就是说，如果企业签出的一项看跌期权使其不能终止确认被转移金融资产，则企业仍应按继续涉入的程度继续确认该项资产。由于企业对被转移金融资产公允价值高于期权行权价格的部分不拥有权利，因此，当该金融资产按照公允价值进行计量时，继续确认该项资产的金额为其公允价值与期权行权价格之间的较低者。

例7－14

20×7年12月31日，S公司将一项初始入账价值800 000元、分类为以公允价值计量且其变动计入其他综合收益的金融资产的债券出售给T公司，获得

1 020 000 元。当日，该资产的公允价值为 970 000 元。

同时，S公司向T公司卖出一份期限为2年、行权价格为960 000元的美式看跌期权。

假定T公司没有出售该债券的实际能力，S公司没有放弃对该资产的控制。

S公司的会计处理如下。

(1) 转移日（20×7年12月31日）的会计处理。由于S公司卖出了一项看跌期权，使得其既没有转移也没有保留该金融资产所有权上几乎所有风险和报酬，同时也没有放弃对该金融资产的控制，因此，应当按照继续涉入程度确认有关金融资产和负债。

S公司应当按照该金融资产的公允价值（970 000元）和该期权行权价格（960 000元）两者的较低者，确认继续涉入资产960 000元。

由于看跌期权的时间价值（额外收款额）为50 000元（1 020 000−970 000），因此，继续涉入形成负债的入账金额为1 010 000元（960 000+50 000）。

借：银行存款	1 020 000	
贷：继续涉入负债		1 010 000
其他债权投资		10 000

(2) 20×8年12月31日的会计处理。假定资产公允价值下跌为940 000元。按照该金融资产的公允价值和该期权行权价格（960 000元）两者的较低者，计量继续涉入资产为940 000元。

此时，看跌期权变成了价内期权（行权价格为960 000元）。假设期权的时间价值为20 000元。按照该期权的行权价格（960 000元）与时间价值之和，计量继续涉入负债为980 000元。因此，需要将继续涉入负债从1 010 000元降为980 000元。

借：继续涉入负债	30 000	
贷：其他债权投资		20 000
其他综合收益		10 000

(3) 20×9年12月31日的会计处理。假定资产的公允价值没有发生变动，T公司决定行权，S公司以其行权价格重新取得该投资。

借：继续涉入负债	980 000	
贷：银行存款		960 000
其他综合收益		20 000

(3) 上下限期权。企业因持有看涨期权和签出看跌期权（即上下限期权）而继续涉入被转移金融资产的，应当继续按照公允价值计量被转移金融资产，同时按照下列规定计量相关负债：

1）该看涨期权是价内或平价期权的，应当按照看涨期权的行权价格和看跌期权的公允价值之和，扣除看涨期权的时间价值后的金额，计量相关负债。

2）该看涨期权是价外期权的，应当按照被转移金融资产的公允价值和看跌期权的公允价值之和，扣除看涨期权的时间价值后的金额，计量相关负债。

例 7-15

20×8 年 4 月 1 日，X 公司将某只股票转让给 Y 公司，收款 970 000 元。当日，该股票的公允价值为 1 000 000 元，同时，X 公司向 Y 购买了一份期限为半年、行权价格为 1 100 000 元的看涨期权，出售了一份期限为半年、行权价格为 900 000 元的看跌期权。假定转移日上述看涨期权和看跌期权的时间价值分别为 50 000 元和 20 000 元。由于上述期权均为价外期权，因此，它们均无内在价值，上述时间价值也就是它们的公允价值。

X 公司会计处理如下。

X 公司因购入一项看涨期权和卖出一项看跌期权而使得所转让的股票不满足终止确认条件。因此，该公司仍应当按照公允价值确认和计量其金融资产，为 1 000 000 元。

X 公司购买的看涨期权是价外期权，因此，该公司按照被转移金融资产的公允价值（1 000 000 元）和看跌期权的公允价值（20 000 元）之和，扣除看涨期权的时间价值（50 000 元）后的金额 970 000 元（1 000 000＋20 000－50 000），计量继续涉入负债。

借：银行存款	970 000	
贷：继续涉入负债		970 000

企业按继续涉入程度继续确认的被转移金融资产以及确认的相关负债不应当相互抵销。企业应当对继续确认的被转移金融资产确认所产生的收入（或利得），对相关负债确认所产生的费用（或损失），两者不得相互抵销。继续确认的被转移金融资产以公允价值计量的，在后续计量时对其公允价值变动应根据《企业会计准则第 22 号——金融工具确认和计量》第六十四条的规定进行确认，同时相关负债公允价值变动的确认应当与之保持一致，且两者不得相互抵销。

7.5　对金融资产转移相关会计规则的辩证分析①

本章以上所述的金融资产转移的会计规则源于美国证券市场上的公认会计原则。

7.5.1　金融资产转移相关会计规则的演变历程

1. 公认会计原则给出的金融资产转移会计规则

在美国证券市场上，公认会计原则对待金融资产转移的态度有过较大的转变。

早在 20 世纪 70 年代，美国注册会计师协会就试图协调美国上市公司对转让附有追索权的应收款项所采用的不同会计处理方法。当时，有的公司将该项转让

① 本小节内容供学有余力者用作拓展阅读，不作教学要求。

视为已完成的业务，径行将相关的利得或损失记载于当期损益，此即立即确认法（immediate recognition method）。有的公司则将相关的利得进行递延处理，在该债权的期限内采用系统的方式记载为各期损益，此即延迟确认法（delayed recognition method）；对相关的损失则往往直接计入当期损益。这两种做法是当时的主流做法。

美国注册会计师协会试图给出统一的会计规则，遂对证券市场上多样化的做法进行了比较研究，并于1974年6月公布第6号立场公告（SOP 74-6），要求转出方对相关的利得或损失一律进行递延处理，不得立即在当期损益中确认相关的利得或损失。其理由有两个：一是附有追索权的应收款项的转让与抵押借款的很多特征相像；二是既然转出方通过保留追索权保留了风险，就不适合立即确认相关的利得或损失。

1983年11月，美国财务会计准则委员会公布《财务会计准则公告第76号——债务的消除》。该准则规定，下列情况下，即使债权人没有解除债务人的主要义务，该债务也视为已被消除：(1) 债务人已经不可撤销地将现金或其他基本上无风险的货币性资产置于信托中，专门用于偿还债务；(2) 债务人未来被要求偿付的可能性极小。对于上述被置于信托中的金融资产，即使其仍然惠及转出方，也应将其作终止确认。

1983年12月，美国财务会计准则委员会公布《财务会计准则公告第77号——转让附有追索权的应收款项的会计处理》，推翻了SOP 74-6的两个理由及其结论，朝"出表"的方向给出了相反的解读。该准则规定，转出方转让附有追索权的应收款项时，如果满足以下条件，则应将该金融资产作销售处理，而不是作担保融资处理：(1) 转出方转让了其对该应收款项的未来经济利益的控制权；(2) 转出方能够合理预计其在追索条款中的义务；(3) 除追索条款允许的情形外，转入方不能将该应收款项退还给转出方。如果不满足上述条件，转出方则应将其所收取的款项记录为负债。上面的规则其实已经将"出表"的判断标准建立在未来经济利益的控制权是否转移，而不是风险和报酬的评估之上。作为对比，此前的做法被称作风险和报酬法（risks-and-rewards approach）。

1985年3月，美国财务会计准则委员会公布第85-2号技术公报，要求发行人原则上要按照抵押借款来记录其所发行的担保债务凭证。但是，如果发行人及其附属机构向投资者转让了该担保物几乎所有的未来经济利益，且没有义务再负担相关债务，那么，该发行人便可以将相关的担保物作销售处理。该公报还要求发行人将SPE纳入合并报表的合并范围。

1986年5月，美国财务会计准则委员会开始着手整合第76号准则、第85-2号技术公报、第77号准则。

1996年6月，美国财务会计准则委员会公布《财务会计准则公告第125号——金融资产转移和金融负债清偿的会计处理》，该准则借鉴1985年12月出台的《财务会计概念公告第6号——财务报表的要素》关于资产和负债的定义，基于"资产就是会计主体能够控制的未来经济利益"这一理念，提出了金融合成分析法（financial-components approach）。金融合成分析法的设计理念是，分析金融资产转移之后所形成的成分资产（component assets，即所控制的经济利益）以及负债（对应于未来经济利益损失的现时义务），然后由各个参与主体以控制为标准来确定应予确认的部分和应予终止确认的部分。该准则规定，在金融资产转移中，转出方如果在转让金融资产的控制权时取得了除信托收益权（beneficial interests）形式之外的交换对价，则应将该金融资产作销售处理，而不是作担保融资处理。当且仅当满足以下条件时，转出方方可认为其已转让金融资产的控制权：(1) 被转移的金融资产已经与转出方隔离开来。即便转出方陷入破产或被接管状态，转出方及其债权人也无法染指该金融资产。(2) 每一个转入方均获得不受任何限制的对该金融资产的抵押权或处置权；或者转入方是合格的特殊目的实体（qualifying SPE)，且其信托收益权的持有人拥有不受任何限制的对该利益的抵押权或处置权。(3) 转出方没有通过签订授权并要求其在到期日前回购或赎回该金融资产的合同，或者签订授权转出方回购或赎回该不易获得的金融资产的合同等途径，保留对该金融资产的有效控制。金融资产转移之后，转出方应当终止确认失去控制权的资产，确认其所控制的资产和服务资产。该准则所涉及的是应收款项的整体转移，不涉及金融资产的部分转移。

2000年9月，美国财务会计准则委员会公布《财务会计准则公告第140号——金融资产转移、服务与债务清偿》。该准则延续了第125号准则的立场，着重针对金融资产的部分转移、继续涉入等问题，修改了资产证券化的会计规则，即允许转移部分“出表”，其他部分仍然保留在转出方的报表上。关于初始计量，该准则要求转出方按照其能够获得的公允价值，对其所取得的负债和衍生工具进行初始计量。转出方在对服务资产及其他利益进行初始计量时，须按照被转移金融资产及其他利益在转移日的公允价值相对比例，对其在转出前的账面价值进行分摊。关于后续计量，该准则要求转出方在发生预计净服务收入或损失的期间，对服务资产和负债进行分期摊销。如果发生资产减值或者负债公允价值上升的情况，也应作相应的处理。

次贷危机爆发后，美国财务会计准则委员会于2009年6月公布了《财务会计准则公告第166号——金融资产转移的会计处理》。该准则是对第140号准则的修订，删除了合格的特殊目的实体的概念及合并豁免等规定，对金融合成分析法的操作规则进行了修改，主要是针对金融资产终止确认（即“出表”）给出了一定的限制，试图迫使部分表外资产回归表内。该准则提出了参与利益（participating interest）这一概念，作为金融资产部分转移的终止确认的判断标准。只有当转出方所转出的部分以及所继续持有的部分均为参与利益，且转出方已经放弃该参与利益的控制权时，转出方才能将该转出部分作销售处理。如果金融资产的部分转移不满足上述条件，则不能仅就该部分转移作销售处理。该准则所定义的参与利益，是指满足以下条件的金融资产：(1) 每个参与者以平等的优先权按比例享有该金融资产的所有权；(2) 除了格式化声明和保证外，任何参与者都不享有任何追索权，其权利也不会次于任何其他参与者；(3) 没有任何一个参与者能够比其他参与者更早地收取现金。

2. 国际财务报告准则给出的金融资产转移会计规则①

首先需要指出的是，自1973年私立机构国际会计准则委员会（International Accounting Standards Committee，IASC）成立，直到2001年改组设立国际会计准则理事会（International Accounting Standards Board，IASB），国际会计准则（国际财务报告准则的前身）并没有产生多大的影响。北美洲、欧洲的证券交易所并未对之表示认可。直至欧盟委员会2002年决定欧盟境内证券交易所所辖上市公司在编制合并报表时采用国际会计准则、国际财务报告准则（简称国际准则），国际准则才在证券市场上引起关注。因此，以下所探讨的国际准则关于金融资产转移的会计规则，大多数情况下只是公共会计师行业所进行的抽象思考，而不是现实世界的运行规则。

1988年，国际会计准则委员会与加拿大注册会计师协会联手启动了一个制定金融工具会计准则的综合项目。

1991年12月，国际会计准则委员会公布《征求意见稿第40号——金融工具》，提出以转让几乎全部潜在风险与报酬作为金融资产和金融负债的终止确认条件。这种立场与前述的美国财务会计准则委员会第85-2号技术公报相似。但风险与报酬法所存在的问题是其显而易见的主观性。

1994年1月，国际会计准则委员会根据反馈意见进行修改，公布了《征求意见稿第48号——金融工具》，提出以转让实质上的全部风险和报酬作为终止确认条件，但这种细微的修改非但无益于解决上述问题，反而可能会加大操作难度，如对金融资产的风险和报酬的识别、计量及其权衡等，都耗时费力又缺乏操作标准。

面对各方面的意见，国际会计准则委员会决定分阶段完成金融工具会计准则。第一阶段是金融工具列报（包括附注披露和报表列示），这一阶段随着1995年6月《国际会计准则第32号——金融工具：披露和列报》的公布而宣告完成。第二阶段是金融工具确认、再确认、计量、套期会计等问题。

1997年3月，国际会计准则委员会与加拿大会计准则理事会联合公布讨论稿《金融资产与金融负债的会计处理》。同年，国际会计准则委员会决定一边与包括美国财务会计准则委员会在内的准则制定机构建立联合工作组，共同起草金融工具的国际会计准则，一边加紧独立完成起草过渡性的金融工具的国际会计准则。

1998年6月，国际会计准则委员会公布《征求意见稿第62号》。最终于同年12月公布的《国际会计准则第39号——金融工具确认与计量》主张以控制权是否转移作为金融资产的终止确认标准。这种立场与美国财务会计准则委员会1996年公布的第125号准则相同。

2000年12月，准则制定机构金融工具联合工作组提交了一份名为《金融工具及类似项目》的带有准则草稿和结论基础的文件。

2001年7月，国际会计准则理事会宣布着手改进第32号和第39号国际会计

① 国际会计准则委员会．国际会计准则2000. 北京：中国财政经济出版社，2000：650-651.

准则。2002年6月，该理事会公布了一份征求意见稿，提出了基于“继续涉入”概念的金融资产转移会计规则，其立场与美国财务会计准则委员会2000年公布的第140号准则相同。2003年12月公布的修订版第39号国际财务报告准则使用了这套规则。2009年和2014年先后公布的《国际财务报告准则第9号——金融工具》的阶段版本和最终版本都沿用了这一立场。

7.5.2　金融资产转移相关会计规则的局限性

总体来看，自美国财务会计准则委员会主导公认会计原则制定权以来，会计规则的立场一直步步紧跟金融资产转移的业务形式的变化，为资产证券化业务大开绿灯。历次会计规则的变化只不过是顺应业务形式变化所作的小幅调整，没有实质性的变化。国际会计准则亦步亦趋，并不具备先进性。

1. 风险与报酬法

风险与报酬都是玄而又玄的金融分析概念。学术界对于风险和报酬的定义至今仍存有多种多样的仁智之见。这种主观性必然导致操作的多样化。风险与报酬法需要将金融资产细分为独立单元才能进行评价，而这与实践中将单个金融资产组成资产池的基本思想背道而驰。

2. 基于控制权概念的金融合成分析法

金融资产转移准则所称的控制与合并报表所采用的控制概念存在差异，二者均缺乏明确的界定标准。控制属于预期状态而不是事实状态。以控制权作为“出表”的判断标准，其主观性过大。

3. 继续涉入法

继续涉入法其实是风险与报酬法、金融合成分析法的大杂烩，因而，其主观性一点都不比前面两种方法少。在继续涉入法下，需要判断风险和报酬是否转移，需要判断转出方是否对被转移金融资产保留了控制，需要估计继续涉入被转移金融资产的程度等。令人意外的是，准则居然炮制出了“既没有转移也没有保留金融资产所有权上几乎所有风险和报酬”的情形。对此，业界同人戏谑道：如果转出方既没有转移也没有保留金融资产所有权上几乎所有风险和报酬，那么，这些风险和报酬去哪儿了？

7.5.3　资产证券化相关会计规则的完善路径

金融资产转移的会计规则向人们展示了这样一对矛盾。一边是竭力以复杂的金融合约规避金融监管、开发理财产品吸纳社会资金、制造影子银行系统的金融“创新”，一边是为之大开绿灯却又假装为投资者及时提供相关资产负债信息的会计规则。由于风险、报酬、控制等概念缺乏明确的界定标准，因此，风险与报酬法、金融合成分析法和继续涉入法不可避免地沦为了给资产证券化业务提供“出表”便利的借口。在美国证券市场上，金融资产转移的会计规则一直在监管机构的默许下，顺着金融资本的意志不停摸索。

解铃还需系铃人。金融资产应否“出表”，在财务报表的层面上恐怕很难有可行解。相关的会计规则还是应该从证券业务的商业模式出发，服从金融监管规则的整体要求。

1. 检讨资产证券化的金融监管规则

应该看到，证券化业务之所以受到金融机构的推崇，一方面是因为这种商业模式有利于金融机构转移投资者的财富，另一方面是因为资本充足率监管规则的诱导。参与证券化的商业银行其实已经转变成了投资银行（我国称作证券公司），它们其实是在以抵押贷款等基础资产为幌子，诱导证券化产品的投资者进入资本市场。这是一群狼和一只羊的关系。如果继续实施当前的会计规则和金融监管规则，商业银行在高额利润的驱使下，将会更加积极地向那些对信贷市场缺乏了解、信用记录较低的借款人发放掠夺性贷款。所谓破产剥离，与其说是为了保护投资者利益，不如说主要是为了方便转出方把风险转嫁给投资者。如果真的能够实现破产隔离，放贷之后就可以直接通过出售贷款资产包谋利，那么，商业银行根本就不用关注贷款风险。这正是储贷危机和次贷危机的根源。针对这一现象，2010年美国出台的《多德-弗兰克法案》试图要求发行人与证券化产品投资者共担风险。该法案要求发行人至少留存5%的资产（对合格RMBS豁免此要求），其约束力之弱可想而知。这种象征性的姿态表明，在美国，资产证券化的法律监管如同儿戏。

对于投资者来说，发起人、特殊目的载体、证券承销机构已经形成利益共同体，他们组团要把投资者的财富转移出去。如果基础资产之后没有出现问题，那么，上述利益共同体就会安然无恙地获得中介手续费收入。如果基础资产之后出现了问题，那么，上述利益共同体就有可能会卷入诉讼程序。

现在我们回来探讨，怎样的金融监管规则才是符合社会公平正义的。值得推广的资产证券化需要满足两个条件：一是基础资产仅仅包含优质资产。禁止不良资产证券化。不良资产的恶果仍应由贷款人承担。二是基础资产应当是单一的债权。禁止将不同质量的资产进行打包、分层，以确保法律关系保持明晰。如果发起人、特殊目的载体、证券承销机构将发起人的优良资产用于证券化，那么，资产证券化的过程也就是该利益共同体邀请投资者共同分享该优良资产的过程，这是值得提倡的。对于除此以外的任何情形（例如，基础资产属于不良资产，或者属于优良资产和不良资产的混合物），资产证券化都是对投资者极不负责任的欺诈行为。如果基础资产不是单一的债权，其法律关系之复杂程度将会远远超出投资者的想象。

2. 检讨资产证券化的会计规则

我们再来看资产证券化的会计规则。企业会计是企业根据法律事实对其权利和义务的分类统计。无论业务内容有多复杂、精巧，会计处理均要把记账主体的权利和义务梳理清楚。可以说，继续涉入法下的会计规则应当从当事人的法律关系的产生、变更或消灭着手，着力对当事人的法律关系进行梳理。这是设计资产证券化会计规则时应秉持的基本立场。

从业务流程来看，无论是信贷资产证券化还是企业资产证券化，发起人、特殊目的载体、发行人、投资者之间的法律关系并不是十分清楚，其中的资金转移的法律性质存有疑问，需要给出合理解释。① 投资者在出现巨额损失时有理由提起侵权之诉或以合同欺诈为由主张合同无效。总之，没有法律事实能够证明发起人可以完全不负法律责任。换言之，基础资产的法律关系没有消灭。因此，资产证券化业务都不应当作"出表"处理。防范和化解金融风险要求金融监管机构决不能任由不合理的、不符合社会公平正义要求的商业模式泛滥。如果任由金融资产转移的"出表"规则为证券化业务推波助澜，那么，事后再高明的"穿透监管""并表监管"也无济于事。

至于所谓的企业资产证券化，更是问题多多，相关的法律救济机制尚未形成。从法律关系来看，企业资产证券化建立的法律关系主要有以下几类：证券化产品投资者通过受托机构（即特殊目的载体）形成一个信托，该受托机构使用信托财产（即集合资金）"购买"发起人的基础资产。对于缺乏明确债务人的基础资产（如高速公路收费权、公用事业收费权、主题公园的未来门票收入、物业收益权等期待利益）而言，这种"购买"往往只是臆想中的购买，其实并不是民商法意义上的财产出售，因为这时尚未形成民法上的债权——民法上的债权应当是根据法律规定或合同约定在特定主体之间形成的权利义务关系。在这种情况下，"破产隔离"纯属臆测，其法律关系尚不确定（法学界存有争议），可能仍然是带有权利质押的借债行为。企业资产证券化由于所转让的是资产负债表上尚未记载的期待利益，因而不涉及资产"出表"问题。如果金融监管规则再对之大开绿灯，企业资产证券化所引致的金融风险将不会比上市公司欺诈发行小多少。

我国关于金融资产转移的会计规则和金融监管规则悉数源自欧美证券市场。这些规则貌似在努力地保护投资者利益，从事审慎的金融监管，但是，储贷危机和次贷危机已经向人们展示了这种会计规则和金融监管规则的必然后果。

总之，制定科学合理的金融监管政策，才是解决金融资产转移会计准则当前所面临的困境的治本之策。简单而透明的金融，才是真正对实体经济发展有益的金融。

拓展阅读

1. 从学术视角看目前资产证券化的法律与监管．中国资产证券化论坛．
2. 法律人警示金融人：一些正在轰轰烈烈推进的资产证券化项目有风险．

① 楼建波，刘燕．论信托型资产证券化的基本法律逻辑．北京大学学报（哲学社会科学版），2006，43（4）：121－129；沈朝晖．企业资产证券化法律结构的脆弱性．清华法学，2017，11（6）：61－74．

中国资产证券化论坛.

思考题

1. 请从资产证券化各方参与人的角度，分析他们参与资产证券化业务的动机。

2. 资产证券化会计规则在次贷危机中扮演了什么角色？你认为应当如何制定资产证券化的会计规则？

练习题

20×9年9月9日，智仁银行股份公司将其划分为次级类、可疑类和损失类的贷款共100笔打包出售给惠宜资产管理公司，获得7 000万元。该批贷款账面余额为9 000万元，已计提减值准备1 000万元。贷款一经售出，智仁银行股份公司不再保留与之有关的权利和义务。

要求：

请对智仁银行股份公司的上述业务作会计处理。

第8章 Chapter 8 金融工具列报

课程思政要点

1. 结合中国特色社会主义法治体系学习会计法规体系。结合《中华人民共和国民法典》关于债权、股权的规定，理解区分债权、股权的一般规则。

2. 理解复合型金融工具分拆的思路及其理论依据的局限性。

学习目标

1. 掌握：金融负债和权益工具的区分；复合金融工具的分拆及其会计处理。
2. 理解：金融负债和权益工具的定义。
3. 了解：金融资产和金融负债的抵销。

本章讲解《企业会计准则第37号——金融工具列报》（2017年修订）的设计理念及操作要领。该准则是借鉴《国际会计准则第32号——金融工具列示》（IAS® 32：Financial Instruments：Presentation）和《国际财务报告准则第7号——金融工具披露》（IFRS® 7：Financial Instruments：Disclosures）制定而成的。

该准则所称金融工具列报，包括金融工具在财务报表中的列示（准则称作金融工具列示）和在报表附注中的披露（准则称作金融工具披露）。但本章仅对具有一定理论成分的金融工具列示规则进行阐释，不再涉及金融工具披露规则。

金融工具列报的信息，应当有助于财务报表使用者了解企业所发行金融工具的分类、计量和列报的情况，以及企业所持有的金融资产和承担的金融负债的情况，并就金融工具对企业财务状况和经营成果影响的重要程度、金融工具使企业在报告期间和期末所面临风险的性质和程度，以及企业如何管理这些风险做出合理评价。

8.1 金融负债和权益工具的区分

企业应当根据所发行金融工具的合同条款及其所反映的经济实质而非仅以法律形式，结合金融负债和权益工具的定义，在初始确认时将该金融工具（或其组成部分）分类为金融负债或权益工具。

注意，有些流行的说法看似有理，其实是失当的。例如，一个广为流传的说法是，“企业发行的金融工具，应当区分为金融资产、金融负债或权益工具”。但是，从法律关系来看，金融工具对购入方而言构成金融资产，对发行方而言只能构成金融负债或权益工具，而不可能构成其金融资产。因此，上述流行说法有不妥之处。

8.1.1 金融负债

金融负债（financial liability），是指企业符合下列条件之一的负债：

（1）向其他方交付现金（或其他金融资产）的合同义务（contractual obligation），如企业发行的公司债券、从银行获得的短期借款和长期借款等。

（2）在潜在不利条件下，与其他方交换金融资产（或金融负债）的合同义务。这是指企业卖出的衍生工具，如企业签出（即卖出）的期权。

（3）将来须用（或可用）可变数量的企业自身权益工具（own equity instruments）进行结算的非衍生工具合同。例如，企业在购买一项金融资产时承诺两个月内以其普通股作价支付固定的款项给卖方，具体股数根据结算时的股价计算确定。在这个例子中，该项承诺是一项金融负债。

（4）将来须用（或可用）企业自身权益工具进行结算的衍生工具（如以普通股净额结算的股票期权），但是，以固定数量的自身权益工具交换固定金额的现金（或其他金融资产）的衍生工具除外，这种性质的衍生工具合同应当归类为权益工具。上述例外条款俗称“固定换固定”。

8.1.2 权益工具

权益工具（equity instrument），是指能证明企业拥有被投资方资产扣除所有负债后的剩余权益（residual interest）的合同。企业发行的同时满足下列条件的金融工具为权益工具：

（1）该金融工具不包括交付现金（或其他金融资产）给其他方，或在潜在不利条件下与其他方交换金融资产（或金融负债）的合同义务。也就是说，它不是典型意义上的债。

（2）该金融工具属于将来须用（或可用）固定数量的企业自身权益工具结算的非衍生工具，或者属于以固定数量的自身权益工具交换固定金额的现金（或其他金融资产）的衍生工具。

准则中的上述规则晦涩难懂，读者往往不知所云。为便于理解，可作归纳对比，如表 8-1 所示。

表 8-1　金融负债和权益工具的定义对比

结算形式	基本原则	金融负债	权益工具
给付现金（或其他金融资产）	是否存在无条件地避免交付现金（或其他金融资产）的合同义务？	金融负债是指企业符合下列条件之一的负债： （1）向其他方交付现金（或其他金融资产）的合同义务。 （2）在潜在不利条件下，与其他方交换金融资产（或金融负债）的合同义务。	企业发行的同时满足下列条件的金融工具为权益工具： （1）该金融工具不包括交付现金（或其他金融资产）给其他方，或在潜在不利条件下与其他方交换金融资产（或金融负债）的合同义务。
以企业自身权益工具进行结算	是否通过交付固定数量的自身权益工具结算？（换句话说，合同义务金额是否固定？）	（3）将来须用（或可用）可变数量的企业自身权益工具进行结算的非衍生工具合同。 （4）将来须用（或可用）企业自身权益工具进行结算的衍生工具，但是，以固定数量的自身权益工具交换固定金额的现金（或其他金融资产）的衍生工具除外。	（2）该金融工具属于将来须用（或可用）固定数量的企业自身权益工具结算的非衍生工具，或者属于以固定数量的自身权益工具交换固定金额的现金（或其他金融资产）的衍生工具。

经过表 8-1 的对比，读者也许会感到比此前稍微明白了一些。对于给付现金（或其他金融资产）的情形，如果企业负有给付固定金额的合同义务，则该金融工具属于金融负债；反之，则属于权益工具。对于以企业自身权益工具进行结算的情形，如果企业承担了固定金额的合同义务，则该金融工具属于金融负债；反之，则属于权益工具。

上述逻辑运用法学理论很容易解读清楚。

课程思政　培养交叉学科贯通思维能力

专栏 8-1　对金融负债和权益工具的法学解读

债是因法律规定或合同约定而在特定主体之间形成的权利义务关系。拥有权利一方为债权人，负有义务一方为债务人。债的主体双方只能是特定的。从会计学的角度来看，债必须具有明确具体的金额，否则不成为能够予以计量入账的债。

在区分企业发行的金融工具属于金融负债还是权益工具时，需要牢记的一个底线是，企业发行金融工具是为了筹资。筹资所采用的合同从根本上说无非两种：一是用于债务融资（debt financing）的债务工具（debt instrument），该合同所确立的法律关系是债权债务关系；二是用于权益融资（equity financing）的权益工具，该合同所确立的法律关系是股东（投资者）和公司高级管理人员之间的信托关系，股东（投资者）拥有股东权（或称股权），公司高级管理人员负有信托责任。

如果企业发行的金融工具中记载有企业应当给付的固定的金额，那么，为企业提供资金的出资方便能够凭该合同主张债权，则该合同属于企业的债务工具（金融负债）。

如果企业发行的金融工具中没有记载企业应当给付的固定的金额，那么，为企业提供资金的出资方便不能够凭该合同主张债权，则该合同属于企业的权益工具。

金融负债和权益工具的区分如图8-1所示。

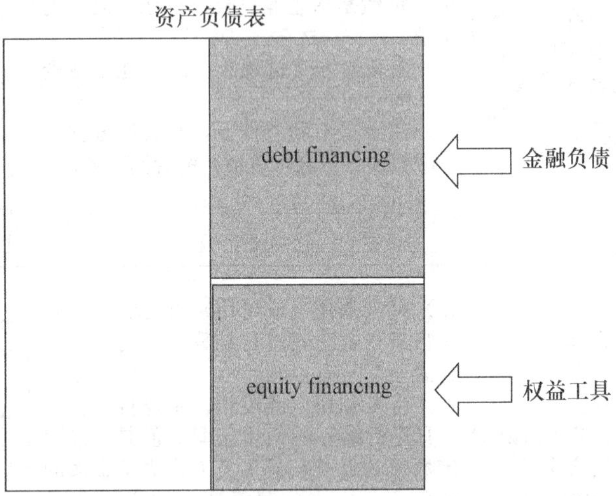

图8-1　金融负债和权益工具的区分

结合准则来看，企业发行的“将来须用或可用企业自身权益工具进行结算的非衍生工具合同，且企业根据该合同将交付可变数量的自身权益工具”属于债务工具。既然企业筹资后需要用可变数量的股票予以偿还，可见，该可变数量是按照固定金额除以变动的股价来确定的，发行方筹集资金的法律关系具有固定金额，因此，该金融工具为筹资方的债务工具。

作为对比，企业发行的将来须用（或可用）固定数量的企业自身权益工具结算的非衍生工具，或者以固定数量的自身权益工具交换固定金额的现金（或其他金融资产）的衍生工具，都属于权益工具。因为股票的市价波动使得固定数量的股票的价值总额也在变动，企业并未承担固定金额的给付义务。

如果企业对全部现有同类别非衍生自身权益工具（即普通股）的持有方（即普通股股东）按照相同比例发行配股权、期权或认股权证，使其有权按比例以固定金额的任何货币换取固定数量的该企业自身权益工具，那么，该类配股权、期权或认股权证应当分类为权益工具。其中，企业自身权益工具不包括应按照特殊金融工具①分类为权益工具的金融工具，也不包括本身就要求在未来收取或交付

① 指符合金融负债定义，但同时具有一定特征的可回售工具，以及符合金融负债定义，但同时具有一定特征的发行方仅在清算时才有义务向另一方按比例交付其净资产的金融工具。详见后文。

企业自身权益工具的合同。

例8-1

一家在多地上市的公司，向其所有的现有普通股股东提供每持有10股股票可购买其3股普通股的权利（配股比例为10股配3股），配股价格为配股当日股价的70%。由于该企业在多地上市，受到各地区的法规限制，配股权行权价格的币种须与当地货币一致。本例中，由于企业是按比例向其所有同类普通股股东提供配股权，该配股权应当分类为权益工具。

8.1.3　区分金融负债和权益工具需考虑的因素

1. 合同所反映的经济实质

在判断一项金融工具是否应划分为金融负债或权益工具时，应当以相关合同条款及其所反映的经济实质而非仅以法律形式为依据，运用金融负债和权益工具区分的原则，正确地确定该金融工具或其组成部分的会计分类。

在评估金融工具所反映的经济实质时，应当基于合同的具体条款来进行评估，不应仅仅依据监管规定或金融工具名称来进行划分。名称叫作“优先股”的，也可能会被分类为金融负债。名称叫作“永续债”的，也可能会被分类为权益工具。

2. 金融工具的特征

有些金融工具（如企业发行的某些优先股）可能既具有权益工具的特征，又具有金融负债的特征。因此，企业应当全面细致地分析此类金融工具各组成部分的合同条款，以确定其显示的是金融负债还是权益工具的特征，并进行整体评估，以判定整个工具应划分为金融负债或权益工具，还是属于既包括金融负债成分又包括权益工具成分的复合金融工具。

8.1.4　区分金融负债和权益工具的基本原则

1. 是否存在无条件地避免交付现金（或其他金融资产）的合同义务

（1）如果企业不能无条件地避免以交付现金（或其他金融资产）来履行一项合同义务，则该合同义务符合金融负债的定义。

实务中，该类合同义务的常见情形包括：

1）发行方不能无条件地避免赎回的金融工具。如果一项金融工具使发行方承担了以现金（或其他金融资产）回购自身权益工具的义务，即使其回购义务取决于合同对手是否行使回售权，发行方也应当在初始确认时将该义务确认为一项金融负债。常见的如远期、期权、可赎回优先股（redeemable preferred stock）等金融工具所形成的金融负债。该金融负债的入账金额按照回购所需支付金额的现值（如远期回购价格的现值、期权行权价格的现值或其他回售金额的现值）计算。如果发行方最终无须以现金（或其他金融资产）回购自身权益工具，则应在合同对手回售权到期时将该项金融负债按照账面价值重分类为权益工具。

2）发行方被强制要求支付利息的金融工具。例如，对于一只面值为1亿元、每年按6%的股息率支付股息的优先股，发行方应当把该强制付息的合同义务确认为金融负债。又如，对于无固定还款期限且不可赎回、每年按8%的利率强制付息的永续债，虽然该项工具的期限永续且不可赎回，但由于发行方承担了以利息形式永续支付现金的合同义务，因此，该永续债仍应确认为金融负债。

需要说明的是，对企业履行交付现金（或其他金融资产）的合同义务能力的限制（如无法获得外币、需要得到有关监管部门的批准才能支付或其他法律法规的限制等），并不能解除企业就该金融工具所承担的合同义务，也不能表明该企业无须承担该金融工具的合同义务。

例8-2

甲公司发行了一只年利率为8%、无固定还款期限、可自主决定是否支付利息的不可累积永续债，合同条款中包含的投资者保护条款如下：

当发行人未能清偿到期应付的其他债务融资工具、企业债或任何金融机构贷款的本金或利息时，发行人立即启动投资者保护机制（实务中有时将此类保护条款称为交叉保护），即主承销商于20个工作日内召开永续债持有人会议。永续债持有人有权对如下处理方案进行表决：(1) 无条件地豁免发行人违反约定的责任；(2) 有条件地豁免发行人违反约定的责任，即如果发行人采取了补救方案（如增加担保），并在30日内完成相关法律手续，则豁免其违反约定的责任。如上述豁免的方案经表决生效，发行人应无条件接受持有人会议做出的上述决议，并于30个工作日内完成相关法律手续。如上述方案未获表决通过，则永续债本息应在持有人会议召开日的次日立即到期应付。

分析：本例中，发行人无法控制是否会对债务产生违约，无法控制持有人大会是否会通过上述豁免的方案，也就是说，发行人不能无条件地避免以交付现金（或其他金融资产）来履行一项合同义务，因此，该永续债应当分类为金融负债。

(2) 如果企业能够无条件地避免交付现金（或其他金融资产），例如能够根据相应的议事机制自主决定是否支付股息（即无支付股息的义务），同时所发行的金融工具没有到期日且合同对手没有回售权，或虽有固定期限但发行方有权无限期递延（即无支付本金的义务），则此类交付现金（或其他金融资产）的结算条款不构成金融负债。

如果发放股利由发行方根据相应的议事机制自主决定，则股利究竟是累积股利还是非累积股利，本身不影响该金融工具被分类为权益工具。

实务中，优先股等金融工具发行时还可能会附有与普通股股利支付相联结的合同条款，如股利制动机制、股利推动机制等。股利制动机制（dividend stopper）是指企业如果不宣派（或支付）优先股股利，就不得宣派（或支付）普通股股利。股利推动机制（dividend pusher）是指企业如果宣派（或支付）普通股股利，就必须宣派（或支付）优先股股利。如果优先股等金融工具所联结的是诸如普通股的股利，发行方根据相应的议事机制能够自主决定普通股股利的支付，则股利制动机制及股利推动机制本身均不会导致相关金融工具被分类为金融负债。企业应谨慎地将其适用范围限制在普通股股利支付相联结的情形，不能推广适用到其他情形（如与交叉保护条款或其他投资者保护条款相联结的情形）。

例8-3

甲公司发行了一只年利率为8%、无固定还款期限、可自主决定是否支付利息的不可累积永续债，合同条款如下：(1) 该永续债嵌入了一项看涨期权，允许甲公司在发行第5年或之后年度以面值回购。(2) 如果甲公司在第5年年末没有回购该永续债，则之后的票息率增加至11%（通常称为票息递增特征）。(3) 如果甲公司支付普通股股利，则必须支付该永续债票息（即股利推动机制）。

甲公司根据相应的议事机制能够自主决定普通股股利的支付。在发行该永续债之前的年度，该公司均支付了普通股股利。

分析：本例中，甲公司能够自主决定是否支付普通股股利，进而影响永续债利息的支付，因此，永续债利息并未形成其支付现金（或其他金融资产）的合同义务。甲公司也没有在第5年年末回购股份的合同义务。利率跳升也不构成企业无法避免的支付义务。因此，该永续债应整体被分类为权益工具。

企业还应当注意合同中的投资者保护条款的影响。例如，有的合同约定，一旦发行人发生破产（或视同清算）、出现净资产10%以上的重大损失、未达到承诺的财务业绩指标、财务状况发生重大变化、发生控制权变更、信用评级被降级，或者其他导致投资者认为足以影响发行人偿债能力的事项，那么，该发行人就应当一次性偿付永续债，除非永续债持有人大会通过决议予以豁免。在上述合同条款所列举的情形中，发行人无法无条件地避免以交付现金（或其他金融资产）来履行一项合同义务，因此，包含此类条款的永续债应当被分类为金融负债。

企业应当基于真实、完整的合同进行相关分析和判断。在实务中，有时存在部分条款措辞不够严谨或不够明确的情况，企业应当进一步明确合同条款是否会导致发行人存在交付现金（或其他金融资产）的义务。企业应当确保合同措辞明确，能够以此为基础做出合理的会计判断。另外，某些永续债条款可能也会约定永续债债权人破产清算时的清偿顺序等同于其他债务。在此类情况下，企业应当考虑这些条款是否会导致该永续债分类为金融负债。

(3) 判断一项金融工具应划分为权益工具还是金融负债，不受下列因素的影响：以前期间支付股利（或利息）的情况；未来期间支付股利（或利息）的意向；相关金融工具若不发放股利可能会对发行人的普通股股价产生的负面影响；发行人的未分配利润等可供分配权益的金额；发行人对近期损益的预期；等等。

(4) 有些金融工具虽然没有明确地包含交付现金（或其他金融资产）义务的条款和条件，但有可能通过其他条款和条件间接地形成合同义务。例如，企业可能在显著不利的条件下选择交付现金（或其他金融资产），而不是选择履行非金融合同义务，或选择交付自身权益工具。在实务中，相关合同可能包含利率跳升等特征，往往可能构成发行方交付现金（或其他金融资产）的间接义务。企业须借助合同条款和相关信息，全面地分析和判断。

2. 是否通过交付固定数量的自身权益工具结算

对于将来需要交付固定数量的自身权益工具结算的金融工具，股价的波动必然导致结算额的波动。从发行人的角度来看，该金融工具并不导致其承担债务（债务必须具有固定金额）。从投资者（持有人）的角度来看，投资者（持有人）可以凭借其持有的固定数量的权益工具投资，主张其在企业资产扣除所有负债后的剩余权益中所拥有的权利。因此，该金融工具应当分类为权益工具。

反之，对于将来需要交付变动数量的自身权益工具结算的金融工具，从发行人的角度来看，这就意味着其承担了固定金额的债务，发行人必须用变动数量的自身权益工具来偿付该固定金额的债务；从投资者（持有人）的角度来看，投资者（持有人）不可以凭借其持有的变动数量的权益工具投资，而主张其在企业资产扣除所有负债后的剩余权益中所拥有的权利。因此，该金融工具应当分类为债务工具。

将来须用（或可用）企业自身权益工具进行结算的金融工具既可能是衍生工具（如认股权证），也可能是非衍生工具（如无固定期限、发行人可自主决定是否支付本息、第5年年末必须予以强制转换的可转换优先股）。

(1) 须用（或可用）企业自身权益工具进行结算的非衍生工具。对于非衍生工具，如果发行方未来有义务交付可变数量的自身权益工具进行结算，则该非衍生工具是发行方的金融负债。

如果发行方未来有义务交付固定数量的自身权益工具进行结算，则该非衍生工具是发行方的权益工具。

例8-4

甲公司与乙公司签订的合同约定，甲公司以100万元等值的自身权益工具偿还所欠乙公司债务。本例中，甲公司需偿还的负债金额100万元是固定的，但甲公司需交付的自身权益工具的数量随着权益工具市场价格的变动而变动。在这种情况下，甲公司发行的该金融工具应当划分为金融负债。

例8-5

甲公司与乙公司签订的合同约定，甲公司以100盎司黄金等值的自身权益工具偿还所欠乙公司债务。本例中，甲公司需偿还的负债金额随黄金价格变动而变动，同时，甲公司需交付的自身权益工具的数量随着权益工具市场价格的变动而变动。在这种情况下，该金融工具应当划分为金融负债。

例8-6

甲公司发行了名义金额100元的优先股，合同条款规定甲公司在3年后将优先股强制转换为普通股，转股价格为转股日前一工作日的该普通股市价。在这种情况下，甲公司实际上承担了以自身普通股向优先股股东支付每股 100 元的义务，因此，该强制可转换优先股应当划分为金融负债。

（2）须用（或可用）企业自身权益工具进行结算的衍生工具。如果衍生工具的发行人只能通过以固定数量的自身权益工具交换固定金额的现金（或其他金融资产）进行结算，则该衍生工具是权益工具（这种规则可以概括为"固定对固定"原则）。如企业发行的认股权证。

如果衍生工具的发行人以固定数量自身权益工具交换可变金额的现金（或其他金融资产），或以可变数量自身权益工具交换固定金额的现金（或其他金融资产），或在转换价格不固定的情况下以可变数量自身权益工具交换可变金额现金（或其他金融资产），则该衍生工具应当确认为衍生金融负债。

上述"固定换固定"原则通常用于判断可转换债券、可转换优先股以及具备转股条款的永续债等。

可转换债券的合同条款中往往会针对发行人的股票分拆（分割）、股份合并、配股、转增股本、增发新股、发放现金股利等可能会稀释可转换债券持有人的权益的现象，约定相应的反稀释调整条款（即对转股价进行相应的调整），从而确保可转换债券持有人与普通股股东"同进同退"（即潜在相对利益保持不变）。这一调整可视为符合"固定换固定"原则。但如果调整公式无法体现可转换债券持有人与普通股股东"同进同退"的原则，则不能认为该调整符合"固定换固定"原则。

8.1.5 永续债发行方会计分类应当考虑的因素

永续债发行方在确定永续债的会计分类是权益工具还是金融负债时，应当根据《企业会计准则第 37 号——金融工具列报》（2017 年修订）的规定同时考虑下列因素来确定。

1. 关于到期日

永续债发行方在确定永续债会计分类时，应当以合同到期日等条款内含的经济实质为基础，谨慎判断是否能无条件地避免交付现金或其他金融资产的合同义务。当永续债合同其他条款未导致发行方承担交付现金或其他金融资产的合同义务时，发行方应当区分下列情况处理。

（1）永续债合同明确规定无固定到期日且持有方在任何情况下均无权要求发行方赎回该永续债或清算的，通常表明发行方没有交付现金或其他金融资产的合同义务。

（2）永续债合同未规定固定到期日且同时规定了未来赎回时间（即"初始期限"）的：

1）当该初始期限仅约定为发行方清算日时，通常表明发行方没有交付现金或其他金融资产的合同义务。但清算确定将会发生且不受发行方控制，或者清算发生与否取决于该永续债持有方的，发行方仍具有交付现金或其他金融资产的合同义务。

2）当该初始期限不是发行方清算日且发行方能自主决定是否赎回永续债时，发行方应当谨慎分析自身是否能无条件地自主决定不行使赎回权。如不能，通常表明发行方有交付现金或其他金融资产的合同义务。

2. 关于清偿顺序

永续债发行方在确定永续债会计分类时，应当考虑合同中关于清偿顺序的条款。当永续债合同其他条款未导致发行方承担交付现金或其他金融资产的合同义务时，发行方应当区分下列情况处理：

（1）合同规定发行方清算时永续债劣后于发行方发行的普通债券和其他债务的，通常表明发行方没有交付现金或其他金融资产的合同义务。

（2）合同规定发行方清算时永续债与发行方发行的普通债券和其他债务处于相同清偿顺序的，应当审慎考虑此清偿顺序是否会导致持有方对发行方承担交付现金或其他金融资产合同义务的预期，并据此确定其会计分类。

3. 关于利率跳升和间接义务

永续债发行方在确定永续债会计分类时，应当考虑《企业会计准则第37号——金融工具列报》（2017年修订）第十条规定的“间接义务”。永续债合同规定没有固定到期日，同时规定了未来赎回时间，发行方有权自主决定未来是否赎回且如果发行方决定不赎回则永续债票息率上浮（即“利率跳升”或“票息递增”）的，发行方应当结合所处实际环境考虑该利率跳升条款是否构成交付现金或其他金融资产的合同义务。如果跳升次数有限，有最高票息限制（即“封顶”）且封顶利率未超过同期同行业同类型工具平均的利率水平，或者跳升总幅度较小且封顶利率未超过同期同行业同类型工具平均的利率水平，可能不构成间接义务；如果永续债合同条款虽然规定了票息封顶，但该封顶票息水平超过同期同行业同类型工具平均的利率水平，通常构成间接义务。

8.1.6 以外币计价的配股权、期权或认股权证

一般来说，如果企业的某项合同是通过固定金额的外币（即企业记账本位币以外的其他货币）交换固定数量的自身权益工具进行结算，由于固定金额的外币代表的是以企业记账本位币计价的可变金额，因此不符合“固定换固定”原则。但是，准则在“固定换固定”原则下对以外币计价的配股权、期权或认股权证规定了一类例外情况：企业对全部现有同类别非衍生自身权益工具的持有方同比例发行配股权、期权或认股权证，使之有权按比例以固定金额的任何货币交换固定数量的该企业自身权益工具的，该类配股权、期权或认股权证应当分类为权益工具。这是一类范围很窄的例外情况，不能以类推方式适用于其他工具（如以外币计价的可转换债券）。

8.1.7 附有或有结算条款的金融工具

附有或有结算条款的金融工具，指是否通过交付现金（或其他金融资产）以及其他方式进行结算，需要由发行方和持有方均不能控制的未来不确定事项（如股价指数、消费价格指数变动、利率变动、税法变动、发行方未来收入、净收益或债务权益比率等）的发生或不发生（或发行方和持有方均不能控制的未来不确定事项的结果）来确定的金融工具。

对于附有或有结算条款的金融工具，发行方不能无条件地避免以交付现金（或其他金融资产）以及其他方式进行结算的，应当分类为金融负债。但是，满足下列条件之一的，发行方应当将其分类为权益工具：(1) 要求以现金、其他金融资产或以其他导致该工具成为金融负债的方式进行结算的或有结算条款几乎不具有可能性，即相关情形极端罕见、显著异常且几乎不可能发生。(2) 只有在发行方清算时，才需以现金、其他金融资产或以其他导致该工具成为金融负债的方式进行结算。(3) 按照准则规定分类为权益工具的可回售工具。

例8-7

甲公司发行1亿元优先股。按合同条款约定，甲公司可根据相应的议事机制自行决定是否派发股利，如果甲公司的控股股东发生变更（假设该事项不受甲公司控制），甲公司必须按面值赎回该优先股。本例中，或有结算事项的发生或不发生并非不具有可能性，甲公司不能无条件地避免赎回股份的义务。因此，该工具应当划分为一项金融负债。

8.1.8 存在结算选择权的衍生工具

对于存在结算选择权的衍生工具，如合同规定发行方或持有方有权选择以现金净额或以发行股份交换现金等方式进行结算的衍生工具，发行方应当将其确认为金融负债，但所有可供选择的结算方式均表明该衍生工具应当确认为权益工具的除外。

例8-8

20×7年3月1日，罗克股份公司卖出1 000 000份欧式看涨期权，每份期权的标的资产为该公司普通股1股（面值为1元），行权价格为每股6元。收到的期权费为900 000元。其他相关数据如表8-2所示。

表8-2 单位：元

项目	20×7年3月1日（合同签订日）	20×7年12月31日（资产负债表日）	20×8年1月31日（行权日）
股票的每股市价	5	8	10
期权的公允价值	—	1 700 000	4 000 000

下面针对期权以现金净额结算、期权以普通股净额结算、期权以普通股总额结算这三种结算方式，对比阐释相应的账务处理。罗克股份公司的账务处理如表8-3所示。

表8-3 不同结算方式下衍生工具的会计处理　　单位：元

日期	期权以现金净额结算	期权以普通股净额结算	期权以普通股总额结算
20×7年3月1日	(A1) 确认金融负债。 借：银行存款 900 000 贷：衍生工具——看涨期权 900 000	(B1) 确认金融负债。 分录同左。	(C1) 确认其他权益工具。 借：银行存款 900 000 贷：其他权益工具 900 000
20×7年12月31日	(A2) 记录公允价值变动。 借：公允价值变动损益 800 000 贷：衍生工具——看涨期权 800 000	(B2) 记录公允价值变动。 分录同左。	无须记录权益工具的公允价值变动。
20×8年1月31日	(A3) 记录公允价值变动。 借：公允价值变动损益 2 300 000 贷：衍生工具——看涨期权 2 300 000	(B3) 记录公允价值变动。 分录同左。	无须记录权益工具的公允价值变动。
	(A4) 以现金净额结算。 借：衍生工具——看涨期权 4 000 000 贷：银行存款 4 000 000 (计算过程：(10－6)×1 000 000)	(B4) 以权益工具结算。 借：衍生工具——看涨期权 4 000 000 贷：股本 400 000 资本公积——股本溢价 3 600 000 (计算公式：股本＝4 000 000÷10)	(C2) 期权持有人行权。 借：银行存款 6 000 000 其他权益工具 900 000 贷：股本 1 000 000 资本公积——股本溢价 5 900 000

在普通股总额结算约定下，罗克股份公司需交付的普通股数量固定，将收到的金额也是固定的，因此应当将该期权划分为权益工具。

8.1.9 特殊金融工具的区分

准则针对符合金融负债的定义并具有特定特征的金融工具，制定了例外条款，允许将其分类为权益工具。

1. 可回售工具

可回售工具（puttable instrument）是授权持有人随时或者在未来某一不确定事项发生时回售给发行人，以及在持有人死亡或退休时自动回售给发行人的金融工具。

作为对金融负债定义的例外，可回售工具如果同时具有下列特征，应分类为权益工具：

（1）该工具授权持有人在发行人清算时按比例份额获得该发行人的净资产。这一特征是为了与享有优先权的工具区分开来。该发行人的净资产是指发行人的资产扣除所有优先于该工具的要求权之后的剩余部分。按比例份额获得该发行人的净资产是指在清算时先将发行人的净资产分拆为金额相等的单位，然后以单位金额乘以持有人所持有的单位数量。

（2）该工具属于最次级类别。如果企业只发行了一类金融工具，则可将该工具视为最次级类别。

（3）最次级类别中的所有工具具有相同的特征（例如它们均为可回售工具，它们适用共同的用于计算回购价或赎回价的公式等方法）。

（4）发行方除了负有以现金（或其他金融资产）回购或赎回该工具的合同义务外，不存在任何构成债务的义务。

（5）该工具在存续期内的预计现金流量总额，实质上源于企业在同一期间的损益、已确认净资产的变动、已确认和未确认净资产的公允价值变动（扣除该工具的任何影响）。

例8-9

甲公司设立时发行了100股A类股份，而后又发行了可回售的10 000股B类股份给其他投资人。

如果假定A类股份为该公司最次级权益工具，B类股份并非该公司发行的最次级权益工具，因此，不应当将B类股份分类为权益工具。

如果假定B类股份为该公司最次级权益工具，则应将B类股份分类为权益工具。

例8-10

甲企业为一合伙企业。相关入股合同约定：新合伙人加入时按确定的金额和持股比例入股，合伙人退休或退出时以其持股的公允价值予以退还；合伙企业的营运资金均来自合伙人入股，合伙人持股期间可按持股比例分得合伙企业的利润（但利润分配由合伙企业自主决定）；当合伙企业清算时，合伙人可按持股比例获得合伙企业的净资产。本例中，由于合伙企业在合伙人退休或退出时有向合伙人交付金融资产的义务，同时，可回售工具满足准则所规定的全部五项特征：（1）在合伙企业清算时，合伙人可按持股比例获得合伙企业的净资产；（2）该入股款属于合伙企业中最次级类别的工具；（3）所有的入股款具有相同的特征；（4）合伙企业仅有以金融资产回购该工具的合同义务，不存在其他构成债务的义务；（5）合伙人持股期间可获得的现金流量总额，实质上源于企业在同一期间的损益、已确认净资产的变动、已确认和未确认净资产的公允价值变动。因而，该金融工具（入股合同）应当确认为权益工具。

2. 发行人仅在清算时才有义务向另一方按比例交付其净资产的金融工具

作为对金融负债定义的例外，对于发行人仅在清算时才有义务向另一方按比例交付其净资产的金融工具，如果该工具满足以下全部特征，则应分类为权益工具：

（1）该工具授权持有人在发行人清算时按比例份额获得该发行人的净资产。

（2）该工具所属的类别次于其他所有工具类别。

（3）在清算时，最次级类别中的所有工具都按比例承担交付发行人的净资产的合同义务。

上述清算有的情况下是肯定发生的，并且不受发行人的控制（如发行人本身是有限寿命主体的情形）；有的情况下是不一定发生的，且其发生与否取决于该工具的持有人的选择。

例8-11

甲企业为一中外合作经营企业，成立于2×14年1月1日，经营期限为20年。按照合同约定，甲企业的营运资金及主要固定资产均由双方股东投入；在经营期限内，甲企业按照合作经营合同运营；经营期限到期时，该企业的净资产按出资比例向合作双方偿还。本例中，该合作企业需要在经营期限届满时向双方股东交付企业的净资产，但该合作企业仅在清算时才有义务向合作双方交付其净资产且其同时具备下列特征：（1）合作双方在合作企业清算时可按合同规定比例份额获得企业净资产；（2）该入股款属于合作企业中最次级类别的工具。因而，该金融工具属于权益工具。

3. 金融工具发行方采用前两小节的规则时应具备的条件

分类为权益工具的可回售工具，或发行人仅在清算时才有义务向另一方按比例交付其净资产的金融工具，除应当具有以上两小节所述特征外，其发行人不应当同时具备有下列特征的其他金融工具或合同：

（1）现金流量总额实质上源于企业的损益、已确认净资产的变动、已确认和未确认净资产的公允价值变动（不包括该工具或合同的任何影响）；

（2）实质上限制或固定了以上两小节所述工具持有方所获得的剩余回报。

在运用上述条件时，对于发行方与以上两小节所述工具持有方签订的非金融合同，如果其条款和条件与发行方和其他方之间可能订立的同等合同类似，则不应考虑该非金融合同的影响。但如果不能做出此判断，则不得将该工具分类为权益工具。

下列按照涉及非关联方的正常商业条款订立的工具，不大可能会导致满足以上两小节所规范的特殊金融工具，因而无法被分类为权益工具：1）现金流量总额实质上基于企业的特定资产；2）现金流量总额基于企业收入的一定比例；3）就员工为企业提供的服务给予报酬的合同；4）要求企业为其所提供的产品或服务支付一定报酬（占利润的比例非常小）的合同。

4. 特殊金融工具的重分类

按照上述规定分类为权益工具的金融工具，自不再具有第1小节、第2小节所述特征，或发行方不再满足第3小节规定的条件之日起，发行方应当将其重分类为金融负债，以重分类日该工具的公允价值计量，并将重分类日权益工具的账面价值和金融负债的公允价值之间的差额确认为权益。

按照上述规定分类为金融负债的金融工具，自具有第 1 小节、第 2 小节所述特征，且发行方满足第 3 小节规定的条件之日起，发行方应当将其重分类为权益工具，以重分类日金融负债的账面价值计量。

企业发行的满足上述规定分类为权益工具的金融工具，在企业集团合并财务报表中对应的少数股东权益部分，应当分类为金融负债。

8.1.10　金融负债和权益工具之间的重分类

随着时间的推移或经济环境的改变，发行人可能需要调整其对金融工具（含特殊金融工具）所作的分类，即进行金融负债和权益工具之间的重分类。

例如，企业以前因可回售工具不属于最次级类别，而未将其分类为权益工具。但后来，企业赎回其发行的其他全部金融工具，这时，可回售工具便符合分类为权益工具的全部特征和全部条件，需重分类为权益工具。反之，如果企业以前因可回售工具属于最次级类别而将其分类为权益工具，但后来企业发行了更次级的金融工具，那么，可回售工具便不再满足分类为权益工具的全部特征和全部条件，需重分类为金融负债。

从权益工具重分类为金融负债的，发行人应当以重分类日该工具的公允价值计量该金融负债，原权益工具账面价值与该金融负债公允价值之间的差额应确认为权益。

从金融负债重分类为权益工具的，发行人应当以重分类日该负债的账面价值计量该权益工具。

8.2　复合金融工具的分拆

企业所发行的非衍生工具可能同时包含金融负债成分和权益工具成分。企业应对发行的非衍生工具进行评估，以确定所发行的工具是否为复合金融工具（compound financial instrument）。对于复合金融工具，发行方应于初始确认时将各组成部分分别分类为金融负债或权益工具。

企业发行的一项非衍生工具同时包含金融负债成分和权益工具成分的，应于初始计量时先确定金融负债成分的公允价值（包括其中可能包含的非权益性嵌入衍生工具的公允价值），再从复合金融工具公允价值中扣除金融负债成分的公允价值，作为权益工具成分的价值。复合金融工具中包含非权益性嵌入衍生工具的，非权益性嵌入衍生工具的公允价值应当包含在金融负债成分的公允价值中，并且按照《企业会计准则第 22 号——金融工具确认和计量》的规定对该金融负债成分进行会计处理。

企业设置“其他权益工具”科目核算其发行的除普通股以外的归类为权益工

具的各种金融工具。该科目可按照发行金融工具的种类等进行明细核算。

发行方发行的金融工具为既有金融负债成分又有权益工具成分的复合金融工具的，应按实际收到的金额，借记“银行存款”或“存放中央银行款项”等科目，按金融工具的面值，贷记“应付债券——面值”等科目，按金融负债成分的公允价值与金融工具面值之间的差额，借记或贷记“应付债券——利息调整”等科目，按实际收到的金额扣除金融负债成分的公允价值后的金额，贷记“其他权益工具”科目。

发行复合金融工具发生的交易费用，应当在负债成分和权益成分之间按照各自占总发行价款的比例进行分摊。与多项交易相关的共同交易费用，应当在合理的基础上，采用与其他类似交易一致的方法，在各项交易之间进行分摊。对于分摊至负债成分的交易费用，应当计入该负债成分的初始计量金额（若该负债成分按摊余成本进行后续计量）或计入当期损益（若该负债成分按公允价值进行后续计量且其变动计入当期损益）；对于分摊至权益成分的交易费用，应当从权益中扣除。

例 8-12

科尔股份公司 20×7 年 1 月初发行了 2 000 张面值为 1 000 元、期限为 3 年、票面年利率为 6%的可转换债券，取得总价款 2 080 000 元。该债券按年支付利息。投资者在该债券发行满一年后即可在债券到期日前随时自愿将每张债券转换为 250 股普通股。发行日，二级市场上类似的但没有转换权的债券的市场利率为 9%。科尔股份公司将发行的金融工具的负债成分划分为以摊余成本计量的金融负债。

(1) 20×7 年 1 月初发行可转换债券时。

$$
\begin{aligned}
\text{负债成分的初始确认金额} &= \text{负债成分的公允价值}\\
&= \text{各期利息的现值} + \text{本金的现值}\\
&= \left[\frac{120\ 000}{(1+9\%)^1}+\frac{120\ 000}{(1+9\%)^2}+\frac{120\ 000}{(1+9\%)^3}\right]+\frac{2\ 000\ 000}{(1+9\%)^3}\\
&= 1\ 848\ 122(\text{元})
\end{aligned}
$$

$$
\begin{aligned}
\text{权益成分的初始确认金额} &= \text{金融工具整体的发行价格} - \text{负债成分的初始确认金额}\\
&= 2\ 080\ 000 - 1\ 848\ 122\\
&= 231\ 878(\text{元})
\end{aligned}
$$

借：银行存款　　2 080 000
　　应付债券——利息调整　　151 878
　贷：应付债券——面值　　2 000 000
　　　其他权益工具　　231 878

(2) 20×7 年 12 月 31 日计提债券利息时（见表 8-4）。

表8-4　债券的摊余成本的计算

单位：元

日期	票面利息 贷：银行存款 ①	财务费用 借：财务费用 ②=期初⑤×9%	折价摊销 贷：应付债券——利息调整 ③=①-②	未摊销折价 ④	摊余成本 ⑤=期初⑤+③
20×7年1月1日				151 878	1 848 122
20×7年12月31日	120 000	166 331	46 331	105 547	1 894 453
20×8年12月31日	120 000	170 501	50 501	55 046	1 944 954
20×9年1月31日	120 000	175 046	55 046	0	2 000 000
合计	360 000	511 878	151 878		

借：财务费用　166 331

　贷：应付利息　120 000

　　应付债券——利息调整　46 331

(3) 20×8年12月31日计提债券利息时。

借：财务费用　170 501

　贷：应付利息　120 000

　　应付债券——利息调整　50 501

至此，转换前应付债券的摊余成本为1 944 954元（1 848 122+46 331+50 501）。

(4) 20×9年1月31日，转换日（假定科尔股份公司发行新股500 000股）应作如下会计处理。

借：应付债券——面值　2 000 000

　贷：股本　500 000

　　资本公积——股本溢价　1 444 954

　　应付债券——利息调整　55 046

借：其他权益工具　231 878

　贷：资本公积——股本溢价　231 878

8.3 金融资产和金融负债的抵销

8.3.1 原则上不应相互抵销

金融资产和金融负债应当在资产负债表内分别列示，不得相互抵销。但同时满足下列条件的，应当以相互抵销后的净额在资产负债表内列示：(1) 企业具有抵销已确认金额的法定权利，且该法定权利是当前可执行的；(2) 企业计划以净额结算，或同时变现该金融资产和清偿该金融负债。

不满足终止确认条件的金融资产转移，转出方不得将已转移的金融资产和相关负债进行抵销。

8.3.2 抵销权

抵销权是债务人根据合同或其他协议，以应收债权人的金额全部或部分抵销应付债权人的金额的法定权利。在某些情况下，如果债务人、债权人和第三方三者之间签署的协议明确表示债务人拥有该抵销权，并且不违反法律法规或其他相关规定，债务人可能拥有以应收第三方的金额抵销应付债权人的金额的法定权利。

抵销权应当不取决于未来事项，而且在企业和所有交易对手方的正常经营过程中，或在出现违约、无力偿债或破产等各种情形下，企业均可执行该法定权利。

在确定抵销权是否可执行时，企业应当充分考虑法律法规或其他相关规定以及合同约定等各方面因素。

当前可执行的抵销权不构成相互抵销的充分条件，企业既不打算行使抵销权（即净额结算），又无计划同时结算金融资产和金融负债的，该金融资产和金融负债不得抵销。

在没有法定权利的情况下，一方或双方即使有意向以净额为基础进行结算或同时结算相关金融资产和金融负债的，该金融资产和金融负债也不得抵销。

企业同时结算金融资产和金融负债的，如果该结算方式相当于净额结算，则满足准则规定的以净额结算的标准。这种结算方式必须在同一结算过程或周期内处理相关应收和应付款项，最终消除或几乎消除信用风险和流动性风险。如果某结算方式同时具备如下特征，可视为满足净额结算标准：

（1）符合抵销条件的金融资产和金融负债在同一时点提交处理。

（2）金融资产和金融负债一经提交处理，各方即承诺履行结算义务。

（3）金融资产和金融负债一经提交处理，除非处理失败，这些资产和负债产生的现金流量不可能发生变动。

（4）以证券作为担保物的金融资产和金融负债，通过证券结算系统或其他类似机制进行结算（例如券款对付），即如果证券交付失败，则以证券作为抵押的应收款项或应付款项的处理也将失败，反之亦然。

（5）若发生第（4）条所述的失败交易，将重新进入处理程序，直至结算完成。

（6）由同一结算机构执行。

（7）有足够的日间信用额度，并且能够确保该日间信用额度一经申请提取即可履行，以支持各方能够在结算日进行支付处理。

在下列情况下，通常认为不满足准则规定的以净额结算的标准，不得抵销相关金融资产和金融负债：

（1）使用多项不同金融工具来仿效单项金融工具的特征（即合成工具）。例如利用浮动利率长期债券与收取浮动利息且支付固定利息的利率互换，合成一项固定利率长期负债。

(2) 金融资产和金融负债虽然具有相同的主要风险敞口（例如远期合同或其他衍生工具组合中的资产和负债），但涉及不同的交易对手方。

(3) 无追索权金融负债与作为其担保物的金融资产或其他资产。

(4) 债务人为解除某项负债而将一定的金融资产进行托管（例如偿债基金或类似安排），但债权人尚未接受以这些资产清偿负债。

(5) 因某些导致损失的事项而产生的义务预计可以通过保险合同向第三方索赔而得以补偿。

企业与同一交易对手方进行多项金融工具交易时，可能与对手方签订总互抵协议。只有满足前述相互抵销条件时，总互抵协议下的相关金融资产和金融负债才能抵销。总互抵协议是指协议所涵盖的所有金融工具中的任何一项合同在发生违约或终止时，就协议所涵盖的所有金融工具按单一净额进行结算。

企业应当区分金融资产和金融负债的抵销与终止确认。抵销金融资产和金融负债并在资产负债表中以净额列示，不应当产生利得或损失；终止确认是从资产负债表列示的项目中移除相关金融资产或金融负债，有可能产生利得或损失。

《企业会计准则第 37 号——金融工具列报》（2017 年修订）针对金融工具以及金融资产转移的附注披露给出了具体规定。在实务工作中可直接比照处理，这里不再赘述。

练习题

一、多项选择题

下列关于企业发行可转换公司债券会计处理的表述中，正确的有（　　）。

A. 将负债成分确认为应付债券

B. 将权益成分确认为其他权益工具

C. 按债券面值计量负债成分初始确认金额

D. 按公允价值计量负债成分初始确认金额

二、判断题

对认股权和债券分离交易的可转换公司债券，认股权持有人到期没有行权的，发行企业应在认股权到期时，将原计入资本公积的部分转入营业外收入。（　　）

三、计算分析题

甲公司为上市公司，其相关交易或事项如下：

(1) 经相关部门批准，甲公司于 20×6 年 1 月 1 日按面值发行分期付息、到期一次还本的可转换公司债券 200 000 万元，发行费用为 3 200 万元，实际募集资金已存入银行账户。

根据可转换公司债券募集说明书的约定，可转换公司债券的期限为 3 年，自 20×6 年 1 月 1 日起至 20×8 年 12 月 31 日止；可转换公司债券的票面年利率：第 1 年为 1.5%，第 2 年为 2%，第 3 年为 2.5%；可转换公司债券的利息自发行日起每年支付一次，起息日为可转换公司债券发行日，即 20×6 年 1 月 1 日，付息日为可转换公司债券发行日起每满一年的当日，即每年的1月1日；可转换公司债券在发行一年后可转换为甲公司普通股股票，初始转股价格为每股10元，每张债券可转换为10股普通股股票（每股面值1元）；发行可转换公司债券募集的资金专项用于生产用厂房的建设。

(2) 甲公司将募集资金陆续投入生产用厂房的建设，截至20×6年12月31日，全部募集资金已使用完毕。生产用厂房于20×6年12月31日达到预定可使用状态。

(3) 20×7年1月1日，甲公司20×6年度支付可转换公司债券利息3 000万元。

(4) 20×7年7月1日，由于甲公司股票价格涨幅较大，全体债券持有人将其持有的可转换公司债券全部转换为甲公司普通股股票。

(5) 其他资料如下：1) 甲公司将发行的可转换公司债券的负债成分划分为以摊余成本计量的金融负债。2) 甲公司发行可转换公司债券时无债券发行人赎回和债券持有人回售条款以及变更初始转股价格的条款，发行时二级市场上与之类似的没有附带转换权的债券市场利率为6%。3) 在当期付息前转股的，不考虑利息的影响，按债券面值及初始转股价格计算转股数量。4) 不考虑所得税影响。

要求：

(1) 计算甲公司发行可转换公司债券时负债成分和权益成分的公允价值。

(2) 计算甲公司可转换公司债券负债成分和权益成分应分摊的发行费用。

(3) 编制甲公司发行可转换公司债券时的会计分录。

(4) 计算甲公司可转换公司债券负债成分的实际利率及20×6年12月31日的摊余成本，并编制甲公司确认及支付20×6年度利息费用的会计分录。

(5) 计算甲公司可转换公司债券负债成分20×7年6月30日的摊余成本，并编制甲公司确认20×7年上半年利息费用的会计分录。

(6) 编制甲公司20×7年7月1日可转换公司债券转换为普通股股票时的会计分录。

第 9 章

Chapter 9 租赁合同

课程思政要点

1. 结合中国特色社会主义法治体系学习会计法规体系。学习《中华人民共和国民法典》中的租赁合同、融资租赁合同相关内容，理解租赁合同与买卖合同的区别。

2. 对照阅读《企业会计准则第 21 号——租赁》和 IFRS® 16：Leases，理解租赁会计规则的理论逻辑、历史逻辑和实践逻辑。

3. 理解实质重于形式原则的形成背景及其理论局限。

学习目标

1. 掌握：承租人的会计处理；出租人对融资租赁、经营租赁的会计处理。

2. 理解：租赁合同会计准则的设计理念。

3. 了解：短期租赁和低价值资产租赁；租赁变更的会计处理；转租的会计处理；售后租回交易的会计处理；租赁合同的附注披露。

本章主要讲解《企业会计准则第 21 号——租赁》（2018 年修订）的设计理念及其操作规则。该准则是借鉴《国际财务报告准则第 16 号——租赁》（IFRS® 16：Leases）制定的。

9.1 租赁合同的定义与合同分拆或合并

9.1.1 定 义

准则所称租赁（lease）即租赁合同，是指在约定的期间内，出租人（lessor）将资产使用权让与承租人（lessee）而获取租金的合同。

在合同开始日，企业应当评估一项合同是否构成（或者包含有）租赁合同。

此后期间，无须重新进行评估，除非合同的条款和条件发生了变化。

为确定一份合同是否让渡了在一定期间内占有并使用已识别资产的权利，企业应当评估客户在使用期间是否有权获得该资产所产生的几乎全部经济利益，并有权主导该资产的使用。

1. 已识别资产

已识别资产（identified asset）通常是在合同中予以明确指定的，有时也可以在资产可供客户使用时予以隐性指定。

例 9-1a

金波货运有限公司与润叶家具有限公司签订一份合同，在未来5年内向后者提供货运服务。金波货运有限公司负责配备机车司机，提供并负责保管机车、车厢。

本例中，上述合同中不包含已识别资产，因此，不包含任何租赁业务。该合同是典型的运输合同，而不是租赁合同。

（1）供应方的实质性替换权。如果资产的供应方在该资产的使用期内拥有对该资产的实质性替换权，那么，客户就不拥有该资产的使用权。实质性替换权（substantive substitution rights）是指供应方在资产的使用期内拥有替换该资产的实际能力，并能够通过行使替换权而获取经济利益。

如果企业难以确定供应方是否拥有对该资产的实质性替换权，则应视为不具有实质性替换权。

例 9-2a

京南机场有限公司与清波茶业有限公司签订一份合同，允许后者在未来10年内在机场特许经营区内销售茶叶并提供茶饮服务。合同约定了总占地面积，但具体地块由京南机场有限公司根据经济效益和旅客意见随时进行调整。

本例中，上述合同中不包含已识别资产，因此，不包含任何租赁业务。该合同是典型的特许经营合同，而不是租赁合同。

（2）可用功能的区分。如果某一项资产的某一部分可用功能（capacity portion，如建筑物中的某一个楼层）能够在物理形态上与该资产的全部可用功能区分开来，那么，就可以将该部分资产单独列为已识别资产。如果某一项资产的某一部分可用功能（如数据光纤的已使用容量）不能在物理形态上与该资产的全部可用功能区分开来，那么，就不应将该部分资产视为已识别资产，除非其实质上代表了该资产的所有功能，从而使得客户有权获得该资产所产生的几乎全部经济利益。

例 9-3a

京津数码有限公司与东南高科有限公司签订一份15年的合同，允许后者使用某大型光缆中3根光纤的容量。京津数码有限公司主导数据的传输（如何时开启光纤，传输什么数据，传输多少数据等）。

本例中，该合同不存在已识别资产，因此，该合同中不包含租赁合同。

2. 有权获得已识别资产所产生的几乎全部经济利益

企业应当基于合同中约定的客户使用已识别资产的具体权利范围，来评估客户是否有权获得因使用已识别资产所产生的几乎全部经济利益。例如，汽车租赁合同中可能会针对汽车的行驶区域、行驶里程等做出具体的限定。

3. 有权主导已识别资产的使用

下列情形表明客户有权主导对已识别资产在整个使用期间的使用：(1) 客户有权在整个使用期间主导已识别资产的使用目的和使用方式；(2) 已识别资产的使用目的和使用方式在使用期开始前已预先确定，并且客户有权在整个使用期间自行（或主导他人按照其确定的方式）运营该资产，或者客户在设计已识别资产时预先确定了该资产在整个使用期间的使用目的和使用方式。

例 9－1b

金波货运有限公司与润叶家具有限公司签订一份合同，向后者提供货运列车车厢10节，期限为5年。在合同约定的范围内，润叶家具有限公司有权决定何时、何地使用这些车厢，使用多少车厢，以及运载货物的类型等。润叶家具有限公司负责保管这些车厢。如果上述车厢出现故障，金波货运有限公司应当予以调换。

合同还约定，如果润叶家具有限公司提出请求，金波货运有限公司应当依照其请求提供机车，配备机车司机，并指导司机制定合理的运输计划。该机车由金波货运有限公司保管。金波货运有限公司可以选择任意一辆机车来满足润叶家具有限公司的请求，且该机车可以同时为多位用户提供服务。

本例中，上述合同中包含车厢租赁业务。因为：(1) 车厢是已识别资产；(2) 客户有权获得该资产所产生的几乎全部经济利益；(3) 客户有权主导该资产的使用。

上述合同中，机车不属于已识别资产，因此，不构成租赁业务。

例 9－2b

京南机场有限公司与清波茶业有限公司签订一份合同，允许后者在未来10年内在机场特许经营区内销售茶叶并提供茶饮服务。合同约定了具体地块和总占地面积。京南机场有限公司不具有实质性替换权。

本例中，上述合同包含租赁业务。因为：(1) 机场内的具体地块是已识别资产；(2) 客户有权获得该资产所产生的几乎全部经济利益；(3) 客户有权主导该资产的使用。

例 9－3b

京津数码有限公司与东南高科有限公司签订一份合同，允许后者在未来15年使用某大型光缆中6根特定的、物理隔离的光纤。东南高科有限公司自行决定在光纤两端连接何种设备，并主导数据的传输（如何时开启光纤，传输什么数据，传输多少数据等）。供应商不具有实质性替换权。

本例中，上述合同中包含光纤租赁业务。因为：(1) 特定的6根光纤是已识别资产；(2) 客户有权获得该资产所产生的几乎全部经济利益；(3) 客户有权主导该资产的使用。

9.1.2 租赁合同的分拆和合并

1. 租赁合同内容的分拆

合同中同时包含租赁成分和非租赁成分的，承租人和出租人应当将租赁成分和非租赁成分进行分拆，分别进行会计处理。在对合同中所包含的租赁成分和非租赁成分进行分拆时，承租人应当按照各租赁部分的单独价格及非租赁部分的单独价格在价格合计中所占的相对比例分摊合同对价，出租人应当根据《企业会计准则第14号——收入》关于交易价格分摊的规定分摊合同对价。

租赁合同中同时包含多项单独租赁的，承租人和出租人应当将合同予以分拆，分别对各个单项租赁合同进行会计处理。

如果承租人可以通过使用某项资产（包括单独使用或将其与易于获得的其他资源一起使用）来获利，且该资产与租赁合同中的其他资产不存在高度依赖（或高度关联）关系，则可将使用该资产的权利列为单个租赁合同（separate lease component）。

为简化处理，承租人可以按照租赁资产的类别，选择是否分拆合同中所包含的租赁和非租赁部分。承租人选择不分拆的，应当将该合同整体作为租赁合同进行会计处理。但是，对于按照《企业会计准则第22号——金融工具确认和计量》应予以分拆的嵌入衍生工具，承租人不应将其与租赁部分合并进行会计处理。

2. 租赁合同的合并

企业与相同的交易对方或该交易对方的关联方，在同一时点（或时段）所订立的多份合同，如果满足下列条件之一，则应合并为一份合同进行会计处理：（1）这些合同是基于总体性的商业目标所达成的一揽子合同，即这些合同必须同时发挥作用才能达成该商业目的；（2）这些合同中任意一份合同的对价，取决于其余合同的定价或履约情况；（3）这些合同中所让渡的资产使用权共同构成一项单个租赁业务。

课程思政 结合中国特色社会主义法治体系学习会计法规体系

专栏9-1 **租赁合同、融资租赁合同与租赁业务的发展**

1999年3月15日第九届全国人民代表大会第二次会议通过、自1999年10月1日起施行的《中华人民共和国合同法》第十三章“租赁合同”和第十四章“融资租赁合同”专门针对租赁合同和融资租赁合同进行了规范。这是我国法律首次针对融资租赁合同进行规范。

值得注意的是，受时代的限制，该法所提及的融资租赁与实务中的业务种类相比，范围要小得多。

《中华人民共和国民法典》所称的"租赁合同"，是出租人将租赁物交付承租人使用、收益，承租人支付租金的合同。国际会计准则中的定义与此基本相同。《中华人民共和国民法典》所称的"融资租赁合同"，是出租人根据承租人对出卖人、租赁物的选择，向出卖人购买租赁物，提供给承租人使用，承租人支付租金的合同，此定义与国际会计准则及我国企业会计准则中的定义是有差异的。时至今日，针对融资租赁的金融、财税、会计和法律方面的监管措施仍比较滞后，有待学者进一步深入研究。

我国的租赁行业起步较晚。1981 年 4 月，中国国际信托投资公司、北京市机电设备公司和日本东方租赁股份公司共同组建成立中国东方租赁有限公司。1981 年 7 月，中国国际信托投资公司和国家物资局共同组建成立中国租赁有限公司，这是我国第一家金融租赁公司。目前我国已经形成一大批从事融资租赁的金融租赁公司、中外合资租赁公司、信托投资公司和财务公司。业务涉及传统融资租赁（直接租赁）、转租赁、售后租回交易、委托租赁、厂商融资租赁、联合租赁等。此外，还有一大批实物租赁公司，主要从事经营租赁。

世界知名的制造业公司普遍设立有租赁公司，有些还在我国设立了租赁公司。高技术企业通过租赁业务可以同时赚取工商业务利润和金融业务利润。在我国，金融租赁公司作为非银行金融机构，其归口管理单位主要是中国银行保险监督管理委员会。关于融资租赁的现行法规主要是 2015 年国务院办公厅发布的《关于促进金融租赁行业健康发展的指导意见》《关于加快融资租赁业发展的指导意见》，以及 2014 年中国银行业监督管理委员会颁布的《金融租赁公司管理办法》。

9.2 承租人的会计处理

9.2.1 使用权资产和租赁负债的入账处理

在租赁期开始日，承租人应当对租赁合同确认使用权资产和租赁负债。但是，采用简化处理方法的短期租赁合同和低价值资产租赁合同除外。

租赁期开始日（commencement date）是指出租人提供租赁资产使其可供承租人使用的起始日期。

使用权资产（right-of-use asset）是指承租人可在租赁期内使用租赁资产的权利。

租赁期（lease term）是指承租人有权使用租赁资产且不可撤销的期间。承租人有续租选择权（即有权选择续租该资产）且合理确定将行使该选择权的，租赁期还应当包含续租选择权涵盖的期间。承租人有终止租赁选择权（即有权选择终止租赁该资产）但合理确定将不会行使该选择权的，租赁期应当包含该终止租赁选择权所涵盖的期间。发生承租人可控范围内的重大事件或变化，且影响承租人是否合理确定将行使相应选择权的，承租人应当对其是否合理确定将行使续租选择权、购买选择权或不行使终止租赁选择权进行重新评估。

1. 租赁付款额的构成

租赁付款额（lease payments）是指承租人向出租人支付的与在租赁期内使用租赁资产的权利相关的款项，包括以下各项。

（1）固定付款额及实质固定付款额。存在租赁激励的，扣除租赁激励相关金额。实质固定付款额（in-substance fixed payments）是指在形式上可能包含变量（存在变数）但实质上无法避免的付款额。

（2）取决于指数或比率的可变租赁付款额，该款项在初始计量时根据租赁期开始日的指数或比率确定。可变租赁付款额（variable lease payments）是指承租人为取得在租赁期内使用租赁资产的权利，向出租人支付的因租赁期开始日后的事实或情况发生变化（而非时间推移）而变动的款项。取决于指数或比率的可变租赁付款额包括与消费者价格指数挂钩的款项、与基准利率挂钩的款项和为反映市场租金费率变化而变动的款项等。

（3）购买选择权的行权价格，前提是承租人合理确定将行使该选择权。

（4）行使终止租赁选择权需支付的款项（如果租赁期的约定允许承租人行使终止租赁的选择权）。

（5）承租人因提供了担保余值而预计应支付的款项。担保余值是指与出租人无关的一方向出租人提供担保，保证在租赁结束时租赁资产的价值至少为某指定的金额。

2. 租赁负债的入账处理

租赁负债应当按照租赁期开始日尚未支付的租赁付款额的现值进行初始计量。

在计算租赁付款额的现值时，承租人应当采用租赁内含利率作为折现率；无法确定租赁内含利率的，应当采用承租人增量借款利率作为折现率。

（1）租赁内含利率。租赁内含利率（interest rate implicit in the lease）是指使出租人的租赁收款额的现值与未担保余值的现值之和，等于租赁资产公允价值与出租人的初始直接费用之和的利率。即使得下式成立的折现率 r。

$$\begin{matrix}\text{租赁资产}\\\text{公允价值}\end{matrix}+\begin{matrix}\text{出租人的}\\\text{初始直接费用}\end{matrix}=\sum_{t=1}^{n}\frac{\text{第 }t\text{ 期的租赁收款额}}{(1+r)^t}+\frac{\text{未担保余值}}{(1+r)^n}$$

租赁收款额是指出租人因让渡在租赁期内使用租赁资产的权利而应向承租人收取的款项。该金额等同于承租人的租赁付款额，包括以下各项。

1）承租人需支付的固定付款额及实质固定付款额，存在租赁激励的，扣除租赁激励相关金额。

2）取决于指数或比率的可变租赁付款额，该款项在初始计量时根据租赁期开始日的指数或比率确定。

3）购买选择权的行权价格，前提是合理确定承租人将行使该选择权。

4）承租人行使终止租赁选择权需支付的款项，前提是租赁期反映出承租人将行使终止租赁选择权。

5）由承租人、与承租人有关的一方以及有经济能力履行担保义务的独立第三方向出租人提供的担保余值。

未担保余值（unguaranteed residual value）是指租赁资产余值中，出租人无法保证能够实现或仅由与出租人有关的一方予以担保的部分。在租赁交易中，出租人占有信息优势，未担保余值是出租人知道而承租人不知道的信息。承租人往往不愿意提供过高的担保余值，而这恰恰构成出租人提高要价的理由。只要承租人提供了偏低的担保余值，（估计的）资产余值高于担保余值的部分就是未担保余值。

课程思政 培养交叉学科贯通思维能力

专栏9-2　信息不对称与未担保余值

信息不对称现象普遍存在。信息不对称往往就是商机所在。

融资租赁合同中存在典型的信息不对称现象。通常，出租人会要求承租人担保一定的资产余值，以避免后者过度使用或者不爱护该项资产。承租人在合同谈判过程中往往会倾向于担保一个较低的价值，而出租人则会默认承租人的要求，因为出租人可借机要求承租人多付租赁费，同时，出租人拥有信息优势，知道该项设备一旦到期归还，其价值一定会超出承租人担保的价值。这一笔超过担保金额的价值，就是未担保余值。

因此，未担保余值是出租人知道而承租人往往不知道的资产价值。

（2）承租人增量借款利率。承租人增量借款利率（lessee's incremental borrowing rate）是指承租人在类似经济环境下为获得与使用权资产价值接近的资产，在类似期间以类似抵押条件借入资金需支付的利率。

3. 使用权资产的入账处理

使用权资产应当按照成本进行初始计量。该成本包括以下项目。

租赁会计规则的设计理念

（1）租赁负债的初始计量金额。

（2）在租赁期开始日或之前支付的租赁付款额。存在租赁激励的，扣除已享受的租赁激励相关金额。

租赁激励是指出租人为达成租赁向承租人提供的优惠，包括出租人向承租人支付的与租赁有关的款项、出租人为承租人偿付或承担的成本等。

（3）承租人发生的初始直接费用，即承租人为达成租赁所发生的增量成本。增量成本（incremental costs）是指若企业不签署该项租赁合同，则不会发生的成本。

（4）承租人为拆卸及移除租赁资产、复原租赁资产所在场地或将租赁资产恢复至租赁条款约定状态预计将会发生的成本。前述成本属于为生产存货而发生的，适用《企业会计准则第1号——存货》。承租人应当按照《企业会计准则第13号——或有事项》计算相关的成本。

综上所述，在租赁期开始日，承租人按应计入使用权资产的金额，借记“使用权资产”科目，按租赁期开始日尚未支付的租赁付款额的现值，贷记“租赁负债”科目，按在租赁期开始日（或之前）支付的租赁付款额以及发生的初始直接费用，贷记“银行存款”等科目。涉及预计弃置费用的，还应作相应的处理（如借记“使用权资产”科目，贷记“预计负债”科目等）。以上内容可概括如图9-1所示。

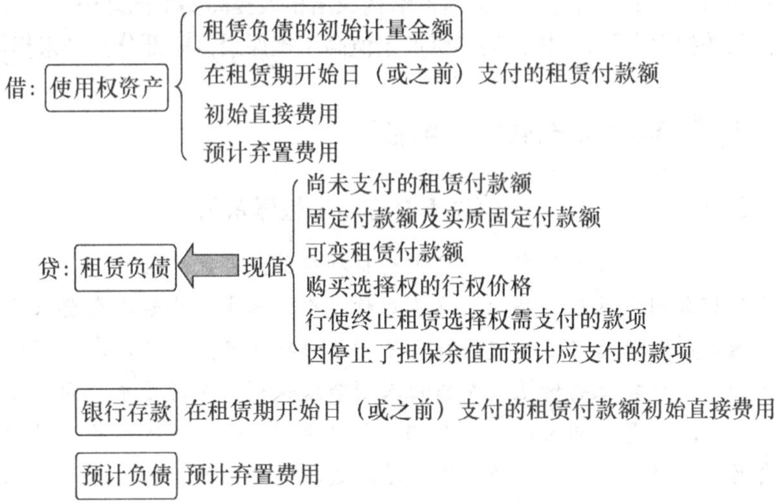

图9-1 承租人的入账处理

9.2.2 使用权资产和租赁负债的后续处理

1. 使用权资产的后续处理

在租赁期开始日后，承租人应当采用成本模式对使用权资产进行后续计量。

（1）折旧。承租人应当参照《企业会计准则第4号——固定资产》有关折旧规定，对使用权资产计提折旧。

承租人能够合理确定租赁期届满时取得租赁资产所有权的，应当在租赁资产剩余使用寿命内计提折旧。无法合理确定租赁期届满时能够取得租赁资产所有权的，应当在租赁期与租赁资产剩余使用寿命两者孰短的期间内计提折旧。

（2）资产减值。承租人应当按照《企业会计准则第8号——资产减值》的规定，确定使用权资产是否发生减值，并对已识别的减值损失进行会计处理。

2. 租赁负债的后续处理

（1）支付租金时的会计处理。按期支付租金时，借记“租赁负债”科目，贷记“银行存款”等科目。

（2）利息费用的计算。承租人应当按照固定的周期性利率计算租赁负债在租赁期内各期间的利息费用，并计入当期损益。按照《企业会计准则第17号——借款费用》等其他准则规定应当计入相关资产成本的，从其规定。固定的周期性利率（constant periodic rate of interest）是指租赁内含利率、承租人增量借款利率，或者根据续租选择权、购买选择权、担保余值的变化进行修订后的折现率。

(3) 未纳入租赁负债计量的可变租赁付款额。未纳入租赁负债计量的可变租赁付款额应当在实际发生时计入当期损益。按照《企业会计准则第 1 号——存货》等其他准则规定应当计入相关资产成本的，从其规定。

(4) 租赁负债的重新计量：续租选择权、终止租赁选择权和购买选择权。在租赁期开始日后，发生下列情形的，承租人应当重新确定租赁付款额，并按变动后租赁付款额和修订后的折现率计算的现值重新计量租赁负债：

1) 因续租选择权或终止租赁选择权的评估结果发生变化，或者前述选择权的实际行使情况与原评估结果不一致等导致租赁期变化的，应当根据新的租赁期重新确定租赁付款额。

2) 因购买选择权的评估结果发生变化的，应当根据新的评估结果重新确定租赁付款额。

在计算变动后租赁付款额的现值时，承租人应当采用剩余租赁期间的租赁内含利率作为修订后的折现率；无法确定剩余租赁期间的租赁内含利率的，应当采用重估日的承租人增量借款利率作为修订后的折现率。

(5) 租赁负债的重新计量：担保余值、指数或比率的变化所导致的变动。在租赁期开始日后，根据担保余值预计的应付金额发生变动，或者因用于确定租赁付款额的指数或比率变动而导致未来租赁付款额发生变动的，承租人应当按照变动后租赁付款额的现值重新计量租赁负债。在这些情形下，承租人采用的折现率不变，但是，租赁付款额的变动源自浮动利率变动的，使用修订后的折现率。

(6) 对使用权资产的调整。承租人基于上述原因或因实质固定付款额变动重新计量租赁负债时，应当相应调整使用权资产的账面价值。使用权资产的账面价值已调减至零，但租赁负债仍需进一步调减的，承租人应当将剩余金额计入当期损益。

3. 租赁期届满时的处理

租赁期届满时，承租人应区分以下情况进行会计处理。

(1) 承租人返还租赁资产的情形。返还租赁资产时，借记“租赁负债”“使用权资产累计折旧”科目，贷记“使用权资产”科目。

(2) 承租人按照合同约定的优惠条款继续承租该项租赁资产的情形。承租人若行使优惠续租选择权，则视同该项租赁一直存在而做出相同的账务处理。如果租赁期届满时承租人没有续租，根据租赁合同规定应向出租人支付违约金时，借记“营业外支出”科目，贷记“银行存款”科目。

(3) 承租人按照合同约定的优惠条款留购租赁资产的情形。承租人在支付购买价款时，借记“租赁负债”科目，贷记“银行存款”等科目；同时，将租赁资产从“使用权资产”科目转入“固定资产”科目。

例 9-4

本例讲解普通年金（后付年金）、固定租赁付款额情形下的会计处理。

2×20 年 12 月 1 日，东南建设股份公司向西北重工有限公司租入一套设备，合同主要条款如下：

（1）租赁期自2×21年1月1日起，至2×24年12月31日，共4年。

（2）租金支付方式为租赁期内每年年底支付固定付款额15 000 000元。此外，承租人每年年底需为该设备支付100 000元的保险费、维护费等实质固定付款额。

（3）承租人因提供了担保余值而预计应支付的款项为310 000元。

（4）承租人不知道出租人的租赁内含利率。承租人增量借款利率为7%（年利率）。

（5）承租人的初始直接费用为6 000元。

（6）该套设备估计使用年限为5年，承租人无法合理确定租赁期届满时能够取得租赁资产所有权。

（7）承租人对设备采用年数总和法计提折旧。

（8）在租赁期最后一期，承租人因使用该机器比较满意，支付了未纳入租赁负债计量的可变租赁付款额60 000元。

承租人东南建设股份公司的会计处理如下。

（1）2×21年1月1日确定租赁负债的入账价值时。

$$租赁负债=\frac{15\ 100\ 000}{(1+7\%)^1}+\frac{15\ 100\ 000}{(1+7\%)^2}+\frac{15\ 100\ 000}{(1+7\%)^3}+\frac{15\ 100\ 000}{(1+7\%)^4}+\frac{310\ 000}{(1+7\%)^4}$$
$$=51\ 383\ 387(元)$$

（2）2×21年1月1日确定使用权资产的入账价值时。

使用权资产＝租赁负债的初始计量金额＋初始直接费用
＝51 383 387＋6 000
＝51 389 387（元）

借：使用权资产　　51 389 387
　贷：租赁负债　　51 383 387
　　　银行存款　　6 000

各期利息费用的计算如表9-1所示。

表9-1　各期利息费用的计算　　单位：元

日期	租赁负债				使用权资产	
	利息费用	实质固定付款额	固定付款额	租赁负债的摊余成本	折旧	余额
	①	②	③	本期④＝期初④＋①－②－③	⑤	⑥＝期初⑥－⑤
2×21年1月1日				51 383 387		51 389 387
2×21年12月31日	3 596 837	100 000	15 000 000	39 880 225	20 431 755	30 957 632
2×22年12月31日	2 791 616	100 000	15 000 000	27 571 840	15 323 816	15 633 816
2×23年12月31日	1 930 029	100 000	15 000 000	14 401 869	10 215 877	5 417 939
2×24年12月31日	1 008 131	100 000	15 000 000	310 000	5 107 939	310 000
合计	9 326 613	400 000	60 000 000	—	51 079 387	—

说明：为简化表达，每个年度的利息费用和折旧均列示于12月31日。

(3) 2×21 年至 2×24 年每年年底记录财务费用时的会计分录如表 9-2 所示。

表 9-2 记录财务费用时的会计分录 单位：元

会计科目	2×21 年	2×22 年	2×23 年	2×24 年
借：财务费用	3 596 837	2 791 616	1 930 029	1 008 131
贷：租赁负债	3 596 837	2 791 616	1 930 029	1 008 131

(4) 2×21 年至 2×24 年每年年底支付固定付款额时的会计分录如表 9-3 所示。

表 9-3 支付固定付款额时的会计分录 单位：元

会计科目	2×21 年	2×22 年	2×23 年	2×24 年
借：租赁负债	15 000 000	15 000 000	15 000 000	15 000 000
贷：银行存款	15 000 000	15 000 000	15 000 000	15 000 000

(5) 2×21 年至 2×24 年每年支付实质固定付款额时的会计分录如表 9-4 所示。

表 9-4 支付实质固定付款额时的会计分录 单位：元

会计科目	2×21 年	2×22 年	2×23 年	2×24 年
借：租赁负债	100 000	100 000	100 000	100 000
贷：银行存款	100 000	100 000	100 000	100 000

(6) 折旧的处理与自有资产相同。本例中假设采用年数总和法计算各年折旧额。

应计折旧额=51 389 387−310 000=51 079 387(元)

各年计提折旧额的计算如表 9-5 所示。

表 9-5 使用权资产的折旧额的计算

年份	尚可使用年限(年)	应计折旧额(元)	年折旧率	年折旧额(元)	累计折旧(元)
1	4	51 079 387	4/10	20 431 755	20 431 755
2	3	51 079 387	3/10	15 323 816	35 755 571
3	2	51 079 387	2/10	10 215 877	45 971 448
4	1	51 079 387	1/10	5 107 939	51 079 387
合计	—	—	1	51 079 387	—

2×21 年至 2×24 年每年计提折旧时的会计分录如表 9-6 所示。

表 9-6 计提折旧时的会计分录 单位：元

会计科目	2×21 年	2×22 年	2×23 年	2×24 年	合计
借：制造费用等科目	20 431 755	15 323 816	10 215 877	5 107 939	51 079 387
贷：使用权资产累计折旧	20 431 755	15 323 816	10 215 877	5 107 939	51 079 387

在租赁期期末（2×24年12月31日），“租赁负债”账户的贷方余额为310 000元，“使用权资产”账户的借方余额为51 389 387元，“使用权资产累计折旧”账户的贷方余额为51 079 387元，使用权资产的账面价值为310 000元（即承租人的担保余值）。

(7) 承租人因使用该机器比较满意，支付了未纳入租赁负债计量的可变租赁付款额60 000元。

借：管理费用　60 000
　贷：银行存款　60 000

(8) 租赁期届满时的会计处理。

1) 2×25年年初，如果承租人不购买，则退还该套设备。

借：租赁负债　310 000
　　使用权资产累计折旧　51 079 387
　贷：使用权资产　51 389 387

2) 2×25年年初，如果出租人允许承租人以400 000元购得该套设备。

借：租赁负债　310 000
　　营业外支出　90 000
　贷：银行存款　400 000

然后，转换固定资产的类别。

借：固定资产——自有设备　51 389 387
　贷：使用权资产　51 389 387

例9-5

本例融合了先付年金、可变租赁付款额等因素。

2×20年12月9日，天良实业股份公司签订合同，租入安民建筑有限公司的房产。合同主要条款如下：

(1) 租赁期自2×21年1月1日起，至2×26年12月31日，共6年。

(2) 自2×21年起，租赁付款额在每年年初支付。第一年的租赁付款额为10 000 000元。此后每年的租金按照上一年的居民消费价格指数进行调整。在租赁期开始日（2×21年1月1日），消费价格指数为100。2×22年起居民消费价格指数稳定在110。

(3) 承租人不知道出租人的租赁内含利率。承租人增量借款利率为10%（年利率）。

(4) 承租人的初始直接费用为10 000元。

(5) 该房产的估计使用年限为50年，承租人无法合理确定租赁期届满时能够取得租赁资产所有权。

(6) 承租人采用年限平均法（即直线法）计提折旧。

承租人天良实业股份公司的会计处理如下。

(1) 2×21年1月1日确定租赁负债的入账价值时。

$$租赁负债=\frac{10\ 000\ 000}{(1+10\%)^1}+\frac{10\ 000\ 000}{(1+10\%)^2}+\frac{10\ 000\ 000}{(1+10\%)^3}+\frac{10\ 000\ 000}{(1+10\%)^4}+\frac{10\ 000\ 000}{(1+10\%)^5}$$
$$=37\ 907\ 868(元)$$

(2) 2×21 年 1 月 1 日确定使用权资产的入账价值、支付首期租赁付款额时。

$$使用权资产=\begin{matrix}租赁负债的\\初始计量金额\end{matrix}+\begin{matrix}在租赁期开始日\\支付的租赁付款额\end{matrix}+\begin{matrix}初始\\直接费用\end{matrix}$$
$$=37\ 907\ 868+10\ 000\ 000+10\ 000$$
$$=47\ 917\ 868(元)$$

借：使用权资产　　　　47 917 868
　贷：租赁负债　　　　37 907 868
　　　银行存款　　　　10 010 000

尚未考虑租金调整时的各期利息费用的计算如表 9-7 所示。

表 9-7　尚未考虑租金调整时的各期利息费用的计算　　单位：元

日期	租赁付款额的现值	固定付款额	租赁负债的摊余成本	利息费用
	①=上期③+④	②	③=①-②	本期④=上期③×10%
2×21 年 1 月 1 日	47 907 868	10 000 000	37 907 868	0
2×21 年 12 月 31 日	41 698 655	10 000 000	31 698 655	3 790 787
2×22 年 12 月 31 日	34 868 520	10 000 000	24 868 520	3 169 865
2×23 年 12 月 31 日	27 355 372	10 000 000	17 355 372	2 486 852
2×24 年 12 月 31 日	19 090 909	10 000 000	9 090 909	1 735 537
2×25 年 12 月 31 日	10 000 000	10 000 000	0	909 091
2×26 年 12 月 31 日	0	0	0	0
合计	—	60 000 000	—	12 092 132

说明：为简化表达，2×22 年至 2×26 年每年 1 月 1 日支付的固定付款额，均列示在上一年 12 月 31 日。

(3) 2×21 年计提折旧时。

年度折旧额=47 917 868÷6=7 986 311(元)

借：制造费用等科目　　　　7 986 311
　贷：使用权资产累计折旧　　　　7 986 311

(4) 2×21 年 12 月 31 日记录财务费用时。

借：财务费用　　　　3 790 787
　贷：租赁负债　　　　3 790 787

(5) 2×22 年 1 月 1 日支付租赁付款额时。

根据消费价格指数调整的租赁付款额=10 000 000×110÷100
=11 000 000(元)

借：租赁负债　　　　11 000 000

　贷：银行存款　　　　11 000 000

(6) 2×22年1月1日调整租赁负债时。2×21年12月31日，租赁负债的余额为30 698 655元（37 907 868+3 790 787−11 000 000）。

根据最新的租赁付款额重新计算2×22年1月1日的租赁负债如下：

$$租赁负债=\frac{11\ 000\ 000}{(1+10\%)^1}+\frac{11\ 000\ 000}{(1+10\%)^2}+\frac{11\ 000\ 000}{(1+10\%)^3}+\frac{11\ 000\ 000}{(1+10\%)^4}$$

$$=34\ 868\ 520(元)$$

租赁负债的调增额＝34 868 520−30 698 655＝4 169 865(元)

据此，同时调增使用权资产、租赁负债的账面价值。

借：使用权资产　　　　4 169 865

　贷：租赁负债　　　　4 169 865

调整后的"使用权资产"账户借方余额为52 087 733元，"使用权资产累计折旧"账户贷方余额为7 986 311元，使用权资产的账面价值为44 101 422元(52 087 733−7 986 311)。

考虑租金调整后的各期利息费用的计算如表9-8所示。

表9-8　考虑租金调整后的各期利息费用的计算　　单位：元

日期	租赁负债				使用权资产	
	租赁付款额的现值	固定付款额	租赁负债的摊余成本	利息费用	折旧	账面价值
	①=上期③+④	②	③=①−②	本期④=上期③×10%	⑤	⑥=期初⑥−⑤
2×21年1月1日	47 907 868	10 000 000	37 907 868	0	0	47 917 868
2×21年12月31日	41 698 654			3 790 787	7 986 311	39 931 557
2×22年1月1日	—	11 000 000	30 698 655	—	—	—
调整额	4 169 865	—	4 169 865	—	—	4 169 865
2×22年1月1日	45 868 520	11 000 000	34 868 520	0	0	44 101 422
2×22年12月31日	38 355 372	11 000 000	27 355 372	3 486 852	8 758 284	35 343 138
2×23年12月31日	30 090 909	11 000 000	19 090 909	2 735 537	8 758 284	26 584 854
2×24年12月31日	21 000 000	11 000 000	10 000 000	1 909 091	8 758 284	17 826 570
2×25年12月31日	11 000 000	11 000 000	0	1 000 000	8 758 284	9 068 286
2×26年12月31日	0	0	0	0	8 758 286*	310 000
合计	—	65 000 000	—	12 922 267	51 777 733	—

*含尾差调整。

从表9-8中可以看出，承租人实际支付的租金为65 000 000元，相对于租赁期开始日记录的租赁付款额的现值47 907 868元，多出了17 092 132元。这个多出的部分恰好是对租赁资产（和租赁负债）的调整额 4 169 865 元，以及各期的财务费用 12 922 267 元之和。

(7) 2×22 年至 2×26 年每年年底计提折旧时。

使用权资产的借方发生额＝47 917 868＋4 169 865＝52 087 733(元)

6 年累计的应计折旧额＝52 087 733－310 000＝51 777 733(元)

后 5 年的应计折旧额＝(6 年累计的应计折旧额－第 1 年已经计提的折旧额)

＝51 777 733－7 986 311

＝43 791 422(元)

后 5 年每年的应计折旧额＝后 5 年的应计折旧额÷5

＝43 791 422÷5

＝8 758 284(元)

会计分录如表 9－9 所示。

表 9－9 计提折旧时的会计分录

单位：元

会计科目	2×21 年	2×22 年	2×23 年	2×24 年	2×25 年	2×26 年	合计
借：制造费用等科目	7 986 311	8 758 284	8 758 284	8 758 284	8 758 284	8 758 286	51 777 733
贷：使用权资产累计折旧	7 986 311	8 758 284	8 758 284	8 758 284	8 758 284	8 758 286	51 777 733

在租赁期期末（2×26 年年底），“使用权资产”账户的借方余额为 52 087 733 元，“使用权资产累计折旧”账户的贷方余额为 51 777 733 元，使用权资产的账面价值为 310 000 元（52 087 734－51 777 733，即承租人的担保余值）。

(8) 2×22 年至 2×26 年每年年底记录财务费用时的会计分录如表 9－10 所示。(2×26 年年底相应金额为 0，不作分录。)

表 9－10 记录财务费用时的会计分录

单位：元

会计科目	2×22 年	2×23 年	2×24 年	2×25 年
借：租赁负债	3 486 852	2 735 537	1 909 091	1 000 000
贷：银行存款	3 486 852	2 735 537	1 909 091	1 000 000

(9) 2×22 年至 2×26 年每年年初支付租赁付款额时的会计分录如表 9－11 所示。

表 9－11 支付租赁付款额时的会计分录

单位：元

会计科目	2×22 年	2×23 年	2×24 年	2×25 年	2×26 年
借：租赁负债	11 000 000	11 000 000	11 000 000	11 000 000	11 000 000
贷：银行存款	11 000 000	11 000 000	11 000 000	11 000 000	11 000 000

在租赁期期末（2×26 年年底），“租赁负债”账户的贷方余额为 310 000 元。

(10) 租赁期届满时的会计处理。

1) 2×27 年年初，如果承租人不购买，则退还该资产。

借：租赁负债　310 000
　　使用权资产累计折旧　51 777 733
　贷：使用权资产　52 087 733

2）2×27年年初，如果出租人允许承租人以400 000元购得该资产。

借：租赁负债　310 000
　　营业外支出　90 000
　贷：银行存款　400 000

然后，转换固定资产的类别。

借：固定资产——自有设备　52 087 733
　贷：使用权资产　52 087 733

4. 租赁变更的处理[①]

租赁变更（lease modification）是指原合同条款之外的租赁范围、租赁对价、租赁期限的变更，包括增加或终止一项或多项租赁资产的使用权，延长或缩短合同规定的租赁期等。

（1）作为一项单独租赁进行会计处理的租赁变更。租赁发生变更且同时符合下列条件的，承租人应当将该租赁变更作为一项单独租赁进行会计处理：1）该租赁变更通过增加一项或多项租赁资产的使用权，扩大了租赁范围；2）增加的对价与租赁范围扩大部分的单独价格按该合同情况调整后的金额相当。

（2）未作为一项单独租赁进行会计处理的租赁变更。租赁变更未作为一项单独租赁进行会计处理的，在租赁变更生效日（即承租人和出租人就租赁变更达成一致的日期），承租人应当按照准则规定分摊变更后合同的对价，重新确定租赁期，并按照变更后租赁付款额和修订后的折现率计算的现值重新计量租赁负债。

在计算变更后租赁付款额的现值时，承租人应当采用剩余租赁期间的租赁内含利率作为修订后的折现率；无法确定剩余租赁期间的租赁内含利率的，应当采用租赁变更生效日的承租人增量借款利率作为修订后的折现率。

租赁变更导致租赁范围缩小或租赁期缩短的，承租人应当相应调减使用权资产的账面价值，并将部分终止或完全终止租赁的相关利得或损失计入当期损益。其他租赁变更导致租赁负债重新计量的，承租人应当相应调整使用权资产的账面价值。

例9-6

本例融合了后付年金、延长租赁期、减少租赁付款额等因素。

本例沿用例9-4的资料并有所变化。

2×20年12月1日，东南建设股份公司以融资租赁方式向西北重工有限公司租入一套设备，合同主要条款如下：

（1）租赁期自2×21年1月1日起，至2×24年12月31日，共4年。

（2）租金支付方式为租赁期内每年年底支付固定付款额15 000 000元。此外，

① 本部分内容仅供学有余力者课后阅读，不作教学要求。

承租人每年年底需为该设备支付100 000元的保险费、维护费等实质固定付款额。

(3) 承租人因提供了担保余值而预计应支付的款项为310 000元。

(4) 承租人不知道出租人的租赁内含利率。承租人增量借款利率为7%(年利率)。

(5) 承租人的初始直接费用为6 000元。

(6) 该套设备估计使用年限为5年。在租赁开始日，承租人无法合理确定租赁期届满时能够取得租赁资产所有权。

(7) 承租人对设备采用年数总和法计提折旧。

(8) 2×23年12月31日，双方同意将合同展期至2×30年12月31日，即延期6年，剩余租期共有7年。随着房价和租金的市场行情下跌，固定租赁付款额变更为每年年底支付12 000 000元。在变更日，承租人增量借款利率为6%。

承租人东南建设股份公司的会计处理如下。

(1) 2×21年1月1日确定租赁负债的入账价值。

$$租赁负债=\frac{15\,100\,000}{(1+7\%)^1}+\frac{15\,100\,000}{(1+7\%)^2}+\frac{15\,100\,000}{(1+7\%)^3}+\frac{15\,100\,000}{(1+7\%)^4}+\frac{310\,000}{(1+7\%)^4}$$
$$=51\,383\,387(元)$$

(2) 确定使用权资产的入账价值。

$$使用权资产=租赁负债的初始计量金额+初始直接费用$$
$$=51\,383\,387+6\,000$$
$$=51\,389\,387(元)$$

借：使用权资产　　51 389 387
　贷：租赁负债　　51 383 387
　　　银行存款　　6 000

租赁负债和使用权资产的变化情况如表9-12所示。

表9-12　租赁负债和使用权资产的变化情况　　单位：元

日期	租赁负债				使用权资产	
	利息费用	实质固定付款额	固定付款额	租赁负债的摊余成本	计提折旧	账面价值
	①	②	③	本期④=期初④+①-②-③	⑤	⑥=期初⑥-⑤
2×21年1月1日				51 383 387		51 389 387
2×21年12月31日	3 596 837	100 000	15 000 000	39 880 225	20 431 755	30 957 632
2×22年12月31日	2 791 616	100 000	15 000 000	27 571 840	15 323 816	15 633 816
2×23年12月31日	1 930 029	100 000	15 000 000	14 401 869	10 215 877	5 417 939
2×24年12月31日	1 008 131	100 000	15 000 000	310 000	5 107 939	310 000
合计	9 326 613	400 000	60 000 000	—	51 079 387	—

说明：为简化表达，每个年度的利息费用和折旧均列示于12月31日。

(3) 2×21年至2×23年每年年底记录财务费用时的会计分录如表9-13所示。

表9-13　记录财务费用时的会计分录　　单位：元

会计科目	2×21年	2×22年	2×23年
借：财务费用	3 596 837	2 791 616	1 930 029
贷：租赁负债	3 596 837	2 791 616	1 930 029

(4) 2×21年至2×23年每年年底支付固定付款额时的会计分录如表9-14所示。

表9-14　支付固定付款额时的会计分录　　单位：元

会计科目	2×21年	2×22年	2×23年
借：租赁负债	15 000 000	15 000 000	15 000 000
贷：银行存款	15 000 000	15 000 000	15 000 000

(5) 2×21年至2×23年每年年底支付实质固定付款额时的会计分录如表9-15所示。

表9-15　支付实质固定付款额时的会计分录　　单位：元

会计科目	2×21年	2×22年	2×23年
借：租赁负债	100 000	100 000	100 000
贷：银行存款	100 000	100 000	100 000

(6) 2×21年至2×23年每年计提折旧时。

应计折旧额＝51 389 387－310 000＝51 079 387(元)

各年计提折旧额的计算如表9-16所示。

表9-16　使用权资产的折旧额的计算

年份	尚可使用年限（年）	应计折旧额（元）	年折旧率	年折旧额（元）	使用权资产累计折旧（元）
1	4	51 079 387	4/10	20 431 755	20 431 755
2	3	51 079 387	3/10	15 323 816	35 755 571
3	2	51 079 387	2/10	10 215 877	45 971 448
4	1	51 079 387	1/10	5 107 939	51 079 387
合计	—	—	1	51 079 387	—

2×21年至2×23年每年年底计提折旧时的会计分录如表9-17所示。

表9-17　计提折旧时的会计分录　　单位：元

会计科目	2×21年	2×22年	2×23年
借：制造费用等科目	20 431 755	15 323 816	10 215 877
贷：使用权资产累计折旧	20 431 755	15 323 816	10 215 877

2×23年年底，“租赁负债”账户的贷方余额为14 401 869元，“使用权资产”账户的借方余额为51 389 387元，“使用权资产累计折旧”账户的贷方余额为45 971 448元，使用权资产的账面价值为5 417 939元（见表9-12）。

(7) 2×24年1月1日重新计量租赁负债时。

计算后续7年的租赁付款额的后付年金现值如下：

$$租赁负债=\sum_{t=1}^{7}\frac{12\ 100\ 000}{(1+6\%)^t}+\frac{310\ 000}{(1+6\%)^7}=67\ 752\ 983(元)$$

$$租赁负债的调增额=67\ 752\ 983-14\ 401\ 869=53\ 351\ 114(元)$$

借：使用权资产　　53 351 114

　贷：租赁负债　　53 351 114

调整后，2×24年年初，“租赁负债”账户的贷方余额为67 752 983.12元，“使用权资产”账户的借方余额为104 740 501元，“使用权资产累计折旧”账户的贷方余额为45 971 448元，使用权资产的账面价值为58 769 053元（见表9-18）。

表9-18　租赁负债和使用权资产的变化情况　　单位：元

日期	租赁负债				使用权资产	
	利息费用	实质固定付款额	固定付款额	租赁负债的摊余成本	计提折旧	账面价值
	①	②	③	本期④=期初④+①-②-③	⑤	⑥=期初⑥-⑤
2×20年12月31日				51 383 387		51 389 387
2×21年12月31日	3 596 837	100 000	15 000 000	39 880 225	20 431 755	30 957 632
2×22年12月31日	2 791 616	100 000	15 000 000	27 571 840	15 323 816	15 633 816
2×23年12月31日	1 930 029	100 000	15 000 000	14 401 869	10 215 877	5 417 939
前3年合计	8 318 482	300 000	45 000 000	—	45 971 448	—
调整额				53 351 114		53 351 114
2×24年1月1日				67 752 983		58 769 053
2×24年12月31日	4 065 179	100 000	12 000 000	59 718 162	14 614 763	44 154 290
2×25年12月31日	3 583 090	100 000	12 000 000	51 201 252	12 526 940	31 627 350
2×26年12月31日	3 072 075	100 000	12 000 000	42 173 327	10 439 117	21 188 233
2×27年12月31日	2 530 400	100 000	12 000 000	32 603 727	8 351 293	12 836 940
2×28年12月31日	1 956 224	100 000	12 000 000	22 459 951	6 263 470	6 573 470
2×29年12月31日	1 347 597	100 000	12 000 000	11 707 548	4 175 647	2 397 823
2×30年12月31日	702 452	100 000	12 000 000	310 000	2 087 823	310 000
后7年合计	17 257 017	700 000	84 000 000	—	58 459 053	—

(8) 2×24年至2×30年每年年底记录财务费用时的会计分录如表9-19所示。

表 9-19 记录财务费用时的会计分录 单位：元

会计科目	2×24年	2×25年	2×26年	2×27年	2×28年	2×29年	2×30年
借：财务费用	4 065 179	3 583 090	3 072 075	2 530 400	1 956 224	1 347 597	702 452
贷：租赁负债	4 065 179	3 583 090	3 072 075	2 530 400	1 956 224	1 347 597	702 452

(9) 2×24年至2×30年每年年底支付固定付款额时的会计分录如表9-20所示。

表 9-20 支付固定付款额时的会计分录 单位：元

会计科目	2×24年	2×25年	2×26年	2×27年	2×28年	2×29年	2×30年
借：租赁负债	12 000 000	12 000 000	12 000 000	12 000 000	12 000 000	12 000 000	12 000 000
贷：银行存款	12 000 000	12 000 000	12 000 000	12 000 000	12 000 000	12 000 000	12 000 000

(10) 2×24年至2×30年每年年底支付实质固定付款额时的会计分录如表9-21所示。

表 9-21 支付实质固定付款额时的会计分录 单位：元

会计科目	2×24年	2×25年	2×26年	2×27年	2×28年	2×29年	2×30年
借：租赁负债	100 000	100 000	100 000	100 000	100 000	100 000	100 000
贷：银行存款	100 000	100 000	100 000	100 000	100 000	100 000	100 000

(11) 2×24年至2×30年每年计提折旧时。

应计折旧额＝58 769 053－310 000＝58 459 053(元)

各年计提折旧额的计算如表9-22所示。

表 9-22 使用权资产的折旧额的计算

日期	应计折旧额(元)	尚可使用年限(年)	年数总和	年折旧率	使用权资产累计折旧(元)	账面价值(元)
2×24年1月1日						58 769 053
2×24年12月31日	58 207 953	7	28	7/28	14 614 763	44 154 290
2×25年12月31日	58 207 953	6	28	6/28	12 526 940	31 627 350
2×26年12月31日	58 207 953	5	28	5/28	10 439 117	21 188 233
2×27年12月31日	58 207 953	4	28	4/28	8 351 293	12 836 940
2×28年12月31日	58 207 953	3	28	3/28	6 263 470	6 573 470
2×29年12月31日	58 207 953	2	28	2/28	4 175 647	2 397 823
2×30年12月31日	58 207 953	1	28	1/28	2 087 823	310 000
合计	—	—	—	100%	58 459 053	—

各年计提折旧时的会计分录如表9-23所示。

表 9-23 计提折旧时的会计分录 单位：元

会计科目	2×24年	2×25年	2×26年	2×27年	2×28年	2×29年	2×30年
借：制造费用等科目	14 614 763	12 526 940	10 439 117	8 351 293	6 263 470	4 175 647	2 087 823
贷：使用权资产累计折旧	14 614 763	12 526 940	10 439 117	8 351 293	6 263 470	4 175 647	2 087 823

2×30年年底，“租赁负债”账户的贷方余额为310 000元，“使用权资产”账户的借方余额为104 740 501元，“使用权资产累计折旧”账户的贷方余额为104 430 501元，使用权资产的账面价值为310 000元。

(12) 租赁期届满时的会计处理。

1) 2×31年年初，如果承租人不购买，则退还该套设备。

借：租赁负债	310 000	
使用权资产累计折旧	104 430 501	
贷：使用权资产		104 740 501

2) 2×31年年初，如果出租人允许承租人以400 000元购得该套设备。

借：租赁负债	310 000	
营业外支出	90 000	
贷：银行存款		400 000

然后，转换固定资产的类别。

借：固定资产——自有设备	104 740 501	
贷：使用权资产		104 740 501

例9-7

本例融合了后付年金、缩短租赁期、减少租赁范围等因素。

2×20年12月1日，华诚管理咨询有限公司向千禧地产有限公司租入5 000平方米的办公场所，合同主要条款如下：

(1) 租赁期自2×21年1月1日起，至2×28年12月31日，共8年。

(2) 租金支付方式为租赁期内每年年底支付固定付款额8 000 000元。

(4) 承租人不知道出租人的租赁内含利率。承租人增量借款利率为6%（年利率）。

(5) 承租人的初始直接费用为80 000元。

(7) 承租人对该项使用权资产采用直线法计提折旧。

(8) 2×23年1月1日，双方同意将租赁面积减少至3 000平方米。合同终止日期提前至2×26年12月31日，即全部租赁期修改为6年，剩余租期仅有4年。固定租赁付款额变更为每年年底支付7 000 000元。在变更日，承租人增量借款利率为5%。

承租人华诚管理咨询有限公司的会计处理如下。

(1) 2×21年1月1日确定租赁负债的入账价值。

$$租赁负债=\sum_{t=1}^{8}\frac{8\ 000\ 000}{(1+6\%)^t}=49\ 678\ 350(元)$$

(2) 2×21年1月1日确定使用权资产的入账价值。

$$\begin{aligned}使用权资产&=租赁负债的初始计量金额+初始直接费用\\&=49\ 678\ 350+80\ 000\\&=49\ 758\ 350(元)\end{aligned}$$

借：使用权资产　　49 758 350

　贷：租赁负债　　49 678 350

　　银行存款　　80 000

租赁负债和使用权资产的变化情况如表9-24所示。

表9-24　租赁负债和使用权资产的变化情况　　单位：元

日期	租赁负债			使用权资产	
	利息费用	固定付款额	租赁负债的摊余成本	计提折旧	账面价值
	①	②	本期③=期初③+①-②	④	⑤=期初⑤-④
2×21年1月1日			49 678 350		49 758 350
2×21年12月31日	2 980 701	8 000 000	44 659 052	6 219 794	43 538 556
2×22年12月31日	2 679 543	8 000 000	39 338 595	6 219 794	37 318 763
缩减40%租赁范围			-15 735 438		-14 927 505
缩减范围后金额			23 603 157		22 391 258
调整租赁负债			1 218 497		1 218 497
调整后的金额			24 821 654		23 609 754
2×23年1月1日			24 821 654		23 609 754
2×23年12月31日	1 241 083	7 000 000	19 062 736	5 902 439	17 707 315
2×24年12月31日	953 137	7 000 000	13 015 873	5 902 439	11 804 876
2×25年12月31日	650 794	7 000 000	6 666 667	5 902 439	5 902 437
2×26年12月31日	333 332	7 000 000	0	5 902 437	0
后4年合计	3 178 346	28 000 000	—	23 609 754	—

说明：为简化表达，每个年度的利息费用和折旧均列示于12月31日。

(3) 2×21年至2×22年每年年底记录财务费用时（各年数字以“/”隔开）。

借：财务费用　　2 980 701/2 679 543

　贷：租赁负债　　2 980 701/2 679 543

(4) 2×21年至2×22年每年年底支付固定付款额时（各年数字以“/”隔开）。

借：租赁负债　　8 000 000/8 000 000

　贷：银行存款　　8 000 000/8 000 000

(5) 2×21年至2×22年每年计提折旧时（各年数字以“/”隔开）。

每年应计提的折旧额=49 758 350÷8=6 219 794(元)

借：制造费用等科目　　6 219 794/6 219 794

　贷：使用权资产累计折旧　　6 219 794/6 219 794

(6) 2×23年1月1日对缩小租赁范围进行账务处理时。2×22年年底，“租赁负债”账户的贷方余额为39 338 595元，“使用权资产”账户的借方余额为

49 758 350 元，“使用权资产累计折旧”账户的贷方余额为 12 439 588 元，使用权资产的账面价值为 37 318 763 元（见表 9－25）。

由于租赁面积已经从 5 000 平方米缩减至 3 000 平方米，因此，注销上述使用权资产和租赁负债的 40%。两者之间的差额计入当期损益（本例中作计入营业外收支处理）。

借：租赁负债　　15 735 438
　　使用权资产累计折旧　　4 975 835
　贷：使用权资产　　19 903 340
　　　营业外收入　　807 933

租赁负债和使用权资产的调整情况如表 9－25 所示。

表 9－25　租赁负债和使用权资产的调整情况　　单位：元

项目		调整前的金额	调减金额（40%）	剩余金额（60%）
租赁负债		39 338 595	15 735 438	23 603 157
使用权资产	“使用权资产”账户借方余额	49 758 350	19 903 340	29 855 010
	使用权资产累计折旧	12 439 588	4 975 835	7 463 753
	账面价值	37 318 763	14 927 505	22 391 258
账面价值的差额		—	807 933	—

缩减租赁范围后，2×23 年年初，“租赁负债”账户的贷方余额为 23 603 157 元，“使用权资产”账户的借方余额为 29 855 010 元，“使用权资产累计折旧”账户的贷方余额为 7 463 753 元，使用权资产的账面价值为 22 391 258 元（见表 9－25）。

（7）2×23 年 1 月 1 日重新计量租赁负债时。计算后续 4 年租赁付款额的后付年金现值如下。

$$租赁负债=\sum_{t=1}^{4}\frac{7\ 000\ 000}{(1+5\%)^t}=24\ 821\ 654(元)$$

$$租赁负债的调增额=24\ 821\ 654-23\ 603\ 157=1\ 218\ 497(元)$$

借：使用权资产　　1 218 497
　贷：租赁负债　　1 218 497

调整后，2×23 年年初，“租赁负债”账户的贷方余额为 24 821 654 元，“使用权资产”账户的借方余额为 31 073 507 元（剩余 60%的使用权资产的账面余额 29 855 010＋调整额 1 218 497），“使用权资产累计折旧”账户的贷方余额不变（仍为 7 463 753 元），使用权资产的账面价值为 23 609 754 元（见表 9－24）。

（8）2×23 年至 2×26 年每年年底记录财务费用时的会计分录如表 9－26 所示。

表 9－26　记录财务费用时的会计分录　　单位：元

会计科目	2×23 年	2×24 年	2×25 年	2×26 年
借：财务费用	1 241 083	953 137	650 794	333 332
贷：租赁负债	1 241 083	953 137	650 794	333 332

(9) 2×23年至2×26年每年年底支付固定付款额时的会计分录如表9-27所示。

表9-27　支付固定付款额时的会计分录　　单位：元

会计科目	2×23年	2×24年	2×25年	2×26年
借：租赁负债	7 000 000	7 000 000	7 000 000	7 000 000
贷：银行存款	7 000 000	7 000 000	7 000 000	7 000 000

(10) 2×24年至2×26年每年计提折旧时的会计分录如表9-28所示。

每年应计提的折旧额＝23 609 754÷4＝5 902 439(元)

表9-28　计提折旧时的会计分录　　单位：元

会计科目	2×23年	2×24年	2×25年	2×26年
借：制造费用等科目	5 902 439	5 902 439	5 902 439	5 902 437
贷：使用权资产累计折旧	5 902 439	5 902 439	5 902 439	5 902 437

(11) 租赁期届满时的会计处理。2×26年年底，“租赁负债”账户的贷方余额为零，“使用权资产”账户的借方余额为31 073 507元，“使用权资产累计折旧”账户的贷方余额为31 073 507元，使用权资产的账面价值为零。

借：使用权资产累计折旧　　31 073 507

　贷：使用权资产　　31 073 507

例9-8

本例融合了后付年金、缩短租赁期、扩大租赁范围等因素。

2×20年12月1日，行健科技有限公司向千禧地产有限公司租入3 000平方米的办公场所，合同主要条款如下：

(1) 租赁期自2×21年1月1日起，至2×28年12月31日，共8年。

(2) 租金支付方式为租赁期内每年年底支付固定付款额6 000 000元。

(4) 承租人不知道出租人的租赁内含利率。承租人增量借款利率为7%（年利率）。

(5) 承租人的初始直接费用为40 000元。

(7) 承租人对该项使用权资产采用直线法计提折旧。

(8) 2×23年1月1日，双方同意将租赁面积增加至5 000平方米。合同终止日期提前至2×26年12月31日，即全部租赁期修改为6年，剩余租期还有4年。固定租赁付款额变更为每年年底支付7 000 000元。在变更日，承租人增量借款利率为6%。

承租人行健科技有限公司的会计处理如下。

(1) 2×21年1月1日确定租赁负债的入账价值。

$$租赁负债=\sum_{t=1}^{8}\frac{6\ 000\ 000}{(1+7\%)^t}=35\ 827\ 791(元)$$

(2) 2×21年1月1日确定使用权资产的入账价值。

使用权资产＝租赁负债的初始计量金额＋初始直接费用

＝35 827 791＋40 000

＝35 867 791(元)

借：使用权资产 35 867 791

　贷：租赁负债 35 827 791

　　银行存款 40 000

租赁负债和使用权资产的变化情况如表9-29所示。

表9-29 租赁负债和使用权资产的变化情况 单位：元

日期	租赁负债			使用权资产	
	利息费用	固定付款额	租赁负债的摊余成本	计提折旧	账面价值
	①	②	本期③＝期初③＋①－②	④	⑤＝期初⑤－④
2×21年1月1日			35 827 791		35 867 791
2×21年12月31日	2 507 945	6 000 000	32 335 736	4 483 474	31 384 317
2×22年12月31日	2 263 502	6 000 000	28 599 238	4 483 474	26 900 843
前2年合计	4 771 447	12 000 000	60 934 974	8 966 948	—
因缩短期限的调整			8 275 970		8 966 948
调整后的金额			20 323 268		17 933 896
因折现率变动的调整金额			467 366		467 366
折现率变动后的租赁负债			20 790 634		18 401 261
因增加租赁面积的调整			3 465 106		3 465 106
2×23年1月1日			24 255 739		21 866 367
2×23年12月31日	1 455 344	7 000 000	18 711 084	5 466 592	16 399 775
2×24年12月31日	1 122 665	7 000 000	12 833 749	5 466 592	10 933 183
2×25年12月31日	770 025	7 000 000	6 603 774	5 466 592	5 466 591
2×26年12月31日	396 226	7 000 000	0	5 466 591*	0
后4年合计	3 744 261	28 000 000	—	21 866 367	—

说明：为简化表达，每个年度的利息费用和折旧均列示于12月31日。

*含尾差调整。

(3) 2×21年至2×22年每年年底记录财务费用时（各年数字以“/”隔开）。

借：财务费用 2 507 945/2 263 502

　贷：租赁负债 2 507 945/2 263 502

(4) 2×21年至2×22年每年年底支付固定付款额时（各年数字以“/”隔开）。

借：租赁负债　　6 000 000/6 000 000

　贷：银行存款　　6 000 000/6 000 000

(5) 2×21年至2×22年每年计提折旧时（各年数字以“/”隔开）。

每年应计提的折旧额＝35 867 791÷8＝4 483 474(元)

借：制造费用等科目　　4 483 474/4 483 474

　贷：使用权资产累计折旧　　4 483 474/4 483 474

(6) 2×23年1月1日因缩短租赁期限而进行账务处理时。2×22年年底，“租赁负债”账户的贷方余额为28 599 238元，“使用权资产”账户的借方余额为35 867 791元，“使用权资产累计折旧”账户的贷方余额为8 966 948元，使用权资产的账面价值为26 900 843元（见表9-29）。

1）使用权资产的调整。由于剩余租赁期限从变更前的6年，修改成了变更后的4年，因此，需要将使用权资产注销1/3，保留2/3。注销的使用权资产的账面价值为10 760 337元（即注销“使用权资产”账户借方余额14 347 116元，注销使用权资产累计折旧3 586 779元）。计算过程如表9-30所示。

表9-30　租赁负债和使用权资产的调整情况　　单位：元

项目		调整前的金额	调减金额*	剩余金额
租赁负债		28 599 238	8 275 970	20 323 268
使用权资产	“使用权资产”账户借方余额	35 867 791	14 347 116	21 520 675
	使用权资产累计折旧	8 966 948	3 586 779	5 380 169
	账面价值	26 900 843	10 760 337	16 140 506
账面价值的差额		—	2 484 367	—

*租赁负债的调减金额按照现值计算。使用权资产的调减金额按照变更前后的租赁期限比例计算。

2）租赁负债的调整。在变更生效日（2×23年1月1日），承租人针对原3 000平方米的租赁合同，按照7%的年利率对剩余租赁期（4年）内每年6 000 000元的租赁付款额进行折现，计算的租赁负债如下。

$$\text{租赁负债}=\sum_{t=1}^{4}\frac{6\ 000\ 000}{(1+7\%)^t}=20\ 323\ 268(\text{元})$$

因此，需要调减租赁负债8 275 970元（28 599 238－20 323 268）。

使用权资产的账面价值的调减额（10 760 337元）与租赁负债的调减额（8 275 970元）之差（2 484 367元），计入营业外支出。

借：租赁负债　　8 275 970

　　使用权资产累计折旧　　3 586 779

　　营业外支出　　2 484 367

　贷：使用权资产　　14 347 116

(7) 2×23年1月1日对折现率的变化进行调整时。采用6%的折现率重新计算租赁负债，情况如下。

$$租赁负债=\sum_{t=1}^{4}\frac{6\ 000\ 000}{(1+6\%)^t}=20\ 790\ 634(元)$$

因此，租赁负债需要调增 467 366 元（20 790 634—20 323 268）。

(8) 2×23 年 1 月 1 日，对新增加的 2 000 平方米租赁面积计算新增的租赁负债（按照年利率 6%计算新增加的 4 期 1 000 000 元后付年金的现值）。

$$租赁负债=\sum_{t=1}^{4}\frac{1\ 000\ 000}{(1+6\%)^t}=3\ 465\ 106(元)$$

借：使用权资产　　3 465 106
　贷：租赁负债　　3 465 106

(9) 2×23 年至 2×26 年每年年底记录财务费用时的会计分录如表 9-31 所示。

表 9-31　记录财务费用时的会计分录　　单位：元

会计科目	2×23 年	2×24 年	2×25 年	2×26 年
借：财务费用	1 455 34	1 122 665	770 025	396 226
贷：租赁负债	1 455 34	1 122 665	770 025	396 226

(10) 2×23 年至 2×26 年每年年底支付固定付款额时的会计分录如表 9-32 所示。

表 9-32　支付固定付款额时的会计分录　　单位：元

会计科目	2×23 年	2×24 年	2×25 年	2×26 年
借：租赁负债	7 000 000	7 000 000	7 000 000	7 000 000
贷：银行存款	7 000 000	7 000 000	7 000 000	7 000 000

(11) 2×23 年至 2×26 年每年计提折旧时的会计分录如表 9-33 所示。

每年应计提的折旧额=21 866 367÷4=5 466 592(元)

表 9-33　计提折旧时的会计分录　　单位：元

会计科目	2×23 年	2×24 年	2×25 年	2×26 年
借：制造费用等科目	5 466 592	5 466 592	5 466 592	5 466 591
贷：使用权资产累计折旧	5 466 592	5 466 592	5 466 592	5 466 591

(12) 租赁期届满时的会计处理。2×26 年年底，“租赁负债”账户的贷方余额为零，“使用权资产”账户的借方余额为 30 833 315 元，“使用权资产累计折旧”账户的贷方余额为 30 833 315 元，使用权资产的账面价值为零。

借：使用权资产累计折旧　　30 833 315
　贷：使用权资产　　30 833 315

9.2.3 短期租赁和低价值资产租赁

1. 定义

短期租赁（short-term lease）是指在租赁期开始日，租赁期不超过 12 个月的租赁。包含购买选择权的租赁不属于短期租赁。

低价值资产租赁（lease of a low-value asset）是指单项租赁资产为全新资产时价值较低的租赁。低价值资产租赁的判定仅与资产的绝对价值有关，不受承租人规模、性质或其他情况影响。低价值资产租赁合同中的承租人可以通过使用该项资产（包括单独使用或将其与易于获得的其他资源一起使用）获利，且该资产与租赁合同中的其他资产不存在高度依赖（或高度关联）关系。承租人转租或预期转租租赁资产的，原租赁不属于低价值资产租赁。

2. 会计规则

对于短期租赁和低价值资产租赁，承租人可以选择不确认使用权资产和租赁负债。做出该选择的，承租人应当将短期租赁和低价值资产租赁的租赁付款额，在租赁期内各个期间按照直线法或其他系统合理的方法计入相关资产成本或当期损益。其他系统合理的方法能够更好地反映承租人的受益模式的，承租人应当采用该方法。

对于短期租赁，承租人应当按照租赁资产的类别做出上述会计处理选择。

对于低价值资产租赁，承租人可根据每项租赁的具体情况做出上述会计处理选择。

选择进行简化处理的短期租赁发生租赁变更，或者因租赁变更之外的原因导致租赁期发生变化的，承租人应当将其视为一项新租赁进行会计处理。

例9-9

2×22年1月1日，北方实业股份公司向南方商城股份公司租入某商场入口处的一个小型展销厅进行产品推广，租期10个月。合同约定，自租赁开始日（2×22年1月1日）起，北方实业股份公司每月月末向南方商城股份公司支付租金，前5个月每月支付租金30 000元，后5个月每月支付70 000元。

假定北方实业股份公司采用直线法分摊确认各期的租金费用。此项租金租赁费用总额500 000元（30 000×5+70 000×5），按直线法计算，每月应分摊的租金费用为50 000元。

前5个月的会计分录如表9-34所示。

表9-34 前5个月分摊租金的会计分录 单位：元

会计科目	1月	2月	3月	4月	5月
借：管理费用	50 000	50 000	50 000	50 000	50 000
贷：银行存款	30 000	30 000	30 000	30 000	30 000
其他应付款	20 000	20 000	20 000	20 000	20 000

后5个月的会计分录如表9-35所示。

表9-35 后5个月分摊租金的会计分录 单位：元

会计科目	1月	2月	3月	4月	5月
借：管理费用	50 000	50 000	50 000	50 000	50 000
其他应付款	20 000	20 000	20 000	20 000	20 000
贷：银行存款	70 000	70 000	70 000	70 000	70 000

9.3 出租人的会计处理

9.3.1 出租人的租赁分类

出租人应当在租赁开始日将租赁合同分为融资租赁合同或经营租赁合同。

租赁开始日（inception date）是指租赁合同签署日与租赁各方就主要租赁条款做出承诺日中的较早者。

融资租赁（finance lease）又称金融租赁、财务租赁，是指实质上转移了与租赁资产所有权有关的几乎全部风险和报酬的租赁。其所有权最终可能转移，也可能不转移。①

经营租赁（operating lease）是指除融资租赁以外的其他租赁。

在租赁开始日后，出租人无须对租赁的分类进行重新评估，除非发生租赁变更。租赁资产预计使用寿命、预计余值等会计估计变更或发生承租人违约等情况变化的，出租人不对租赁的分类进行重新评估。

1. 实质重于形式原则

一项租赁属于融资租赁还是经营租赁，取决于交易的实质而不是合同的形式。如果一项租赁实质上转移了与租赁资产所有权有关的几乎全部风险和报酬，出租人应当将该项租赁分类为融资租赁。

2. 融资租赁的常见情形

一项租赁存在下列一种或多种情形的，通常分类为融资租赁：

（1）在租赁期届满时，租赁资产的所有权转移给承租人。

（2）承租人有购买租赁资产的选择权，所订立的购买价款与预计行使选择权时租赁资产的公允价值相比足够低，因而在租赁开始日就可以合理确定承租人将行使该选择权。

（3）资产的所有权虽然不转移，但租赁期占租赁资产使用寿命的大部分。

（4）在租赁开始日，租赁收款额的现值几乎相当于租赁资产的公允价值。

（5）租赁资产性质特殊，如果不作较大改造，只有承租人才能使用。

一项租赁存在下列一项或多项迹象的，也可能分类为融资租赁：

（1）若承租人撤销租赁，撤销租赁对出租人造成的损失由承租人承担。

（2）资产余值的公允价值波动所产生的利得或损失归属于承租人。

（3）承租人有能力以远低于市场水平的租金继续租赁至下一期间。

---

① 注意，会计准则所称“融资租赁”与《中华人民共和国民法典》所称“融资租赁”含义有所差异，切勿混淆。

9.3.2 出租人对融资租赁的会计处理

在租赁期开始日，出租人应当对融资租赁确认应收融资租赁款，并终止确认融资租赁资产。

1. 应收融资租赁款的入账价值

出租人对应收融资租赁款进行初始计量时，应当以租赁投资净额（net investment in the lease），即租赁投资总额（gross investment in the lease，指未担保余值和租赁期开始日尚未收到的租赁收款额）按照租赁内含利率折现的现值，作为应收融资租赁款的入账价值。

$$\text{租赁投资净额}=\text{租赁投资总额的折现值}$$
$$=\sum_{t=1}^{n}\frac{\text{第 }t\text{ 期的租赁收款额}}{(1+r)^{t}}+\frac{\text{未担保余值}}{(1+r)^{n}}$$

2. 利息收入的计算

出租人应当按照固定的周期性利率计算并确认租赁期内各个期间的利息收入。

3. 应收融资租赁款的终止确认和减值

出租人应当按照《企业会计准则第22号——金融工具确认和计量》和《企业会计准则第23号——金融资产转移》的规定，对应收融资租赁款的终止确认和减值进行会计处理。

出租人将应收融资租赁款或其所在的处置组划分为持有待售类别的，应当按照《企业会计准则第42号——持有待售的非流动资产、处置组和终止经营》进行会计处理。

4. 可变租赁付款额

出租人取得的未纳入租赁投资净额计量的可变租赁付款额应当在实际发生时计入当期损益。

例9-10

2×21年1月1日，西北重工有限公司向东南建设股份公司出租一套设备，合同主要条款如下：

(1) 租赁期自2×21年1月1日起，至2×24年12月31日，共4年。

(2) 该租赁资产的账面价值和公允价值均为50 000 000元。

(3) 租金收取方式为租赁期内每年年底收取固定付款额15 000 000元。此外，该设备每年约需100 000元的保险费、维护费等实质固定付款额，均由承租人承担。

(4) 该资产的余值预计为800 000元。承租人因提供了担保余值而预计应支付的款项为310 000元。未担保余值为490 000元。

(5) 出租人的初始直接费用为6 000元。

(6) 在租赁期最后一期，承租人因使用该机器比较满意，支付了未纳入租赁负债计量的可变租赁付款额60 000元。

出租人西北重工有限公司的会计处理如下。

(1) 计算租赁内含利率。

租赁内含利率也就是使得下式成立的折现率r。

$$\begin{matrix}\text{租赁资产}\\\text{公允价值}\end{matrix}+\begin{matrix}\text{出租人的}\\\text{初始直接费用}\end{matrix}=\sum_{t=1}^{n}\frac{\text{第}t\text{期的租赁收款额}}{(1+r)^t}+\frac{\text{未担保余值}}{(1+r)^n}$$

$$50\ 000\ 000+6\ 000=\frac{15\ 000\ 000}{(1+r)^1}+\frac{15\ 000\ 000}{(1+r)^2}+\frac{15\ 000\ 000}{(1+r)^3}+\frac{15\ 310\ 000}{(1+r)^4}+\frac{490\ 000}{(1+r)^4}$$

上式中的15 310 000元为最后一年的租赁收款额（含承租人提供的担保余值），490 000元为未担保余值。

计算得出，租赁内含利率为8.235 056 137 466 62%。

(2) 确定应收融资租赁款的入账价值。

$$\begin{matrix}\text{租赁投资}\\\text{净额}\end{matrix}=\frac{15\ 000\ 000}{(1+r)^1}+\frac{15\ 000\ 000}{(1+r)^2}+\frac{15\ 000\ 000}{(1+r)^3}+\frac{15\ 310\ 000}{(1+r)^4}+\frac{490\ 000}{(1+r)^4}=50\ 006\ 000(\text{元})$$

借：应收融资租赁款　50 006 000

　贷：固定资产　50 000 000

　　　银行存款　6 000

(3) 2×21年至2×24年每年年底计算利息收入时的会计分录如表9-36所示。

表9-36　计算利息收入时的会计分录　　单位：元

会计科目	2×21年	2×22年	2×23年	2×24年
借：应收融资租赁款	4 118 022	3 221 885	2 251 951	1 202 142
贷：租赁收入	4 118 022	3 221 885	2 251 951	1 202 142

应收融资租赁款的计算如表9-37所示。

表9-37　应收融资租赁款的计算　　单位：元

日期	利息收入	租赁收款额	应收融资租赁款的摊余成本
	①=上期③×IRR	②	本期③=上期③+①-②
2×21年1月1日			50 006 000
2×21年12月31日	4 118 022	15 000 000	39 124 022

续表

日期	利息收入	租赁收款额	应收融资租赁款的摊余成本
	①=上期③×IRR	②	本期③=上期③+①-②
2×22年12月31日	3 221 885	15 000 000	27 345 907
2×23年12月31日	2 251 951	15 000 000	14 597 858
2×24年12月31日	1 202 142	15 310 000	490 000
合计	10 794 000	60 310 000	—

（4）2×21年至2×24年每年年底收取租赁收款额时的会计分录如表9-38所示。

表9-38　收取租赁收款额时的会计分录　　单位：元

会计科目	2×21年	2×22年	2×23年	2×24年
借：银行存款	15 000 000	15 000 000	15 000 000	15 310 000
贷：应收融资租赁款	15 000 000	15 000 000	15 000 000	15 310 000

（5）2×24年收到承租人因使用该机器比较满意而支付的未纳入租赁负债计量的可变租赁付款额60 000元时。

借：银行存款　　60 000

　贷：租赁收入　　60 000

（6）租赁期届满时。2×24年年底，“应收融资租赁款”账户的借方余额为800 000元。

1）2×25年年初，如果承租人不购买，则出租人收回该套设备。

借：固定资产　　800 000

　贷：应收融资租赁款　　800 000

2）2×25年年初，如果出租人允许承租人以400 000元购得该套设备。

借：银行存款　　400 000

　　营业外支出　　400 000

　贷：应收融资租赁款　　800 000

5. 生产商或经销商的收入和成本①

生产商或经销商作为出租人的融资租赁，在租赁期开始日，该出租人应当按照租赁资产公允价值与租赁收款额的现值（按市场利率折现）两者孰低确认收入，并按照租赁资产账面价值扣除未担保余值的现值后的余额结转销售成本。

生产商或经销商出租人为取得融资租赁发生的成本，应当在租赁期开始日计入当期损益。之所以将该成本计入当期损益，是因为IFRS® 16的设计者认为，该成本主要与生产商或经销商出租人赚取的销售利润有关，所以，该成本不作为初始直接费用，当然也就不再列入租赁投资净额（可参见IFRS® 16第74段），如图9-2所示。

① 本部分内容仅供学有余力者课后阅读，不作教学要求。

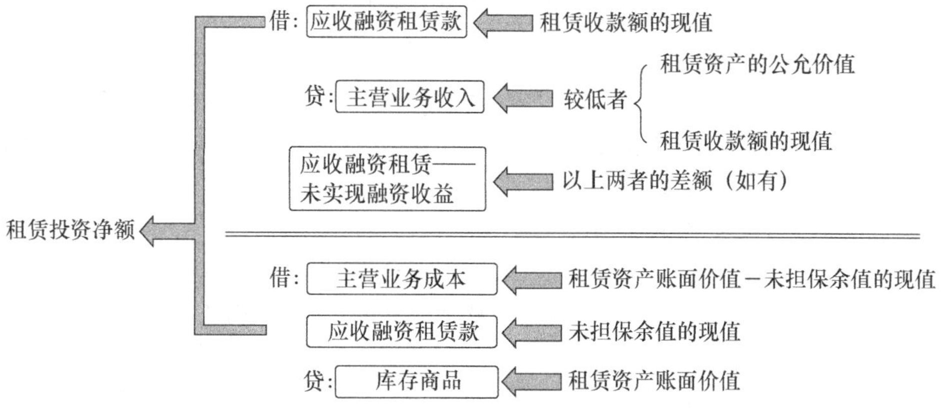

图 9－2　生产商租赁投资净额的账务处理

例 9－11

本例沿用例 9－10 并对该例作补充。

2×21 年 12 月 1 日，西北重工有限公司向东南建设股份公司出租一套自己生产的产品。合同主要条款如下（以下用下划线标示的部分为重复的信息）：

（1）租赁期自 2×21 年 1 月 1 日起，至 2×24 年 12 月 31 日，共 4 年。

（2）该租赁资产的账面价值为 47 000 000 元，公允价值为 50 000 000 元。

（3）租金收取方式为租赁期内每年年底收取固定付款额 15 000 000 元。

（4）该资产的余值预计为 800 000 元。承租人提供的担保余值为 310 000 元。未担保余值为 490 000 元。

（5）出租人的初始直接费用为 6 000 元。

（6）在租赁期最后一期，承租人因使用该机器比较满意，支付了未纳入租赁负债计量的可变租赁付款额 60 000 元。

生产商或经销商西北重工有限公司的会计处理如下。

（1）商品销售业务的核算。

1）商品销售收入的计算。

$$\text{租赁收款额按市场利率折现的现值}=\frac{15\ 000\ 000}{(1+7\%)^1}+\frac{15\ 000\ 000}{(1+7\%)^2}+\frac{15\ 000\ 000}{(1+7\%)^3}+\frac{15\ 310\ 000}{(1+7\%)^4}$$
$$=51\ 044\ 666(\text{元})$$

公允价值更低，因此，根据孰低原则，按照公允价值记录商品销售收入。

借：应收融资租赁款	51 044 666
贷：主营业务收入	50 000 000
营业外收入	1 044 666

2）商品销售成本的计算。

$$\text{未担保余值的现值}=\frac{490\ 000}{(1+7\%)^4}=373\ 819(\text{元})$$

商品销售成本＝租赁资产账面价值－未担保余值的现值
＝47 000 000－373 819
＝46 626 181(元)

借：主营业务成本　　46 626 181
　　应收融资租赁款　　373 819
　贷：库存商品　　47 000 000

此时，“应收融资租赁款”账户的借方余额为51 418 485（恰等于51 044 666＋373 819），这正是准则所称的租赁投资净额。可验算如下：

$$\text{租赁投资净额}=\text{租赁收款额按市场利率折现的现值}+\text{未担保余值的现值}$$

$$=\left[\frac{15\,000\,000}{(1+7\%)^1}+\frac{15\,000\,000}{(1+7\%)^2}+\frac{15\,000\,000}{(1+7\%)^3}+\frac{15\,310\,000}{(1+7\%)^4}\right]+\frac{490\,000}{(1+7\%)^4}$$

＝51 044 666＋373 819
＝51 418 485(元)

3）记录销售费用时。

借：销售费用　　6 000
　贷：银行存款　　6 000

(2) 租赁业务的核算。

1）2×21年至2×24年每年年底计算利息收入时的会计分录如表9－39所示。

表9－39　计算利息收入时的会计分录　　单位：元

会计科目	2×21年	2×22年	2×23年	2×24年
借：应收融资租赁款	3 582 739	2 783 531	1 928 378	1 013 364
贷：租赁收入	3 582 739	2 783 531	1 928 378	1 013 364

应收融资租赁款的计算如表9－40所示。

表9－40　应收融资租赁款的计算　　单位：元

日期	利息收入	租赁收款额	应收融资租赁款的摊余成本
	①＝上期③×IRR	②	本期③＝上期③＋①－②
2×21年1月1日			51 418 485
2×21年12月31日	3 599 294	15 000 000	40 017 779
2×22年12月31日	2 801 245	15 000 000	27 819 023
2×23年12月31日	1 947 332	15 000 000	14 766 355
2×24年12月31日	1 033 645	15 310 000	490 000
合计	9 381 515	60 310 000	—

2）2×21年至2×24年每年年底收取租赁收款额时的会计分录如表9－41所示。

表 9-41 收取租赁收款额时的会计分录 单位：元

会计科目	2×21 年	2×22 年	2×23 年	2×24 年
借：银行存款	15 000 000	15 000 000	15 000 000	15 000 000
贷：应收融资租赁款	15 000 000	15 000 000	15 000 000	15 000 000

(5) 2×24 年收到承租人因使用该机器比较满意而支付的未纳入租赁负债计量的可变租赁付款额 60 000 元时。

借：银行存款 60 000
　贷：租赁收入 60 000

(6) 租赁期届满时。2×24 年年底，“应收融资租赁款”账户的借方余额为 800 000 元。

1) 2×25 年年初，如果承租人不购买，则出租人收回该套设备。

借：固定资产 800 000
　贷：应收融资租赁款 800 000

2) 2×25 年年初，如果出租人允许承租人以 400 000 元购得该套设备。

借：银行存款 400 000
　　营业外支出 400 000
　贷：应收融资租赁款 800 000

6. 融资租赁合同的变更

融资租赁发生变更且同时符合下列条件的，出租人应当将该变更作为一项单独租赁进行会计处理：(1) 该变更通过增加一项或多项租赁资产的使用权扩大了租赁范围；(2) 增加的对价与租赁范围扩大部分的单独价格按该合同情况调整后的金额相当。

融资租赁的变更未作为一项单独租赁进行会计处理的，出租人应当分别下列情形对变更后的租赁进行处理：(1) 假如变更在租赁开始日生效，该租赁会被分类为经营租赁的，出租人应当自租赁变更生效日开始将其作为一项新租赁进行会计处理，并以租赁变更生效日前的租赁投资净额作为租赁资产的账面价值；(2) 假如变更在租赁开始日生效，该租赁会被分类为融资租赁的，出租人应当按照《企业会计准则第 22 号——金融工具确认和计量》关于修改或重新议定合同的规定进行会计处理。

9.3.3 出租人对经营租赁的会计处理

1. 租金收入

在租赁期内各个期间，出租人应当采用直线法或其他系统合理的方法，将经营租赁的租赁收款额确认为租金收入。其他系统合理的方法能够更好地反映因使用租赁资产所产生经济利益的消耗模式的，出租人应当采用该方法。

2. 初始直接费用

出租人发生的与经营租赁有关的初始直接费用应当资本化，在租赁期内按照与租金收入确认相同的基础进行分摊，分期计入当期损益。

3. 折旧

对于经营租赁资产中的固定资产，出租人应当采用类似资产的折旧政策计提折旧；对于其他经营租赁资产，应当根据该资产适用的企业会计准则，采用系统、合理的方法进行摊销。

4. 减值

出租人应当按照《企业会计准则第8号——资产减值》的规定，确定经营租赁资产是否发生减值，并进行相应会计处理。

5. 可变租赁付款额

出租人取得的与经营租赁有关的未计入租赁收款额的可变租赁付款额，应当在实际发生时计入当期损益。

6. 经营租赁合同的变更

经营租赁合同发生变更的，出租人应当自变更生效日起将其作为一项新租赁进行会计处理，与变更前租赁有关的预收或应收租赁收款额应当视为新租赁的收款额。

例9-12

2×22年1月1日，北方实业股份公司向南方地产股份公司租入一层写字楼，租期3年。租赁合同约定，租赁开始日（2×22年1月1日）北方实业股份公司向南方地产股份公司一次性预付租金150 000元，第1年年底支付租金150 000元，第2年年底支付租金200 000元，第3年年底支付租金250 000元。3年的租金总额为750 000元。（假定北方实业股份公司和南方地产股份公司均在年底确认租金费用和租金收入，并且不存在租金逾期支付的情况。）

南方地产股份公司将该租赁合同分类为经营租赁合同。采用直线法分摊确认各期的租金收入。

分析：此项租赁合同的租赁收入总额为750 000元，按直线法计算，每年应分摊的租金收入为250 000元。

(1) 2×22年1月1日。

借：银行存款	150 000	
贷：应收账款		150 000

(2) 2×22年12月31日。

借：银行存款	150 000	
应收账款	100 000	
贷：租赁收入		250 000

(3) 2×23 年 12 月 31 日。

借：银行存款	200 000	
应收账款	50 000	
贷：租赁收入		250 000

(4) 2×24 年 12 月 31 日。

借：银行存款	250 000	
贷：租赁收入		250 000

9.3.4 转租出租人的会计处理[①]

转租出租人（intermediate lessor/head lessor）应当基于原租赁（head lease）产生的使用权资产，而不是原租赁的标的资产，对转租赁进行分类。但是，原租赁为短期租赁，且转租出租人对原租赁进行简化处理的，转租出租人应当将该转租赁分类为经营租赁。

在转租的情况下，若转租的租赁内含利率无法确定，转租出租人可采用原租赁的折现率（根据与转租有关的初始直接费用进行调整）计量转租投资净额。

1. 划分为融资租赁的转租

对于划分为融资租赁的转租，转租出租人的会计处理要点如下。

(1) 在签订转租合同时，记录其在转租合同中的净投资（即记录应收融资租赁款），注销使用权资产，两者之间的差额计入当期损益。租赁负债不变。

(2) 逐期计算原租赁合同的租赁负债的财务费用，支付原租赁合同的租赁付款额。

(3) 逐期记录转租合同的利息收入，收取转租合同的租赁收款额。

例 9-13

灿然服饰有限公司为推广其休闲服装品牌，于 2×20 年 12 月 1 日签订合同，向位于核心商圈的荷花商场有限公司租入 300 平方米的展销厅。合同约定：(1) 租赁期自 2×21 年 1 月 1 日起，至 2×28 年 12 月 31 日，共 8 年；(2) 租金支付方式为租赁期内每年年底支付固定付款额 3 000 000 元。承租人不知道出租人的租赁内含利率，承租人增量借款利率为 6%（年利率）。承租人的初始直接费用为 20 000 元。承租人对该项使用权资产采用直线法计提折旧。

但该商圈的消费者以游客为主，品牌销售情况欠佳。灿然服饰有限公司遂于 2×23 年 12 月 30 日将该展销厅转租给主打体验式消费的康欣电器有限公司。合同约定：(1) 租赁期自 2×24 年 1 月 1 日起，至 2×28 年 12 月 31 日，共 5 年；(2) 租金支付方式为租赁期内每年年底支付固定付款额 4 000 000 元；(3) 若承租人撤销租赁，撤销租赁对出租人造成的损失由承租人承担。转租出租人（灿然

[①] 本小节内容仅供学有余力者课后阅读，不作教学要求。

服饰有限公司）将该项转租合同分类为融资租赁合同。

灿然服饰有限公司的会计处理如下。

(1) 2×21年1月1日确定租赁负债的入账价值。

$$租赁负债=\sum_{t=1}^{8}\frac{3\ 000\ 000}{(1+6\%)^t}=18\ 629\ 381(元)$$

(2) 2×21年1月1日确定使用权资产的入账价值。

$$\begin{aligned}使用权资产&=租赁负债的初始计量金额+初始直接费用\\&=18\ 629\ 381+20\ 000\\&=18\ 649\ 381(元)\end{aligned}$$

借：使用权资产　　18 649 381

　贷：租赁负债　　18 629 381

　　　银行存款　　20 000

原租赁合同承租人和转租合同出租人的相关数据如表9-42所示。

表9-42　原租赁合同承租人和转租合同出租人的相关数据　　单位：元

日期	租赁负债			使用权资产	
	利息费用	固定付款额	租赁负债的摊余成本	计提折旧	账面价值
	①	②	本期③=期初③+①-②	④	⑤=期初⑤-④
2×21年1月1日			18 629 381		18 649 381
2×21年12月31日	1 117 763	3 000 000	16 747 144	2 331 173	16 318 208
2×22年12月31日	1 004 829	3 000 000	14 751 973	2 331 173	13 987 036
2×23年12月31日	885 118	3 000 000	12 637 091	2 331 173	11 655 863

日期	应收融资租赁款		
	利息收入	租赁收款额	应收融资租赁款
	①	②	本期③=期初③+①-②
2×24年1月1日			16 849 455
2×24年12月31日	1 010 967	4 000 000	13 860 422
2×25年12月31日	831 625	4 000 000	10 692 048
2×26年12月31日	641 523	4 000 000	7 333 571
2×27年12月31日	440 014	4 000 000	3 773 585
2×28年12月31日	226 415	4 000 000	0
合计	3 150 545	20 000 000	—

说明：为简化表达，每个年度的利息费用和折旧均列示于12月31日。

(3) 2×21 年至 2×23 年每年年底记录财务费用时的会计分录如表 9-43 所示。

表 9-43 记录财务费用时的会计分录 单位：元

会计科目	2×21 年	2×22 年	2×23 年
借：财务费用	1 117 763	1 004 829	885 118
贷：租赁负债	1 117 763	1 004 829	885 118

(4) 2×21 年至 2×23 年每年年底支付固定付款额时的会计分录如表 9-44 所示。

表 9-44 支付固定付款额时的会计分录 单位：元

会计科目	2×21 年	2×22 年	2×23 年
借：租赁负债	3 000 000	3 000 000	3 000 000
贷：银行存款	3 000 000	3 000 000	3 000 000

(5) 2×21 年至 2×23 年每年计提折旧时。

每年应计提的折旧额＝18 649 381÷8＝2 331 173(元)

各年计提折旧时的会计分录如表 9-45 所示。

表 9-45 计提折旧时的会计分录 单位：元

会计科目	2×21 年	2×22 年	2×23 年
借：制造费用等科目	2 331 173	2 331 173	2 331 173
贷：累计折旧	2 331 173	2 331 173	2 331 173

(6) 2×23 年 1 月 1 日签署转租合同时。

1) 计算转租业务的融资租赁收款额。

由于不知道租赁资产的公允价值，因而无法确定转租合同的内含利率，转租出租人采用原租赁的折现率计量转租投资净额。

$$租赁投资净额=\sum_{t=1}^{5}\frac{4\ 000\ 000}{(1+6\%)^t}=16\ 849\ 455(元)$$

2) 计算结转的使用权资产。

2×23 年年底，"使用权资产"账户的借方余额为 18 649 381 元，"累计折旧"账户的贷方余额为 6 993 519 元，使用权资产的账面价值为 11 655 863 元（见表 9-42）。

借：应收融资租赁款	16 849 455
累计折旧	6 993 519
贷：使用权资产	18 649 381
营业外收入	5 193 593

(7) 2×24 年至 2×28 年每年计算原租赁合同的财务费用时的会计分录如表 9-46 所示。

表9-46　计算原租赁合同的财务费用时的会计分录　　单位：元

会计科目	2×24年	2×25年	2×26年	2×27年	2×28年
借：财务费用	758 225	623 719	481 142	330 011	169 811
贷：租赁负债	758 225	623 719	481 142	330 011	169 811

（8）2×24年至2×28年每年年底支付原租赁合同的固定付款额时的会计分录如表9-47所示。

表9-47　支付原租赁合同的固定付款额时的会计分录　　单位：元

会计科目	2×24年	2×25年	2×26年	2×27年	2×28年
借：财务费用	3 000 000	3 000 000	3 000 000	3 000 000	3 000 000
贷：租赁负债	3 000 000	3 000 000	3 000 000	3 000 000	3 000 000

（9）2×24年至2×28年每年年底记录转租合同的利息收入时的会计分录如表9-48所示。

表9-48　记录转租合同的利息收入时的会计分录　　单位：元

会计科目	2×24年	2×25年	2×26年	2×27年	2×28年
借：应收融资租赁款	1 010 967	831 625	641 523	440 014	226 415
贷：租赁收入	1 010 967	831 625	641 523	440 014	226 415

（10）2×24年至2×28年每年年底收取转租合同的租赁收款额时的会计分录如表9-49所示。

表9-49　收取转租合同的租赁收款额时的会计分录　　单位：元

会计科目	2×24年	2×25年	2×26年	2×27年	2×28年
借：银行存款	4 000 000	4 000 000	4 000 000	4 000 000	4 000 000
贷：应收融资租赁款	4 000 000	4 000 000	4 000 000	4 000 000	4 000 000

（11）租赁期届满时。2×28年年底，“租赁负债”“应收融资租赁款”账户的余额均为零。

2. 划分为经营租赁的转租

对于划分为经营租赁的转租，转租出租人的会计处理要点如下：

（1）继续记录原租赁合同的使用权资产的折旧和租赁负债的利息费用。

（2）逐期记录转租合同的租赁收益。

例9-14

沿用例9-12的资料。

转租出租人（灿然服饰有限公司）将转租合同分类为经营租赁合同。

灿然服饰有限公司的会计处理如下。

（1）2×21年1月1日确定租赁负债的入账价值。

$$租赁负债=\sum_{t=1}^{8}\frac{3\ 000\ 000}{(1+6\%)^t}=18\ 629\ 381(元)$$

(2) 2×21年1月1日确定使用权资产的入账价值。

使用权资产＝租赁负债的初始计量金额＋初始直接费用
＝18 629 381＋20 000
＝18 649 381(元)

借：使用权资产 18 649 381
　贷：租赁负债 18 629 381
　　银行存款 20 000

原租赁合同承租人和转租合同出租人的相关数据如表9-50所示。

表9-50 原租赁合同承租人和转租合同出租人的相关数据 单位：元

日期	租赁负债			使用权资产	
	利息费用	固定付款额	租赁负债的摊余成本	计提折旧	账面价值
	①	②	本期③＝期初③＋①－②	④	⑤＝期初⑤－④
2×21年1月1日			18 629 381		18 649 381
2×21年12月31日	1 117 763	3 000 000	16 747 144	2 331 173	16 318 208
2×22年12月31日	1 004 829	3 000 000	14 751 973	2 331 173	13 987 035
2×23年12月31日	885 118	3 000 000	12 637 091	2 331 173	11 655 862
2×24年12月31日	758 225	3 000 000	10 395 317	2 331 173	9 324 689
2×25年12月31日	623 719	3 000 000	8 019 036	2 331 173	6 993 516
2×26年12月31日	481 142	3 000 000	5 500 178	2 331 173	4 662 343
2×27年12月31日	330 011	3 000 000	2 830 189	2 331 173	2 331 170
2×28年12月31日	169 811	3 000 000	0	2 331 170*	0
合计	5 370 619	24 000 000	—	18 649 381	—

说明：为简化表达，每个年度的利息费用和折旧均列示于12月31日。
*含尾差调整。

(3) 2×21年至2×28年每年年底记录财务费用时的会计分录如表9-51所示。

表9-51 记录财务费用时的会计分录 单位：元

会计科目	2×21年	2×22年	2×23年	2×24年	2×25年	2×26年	2×27年	2×28年
借：财务费用	1 117 763	1 004 829	885 118	758 225	623 719	481 142	330 011	169 811
贷：租赁负债	1 117 763	1 004 829	885 118	758 225	623 719	481 142	330 011	169 811

(4) 2×21年至2×28年每年年底支付固定付款额时的会计分录如表9-52所示。

表9-52 支付固定付款额时的会计分录 单位：元

会计科目	2×21年	2×22年	2×23年	2×24年	2×25年	2×26年	2×27年	2×28年
借：租赁负债	3 000 000	3 000 000	3 000 000	3 000 000	3 000 000	3 000 000	3 000 000	3 000 000
贷：银行存款	3 000 000	3 000 000	3 000 000	3 000 000	3 000 000	3 000 000	3 000 000	3 000 000

(5) 2×21年至2×23年每年计提折旧时。

每年应计提的折旧额＝18 649 381÷8＝2 331 173(元)

各年计提折旧时的会计分录如表9-53所示。

表9-53 计提折旧时的会计分录 单位：元

会计科目	2×21年	2×22年	2×23年	2×24年	2×25年	2×26年	2×27年	2×28年
借：租赁负债	2 331 173	2 331 173	2 331 173	2 331 173	2 331 173	2 331 173	2 331 173	2 331 170
贷：银行存款	2 331 173	2 331 173	2 331 173	2 331 173	2 331 173	2 331 173	2 331 173	2 331 170

(6) 2×24年至2×28年记录转租合同的租赁收入时的会计分录如表9-54所示。

表9-54 记录转租合同的租赁收入时的会计分录 单位：元

会计科目	2×24年	2×25年	2×26年	2×27年	2×28年
借：银行存款	4 000 000	4 000 000	4 000 000	4 000 000	4 000 000
贷：租赁收入	4 000 000	4 000 000	4 000 000	4 000 000	4 000 000

(7) 租赁期届满时。2×28年年底，“租赁负债”账户的余额为零，“使用权资产”账户的借方余额为18 649 381元，“累计折旧”账户的贷方余额为18 649 381元。

借：累计折旧　　18 649 381

　贷：使用权资产　　18 649 381

9.4 售后租回交易[①]

售后租回交易（sale and leaseback transactions）的承租人和出租人应当按照《企业会计准则第14号——收入》的规定，评估确定售后租回交易中的资产转让是否属于销售。

1. 资产转让构成销售的情形

(1) 出售方-承租人的会计处理。售后租回交易中的资产转让构成销售的，

① 本节内容仅供学有余力者课后阅读，不作教学要求。

出售方-承租人（seller-lessee）应当用该资产账面价值与公允价值的比值，乘以租赁负债，计量售后租回所形成的使用权资产；仅就转让给购买方-出租人（buyer-lessor）的权利，确认相关利得或损失（也即用公允价值与账面价值之间的比例，乘以公允价值与租赁负债之间的差额来计算）。①

（2）购买方-出租人的会计处理。售后租回交易中的资产转让构成销售的，购买方-出租人应当根据其他适用的企业会计准则对资产购买进行会计处理，并根据《企业会计准则第 21 号——租赁》（2018 年修订）对资产出租进行会计处理。由于其出租行为是在买卖合同成立从而取得物权之后进行的，因此，其会计处理与前述情形相比没有什么不同。

例 9-15

销售对价等于市场价格的情形。

2×20 年 12 月 1 日，西北园林有限公司签订房屋买卖合同，将一栋造价为 100 000 000 元的写字楼按照公允价值 180 000 000 元出售给东方地产有限公司。该房屋买卖合同构成《企业会计准则第 14 号——收入》（2017 年修订）所定义的销售。同时，双方又签署租赁合同，约定租期为 18 年，西北园林有限公司自 2×21 年起每年年底支付租金 12 000 000 元。购买方-出租人（东方地产有限公司）将该项租赁合同划分为经营租赁合同。

出售方-承租人（西北园林有限公司）不知道购买方-出租人（东方地产有限公司）的租赁内含利率。出售方-承租人（西北园林有限公司）的增量借款利率为 4.5%。

（1）出售方-承租人（西北园林有限公司）的会计处理。

1）2×20 年 12 月 1 日销售成立，将固定资产转入固定资产清理时。

借：固定资产清理	100 000 000	
贷：固定资产		100 000 000

2）2×21 年 1 月 1 日记录租赁合同的使用权资产和租赁负债。

第一，租赁负债的计算。

$$租赁负债=\sum_{t=1}^{18}\frac{12\ 000\ 000}{(1+4.5\%)^t}=145\ 919\ 902(元)$$

第二，使用权资产的计算。租赁负债其实就是未来各期租赁付款额的现值之和，可将其按照资产转让价差与资产账面价值之比进行分摊，前者是租赁资产中归属于已出售的权利的部分，后者为归属于保留的使用权资产的部分。

$$\begin{aligned}资产公允价值&=资产账面价值+资产转让价差\\&=100\ 000\ 000+80\ 000\ 000\end{aligned}$$

① 《企业会计准则第 21 号——租赁》第五十一条原文如下：“售后租回交易中的资产转让属于销售的，承租人应当按原资产账面价值中与租回获得的使用权有关的部分，计量售后租回所形成的使用权资产，并仅就转让至出租人的权利确认相关利得或损失。”

$$=180\ 000\ 000(元)$$

$$归属于已出售的权利的部分=租赁负债\times\frac{资产转让价差}{资产公允价值}$$

$$=145\ 919\ 902\times\frac{80\ 000\ 000}{180\ 000\ 000}$$

$$=64\ 853\ 290(元)$$

$$归属于保留的使用权资产的部分=租赁负债\times\frac{资产账面价值}{资产公允价值}$$

$$=145\ 919\ 902\times\frac{100\ 000\ 000}{180\ 000\ 000}$$

$$=81\ 066\ 612(元)$$

第三，资产处置损益的计算。资产出售价格为180 000 000元，可视为各期租赁付款额的现值（即租赁负债）和未来各期利息的现值之和。因此

$$未来各期利息的现值=180\ 000\ 000-145\ 919\ 902=34\ 080\ 098(元)$$

可将未来各期利息的现值按照资产转让价差与资产账面价值之比进行分摊，前者即归属于已出售的权利的部分，后者为归属于保留的使用权资产的部分。

$$归属于已出售的权利的部分=未来各期利息的现值\times\frac{资产转让价差}{资产公允价值}$$

$$=34\ 080\ 098\times\frac{80\ 000\ 000}{180\ 000\ 000}$$

$$=15\ 146\ 710(元)$$

$$归属于保留的使用权资产的部分=未来各期利息的现值\times\frac{资产账面价值}{资产公允价值}$$

$$=34\ 080\ 098\times\frac{100\ 000\ 000}{180\ 000\ 000}$$

$$=18\ 933\ 388(元)$$

其实以上分析只是把资产的公允价值180 000 000元分拆成了两部分。一是未来租金的现值（即租赁负债）145 919 901元，这部分按照0.8∶1的比例分拆成了归属于已出售的权利的部分（64 853 290元）和归属于保留的使用权资产的部分（81 066 612元）。二是未来各期利息的现值34 080 098元，这部分按照0.8∶1的比例分拆成了归属于已出售的权利的部分（15 146 710元）和归属于保留的使用权资产的部分（18 933 388元）。

汇总起来看，归属于已出售的权利的部分的金额共计80 000 000元（包括租赁付款额的现值64 853 290元，以及该部分的利息的现值15 146 710元），归属于保留的使用权资产的部分的金额共计100 000 000元（包括租赁付款额的现值81 066 612元，以及该部分的利息的现值18 933 388元）。

上述计算思路可概括为图9-3。

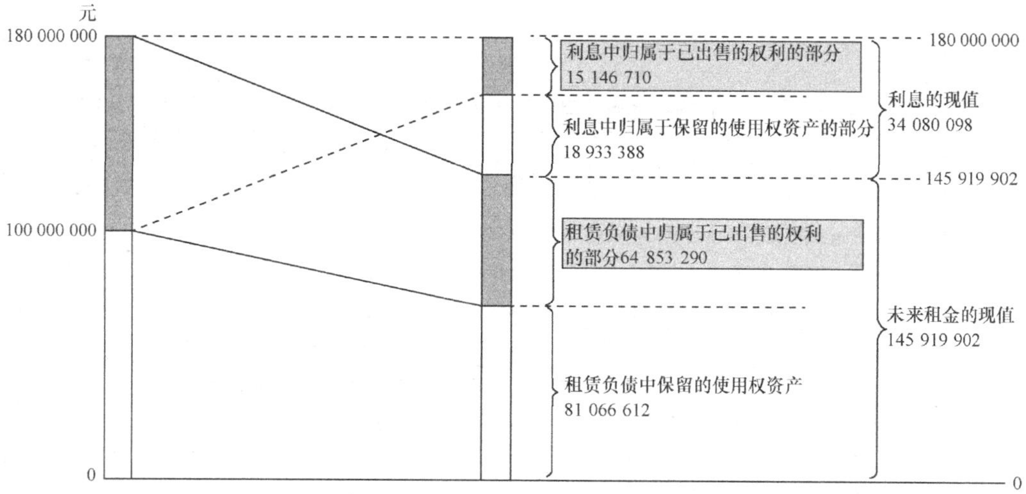

图9-3 使用权资产和资产处置损益的计算逻辑

根据上述分析，记录租赁合同的使用权资产和租赁负债时的会计处理如下：

借：银行存款	180 000 000	
使用权资产	81 066 612	
贷：固定资产清理		100 000 000
租赁负债		145 919 902
资产处置损益		15 146 710

3）2×21年至2×38年每年年底记录财务费用时（以2×21年为例）。

借：财务费用	6 566 396	
贷：租赁负债		6 566 396

4）2×21年至2×38年每年年底支付固定付款额时（以2×21年为例）。

借：租赁负债	12 000 000	
贷：银行存款		12 000 000

租赁负债和使用权资产的相关计算如表9-55所示。

表9-55 租赁负债和使用权资产的相关计算 单位：元

日期	租赁负债			使用权资产	
	利息费用	固定付款额	摊余成本	折旧	账面价值
	①	②	本期③=期初③+①-②	④	⑤=期初⑤-④
2×21年1月1日			145 919 902		81 066 612
2×21年12月31日	6 566 396	12 000 000	140 486 297	4 503 701	76 562 911
2×22年12月31日	6 321 883	12 000 000	134 808 181	4 503 701	72 059 210
2×23年12月31日	6 066 368	12 000 000	128 874 549	4 503 701	67 555 509
2×24年12月31日	5 799 355	12 000 000	122 673 903	4 503 701	63 051 808
2×25年12月31日	5 520 326	12 000 000	116 194 229	4 503 701	58 548 107
2×26年12月31日	5 228 740	12 000 000	109 422 969	4 503 701	54 044 406

续表

日期	租赁负债			使用权资产	
	利息费用	固定付款额	摊余成本	折旧	账面价值
	①	②	本期③=期初③+①－②	④	⑤=期初⑤－④
2×27年12月31日	4 924 034	12 000 000	102 347 003	4 503 701	49 540 705
2×28年12月31日	4 605 615	12 000 000	94 952 618	4 503 701	45 037 004
2×29年12月31日	4 272 868	12 000 000	87 225 486	4 503 701	40 533 303
2×30年12月31日	3 925 147	12 000 000	79 150 633	4 503 701	36 029 602
2×31年12月31日	3 561 778	12 000 000	70 712 411	4 503 701	31 525 901
2×32年12月31日	3 182 059	12 000 000	61 894 470	4 503 701	27 022 200
2×33年12月31日	2 785 251	12 000 000	52 679 721	4 503 701	22 518 499
2×34年12月31日	2 370 587	12 000 000	43 050 308	4 503 701	18 014 798
2×35年12月31日	1 937 264	12 000 000	32 987 572	4 503 701	13 511 097
2×36年12月31日	1 484 441	12 000 000	22 472 013	4 503 701	9 007 396
2×37年12月31日	1 011 241	12 000 000	11 483 254	4 503 701	4 503 695
2×38年12月31日	516 746	12 000 000	0	4 503 695*	0
合计	70 080 098	216 000 000	—	81 066 612	—

说明：为简化表达，每个年度的利息费用和折旧均列示于12月31日。
*含尾差调整。

5）2×21年至2×38年每年计提折旧时（以2×21年为例）。

借：制造费用等科目　　4 503 701

　贷：累计折旧　　4 503 701

6）租赁期届满退还该套房产时。在租赁期期末（2×38年年底），“租赁负债”账户的贷方余额为零，“使用权资产”账户的借方余额为81 066 612元，“累计折旧”账户的贷方余额为81 066 612元，使用权资产的账面价值为零。

借：累计折旧　　81 066 612

　贷：使用权资产　　81 066 612

（2）购买方-出租人（东方地产有限公司）的会计处理。

1）2×20年12月1日采购固定资产时。

借：固定资产　　180 000 000

　贷：银行存款　　180 000 000

2）2×21年至2×38年每年收取租金时。

借：银行存款　　12 000 000

　贷：租赁收入　　12 000 000

3）2×21年至2×38年每年计提折旧时。

借：制造费用等科目　　10 000 00

　贷：累计折旧　　10 000 00

4）租赁期届满收回资产时，无须做会计分录。

（3）预付租金和额外融资的会计处理。如果销售对价的公允价值与资产的公允价值不同，或者购买方-出租人未按市场价格收取租金，则该企业应当将销售对价低于市场价格的款项作为预付租金（prepayment）进行会计处理，将销售对价高于市场价格的款项作为购买方-出租人向出售方-承租人提供的额外融资（additional financing）进行会计处理；同时，出售方-承租人按照公允价值调整相关销售利得或损失，购买方-出租人按市场价格调整租金收入。

在进行上述调整时，企业应当基于以下两者中更易于确定的项目：销售对价的公允价值与资产公允价值之间的差额、租赁合同中付款额的现值与按租赁市价计算的付款额现值之间的差额。

例9-16

销售对价高于市场价格的情形。

2×20年12月1日，西北园林有限公司签订房屋买卖合同，将一栋造价为100 000 000元的写字楼按照200 000 000元的价格出售给东方地产有限公司。该楼房的公允价值为180 000 000元。该房屋买卖合同构成《企业会计准则第14号——收入》（2017年修订）所定义的销售。同时，双方又签署租赁合同，约定租期为18年，西北园林有限公司自2×21年起每年年底支付租金12 000 000元。购买方-出租人（东方地产有限公司）将该项租赁合同划分为经营租赁合同。

出售方-承租人（西北园林有限公司）不知道购买方-出租人（东方地产有限公司）的租赁内含利率。出售方-承租人（西北园林有限公司）的增量借款利率为4.5%。

（1）出售方-承租人（西北园林有限公司）的会计处理。

1）2×20年12月1日销售成立，将固定资产转入固定资产清理时。

借：固定资产清理	100 000 000	
贷：固定资产		100 000 000

2）2×21年1月1日记录租赁合同的使用权资产和租赁负债。

第一，租赁付款额的现值的计算。

$$\text{租赁付款额的现值}=\sum_{t=1}^{18}\frac{12\ 000\ 000}{(1+4.5\%)^{t}}=145\ 919\ 902(\text{元})$$

由于本例中存在额外融资20 000 000元（200 000 000－180 000 000），扣除额外融资部分后的归属于租赁业务的租赁付款额的现值（即租赁负债）为125 919 902元（145 919 902－20 000 000）。

根据额外融资部分与归属于租赁业务的租赁付款额的现值之比（20 000 000：125 919 902），可以在理论上将各年的租赁付款额（12 000 000元）区分为两个部分：一是对应于额外融资的部分；二是对应于租赁业务的部分。

$$\begin{matrix}\text{每年的租赁付款额}\\\text{对应于额外融资的部分}\end{matrix}=12\ 000\ 000\times\frac{20\ 000\ 000}{145\ 919\ 902}=1\ 644\ 738(\text{元})$$

$$\begin{matrix}\text{每年的租赁付款额}\\\text{对应于租赁业务的部分}\end{matrix}=12\ 000\ 000\times\frac{125\ 919\ 902}{145\ 919\ 902}=10\ 355\ 262(\text{元})$$

第二，使用权资产的计算。归属于租赁业务的租赁付款额的现值（125 919 902元，即租赁负债），其实就是未来各期租赁业务的付款额的现值之和，可将其按照资产转让价差与资产账面价值之比进行分摊，前者即归属于已出售的权利的部分，后者为归属于保留的使用权资产的部分。

$$\begin{aligned}\text{资产公允价值}&=\text{资产账面价值}+\text{资产转让价差}\\&=100\ 000\ 000+80\ 000\ 000\\&=180\ 000\ 000(\text{元})\end{aligned}$$

$$\begin{aligned}\text{归属于已出售的权利的部分}&=\text{租赁负债}\times\frac{\text{资产转让价差}}{\text{资产公允价值}}\\&=125\ 919\ 902\times\frac{80\ 000\ 000}{180\ 000\ 000}\\&=55\ 964\ 401(\text{元})\end{aligned}$$

$$\begin{aligned}\text{归属于保留的使用权资产的部分}&=\text{租赁负债}\times\frac{\text{资产账面价值}}{\text{资产公允价值}}=125\ 919\ 902\times\frac{100\ 000\ 000}{180\ 000\ 000}\\&=69\ 955\ 501(\text{元})\end{aligned}$$

第三，资产处置损益的计算。资产出售价格180 000 000元，可视为各期租赁业务的付款额的现值（即租赁负债）和未来各期利息的现值之和。因此

$$\text{未来各期利息的现值}=180\ 000\ 000-125\ 919\ 902=54\ 080\ 098(\text{元})$$

可将未来各期利息的现值按照资产转让价差与资产账面价值之比进行分摊，前者即归属于转让出去的账面价值的部分，后者为归属于保留的使用权资产的部分。

$$\begin{aligned}\text{归属于已出售的权利的部分}&=\text{未来各期利息的现值}\times\frac{\text{资产转让价差}}{\text{资产公允价值}}\\&=54\ 080\ 098\times\frac{80\ 000\ 000}{180\ 000\ 000}\\&=24\ 035\ 599(\text{元})\end{aligned}$$

$$\begin{aligned}\text{归属于保留的使用权资产的部分}&=\text{未来各期利息的现值}\times\frac{\text{资产账面价值}}{\text{资产公允价值}}\\&=54\ 080\ 098\times\frac{100\ 000\ 000}{180\ 000\ 000}\\&=30\ 044\ 499(\text{元})\end{aligned}$$

其实上述分析只是把资产的公允价值180 000 000元分拆成了两部分。一是未来租金的现值（即租赁负债）125 919 902元，这部分按照0.8∶1的比例分拆成了归属于已出售的权利的部分（55 964 401元）和归属于保留的使用权资产的部分（69 955 501元）。二是未来各期利息的现值54 080 098元，这部分按照0.8∶1的比例分拆成了归属于已出售的权利的部分（24 035 599元）和归属于保留的使用权资产的部分（30 044 499元）。

汇总起来看，归属于已出售的权利的部分的金额共计80 000 000元（包括租

赁付款额的现值55 964 401元，以及该部分的利息的现值24 035 599元），归属于保留的使用权资产的部分的金额共计100 000 000元（包括租赁付款额的现值69 955 501元，以及该部分的利息的现值30 044 499元）。

上述计算思路可概括为图9-4。

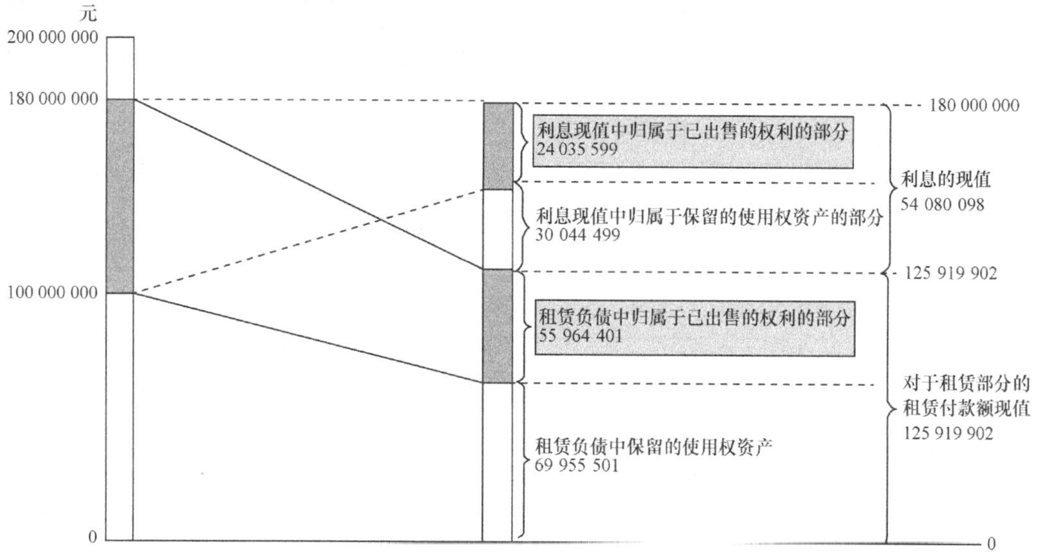

图9-4 使用权资产和资产处置损益的计算逻辑

根据上述分析，记录租赁合同的使用权资产和租赁负债时的会计处理如下：

借：银行存款	200 000 000
使用权资产	69 955 501
贷：固定资产清理	100 000 000
租赁负债	125 919 902
长期应付款	20 000 000
资产处置损益	24 035 599

租赁负债、长期应付款和使用权资产的相关计算如表9-56所示。

表9-56 租赁负债、长期应付款和使用权资产的相关计算 单位：元

日期	租赁负债			长期应付款			使用权资产	
	利息费用	固定付款额	摊余成本	利息费用	付款额	长期应付款	折旧	账面价值
	①	②	本期③=期初③+①-②	④	⑤	本期⑥=期初⑥+④-⑤	⑦	⑧=期初⑧-⑦
2×21年1月1日			125 919 902			20 000 000		81 066 612
2×21年12月31日	5 666 396	10 355 262	121 231 035	900 000	1 644 738	19 255 262	4 503 701	76 562 911
2×22年12月31日	5 455 397	10 355 262	116 331 170	866 487	1 644 738	18 477 011	4 503 701	72 059 210

续表

日期	租赁负债			长期应付款			使用权资产	
	利息费用	固定付款额	摊余成本	利息费用	付款额	长期应付款	折旧	账面价值
	①	②	本期③=期初③+①-②	④	⑤	本期⑥=期初⑥+④-⑤	⑦	⑧=期初⑧-⑦
2×23年12月31日	5 234 903	10 355 262	111 210 810	831 465	1 644 738	17 663 738	4 503 701	67 555 509
2×24年12月31日	5 004 486	10 355 262	105 860 035	794 868	1 644 738	16 813 868	4 503 701	63 051 808
2×25年12月31日	4 763 702	10 355 262	100 268 474	756 624	1 644 738	15 925 754	4 503 701	58 548 107
2×26年12月31日	4 512 081	10 355 262	94 425 293	716 659	1 644 738	14 997 675	4 503 701	54 044 406
2×27年12月31日	4 249 138	10 355 262	88 319 170	674 895	1 644 738	14 027 832	4 503 701	49 540 705
2×28年12月31日	3 974 363	10 355 262	81 938 270	631 252	1 644 738	13 014 346	4 503 701	45 037 004
2×29年12月31日	3 687 222	10 355 262	75 270 230	585 646	1 644 738	11 955 254	4 503 701	40 533 303
2×30年12月31日	3 387 160	10 355 262	68 302 129	537 986	1 644 738	10 848 502	4 503 701	36 029 602
2×31年12月31日	3 073 596	10 355 262	61 020 462	488 183	1 644 738	9 691 947	4 503 701	31 525 901
2×32年12月31日	2 745 921	10 355 262	53 411 121	436 138	1 644 738	8 483 347	4 503 701	27 022 200
2×33年12月31日	2 403 500	10 355 262	45 459 360	381 751	1 644 738	7 220 360	4 503 701	22 518 499
2×34年12月31日	2 045 671	10 355 262	37 149 769	324 916	1 644 738	5 900 538	4 503 701	18 014 798
2×35年12月31日	1 671 740	10 355 262	28 466 246	265 524	1 644 738	4 521 324	4 503 701	13 511 097
2×36年12月31日	1 280 981	10 355 262	19 391 965	203 460	1 644 738	3 080 046	4 503 701	9 007 396
2×37年12月31日	872 638	10 355 262	9 909 342	138 602	1 644 738	1 573 911	4 503 701	4 503 695
2×38年12月31日	445 920	10 355 262	0	70 826	1 644 737*	0	4 503 695*	0
合计	60 474 815	186 394 717	—	9 605 283	29 605 283	—	81 066 612	—

说明：为简化表达，每个年度的利息费用和折旧均列示于12月31日。
*含尾差调整。

3）2×21年至2×38年每年年底记录租赁负债的财务费用时（以2×21年为例）。

借：财务费用 5 666 396
　贷：租赁负债 5 666 396

4）2×21 年至 2×38 年每年年底记录长期应付款的财务费用时（以 2×21 年为例）。

借：财务费用　　900 000

　贷：长期应付款　　900 000

5）2×21 年至 2×38 年每年年底支付固定付款额时（以 2×21 年为例）。

借：租赁负债　　10 355 262

　　长期应付款　　1 644 738

　贷：银行存款　　12 000 000

6）2×21 年至 2×38 年每年计提折旧时（以 2×21 年为例）。

借：制造费用等科目　　4 503 701

　贷：累计折旧　　4 503 701

7）租赁期届满退还该套房产时。在租赁期期末（2×38 年年底），“租赁负债”账户的贷方余额为零，“使用权资产”账户的借方余额为 81 066 612 元，“累计折旧”账户的贷方余额为 81 066 612 元，使用权资产的账面价值为零。

借：累计折旧　　81 066 612

　贷：使用权资产　　81 066 612

（2）购买方-出租人（东方地产有限公司）的会计处理。购买方-出租人（东方地产有限公司）的会计处理同例 9-15，此处从略。

例 9-17

销售对价低于市场价格的情形。

2×20 年 12 月 1 日，西北园林有限公司签订房屋买卖合同，将一栋造价为 100 000 000 元的写字楼按照 150 000 000 元的价格出售给东方地产有限公司。该楼房的公允价值为 180 000 000 元。该房屋买卖合同构成《企业会计准则第 14 号——收入》（2017 年修订）所定义的销售。同时，双方又签署租赁合同，约定租期为 18 年，西北园林有限公司自 2×21 年起每年年末支付租金 12 000 000 元。购买方-出租人（东方地产有限公司）将该项租赁合同划分为经营租赁合同。

出售方-承租人（西北园林有限公司）不知道购买方-出租人（东方地产有限公司）的租赁内含利率。出售方-承租人（西北园林有限公司）的增量借款利率为 4.5%。

（1）出售方-承租人（西北园林有限公司）的会计处理。

1）2×20 年 12 月 1 日销售成立，将固定资产转入固定资产清理时。

借：固定资产清理　　100 000 000

　贷：固定资产　　100 000 000

2）2×21 年 1 月 1 日记录租赁合同的使用权资产和租赁负债。

第一，租赁付款额的现值的计算。

$$\text{租赁付款额的现值} = \sum_{t=1}^{18} \frac{12\ 000\ 000}{(1+4.5\%)^t} = 145\ 919\ 902(\text{元})$$

由于本例中存在预付租金 30 000 000 元（180 000 000－150 000 000），加上预

付租金后的归属于租赁业务的租赁付款额的现值（即租赁负债）为175 919 902元（145 919 902+30 000 000）。

根据预付租金部分与归属于租赁业务的租赁付款额的现值之比（−30 000 000：175 919 902），可以将各年的租赁付款额（12 000 000元）分解为两个部分：一是对应于预付租金的部分；二是对应于租赁业务的部分。

$$\text{每年的租赁付款额对应于预付租金的部分}=12\ 000\ 000\times\frac{-30\ 000\ 000}{145\ 919\ 902}=-2\ 467\ 107(\text{元})$$

$$\text{每年的租赁付款额对应于租赁业务的部分}=12\ 000\ 000\times\frac{175\ 919\ 902}{145\ 919\ 902}=14\ 467\ 107(\text{元})$$

第二，使用权资产的计算。归属于租赁业务的租赁付款额的现值（即租赁负债175 919 902元），其实就是未来各期租赁业务的付款额的现值之和，可将其按照资产转让价差与资产账面价值之比进行分摊，前者即归属于已出售的权利的部分，后者为归属于保留的使用权资产的部分。

$$\begin{aligned}\text{资产市场价格}&=\text{资产账面价值}+\text{资产转让价差}\\&=100\ 000\ 000+80\ 000\ 000\\&=180\ 000\ 000(\text{元})\end{aligned}$$

$$\begin{aligned}\text{归属于已出售的权利的部分}&=\text{租赁负债}\times\frac{\text{资产转让价差}}{\text{资产公允价值}}\\&=175\ 919\ 902\times\frac{80\ 000\ 000}{180\ 000\ 000}\\&=78\ 186\ 623(\text{元})\end{aligned}$$

$$\begin{aligned}\text{归属于保留的使用权资产的部分}&=\text{租赁负债}\times\frac{\text{资产账面价值}}{\text{资产公允价值}}\\&=175\ 919\ 902\times\frac{100\ 000\ 000}{180\ 000\ 000}\\&=97\ 733\ 279(\text{元})\end{aligned}$$

第三，资产处置损益的计算。资产出售价格180 000 000元，可视为各期租赁业务的付款额的现值（即租赁负债175 919 902）和未来各期利息的现值之和。因此

$$\text{未来各期利息的现值}=180\ 000\ 000-175\ 919\ 902=4\ 080\ 098(\text{元})$$

可将未来各期利息的现值按照资产转让价差与资产账面价值之比进行分摊，前者即归属于已出售的权利的部分，后者为归属于保留的使用权资产的部分。

$$\begin{aligned}\text{归属于已出售的权利的部分}&=\text{未来各期利息的现值}\times\frac{\text{资产转让价差}}{\text{资产公允价值}}\\&=4\ 080\ 098\times\frac{80\ 000\ 000}{180\ 000\ 000}\\&=1\ 813\ 377(\text{元})\end{aligned}$$

$$\text{归属于保留的使用权资产的部分}=\text{未来各期利息的现值}\times\frac{\text{资产账面价值}}{\text{资产公允价值}}$$
$$=4\ 080\ 098\times\frac{100\ 000\ 000}{180\ 000\ 000}$$
$$=2\ 266\ 721(\text{元})$$

其实以上分析只是把资产的公允价值 180 000 000 元分拆成了两部分。一是未来租金的现值（即租赁负债）175 919 902 元，这部分按照 0.8∶1 的比例分拆成了归属于已出售的权利的部分（78 186 623 元）和归属于保留的使用权资产的部分（97 733 279 元）。二是未来各期利息的现值 4 080 098 元，这部分按照 0.8∶1 的比例分拆成了归属于已出售的权利的部分（1 813 377 元）和归属于保留的使用权资产的部分（2 266 721 元）。

汇总起来看，归属于已出售的权利的部分的金额共计 80 000 000 元（包括租赁付款额的现值 78 186 623 元，以及该部分的利息的现值 1 813 377 元），归属于保留的使用权资产的部分的金额共计 100 000 000 元（包括租赁付款额的现值 97 733 279 元，以及该部分的利息的现值 2 266 721 元）。

根据上述分析，记录租赁合同的使用权资产和租赁负债时的会计处理如下：

借：银行存款	150 000 000
长期应收款	30 000 000
使用权资产	97 733 279
贷：固定资产清理	100 000 000
租赁负债	175 919 902
资产处置损益	1 813 377

租赁负债、长期应收款和使用权资产的相关计算如表 9－57 所示。

表 9－57 租赁负债、长期应付款和使用权资产的相关计算 单位：元

日期	租赁负债			长期应收款（预付租金）			使用权资产	
	利息费用	理论上的固定付款额	摊余成本	利息收入	理论上的收款额	长期应收款	折旧	账面价值
	①	②	本期③＝期初③＋①－②	④	⑤	本期⑥＝期初⑥＋④－⑤	⑦	⑧＝期初⑧－⑦
2×21 年 1 月 1 日			175 919 902			30 000 000		97 733 279
2×21 年 12 月 31 日	7 916 396	14 467 107	169 369 191	1 350 000	2 467 107	28 882 893	5 429 627	92 303 652
2×22 年 12 月 31 日	7 621 614	14 467 107	162 523 698	1 299 730	2 467 107	27 715 516	5 429 627	86 874 025
2×23 年 12 月 31 日	7 313 566	14 467 107	155 370 157	1 247 198	2 467 107	26 495 608	5 429 627	81 444 398

续表

日期	租赁负债			长期应收款（预付租金）			使用权资产	
	利息费用	理论上的固定付款额	摊余成本	利息收入	理论上的收款额	长期应收款	折旧	账面价值
	①	②	本期③=期初③+①−②	④	⑤	本期⑥=期初⑥+④−⑤	⑦	⑧=期初⑧−⑦
2×24年12月31日	6 991 657	14 467 107	147 894 707	1 192 302	2 467 107	25 220 803	5 429 627	76 014 771
2×25年12月31日	6 655 262	14 467 107	140 082 862	1 134 936	2 467 107	23 888 632	5 429 627	70 585 144
2×26年12月31日	6 303 729	14 467 107	131 919 484	1 074 988	2 467 107	22 496 514	5 429 627	65 155 517
2×27年12月31日	5 936 377	14 467 107	123 388 754	1 012 343	2 467 107	21 041 750	5 429 627	59 725 890
2×28年12月31日	5 552 494	14 467 107	114 474 141	946 879	2 467 107	19 521 522	5 429 627	54 296 263
2×29年12月31日	5 151 336	14 467 107	105 158 370	878 468	2 467 107	17 932 883	5 429 627	48 866 636
2×30年12月31日	4 732 127	14 467 107	95 423 390	806 980	2 467 107	16 272 756	5 429 627	43 437 009
2×31年12月31日	4 294 053	14 467 107	85 250 336	732 274	2 467 107	14 537 923	5 429 627	38 007 382
2×32年12月31日	3 836 265	14 467 107	74 619 494	654 207	2 467 107	12 725 023	5 429 627	32 577 755
2×33年12月31日	3 357 877	14 467 107	63 510 264	572 626	2 467 107	10 830 542	5 429 627	27 148 128
2×34年12月31日	2 857 962	14 467 107	51 901 119	487 374	2 467 107	8 850 810	5 429 627	21 718 501
2×35年12月31日	2 335 550	14 467 107	39 769 562	398 286	2 467 107	6 781 989	5 429 627	16 288 874
2×36年12月31日	1 789 630	14 467 107	27 092 085	305 190	2 467 107	4 620 072	5 429 627	10 859 247
2×37年12月31日	1 219 144	14 467 107	13 844 122	207 903	2 467 107	2 360 868	5 429 627	5 429 620
2×38年12月31日	622 985*	14 467 107	0	106 239	2 467 107	0	5 429 620*	0
合计	84 488 024	260 407 925	—	14 407 925	44 407 925	—	97 733 279	—

说明：为简化表达，每个年度的利息费用和折旧均列示于12月31日。

*含尾差调整。

3）2×21年至2×38年每年年底记录租赁负债的财务费用时（以2×21年

为例）。

借：财务费用 7 916 396

贷：租赁负债 7 916 396

4）2×21 年至 2×38 年每年年底记录其他应收款的利息收入时（以 2×21 年为例）。

借：其他应收款 1 350 000

贷：财务费用 1 350 000

5）2×21 年至 2×38 年每年年底支付固定付款额时（以 2×21 年为例）。

借：租赁负债 14 467 107

贷：银行存款 12 000 000

其他应收款 2 467 107

6）2×21 年至 2×38 年每年计提折旧时（以 2×21 年为例）。

借：制造费用等科目 5 429 627

贷：累计折旧 5 429 627

7）租赁期届满退还该套设备时。在租赁期期末（2×38 年年底），“租赁负债”账户的贷方余额为零，“使用权资产”账户的借方余额为 97 733 279 元，“累计折旧”账户的贷方余额为 97 733 279 元，使用权资产的账面价值为零。

借：累计折旧 97 733 279

贷：使用权资产 97 733 279

（2）购买方-出租人（东方地产有限公司）的会计处理。购买方-出租人（东方地产有限公司）的会计处理同例 9-15，此处从略。

2. 资产转让不构成销售的情形

售后租回交易中的资产转让不属于销售的，承租人应当继续确认被转让资产，同时确认一项与转让收入等额的金融负债，并按照《企业会计准则第 22 号——金融工具确认和计量》对该金融负债进行会计处理；出租人不确认被转让资产，但应当确认一项与转让收入等额的金融资产，并按照《企业会计准则第 22 号——金融工具确认和计量》对该金融资产进行会计处理。

9.5 列　报①

9.5.1 承租人的列报

1. 报表列示

承租人应当在资产负债表中单独列示使用权资产和租赁负债。其中，租赁负债通常区分为非流动负债和一年内到期的非流动负债。

① 本节内容仅供学有余力者课后阅读，不作教学要求。

在利润表中，承租人应当分别列示租赁负债的利息费用与使用权资产的折旧费用。租赁负债的利息费用在财务费用项目列示。

在现金流量表中，偿还租赁负债本金和利息所支付的现金应当计入筹资活动现金流出，支付的按租赁准则简化处理的短期租赁付款额和低价值资产租赁付款额以及未纳入租赁负债计量的可变租赁付款额应当计入经营活动现金流出。

2. 附注披露

承租人应当在附注中披露与租赁有关的下列信息：

(1) 各类使用权资产的期初余额、本期增加额、期末余额以及累计折旧额和减值金额。

(2) 租赁负债的利息费用。

(3) 计入当期损益的简化处理的短期租赁费用和低价值资产租赁费用。

(4) 未纳入租赁负债计量的可变租赁付款额。

(5) 转租使用权资产取得的收入。

(6) 与租赁相关的总现金流出。

(7) 售后租回交易产生的相关损益。

(8) 其他按照《企业会计准则第37号——金融工具列报》应当披露的有关租赁负债的信息。

承租人对短期租赁和低价值资产租赁进行简化处理的，应当披露这一事实。

3. 其他定性和定量信息

承租人应当根据理解财务报表的需要，披露有关租赁活动的其他定性和定量信息。此类信息包括：

(1) 租赁活动的性质，如对租赁活动基本情况的描述。

(2) 未纳入租赁负债计量的未来潜在现金流出。

(3) 租赁导致的限制或承诺。

(4) 售后租回交易的相关信息。

(5) 其他相关信息。

9.5.2 出租人的列报

1. 报表列示

出租人应当根据资产的性质，在资产负债表中列示经营租赁资产。

2. 融资租赁的披露

出租人应当在附注中披露与融资租赁有关的下列信息：

(1) 销售损益、租赁投资净额的融资收益以及与未纳入租赁投资净额的可变租赁付款额相关的收入。

(2) 资产负债表日后连续五个会计年度每年将收到的未折现租赁收款额，以及剩余年度将收到的未折现租赁收款额总额。

(3) 未折现租赁收款额与租赁投资净额的调节表。

3. 经营租赁的披露

出租人应当在附注中披露与经营租赁有关的下列信息：

(1) 租赁收入，并单独披露与未计入租赁收款额的可变租赁付款额相关的收入。

(2) 将经营租赁固定资产与出租人持有自用的固定资产分开，并按经营租赁固定资产的类别提供《企业会计准则第4号——固定资产》要求披露的信息。

(3) 资产负债表日后连续五个会计年度每年将收到的未折现租赁收款额，以及剩余年度将收到的未折现租赁收款额总额。

4. 其他定性和定量信息

出租人应当根据理解财务报表的需要，披露有关租赁活动的其他定性和定量信息。此类信息包括：

(1) 租赁活动的性质，如对租赁活动基本情况的描述。

(2) 对其在租赁资产中保留的权利进行风险管理的情况。

(3) 其他相关信息。

专栏9-3　实际利率的含义和计算方法

1. 实际利率的含义

实际利率（effective interest rate）是会计准则中的专用术语，特指某个特定的报酬率，使用该报酬率，可以使某项活动的现金流入的现值恰好等于其现金流出的现值。

实际利率的含义可以借助一个简单的设问来解释。在金融投资活动中，债权人（或投资方）为什么愿意现在投入一定的资产，在以后期间再收回本金和利息？因为他相信存在某个特定的、内在的报酬率，使得他未来的现金流入的现值恰好等于他现在投入的资产的价值。同样，债务人（或被投资方）为什么愿意现在接受某种资产，在以后期间再偿付本金和利息？因为他相信存在某个特定的、内在的报酬率，使得他未来的现金流出的现值恰好等于他现在收到的资产的价值。这里的“某个特定的、内在的报酬率”就是会计准则中所说的实际利率。

上述解释简要表达如下：如果存在某个特定的报酬率 r，使得某项业务的现金流入的现值恰好等于其现金流出的现值，即

$$\sum_{t=0}^{n}\frac{\text{第 } t \text{ 期的现金流入}}{(1+r)^{t}}=\sum_{t=0}^{n}\frac{\text{第 } t \text{ 期的现金流出}}{(1+r)^{t}}$$

则称 r 为该业务的实际利率。

企业会计准则所称实际利率，其含义等价于管理会计或财务管理等学科中所称内含报酬率（internal rate of return，IRR)，也等价于金融学等学科中所称到期收益率(yield to maturity，YTM)。

注意：实际利率总是针对特定的现金流的计算间隔期而言的。如果现金流的计算间

隔期是一个季度，计算出的实际利率是就一个季度而言的报酬率；如果现金流的计算间隔期是半年，则计算出的实际利率是就半年而言的报酬率。

2. 实际利率的计算方法

(1) 采用插值法计算实际利率。思路是：将计算实际利率的公式改写成计算净现值的公式，然后求出使得净现值为零的报酬率，就得到了实际利率。

净现值（net present value，NPV）是指各期现金流入的现值减去各期现金流出的现值后的余额。其计算公式为：

$$\text{净现值}=\text{各期现金流入的现值}-\text{各期现金流出的现值}$$
$$=\sum_{t=0}^{n}\frac{\text{第 }t\text{ 期的现金流入}}{(1+r)^{t}}-\sum_{t=0}^{n}\frac{\text{第 }t\text{ 期的现金流出}}{(1+r)^{t}}$$

由上式可知，使净现值为零的报酬率就是实际利率。这样，我们就可以用试错的方法近似地算出实际利率，如果一个较高的报酬率使得净现值略小于零，而一个较低的报酬率使得净现值略大于零，那么我们就可以运用比和比例的关系式求出使得净现值为零的报酬率。这种方法就是插值法。插值法的优点是：会计师不必依赖于计算机软件或者带科学计算功能的计算器，仅仅借助于普通计算器或者算盘就能进行计算。

如果某个项目需要现在投资200美元，该项目在之后3年的每年年底分别会带来50美元、100美元和150美元的现金流入。那么该项目的实际利率是多少？

$$\text{净现值}=\text{各期现金流入的现值}-\text{各期现金流出的现值}$$
$$=\frac{50}{(1+r)^{1}}+\frac{100}{(1+r)^{2}}+\frac{150}{(1+r)^{3}}-200$$

我们很难一眼就看出使净现值为零的报酬率究竟是多少，只好用试错的方法逐一测试每个可能的报酬率，来求得最有可能使净现值为零的报酬率。采用试错法寻找使得净现值为零的报酬率的过程如表9-58和图9-5所示。

表9-58 采用试错法寻找使得净现值为零的报酬率

折现率（%）	净现值（美元）	折现率（%）	净现值（美元）	折现率（%）	净现值（美元）
1	93.12	14	22.05	27	−25.40
2	86.48	15	17.72	28	−28.38
3	80.07	16	13.52	29	−31.27
4	73.88	17	9.44	30	−34.09
5	67.90	18	5.49	31	−36.84
6	62.11	19	1.65	32	−39.51
7	56.52	20	−2.08	33	−42.12
8	51.11	21	−5.71	34	−44.65
9	45.87	22	−9.22	35	−47.13
10	40.80	23	−12.64	36	−49.54
11	35.89	24	−15.97	37	−51.89
12	31.13	25	−19.20	38	−54.18
13	26.52	26	−22.34	39	−56.42

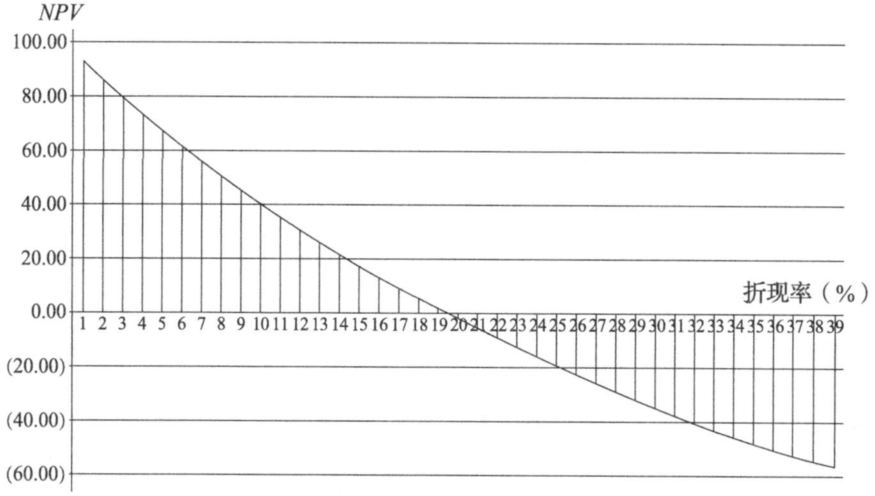

图9-5 使用不同的折现率（报酬率）计算的净现值

我们注意到，使用19%的报酬率计算出的净现值为1.65美元，而使用20%的报酬率计算出的净现值为−2.08美元。我们猜想，使净现值为零的报酬率应该在19%～20%之间。

为了近似地计算*IRR*，可以把19%、*IRR*（有待求解）、20%及其所对应的净现值1.65、0、−2.08列示在图9-6上。可以看出，插值法的本质是借助相似三角形的性质来求解*IRR*。

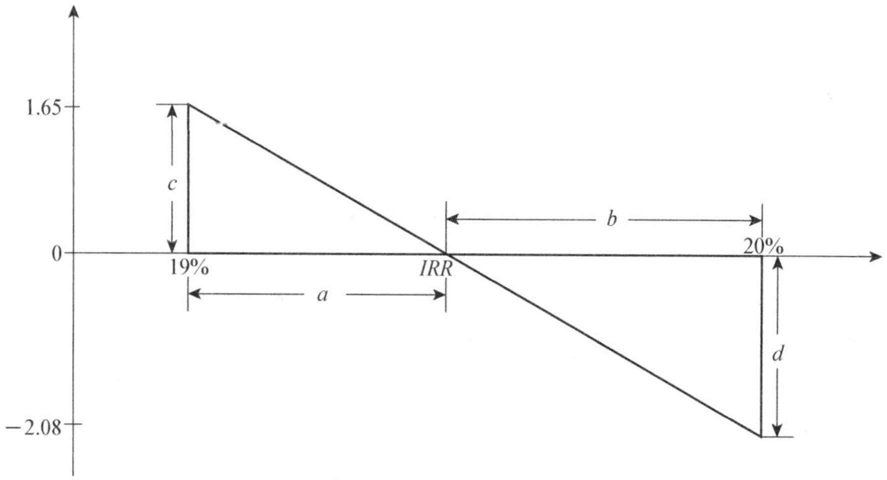

图9-6 插值法示意图

根据相似三角形的性质，有

$$\frac{a}{b}=\frac{c}{d}$$

运用上述比例关系，便可求解*IRR*。以下插值法的计算结果保留6位小数。

上述示例中，已知：$a=IRR-19\%$，$b=20\%-IRR$，$c=1.65$，$d=2.08$，所

以，有

$$\frac{a}{b}=\frac{c}{d}\Rightarrow\frac{IRR-19\%}{20\%-IRR}=\frac{1.65}{2.08}\Rightarrow IRR\approx19.442\ 359\%$$

有些学者没有使用上述比例关系的简练公式，而是使用上述公式的变体：

$$\frac{a}{b}=\frac{c}{d}\Rightarrow\frac{a}{b}+1=\frac{c}{d}+1\Rightarrow\frac{a+b}{b}=\frac{c+d}{d}\Rightarrow\frac{20\%-19\%}{\text{b}}=\frac{1.65+2.08}{2.08}$$

$$\Rightarrow\frac{20\%-19\%}{20\%-IRR}=\frac{1.65+2.08}{2.08}$$

其中，$a+b=20\%-19\%=1\%$。

为便于理解，常常将上式改写为（等式两边均取倒数）：

$$\frac{20\%-IRR}{20\%-19\%}=\frac{-2.08-0}{-2.08-1.65}\Rightarrow IRR\approx19.442\ 359\%$$

有些学者使用了另一种变体：

$$\frac{b}{a}=\frac{d}{c}\Rightarrow\frac{b}{a}+1=\frac{d}{c}+1\Rightarrow\frac{b+a}{a}=\frac{d+c}{c}\Rightarrow\frac{20\%-16\%}{a}=\frac{1.74+11.65}{11.65}$$

$$\Rightarrow\frac{20\%-19\%}{IRR-19\%}=\frac{2.08+1.65}{1.65}$$

为便于理解，常常将上式改写为（等式两边均取倒数）：

$$\frac{IRR-19\%}{20\%-19\%}=\frac{0-1.65}{-2.08-1.65}\Rightarrow IRR\approx19.442\ 359\%$$

不难看出，上述两种变体的几何直观性均不及前述的相似三角形的简练公式。因此，本书推荐运用相似三角形的简单比例关系来理解插值法。

(2) 使用Excel计算实际利率。借助计算机软件，可以很方便地计算出任何类型的现金流的实际利率。使用Excel计算实际利率很方便。以下我们就用Excel演示如何计算实际利率。

打开Excel后，首先，在某一列中依次填写各期的现金流入或现金流出金额。在图9-7中，我们在B2、B3、B4、B5单元格中分别填写了首次的现金流−200美元（用负号注明是现金流出）、后续第1次的现金流50美元、后续第2次的现金流100美元、后续第3次的现金流150美元。

然后，把某个单元格定义为上一步使用的几个单元格的函数，计算实际利率。在图9-7中，我们在B6单元格中键入“=IRR(B2:B5)”，其含义是，调用IRR函数（这是一个比较常用的财务函数），计算在B2到B5单元格中所列示的现金流的实际利率。键入该函数后，按回车键，B6单元格中就立即得出了我们想要计算的实际利率，即19.437 709 962 413 7%。读者可以根据需要设定小数位数。使用IRR函数时，必须用负号把现金流入和现金流出的数字区分开来，否则系统会显示出错信息。

对比上述计算结果不难看出，使用Excel计算比使用插值法算出的实际利率更精确一些。

B6 =IRR(B2:B5)

	A	B	C
1	现金流量	数据与计算结果	
2	首次的现金流	-200	
3	后续第1次的现金流	50	
4	后续第2次的现金流	100	
5	后续第3次的现金流	150	
6	基于上述现金流所计算的内含报酬率	19.43770996241370000000000000000%	
7			
8			
9			

图 9-7 使用 Excel 计算实际利率

说明：图中显示的汉字是编者为了帮助读者理解每一单元格的数字的含义而输入的文字，在实际应用时，读者可以自行设计。

除了使用插值法和使用计算机软件计算实际利率，读者还可以使用带有数值计算功能的科学计算器计算实际利率。具备编程功能的计算器可以方便地用于计算各种财务和金融指标。

9.6 关于租赁合同会计处理规则的理论探讨①

1. 区分融资租赁和经营租赁的理论依据不充分

准则规定，如果租赁合同实质上转移了与资产所有权相关的全部风险和报酬，那么出租人就应按融资租赁的会计规则处理。如果租赁合同实质上没有转移与资产所有权相关的全部风险和报酬，那么出租人就应按经营租赁的会计规则处理。

实际上，无论是经营租赁合同还是融资租赁合同，租赁标的物的所有权均未转移。承租人依据经营租赁合同、融资租赁合同所确定的权利，均为债权，而不是所有权。因此，融资租赁承租人实际上是把自己并不具有处置权的租入资产当作自有资产进行记录了。显然，这可能会使报表使用者误判企业的资产规模、资产负债率。

2. 实质重于形式原则导致的困境

根据会计准则的规定，长期大额租赁的承租人要把并不属于自己的资产以“使用权资产”的名义计入自己的资产负债表。之后，要比照固定资产的算法，逐期对使用权资产计提折旧。各期利润表上记载的成本费用包括使用权资产的折旧和分期确认的融资费用。这些处理规则与民商法（如物权法、合同法）以及经济法（如税法）的规定存在一定的差异。从法律视角来判断，在融资租赁合同下，物权并未发生转移，承租人拥有的只是租赁合同所确立的债权。

面对这种法律困境，会计理论设计了“实质重于形式”原则予以规避。该原

① 本节内容仅供学有余力者课后阅读，不作教学要求。

则被美国教科书奉若圭臬，但缺乏合理的理论依据。实质重于形式原则是用于突破民法（物权法）的一个失当原则，其实质是要求长期大额租赁合同的承租人把合同债权当作物权来记账。

IFRS® 16 把合同债权称作使用权资产，从而规避了物权、债权的概念之争。但使用权资产的法律性质是什么？这种资产既然不是物权，为什么又能计算折旧？如果承租人和出租人都计算折旧的话，岂不是重复计算了折旧？税法能够容许这种计算规则吗？这一系列问题都值得认真研究。

税收是金融合同的设计基础，税法直接影响着金融交易策略和会计处理规则。而我国税法当前对融资租赁的研究才刚刚起步，融资租赁法仍处在论证阶段。可以说，对融资租赁给予一定的法律支持，同时还要保证税收公平，这将是该领域研究中的主导原则。怎样针对融资租赁承租人制定税收待遇条款？融资租赁承租人应当怎样进行会计处理？这些都是值得深入探讨的研究选题。

3. 现值计算的困难性

新租赁会计准则规定，使用权资产和租赁负债的入账金额都会用到现值算法。这种规定导致如下困境：其一，所有计算现值的处理都有一个共同的难题，即折现率如何确定；其二，按该规则所确定的资产，其折旧额在纳税申报时的调整工作量比较大。

思考题

1. 你认为出租人的初始直接费用是否应当记入“长期应收款”科目？《企业会计准则第21号——租赁》中的相关规定存在哪些可商榷之处？

2. 你认为有没有必要区分经营租赁和融资租赁，并分别制定会计规则？为什么？

练习题

一、单项选择题

1. 甲公司将一闲置机器设备以经营租赁方式租给乙公司使用。租赁合同约定，租赁期开始日为20×3年7月1日，租赁期为4年，年租金为120万元，租金每年7月1日支付。租赁期开始日起的前3个月免收租金。20×3年7月1日，甲公司收到乙公司支付的扣除免租期后的租金90万元。不考虑其他因素，甲公司20×3年应确认的租金收入是（　　）万元。

A. 56.25　　B. 60.00　　C. 90.00　　D. 120.00

2. 下列各项中，影响企业当期营业利润的是（　　）。

A. 处置房屋的净损失

B. 经营出租设备的折旧费

C. 向灾区捐赠商品的成本

D. 火灾导致原材料毁损的净损失

二、多项选择题

1. 下列各项中，应计入相关资产成本的有（　　）。

A. 经营租入管理用设备的租赁费

B. 取得长期股权投资发生的相关税费

C. 购进原材料在运输途中发生的合理损耗

D. 按法定程序申请取得专利而发生的费用

2. 下列各项中，应当计入当期损益的有（　　）。

A. 经营租赁中出租人发生的金额较大的初始直接费用

B. 经营租赁中承租人发生的金额较大的初始直接费用

C. 融资租赁中出租人发生的金额较大的初始直接费用

D. 融资租赁中承租人发生的金额较大的初始直接费用

E. 融资租入不需要安装即可投入使用的设备发生的融资费用

三、判断题

1. 售后租回交易认定为融资租赁，售价与资产账面价值之间的差额应予递延，并按该固定资产的折旧进行分摊，作为折旧费用的调整。（　　）

2. 企业在计算租赁付款额的现值时，不能取得出租人租赁内含利率的，应当采用租赁合同规定的利率作为折现率。（　　）

3. 一项租赁合同是否认定为融资租赁合同，应视出租人是否将与租赁资产所有权有关的全部风险和报酬实质上转移给承租人而定。（　　）

第 10 章

Chapter 10 外币折算

课程思政要点

1. 结合中国特色社会主义法治体系学习会计法规体系。运用《中华人民共和国会计法》第九条，对因汇率波动所形成的浮动盈亏的会计处理规则进行辩证分析。

2. 对照阅读《企业会计准则第 19 号——外币折算》和 IAS® 21：The Effects of Changes in Foreign Exchange Rates，理解外币折算会计规则的理论逻辑、历史逻辑和实践逻辑。

学习目标

1. 掌握：企业发生外币业务时的会计处理；资产负债表日对外币项目的账面价值的调整；外币报表的折算方法。

2. 理解：我国现行外币报表折算规则的设计理念。

3. 了解：外币统账制、外币分账制。

本章主要讲解《企业会计准则第 19 号——外币折算》的设计理念及其操作规则。该准则系借鉴《国际会计准则第 21 号——汇率变动的影响》（IAS® 21：The Effects of Changes in Foreign Exchange Rates）制定而成。

该准则的核心问题，一是使用何种汇率列报外币性项目；二是如何处理汇率变动对财务报表的影响。本章在介绍会计规则的设计思路和操作要领的基础上，对一些有争议的问题进行辩证分析。目前理论上争议比较大的问题是：为何要在资产负债表日考虑货币性项目（monetary items）因汇率波动而形成的浮动盈亏？提醒读者对此予以深入思考。

10.1　记账本位币的确定

10.1.1　记账本位币

准则所称记账本位币（functional currency，又译作功能货币），是指企业经营所处的主要经济环境中的货币。主要经济环境（primary economic environment）通常是指企业主要的赚取现金和支出现金的环境，使用该环境中的货币最能反映企业的主要交易的经济结果。例如，我国非外向型企业赚取现金和支出现金的环境在国内，因此，一般以人民币作为记账本位币。

《中华人民共和国会计法》规定，业务收支以人民币以外的货币为主的单位，可以选定某一种外币作为记账本位币，但是，编报的财务报表应当折算为人民币。

企业选定记账本位币，应当考虑下列因素：(1) 商品和劳务的销售计价和结算所使用的货币；(2) 人工、材料和其他费用的销售计价和结算所使用的货币；(3) 融资活动获得的货币以及保存经营所得款所使用的货币。

10.1.2　外币交易

准则所称外币（foreign currency），是指企业记账本位币以外的货币，所称外币交易（foreign currency transactions），是指以外币计价或者结算的交易。例如，我国某企业经常采用美元结算，若其选用美元作为记账本位币，则人民币就成为其会计处理中的外币。

外币交易主要包括：以外币计价的商品贸易或服务贸易；借入或者借出外币资金；其他交易（如接受外币捐赠）。在核算外币业务时，应当设置相应的外币账户，包括外币现金、外币银行存款、以外币结算的债权（如应收票据、应收账款、预付账款等）和债务（如短期借款、应付票据、应付账款、预收账款、应付薪酬、长期借款等）。外币账户应当与非外币的相同账户分别设置并分别核算。

10.1.3　境外经营的记账本位币的确定

境外经营（foreign operation）是指企业在境外的子公司、合营企业、联营企业、分支机构。如果境内子公司、合营企业、联营企业、分支机构所采用的记账币种与企业总部的记账本位币不同，则视其为境外经营。

在选择境外经营的记账本位币时，除考虑前述因素外，还应当考虑下列因素：境外经营活动是否拥有很强的自主性；境外经营与企业总部之间的交易是否占有较大比重；境外经营的现金流量是否直接影响企业总部的现金流量，是否可以随时汇回；境外经营现金流量是否足以偿还其现有债务和近期债务。

10.1.4 记账本位币的变更

企业记账本位币一经确定，不得随意变更，除非企业经营所处的主要经济环境发生重大变化。

企业因经营所处的主要经济环境发生重大变化，确需变更记账本位币的，应当采用变更当日的即期汇率将所有项目折算为变更后的记账本位币。

专栏10-1 **外币统账制**

外币交易的记账方法有外币统账制和外币分账制两种。工商企业多采用外币统账制，金融企业多采用外币分账制。

外币统账制是指在外币业务发生时即折算为记账本位币入账。对外汇交易的核算不单独设置科目，而是在“财务费用”科目中反映外币交易金额因汇率变动而产生的差额。“财务费用”科目的借方反映因汇率变动产生的汇兑损失，贷方反映因汇率变动产生的汇兑收益。

10.2 外币交易的入账处理

10.2.1 常规购销业务

《企业会计准则第19号——外币折算》所规定的是外币统账制下的会计处理。

在外币交易发生时，企业应当将外币金额折算为记账本位币金额。通常应当采用交易日的即期汇率进行折算。即期汇率（spot exchange rate）通常是指中国人民银行公布的当日人民币外汇牌价的中间价。如果汇率变动不大，也可以采用按照系统、合理的方法确定的即期汇率的近似汇率折算。即期汇率的近似汇率是指按照系统、合理的方法确定的与交易发生日即期汇率近似的汇率，通常采用当期平均汇率或加权平均汇率等。

专栏10-2 **外汇牌价**

外汇牌价是指国家外汇管理机构公布的本国货币单位兑换他国货币单位的比率。在我国，外汇牌价采取直接标价法（即一定数量的外币折合多少人民币）公布。一般而言，外汇牌价有现汇买入价、现汇卖出价、现钞买入价、现钞卖出价之分，前两者的平均数为现汇中间价，后两者的平均数为现钞中间价。上述买入、卖出是就银行的角度而言的。由于银行买入外币现钞的周转成本大于买入外汇，因此现钞买入价通常低于现汇买入价。

中国人民银行2005年7月21日之前公布人民币汇率基准价，7月21日人民币汇率形成机制改革后，中国人民银行于每个工作日闭市后公布当日银行间外汇市场美元等交易货币对人民币汇率的收盘价，作为下一个工作日该货币对人民币交易的中间价。自 2006 年 1 月 4 日起，中国人民银行授权中国外汇交易中心于每个工作日上午 9 时 15 分对外公布当日人民币对美元、欧元、日元等的汇率中间价，作为当日银行间即期外汇市场（含 OTC 方式和撮合方式）以及银行柜台交易汇率的中间价。

各商业银行在中国人民银行公布的中间价的基础上，依法自行确定各自的买入价、卖出价。

---

1. 采购业务

例 10－1

东南制药股份公司属于增值税一般纳税人，记账本位币为人民币，外币交易采用交易日即期汇率折算。20×6 年 9 月 2 日从美国某公司购入 2 000 000 美元的原料，当日即期汇率为 1 美元＝7.6 元人民币，货款尚未支付。进口关税为 1 520 000 元人民币，另缴纳进口环节增值税 2 173 600 元人民币，税款均用银行存款支付。其会计分录如下：

借：原材料（2 000 000×7.6＋1 520 000）	16 720 000	
应交税费——应交增值税（进项税额）	2 173 600	
贷：应付账款——美国某公司（美元）		15 200 000
银行存款		3 693 600

2. 销售业务

例 10－2

中原粮油股份公司记账本位币为人民币，外币交易采用交易日即期汇率折算。20×7 年 10 月 21 日向美国某公司出售 3 000 000 美元的产品，当日即期汇率为 1 美元＝7.2 元人民币，货款尚未收到。该企业适用免、抵、退办法，本例之情形可不考虑增值税问题。其会计分录如下：

借：应收账款——美国某公司（美元）（3 000 000×7.2）	21 600 000	
贷：主营业务收入		21 600 000

10.2.2 外汇借款的取得

例 10－3

伯克希尔股份公司记账本位币为人民币，外币交易采用交易日即期汇率折算。20×7 年 12 月 1 日从中国工商银行借入 1 200 000 欧元，期限为 6 个月，年利率为 6%，计息基准为“实际天数/360”，到期还本付息。当日的即期汇率为 1 欧元＝10 元人民币。借入的欧元借款暂存银行，直到次年 1 月 8 日一次性用于对外支付。其会计分录如下：

借：银行存款——欧元（1 200 000×10）	12 000 000	
贷：短期借款——欧元		12 000 000

10.2.3 接受外币投资

准则特别强调，企业收到投资者以外币投入的资本时，应当采用交易发生日的即期汇率折算，不得采用合同约定汇率和即期汇率的近似汇率折算，外币投入资本与相应的货币性项目的记账本位币金额之间不产生外币资本折算差额。

《关于外商投资的公司审批登记管理法律适用若干问题的执行意见》（工商外企字〔2006〕第81号）规定，外商投资公司的注册资本应当采用收到出资当日的即期汇率，不再使用合同汇率，也不使用与即期汇率近似的汇率。这样，“股本”或“实收资本”账户的金额不能反映股权比例，但这并不会影响企业分配和清算的约定比例，因为该约定比例通常已经在合同中明确写明，并具有约束力。

例10-4

东南电池股份公司的记账本位币为人民币，外币交易采用交易日即期汇率折算。外商在投资合同中约定的汇率是1美元=8元人民币，分两次投入：第一次在20×7年9月2日，投入300 000美元，当日即期汇率为1美元=7.4元人民币；第二次在20×7年11月22日，投入300 000美元，当日即期汇率为1美元=7.2元人民币。其会计处理如下：

（1）第一次收到投入资本时。

借：银行存款（300 000×7.4）	2 220 000	
贷：股本		2 220 000

（2）第二次收到投入资本时。

借：银行存款（300 000×7.2）	2 160 000	
贷：股本		2 160 000

10.2.4 外币兑换业务

企业发生的外币兑换业务或涉及外币兑换的交易事项，应当按照交易实际采用的汇率（即银行买入价或卖出价）折算。

1. 购汇业务

例10-5

中良股份公司记账本位币为人民币，外币交易采用交易日即期汇率折算。20×7年9月9日填写售汇申请书，从银行购入10 000欧元，银行当日的卖出价为1欧元=11元人民币，当日中国人民银行公布的外汇中间价为1欧元=10.7元人民币。其会计分录如下：

借：银行存款——欧元（10 000×10.7）	107 000	
财务费用——汇兑差额	3 000	
贷：银行存款——人民币（10 000×11）		110 000

2. **结汇业务**

例 10-6

天良股份公司记账本位币为人民币，外币交易采用交易日即期汇率折算。20×7 年 12 月 16 日填写结汇申请书，将 60 000 美元在银行兑换为人民币，银行当日的买入价为 1 美元=7.6 元人民币，当日中国人民银行公布的外汇中间价为 1 美元=7.7 元人民币。其会计分录如下：

借：银行存款——人民币（60 000×7.6）	456 000
财务费用——汇兑差额	6 000
贷：银行存款——美元（60 000×7.7）	462 000

10.3　外币交易的期末折算

10.3.1　外币货币性项目的期末折算与后续清偿

外币货币性项目是指企业持有的货币资金和将以固定或可确定的金额收取的资产或者偿付的负债。货币性项目分为货币性资产和货币性负债。货币性资产包括库存现金、银行存款、应收账款、其他应收款、长期应收款等；货币性负债包括短期借款、应付账款、其他应付款、长期借款、应付债券、长期应付款等。

外币货币性项目采用资产负债表日即期汇率折算。因资产负债表日即期汇率与初始确认时或者前一资产负债表日即期汇率不同而产生的汇兑差额，计入当期损益，同时调增或调减外币货币性项目的记账本位币金额。

发生汇兑损失（exchange losses）时，借记“财务费用——汇兑差额”科目，贷记“应收账款”“应付账款”等科目；发生汇兑收益（exchange gains）时，借记“应收账款”“应付账款”等科目，贷记“财务费用——汇兑差额”科目。

1. **应付账款**

例 10-7

沿用例 10-1 的资料。20×6 年 12 月 31 日，东南制药股份公司仍未偿还前述的应付账款 2 000 000 美元，按当日的即期汇率 1 美元=7.3 元人民币折算的金额为 14 600 000 元人民币，比按交易发生日即期汇率 1 美元=7.6 元人民币折算的原账面价值 15 200 000 元人民币减少了 600 000 元人民币。其会计分录如下：

借：应付账款——美国某公司（美元）	600 000
贷：财务费用——汇兑差额	600 000

20×7 年 1 月 30 日，东南制药股份公司偿还前述应付账款 2 000 000 美元，即期汇率为 1 美元=7.28 元人民币。其会计分录如下：

借：应付账款——美国某公司（美元）（2 000 000×7.28）	14 600 000
贷：银行存款	14 560 000
财务费用——汇兑差额	40 000

2. 应收账款

例 10-8a

沿用例10-2的资料。20×7年12月31日，中原粮油股份公司仍未收到前述的应收账款3 000 000美元，按当日的即期汇率1美元=7.1元人民币折算的金额为21 300 000元人民币，比按交易发生日即期汇率1美元=7.2元人民币折算的原账面价值21 600 000元人民币减少了300 000元人民币。其会计分录如下：

借：财务费用——汇兑差额	300 000	
贷：应收账款——美国某公司（美元）		300 000

例 10-8b

沿用例10-2的资料。假定20×7年12月31日中原粮油股份公司收到前述的应收账款3 000 000美元，并将其兑换成人民币后直接存入银行，银行买入价为1美元=7元人民币。其会计分录如下：

借：银行存款——人民币（3 000 000×7）	21 000 000	
财务费用——汇兑差额	600 000	
贷：应收账款——美元		21 600 000

10.3.2 外币借款的期末折算与后续清偿

例 10-9

沿用例10-3的资料。20×7年12月31日，即期汇率为1欧元=9.5元人民币。外币存款的利息的账务处理略。20×8年5月31日，即期汇率为1欧元=9元人民币，伯克希尔股份公司归还外币借款。其账务处理如下。

（1）20×7年12月31日对外币存款和外币借款本金进行期末折算时。

汇兑差额=1 200 000×(10−9.5)=600 000(元)

借：财务费用——汇兑差额	600 000	
贷：银行存款——欧元		600 000
借：短期借款——欧元	600 000	
贷：财务费用——汇兑差额		600 000

也可以将上述分录合并为一个分录：

借：短期借款——欧元	600 000	
贷：银行存款——欧元		600 000

（2）20×7年12月31日计提应付利息时。

12月的财务费用=1 200 000×6%×31/360×9.5=58 900(元)

借：财务费用——外币借款利息	58 900	
贷：应付利息——欧元借款		58 900

（3）20×8年5月31日偿还外币借款的本金时。

借：短期借款——欧元 11 400 000

贷：银行存款（1 200 000×9） 10 800 000

财务费用——汇兑差额 600 000

（4）20×8 年 5 月 31 日支付半年的利息时。

半年的财务费用=1 200 000×6%×182/360×9=327 600(元)

应补记的财务费用=327 600−58 900=268 700(元)

借：应付利息——欧元借款 58 900

财务费用——外币借款利息 268 700

贷：银行存款 327 600

10.3.3 以历史成本计量的外币非货币性项目的折算

准则所称非货币性项目（non-monetary items），是指货币性项目以外的项目。准则所称以历史成本计量的外币非货币性项目（non-monetary items carried at historical cost），主要是指长期股权投资、固定资产、无形资产等，不包括存货。

以历史成本计量的外币非货币性项目，由于已在交易发生日按当日即期汇率折算，故仍采用交易发生日的即期汇率折算，不改变其记账本位币金额，不产生汇兑差额，即不作处理。

10.3.4 以成本与可变现净值孰低计量的存货

准则规定，在确定存货的期末价值时，应当先将可变现净值折算为记账本位币，再与以记账本位币反映的存货成本进行比较。汇率变动的可能影响一并在资产减值损失中反映。

例 10－10

皮皮鲁股份公司记账本位币为人民币。20×7 年 7 月 1 日，从英国购入一批时尚产品 10 000 件，每件价格为 1 000 英镑，当日即期汇率为 1 英镑=15 元人民币。其会计分录为：

借：库存商品——时尚产品（10 000×1 000×15） 150 000 000

贷：银行存款——英镑 150 000 000

20×7 年 12 月 31 日，即期汇率为 1 英镑=16 元人民币。该批时尚产品全部滞销，其国际市场价格降为每件 900 英镑。其会计处理如下：

期末存货的可变现净值=10 000×900×16=144 000 000(元)

借：资产减值损失 6 000 000

贷：存货跌价准备 6 000 000

10.3.5 以公允价值计量的外币非货币性项目

以公允价值计量的外币非货币性项目（non-monetary items carried at fair value），如交易性金融资产（股票、基金等），采用公允价值计量当日的即期汇率折算，折算后的记账本位币金额与原记账本位币金额的差额，作为公允价值变动（含汇率变动）处理，计入当期损益。

发生汇兑损失时，借记“公允价值变动损益”科目，贷记“交易性金融资产”科目；发生汇兑收益时，借记“交易性金融资产”科目，贷记“公允价值变动损益”科目。

例 10-11

忠厚证券股份公司记账本位币为人民币，20×7 年 12 月 2 日以每股 1.5 美元的价格购入华盛顿邮报公司股票 10 000 股作为交易性金融资产。当日即期汇率为 1 美元=7.6 元人民币。款项已付。其会计处理如下。

(1) 20×7 年 12 月 2 日购入股票时。

借：交易性金融资产（1.5×10 000×7.6）　　114 000
　贷：银行存款——美元　　114 000

(2) 20×7 年 12 月 31 日，该股票市价变为每股 1 美元，当日即期汇率为 1 美元=7.2 元人民币。股票价值=1×10 000×7.2=72 000 元。

借：公允价值变动损益　　42 000
　贷：交易性金融资产　　42 000

(3) 20×7 年 1 月 7 日，忠厚证券股份公司按当日市价每股 1.6 美元将该股票全部售出，所得价款 16 000 美元按当日汇率 1 美元=7.1 元人民币折算为 113 600 元人民币。

借：银行存款——美元（1.6×10 000×7.1）　　113 600
　贷：交易性金融资产　　72 000
　　　投资收益　　41 600

同时，结转公允价值变动损益。

借：投资收益　　42 000
　贷：公允价值变动损益　　42 000

课程思政 理解会计规则的理论逻辑、历史逻辑和实践逻辑

专栏 10-3　　为何要记录汇率波动形成的浮动盈亏

会计信息中是否应当考虑金融市场环境变化的潜在影响？对于这一点，理论界分歧较大。美国财务会计准则委员会 1975 年 10 月在《财务会计准则公告第 8 号——外币交易和外币报表的折算》中规定，企业应当在资产负债表日将其外币性项目按照即期汇率折算。其实质是要求企业记录汇率波动形成的浮动盈亏，将外币性项目的账面

记录盯住最新市价。这是资产负债观在外币交易和外币报表折算方面的体现。该规定存在明显的问题。因汇率波动而计算的浮动盈亏被当作汇兑损益计入利润表，但它并不是企业已经实现的盈亏。会计上关于汇兑损益的记录规则只不过是公允价值理念的又一种体现。

其后的文件基本上沿用了该文件的立场。例如，美国财务会计准则委员会1981年12月发布的《财务会计准则公告第52号——外币折算》和国际会计准则委员会1983年7月发布的《国际会计准则第21号——汇率变动的影响》均要求反映汇率波动形成的浮动盈亏。

10.4 外币分账制[①]

我国许多金融保险企业采用分账制，但准则正文未提及分账制。因此，《企业会计准则——应用指南》中做出了补充规定。

外币分账制是指在日常核算时以外币原币记账，区分币种核算损益和编制财务报表；在资产负债表日将外币报表折算为记账本位币的财务报表，并与记账本位币报表进行汇总，编制企业整体业务的财务报表。

金融保险企业的外币交易频繁，涉及外币币种较多，因此，采用分账制记账方法进行日常核算更有效率。如此，平时可以多币种分别记账，在资产负债表日再区分货币性项目和非货币性项目进行调整即可。在实务操作中，外币分账制有两种做法，下面分别予以简要介绍。

10.4.1 平时所有交易均通过“货币兑换”科目

这种做法的要点如下：

(1) 外币交易同时涉及货币性项目和非货币性项目的，按相同外币金额同时计入货币性项目，记入“货币兑换（外币）”科目；同时，根据按交易日即期汇率折算为记账本位币的金额，计入非货币性项目，记入“货币兑换（记账本位币）”科目。

(2) 外币交易仅涉及一种外币的货币性项目的，按相同币种金额入账，不需要通过“货币兑换”科目核算。

(3) 外币交易仅涉及两种以上外币的货币性项目的，按相同币种金额计入相应货币性项目，记入“货币兑换（外币）”科目。

(4) 期末，将所有以外币反映的“货币兑换”科目余额按期末汇率折算为记账本位币金额，并与“货币兑换（记账本位币）”科目余额比较，其差额转入“汇兑损益”科目。

① 本节内容仅供会计学专业研究生研读。对于本科生或者非会计专业研究生，本节可以跳过。

（5）结算外币货币性项目产生的汇兑差额记入“汇兑损益”科目。

例 10-12

中原实业银行采用分账制，记账本位币为人民币。20×7年9月，该银行的外币交易及其会计处理如下。

（1）9月1日，收到投资者投入的货币资本100 000美元，无合同约定汇率，当日即期汇率为1美元=7.8元人民币。

借：银行存款——美元	$100 000	
贷：货币兑换——美元		$100 000
借：货币兑换——人民币	780 000	
贷：实收资本		780 000

（2）9月10日，以2 000美元购入固定资产，当日即期汇率为1美元=7.75元人民币。

借：货币兑换——美元	$2 000	
贷：银行存款——美元		$2 000
借：固定资产	15 500	
贷：货币兑换——人民币		15 500

（3）9月16日，售汇5 000美元，当日银行卖出价为1美元=7.8元人民币。

借：货币兑换——美元	$5 000	
贷：银行存款——美元		$5 000
借：银行存款——人民币	39 000	
贷：货币兑换——人民币		39 000

（4）9月20日，发放短期贷款5 000美元，当日即期汇率为1美元=7.85元人民币。

借：贷款——美元	$5 000	
贷：银行存款——美元		$5 000

（5）9月26日，拆入10 000欧元，期限1个月，年利率3%，当日即期汇率为1欧元=9.5元人民币。

借：银行存款——欧元	€10 000	
贷：拆入资金——欧元		€10 000

（6）9月30日，即期汇率为1美元=8元人民币，1欧元=10元人民币。

货币兑换——美元

借方	贷方
（2）$2 000	（1）$100 000
（3）$5 000	
	$93 000
	折算¥744 000

货币兑换——人民币

借方	贷方
（1）¥780 000	（2）¥15 500
	（3）¥39 000
¥725 500	

“货币兑换”总账科目的借贷方余额之间的差额为18 500元人民币，即为当期产生的汇兑差额。

借：货币兑换——人民币　　18 500

　贷：汇兑损益　　18 500

10.4.2 仅在资产负债表日使用“货币兑换”科目

这种做法的要点如下：

(1) 外币交易发生时，直接以外币进行账务处理。

(2) 资产负债表日，编制账户科目余额（人民币）调节表，所有以外币反映的账户余额均折算为记账本位币余额，其中：货币性项目以资产负债表日的即期汇率折算，非货币性项目以交易日即期汇率折算。

(3) 折算后，所有账户借方余额之和与所有账户贷方余额之和的差额，即为当期汇兑损益。

例10-13

万国投机银行采用分账制，记账本位币为人民币。20×7年9月，该行发生的外币交易及其会计处理如下：

(1) 9月1日，收到投资者投入的货币资本100 000美元，无合同约定汇率，当日即期汇率为1美元=7.8元人民币。

借：银行存款——美元　　$100 000

　贷：实收资本　　$100 000

(2) 9月10日，以2 000美元购入固定资产，当日即期汇率为1美元=7.75元人民币。

借：固定资产　　$2 000

　贷：银行存款——美元　　$2 000

(3) 9月16日，售汇5 000美元，当日银行卖出价为1美元=7.8元人民币。

借：银行存款——人民币　　$5 000

　贷：银行存款——美元　　$5 000

(4) 9月20日，发放短期贷款5 000美元，当日即期汇率为1美元=7.85元人民币。

借：贷款——美元　　$5 000

　贷：银行存款——美元　　$5 000

(5) 9月26日，拆入10 000欧元，期限1个月，年利率3%，当日即期汇率为1欧元=9.5元人民币。

借：银行存款——欧元　　€10 000

　贷：拆入资金——欧元　　€10 000

(6) 9月30日，即期汇率为1美元=8元人民币，1欧元=10元人民币。

资产负债表日，编制账户科目余额（人民币）调节表（见表10-1），计算汇兑差额。

表 10-1　外币分账制下汇兑损益的计算

借方余额账户	币种	外币余额	汇率	人民币余额	贷方余额账户	币种	外币余额	汇率	人民币余额
银行存款	美元	88 000	8	804 000	拆入资金	欧元	10 000	10	100 000
	欧元	10 000	10		实收资本	美元	100 000	7.8	780 000
贷款	美元	5 000	8	40 000					
固定资产	美元	2 000	7.75	15 500					
银行存款	人民币			39 000					
人民币余额合计				898 500	人民币余额合计				880 000
汇兑损益									18 500

借：货币兑换——人民币　　18 500

　贷：汇兑损益　　18 500

不难看出，外币分账制和外币统账制只是账务处理程序不同，其产生的结果（即汇兑差额）相同，会计处理也相同（即均计入当期损益）。

10.5　外币报表折算的理论与方法[①]

企业集团在编制合并报表之前，需要预先将境外经营的集团成员的外币报表（foreign currency statements）按照编报合并报表所需进行折算，其中有两个方面的问题相当棘手：其一，面对汇率波动，企业集团应当采用哪种汇率进行折算？其二，报表折算所形成的折算差额（translation adjustments）是否应计入当期损益？

对于采用哪种汇率进行折算，实务界和理论界提出了两种思路。一种思路是采用单一的汇率进行折算，即对除未分配利润项目以外的所有报表项目均按照现行汇率（即资产负债表日的即期汇率，下同）折算；另一种思路是采用非单一汇率进行折算，即根据报表项目的不同特点，分别选用历史汇率（即交易发生日的即期汇率，下同）、现行汇率进行折算，在采用现行汇率折算的情形下，也可以根据情况采用按照系统、合理的方法确定的与交易发生日即期汇率近似的汇率（简称平均汇率）折算。

对于折算差额是否应计入当期损益，也存在两种看法。一种看法是将折算差额一律计入当期损益，但反对者指出，这种做法会导致企业集团的合并净利润随汇率波动而波动；另一种看法是把折算损失计入当期损益，对折算收益作递延处理。

在美国证券市场上，以公共会计师行业为首的会计实务界和理论界对上述两个问题的回答，先后组合出了四种报表折算方法。下面按照各种折算方法在会计业界的出现次序分别予以阐释。

① 本节内容仅供会计学专业研究生研读。对于本科生或者非会计专业研究生，本节可以跳过。

10.5.1 采用非单一汇率进行折算的理论与方法

采用非单一汇率进行折算，是指根据报表项目的特点，分别采用现行汇率（即资产负债表日的即期汇率，下同）、历史汇率（即交易发生时的即期汇率，下同）和平均汇率（即该会计期间的平均汇率，下同）对外币报表进行折算，通常又称多种汇率法。

基于这种理念，实务界和理论界先后提出了流动与非流动性项目法（current/non-current method）、货币与非货币性项目法（monetary/non-monetary method）和时态法（temporal method，有学者称作时间度量法）等折算方法。

1. 流动与非流动性项目法

20 世纪 30 年代初，流动与非流动性项目法在美国证券市场比较流行，美国注册会计师协会以该方法为基础，酝酿形成了该行业关于外币报表折算的倾向性立场。1939 年 12 月，该协会下属的会计程序委员会（Committee on Accounting Procedure，CAP）对早前立场略作整理，发布《会计研究公报第 4 号——境外经营与外汇》，将流动与非流动性项目法界定为公认会计原则。1953 年，该协会将其 1938—1953 年发布的 42 份《会计研究公报》汇编为《会计研究公报第 43 号——第 1 号至第 42 号会计研究公报重述和修订》时，沿用了第 4 号公报中规定的流动与非流动性项目法，仅有少许调整（例如，存货严格按照成本与市价孰低法计量，若采用成本计量，则相应地采用历史汇率折算）。直至 1975 年，美国财务会计准则委员会出台《财务会计准则公告第 8 号——外币交易和外币报表的折算》规定时态法为唯一的折算方法，流动与非流动性项目法才从证券市场的信息披露实务中淡出。

（1）折算汇率的选择。在流动与非流动性项目法下，资产负债表中的流动性项目按现行汇率折算，非流动性项目按历史汇率折算，所有者权益类项目中的未分配利润项目按照会计平衡公式进行轧差，按照倒挤出来的金额列报。可见，该方法其实仅仅关注汇率波动对流动资产和流动负债的影响，没有考虑其他资产和负债的风险敞口。若企业的流动资产大于流动负债，则在外币升值时会出现汇兑收益，在外币贬值时会出现汇兑损失。反之，若企业的流动资产小于流动负债，则在外币升值时会出现汇兑损失，在外币贬值时会出现汇兑收益。

（2）折算差额的处理。折算损失计入当期损益。折算收益不计入当期收益，作递延处理。

该方法的理论缺陷是，缺少充分的理由来解释为什么流动性与非流动性资产应当分别采用不同的汇率进行折算。例如，外币计价的长期债权及债务显然也会受到利率波动的较大影响，然而在流动与非流动性项目法下并不采用现行汇率进行折算，这与人们的直觉相悖。

外币报表折算方法的比较如表 10－2 所示。

表 10-2　外币报表折算方法的比较（示意）

报表项目			流动与非流动性项目法	货币与非货币性项目法	时态法	现行汇率法
流动资产	库存现金		■	■	■	■
	短期债权		■	■	■	■
	存货	按成本计量的	■	□	□	■
		按市价计量的	■	□	■	■
非流动资产	投资	按成本计量的	□	□	□	■
		按市价计量的	□	□	■	■
	长期债权		□	■	■	■
	固定资产		□	□	□	■
	无形资产		□	□	□	■
流动负债			■	■	■	■
非流动负债			□	■	■	■
所有者权益	实收资本		□	□	□	□
	留存收益		轧差倒挤	轧差倒挤	轧差倒挤	轧差倒挤
折算差额的列报（计入资产负债表还是利润表）			折算损失计入当期损益；折算收益不计入当期收益，作递延处理		一律计入当期损益	在股东权益项目下单列

说明：为简化表达，表中□表示历史汇率即交易发生日的即期汇率，■表示现行汇率即资产负债表日的即期汇率。

2. 货币与非货币性项目法

1956年，密歇根大学的赫普沃斯（Samuel R. Hepworth）在《境外经营的列报》中提出了货币与非货币性项目法。[①] 1965年，《会计原则委员会意见书第6号——会计研究公报的地位》第18段决定采纳货币与非货币性项目法，对《会计研究公报第43号——第1号至第42号会计研究公报重述和修订》第12段和第18段进行修订，要求采用现行汇率折算长期应收款项及预付款项。

(1) 折算汇率的选择。资产负债表中的资产和负债区分为货币性项目和非货币性项目。货币性项目为现金、银行存款和短期及长期应收及应付款项等受汇率波动影响较大的报表项目，采用现行汇率折算。非货币性项目为存货、固定资产和无形资产等不需要即刻变现、受汇率波动影响不大的报表项目，采用购入时的历史汇率折算。所有者权益项目既不是货币性项目，也不是非货币性项目，其中的实收资本（或股本）采用历史汇率折算，未分配利润项目留待利润表折算完毕后，按照资产、负债和所有者权益其他项目的轧差结果列报。利润表项目按平均汇率折算。

(2) 折算差额的处理。同流动与非流动性项目法，即折算损失计入当期损益；折算收益不计入当期收益，作递延处理。

货币与非货币性项目法强调的是报表项目受汇率影响的程度而不是其流动

① Hepworth S R. Reporting Foreign Operations. The Accounting Review，1957，32 (3)：516-517.

性，这种理念更符合人们的直观感受，因而显得比流动与非流动性项目法更为合理。但其理论缺陷同样是，缺乏充分的理由来解释为什么报表项目的分类直接决定了该项目所适用的折算汇率。

3. 时态法

1972 年，美国注册会计师协会的研究人员洛伦森（Leonard Lorensen）在《以美元列报美国公司的境外经营》（美国注册会计师协会《会计研究文集》第 12 号）中发展了赫普沃思的思想，提出了外币报表折算的时态法。[①] 1975 年 10 月，美国财务会计准则委员会发布《财务会计准则公告第 8 号——外币交易和外币报表的折算》，要求采用时态法进行财务报表折算。[②] 时态法成为唯一符合公认会计原则的折算方法。此前的流动与非流动性项目法和货币与非货币性项目法遂从资本市场的会计实务中退出。

时态法的理论基础是，外币报表的折算只应改变计量单位，而不应改变其计量基础。因此，应分别按照各个报表项目的计量基础选择其所适用的折算汇率。这种方法实际上是货币性与非货币性项目法的改良版本，两者的区别仅仅在于，在时态法下，采用市价计量的存货和投资改用现行汇率折算，而不采用历史汇率折算。

（1）折算汇率的选择。资产负债表中的货币性项目、以现行成本和可变现净值计价的项目以及以未来现金流量现值计价的报表项目，采用现行汇率折算；以历史成本计价的报表项目，采用历史汇率折算。

（2）折算差额的处理。《财务会计准则公告第 8 号——外币交易和外币报表的折算》第 17 段一改此前的公认会计原则的立场，要求将折算差额直接计入当期合并损益，不再对折算收益作递延处理。

时态法在理论上具有一定的优点，它实际上在货币与非货币性项目法的基础上，增加了这么一层意思：对于按照市价列报的非货币性资产，视为受汇率波动影响的项目，按照现行汇率折现；对于按照成本列报的非货币性资产，视为不受汇率波动影响的项目，按照历史汇率折现。这种看法显然更符合人们的直觉。此外，合并报表的母公司理论的支持者比较推崇这种方法，因为它与合并报表的母公司理论是一致的。母公司理论认为，母公司股东更关心境外子公司的资源在境内的效用，而非其在境外的效用大小，因此，对子公司的报表项目，应按其原有的计量属性，采用母公司财务报告的货币币种进行折算。

但时态法在实践中饱受争议。实务界抵制它的主要原因是，《财务会计准则公告第 8 号——外币交易和外币报表的折算》要求将折算差额（无论是折算收益还是折算损失）一律计入当期损益，与此前的公认会计原则相比，这种做法显然

---

① Lorensen L. Reporting Foreign Operations of U. S. Companies in U. S. Dollars (Accounting Research Studies No. 12). American Institute of Certified Public Accountants, 1972.

② Financial Accounting Standards Board. Statement of Financial Accounting Standards No. 8: Accounting for the Translation of Foreign Currency Transactions and Foreign Currency Financial Statements. 1975.

会进一步增大合并利润的波动性，容易对跨国公司的股票价格造成冲击。1978年5月，美国财务会计准则委员会邀请社会各界对其自1973年成立以来所制定的第1号至第12号准则发表评论，收到的200多封回函中大多是批评第8号准则的。于是，该委员会自1979年1月起着手修订第8号准则，最终于1981年12月发布了《财务会计准则公告第52号——外币折算》，推出了新版本的报表折算规则。

10.5.2 采用单一的汇率进行折算的理论与方法

主张采用单一的汇率（现行汇率，又称资产负债表日的即期汇率）对外币报表进行折算的理念称作单一汇率法（single unit of measure），又称现行汇率法（current rate method）。

1981年12月发布的《财务会计准则公告第52号——外币折算》所提出的折算方法称作功能货币观（functional currency perspective）。功能货币观引入了在英国和加拿大公共会计师行业中较为流行的现行汇率法，此外，在一些特殊情况下保留时态法。① 该准则取代了《财务会计准则公告第8号——外币交易和外币报表的折算》。

(1) 折算汇率的选择。《财务会计准则公告第52号——外币折算》第12段规定，财务报表中的所有要素都应采用现行汇率进行折算。具体而言：1）资产和负债采用资产负债表日的即期汇率折算。实收资本（或股本）项目仍按历史汇率折算。2）收入、费用、利得和损失采用发生时的即期汇率折算，如果由于业务量较大而不便采用发生时的汇率折算，则可采用该会计期间加权平均的汇率进行折算。

(2) 折算差额的处理。《财务会计准则公告第52号——外币折算》第13段规定，报表折算的折算差额，在资产负债表的股东权益中以单独项目（如“外币报表折算差额”）予以列示，不计入当期损益。

现行汇率法的倡导者认为，汇率波动会影响到企业集团境外成员的全部资产和负债，承受汇率波动风险的实际上是企业集团境外成员的净资产，而不仅仅限于货币性的或流动性的资产或负债。通常情况下，汇率波动对资产和负债的影响是反方向的，它们常常可以部分地相互抵消，现行汇率法能够反映抵消后的效果。但反对者认为，并非所有的资产和负债均受汇率波动的影响，上述观点并不成立。此外，母公司理论的支持者反对现行汇率法，因为现行汇率法对子公司的资产和负债项目按子公司所在国的效用来计量，这更倾向于实体理论而不是母公司理论。

不管怎么说，现行汇率法的显著优点是简便易行、易于理解，且折算后的资产负债表各项目仍能大致保持原外币报表各项目之间的比例关系。

---

① 《财务会计准则公告第52号——外币折算》给出的功能货币（functional currency）的定义相当复杂，简单地说，是指企业集团的境外成员在其所处的经营环境中惯用的货币币种。功能货币观的逻辑可概括如下：若企业集团的境外成员的财务报表的列报货币不是其功能货币，则应采用时态法，将其折算为基于功能货币的财务报表，然后采用现行汇率法，进一步折算为基于企业集团的列报货币（reporting currency）的财务报表。

课程思政 理解会计规则的理论逻辑、历史逻辑和实践逻辑

专栏10-4

为何国际会计准则和美国证券市场上的公认会计原则采用现行汇率法

为什么主要资本市场的信息披露规则推崇现行汇率法？除了上面提及的该方法的优点外，一个重要的原因是，在现行汇率法下，利润表是按照交易发生日的即期汇率折算的，也就是说，它是不需要另行折算的，而所有的折算差额直接列作股东权益项目下的一个特殊项目。如此，既能够让公司的资产负债表项目一律盯住市价，又能够避免利润表的波动。

从外币报表折算方法的演变历程来看，其实没有哪一种方法具备坚实的理论基础。原因在于，外币报表折算规则是为推行权益法和合并报表服务的，而权益法和合并报表均缺乏合理的理论支持。就会计规则的实质而言，它是民事主体所在行政区域内民商法和经济法等基本法律的实施细则，资产、负债、收入、费用、利润等概念均依赖于该区域的基本法律，因此，阅读报表离不开对该区域的法律的深入理解。如果有人想了解企业集团的各个境外成员的表现究竟怎么样，更为合理的做法是逐一阅读各个境外成员的财务报表，而不是阅读那些难以查证信息来源的合并报表。

10.6 企业会计准则关于外币报表折算的规定

《企业会计准则第19号——外币折算》借鉴《财务会计准则公告第52号——外币折算》和《国际会计准则第21号——汇率变动的影响》，在外币报表折算规则中混合使用了时态法与现行汇率法。

10.6.1 外币报表折算方法

在对企业境外经营财务报表进行折算前，应当调整境外经营的会计期间和会计政策，使之与企业会计期间和会计政策相一致，根据调整后会计政策及会计期间编制相应货币（记账本位币以外的货币）的财务报表，再按照以下方法对境外经营财务报表进行折算：

（1）资产负债表中的资产和负债项目，采用资产负债表日的即期汇率折算，所有者权益项目除“未分配利润”项目外，其他项目采用发生时的即期汇率折算。

（2）利润表中的收入和费用项目，采用交易发生日的即期汇率折算，也可以采用按照系统、合理的方法确定的与交易发生日即期汇率近似的汇率折算。

（3）按照上述规则折算产生的外币报表折算差额，在编制合并报表时，应在合并资产负债表中所有者权益项目下作为“其他综合收益”项目列示。

例 10-14

东方工贸股份公司的记账本位币为人民币，其在境外有一子公司珐琅酒业有限公司，珐琅酒业有限公司确定的记账本位币为美元。根据合同约定，东方工贸股份公司拥有珐琅酒业有限公司70%的股权，并能够对珐琅酒业有限公司的财务和经营政策施加重大影响。东方工贸股份公司采用当期平均汇率折算珐琅酒业有限公司的利润表项目。珐琅酒业有限公司的有关资料如下：

20×7年12月31日的汇率为1美元=7.7元人民币，20×7年的平均汇率为1美元=7.6元人民币。股本、资本公积发生日的即期汇率为1美元=8元人民币，20×6年12月31日的股本为50 000万美元，折算为人民币400 000万元；累计盈余公积为5 000万美元，折算为人民币40 500万元，累计未分配利润为1 200万美元，折算为人民币9 720万元，东方工贸股份公司和珐琅酒业有限公司均在年底提取盈余公积。

报表折算如表10-3、表10-4和表10-5所示。

表 10-3 利润表

编制单位：珐琅酒业有限公司　　　　20×7年

项目	期末数（万美元）	折算汇率	折算为人民币金额（万元）
一、营业收入	49 000	7.6	372 400
减：营业成本	35 000	7.6	266 000
税金及附加	1 300	7.6	9 880
管理费用	8 000	7.6	60 800
财务费用	550	7.6	4 180
加：投资收益	4 000	7.6	30 400
二、营业利润	8 150		61 940
加：营业外收入	50	7.6	380
减：营业外支出	40	7.6	304
三、利润总额	8 160		62 016
减：所得税费用	1 500	7.6	11 400
四、净利润	6 660		50 616
五、每股收益			

表 10-4 所有者权益变动表

编制单位：珐琅酒业有限公司　　　　20×7年

项目	股本			其他综合收益	盈余公积			未分配利润		所有者权益合计
	美元（万）	折算汇率	人民币（万）		美元（万）	折算汇率	人民币（万）	美元（万）	人民币（万）	人民币（万）
一、上年年末余额	50 000	8	400 000		5 000		40 500	1 200	9 720	450 220
二、本年年初余额	50 000	8	400 000		5 000		40 500	1 200	9 720	450 220
三、本年增减变动金额										

续表

项目	股本			其他综合收益	盈余公积			未分配利润		所有者权益合计
	美元（万）	折算汇率	人民币（万）		美元（万）	折算汇率	人民币（万）	美元（万）	人民币（万）	人民币（万）
（一）综合收益总额				−17 014				6 660	50 616	33 602
（二）所有者投入和减少资本										
（三）利润分配										
1. 提取盈余公积					700	7.6	5 320	−700	−5 320	
2. 对所有者（或股东）的分配								−2 000	−15 200	−15 200
（四）所有者权益内部结转										
四、本年年末余额	50 000	8	400 000	−17 014	5 700		45 820	5 160	39 816	468 622

说明：当期计提的盈余公积采用当期平均汇率折算，期初盈余公积为以前年度计提的盈余公积按相应年度平均汇率折算后金额的累计，期初未分配利润记账本位币金额为以前年度未分配利润记账本位币金额的累计。

表 10-5 资产负债表

编制单位：珐琅酒业有限公司　　　　20×7 年 12 月 31 日

资产	期末数（万美元）	折算汇率	折算为人民币金额（万元）	负债和所有者权益	期末数（万美元）	折算汇率	折算为人民币金额（万元）
流动资产：				流动负债：			
货币资金	900	7.7	6 930	短期借款	10 000	7.7	77 000
应收账款	3 500	7.7	26 950	应付账款	30 000	7.7	231 000
存货	55 000	7.7	423 500	其他流动负债	18 590	7.7	143 143
其他流动资产	4 500	7.7	34 650	流动负债合计	58 590		451 143
流动资产合计	63 900		492 030	非流动负债：			
非流动资产：				长期借款	50 000	7.7	385 000
长期应收款	1 000	7.7	7 700	应付债券			
固定资产	95 000	7.7	731 500	其他非流动负债			
在建工程	5 500	7.7	42 350	非流动负债合计	50 000		385 000
无形资产	3 500	7.7	26 950	负债合计	108 590		836 143
其他非流动资产	550	7.7	4 235	所有者权益：			
非流动资产合计	105 550		812 735	实收资本（或股本）	50 000	8	400 000
				盈余公积	5 700		45 820
				未分配利润	5 160		39 816
				其他综合收益			−17 014
				所有者权益合计	60 860		468 622
资产总计	169 450		1 304 765	负债和所有者权益总计	169 450		1 304 765

说明：外币报表折算差额为以记账本位币反映的净资产减去以记账本位币反映的股本、累计盈余公积及累计未分配利润后的余额。

10.6.2 境外经营的处置

企业在处置境外经营时，应当将资产负债表中所有者权益项目下列示的、与该境外经营相关的外币财务报表折算差额，自所有者权益项目转入处置当期损益；部分处置境外经营的，应当按处置的比例计算处置部分的外币财务报表折算差额，转入处置当期损益。

10.6.3 恶性通货膨胀情形下的财务报表折算

恶性通货膨胀情形通常按照以下特征进行判断：最近3年累计通货膨胀率接近或超过100%；利率、工资和物价与物价指数挂钩；公众不是以当地货币，而是以相对稳定的外币为单位作为衡量货币金额的基础；公众倾向于以非货币性资产或相对稳定的外币来保存自己的财富，持有的当地货币立即用于投资以保持购买力；即使信用期限很短，赊销、赊购交易仍按补偿信用期预计购买力损失的价格成交。

企业对处于恶性通货膨胀经济中的境外经营的财务报表，应当按照下列规定进行折算：对资产负债表项目运用一般物价指数予以重述，对利润表项目运用一般物价指数变动予以重述，再按照最近资产负债表日的即期汇率进行折算。

在境外经营不再处于恶性通货膨胀经济中时，应当停止重述，对按照停止之日的价格水平重述的财务报表进行折算。

企业应当在附注中披露与外币折算有关的下列信息：(1) 企业及其境外经营选定的记账本位币及选定的原因，记账本位币发生变更的，说明变更理由；(2) 采用近似汇率的，近似汇率的确定方法；(3) 计入当期损益的汇兑差额；(4) 处置境外经营对外币财务报表折算差额的影响。

拓展阅读

常勋. 外币业务会计的面面观. 会计研究，1991 (3)：20-22.

思考题

1. 为什么会计准则要求企业在资产负债表日把外币货币性项目的账面价值按照最新汇率进行调整？其目的何在？你认为该规则有哪些值得商榷之处？

2. 外币报表折算的时态法和现行汇率法各有何优缺点？你对我国的《企业会计准则第19号——外币折算》有何评价？

练习题

一、单项选择题

1. 企业将收到的投资者以外币投入的资本折算为记账本位币时，应采用的折算汇率是（　　）。

A. 投资合同约定的汇率　　B. 投资合同签订时的即期汇率

C. 收到投资款时的即期汇率　　D. 收到投资款当月的平均汇率

2. 下列各项外币资产发生的汇兑差额，不应计入当期损益的是（　　）。

A. 应收账款　　B. 交易性金融资产

C. 债权投资　　D. 可供出售权益工具投资

3. 甲公司持有在境外注册的乙公司100%股权，能够对乙公司的财务和经营政策实施控制。甲公司以人民币为记账本位币，乙公司以港元为记账本位币，发生外币交易时甲公司和乙公司均采用交易日的即期汇率进行折算。

(1) 20×9年10月20日，甲公司以每股2美元的价格购入丙公司B股股票20万股，支付价款40万美元，另支付交易费用0.5万美元。甲公司将购入的上述股票作为交易性金融资产核算，当日即期汇率为1美元＝6.84元人民币。20×9年12月31日，丙公司B股股票的市价为每股2.5美元。

(2) 20×9年12月31日，除上述交易性金融资产外，甲公司其他有关资产、负债项目的期末余额如下表所示。

项目	外币金额（万美元）	按照20×9年12月31日年末汇率调整前的人民币账面余额（万元）
银行存款	600	4 102
应收账款	300	2 051
预付款项	100	683
长期应收款	1 500	1 323
债权投资	50	342
短期借款	450	3 075
应付账款	256	1 753
预收款项	82	560

上述长期应收款实质上构成了甲公司对乙公司境外经营的净投资，除长期应收款外，其他资产、负债均与关联方无关。20×9年12月31日，即期汇率为1美元＝6.82元人民币，1港元＝0.88元人民币。

要求：

根据上述资料，不考虑其他因素，回答下列第（1）小题至第（3）小题。

(1) 下列各项中，不属于外币货币性项目的是（　　）。

A. 应付账款　　B. 预收款项

C. 长期应收款　　D. 债权投资

(2) 甲公司在20×9年度个别财务报表中因外币货币性项目期末汇率调整应当确认的汇兑损失是（　　）万元。

A. 5.92　　B. 6.16

C. 6.72　　D. 6.96

(3) 上述交易或事项对甲公司20×9年度合并营业利润的影响是（　　）万元。

A. 57.82　　B. 58.06

C. 61.06　　D. 63.98

4. 甲公司为境内注册的公司，其控股80%的乙公司注册地为英国伦敦。甲公司生产产品的30%销售给乙公司，由乙公司在英国销售；同时，甲公司生产所需原材料的30%自乙公司采购。甲公司以人民币作为记账本位币，出口产品和进口原材料均以英镑结算。乙公司除了销售甲公司的产品以及向甲公司出售原材料外，在英国建有独立的生产基地，其生产的产品全部在英国销售，生产所需原材料全部在英国采购。

20×7年12月31日，甲公司应收乙公司账款为1 500万英镑；应付乙公司账款为1 000万英镑；实质上构成对乙公司净投资的长期应收款为2 000万英镑。当日，英镑与人民币的汇率为1∶10。

20×8年，甲公司向乙公司出口销售形成应收乙公司账款5 000万英镑，按即期汇率折算的人民币金额为49 400万元；自乙公司进口原材料形成应付乙公司账款3 400万英镑，按即期汇率折算的人民币金额为33 728万元。20×8年12月31日，甲公司应收乙公司账款6 500万英镑，应付乙公司账款4 400万英镑，长期应收乙公司款项2 000万英镑，英镑与人民币的汇率为1∶9.94。

20×9年3月31日，根据甲公司的战略安排，乙公司销售产品，采购原材料开始以欧元结算。20×9年4月1日，乙公司变更记账本位币，当日英镑与欧元的汇率为1∶0.98。

要求：

根据上述资料，不考虑其他因素，回答下列第（1）小题至第（4）小题。

(1) 乙公司在选择记账本位币时，下列各项中应当考虑的主要因素是（　　）。

A. 纳税使用的货币

B. 母公司的记账本位币

C. 注册地使用的法定货币

D. 主要影响商品销售价格以及生产商品所需人工、材料和其他费用的货币

(2) 下列各项关于甲公司20×8年度因期末汇率变动产生汇兑损益的表述中，正确的是（　　）。

A. 应付乙公司账款产生汇兑损失8万元

B. 计入当期损益的汇兑损失共计98万元

C. 应收乙公司账款产生汇兑损失210万元

D. 长期应收乙公司款项产生汇兑收益120万元

(3) 下列各项关于甲公司编制20×8年度合并财务报表时会计处理的表述中，正确的是（　　）。

A. 长期应收乙公司款项所产生的汇兑差额在合并资产负债表未分配利润项目列示
B. 甲公司应收乙公司账款与应付乙公司账款以抵销后的净额在合并资产负债表中列示
C. 采用资产负债表日即期汇率将乙公司财务报表折算为以甲公司记账本位币表示的财务报表
D. 乙公司外币报表折算差额中归属于少数股东的部分在合并资产负债表少数股东权益项目列示

(4) 下列各项关于乙公司变更记账本位币会计处理的表述中，正确的是（　）。
A. 记账本位币变更日所有者权益项目按照历史汇率折算为变更后的记账本位币
B. 记账本位币变更日资产负债项目按照当日的即期汇率折算为变更后的记账本位币
C. 记账本位币变更当年年初至变更日的利润表项目按照交易发生日的即期汇率折算为变更后的记账本位币
D. 记账本位币变更当年年初至变更日的现金流量表项目按照与交易发生日即期汇率近似的汇率折算为变更后的记账本位币

5. 下列关于外币财务报表折算的表述中，不正确的是（　）。
A. 资产和负债项目应当采用资产负债表日的即期汇率进行折算
B. 所有者权益项目，除“未分配利润”项目外，其他项目均应采用发生时的即期汇率进行折算
C. 利润表中的收入和费用项目，应当采用交易发生日的即期汇率折算，也可以采用与交易发生日即期汇率近似的汇率进行折算
D. 在部分处置境外经营时，应将资产负债表中所有者权益项目下列示的、与境外经营相关的全部外币财务报表折算差额转入当期损益

6. 企业发生的下列外币业务中，即使汇率变动不大，也不得使用即期汇率的近似汇率进行折算的是（　）。
A. 取得的外币借款
B. 投资者以外币投入的资本
C. 以外币购入的固定资产
D. 销售商品取得的外币营业收入

二、多项选择题

1. 外币财务报表进行折算时，应当采用期末资产负债表日即期汇率进行折算的有（　）。
A. 盈余公积　　B. 交易性金融资产
C. 未分配利润　　D. 长期股权投资

2. 下列关于工商企业外币交易会计处理的表述中，正确的有（　）。
A. 结算外币应收账款的汇兑差额应计入财务费用
B. 结算外币应付账款形成的汇兑差额应计入财务费用
C. 出售外币交易性金融资产形成的汇兑差额应计入投资收益

D. 出售外币其他债权投资形成的汇兑差额应计入资本公积

三、判断题

1. 企业编制的合并财务报表涉及境外经营时，实质上构成对境外经营净投资的外币货币性项目产生的汇兑差额应先相互抵销，抵销后仍有余额的，再将该余额转入外币报表折算差额。（　）

2. 企业当期产生的外币报表折算差额，应在利润表“财务费用”项目中列示。（　）

四、计算分析题

甲公司系增值税一般纳税人，开设有外汇账户，会计核算以人民币作为记账本位币，外币交易采用交易发生日的即期汇率折算。该公司20×1年12月发生的外币业务及相关资料如下：

(1) 5日，从国外乙公司进口原料一批，货款为200 000欧元，当日即期汇率为1欧元＝8.5元人民币，按规定应交进口关税170 000元人民币，应交进口增值税243 100元人民币。货款尚未支付，进口关税及增值税当日以银行存款支付，并取得海关完税凭证。

(2) 14日，向国外丙公司出口销售一批商品（不考虑增值税），货款为40 000美元，当日即期汇率为1美元＝6.34元人民币，商品已经发出，货款尚未收到，但满足收入确认条件。

(3) 16日，以人民币从银行购入200 000欧元并存入银行，当日欧元的卖出价为1欧元＝8.3元人民币，中间价为1欧元＝8.26元人民币。

(4) 20日，因增资扩股收到境外投资者投入的1 000 000欧元，当日即期汇率为1欧元＝8.24元人民币。

(5) 25日，向乙公司支付部分前欠进口原材料款180 000欧元，当日即期汇率为1欧元＝8.51元人民币。

(6) 28日，收到丙公司汇来的货款40 000美元，当日即期汇率为1美元＝6.31元人民币。

(7) 31日，根据当日即期汇率对有关外币货币性项目进行调整并确认汇兑差额，当日有关外币的即期汇率为1欧元＝8.16元人民币，1美元＝6.3元人民币。有关项目的余额如下表所示。

项目	外币金额	调整前的人民币金额
银行存款（美元）	40 000美元（借方）	252 400元（借方）
银行存款（欧元）	1 020 000欧元（借方）	8 360 200元（借方）
应收账款（欧元）	20 000欧元（贷方）	170 000元（贷方）
应收账款（美元）		

要求：

(1) 根据资料(1)至资料(6)，编制甲公司与外币业务相关的会计分录。

(2) 根据资料(7)，计算甲公司20×1年12月31日确认的汇兑差额，并编制相应的会计分录。

第 11 章

Chapter 11 非货币性资产交换

课程思政要点

思考何谓“商业实质”，商业实质的判断是否有法律证据支持。

学习目标

1. 掌握：非货币性资产交换的会计处理规则。
2. 理解：商业实质的界定标准；非货币性资产交换的两种计量基础。
3. 了解：非货币性资产交换的附注披露。

本章阐释《企业会计准则第 7 号——非货币性资产交换》（2019 年修订）的设计理念及其操作规则。该准则是借鉴第 16 号、第 38 号和第 40 号等国际会计准则制定而成的。

《企业会计准则第 7 号——非货币性资产交换》（2019 年修订）适用于所有非货币性资产交换，但下列各项除外：

（1）企业以存货换取客户的非货币性资产的，适用《企业会计准则第 14 号——收入》。

（2）非货币性资产交换中涉及企业合并的，适用《企业会计准则第 20 号——企业合并》《企业会计准则第 2 号——长期股权投资》《企业会计准则第 33 号——合并财务报表》。

（3）非货币性资产交换中涉及由《企业会计准则第 22 号——金融工具确认和计量》规范的金融资产的，金融资产的确认、终止确认和计量适用《企业会计准则第 22 号——金融工具确认和计量》和《企业会计准则第 23 号——金融资产转移》。

（4）非货币性资产交换中涉及由《企业会计准则第 21 号——租赁》规范的使用权资产或应收融资租赁款等的，相关资产的确认、终止确认和计量适用《企业会计准则第21号——租赁》。

（5）非货币性资产交换的一方直接或间接对另一方持股且以股东身份进行交易的，或者非货币性资产交换的双方均受同一方或相同多方最终控制，且该非货币性资产交换的交易实质是交换的一方向另一方进行了权益性分配或交换的一方接受了另一方权益性投入的，适用权益性交易的有关会计处理规定。

11.1 准则的设计理念

11.1.1 定义

准则所称“非货币性资产交换”，是指企业主要以固定资产、无形资产、投资性房地产和长期股权投资等非货币性资产进行的交换。该交换不涉及或只涉及少量的货币性资产（即补价）。例如，A公司需要B公司的设备，B公司需要A公司的产品，双方在货币性资金短缺的情况下，可能会出现非货币性资产交换的交易行为。上述定义中的“货币性资产”，是指企业持有的货币资金和收取固定或可确定金额的货币资金的权利。“非货币性资产”，是指货币性资产以外的资产，基本特征是，其在将来为企业带来的经济利益即货币金额是不固定的或不可确定的。

《企业会计准则——应用指南》进一步按照补价占整个资产交换金额（换入和换出的资产的公允价值中的较大者）的比例进行了界定。

$$\text{补价占整个资产交换金额的比例}=\frac{\text{支付的补价}}{\text{换入资产的公允价值}}=\frac{\text{支付的补价}}{\text{换出资产的公允价值}+\text{支付的补价}}$$

$$=\frac{\text{收到的补价}}{\text{换出资产的公允价值}}=\frac{\text{收到的补价}}{\text{换入资产的公允价值}+\text{收到的补价}}$$

上述比例小于25%的交易被视为非货币性资产交换，比例达到或超过25%的交易被视为以货币性资产取得非货币性资产。

11.1.2 换入资产的确认与换出资产的终止确认

1. 确认与终止确认的原则

企业应当分别按照下列原则对非货币性资产交换中的换入资产进行确认，对换出资产进行终止确认：

（1）对于换入资产，企业应当在换入资产符合资产定义并满足资产确认条件时予以确认。

（2）对于换出资产，企业应当在换出资产满足资产终止确认条件时终止确认。

2. 确认与终止确认的时点

换入资产的确认时点与换出资产的终止确认时点存在不一致的，企业在资产负债表日应当按照下列原则进行处理：

（1）换入资产满足资产确认条件，换出资产尚未满足终止确认条件的，在确认换入资产的同时将交付换出资产的义务确认为一项负债。

（2）换入资产尚未满足资产确认条件，换出资产满足终止确认条件的，在终止确认换出资产的同时将取得换入资产的权利确认为一项资产。

11.1.3　计量基础

准则为非货币性资产交换规定了两种计量基础。

1. 以公允价值为计量基础

非货币性资产交换同时满足下列条件的，应当以公允价值为基础计量。

（1）该项交换具有商业实质（commercial substance）。满足下列条件之一的非货币性资产交换具有商业实质：

1）换入资产的未来现金流量在风险、时间分布或金额方面与换出资产显著不同。

2）使用换入资产所产生的预计未来现金流量现值与继续使用换出资产不同，且其差额与换入资产和换出资产的公允价值相比是重大的。

专栏 11－1　**商业实质的判断指南**

一、判断条件

1. 换入资产的未来现金流量在风险、时间分布或金额方面与换出资产显著不同。

（1）风险、金额相同，时间分布不同。如，以一批存货换入一项设备（固定资产）。存货流动性强，能够在较短的时间内产生现金流量；而设备作为固定资产要在较长的时间内为企业带来现金流量。

（2）时间分布、金额相同，风险不同。如，以不准备持有至到期的国库券换入一幢房屋以备出租。国库券利息通常风险很小，而租金的取得需要依赖承租人的财务及信用情况。

（3）风险、时间分布相同，金额不同。如，以商标换入另一家企业的一项专利技术。换入的专利技术是新开发的，预计开始阶段产生的未来现金流量明显少于后期，而该企业拥有的商标每年产生的现金流量比较均衡，两者产生的现金流量金额差异明显。

2. 使用换入资产所产生的预计未来现金流量现值与继续使用换出资产所产生的预计未来现金流量现值不同，且其差额与换入资产和换出资产的公允价值相比是重大的。

企业如果按照上述第一项判断条件难以判断非货币性资产交换是否具有商业实质，可以按照第二项判断条件，分别计算使用换入资产进行相关经营的预计未来现金流量现值和继续使用换出资产进行相关经营的预计未来现金流量现值，通过二者比较进行判断。企业在计算预计未来现金流量现值时，应当按照资产在企业自身持续使用过程和最终处置时预计产生的税后未来现金流量（使用企业自身的所得税税率），根据企业自身而不是市场参与者对资产特定风险的评价，选择恰当的折现率对预计未来现金流量折现后的金额加以确定，以体现资产对企业自身的特定价值。

企业应当遵循实质重于形式的要求判断非货币性资产交换是否具有商业实质。根据换入资产的性质和换入企业经营活动的特征等，换入资产与换入企业其他现有资产相结合能够产生更大的效用，从而导致换入企业受该换入资产影响产生的现金流量与换出资产明显不同，表明该项资产交换具有商业实质。

二、判断商业实质时对资产类别的考虑

企业在判断非货币性资产交换是否具有商业实质时，通常还可以考虑资产是否属于同一类别。同类别的资产是指在资产负债表中列示为同一报表项目的资产；不同类别的资产是指在资产负债表中列示为不同报表项目的资产，例如存货、固定资产、无形资产、投资性房地产、长期股权投资等都是不同类别的非货币性资产。

一般来说，不同类别的非货币性资产产生经济利益的方式不同，其产生的未来现金流量在风险、时间分布或金额方面也很可能不同。不同类别的非货币性资产之间的交换（如存货和固定资产之间的交换、固定资产和长期股权投资之间的交换等）是否具有商业实质，通常较易判断；而同类别的非货币性资产之间的交换（如存货之间、固定资产之间、长期股权投资之间的交换等）是否具有商业实质，则通常较难判断，需要根据上述两项判断条件综合判断。

此外，需要说明的是，从事相同经营业务的企业之间相互交换具有类似性质和相等价值的商品，以便在不同地区销售，这种同类别的非货币性资产之间的交换不具有商业实质。实务中，这种交换通常发生在某些特定商品上，常见的例子如石油或牛奶等。

资料来源：《企业会计准则第7号——非货币性资产交换》应用指南2019.

（2）换入资产或换出资产的公允价值能够可靠计量。换入资产和换出资产的公允价值均能够可靠计量的，应当以换出资产的公允价值为基础计量，但有确凿证据表明换入资产的公允价值更加可靠的除外。

2. 以账面价值为计量基础

未同时满足以公允价值计量的上述两项适用条件的非货币性资产交换，应当以账面价值为基础计量。

11.2 以公允价值为计量基础的情形

11.2.1 不涉及补价的情形

以公允价值为基础计量的非货币性资产交换，对于换入资产，应当以换出资产的公允价值和应支付的相关税费作为换入资产的成本进行初始计量；对于换出资产，应当在终止确认时，将换出资产的公允价值与其账面价值之间的差额计入当期损益。

有确凿证据表明换入资产的公允价值更加可靠的，对于换入资产，应当以换入资产的公允价值和应支付的相关税费作为换入资产的初始计量金额；对于换出资产，应当在终止确认时，将换入资产的公允价值与换出资产账面价值之间的差额计入当期损益。

专栏 11－2 换出资产的公允价值与账面价值的差额的处理

（1）换出资产为固定资产、在建工程、生产性生物资产和无形资产的，计入当期损益的部分通过“资产处置损益”科目核算，在利润表“资产处置收益”项目中列示；

（2）换出资产为投资性房地产的，按换出资产公允价值或换入资产公允价值确认其他业务收入，按换出资产账面价值结转其他业务成本，二者之间的差额计入当期损益，二者分别在利润表“营业收入”和“营业成本”中列示；

（3）换出资产为长期股权投资的，计入当期损益的部分通过“投资收益”科目核算，在利润表“投资收益”项目中列示。

在以公允价值计量的情况下，不论是否涉及补价，只要换出资产的公允价值与其账面价值不相同，就一定会涉及损益的确认。因为非货币性资产实际上是换出资产的公允价值与账面价值之差得以实现的一种交易方式，是出售资产与购入资产的混合交易形式。

资料来源：《业会计准则第 7 号——非货币性资产交换》应用指南 2019.

例 11－1

20×8 年 2 月，东北重工股份公司以一台机器设备交换平津科技有限公司生产的一批服务器作为固定资产管理。东北重工股份公司换出的机器设备的账面原价为 170 万元，累计折旧为 50 万元，未计提资产减值准备，公允价值为 100 万元。平津科技有限公司换出的服务器的账面价值为 105 万元，未计提存货跌价准备，公允价值为 100 万元，计税价格等于公允价值。服务器所适用的增值税税率为 13%。东北重工股份公司支付运杂费 10 000 元。没有发生其他税费。

分析：本例是以存货换固定资产，不涉及收付货币性资产，因此，该交易属于非货币性资产交换。换入和换出的资产的未来现金流量在风险、时间分布或金额方面与换出资产显著不同，具有商业实质，且换出资产的公允价值能够可靠计量。

（1）东北重工股份公司的账务处理。

1）借：固定资产清理	1 330 000	
累计折旧	500 000	
贷：固定资产——设备		1 700 000
应交税费——应交增值税（销项税额）		130 000
2）借：固定资产清理	10 000	
贷：银行存款		10 000
3）借：固定资产——电脑	1 000 000	
应交税费——应交增值税（进项税额）	130 000	
资产处置损益——非货币性资产交换损失	210 000	
贷：固定资产清理		1 340 000

(2) 平津科技有限公司的账务处理。

1) 借：固定资产——设备	1 000 000	
应交税费——应交增值税（进项税额）	130 000	
贷：主营业务收入		1 000 000
应交税费——应交增值税（销项税额）		130 000
2) 借：主营业务成本	1 050 000	
贷：库存商品		1 050 000

11.2.2 涉及补价的情形

以公允价值为基础计量的非货币性资产交换，涉及补价的，应当按照下列规定进行处理：

(1) 支付补价的，以换出资产的公允价值，加上支付补价的公允价值和应支付的相关税费，作为换入资产的成本，换出资产的公允价值与其账面价值之间的差额计入当期损益。有确凿证据表明换入资产的公允价值更加可靠的，以换入资产的公允价值和应支付的相关税费作为换入资产的初始计量金额，换入资产的公允价值减去支付补价的公允价值，与换出资产账面价值之间的差额计入当期损益。

(2) 收到补价的，以换出资产的公允价值，减去收到补价的公允价值，加上应支付的相关税费，作为换入资产的成本，换出资产的公允价值与其账面价值之间的差额计入当期损益。有确凿证据表明换入资产的公允价值更加可靠的，以换入资产的公允价值和应支付的相关税费作为换入资产的初始计量金额，换入资产的公允价值加上收到补价的公允价值，与换出资产账面价值之间的差额计入当期损益。

例 11-2

百合婚庆有限公司以一辆小汽车（账面原价30万元，累计折旧11万元，即账面价值19万元；公允价值16万元）外加一张4万元的转账支票，换得金波快递有限公司一辆小型中巴车（账面原价40万元，累计折旧15万元，即账面价值25万元；公允价值20万元）。经分析，交换具有商业实质。不考虑相关税费。

(1) 百合婚庆有限公司的账务处理。

1) 借：固定资产清理	190 000	
累计折旧	110 000	
贷：固定资产——小汽车		300 000
2) 借：固定资产——小型中巴（160 000+40 000）	200 000	
资产处置损益	30 000	
贷：固定资产清理		190 000
银行存款		40 000

(2) 金波快递有限公司的账务处理。

1）借：固定资产清理	250 000	
累计折旧	150 000	
贷：固定资产——小型中巴		400 000
2）借：固定资产——小汽车（200 000－40 000）	160 000	
银行存款	40 000	
资产处置损益	50 000	
贷：固定资产清理		250 000

11.2.3　同时换入或换出多项资产的情形

以公允价值为基础计量的非货币性资产交换，同时换入或换出多项资产的，应当按照下列规定进行处理：

（1）对于同时换入的多项资产，按照换入的金融资产以外的各项换入资产公允价值相对比例，将换出资产公允价值总额（涉及补价的，加上支付补价的公允价值或减去收到补价的公允价值）扣除换入金融资产公允价值后的净额进行分摊，以分摊至各项换入资产的金额，加上应支付的相关税费，作为各项换入资产的成本进行初始计量。有确凿证据表明换入资产的公允价值更加可靠的，以各项换入资产的公允价值和应支付的相关税费作为各项换入资产的初始计量金额。

（2）对于同时换出的多项资产，将各项换出资产的公允价值与其账面价值之间的差额，在各项换出资产终止确认时计入当期损益。有确凿证据表明换入资产的公允价值更加可靠的，按照各项换出资产的公允价值的相对比例，将换入资产的公允价值总额（涉及补价的，减去支付补价的公允价值或加上收到补价的公允价值）分摊至各项换出资产，分摊至各项换出资产的金额与各项换出资产账面价值之间的差额，在各项换出资产终止确认时计入当期损益。

以上知识点总结如表 11－1 所示。

表 11－1　换入资产的入账价值的确定

商业实质	换出资产公允价值	换入资产公允价值	换入的各项资产的入账价值
√	有	有	$\text{换出资产的公允价值总额}\times\frac{\text{换入的各项资产的公允价值}}{\text{换入的资产的公允价值总额}}$
√	没有	有	$\text{换入资产的公允价值总额}\times\frac{\text{换入的各项资产的公允价值}}{\text{换入的资产的公允价值总额}}$
√	有	没有	$\text{换出资产的公允价值总额}\times\frac{\text{换入的各项资产的账面价值}}{\text{换入的资产的账面价值总额}}$

例 11－3

中原粮油股份公司与九州实业股份公司均属于一般纳税人，进行非货币性资产交换的资料如表 11－2 所示。假定两公司均未对换出资产计提资产减值准备，交换过程中仅考虑增值税，其中厂房、办公楼属于不动产，适用9%的税率，库存商品、设备、小汽车、客运汽车属于有形动产，适用13%的税率。

两公司换入资产作为固定资产或库存商品。库存商品的公允价值即为计税价格。中原粮油股份公司开具了增值税专用发票。九州实业股份公司另行支付补价1 000 000元。增值税进项税额和销项税额之间的差价另行以银行存款支付。

表11-2　非货币性资产交换的资料

公司	换出项目	原价（元）	累计折旧（元）	账面价值（元）	公允价值（元）	公允价值比例（%）
中原粮油股份公司	厂房	15 000 000	3 000 000	12 000 000	10 000 000	69.0
	设备	6 000 000	4 800 000	1 200 000	1 000 000	6.9
	库存商品	—	—	3 000 000	3 500 000	24.1
	合计			16 200 000	14 500 000	100.0
九州实业股份公司	办公楼	20 000 000	10 000 000	10 000 000	11 000 000	81.5
	小汽车	3 000 000	1 900 000	1 100 000	1 000 000	7.4
	客运汽车	3 000 000	1 800 000	1 200 000	1 500 000	11.1
	合计			12 300 000	13 500 000	100.0

（1）中原粮油股份公司的账务处理。

换入资产总成本＝换出资产的公允价值－收到的补价＋相关税费
＝14 500 000－1 000 000＋0
＝13 500 000（元）

1）借：固定资产清理　14 230 000
　　累计折旧　7 800 000
　贷：固定资产——厂房　15 000 000
　　　　——设备　6 000 000
　　应交税费——应交增值税（销项税额）（10 000 000×9%＋1 000 000×13%）　1 030 000

2）借：固定资产——办公楼（13 500 000×81.5%）　11 002 500
　　　——小汽车（13 500 000×7.4%）　999 000
　　　——客运汽车（13 500 000×11.1%）　1 498 500
　　资产处置损益（13 200 000－11 000 000）　2 200 000
　　应交税费——应交增值税（进项税额）（11 000 000×9%＋2 500 000×13%）　1 315 000
　　银行存款（1 000 000＋1 030 000－1 315 000＋455 000）　1 170 000
　贷：固定资产清理　14 230 000
　　主营业务收入　3 500 000
　　应交税费——应交增值税（销项税额）（3 500 000×13%）　455 000

3）借：主营业务成本　3 000 000
　贷：库存商品　3 000 000

（2）九州实业股份公司的账务处理。

换入资产总成本＝换出资产的公允价值＋支付的补价＋相关税费
＝13 500 000＋1 000 000＋0
＝14 500 000（元）

1）借：固定资产清理　13 615 000
　　累计折旧　13 700 000
　贷：固定资产——办公楼　20 000 000
　　　　——小汽车　3 000 000
　　　　——客运汽车　3 000 000
　　应交税费——应交增值税（销项税额）（11 000 000×9%＋2 500 000×13%）　1 315 000

2）借：固定资产——厂房（14 500 000×69.0%）　10 000 500
　　　　——设备（14 500 000×6.9%）　1 000 500
　　库存商品（14 500 000×24.1%）　3 494 500
　　应交税费——应交增值税（进项税额）（4 500 000×13%＋10 000 000×9%）　1 485 000
　贷：固定资产清理　13 615 000
　　银行存款　1 170 000
　　资产处置损益　1 200 000

11.3　同时换入或换出多项资产的情形

11.3.1　不涉及补价的情形

以账面价值为基础计量的非货币性资产交换，对于换入资产，企业应当以换出资产的账面价值和应支付的相关税费作为换入资产的初始计量金额；对于换出资产，终止确认时不确认损益。

11.3.2　涉及补价的情形

以账面价值为基础计量的非货币性资产交换，涉及补价的，应当按照下列规定进行处理：

（1）支付补价的，以换出资产的账面价值，加上支付补价的账面价值和应支付的相关税费，作为换入资产的初始计量金额，不确认损益。

（2）收到补价的，以换出资产的账面价值，减去收到补价的公允价值，加上应支付的相关税费，作为换入资产的初始计量金额，不确认损益。

例 11-4

本例与例11-2作对比。百合婚庆有限公司以一辆小汽车（账面原价30万元，累计折旧11万元，即账面价值19万元）加4万元转账支票换得金波快递有限公司一辆小型中巴车（账面原价40万元，累计折旧15万元，即账面价值25万元）。假定两辆车的公允价值均不能可靠计量。不考虑相关税费。

（1）百合婚庆有限公司的账务处理。

1）借：固定资产清理	190 000	
累计折旧	110 000	
贷：固定资产——小汽车		300 000
2）借：固定资产——小型中巴	230 000	
贷：固定资产清理		190 000
银行存款		40 000

（2）金波快递有限公司的账务处理。

1）借：固定资产清理	250 000	
累计折旧	150 000	
贷：固定资产——小型中巴		400 000
2）借：固定资产——小汽车	210 000	
银行存款	40 000	
贷：固定资产清理		250 000

11.3.3 同时换入或换出多项资产的情形

以账面价值为基础计量的非货币性资产交换，同时换入或换出多项资产的，应当按照下列规定进行处理：

（1）对于同时换入的多项资产，按照各项换入资产的公允价值的相对比例，将换出资产的账面价值总额（涉及补价的，加上支付补价的账面价值或减去收到补价的公允价值）分摊至各项换入资产，加上应支付的相关税费，作为各项换入资产的初始计量金额。换入资产的公允价值不能够可靠计量的，可以按照各项换入资产的原账面价值的相对比例或其他合理的比例对换出资产的账面价值进行分摊。

（2）对于同时换出的多项资产，各项换出资产终止确认时均不确认损益。

上述知识点可概括为表11-3。

表 11-3 换入资产的入账价值的确定

商业实质	换出资产公允价值	换入资产公允价值	换入的各项资产的入账价值
√	没有	没有	$\text{换出资产的账面价值总额}\times\frac{\text{换入的各项资产的账面价值}}{\text{换入的资产的账面价值总额}}$
×	没有	没有	$\text{换出资产的账面价值总额}\times\frac{\text{换入的各项资产的账面价值}}{\text{换入的资产的账面价值总额}}$
×	有	没有	$\text{换出资产的账面价值总额}\times\frac{\text{换入的各项资产的账面价值}}{\text{换入的资产的账面价值总额}}$
×	没有	有	$\text{换出资产的账面价值总额}\times\frac{\text{换入的各项资产的公允价值}}{\text{换入的资产的公允价值总额}}$
×	有	有	$\text{换出资产的账面价值总额}\times\frac{\text{换入的各项资产的公允价值}}{\text{换入的资产的公允价值总额}}$

例 11-5

东方玉器股份公司与南方矿业股份公司进行非货币性资产交换的资料如表 11-4 所示。假定所交换的资产的公允价值均不能可靠计量。不考虑相关税费。

表 11-4 非货币性资产交换的资料

公司	换出项目	原价（元）	累计折旧/摊销（元）	账面价值（元）	账面价值占比（%）
东方玉器股份公司	专用设备	12 000 000	7 500 000	4 500 000	71.4
	专利技术	4 500 000	2 700 000	1 800 000	28.6
	合计	16 500 000	10 200 000	6 300 000	100.0
南方矿业股份公司	在建工程	—	—	5 250 000	77.8
	长期股权投资	—	—	1 500 000	22.2
	合计	—	—	6 750 000	100.0

（1）东方玉器股份公司的账务处理。

换入资产总成本＝换出资产的账面价值总额

＝(12 000 000－7 500 000)＋(4 500 000－2 700 000)

＝6 300 000(元)

1）借：固定资产清理	4 500 000	
累计折旧	7 500 000	
贷：固定资产——专用设备		12 000 000
2）借：在建工程（6 300 000×77.8%）	4 901 400	
长期股权投资（6 300 000×22.2%）	1 398 600	
累计摊销	2 700 000	
贷：固定资产清理		4 500 000
无形资产——专利技术		4 500 000

（2）南方矿业股份公司的账务处理。

换入资产总成本＝换出资产的账面价值总额
＝5 250 000＋1 500 000
＝6 750 000（元）

借：固定资产——专有设备（6 750 000×71.4%）	4 819 500
无形资产——专利技术（6 750 000×28.6%）	1 930 500
贷：在建工程	5 250 000
长期股权投资	1 500 000

企业应当在附注中披露与非货币性资产交换有关的下列信息：

（1）非货币性资产交换是否具有商业实质及其原因；

（2）换入资产、换出资产的类别；

（3）换入资产初始计量金额的确定方式；

（4）换入资产、换出资产的公允价值以及换出资产的账面价值；

（5）非货币性资产交换确认的损益。

练习题

一、单项选择题

1. 甲公司以M设备换入乙公司的N设备，另向乙公司支付补价5万元，该项交易具有商业实质。交换日，M设备的账面原价为66万元，已计提折旧9万元，已计提减值准备8万元，公允价值无法合理确定；N设备的公允价值为72万元。假定不考虑其他因素，该项交换对甲公司当期损益的影响金额为（　　）万元。

A. 0　　B. 6　　C. 11　　D. 18

2. 下列各项中属于非货币性资产的是（　　）。

A. 外埠存款　　B. 持有的银行承兑汇票

C. 拟长期持有的股票投资　　D. 准备持有至到期的债券投资

3. 2018年3月2日，甲公司以账面价值为350万元的厂房和150万元的专利权，换入乙公司账面价值为300万元的在建房屋和100万元的长期股权投资，不涉及补价。上述资产的公允价值均无法获得。不考虑其他因素，甲公司换入在建房屋的入账价值为（　　）万元。

A. 280　　B. 300　　C. 350　　D. 375

4. 甲公司为增值税一般纳税人，于2018年12月5日以一批商品换入乙公司的一项非专利技术，该交换具有商业实质。甲公司换出商品的账面价值为80万元，不含增值税的公允价值为100万元，增值税额为13万元；另收到乙公司补价10万元，增值税额另行支付。甲公司换入非专利技术的原账面价值为60万元，公允价值无法可靠计量。假定不考虑其他因素，甲公司换入该非专利技术的入账价值为（　　）万元。

A. 50　　B. 70　　C. 90　　D. 103

5. 甲公司以一台生产设备和一项专利权与乙公司的一台机床进行非货币性资产交换。甲公司换出生产设备的账面原价为 1 000 万元，累计折旧为 250 万元，公允价值为 780 万元；换出专利权的账面原价为 120 万元，累计摊销为 24 万元，公允价值为 100 万元。乙公司换出机床的账面原价为 1 500 万元，累计折旧为 750 万元，固定资产减值准备为 32 万元，公允价值为 700 万元。甲公司另向乙公司收取银行存款 180 万元作为补价。假定该非货币性资产交换不具有商业实质，不考虑其他因素，甲公司换入乙公司机床的入账价值为（　　）万元。

A. 538　　B. 666　　C. 700　　D. 718

二、多项选择题

不具有商品实质、不涉及补价的非货币性资产交换中，影响换入资产入账价值总额的因素有（　　）。

A. 换出资产的账面余额　　B. 换出资产的公允价值

C. 换入资产的公允价值　　D. 换出资产已计提的减值准备

三、判断题

1. 具有商业实质的非货币性资产交换按照公允价值计量的，假定不考虑补价和相关税费等因素，应当将换入资产的公允价值和换出资产的账面价值之间的差额计入当期损益。（　　）

2. 在非货币性资产交换中，如果换入资产的未来现金流量在风险、金额、时间分布方面与换出资产显著不同，即使换入或换出资产的公允价值不能可靠计量，也应将该交易认定为具有商业实质。（　　）

四、计算分析题

甲公司为增值税一般纳税人，适用的增值税税率为 13%，转让土地使用权适用税率 9%，销售价格（市场价格）均不含增值税额，甲公司 20×8 年发生的部分交易或事项如下：

(1) 6 月 2 日，甲公司与乙公司签订产品销售合同，向乙公司销售一批 A 产品，合同约定：该批产品的销售价格为 600 万元，货款自货物运抵乙公司并经验收后 6 个月内支付。6 月 20 日，甲公司将 A 产品运抵乙公司并通过验收，该批产品的实际成本为 560 万元，已计提跌价准备 40 万元。

截至 12 月 31 日，甲公司应收乙公司货款尚未收回，经了解，乙公司因资金周转困难，无法支付甲公司到期的货款，根据乙公司年末的财务状况，甲公司预计上述应收乙公司货款的未来现金流量现值为 520 万元。

(2) 6 月 16 日，甲公司与丙公司签订产品销售合同，向丙公司销售 B 产品。合同约定：甲公司应于 11 月 30 日前提供 B 产品；该产品的销售价格为 1 000 万元，丙公司应于合同签订之日支付 600 万元，余款在 B 产品交付并验收合格时支付。当日，甲公司收到丙公司支付的 600 万元款项。

11 月 10 日，甲公司发出 B 产品并运抵丙公司，丙公司对该产品进行验收，发现某些配件缺失。当日，甲公司同意在销售价格上给予 1%的折让，并按照折让后的销售价格开具了增值税专用发票，丙公司支付了余款。

甲公司生产的B产品的实际成本为780万元。

(3) 9月20日，甲公司董事会通过决议，拟向每位员工发放本公司生产的D产品一件，甲公司董事会共有员工500人，其中车间生产工人380人，车间管理人员80人，公司管理人员40人。

9月26日，甲公司向每位员工发放D产品一件。D产品单位成本为3 200元，单位销售价格为4 600元。

(4) 10月20日，甲公司和丁公司达成协议，以本公司生产的一批C产品及120万元现金换入丁公司的一宗土地使用权。10月28日，甲公司将C产品运抵丁公司并向丁公司开具了增值税专用发票，同时支付补价120万元，扣除增值税进销项税差额18万元后实际转账支付102万元；丁公司将土地使用权的相关资料移交甲公司，并办理了土地使用权人变更手续。

甲公司换出C产品的成本为700万元，C产品截至20×8年9月30日已计提跌价准备60万元，市场价格为720万元；换入土地使用权的公允价值为840万元。

甲公司对取得的土地使用权采用直线法摊销，该土地使用权自甲公司取得之日起仍可使用10年，预计净残值为零。甲公司拟在取得的土地上建造厂房，截至12月31日，厂房尚未开工建造。

要求：

(1) 根据资料(1)至资料(3)所述的交易或事项，编制甲公司20×8年相关会计分录。

(2) 根据资料(4)所述的交易或事项，判断其交易性质并说明理由，并编制甲公司20×8年相关会计分录（单位：万元）。

第 12 章

Chapter 12 债务重组

学习目标

1. 理解：债务重组的定义和方式。
2. 掌握：以资产清偿债务、将债务转为权益工具的会计处理。
3. 了解：债务重组会计信息的披露要求。
4. 了解：修改债权和债务的其他条款的会计处理。

12.1 债务重组的定义与方式

12.1.1 债务重组的定义

随着我国市场经济的不断发展、资本市场的逐渐完善，以及企业生产经营所处法律环境的不断改善，债务重组逐渐成为企业在高风险、强竞争的市场环境下解决债权债务问题的一种有效方法。

债务重组，是指在不改变交易对手方的情况下，经债权人和债务人协定或法院裁定，就清偿债务的时间、金额或方式等重新达成协议的交易。《企业会计准则第 12 号——债务重组》(2019) 中的债务重组涉及的债权和债务是指《企业会计准则第 22 号——金融工具确认和计量》规范的金融工具。《企业会计准则第 12 号——债务重组》(2019) 规范的债务重组不强调在债务人发生财务困难的背景下进行，也不论债权人是否做出让步。也就是说，无论何种原因导致债务人未按原定条件偿还债务，也无论双方是否同意债务人以低于债务的金额偿还债务，只要债权人和债务人就债务条款重新达成了协议，就符合债务重组的定义，属于《企业会计准则第 12 号——债务重组》(2019) 规范的范围。

本章所讨论的是在持续经营条件下债务重组的会计确认、计量与披露问题。经法院裁定进行债务重整并按持续经营进行会计核算的，适用《企业会计准则第

12号——债务重组》（2019）。债务人在破产清算期间进行的债务重组不属于《企业会计准则第12号——债务重组》（2019）规范的范围，应当按照企业破产清算有关会计处理规定处理。

12.1.2 债务重组的方式

债务重组的方式主要包括：以资产清偿债务、将债务转为权益工具、修改债权和债务的其他条款以及上述三种方式的组合。

1. 以资产清偿债务

以资产清偿债务，是指债务人转让其资产给债权人以清偿债务的债务重组方式。债务人用于清偿债务的资产包括现金资产和非现金资产，主要有现金、存货、各种投资（包括交易性金融资产、债权投资、其他债权投资和长期股权投资等）、固定资产、无形资产等。

2. 将债务转为权益工具

将债务转为权益工具，是指债务人将债务转为权益工具，同时债权人将债权转为股权的债务重组方式。相应地，债务人因此增加股本（或实收资本），债权人因此增加长期股权投资。将债务转为权益工具用于清偿债务这种方式，法律上有一定的限制，必须按照《中华人民共和国公司法》的规定，在符合法律法规规定程序的前提下进行债务重组活动。债务人根据转换协议将可转换公司债券转为资本，属于正常情况下的转换，不能作为债务重组处理。

3. 修改债权和债务的其他条款

修改债权和债务的其他条款是指除上述两种方式以外的以修改债权和债务的其他条款进行的债务重组方式，如调整债务本金、改变债务利息、变更还款期限等。

4. 以上三种方式的组合

组合方式，是采用债务人以资产清偿债务、债务人将债务转为权益工具、修改其他条款三种方式中一种以上方式的组合清偿债务的债务重组方式。例如，债权人和债务人约定，由债务人以机器设备清偿部分债务，将另一部分债务转为权益工具，调减剩余债务的本金，但利率和还款期限不变；再如，债务人以现金清偿部分债务的同时将剩余债务展期等。

12.1.3 重组损益的确认、计量和报告

理论界关于债务重组损益的确认和计量大体有以下两种观点：一种观点认为，在某些情况下确认转让财产的公允价值将付出高昂的代价，容易受会计师主

观判断的影响，另外，在利润表上确认同一项重组债务的财产转让损益和债务重组损益的意义不大。因此，他们主张将重组债务的账面价值与受让非现金资产账面价值的差额全部确认为重组损益。另一种观点认为，以公允价值计量转让非现金资产的价值，对于评价和传递关于企业的有用信息是至关重要的。例如，在债务重组中转让的某些资产（如房地产），其公允价值往往高于账面价值；而另一些资产（如应收款项）的公允价值往往低于其账面价值，所以，只有采用公允价值，才能在债务重组业务中将企业持有某些资产的升值或贬值的有用信息充分地反映出来，间接向市场传递关于公司资产质量的有用信息。因此，主张将转让非现金资产的公允价值与其账面价值的差异确认为债务重组损益。我国《企业会计准则第 12 号——债务重组》（2019）采纳前一种观点，不再区分债务重组利得、损失和资产处置损益，合并作为债务重组相关损益。

按照原准则，债务人应当区分债务重组损益和资产处置损益，其中，重组债务的账面价值与转让的非现金资产公允价值之间的差额作为债务重组损益，转让的非现金资产公允价值与其账面价值之间的差额作为资产处置损益。按照该规定，债务人需要确定非现金资产的公允价值，实务中有些偿债资产的公允价值极难获得且需要花费较大成本，对债务重组损益和资产处置损益做出区分后均反映在相关损益中，报表使用者从该信息中获得的收益极为有限。因此，新准则不要求区分债务重组损益和资产处置损益，而是合并作为债务重组相关损益反映。

12.1.4 债权和债务的终止确认

以资产清偿债务或者将债务转为权益工具方式进行债务重组的，债权人应当在相关资产符合其定义和确认条件时予以确认。

债务重组中涉及的债权和债务的终止确认，应当遵循《企业会计准则第 22 号——金融工具确认和计量》和《企业会计准则第 23 号——金融资产转移》有关金融资产和金融负债终止确认的规定。债权人在收取债权现金流量的合同权利终止时终止确认债权，债务人在债务的现时义务解除时终止确认债务。

对于在报告期间已经开始协商但在报告期资产负债表日后实际发生的债务重组，不属于资产负债表日后调整事项。

对于终止确认的债权，债权人应当结转已计提的减值准备中对应该债权终止确认部分的金额。对于终止确认的分类为以公允价值计量且其变动计入其他综合收益的债权，之前计入其他综合收益的累计利得或损失应当从其他综合收益中转出，记入“投资收益”科目。

12.2 债务重组的会计处理

下面分别讨论不同债务重组方式下的会计处理问题。

12.2.1 以资产清偿债务

以资产清偿债务方式进行债务重组的，债权人放弃债权的公允价值与账面价值之间的差额应当计入当期损益（投资收益），债务人应当在相关资产和所清偿债务符合终止确认条件时予以终止确认，所清偿债务账面价值与转让资产账面价值之间的差额计入当期损益（投资收益或者其他收益）。

1. 债权人受让金融资产（债务人以金融资产偿还债务）的会计处理

（1）债权人的会计处理。债权人应将收到的包括现金在内的单项或多项金融资产的公允价值与重组债权终止确认日账面价值之间的差额，计入当期损益（投资收益）。账面价值，是指债权扣除减值准备后的金额。收取的金融资产的公允价值与交易价格（即放弃债权的公允价值）存在差异的，应当按照《企业会计准则第22号——金融工具确认和计量》处理（即计入投资收益或视情况予以递延）。

（2）债务人的会计处理。债务人应当将重组债务的账面价值与偿债金融资产账面价值之间的差额，记入“投资收益”科目。

例 12-1

甲公司于20×7年1月1日销售一批材料给乙公司，含税价格为113 000元。按合同规定，乙公司应于20×7年3月1日前偿付货款。由于乙公司发生财务困难，无法按合同规定的期限偿还债务，双方协议于4月1日进行债务重组。债务重组协议规定，甲公司同意乙公司用一项市价为10 000元的债券投资抵偿等额债务，并免除了5 000元债务，余额用现金立即偿清。乙公司于当日完成债权转让，并通过银行转账支付了剩余款项98 000元，甲公司随即收到了该笔款项，并将该项债权以摊余成本计量。甲公司已为该项应收债权计提了10 000元的坏账准备。乙公司以摊余成本计量用于抵债的债券投资，债券账面价值为10 000元。

（1）债权人甲公司的会计处理。

投资收益＝金融资产确认金额－债权账面价值
＝10 000＋98 000－(113 000－10 000)
＝5 000(元)

借：银行存款	98 000	
债权投资	10 000	
坏账准备	10 000	
贷：应收账款		113 000
投资收益		5 000

（2）债务人乙公司的会计处理。

投资收益＝清偿债务的账面价值－转让资产的账面价值
＝113 000－10 000－98 000
＝5 000(元)

借：应付账款　　　　113 000
　贷：银行存款　　　　98 000
　　　投资收益　　　　5 000
　　　债权投资　　　　10 000

2. 债权人受让非金融资产（债务人以非金融资产清偿债务）的会计处理

（1）债权人的会计处理。以资产清偿债务方式进行债务重组的，债权人初始确认受让的金融资产以外的资产时，应当按照下列原则以成本计量。

1）存货的成本，包括放弃债权的公允价值及使该资产达到当前位置和状态所发生的可直接归属于该资产的税金、运输费、装卸费、保险费等其他成本。

2）对联营企业或合营企业投资的成本，包括放弃债权的公允价值和可直接归属于该资产的税金等其他成本。

3）投资性房地产的成本，包括放弃债权的公允价值和可直接归属于该资产的税金等其他成本。

4）固定资产的成本，包括放弃债权的公允价值和使该资产达到预定可使用状态前所发生的可直接归属于该资产的税金、运输费、装卸费、安装费、专业人员服务费等其他成本。

5）生物资产的成本，包括放弃债权的公允价值和可直接归属于该资产的税金、运输费、保险费等其他成本。

6）无形资产的成本，包括放弃债权的公允价值和可直接归属于使该资产达到预定用途所发生的税金等其他成本。

放弃债权的公允价值与账面价值之间的差额，应当记入“投资收益”科目。

（2）债务人的会计处理。不需要区分资产处置损益和债务重组损益，也不需要区分不同资产的处置损益，而应将所清偿债务账面价值与转让账面价值之间的差额，记入“其他收益——债务重组收益”科目。

例 12-2

以存货清偿债务的情形。

甲公司与乙公司签订购销合同，向乙公司购买价值 700 000 元的货物。由于甲公司发生财务困难，短期内不能支付已于 20×7 年 2 月 1 日到期的货款。20×7 年 4 月 1 日，经双方协商，乙公司同意甲公司以其生产的产品偿还债务。该产品的公允价值与计税价格均为 400 000 元，实际成本为 240 000 元。甲公司为增值税一般纳税人，适用的增值税税率为 13%。乙公司于 20×7 年 4 月 1 日收到甲公司抵债的产品，并作为库存商品入库；乙公司对该项应收账款计提了 100 000 元的坏账准备，该应收账款的公允价值为 452 000 元。

（1）债权人乙公司的会计处理。

库存商品可抵扣增值税进项税额＝400 000×13%＝52 000（元）

投资收益＝放弃债权的公允价值－放弃债权的账面价值

＝452 000－(700 000－100 000)

＝－148 000(元)

借：库存商品　400 000

　应交税费——应交增值税（进项税额）　52 000

　坏账准备　100 000

　投资收益　148 000

　贷：应收账款　700 000

（2）债务人甲公司的会计处理。

借：应付账款　700 000

　贷：库存商品　240 000

　　应交税费——应交增值税（销项税额）　52 000

　　其他收益——债务重组收益　408 000

例 12-3

以固定资产、无形资产清偿债务的情形。

甲公司于 20×7 年 1 月 1 日销售给乙公司一批材料，价值 1 130 000 元（包括应收取的增值税额），按购销合同约定，乙公司应于 20×7 年 3 月 1 日前支付货款，由于乙公司发生财务困难，短期内不能支付货款。20×7 年 4 月 1 日，经与甲公司协商，双方同意以一台设备偿还债务。该项设备的账面原价为 1 200 000 元，已提折旧 300 000 元，设备的公允价值为 850 000 元。抵债资产均已转让完毕，乙公司发生评估费用 6 500 元。甲公司已对该项债权计提坏账准备 10 000 元，并发生安装成本 10 000 元。假定不考虑该项债务重组相关的税费，该应收账款的公允价值等于账面价值。

（1）债权人甲公司的会计处理。

投资收益＝放弃债权的公允价值－放弃债权的账面价值

＝1 120 000－(1 130 000－10 000)

＝0(元)

1）接收固定资产并交付安装。

借：在建工程　1 120 000

　坏账准备　10 000

　贷：应收账款　1 130 000

2）支付安装成本。

借：在建工程　10 000

　贷：银行存款　10 000

3）安装完毕。

借：固定资产　1 130 000

　贷：在建工程　1 130 000

（2）债务人乙公司的会计处理。

1）将固定资产净值转入固定资产清理。

借：固定资产清理　900 000

　累计折旧　300 000

贷：固定资产　　1 200 000

2）支付评估费。

借：固定资产清理　　6 500

贷：银行存款　　6 500

3）确认债务重组相关利得。

借：应付账款　　1 130 000

贷：固定资产清理　　906 500

其他收益——债务重组收益　　223 500

12.2.2　将债务转为权益工具

以债务转为权益工具方式进行债务重组导致债权人将债权转为对联营企业或合营企业的权益性投资的，债权人应当按照前述金融资产以外的资产的入账成本的规定（即包括放弃债权的公允价值和可直接归属于该资产的税金等其他成本），计量其初始投资成本。放弃债权的公允价值与账面价值之间的差额，应当计人当期损益（即投资收益）。

债务重组采用将债务转为权益工具方式进行的，债务人初始确认权益工具时，应当按照权益工具的公允价值计量，权益工具的公允价值不能可靠计量的，应当按照所清偿债务的公允价值计量。所清偿债务账面价值与权益工具确认金额之间的差额，记入“投资收益”科目。债务人因发行权益工具而支出的相关税费等，应当依次冲减资本溢价、盈余公积、未分配利润等。

例12 4

甲公司于20×7年1月1日销售给乙公司一批产品，含税价格为600 000元，按合同约定，乙公司应丁20×7年3月31日支付货款。由于乙公司发生财务困难，短期内不能支付货款。双方经协商同意，采取将所欠债务转为乙公司股权投资的方式进行债务重组。假定乙公司普通股的面值为1元，以发行180 000股抵偿该项债务，股票每股市价为3元。甲公司对该项应收账款计提了坏账准备20 000元。股票登记手续已办理完毕，甲公司将其作为长期股权投资处理。该应收账款的公允价值等于账面价值。

（1）债权人甲公司的会计处理。

投资收益＝放弃债权的公允价值－放弃债权的账面价值

＝580 000－(600 000－20 000)

＝0(元)

借：长期股权投资　　580 000

坏账准备　　20 000

贷：应收账款　　600 000

（2）债务人乙公司的会计处理。

借：应付账款　　600 000

贷：股本　　180 000

资本公积——资本溢价	360 000
投资收益	60 000

12.2.3 以修改债权和债务的其他条款清偿债务

企业采用修改债权和债务的其他条款进行债务重组的，应当区分是否涉及或有应付（或应收）金额进行会计处理。所谓或有应付（或应收）金额，是指需要根据未来某种事项出现而发生的应付（应收）金额，而且该未来事项的出现具有不确定性。

（1）债权人的会计处理。如果修改其他条款导致全部债权终止确认，债权人应当按照修改后的条款以公允价值初始计量重组债权，重组债权的确认金额与债权终止确认日账面价值之间的差额，记入“投资收益”科目。如果修改其他条款未导致债权终止确认，债权人应当根据其分类，继续以摊余成本、以公允价值计量且其变动计入其他综合收益或者以公允价值计量且其变动计入当期损益进行后续计量。对于以摊余成本计量的债权，债权人应当根据重新议定合同的现金流量变化情况，重新计算该重组债权的账面余额，并将相关利得或损失记入“投资收益”科目。重新计算的该重组债权的账面余额，应当根据将重新议定或修改的合同现金流量按债权原实际利率折现的现值确定，购买或源生的已发生信用减值的重组债权，应按经信用调整的实际利率折现。对于重新议定或修改合同所产生的成本或费用，债权人应当调整修改后的重组债权的账面价值，并在修改后重组债权的剩余期限内摊销。

（2）债务人的会计处理。如果修改其他条款导致债务终止确认，债务人应当按照公允价值计量重组债务，终止确认的债务账面价值与重组债务确认金额之间的差额，记入“投资收益”科目。如果修改其他条款未导致债务终止确认，或者仅导致部分债务终止确认，对于未终止确认的部分债务，债务人应当根据其分类，继续以摊余成本、以公允价值计量且其变动计入当期损益或其他适当方法进行后续计量。对于以摊余成本计量的债务，债务人应当根据重新议定合同的现金流量变化情况，重新计算该重组债务的账面价值，并将相关利得或损失记入“投资收益”科目。重新计算的该重组债务的账面价值，应当根据将重新议定或修改的合同现金流量按债务的原实际利率或按《企业会计准则第 24 号——套期会计》第二十三条规定的重新计算的实际利率（如适用）折现的现值确定。对于重新议定或修改合同所产生的成本或费用，债务人应当调整修改后的重组债务的账面价值，并在修改后重组债务的剩余期限内摊销。

对于债务人，如果对债务或部分债务的合同条款做出实质性修改形成重组债务，或者债权人与债务人之间签订协议，以承担实质上不同的重组债务方式替换债务，债务人应当终止确认原债务，同时按照修改后的条款确认一项新金融负债。其中，如果重组债务未来现金流量（包括支付和收取的某些费用）现值与原债务的剩余期间现金流量现值之间的差异超过 10%，则意味着新的合同条款进行了实质性修改或者重组债务是实质上不同的，有关现值的计算均采用原债务的实际利率。

例 12－5

甲公司 20×7 年 10 月 31 日应收乙公司货款的账面余额为 550 000 元，其中，50 000 元为累计未付的利息，票面利率为 10%。由于乙公司发生财务困难，短期内不能支付货款。双方经协商同意，于 20×7 年年末进行债务重组。甲公司同意将债务本金减至 400 000 元，债务人重新开出票据，免去债务人所欠的全部利息 50 000 元，将年利率从 10%降低至 5%，并将债务到期日延长至 20×9 年 12 月 31 日，利息按年支付。甲公司已将应收票据转入应收账款并计提了 50 000 元坏账准备。如果乙公司在 20×8 年或 20×9 年实现盈利，则盈利当年的债务利率按 10%计算。债务重组时预计乙公司在 20×8 年实现盈利的概率为 30%，在 20×9 年实现盈利的概率为 80%。最终乙公司在 20×8 年未实现盈利，在 20×9 年实现盈利。

要求：

（1）计算债权人的投资收益并进行会计处理。

（2）分析此条款修改是否构成实质性修改。

（3）对债务人的经济业务进行会计处理。

（1）债权人甲公司的会计处理。

投资收益＝重组债权的确认金额－放弃债权的账面价值
＝400 000－(550 000－50 000)
＝－100 000(元)

1）20×7 年的会计处理。

借：应收票据——债务重组　400 000
　　投资收益　100 000
　　坏账准备　50 000
　贷：应收账款　550 000

2）20×8 年的会计处理。

借：银行存款　20 000
　贷：财务费用　20 000

3）20×9 年的会计处理。

借：银行存款　40 000
　贷：财务费用　40 000

借：银行存款　400 000
　贷：应收票据——债务重组　400 000

（2）应付票据的新现金流量现值＝$400\,000\times[5\%\div(1+10\%)+(1+10\%)\div(1+10\%)^2]=381\,818$(元)

现金流变化＝|(381 818－400 000)|÷400 000＝4.5%＜10%

因此，针对 400 000 元本金部分的合同条款的修改不构成实质性修改，不终止确认该部分负债。

（3）债务人乙公司的会计处理。

1）20×7 年的会计处理。

借：应付票据	550 000	
应付票据——利息调整	18 182	
贷：应付票据——债务重组		400 000
投资收益		168 182

2）20×8年的会计处理。

借：财务费用	38 182	
贷：银行存款		20 000
应付票据——利息调整		18 182

3）20×9年的会计处理。

借：财务费用	40 000	
贷：银行存款		40 000
借：应付票据——债务重组	400 000	
贷：银行存款		400 000

12.2.4 以组合方式清偿债务

（1）债权人的会计处理。以多项资产清偿债务或者组合方式进行债务重组的，债权人应当首先按照《企业会计准则第22号——金融工具确认和计量》的规定确认和计量受让的金融资产和重组债权，然后按照受让的金融资产以外的各项资产的公允价值比例，对放弃债权的公允价值扣除受让金融资产和重组债权确认金额后的净额进行分配，并以此为基础按照前述资产入账成本的计量规则分别确定各项资产的成本。放弃债权的公允价值与账面价值之间的差额，应当计入当期损益（即投资收益）。

（2）债务人的会计处理。债务重组采用以资产清偿债务、将债务转为权益工具、修改其他条款等方式的组合进行的，对于权益工具，债务人应当在初始确认时按照权益工具的公允价值计量，权益工具的公允价值不能可靠计量的，应当按照所清偿债务的公允价值计量。对于修改其他条款形成的重组债务，债务人应当参照修改其他条款部分的指南，确认和计量重组债务。所清偿债务的账面价值与转让资产的账面价值以及权益工具和重组债务的确认金额之和的差额，记入“其他收益——债务重组收益”或“投资收益”（仅涉及金融工具时）科目。

例12-6

甲公司于20×7年1月1日销售给乙公司一批产品，含税价格为600 000元。按合同约定，乙公司应于20×7年3月31日支付货款。乙公司由于发生财务困难，短期内不能支付货款。双方经协商同意，乙公司支付现金100 000元，另外以一批产品按照其公允价值抵偿债务，剩下的部分转为甲公司对乙公司的投资（投资具有重大影响）。该应收账款的公允价值等于账面价值。

乙公司转让的该批产品的成本为280 000元，市价为300 000元；用于抵债的普通股为20 000股，股票每股面值1元，市价每股5.5元。乙公司没有对转让的产品计提减值准备，甲公司也未对债权计提坏账准备。甲公司和乙公司均为增值税一般纳税人，适用的税率为 13%。假定不考虑其他相关税费。

(1) 债权人甲公司的会计处理。

计算分配给各项资产的成本：

应收账款的公允价值	600 000
减：收到的现金	100 000
可以抵扣的增值税进项税额（300 000×13%）	39 000
待分配的成本	461 000
所转股权（110 000÷(110 000+300 000)×461 000）	123 683
受让产品	337 317

借：银行存款　100 000
　　长期股权投资[①]　123 683
　　库存商品　337 317
　　应交税费——应交增值税（进项税额）　39 000
　贷：应收账款　600 000

(2) 债务人乙公司的会计处理。

借：应付账款　600 000
　贷：银行存款　100 000
　　　股本　20 000
　　　资本公积——股本溢价　90 000
　　　库存商品　280 000
　　　应交税费——应交增值税（销项税额）　39 000
　　　其他收益——债务重组收益　71 000

12.3　债务重组的信息披露

债权人和债务人都应在财务报表附注中披露与债务重组有关的信息。

债权人应当披露以下与债务重组有关的信息：

(1) 根据债务重组方式，分组披露债权账面价值和债务重组相关损益。

(2) 债务重组导致的对联营企业或合营企业的权益性投资增加额，以及该投资占联营企业或合营企业股份总额的比例。

债务人应当披露以下与债务重组有关的信息：

(1) 根据债务重组方式，分组披露债务账面价值和债务重组相关损益。

(2) 债务重组导致的股本等所有者权益的增加额。

---

① 《〈企业会计准则第 12 号——债务重组〉应用指南》中将“对联营企业或合营企业投资”作为债权人受让的金融资产以外的资产。

思考题

1.《企业会计准则第12号——债务重组》是如何界定债务重组的？请对这种界定做出简要评价。

2. 你认为债务重组涉及的会计问题主要是什么？

3. 你认为企业会计准则不要求区分债务重组损益和资产处置损益，而是合并作为债务重组相关损益反映有何意义？可能存在什么问题？

练习题

一、单项选择题

1. 甲公司因乙公司发生严重财务困难，预计难以全额收回乙公司所欠货款120万元，经协商，乙公司以银行存款90万元结清了全部债务。甲公司对该项应收账款已计提坏账准备12万元。假定不考虑其他因素，债务重组日甲公司应确认的损失为（　　）万元。

A. 0　　B. 12　　C. 18　　D. 30

2. 下列关于债务重组会计处理的表述中，正确的是（　　）。

A. 债务人以债转股方式抵偿债务的，债务人将所清偿债务的账面价值与权益工具确认金额之间的差额计入资本公积

B. 债务人以债转股方式抵偿债务的，债权人将放弃债权的公允价值与账面价值之间的差额计入投资收益

C. 债务人以非金融资产抵偿债务的，债权人将放弃债权的账面价值大于受让非金融资产公允价值的差额计入资产减值损失

D. 债务人以非金融资产抵偿债务的，债务人将重组债务的账面价值大于转让非金融资产公允价值的差额计入其他业务收入

二、多项选择题

20×7年3月31日，甲公司应收乙公司的一笔贷款500万元到期，由于乙公司发生财务困难，该笔贷款预计短期内无法收回。该公司已为该项债权计提坏账准备100万元。当日，甲公司就该债权与乙公司进行协商。下列协商方案中，属于甲公司债务重组的有（　　）。

A. 减免100万元债务，其余部分立即以现金偿还

B. 减免50万元债务，其余部分延期两年偿还

C. 以公允价值为500万元的固定资产偿还

D. 以现金100万元和公允价值为400万元的无形资产偿还

第 13 章
Chapter 13 政府补助

学习目标

1. 理解：政府补助的性质与形式。
2. 理解：政府补助的分类。
3. 掌握：政府补助的会计处理方法。

13.1 政府补助的内涵与形式

13.1.1 政府补助的内涵

1. 政府补助的定义

政府为了鼓励或扶持特定行业、地区或领域的发展，通常会制定一些政策法规，采取无偿拨款、贷款、担保、注入资本、提供货物或者服务、购买货物、放弃或者不收缴应收收入等方式，对有关企业予以经济支持，这是国际上通行的做法。

但是，政府对企业的经济支持并不都是会计准则所称的政府补助。我国《企业会计准则第 16 号——政府补助》（以下简称“政府补助准则”）对与政府补助相关的确认、计量与报告问题进行了专门的规范。企业在进行政府补助会计处理时，首先需要根据政府补助准则关于政府补助的定义来判断企业从政府取得的经济支持是否属于准则规范的政府补助。

根据政府补助准则的规定，政府补助是指企业从政府无偿取得货币性资产或非货币性资产。政府补助的主要形式包括政府对企业的无偿拨款、税收返还、财政贴息，以及无偿给予非货币性资产等。

准则所称的政府补助是特指的，原则上指直接取得资产的情形下的政府补助。那些不涉及资产直接转移的经济支持，不属于政府补助准则规范的范围。这是因为在不直接取得资产的情形下，复式记账法无法予以处理，也就不需要为之制定会计规则。通常情况下，直接减征、免征、增加计税抵扣额、抵免部分税额等不涉及资产直接转移的经济资源，不适用政府补助准则。但也存在例外情况，个别税款减免需要按照政府补助准则进行会计处理。例如，企业取得政策性优惠贷款贴息且财政将贴息资金拨付给贷款银行的情况，属于政府对企业的经济支持。属于一般纳税人的加工企业根据税法规定招用自主就业退役士兵，并按定额扣减增值税的，应当将减征的税额计入当期损益，借记“应交税费——应交增值税（减免税额）”科目，贷记“其他收益”科目。

此外，还需说明的是，增值税出口退税也不属于政府补助。根据相关税收法规规定，对增值税出口货物实行零税率，即对出口环节的增值部分免征增值税，同时退回出口货物前道环节所征的进项税额。由于增值税是价外税，出口货物前道环节所含的进项税额是抵扣项目，体现为企业垫付资金的性质，增值税出口退税实质上是政府归还企业事先垫付的资金，不属于政府补助。从复式记账原理来看，由于增值税通过设置专栏的形式进行处理，税法为之设计了完整的处理规则，因此，没有必要设置专门的准则对增值税出口退税另行规范。

2. 政府补助的特征

政府补助主要有以下两个特征：

（1）政府补助是来源于政府的经济资源。这里的政府主要是指行政事业单位及类似机构。不涉及资产直接转移的经济支持不属于政府补助准则规范的政府补助，比如政府与企业间的债务豁免不是政府补助；除税收返还外的税收优惠，如直接减征、免征、增加计税抵扣额、抵免部分税额等税收优惠方式，虽体现了政府的政策导向，但政府并未直接向企业无偿提供资产，因此也不是政府补助准则所称的政府补助。对于企业收到的来源于其他方的补助，有确凿证据表明政府是补助的实际拨付者，其他方只起到代收代付作用的，该项补助属于来源于政府的经济资源。

（2）政府补助是无偿的。即企业取得来源于政府的经济资源，不需要向政府交付商品或服务等对价。无偿性是政府补助的基本特征。政府并不因此享有企业的所有权，企业将来也不需要偿还。这一特征将政府补助与政府作为企业所有者投入的资本、政府采购等政府与企业之间双向、互惠的经济活动区分开来。政府补助通常附有一定的条件，这与政府补助的无偿性并无矛盾，并不表明该项补助有偿，而是企业经法定程序申请取得政府补助后应当按照政府规定的用途使用该项补助。

政府对企业的资本性投入属于互惠交易，而不是政府补助。政府如果以企业所有者身份向企业投入资本，将拥有企业相应的所有权，可以分享企业的利润。在这种情况下，政府与企业之间的关系是投资者与被投资者的关系，这与其他单位或个人对企业的投资在性质上是相同的。

企业从政府取得的经济资源，如果与企业销售商品或提供服务等活动密切相关，且是企业商品或服务的对价或者对价的组成部分，则应适用《企业会计准则第 14 号——收入》等相关会计准则，而不适用政府补助准则。例如，新能源汽车价格补贴、家电下乡补贴等从名义上看是政府补贴，但实际上它们与企业日常经营活动密切相关且构成了企业商品或服务对价的组成部分，因此，企业应当将其作为收入而不是政府补助进行会计处理。

13.1.2　政府补助的主要形式

随着我国社会主义市场经济的发展和完善，以及履行世界贸易组织（WTO）协定的有关承诺，政府对企业的经济支持主要集中在关系国计民生的农业、环境保护以及科学技术研究等领域。比如，对粮、棉、油等生产或储备企业给予的定额补助，这些生活必需品涉及千家万户，其价格往往不能随行就市，售价低于成本造成的损失需要由政府来弥补。再如，为了保护环境，政府对符合条件的企业实行增值税先征后返政策，返还的税款专项用于环保支出。因此，政府补助通常为货币性资产的形式，如财政拨款、财政贴息和税收返还，但也存在非货币性资产的情况。

1. 财政拨款

财政拨款是指政府为了支持企业而无偿拨付的款项。为了体现财政拨款的政策引导作用，这类拨款通常具有严格的政策条件，只有符合条件的企业才能申请拨款；同时，政府对于财政拨款附有明确的使用条件，政府在批准拨款时就规定了资金的具体用途。比如，财政部门拨付给企业用于购建固定资产或进行技术改造的专项资金，鼓励企业安置职工就业而给予的奖励款项，拨付企业的粮食定额补贴，拨付企业开展研发活动的研发经费等。

2. 财政贴息

财政贴息是指政府为支持特定领域或区域发展，根据国家宏观经济形势和政策目标，对承贷企业的银行贷款利息给予的补贴。财政贴息的补贴对象通常是符合申报条件的某个综合性项目，包括设备购置、人员培训、研发费用、人员开支、购买服务等，也可以是单项的，比如仅限于固定资产贷款项目。财政贴息主要有两种方式：一是将贴息资金直接拨付给受益企业；二是将贴息资金直接拨付给贷款银行，由贷款银行以低于市场利率的优惠利率向企业提供贷款，承贷企业按照实际发生的利率计算和确认利息费用。

企业可以选择下列方法之一进行会计处理：一是以实际收到的借款金额作为借款的入账价值，按照借款本金和该政策性优惠利率计算相关借款费用。通常情况下，实际收到的金额即为借款本金。二是以借款的公允价值作为借款的入账价值，并按照实际利率法计算借款费用，实际收到的金额与借款公允价值之间的差额确认为递延收益。递延收益在借款存续期内采用实际利率法摊销，冲减相关借款费用。

3. 税收返还

税收返还是指政府按照国家有关规定采取先征后返（退）、即征即退等办法向企业返还的税款，属于以税收优惠形式给予的一种政府补助。

4. 无偿给予非货币性资产

属于无偿给予非货币性资产的情况主要有无偿给予土地使用权、天然起源的天然林等。

13.2 政府补助的分类与会计处理

13.2.1 政府补助的分类

1. 按照政府补助给企业带来经济利益或者弥补相关成本或费用的形式不同进行分类

为了恰当反映政府补助对企业的影响，需要依据政府补助给企业带来经济利益或者弥补相关成本、费用的形式不同，将政府补助划分为与资产相关的政府补助和与收益相关的政府补助。对于同时包含与资产相关部分和与收益相关部分的政府补助，应当区分不同部分分别进行会计处理；难以区分的，应当整体归类为与收益相关的政府补助。

（1）与资产相关的政府补助，是指企业取得的用于购建或以其他方式形成长期资产的政府补助。这类补助一般以银行转账的方式拨付，如政府拨付的用于企业购买无形资产的财政拨款、政府对企业用于建造固定资产的相关贷款给予的财政贴息等，应当在实际收到款项时按照到账的实际金额确认和计量。在少数情况下，这类补助也可能表现为政府向企业无偿给予长期非货币性资产。

（2）与收益相关的政府补助，是指除与资产相关的政府补助之外的政府补助。这类补助主要用于补偿企业已经发生或即将发生的费用或损失。由于企业对这类补助的受益期相对较短，通常在满足补助所附条件时将其计入当期损益或冲减相关成本。

2. 按照政府补助是否与企业日常活动相关进行分类

按照政府补助是否与企业日常活动相关，可以将政府补助分为以下两类：

（1）与企业日常活动相关的政府补助；

（2）与企业日常活动无关的政府补助。

通常情况下，若政府补助补偿的成本费用是营业利润之中的项目，或该补助与日常销售等经营行为密切相关（如增值税即征即退等），则认为该政府补助与日常活动相关。与日常活动无关的政府补助，通常由企业常规经营之外的原因所产生，具备偶发性的特征。例如，政府因企业受不可抗力的影响发生停工、停产损失而给予的补助等应计入营业外收支。

综合以上两种分类标准，我们可以将政府补助分为以下四种类型：

（1）与资产相关且与日常活动相关的政府补助；

（2）与资产相关但与日常活动无关的政府补助；

（3）与收益相关且与日常活动相关的政府补助；

（4）与收益相关但与日常活动无关的政府补助。

13.2.2　政府补助的确认与计量

1. 政府补助的确认

根据现行会计准则的规定，政府补助的确认需要同时满足以下两个条件：

（1）企业能够满足政府补助所附条件。

（2）企业能够收到政府补助。这意味着企业已经收到了补助资金，或者虽然还没有收到补助资金，但与之相关的经济利益很可能流入企业。

2. 政府补助的计量

（1）政府补助为货币性资产的，应当按照收到或应收的金额计量。具体来说，如果企业已经实际收到补助资金，应当按照实际收到的金额计量；如果政府补助已经满足确认的条件，但企业在资产负债表日尚未收到补助资金，则这项补助已经成为企业的应收款项，企业应当对该项政府补助按照应收的金额计量。

（2）政府补助为非货币性资产的，应当按照公允价值计量；公允价值不能可靠取得的，按照名义金额（即 1 元）计量。

13.2.3　政府补助的会计处理方法

从理论上讲，政府补助导致企业经济利益的净流入。对于这种经济利益的净流入，在进行会计处理时面临两种选择：一是将政府补助直接作为所有者权益的增加，这种方法可称为资本法；二是先将政府补助计入当期收益或递延收益，然后于当期或以后分期转入所有者权益，这种方法可称为收益法。我国现行会计准则要求采用收益法。

收益法又有两种具体方法：根据是否把政府补助计入广义的收入（包括其他收益和营业外收入，准则统称为收益），政府补助的会计处理方法有总额法与净额法之分。

总额法是在确认政府补助时，将其全额一次或分次确认为收益，而不是作为相关资产账面价值或者成本费用等的扣减。对于与资产相关的政府补助而言，总额法是指在收到政府补助时按照补助资金的金额借记有关资产科目，贷记“递延收益”科目，然后在相关资产使用寿命内按系统、合理的方法分期计入各期的其他收益或营业外收入。对于与收益相关的政府补助而言，总额法是指将收到的政府补助直接计入当期的其他收益或营业外收入，或者先计入递延收益，再逐期分摊计入其他收益或营业外收入。

净额法是将政府补助作为相关资产账面价值或者所补偿成本费用等的扣减。现行政府补助准则允许企业根据经济业务的实质，选择采用总额法或净额法。对于与资产相关的政府补助而言，净额法是指在收到政府补助时，将其冲减相关资产账面价值。以后期间，按照扣减了政府补助后的资产价值对相关资产计提折旧或进行摊销。对于与收益相关的政府补助而言，净额法是指在收到政府补助时，将其冲减相关成本费用或者营业外支出。

现行会计准则规定，与企业日常活动相关的政府补助，应当按照经济业务实质计入其他收益或冲减相关成本费用。与企业日常活动无关的政府补助，计入营业外收入或冲减相关损失。

专栏 13-1　　准则制定者关于选择总额法或净额法的要求

企业在选择总额法或净额法之前，首先需要对经济业务的类型进行判断。准则制定者分别结合对增值税即征即退和对芳烃生产企业按实际耗用石脑油数量退还所含消费税这两种情况进行了解读。

一般纳税人对于增值税即征即退的业务，一般应采用总额法进行会计处理，并将该项政府补助计入其他收益。这是由于增值税是价外税，且该税收返还并非对特定的成本费用进行补偿，因此，对增值税即征即退业务采用总额法是合适的。

对芳烃生产企业按实际耗用石脑油数量退还所含消费税，所退还的是生产环节消费税，这部分消费税是生产成本的组成部分，因此，对该业务采用净额法能够更准确地反映企业的生产成本。

资料来源：《企业会计准则第16号——政府补助》修订说明//《企业会计准则第16号——政府补助》应用指南2018. 北京：中国财政经济出版社，2018：37-38.

上述规则可用表13-1概括。

表13-1　政府补助的会计处理规则

<table>
<tr><th>分类</th><th colspan="3">处理规则</th></tr>
<tr><td rowspan="3">与资产相关的政府补助</td><td rowspan="2">总额法</td><td rowspan="2">按照补助资金的金额借记有关资产科目，贷记“递延收益”科目；然后在相关资产使用寿命内按系统、合理的方法将其分期计入其他收益或者营业外收入。
为避免出现前后方法不一致的情况，结转递延收益时不得冲减相关成本费用，而是将递延收益分期计入损益。</td><td>与日常活动有关的，使用“其他收益”科目。</td></tr>
<tr><td>与日常活动无关的，使用“营业外收入”科目。</td></tr>
<tr><td>净额法</td><td>将补助冲减相关资产账面价值，企业按照扣减了政府补助后的资产价值对相关资产计提折旧或进行摊销。</td><td>—</td></tr>
</table>

续表

<table>
<tr><th>分类</th><th colspan="3">处理规则</th></tr>
<tr><td rowspan="3">与收益相关的政府补助</td><td rowspan="2">总额法</td><td rowspan="2">直接计入其他收益或者营业外收入，或者先计入递延收益，再逐期分摊计入其他收益或者营业外收入。</td><td>与日常活动有关的，使用“其他收益”科目。</td></tr>
<tr><td>与日常活动无关的，使用“营业外收入”科目。</td></tr>
<tr><td>净额法</td><td>冲减当期的相关成本费用或营业外支出。</td><td>—</td></tr>
</table>

企业应当根据经济业务的实质，判断某一类政府补助业务应当采用总额法还是净额法进行会计处理。通常情况下，对同类或类似政府补助业务只能选用一种方法，而且企业应当对该业务一贯地运用该方法，不得随意变更。

专栏 13-2　准则制定者关于将政府补助计入营业利润的理由

实务中，企业取得的一些政府补助与企业的日常活动密切相关，如成本费用补贴、超税负返还、研发活动补助等，有些补助还有国家税法支持且具有持续性的特点，将这些政府补助不加区分地都计入营业外收入，难以真实反映企业的经营情况和营业利润。

修订后的准则以是否与日常活动相关对政府补助进行了区分，与日常活动相关的政府补助影响营业利润，与日常活动无关的政府补助影响营业外收支，这是为了更加真实地反映企业的经营活动及其营业利润。

资料来源：《企业会计准则第 16 号——政府补助》修订说明//《企业会计准则第 16 号——政府补助》应用指南 2018. 北京：中国财政经济出版社，2018：38.

13.2.4 与资产相关的政府补助的会计处理

企业在取得与资产相关的政府补助时，应当选择采用总额法或净额法进行会计处理。

企业对与资产相关的政府补助选择总额法的，应当将递延收益分期转入其他收益或营业外收入，借记“递延收益”科目，贷记“其他收益”或“营业外收入”科目。

（1）在收到政府补助时，企业应按照补助资金的金额借记“银行存款”等科目，贷记“递延收益”科目。

（2）将政府补助用于购建长期资产时，相关长期资产的购建与企业正常的资产购建或研发处理一致，即通过“在建工程”“研发支出”等科目归集，完成后转为固定资产或无形资产。

（3）后续期间，如果相关长期资产投入使用后企业再取得与资产相关的政府补助，企业应当在相关资产剩余使用寿命内，按照系统、合理的方法将上述递延收益分期计入损益。即自相关长期资产达到可使用状态时起，在相关资产计提折旧或摊销时，按照相关长期资产的预计使用期限，将递延收益平均分摊转入损益。为避免出现前后方法不一致的情况，结转递延收益时不得冲减相关成本费用，而是将递延收益分期转入其他收益或营业外收入。

如果企业先收到补助资金，再购建长期资产，则应当在开始对相关资产计提折旧或摊销时开始将递延收益分期计入损益；如果企业先开始购建长期资产，再收到补助资金，则应当在相关资产的剩余使用寿命内按照系统、合理的方法将递延收益分期计入损益。

需要说明的是，采用总额法的，如果对应的长期资产在持有期间发生减值损失，递延收益的摊销仍保持不变，不受减值因素的影响。

(4) 如果相关资产在使用寿命结束前出售、转让、报废或发生毁损，企业则应当将尚未分配的相关递延收益余额转入资产处置当期的损益，不再予以递延。对相关资产划分为持有待售类别的，先将尚未分配的递延收益余额冲减相关资产的账面价值，再按照《企业会计准则第42号——持有待售的非流动资产、处置组和终止经营》的要求进行会计处理。对于正常处置的处置损益，记入“资产处置收益”科目。对于因自然灾害发生毁损的固定资产或者因丧失使用功能等原因而报废清理的固定资产的处置损益，记入“营业外支出”科目。

净额法下，企业在取得政府补助时应当按照补助资金的金额冲减相关资产的账面价值。如果企业先取得与资产相关的政府补助，再确认所购建的长期资产，净额法下应当将取得的政府补助先确认为递延收益，在相关资产达到预定可使用状态或预定用途时，将递延收益冲减资产账面价值；如果相关长期资产投入使用后，企业再取得与资产相关的政府补助，净额法下应当在取得补助时冲减相关资产的账面价值，并按照冲减后的账面价值和相关资产的剩余使用寿命计提折旧或进行摊销。

例 13-1

20×0年6月，甲公司需购置一台环保设备用于污染物排放测试，预计价款为730万元，因资金不足，按相关规定向有关政府部门提出补助360万元的申请。20×0年7月1日，政府批准了甲公司的申请并拨付甲公司360万元财政拨款（同日到账）。20×0年8月31日，甲公司购入不需安装的环保设备，实际成本为720万元，使用寿命为10年，采用直线法计提折旧（假设无残值）。20×9年8月，甲公司的这台设备因自然灾害发生毁损而报废。不考虑相关税费等其他因素。

这是一项与资产相关且与日常活动相关的政府补助。甲公司的会计处理如下。

方法一：甲公司选择总额法对此类政府补助进行会计处理。

(1) 20×0年7月1日，实际收到财政拨款，确认政府补助。

借：银行存款	3 600 000	
贷：递延收益		3 600 000

(2) 20×0年8月31日购入设备。

借：固定资产　　7 200 000

　贷：银行存款　　7 200 000

(3) 自20×0年9月起每个资产负债表日（月末）计提折旧，同时分摊递延收益。

1) 计提折旧。

借：制造费用　　60 000

　贷：累计折旧　　60 000

2) 分摊递延收益（月末）。

借：递延收益　　30 000

　贷：其他收益　　30 000

(4) 20×9年8月，设备发生毁损，同时转销递延收益余额。

设备累计已提折旧=60 000×12×9=6 480 000(元)

设备的账面价值=7 200 000−6 480 000=720 000(元)

递延收益余额=3 600 000−30 000×12×9=360 000(元)

借：固定资产清理　　720 000

　　累计折旧　　6 480 000

　贷：固定资产　　7 200 000

借：递延收益　　360 000

　贷：其他收益　　360 000

借：营业外支出　　720 000

　贷：固定资产清理　　720 000

方法二：甲公司选择净额法对此类政府补助进行会计处理。

(1) 20×0年7月1日，实际收到财政拨款，确认政府补助。

借：银行存款　　3 600 000

　贷：递延收益　　3 600 000

(2) 20×0年8月31日，购入设备。

借：固定资产　　7 200 000

　贷：银行存款　　7 200 000

借：递延收益　　3 600 000

　贷：固定资产　　3 600 000

(3) 自20×0年9月起每个资产负债表日（月末）计提折旧。

借：制造费用　　30 000

　贷：累计折旧　　30 000

(4) 20×9年8月，设备发生毁损。

设备累计已提折旧=30 000×12×9=3 240 000(元)

设备的账面价值=3 600 000−3 240 000=360 000(元)

借：固定资产清理　　360 000
　　累计折旧　　3 240 000
　贷：固定资产　　3 600 000
借：营业外支出　　360 000
　贷：固定资产清理　　360 000

实务中存在政府无偿给予企业长期非货币性资产的情况，如无偿给予土地使用权、天然起源的天然林等。企业取得的政府补助为非货币性资产的，应当按照公允价值计量；公允价值不能可靠取得的，按照名义金额（1元）计量。企业在收到非货币性资产的政府补助时，应当借记有关资产科目，贷记“递延收益”科目；然后在相关资产使用寿命内按系统、合理的方法分期计入损益，借记“递延收益”科目，贷记“其他收益”或“营业外收入”科目。但是，以名义金额计量的政府补助，应在取得时直接计入当期损益。

13.2.5 与收益相关的政府补助的会计处理

现行会计准则规定，与收益相关的政府补助，应当分情况按照以下规定进行会计处理：用于补偿企业以后期间的相关成本费用或损失的，确认为递延收益，并在确认相关成本费用或损失的期间，计入当期损益或冲减相关成本；用于补偿企业已发生的相关成本费用或损失的，直接计入当期损益或冲减相关成本。对与收益相关的政府补助，企业同样可以选择采用总额法或净额法进行会计处理：选择总额法的，应当计入其他收益或营业外收入；选择净额法的，应当冲减相关成本费用或营业外支出。

1. 与收益相关的政府补助用于补偿企业以后期间的相关成本费用或损失

如果与收益相关的政府补助用于补偿企业以后期间的相关成本费用或损失，企业在取得时应当先判断企业能否满足政府补助所附条件。根据现行会计准则规定，只有满足政府补助确认条件的才能予以确认，而客观情况通常表明企业能够满足政府补助所附条件，企业应当将其确认为递延收益，并在确认相关成本费用或损失的期间，计入其他收益或营业外收入（即总额法）或冲减相关成本费用或营业外支出（即净额法）。

例13-2

A公司是一家储备粮企业，20×3年实际粮食储备量为1.5亿千克。根据国家有关规定，财政部门按照企业的实际储备量给予每季度每千克0.08元的粮食保管费补贴，于每个季度初支付。20×3年1月12日，A公司收到财政拨付的补贴款。

这是一项与收益相关且与日常活动相关，用于补偿企业以后期间的相关成本费用的政府补助。

假定A公司选择采用总额法进行会计处理，则A公司的账务处理如下。

(1) 20×3 年 1 月 1 日，A 公司确认应收的财政补贴款。

借：其他应收款　　12 000 000

　贷：递延收益　　12 000 000

(2) 20×3 年 1 月 12 日，A 公司实际收到财政补贴款。

借：银行存款　　12 000 000

　贷：其他应收款　　12 000 000

(3) 20×3 年 1 月，将补偿 1 月份粮食保管费的补贴计入当期收益。

借：递延收益　　4 000 000

　贷：其他收益　　4 000 000

20×3 年 2 月和 3 月的分录同（3）。

如果 A 公司选择采用净额法进行会计处理，则每月 400 万元的粮食保管费补贴应冲减相关成本费用，借记“递延收益”科目，贷记“管理费用”科目。

2. 与收益相关的政府补助用于补偿企业已发生的相关成本费用或损失

如果与收益相关的政府补助用于补偿企业已发生的相关成本费用或损失，直接计入其他收益或营业外收入（即总额法），或者冲减相关成本费用或营业外支出（即净额法）。这类补助通常与企业已经发生的行为有关，是对企业已发生的成本费用或损失的补偿，或是对企业过去行为的奖励。

例 13-3

按照国家相关规定，B 公司生产的一种先进的轴承产品适用增值税先征后返政策，按该产品实际缴纳增值税额的 70%予以返还。20×4 年 1 月，该公司该产品实际缴纳增值税额 200 万元。20×4 年 2 月，该公司实际收到返还的增值税额 140 万元。

这是一项与收益相关且与日常活动相关，用于补偿企业已发生的相关成本费用的政府补助，根据其经济实质应适用总额法。

B 公司实际收到返还的增值税额时，账务处理如下。

借：银行存款　　1 400 000

　贷：其他收益　　1 400 000

例 13-4

乙公司于 20×8 年 8 月遭受重大自然灾害，并于 20×8 年 9 月 16 日收到了政府补助资金 300 万元，用于弥补其遭受自然灾害的损失。

这是一项与收益相关但与日常活动无关，用于补偿企业已发生损失的政府补助。

如果乙公司对此类补助选择按总额法进行会计处理，则在 20×8 年 9 月 16 日实际收到补助资金时，其账务处理如下。

借：银行存款　　3 000 000

　贷：营业外收入　　3 000 000

13.2.6 综合性项目政府补助的会计处理

企业取得的政府补助有可能是针对综合性项目的。在这种情况下，需要将政府补助分解为与资产相关的部分和与收益相关的部分，分别进行会计处理；如果难以分解，则将其整体归类为与收益相关的政府补助，并根据具体情况确定是全部确认为当期收益，还是在项目期内分期确认计入各个相关期间的收益。

例 13-5

C公司20×2年12月申请某国家级研发补贴。申报书中指出，该公司于20×2年1月启动的某项高新技术开发项目，预计总投资720万元，为期3年，已投入资金240万元。项目还需新增投资480万元（其中，购置固定资产160万元，场地租赁费80万元，人员费240万元），计划自筹资金240万元，申请财政拨款240万元。

20×3年1月4日，主管部门批准了C公司的申报，签订的补贴协议规定：共补贴C公司款项240万元，分两次拨付。合同签订日拨付120万元，通过结项验收后支付120万元（如果未能通过验收，则不支付第二笔款项）。

该项目于20×5年2月完工并通过验收。C公司于20×5年4月10日收到第二笔拨款120万元。

该项政府补助既与资产相关，也与收益相关，但二者难以分解，因此C公司将其整体归类为与收益相关的政府补助，采用总额法进行处理。C公司的账务处理如下。

(1) 20×3年1月4日，实际收到拨款120万元。

借：银行存款　　1 200 000

　贷：递延收益　　1 200 000

(2) 自20×3年1月4日至20×5年1月1日每个资产负债表日，分配递延收益（假设按年分配）。

借：递延收益　　600 000

　贷：其他收益　　600 000

(3) 20×5年4月10日，实际收到第二笔拨款120万元。

借：银行存款　　1 200 000

　贷：其他收益　　1 200 000

13.2.7 财政贴息资金的会计处理

准则规定，企业取得政策性优惠贷款贴息的，应当区分财政将贴息资金拨付给贷款银行和财政将贴息资金直接拨付给企业两种情况，分别进行会计处理。

1. 财政将贴息资金拨付给贷款银行

财政将贴息资金拨付给贷款银行，由贷款银行以政策性优惠利率向企业提供贷款的，企业可以选择下列两种方法之一进行会计处理。企业选定了会计处理方法之后，应当一致地运用，不得随意变更。

例 13 - 6A

20×7 年 1 月 1 日，甲公司向银行贷款 1 000 000 元，期限为 2 年，按月计息，按季度付息，到期一次还本。该公司的教育文化项目符合财政贴息的条件，因此，该公司与银行签订的贷款年利率为 3.6%（即月利率为 0.3%），而同类无贴息贷款的年利率为 9.6%（即月利率为 0.8%）。当地财政机关按年向银行拨付贴息资金。假定贷款期间的利息费用不满足资本化条件，一律计入财务费用。

方法一：以实际收到的借款金额作为借款的入账价值，按照借款本金和该政策性优惠利率计算相关借款费用。

（1）20×7 年 1 月 1 日，该公司取得银行贷款 1 000 000 元。

借：银行存款　　1 000 000

　　贷：长期借款——本金　　1 000 000

（2）20×7 年 1 月 31 日起，每月月末计提利息。

企业实际承担的利息支出＝1 000 000×0.3%＝3 000(元)

借：财务费用　　3 000

　　贷：应付利息　　3 000

方法二：以借款的公允价值作为借款的入账价值并按照实际利率法计算借款费用，实际收到的金额与借款公允价值之间的差额确认为递延收益。递延收益在借款存续期内采用实际利率法摊销，冲减相关借款费用。

本例中的实际利率是月利率 0.8%。根据这一实际利率，可计算出该项借款在期初的未来现金流量现值为 891 211 元，这也是该项借款在期初的摊余成本。

用期初摊余成本乘以实际利率，可计算各期的财务费用，如表 13 - 2 中第②列所示。

表 13 - 2　采用实际利率计算的财务费用以及递延收益的摊销情况

月度	名义上支付的利息	财政贴息	实际承担的利息	财务费用	视为追加本金的金额（递延收益的摊销额）	摊余成本*
			①	②＝期初④×0.8%	③＝②－①	④＝上期④＋③
0	—	—	—	—	—	891 211
1	8 000	5 000	3 000	7 130	4 130	895 341
2	8 000	5 000	3 000	7 163	4 163	899 503
3	8 000	5 000	3 000	7 196	4 196	903 699
4	8 000	5 000	3 000	7 230	4 230	907 929
5	8 000	5 000	3 000	7 263	4 263	912 192
6	8 000	5 000	3 000	7 298	4 298	916 490

续表

月度	名义上支付的利息	财政贴息	实际承担的利息	财务费用	视为追加本金的金额（递延收益的摊销额）	摊余成本*
			①	②＝期初④×0.8%	③＝②－①	④＝上期④＋③
7	8 000	5 000	3 000	7 332	4 332	920 822
8	8 000	5 000	3 000	7 367	4 367	925 188
9	8 000	5 000	3 000	7 402	4 402	929 590
10	8 000	5 000	3 000	7 437	4 437	934 027
11	8 000	5 000	3 000	7 472	4 472	938 499
12	8 000	5 000	3 000	7 508	4 508	943 007
13	8 000	5 000	3 000	7 544	4 544	947 551
14	8 000	5 000	3 000	7 580	4 580	952 131
15	8 000	5 000	3 000	7 617	4 617	956 748
16	8 000	5 000	3 000	7 654	4 654	961 402
17	8 000	5 000	3 000	7 691	4 691	966 094
18	8 000	5 000	3 000	7 729	4 729	970 822
19	8 000	5 000	3 000	7 767	4 767	975 589
20	8 000	5 000	3 000	7 805	4 805	980 394
21	8 000	5 000	3 000	7 843	4 843	985 237
22	8 000	5 000	3 000	7 882	4 882	990 119
23	8 000	5 000	3 000	7 921	4 921	995 040
24	8 000	5 000	3 000	7 960	4 960	1 000 000
合计	192 000	120 000	72 000	180 789	108 789	—

* 摊余成本原本是根据小数点后10位的精确度计算而成的，本表由于取整的原因存在一定的尾差。

以第一个月为例，表13－2中的逻辑关系如下：该公司计算的第一个月财务费用为7 130元，而该公司实际上只负担了3 000元，因此，在理论上少负担的利息4 130元就被加到了借款的摊余成本上，因此，第一个月月末的摊余成本是895 341元。其余月份可依此类推。

(1) 20×7年1月1日，该公司取得名义本金为1 000 000元的银行借款，其摊余成本为891 211元，利息调整为108 789元。

借：银行存款　　1 000 000
　　长期借款——利息调整　　108 789
　贷：长期借款——本金　　1 000 000
　　　递延收益　　108 789

(2) 限于篇幅，以前6个月为例说明递延收益的摊销效果，其余月份可依此类推。

1）记录第 1—6 月的财务费用时：

会计分录	月份					
	1	2	3	4	5	6
借：财务费用	7 130	7 163	7 196	7 230	7 263	7 298
贷：应付利息	3 000	3 000	3 000	3 000	3 000	3 000
长期借款——利息调整	4 130	4 163	4 196	4 230	4 263	4 298

2）递延收益在借款存续期内采用实际利率法摊销时：

会计分录	月份					
	1	2	3	4	5	6
借：递延收益	4 130	4 163	4 196	4 230	4 263	4 298
贷：财务费用	4 130	4 163	4 196	4 230	4 263	4 298

可见，方法二中所记录的财务费用均为每月 3 000 元，与方法一的结果相同。

不同的是，方法一中的长期借款是以 1 000 000 元列入资产负债表的，而方法二中的长期借款是以摊余成本 891 211 元入账的。

2. 财政将贴息资金直接拨付给企业

财政将贴息资金直接拨付给企业，企业应当将对应的贴息冲减相关借款费用。

这种对财政贴息的账务处理规则，与《基本建设财务规则》的相关规定是一致的。

例 13－6B

本例与例 13－6A 作对比。

20×7 年 1 月 1 日，甲公司向银行贷款 1 000 000 元，贷款年利率为 9.6%，期限为 2 年，按月计息，按季度付息，到期一次还本。该公司的教育文化项目符合财政贴息的条件，可以凭付息凭证向财政机关申请贴息资金，财政机关按年与该公司结算贴息资金。企业实际负担的贷款年利率为 3.6%。

假定贷款期间的利息费用不满足资本化条件，一律计入财务费用。

（1）20×7 年 1 月 1 日，该公司取得银行贷款 1 000 000 元。

借：银行存款　　1 000 000

　贷：长期借款——本金　　1 000 000

（2）20×7 年 1 月 31 日起，每月月末计提利息。

企业每月应向银行支付的利息＝1 000 000×9.6%÷12＝8 000（元）

企业实际承担的利息＝1 000 000×3.6%÷12＝3 000（元）

应收政府贴息＝8 000－3 000＝5 000(元)

借：财务费用	8 000	
贷：应付利息		8 000
借：其他应收款	5 000	
贷：财务费用		5 000

13.2.8 政府补助退回的会计处理

现行会计准则规定，已确认的政府补助需要退回的，应当在需要退回的当期分情况按照以下规定进行会计处理：(1) 初始确认时冲减相关资产账面价值的，调整资产账面价值；(2) 存在相关递延收益的，冲减相关递延收益账面余额，超出部分计入当期损益；(3) 属于其他情况的，直接计入当期损益。

此外，对于属于前期差错的政府补助退回，应当按照《企业会计准则第28号——会计政策、会计估计变更和差错更正》的规定作为前期差错更正进行追溯调整。

例 13-7

承例13-1，假设20×1年9月，因客观环境改变，甲公司不再符合申请补助的条件，有关部门要求甲公司全额退回补助款。甲公司于当月退回了补助款360万元。甲公司的账务处理如下。

方法一：甲公司选择总额法对此类补助进行会计处理。甲公司应当结转尚未分配的递延收益，并将超出部分计入当期损益。

因为本例中该项补助与日常活动相关，所以这部分退回的补助冲减应退回当期的其他收益。

20×1年9月，甲公司退回补助款。

借：递延收益	3 240 000	
其他收益	360 000	
贷：银行存款		3 600 000

方法二：甲公司选择净额法对此类补助进行会计处理。甲公司计算应补提的折旧，将这部分费用计入当期损益（正常折旧应计入制造费用），相应调整固定资产的账面价值。

20×1年9月，甲公司退回补助款。

借：固定资产	3 600 000	
制造费用	360 000	
贷：银行存款		3 600 000
累计折旧		360 000

13.3 政府补助的列报

13.3.1 政府补助在利润表上的列示

采用总额法核算的、与日常活动有关的政府补助，在利润表的“营业利润”项目之上单列“其他收益”（other income）项目进行反映；采用总额法核算的、与日常活动无关的政府补助，在“营业外收入”项目中反映，如图 13－1 所示。

	项　目	
	一、营业收入	
	减：营业成本	
	税金及附加	
	销售费用	
	管理费用	
	研发费用	
	财务费用	
	其中：利息费用	
	利息收入	
采用总额法核算的、与日常活动有关的政府补助 →	加：其他收益	
	投资收益（损失以“－”号填列）	
	其中：对联营企业和合营企业投资的收益	
	以摊余成本计量的金融资产终止确认收益（损失以“－”号填列）	
	净敞口套期收益（损失以“－”号填列）	
	公允价值变动收益（损失以“－”号填列）	
	资产减值损失（损失以“－”号填列）	
	信用减值损失（损失以“－”号填列）	
	资产处置收益（损失以“－”号填列）	
	二、营业利润（亏损以“－”号填列）	
采用总额法核算的、与日常活动无关的政府补助 →	加：营业外收入	
	减：营业外支出	
	三、利润总额（亏损总额以“－”号填列）	
	减：所得税费用	
	四、净利润（亏损总额以“－”号填列）	

图 13－1　政府补助在利润表中的列报

采用净额法核算的、与资产相关的政府补助，应将补助冲减相关资产账面价值，以后期间按照扣减了政府补助后的资产价值对相关资产计提折旧或进行摊销。采用净额法核算的、与收益相关的政府补助，冲减当期的相关成本费用或营业外支出。采用净额法核算的政府补助不直接体现为利润表上广义收入的增加。

13.3.2 政府补助在财务报表附注中的披露

因政府补助涉及递延收益、其他收益、营业外收入以及相关成本费用等多个报表项目，为了全面反映政府补助情况，企业应当在附注中单独披露政府补助的相关信息。现行会计准则规定，企业应当在附注中单独披露与政府补助有关的下列信息：政府补助的种类、金额和列报项目；计入当期损益的政府补助金额；本期退回的政府补助金额及原因。其中，列报项目不仅包括总额法下计入其他收益、营业外收入、递延收益等的项目，还包括净额法下冲减的资产和成本费用等项目。

思考题

1. 什么是政府补助？政府补助有哪些种类？

2. 政府补助会计处理中总额法和净额法有什么区别？

3. 为什么要将政府补助区分为与资产相关的政府补助和与收益相关的政府补助，并采用不同的会计处理方法？

4. 阅读与分析一家公司的财务报告时，对于政府补助方面的信息，需要重点关注哪些问题？

练习题

1. 20×5年9月，甲公司按照有关规定为其自主创新的某高新技术项目申报政府财政贴息，申报材料表明该项目已于20×5年3月启动，预计共需投入资金2 000万元，项目期为2.5年，已投入资金600万元。项目尚需新增投资1 400万元，其中计划贷款800万元，已与银行签订贷款协议，协议规定贷款年利率为6%，贷款期为2年。

经审核，20×5年11月政府批准拨付甲公司贴息资金70万元，分别在20×6年10月和20×7年10月支付30万元和40万元。

要求：

为甲公司编制有关政府补助的会计分录。

2. 20×1年5月，乙公司需购置一套环保设备，预计价款为1 000万元，因资金不足，按相关规定向有关部门提出补助420万元的申请。20×1年6月1日，政府批准了乙公司的申请并拨付给乙公司420万元财政拨款（同日到账）。20×1年7月31日，乙公司购入不需安装的环保设备，实际成本为960万元，使用寿命为10年，采用直线法计提折旧（假设无残值）。20×9年7月31日，乙公司出售了这套设备，取得价款240万元。不考虑其他因素。

要求：

分别采用总额法和净额法为乙公司编制有关政府补助的会计分录。

第 14 章

Chapter 14 中期财务报告和分部报告

学习目标

1. 掌握：分部报告的披露规则；中期财务报告的编报规则。
2. 理解：制定分部报告准则的原因；分部报告准则的设计思路；中期报告准则的设计思路；“中期会计计量以年初至本中期末为基础”的含义。
3. 了解：中期财务报表的附注披露要求。

本章首先讲解《企业会计准则第 32 号——中期财务报告》的设计理念及其操作规则。该准则系借鉴《国际会计准则第 34 号——中期财务报告》（IAS® 34：Interim Financial Reporting）制定而成。然后讲解《企业会计准则第 35 号——分部报告》的设计理念及其操作规则。该准则系借鉴《国际财务报告准则第 14 号——分部报告》（IAS® 14：Segment Reporting）制定而成。

《国际会计准则第 14 号——分部报告》2006 年 11 月被国际会计准则理事会发布的《国际财务报告准则第 8 号——经营分部》（IFRS® 8：Operating Segments）取代。我国财政部 2009 年 6 月发布的《企业会计准则解释第 3 号》反映了国际准则的相应变动。

14.1 中期财务报告

14.1.1 准则的设计思路

准则所称中期财务报告（interim financial report），是指以中期为基础编制的财务报告。中期（interim period）是指短于一个完整的会计年度的报告期间。

由上述定义可知，中期财务报告一般是指上市公司所公布的年度报告。

与年度财务报告相比，中期财务报告的工作量略有减少。准则规定，中期财务报告至少应当包括资产负债表、利润表、现金流量表及其附注。中期资产负债表、利润表和现金流量表应当是完整报表，其格式和内容应当与上年度财务报表相一致。注意，所有者权益变动表没有被列入强制性要求。

14.1.2 一般规定

1. 中期财务报表的内容

如果当年新施行的会计准则对财务报表格式和内容作了修改，则应当按照修改后的报表格式和内容编制中期财务报表，同时对上年度比较财务报表的格式和内容作相应调整。

基本每股收益和稀释每股收益应当在中期利润表中单独列示。

财务报表项目在报告中期作了调整或者修订的，上年度比较财务报表项目有关金额应当按照本年度中期财务报表的要求重新分类，并在附注中说明重新分类的原因及其内容，无法重新分类的，应当在附注中说明不能重新分类的原因。

2. 中期合并财务报表

如果上年度编制了合并财务报表，则中期期末仍应当编制合并财务报表。

如果上年度财务报告除了包括合并财务报表，还包括母公司财务报表，则中期财务报告也应当包括母公司财务报表。

如果上年度财务报告包括合并财务报表，但报告中期内处置了所有应当纳入合并范围的子公司，则中期财务报告只需提供母公司财务报表，但上年度比较财务报表仍应当包括合并财务报表，上年度可比中期没有子公司的除外。

3. 中期比较财务报表

中期财务报告应当按照下列规定提供比较财务报表：(1) 本中期末的资产负债表和上年度末的资产负债表。(2) 本中期的利润表、年初至本中期末（year-to-date）的利润表以及上年度可比期间的利润表。(3) 年初至本中期末的现金流量表和上年度年初至可比本中期末的现金流量表。

例 14-1

甲公司按要求提供第三季度的财务报告，则该公司在截至 20×7 年 9 月 30 日的财务报表格式如表 14-1、表 14-2 和表 14-3 所示。

表 14-1 资产负债表

会企 01 表

编制单位： 单位：元

项目	金额		项目	金额	
	20×7 年 9 月 30 日	20×6 年 12 月 31 日		20×7 年 9 月 30 日	20×6 年 12 月 31 日
流动资产：			流动负债：		
货币资金			短期借款		
⋮			⋮		

表 14－2　利润表

会企 02 表

编制单位：　　　　单位：元

项目	20×7 年度		20×6 年度	
	20×7 年 7 月 1 日至 9 月 30 日	20×7 年 1 月 1 日至 9 月 30 日	20×6 年 7 月 1 日至 9 月 30 日	20×6 年 1 月 1 日至 9 月 30 日
一、营业收入				
减：营业成本				
⋮				

表 14－3　现金流量表

会企 03 表

编制单位：　　　　单位：元

项目	20×7 年 1 月 1 日至 9 月 30 日	20×6 年 1 月 1 日至 9 月 30 日
一、经营活动产生的现金流量：		
销售商品、提供劳务收到的现金		
收到的税费返还		
⋮		

4. 中期财务报告的附注

中期财务报告中的附注应当以年初至本中期末为基础编制，披露自上年度资产负债表日之后发生的，有助于理解企业财务状况、经营成果和现金流量变化情况的重要交易或者事项。

与理解本中期财务状况、经营成果和现金流量有关的重要交易或者事项，也应当在附注中作相应披露。

专栏 14－1　**准则原文摘录**

中期财务报告中的附注至少应当包括下列信息：

（一）中期财务报表所采用的会计政策与上年度财务报表相一致的声明。

会计政策发生变更的，应当说明会计政策变更的性质、内容、原因及其影响数；无法进行追溯调整的，应当说明原因。

（二）会计估计变更的内容、原因及其影响数；影响数不能确定的，应当说明原因。

（三）前期差错的性质及其更正金额；无法进行追溯重述的，应当说明原因。

（四）企业经营的季节性或者周期性特征。

（五）存在控制关系的关联方发生变化的情况；关联方之间发生交易的，应当披露关联方关系的性质、交易类型和交易要素。

（六）合并财务报表的合并范围发生变化的情况。

（七）对性质特别或者金额异常的财务报表项目的说明。

（八）证券发行、回购和偿还情况。

（九）向所有者分配利润的情况，包括在中期内实施的利润分配和已提出或者已批准但尚未实施的利润分配情况。

（十）根据《企业会计准则第35号——分部报告》规定应当披露分部报告信息的，应当披露主要报告形式的分部收入与分部利润（亏损）。

（十一）中期资产负债表日至中期财务报告批准报出日之间发生的非调整事项。

（十二）上年度资产负债表日以后所发生的或有负债和或有资产的变化情况。

（十三）企业结构变化情况，包括企业合并，对被投资单位具有重大影响、共同控制或者控制关系的长期股权投资的购买或者处置，终止经营等。

（十四）其他重大交易或者事项，包括重大的长期资产转让及其出售情况、重大的固定资产和无形资产取得情况、重大的研究和开发支出、重大的资产减值损失情况等。

企业在提供上述（五）和（十）有关关联方交易、分部收入与分部利润（亏损）信息时，应当同时提供本中期（或者本中期末）和本年度年初至本中期末的数据，以及上年度可比本中期（或者可比期末）和可比年初至本中期末的比较数据。

14.1.3 重要性的把握

企业在确认、计量和报告各中期财务报表项目时，对项目重要性程度的判断，应当以中期财务数据为基础，不应以年度财务数据为基础。中期会计计量与年度财务数据相比，可在更大的程度上依赖于估计，但是，企业应当确保所提供的中期财务报告包括相关的重要信息。

如果在同一会计年度内，以前中期财务报告中报告的某项估计金额在最后一个中期发生了重大变更、企业又不单独编制该中期财务报告，则应当在年度财务报告的附注中披露该项估计变更的内容、原因及其影响金额。

14.1.4 会计政策的一致性

企业编制中期财务报表和年度财务报表所采用的会计政策应当一致。如果企业在上年度资产负债表日之后发生了会计政策变更，且变更后的会计政策将在年度财务报表中采用，则中期财务报表应当采用变更后的会计政策，并按照《企业会计准则第28号——会计政策、会计估计变更和差错更正》的规定处理。

在同一会计年度内，如果以前的中期财务报表项目在之后的中期发生了会计估计变更，则之后的中期财务报表应当反映该会计估计变更后的金额，但对以前的中期财务报表项目金额不作调整。同时，应在附注中披露该变更。

如果企业在中期发生了会计政策变更，则应当按照《企业会计准则第28号——会计政策、会计估计变更和差错更正》处理，并在附注中作相应披露。

如果会计政策变更的累积影响数能够合理确定，且涉及本会计年度以前中期财务报表相关项目数字，则应予以追溯调整，视同该会计政策在整个会计年度一贯采用；同时调整上年度可比财务报表。

14.1.5　会计计量的一致性

中期会计计量应当以年初至本中期末为基础，财务报告的频率不应当影响年度结果的计量。

常见的情形是，对于债券投资或应付债券，合同通常约定的支付利息的间隔期为半年或一年。

例 14-2a

天中粮油股份公司 20×6 年 1 月 1 日购入地道食品有限公司当天发行的 2 年期债券作为债权投资，购入的债券面值总额为 1 000 000 元，票面年利率为 10%，每年付息一次，付息日为 12 月 31 日，到期一次还本。天中粮油股份公司实际支付价款和交易费用共计 1 029 000 元。

该公司按照摊余成本和实际利率计算确认利息收入（计入投资收益）。经测算，每个收款间隔期（即一年）所对应的实际利率为 8.365 612 872 255 96%。其会计处理如下：

（1）购入债券时。

借：债权投资——债券面值　1 000 000

——利息调整　29 000

贷：银行存款　1 029 000

（2）第一次计算投资收益时。采用实际利率法计算投资收益的情况如表 14-4 所示。

表 14-4　采用实际利率法计算投资收益　　单位：元

付息日期	票面利息额 借：应收利息 ①按票面利率计算	投资收益 贷：投资收益 ②=摊余成本×实际利率	视同还本的金额 贷：债权投资——利息调整 ③=①-②	摊余成本 ④= 期初④-③
				1 029 000
20×6 年 12 月 31 日	100 000	86 082	13 918	1 015 082
20×7 年 12 月 31 日	100 000	84 918	15 082	1 000 000
合计	200 000	171 000	29 000	

借：应收利息　100 000

贷：投资收益　86 082

债权投资——利息调整　13 918

实际收到利息时，借记“银行存款”科目，贷记“应收利息”科目，下同。

（3）第二次计算投资收益时。

借：应收利息　100 000

贷：投资收益　84 918

债权投资——利息调整　15 082

（4）到期收回本金时。

借：银行存款　1 000 000

　贷：债权投资——债券面值　1 000 000

例 14-2b

沿用上例的资料，假定天中粮油股份公司是上市公司，根据公司经营管理要求，需要编制季度报告。

在这种情况下，由于需要计算季度利润数据，因此，需要以季度为时间间隔来计算实际利率。经测算，每个收款间隔期（即一个季度）所对应的实际利率为2.028 822 107 919 66%。其会计处理如下：

（1）购入债券时。

借：债权投资——债券面值　1 000 000

　　　　　　——利息调整　29 000

　贷：银行存款　1 029 000

采用实际利率法计算投资收益的情况如表14-5所示。

表 14-5　采用实际利率法计算投资收益　　单位：元

付息日期	票面利息额 借：应收利息 ①按票面利率计算	投资收益 贷：投资收益 ②＝摊余成本×实际利率	视同还本的金额 贷：债权投资——利息调整 ③＝①－②	摊余成本 ④＝期初④－③
				1 029 000
20×6年3月31日	0	20 877	−20 877	1 049 877
20×6年6月30日	0	21 300	−21 300	1 071 177
20×6年9月30日	0	21 732	−21 732	1 092 909
20×6年12月31日	100 000	22 173	77 827	1 015 082
20×7年3月31日	0	20 594	−20 594	1 035 676
20×7年6月30日	0	21 012	−21 012	1 056 688
20×7年9月30日	0	21 438	−21 438	1 078 127
20×7年12月31日	100 000	21 874*	78 126**	1 000 000
合计	200 000	171 000	29 000	

说明：采用实际利率2.028 822 107 919 66%计算，*处原为21 873元，**处原为78 127元。由于四舍五入的问题，如此计算的话，贷记“债权投资——利息调整”科目的合计数将为29 001元。为确保贷记的“债权投资——利息调整”科目的金额恰为入账时的借方发生额29 000元，20×7年12月31日的账务处理对上述两项数据进行了尾差调整。

（2）最初三个季度计算投资收益时（各次以“/”隔开）。

借：债权投资——利息调整　20 877/21 300/21 732

　贷：投资收益　20 877/21 300/21 732

（3）第四个季度计算投资收益时。

借：应收利息　100 000

　贷：投资收益　22 173

　　　债权投资——利息调整　77 827

(4) 第五个季度至第七个季度计算投资收益时（各次以“/”隔开）。

借：债权投资——利息调整　　20 594/21 012/21 438

　贷：投资收益　　20 594/21 012/21 438

(5) 第八个季度计算投资收益时。

借：应收利息　　100 000

　贷：投资收益　　21 874

　　债权投资——利息调整　　78 126

(6) 第八个季度末一次性收回本金时。

借：银行存款　　1 000 000

　贷：债权投资——债券面值　　1 000 000

中期报告第一年（第一至四季度）所计算的投资收益合计数 =20 877+21 300+21 732+22 173

=86 082(元)

中期报告第二年（第五至八季度）所计算的投资收益合计数 =20 594+21 012+21 438+21 874

=84 918(元)

与例 14-2a 对比可见，中期报告的计量结果与年度报告的计量结果相同。

企业取得的季节性、周期性或者偶然性收入，应当在发生时予以确认和计量，不应在中期财务报表中预计或者递延，但会计年度末允许预计或者递延的除外。

企业在会计年度中不均匀发生的费用，应当在发生时予以确认和计量，不应在中期财务报表中预提或者待摊。会计年度末允许预提或者待摊的情形除外。

14.2 分部报告

14.2.1 准则的设计思路

金融分析师常常抱怨，合并报表过于令人费解。例如，对于金融控股公司来说，其合并资产负债表的资产方常常出现“融资租入固定资产”“买入返售金融资产”“贵金属”“应收保费”“应收分保账款”“独立账户资产”等项目，负债方常常出现“衍生金融负债”“独立账户负债”“未决赔款准备金”等项目，所有者权益中出现“一般风险准备金”，合并利润表中混杂着“利息净收入”“手续费及佣金净收入”“分保费用”等项目。对于同时拥有工商企业和金融机构的企业集团来说，情况更为复杂。工商业务的报表项目与金融业务的报表项目混在一起之后，让人很难从中理出头绪。

鉴于此，为了帮助读者了解企业各个业务板块所占用的资源以及所创造的业绩，准则要求企业在财务报表附注中披露各个业务板块的信息。这就是分部报告准则的设计目的。

不难看出，分部报告准则并不涉及记账，而只是规范会计处理完毕以后的信息披露。分部报告的存在是对合并报表的价值的反证。

14.2.2 经营分部

《企业会计准则第35号——分部报告》规定，企业应当以对外提供的财务报表为基础披露分部信息。对外提供合并财务报表的企业，应当以合并财务报表为基础披露分部信息。

企业（或企业集团，下同）在披露分部信息时，应当首先确定其经营分部，然后从中选择报告分部。

1. 经营分部的概念

经营分部（operating segment）是指企业内同时满足下列条件的组成部分：（1）该组成部分能够在日常活动中产生收入、发生费用；（2）企业管理层能够定期评价该组成部分的经营成果，以决定向其配置资源、评价其业绩；（3）企业能够取得该组成部分的财务状况、经营成果和现金流量等有关会计信息。

根据上述定义，企业的某些组成部分有可能不被视为经营分部。例如，企业的管理总部（或者某些职能部门）可能并不直接获取经营收入，或者其所获取的收入并非经常性的收入（即仅仅偶发性地取得收入），那么，这样的部门便不被视为经营分部或经营分部的组成部分。

2. 经营分部的确定

企业应当以内部组织结构、管理要求、内部报告制度为依据确定经营分部。

对于不具备相似经济特征的经营分部，应当将其分别确定为不同的经营分部。

对于存在相似经济特征的两个或多个经营分部，若同时满足下列条件，则可以将其合并为一个经营分部：

（1）各单项产品（或劳务）的性质（如规格、型号、最终用途等）相同（或相似）。在这种情况下，产品或劳务的相关风险、报酬率及其成长率通常较为接近，因此，可以将其划分到同一业务分部之中。

例 14-3

卓尔服装股份公司主要从事服装、皮具的生产和销售，业务范围包括：男士衬衣、男士毛衫、男士套装；女士衬衣、女士毛衫、女士套装；儿童服装；皮鞋、皮包、皮箱。如果上述产品的相关风险、报酬率及其成长率存在明显的差异，则在确定经营分部时，卓尔服装股份公司可以将男装、女装、童装、皮具分别划分为彼此独立的业务分部。

（2）生产过程的性质相同（或相似）。生产过程的性质包括采用劳动密集或资本密集方式组织生产、使用相同（或相似）的设备和原材料、采用委托生产或加工方式等。例如，资本密集型生产部门受技术进步因素影响较大，往往配备代价高昂的先进设备。相应地，固定资产折旧也会相当可观，这对其经营成本具有较大的影响。作为对比，劳动密集型生产部门的经营成本受人工成本影响较大。

（3）产品（或劳务）的客户类型相同（或相似）。产品（或劳务）的客户类型包括大宗客户、零散客户等。同一类型的客户群体往往享有相同的客户待遇（如销售价格、销售折扣、售后服务），因而，相关的风险和报酬也是相同（或相似）的。例如，对于商用电器和家用电器，商用电器主要供应大宗采购的企业客户，家用电器主要供应零星采购的家庭客户。在这种情况下，企业常常将各个商用电器分部合并为一个经营分部，将各个家用电器分部合并为一个经营分部。

（4）销售产品（或提供劳务）的方式相同（或相似）。销售产品（或提供劳务）的方式包括批发、零售、自产自销、委托销售、承包等。不同方式下的风险和报酬往往存在差异。例如，赊销方式虽然有助于扩大销售规模，但存在收账成本失控的风险；现销方式虽然不存在坏账风险，但不利于充分挖掘市场潜力。

（5）生产产品（或提供劳务）受法律、行政法规的影响相同（或相似）。生产产品（或提供劳务）受法律、行政法规的影响，包括法律法规对经营范围或交易定价的限制等。例如，银行业、保险业存在各自特有的监管政策（如银行业的审慎监管政策和保险业的偿付能力监管政策），因此，在划分业务分部时，应当考虑法律法规的影响。

例 14－4

老庄服饰集团股份有限公司专营男士服饰，产品品种有正装套装（有三个系列，分别是标准款、修身款和偏胖款）、T 恤衫、衬衣、皮鞋、皮包、配饰。该公司各业务部门在 20×5 年 12 月 31 日的有关资料如表 14－6 所示。该公司管理层定期评价各业务部门的经营成果。三个系列的正装套装的生产过程、客户类型、销售方式等具有相似性。公司管理层预测三个系列的正装套装今后 5 年的平均销售毛利率与本年度差异不大。

表 14－6　老庄服饰集团股份有限公司的分部信息　　金额单位：千元

项目	正装套装			T 恤衫	衬衣	皮鞋	皮包	配饰	合计
	标准	修身	偏胖						
营业收入	732 320	751 030	440 000	441 600	259 000	239 000	53 320	50 430	2 966 700
其中：对外交易收入	641 000	666 000	378 000	390 000	231 000	210 000	53 000	45 000	2 614 000
分部间交易收入	91 320	85 030	62 000	51 600	28 000	29 000	320	5 430	352 700
营业成本	515 100	518 300	300 100	302 000	181 300	176 000	39 000	35 000	2 066 800
其中：对外交易费用	453 000	461 300	245 000	257 000	171 300	170 000	38 000	33 000	1 828 600
分部间交易费用	62 100	57 000	55 100	45 000	10 000	6 000	1 000	2 000	238 200
利润总额	217 220	232 730	139 900	139 600	77 700	63 000	14 320	15 430	899 900
销售毛利率	29.7%	31.0%	31.8%	31.6%	30.0%	26.4%	26.9%	30.6%	30.3%
资产总额	2 050 000	2 060 650	1 280 000	1 300 000	650 000	645 000	125 000	110 650	8 221 300
负债总额	755 450	845 000	450 000	550 000	230 000	240 000	65 450	65 000	3 200 900

老庄服饰集团股份有限公司的各个组成部分能够在日常活动中产生收入、发生费用，公司管理层能够定期评价该组成部分的经营成果，取得该组成部分的财务状况、经营成果和现金流量等有关会计信息，因此，上述各个组成部分满足经营分部的定义，可以分别确定为不同的经营分部。另外，上述生产正装套装的三个部门的销售毛利率分别为29.7%、31.0%、31.8%，具有相近的长期财务业绩，且其生产过程、客户类型、销售方式等具有相似性。因此，老庄服饰集团股份有限公司在确定经营分部时，可以将生产正装套装的三个部门予以合并，作为一个经营分部（正装套装分部）。如果将上述三个部门合并，则正装套装分部的分部收入为1 923 350 000元，分部费用为1 333 500 000元，分部利润为589 850 000元。

14.2.3 报告分部

企业应当以经营分部为基础确定报告分部（reportable segments），从而披露分部信息。换言之，报告分部是指按规定应予披露的经营分部。

1. 报告分部的确定标准（10%重要性标准）

企业以经营分部为基础确定报告分部时，应当满足下列条件之一：(1) 该分部的分部收入占所有分部收入合计的10%或以上；(2) 该分部的分部利润（亏损）的绝对额，占所有盈利分部利润合计额或者所有亏损分部亏损合计额的绝对额两者中较大者的10%或者以上；(3) 该分部的分部资产占所有分部资产合计额的10%或者以上。

对于未满足上述10%重要性标准的业务分部，准则允许按照下列任意一种做法进行处理：(1) 企业管理层如果认为披露该经营分部信息对财务报告使用者是有益的，则可以直接将其确定为报告分部；(2) 不将该分部直接指定为报告分部，而是将该分部与其他类似的、未满足10%重要性标准的分部合并为一个报告分部；(3) 不将该分部指定为报告分部且不与其他分部合并，而是纳入“其他项目”予以披露。

报告分部的数量通常不应超过10个。报告分部的数量超过10个需要合并的，应当以经营分部的合并条件为基础，对相关的报告分部予以合并。

2. 报告分部75%的标准

准则规定，企业所确定的各个报告分部的对外交易收入合计额占合并总收入或企业总收入的比重，应当达到75%。未达到75%的，应当将其他的分部确定为报告分部（即使它们未满足前述10%重要性标准），直至达到75%。这就是说，分部报告应当具备足够的信息量，不应简单对付了事。

例 14-5

沿用例14-4的资料。老庄服饰集团股份有限公司各部门的营业收入、利润总额和资产总额所占的比例如表14-7所示。

表 14-7　老庄服饰集团股份有限公司的分部信息

项目	正装套装			T恤衫	衬衣	皮鞋	皮包	配饰	合计
	标准	修身	偏胖						
营业收入（千元）	732 320	751 030	440 000	441 600	259 000	239 000	53 320	50 430	2 966 700
各部门所占比例（%）	24.7	25.3	14.8	14.9	8.7	8.1	1.8	1.7	100
利润总额（千元）	217 220	232 730	139 900	139 600	77 700	63 000	14 320	15 430	899 900
各部门所占比例（%）	24.1	25.9	15.5	15.5	8.6	7.0	1.6	1.7	100
资产总额（千元）	2 050 000	2 060 650	1 280 000	1 300 000	650 000	645 000	125 000	110 650	8 221 300
各部门所占比例（%）	24.9	25.1	15.6	15.8	7.9	7.8	1.5	1.3	100

可见，三个正装套装部门和T恤衫部门的上述三项占比均达到了10%重要性标准。衬衣、皮鞋、皮包、配饰等部门的上述三项占比均不满足10%重要性标准，但是，企业仍然可以将其认为重要的部门确定为报告分部，或者将某些分部合并后作为报告分部。未列入报告分部的，一律在分部报告中列作“其他项目”。

3. 为提供可比信息而确定的报告分部

对于上期确定为报告分部的，如果企业本期认为其依然重要，则即使该业务分部本期未满足报告分部的确定条件，也应将其确定为本期的报告分部。

14.2.4　分部信息的披露

企业报告分部确定后，应当披露下列信息。

1. 描述性信息

（1）企业在确定报告分部时所考虑的主要因素。

（2）各个报告分部所提供的产品和劳务的类型。

2. 每一报告分部的利润（亏损）总额相关信息

此类信息包括利润（亏损）总额组成项目及计量的相关会计政策信息。企业应当在附注中披露每一报告分部的下列信息：

（1）对外交易收入和分部间交易收入。

（2）利息收入和利息费用。报告分部的日常活动是金融性质的情形除外。如果分部的日常活动是金融性质的，则可以仅仅披露利息收入减去利息费用后的净额，同时披露这一处理方法。

（3）采用权益法核算的长期股权投资的投资收益。

（5）所得税费用或所得税收益。

（6）其他重大的收益或费用项目。

3. 每一报告分部的资产总额、负债总额相关信息

此类信息包括资产总额组成项目的信息，以及有关资产、负债计量的相关会计政策。

关于资产，企业应当在附注中披露每一报告分部的下列信息：

（1）采用权益法核算的长期股权投资的投资收益。

（2）非流动资产的金额，不包括金融资产、独立账户资产、递延所得税资产。

分部负债是指分部经营活动形成的可归属于该分部的负债，不包括递延所得税负债。

例 14-6

沿用例 14-4 的资料。老庄服饰集团股份有限公司的管理层为了在年报中彰显主业优势，同时兼顾具有成长性的业务部门，决定将标准套装、修身套装、偏胖套装、T恤衫、衬衣和皮鞋等经营分部确定为报告分部，皮包和配饰这两个经营分部均列入“其他项目”。根据前述信息所编制的分部报告的部分数据如表 14-8 所示。欲填写更为详尽的信息，还需要其他支持性的信息，限于篇幅，此处从略。

表 14-8　报告分部的利润（亏损）、资产及负债信息　　单位：千元

项目	标准套装	修身套装	偏胖套装	T恤衫	衬衣	皮鞋	其他	合计
一、对外交易收入	641 000	666 000	378 000	390 000	231 000	210 000	98 000	2 614 000
二、分部间交易收入	91 320	85 030	62 000	51 600	28 000	29 000	5 750	352 700
三、对联营和合营企业的投资收益								
四、资产减值损失								
五、折旧费和摊销费								
六、利润（亏损）总额	217 220	232 730	139 900	139 600	77 700	63 000	29 750	899 900
七、所得税费用								
八、净利润（净亏损）								
九、资产总额	2 050 000	2 060 650	1 280 000	1 300 000	650 000	645 000	235 650	8 221 300
十、负债总额	755 450	845 000	450 000	550 000	230 000	240 000	130 450	3 200 900
十一、其他重要的非现金项目								
折旧和摊销费用以外的其他非现金费用								
对联营企业和合营企业的长期股权投资								
长期股权投资以外的其他非流动资产增加额								

4. 报告分部信息与企业总体信息的衔接

企业披露的分部信息，应当与合并财务报表或企业财务报表中的总额信息相衔接。具体而言：分部收入应当与企业的对外交易收入（包括企业对外交易取得的、未包括在任何分部收入中的收入）相衔接；分部利润（亏损）应当与企业营业利润（亏损）和企业净利润（净亏损）相衔接；分部资产总额应当与企业资产总额相衔接；分部负债总额应当与企业负债总额相衔接。

5. 报告分部的比较信息

企业在披露报告分部信息时，应当提供前期比较数据。但是，提供比较数据不切实可行的除外。

6. 补充性的信息披露

除上述已经作为报告分部信息组成部分披露的外，企业还应当披露下列信息：

（1）每一产品和劳务或每一类似产品和劳务组合的对外交易收入。

（2）企业取得的来自本国的对外交易收入总额，以及从其他国家或地区取得的对外交易收入总额。但是，披露相关信息不切实可行的情形除外。

（3）企业取得的位于本国的非流动资产（不包括金融资产、独立账户资产、递延所得税资产，下同）总额，以及企业位于其他国家或地区的非流动资产总额。但是，披露相关信息不切实可行的情形除外。

（4）企业对主要客户的依赖程度。

7. 分部会计政策

分部会计政策是指编制合并财务报表或企业财务报表时采用的会计政策，以及与分部报告特别相关的会计政策。与分部报告特别相关的会计政策包括分部的确定、分部间转移价格的确定方法，以及将收入和费用分配给报告分部的基础等。

分部间转移交易应当以实际交易价格为基础计量。转移价格的确定基础及其变更情况，应当予以披露。

企业应当披露分部会计政策，但分部会计政策与合并财务报表或企业财务报表一致的除外。分部会计政策变更影响重大的，应当按照《企业会计准则第 28 号——会计政策、会计估计变更和差错更正》进行披露，并提供相关比较数据。提供比较数据不切实可行的，应当说明原因。企业改变分部的分类且提供比较数据不切实可行的，应当在改变分部分类的年度，分别披露改变前和改变后的报告分部信息。

拓展阅读

1. 珠海格力电器股份有限公司. 珠海格力电器股份有限公司 2021 年年度报告. 2022-04-30.

2. 珠海格力电器股份有限公司. 珠海格力电器股份有限公司 2022 年第一季度报告. 2022-04-30.

练习题

一、单项选择题

下列各项有关中期财务报告的表述中，正确的是（　　）。

A. 中期财务报告的会计计量应当以年初至本中期末为基础

B. 中期资产负债表应当提供本中期末和上年度末的资产负债表
C. 中期财务报告重要性程度的判断应当以中期财务数据为基础
D. 中期财务报告的编制应当遵循与年度财务报告相一致的会计政策

二、多项选择题

1. 下列各项关于分部报告的表述中，正确的有（　　）。
A. 企业应当以经营分部为基础确定报告分部
B. 企业披露分部信息时无须提供前期比较数据
C. 企业披露的报告分部收入总额应当与企业收入总额相衔接
D. 企业披露分部信息时应披露每一报告分部的利润总额及其组成项目的信息

2. 下列有关分部报告的表述中，正确的有（　　）。
A. 企业应当区分主要报告形式和次要报告形式披露分部信息
B. 分部信息主要报告形式无须披露分部资产总额和分部负债总额
C. 对外提供合并财务报表的企业应以合并财务报表为基础披露分部信息
D. 披露的分部信息应与合并财务报表或企业财务报表中的总额信息相衔接

3. 企业确定业务分部时，在结合内部管理要求的基础上应考虑的因素有（　　）。
A. 生产过程的性质
B. 产品或劳务的性质
C. 销售商品或提供劳务的方式
D. 产品或劳务的客户类型

第 15 章

Chapter 15 股份支付

课程思政要点

1. 培养辩证思维能力。结合股票期权激励计划在安然事件中所扮演的角色，全面把握股票期权激励机制的利弊。

2. 理解现行股份支付准则的设计理念及其局限性。

学习目标

1. 掌握：以权益结算的股份支付的会计处理；以现金结算的股份支付的会计处理。

2. 理解：股份支付准则的设计思路。

本章主要讲解《企业会计准则第 11 号——股份支付》的设计理念及其操作规则。该准则系借鉴《国际财务报告准则第 2 号——股份支付》(IFRS® 2：Share-based Payment）制定而成。

股份支付在理论上存有争议，其会计规则更是未有定论。为帮助读者深入理解其设计机理，本章设专栏予以辩证分析，专栏内容不作教学要求。

15.1 股份支付概述

15.1.1 股份支付简介

2005 年 12 月 31 日，中国证监会发布《上市公司股权激励管理办法（试行)》，对上市公司的股权激励进行规范。该文件所称股权激励，是指上市公司以本公司股票为标的，对其董事、监事、高级管理人员及其他员工进行的长期性激励。股份支付反映了职业经理渴望从雇员（employee）转变为股东（stockholder）的愿望。

会计准则所称股份支付（share-based payment），实际上就是前段所称的股权激励。准则规定，股份支付，是指企业为获取职工和其他方提供服务而授予权益工具或者承担以权益工具为基础确定的负债的交易。权益工具是指股票以及股票性质的证券。

股份公司（立权人）设立股权激励计划之日（即股东大会批准之日）称作授权日（grant date），又称授予日。该计划一般约定，授权对象（又称受权人，一般为上市公司高级技术人员或高级管理人员）在达到行权条件（如达到服务年限标准或业绩标准）时，即可选择行使以授权日约定的行权价格（又称授予价格）购买上市公司股票的权利，或者以现金进行结算。前者即为准则所称的以权益结算的股份支付（equity-settled share-based payment transactions），后者即为准则所称的以现金结算的股份支付（cash-settled share-based payment transactions）。①

专栏 15-1　**激励计划的行权条件和行权价格**

1. 行权条件

理论上，行权条件宜与市场竞争力（如市场占有率、市场美誉度）、质量管理水平（如安全营运里程数、服务投诉率、产品返修率）等因素挂钩。这种激励导向立意长远，值得提倡。在实践中，行权条件大多与服务期限或者财务业绩指标（如净利润金额或其环比增长率、平均增长率，净资产收益率，营业收入增长率，主营业务收入占总收入的比重）、股价表现（如股价及其环比涨幅或同比涨幅）等挂钩。也有公司出于战略管理之需，把不作为义务（未被行政处罚、未被监管机关公开谴责、产品质量安全未被舆论谴责等）列入行权条件。

2. 行权价格

行权价格通常按照授予日的收盘价、之前数日（或数十日）的平均收盘价两者之中的较高者确定。

股份支付准则的设计理念及其难点

15.1.2 会计准则的设计理念

对于公司授予管理层的股票期权，究竟要不要作为管理费用在财务报表中进行列报？如果要在财务报表中列报，以何种金额列报？这是股份支付准则要解决的核心问题。

反对把股份支付计入管理费用的人提出，如果把股份支付的代价计入管理费用，则势必会减少会计利润，进而影响企业的市场形象，

① 准则给出的定义如下：以权益结算的股份支付是指企业为获取服务以股份或其他权益工具作为对价进行结算的交易；以现金结算的股份支付是指企业为获取服务承担以股份或其他权益工具为基础计算确定的交付现金或其他资产义务的交易。

这与股份支付的目的背道而驰。缺乏现金储备的小型高科技企业是这一观点的忠实拥护者。支持把股份支付计入管理费用的人提出，股份支付实质上仍然是职工薪酬，是企业为职工的劳动所支付的代价，如果股份支付不是一种费用，又是什么？

在美国的证券市场上，这一争论持续了十余年，最终美国证券交易委员会决定，上市公司应当在行权之前各个会计期间的财务报表中，把股票期权列为一项费用。但是，在期权实际行权之前，如何计算确定应计入费用的金额，却是一个大难题。一方面，未来授予的股份数量是不确定的，谁知道将来会有多少人跳槽？另一方面，即使知道未来授予的股份数量，按照多高的单价来计算股票期权的代价呢？总之，数量和单价这双重的不确定性成为会计准则的待解难题。围绕这些问题产生了不少争论。最终，准则给出的解决方案是，数量通过估计来确定，单价按照授权日的公允价值或者计量日的公允价值来确定。授权日是指股份支付协议获得批准的日期。其中获得批准是指企业与职工（或其他方）双方就股份支付的协议条款和条件已达成一致，该协议获得股东大会或类似机构的批准。

课程思政　理解会计规则的理论逻辑、历史逻辑和实践逻辑

专栏 15-2　股票期权的会计处理规则之演变

1972 年，美国会计原则委员会（APB）发布的第 25 号意见书《向职工发行的股票的会计处理》要求公众公司对股票期权按照其内在价值进行计量。该文件所称的内在价值，其实是指股票公允价值高于行权价格的金额。如此计算的结果，使得公众公司所记载的薪酬代价金额很小，有时甚至根本不用记载股票期权的薪酬代价。

1984 年，美国财务会计准则委员会着手修改 APB 第 25 号意见书。随后数年，该委员会试图引入期权定价模型来计量股票期权的公允价值，但所得到的反馈大多是反对意见。面对反对之声，该委员会组成了由会计师、薪酬顾问、产业界和学术界代表组成的工作组，着手起草新规则。1993 年 6 月，该委员会发布征求意见稿《基于股票的薪酬的会计处理》，提议公众公司按照授予日的公允价值计量基于股票的薪酬（即股票期权）。该委员会还与毕马威会计师事务所一道，对征求意见稿中的新规则进行了实地测试。

这套拟议中的新规则引发了极大争议。美国财务会计准则委员会共收到 1 786 份评价函，绝大部分都是反对意见。1994 年 3 月，该委员会在加利福尼亚州和康涅狄格州召开了 6 天的听证会，来自 73 个组织的代表阐述了意见。

硅谷表示强烈反对。反对者不仅游说美国证券交易委员会，而且向克林顿政府和国会要员求助。财政部部长劳埃德·本特森（Lloyd Bentsen）和商务部部长荣·布朗（Ron Brown）写了一封信来公开谴责美国财务会计准则委员会的提案。这一拟议中的会计规则甚至成为美国联邦国会关注的热门话题。来自康涅狄格州的参议员乔·利伯曼（Joe Lieberman，他后来在 2000 年成为阿尔·戈尔的竞选搭档）义正词严地对美国财务会计准则委员会及其提案发动了猛烈抨击。利伯曼执笔撰写了一项决议，该决议迫使

美国财务会计准则委员会让步，并且警告说，该委员会提议的会计规则一旦得以发布，将会对美国企业界造成“严重的后果”。该决议以88：9在参议院获得通过。利伯曼启动的立法程序实际上剥夺了美国财务会计准则委员会的权力。可是，要知道，美国财务会计准则委员会本身并不是一个政府机构。足见，这是多么吊诡的一件事情。

在1994年的选举中，坚决推崇技术创新并反对管制的纽特·金里奇（Newt Gingrich）出任众议院议长。美国财务会计准则委员会的征求意见稿注定不会被接受。1994年12月，美国财务会计准则委员会对各方面的反馈信息进行综合权衡，最终决定，鼓励（但不要求）公众公司采用基于公允价值的计量方法对股票期权进行会计处理并作进一步的附注披露。公众公司仍然可以选择适用第25号APB意见书所规定的方法（在这种情况下，需要披露新规则对公司净收益和每股收益的影响）。

1995年10月，美国财务会计准则委员会发布《财务会计准则公告第123号——基于股票的薪酬的会计处理》。

第123号准则发布后，越来越多的公众公司采用基于公允价值的计量方法进行会计处理，要求统一会计处理方法的呼声日高。安然事件之后，股票期权的会计处理规则备受关切。2002年11月，国际会计准则理事会发布股份支付准则的征求意见稿。美国财务会计准则委员会随后立即跟进。2003年3月，该委员会着手重新评估第123号准则。企业界再度进行政治游说，美国联邦国会再度实施干预。众议院甚至于2004年7月20日通过了编号为H.R.3574的《股票期权会计改革法案》(Stock Option Accounting Reform Act)，该法案所规定的股票期权会计处理规则仅仅是针对公司首席执行官等五位薪酬最高的职员的。这实际上会大幅削弱股票期权费用化的信号作用。该法案于2004年9月7日送达参议院的银行业及住房与城乡事务委员会付诸表决，但是，直到第108届国会届满，参议院也没有采取进一步的行动。

2004年12月，美国财务会计准则委员会发布修订后的第123号准则，该准则的名称改为“股份支付”，与国际财务报告准则第2号的名称相同。该准则要求公众公司采用基于公允价值的计量方法对股票期权进行会计处理，并在利润表中列为一项费用。美国会计原则委员会的第25号意见书被废止。

资料来源：Financial Accounting Standards Board. Statement of Financial Accounting Standards No. 123 (revised 2004): Share-Based Payment, Appendix C. 2004；约瑟夫·斯蒂格利茨. 喧嚣的九十年代. 北京：金融出版社，2005：97-101.

15.1.3 相关概念

等待期（vesting period）又称行权限制期，是指可行权条件（vesting conditions）得到满足的期间。对于规定服务期间的情形，为授予日至可行权日的期间；对于规定业绩条件的情形，应当在授予日根据最可能的业绩结果预计等待期的长度。

等待期内的每个资产负债表日称作计量日（measurement date）。企业在该日应当按照公允价值计量其股份支付。

可行权日（vesting date）又称股权生效日，是指可行权条件得到满足、职工和其他方具有从企业取得权益工具或现金的权利的日期。

行权日是指职工和其他方行使权利、获取现金或权益工具的日期。有的激励计划在实施中往往是分期分批行权的，因而存在多个行权日。

例 15-1

20×1 年 5 月 1 日，华夏实业股份公司股东大会批准董事会此前审议通过并提请表决的股票期权激励计划。该计划的授权对象为该公司的 100 位高级管理人员，期限为 6 年，至 20×7 年 4 月 30 日终止。其中，等待期为 3 年（自 20×1 年 5 月 1 日至 20×4 年 4 月 30 日），行权期为 3 年（自 20×4 年 5 月 1 日至 20×7 年 4 月 30 日）。符合行权条件的授权对象自 20×4 年 5 月 1 日起可以主张行使权利，该日即为可行权日。假定高级管理人员均在 20×5 年 11 月 1 日行权。

按照会计准则的规定，该公司应当在股票期权激励计划终止前，按照公允价值计量尚未行权的期权。因此，其计量日分别为 20×1 年、20×2 年、20×3 年的 12 月 31 日。

华夏实业股份公司上述股票期权激励计划的业务流程可概括如图 15-1 所示。

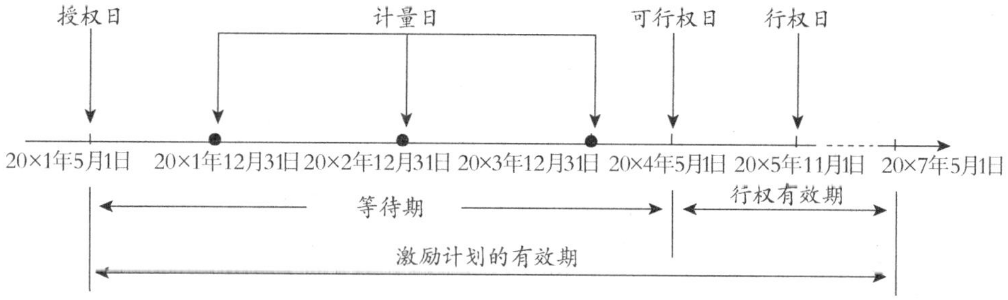

图 15-1　股权激励计划的业务流程（示意图）

15.2　以权益结算的股份支付

以权益结算的股份支付应当以授予职工的权益工具的公允价值计量。

以权益结算的股份支付

15.2.1　立即可行权的情形

对于授予后立即可行权的以权益结算的股份支付，企业应当在授予日按照权益工具的公允价值，借记“管理费用”科目或资产成本类科目，同时贷记“资本公积——其他资本公积”科目。

在行权日，企业应当按根据实际行权的权益工具数量乘以实际行权价格确认所收到的认股款，借记“银行存款”科目，按前已贷记的金额，借记“资本公积——其他资本公积”科目，按新增的股本面值，贷记“股本”科目，按上述借方金额与贷方金额之差，贷记“资本公积——股本溢价”科目。

15.2.2 行权有附加条件的情形

有些以权益结算的股份支付附加有服务年限或业绩条件，受权人只有在完成等待期内的服务或达到规定业绩条件后才可行权。其会计处理规则与立即可行权的情形不同。

（1）在授权日，不作账务处理。

（2）在等待期内的每个资产负债表日，应当以对可行权权益工具数量的最佳估计数为基础，按照权益工具授予日的公允价值，将当期取得的服务计入相关资产成本或管理费用，即按“可行权数量最佳估计×授权日公允价值”，借记“管理费用”科目或资产成本类科目，同时贷记“资本公积——其他资本公积”科目。

（3）在等待期内的每个资产负债表日，后续信息表明可行权权益工具的数量与以前估计不同的，应当进行调整，并在可行权日调整至实际可行权的权益工具数量。即在可行权日，应当把“资本公积——其他资本公积”科目余额调整至“实际可行权数量×授权日公允价值”。此后不再对已确认的相关成本或费用和所有者权益总额进行调整。

（4）在行权日，企业根据实际行权的权益工具数量，计算确定应转入实收资本或股本的金额，将其转入实收资本或股本。企业应当按根据实际行权的权益工具数量收到的认股款，借记“银行存款”科目，按前已累积的贷记金额，借记“资本公积——其他资本公积”科目，按新增的股本面值，贷记“股本”科目，按上述借方金额与贷方金额之差，贷记“资本公积——股本溢价”科目。

1. 附服务年限的情形

例15-2

20×1年1月1日，岭南实业股份公司股东大会批准董事会此前审议通过并提请表决的股权激励计划，决定向100名管理人员每人授予100 000份股票期权，行权价格为每股8元。行权条件是自该日起在公司连续服务3年。该公司估计股票期权在授权日的公允价值为每份6元，该公司股票价格为每股5元。

第1年有8名管理人员离开，估计3年累计离开比例为15%；

第2年又有3名管理人员离开，估计3年累计离开比例为20%；

第3年又有3名管理人员离开。

20×4年1月1日，岭南实业股份公司股票的公允价值为每股15元。未离开的管理人员全部行权获得股票。该公司股票面值为每股1元。

岭南实业股份公司上述业务的会计处理如下。

（1）授权日（20×1 年 1 月 1 日），不作账务处理。

（2）等待期内每个资产负债表日的会计分录如表 15－1 所示。

表 15－1　股票期权的账务处理　　单位：元

会计科目	20×1 年年初	20×1 年年底	20×2 年年底	20×3 年年底
借：管理费用	—	17 000 000	15 000 000	19 600 000
贷：资本公积——其他资本公积	—	17 000 000	15 000 000	19 600 000

上述分录中的计算情况如表 15－2 所示。

表 15－2　股票期权的费用化金额的计算　　单位：元

年份	计算	当期费用	累计费用
20×1	100×(1－15%)×100 000×6×1/3	17 000 000	17 000 000
20×2	100×(1－20%)×100 000×6×2/3	15 000 000	32 000 000
20×3	86×100 000×6	19 600 000	51 600 000

（3）行权日（20×4 年 1 月 1 日）的账务处理。

发放股票收取的价款＝86×100 000×8＝68 800 000(元)

股本的增加额＝86×100 000×1＝8 600 000(元)

借：银行存款　　68 800 000

　　资本公积——其他资本公积　　51 600 000

　贷：股本　　8 600 000

　　　资本公积——股本溢价　　111 800 000

2. 附业绩条件的情形

例 15－3

20×1 年 1 月 1 日，星海高科股份公司股东大会批准董事会此前审议通过并提请表决的股权激励计划，授予该公司 100 名管理人员每人 100 000 份股票期权，行权价格为每股 19 元。该公司希望通过超出行业平均水平的业绩增长来拉升公司股价。在授予日，该公司股票价格为每股 13 元，该公司估计股票期权的公允价值为每份 15 元。期权在 3 年内有效。有关资料如表 15－3 所示。

表 15－3　股票期权的行权条件及相关信息

项目	第 1 年（20×1 年）	第 2 年（20×2 年）	第 3 年（20×3 年）
期权的业绩条件	净利润增长率≥8%	净利润增长率≥9%	净利润增长率≥10%
实际业绩	净利润增长率 7%	净利润增长率 8.6%	净利润增长率 11%
当年实际离开人数	3	8	7
估计下年离开人数	7	4	—
每年年底的股价	23	44	68

20×1年年底与20×2年年底，公司均估计下一年能够达到行权条件。

该公司上述业务的会计处理如下：

(1) 授予日（20×1年1月1日），不作账务处理。

(2) 等待期内每个资产负债表日的会计分录如表15-4所示。

表15-4 股票期权的账务处理 单位：元

会计科目	20×1年年底	20×2年年底	20×3年年底
借：管理费用	67 500 000	17 500 000	38 000 000
贷：资本公积——其他资本公积	67 500 000	17 500 000	38 000 000

上述分录中的计算情况如表15-5所示。

表15-5 股票期权的费用化金额的计算 单位：元

年份	计算过程	当期费用	累计费用
20×1	(100－3－7)×100 000×15×1/2	67 500 000	67 500 000
20×2	(100－3－8－4)×100 000×15×2/3	17 500 000	85 000 000
20×3	(100－3－8－7)×100 000×15	38 000 000	123 000 000

以下简要解释表15-5中的计算过程。

20×1年年底，该公司未达到预定的业绩条件，因此，预计下一年能达到预定的业绩条件。此时所估计的2年里应当记录的管理费用可计算如下：

(100－3－7)×100 000×15＝135 000 000(元)

因此，第1年应当记录的管理费用为67 500 000元。

20×2年年底，该公司仍未达到预定的业绩条件，因此，预计下一年能达到预定的业绩条件。此时所估计的3年里应当记录的管理费用可计算如下：

(100－3－8－4)×100 000×15＝127 500 000(元)

现在是3年里的第2年，因此，此时应当记录的管理费用可计算如下：

127 500 000÷3×2＝85 000 000(元)

由于20×1年已经记录管理费用67 500 000元，因此，20×2年需要补记管理费用17 500 000元。

(3) 行权日（20×4年1月1日）的账务处理。

发放股票收取的价款＝82×100 000×19＝155 800 000(元)

股本的增加额＝82×100 000×1＝8 200 000(元)

借：银行存款　155 800 000

　　资本公积——其他资本公积　123 000 000

　贷：股本　8 200 000

　　　资本公积——股本溢价　270 600 000

15.3　以现金结算的股份支付

以现金结算的股份支付

以现金结算的股份支付是指实施股权激励计划的股份公司按照股票市价与授予价格（对于授予对象而言即是行权价格）之差，对授予对象所持有的期权进行现金给付。在实践中，以现金结算的股份支付的常见形式是股票增值权。

专栏 15-3　　股票增值权

股票增值权（share appreciation rights/stock appreciation rights，SAR）指期权的持有方（对股份公司而言即为授权对象，又称股权激励对象）在期权的有效期内（即股份公司规定的行权时限内，一般为 3 年以上）选择行权，按照行权价格与授予价格之差收取现金的股权激励方案。股权激励对象不拥有这些股票的所有权，也不拥有股东表决权、配股权。这种方案直接按价差支付现金，不存在回购股票或定向增发股票的问题，因而可避免股权数量的骤然变更对公司股价造成冲击。

实行股票增值权激励计划的股份公司通常在计划中明确规定各期的行权时间安排和行权份额，并报监管机关备案。

准则规定，以现金结算的股份支付，按照企业承担的以股份或其他权益工具为基础计算确定的负债的公允价值计量。

15.3.1　立即可行权的情形

（1）在授予日，以企业承担负债的公允价值计入相关成本或费用，相应增加负债。按确定的金额，借记“管理费用”科目，贷记“应付职工薪酬——股份支付”科目。

（2）在行权日，借记“应付职工薪酬——股份支付”科目，贷记“银行存款”科目。

15.3.2　行权有附加条件的情形

有些以现金结算的股份支付附加有服务年限或业绩条件，受权人只有在完成等待期内的服务或达到规定业绩条件后才可行权。其会计处理规则与立即可行权的情形不同。

（1）在授权日，不作账务处理。

（2）在等待期内的每个资产负债表日，应当以可行权的股票增值权的最佳估计数为基础，计算负债（应付职工薪酬）的公允价值，计入当期费用，借记“管理费用”等科目，贷记“应付职工薪酬——股份支付”科目。

鉴于股票增值权并非证券市场上的交易品种，通常没有活跃的市场报价，其公允价值的计量往往需要借助期权估值模型予以计算。

（3）在可行权日，应当将可行权的股票增值权的数量调整至实际水平，并调整债务的公允价值，借记或贷记“管理费用”等科目，贷记或借记“应付职工薪酬——股份支付”科目。

在可行权日之后不再确认成本费用增加，负债（应付职工薪酬）公允价值的变动应当计入当期损益（公允价值变动损益），借记或贷记“公允价值变动损益”科目，贷记或借记“应付职工薪酬——股份支付”科目。

（4）在结算日（每次支付现金结算金额时），按实际支付的现金结算金额，借记“应付职工薪酬——股份支付”科目，贷记“银行存款”等科目。

课程思政 培养辩证思维能力

专栏15-4　　难以计算不存在活跃市场的期权的公允价值

《企业会计准则——应用指南》规定，对于授予的存在活跃市场的期权等权益工具，应当按照活跃市场中的报价确定其公允价值。对于授予的不存在活跃市场的期权等权益工具，应当采用期权定价模型等确定其公允价值，选用的期权定价模型至少应当考虑以下因素：（1）期权的行权价格；（2）期权的有效期；（3）标的股票的现行价格；（4）股价预计波动率；（5）股份的预计股利；（6）期权有效期内的无风险利率。

上述规定实质上是比照布莱克-斯科尔斯-默顿公式的参数编写的。但股票增值权的行权期限较长，属于美式期权，且股价波动率往往变动频繁，因此，基本的布莱克-斯科尔斯-默顿公式不适用于估算股票增值权的公允价值。估计股票增值权时，往往需要使用根据上述特点予以修正的估值模型。

例15-4

20×1年1月1日，挟洋自重股份公司股东大会批准董事会此前审议通过并提请表决的股票增值权计划，授予该公司100名高级管理人员每人1 000 000份股票增值权。对于每份股票增值权，符合行权条件的授权对象可按照行权日的股票市价与行权价格之差，要求公司支付现款。行权条件是自授权日起服务满2年。行权价格为每股4元。该计划的终止日期是20×5年12月31日。

挟洋自重股份公司在结算之前的每一资产负债表日以及在结算时的相关数据如表15-6所示。假定结算日为年底的资产负债表日。

表15-6　行权价格为4元的股票增值权的相关计算情况　　金额单位：元

项目	20×1年	20×2年	20×3年	20×4年	20×5年
每股股票的市价	3	4	5	6	7
每份股票增值权实际支付的现金	—	—	1	2	3
每份期权的公允价值（估值）*	1	2	3	4	—

续表

项目	20×1年	20×2年	20×3年	20×4年	20×5年
本年行权人数	—	—	10	20	40
本年离职人数	20	10	—	—	—
预计次年离职人数	8	—	—	—	—

* 期权的公允价值系根据估值模型估算的数值。

挟洋自重股份公司该项业务历年所计算的负债以及所支付的现款情况如表15－7所示。

表15－7 各年负债应有余额及所支付的现款情况 单位：元

年份	资产负债表日负债的应有余额的计算 ①	当期费用 ②＝本期①－上期①＋本期③	结算日支付现金 ③
20×1年	(100－28)×1 000 000×1×1/2＝36 000 000	36 000 000	—
20×2年	(100－30)×1 000 000×2＝140 000 000	104 000 000	—
20×3年	(100－30－10)×1 000 000×3＝180 000 000	50 000 000	10×1 000 000×1＝10 000 000
20×4年	(100－30－30)×1 000 000×4＝160 000 000	20 000 000	20×1 000 000×2＝40 000 000
20×5年	0	－40 000 000	40×1 000 000×3＝120 000 000
总额	—	170 000 000	170 000 000

为简化起见，假定结算日均为资产负债表日，挟洋自重股份公司上述业务的账务处理如下：

(1) 20×1年1月1日（授予日），不作账务处理。

(2) 20×1年12月31日。

负债的应有余额＝预计行权人数×每人持有的期权份数×每份期权的公允价值
＝(100－28)×1 000 000×1
＝72 000 000(元)

以上所计算的是挟洋自重股份公司在20×1年年底估计的、在2年等待期内应记载的负债。因此，平均之后，20×1年应记载的负债为36 000 000元。

借：管理费用 36 000 000
　贷：应付职工薪酬——股份支付 36 000 000

(3) 20×2年12月31日。

负债的应有余额＝预计行权人数×每人持有的期权份数×每份期权的公允价值
＝(100－30)×1 000 000×2
＝140 000 000(元)

这是挟洋自重股份公司在2年等待期内累计应记载的负债。由于20×1年已经记载负债36 000 000元，因此，20×2年应记载的负债为104 000 000元。

借：管理费用　　104 000 000
　　贷：应付职工薪酬——股份支付　　104 000 000

(4) 20×3年12月31日。

1）资产负债表日（12月31日）确认公允价值变动损益时。

借：公允价值变动损益　　50 000 000
　　贷：应付职工薪酬——股份支付　　50 000 000

2）结算日（12月31日）支付现款时。

借：应付职工薪酬——股份支付　　10 000 000
　　贷：银行存款　　10 000 000

(5) 20×4年12月31日。

1）资产负债表日（12月31日）确认当期费用时。

借：公允价值变动损益　　20 000 000
　　贷：应付职工薪酬——股份支付　　20 000 000

2）结算日（12月31日）支付现款时。

借：应付职工薪酬——股份支付　　40 000 000
　　贷：银行存款　　40 000 000

(6) 20×5年12月31日。

1）资产负债表日（12月31日）确认当期费用时。

借：应付职工薪酬——股份支付　　40 000 000
　　贷：公允价值变动损益　　40 000 000

2）结算日（12月31日）支付现款时。

借：应付职工薪酬——股份支付　　120 000 000
　　贷：银行存款　　120 000 000

企业应当在财务报表附注中披露与股份支付有关的下列信息：（1）当期授予、行权和失效的各项权益工具总额；（2）期末发行在外的股份期权或其他权益工具行权价格的范围和合同剩余期限；（3）当期行权的股份期权或其他权益工具以其行权日价格计算的加权平均价格；（4）权益工具公允价值的确定方法。企业对性质相似的股份支付信息可以合并披露。

企业应当在附注中披露股份支付交易对当期财务状况和经营成果的影响，至少包括下列信息：（1）当期因以权益结算的股份支付而确认的费用总额；（2）当期因以现金结算的股份支付而确认的费用总额；（3）当期以股份支付换取的职工服务及其他方服务总额。

拓展阅读

1. 上海家化联合股份有限公司. 上海家化联合股份有限公司关于股权激励费用的公告.

2. 中国国际航空股份有限公司二零一二年度股东大会会议资料.

3. 中国国际航空股份有限公司第三届董事会第三十三次会议决议公告.
4. 中国国际航空股份有限公司股票增值权管理办法(修订).
5. 中国国际航空股份有限公司二期股票增值权授予方案.
6. 中国国际航空股份有限公司关于二期股票增值权授予相关事宜的公告.

练习题

一、单项选择题

1. 在可行权日之后，与现金结算的股份支付有关的应付职工薪酬公允价值发生变动的，企业应将该变动金额计入（　　）。

A. 当期损益　　B. 盈余公积　　C. 资本公积　　D. 未分配利润

2. 企业发生的下列交易或事项中，不会引起当期资本公积（资本溢价）发生变动的是（　　）。

A. 以资本公积转增股本
B. 根据董事会决议，每2股缩为1股
C. 授予员工股票期权在等待期内确认相关费用
D. 同一控制下企业合并中取得被合并方净资产份额小于所支付对价账面价值

3. 以现金结算的股份支付，企业应在可行权日之后的每个资产负债表日重新计量有关相关负债的公允价值，并将其与账面价值的差额列示在利润表中的项目为（　　）。

A. “投资收益”　　B. “管理费用”
C. “营业外收入”　　D. “公允价值变动收益”

二、多项选择题

1. 下列关于等待期的股份支付会计处理的表述中，正确的有（　　）。

A. 以权益结算的股份支付，相关权益性工具的公允价值在授予日后不再调整
B. 业绩条件为非市场条件的股份支付，等待期内应根据后续信息调整可行权情况下的估计
C. 附市场条件的股份支付，应在市场及非市场条件均满足时确认相关成本费用
D. 以现金结算的股份支付在授予日不作会计处理，以权益结算的股份支付应予处理

2. 甲公司为母公司，其所控制的企业集团内20×3年发生以下与股份支付相关的交易或事项：(1) 甲公司与其子公司（乙公司）高管签订协议，授予乙公司高管100万份股票期权，待满足行权条件时，乙公司高管可以每股4元的价格自甲公司购买乙公司股票；(2) 乙公司授予其研发人员20万份现金股票增值权，这些研发人员在乙公司连续服务2年，即可按照乙公司股价的增值幅度获得现金；(3) 乙公司自市场回购本公司股票100万股，并与销售人员签订协议，如未

来3年销售业绩达标，销售人员将无偿取得该部分股票；（4）乙公司向丁公司发行500万股本公司股票，作为支付丁公司为乙公司提供咨询服务的价款。不考虑其他因素，下列各项中，乙公司应当作为以权益结算的股份支付的有（　　）。

A. 乙公司高管与甲公司签订的股份支付协议

B. 乙公司与本公司销售人员签订的股份支付协议

C. 乙公司与本公司研发人员签订的股份支付协议

D. 乙公司以定向发行本公司股票取得咨询服务的协议

三、判断题

1. 企业集团内的母公司直接向其子公司高管人员授予母公司股份的，母公司应在结算前的每个资产负债表日重新计量相关负债的公允价值，并将其公允价值的变动额计入当期损益。（　　）

2. 公司回购股份形成库存股用于职工股权激励的，在职工行权购买本公司的股份时，所收款项和等待期内根据职工提供服务所确认的相关资本公积的累计金额之和，与交付给职工库存股成本的差额，应计入营业外收支。（　　）

四、计算分析题

20×6年1月1日，经股东大会批准，甲公司与50名高级管理人员签署股份支付协议。协议规定：（1）甲公司向50名高级管理人员每人授予10万份股票期权，行权条件为这些高级管理人员从授予期权之日起连续服务满3年，公司3年平均净利润增长率达到12%；（2）符合行权条件后，每持有1份普通股股票期权可以自20×9年1月1日起1年内，以每股5元的价格购买公司1股普通股股票，在行权期间内未行权的股票期权将失效。甲公司估计授予日每份股票期权的公允价值为15元。20×6年至20×9年，甲公司与股票期权的资料如下：

（1）20×6年5月，甲公司自市场回购本公司股票500万股，共支付款项4 025万元，作为库存股待行权时使用。

（2）20×6年，甲公司有1名高级管理人员离开公司，本年净利润增长率为10%。该年底，甲公司预计未来2年将有1名高级管理人员离开公司，预计3年平均净利润增长率将达到12%；每份股票期权的公允价值为16元。

（3）20×7年，甲公司没有高级管理人员离开公司，本年净利润增长率为14%。该年底，甲公司预计未来1年将有2名高级管理人员离开公司，预计3年平均净利润增长率将达到12.5%；每份股票期权的公允价值为18元。

（4）20×8年，甲公司有1名高级管理人员离开公司，本年净利润增长率为15%。该年底，每份股票期权的公允价值为20元。

（5）20×9年3月，48名高级管理人员全部行权，甲公司收到款项2 400万元，相关股票的变更登记手续已办理完成。

要求：

（1）编制甲公司回购本公司股票时的相关会计分录。

（2）计算甲公司20×6年、20×7年、20×8年因股份支付确认的费用，并编制相关会计分录。

（3）编制甲公司高级管理人员行权时的相关会计分录。

五、案例分析题

A 公司和 B 公司均为境内非国有控股上市公司。A 公司主要从事新环保技术开发，股本总数为 5 000 万股。B 公司主要从事原油、天然气勘探，股本总数为 7 000 万股。20×2 年 7 月，A 公司、B 公司分别经股东大会批准，实行股权激励制度，其中 A 公司采用股票期权方式，B 公司采用业绩股票方式。与股权激励制度有关的资料如下：

(1) A 公司、B 公司的激励对象均包括公司所有董事、监事、高级管理人员以及核心技术人员。

(2) 为加大激励力度，A 公司、B 公司本次全部有效的股权激励计划所涉及的股票数量分别为 600 万股、650 万股。

(3) 考虑到近期股票市场低迷，A 公司、B 公司股价均较低，价值被低估，拟全部以回购股份作为股权激励的股票来源。

(4) A 公司 20×1 年度财务会计报告被注册会计师出具了保留意见的审计报告，符合实行股权激励计划的条件。

(5) A 公司明确了与股权激励相关的会计政策，对于权益结算的股份支付，在等待期内的每个资产负债表日，以可行权权益工具数量的最佳估计为基础，按照权益工具在资产负债表日的公允价值，将当期取得的服务计入相关资产成本或当期费用，同时计入负债。

假定不考虑其他因素。

要求：

逐项判断资料 (1) 至资料 (5) 是否存在不当之处；对存在不当之处的，分别指出不当之处，并逐项说明理由。

第 16 章 每股收益

Chapter 16

课程思政要点

1. 培养辩证思维能力。运用公司金融理论，理解每股收益指标用于证券估值的理论依据及其局限性。

2. 理解现行每股收益指标的计算方法及其理论局限性。

学习目标

1. 掌握：基本每股收益的计算方法；稀释每股收益的计算规则。
2. 理解：稀释性的比较标准。
3. 了解：每股收益的用途。

本章讲解《企业会计准则第 34 号——每股收益》的设计理念及操作规则。该准则系借鉴《国际会计准则第 33 号——每股收益》（IAS® 33：Earnings per Share）制定而成。

16.1 每股收益概述

16.1.1 定 义

准则所称每股收益（earnings per share，EPS），是把企业利润或企业亏损平均分配至每一股份所计算出的理论上的平均数。该指标源于证券分析行业，该行业主张每股收益数据有助于投资者、债权人等信息使用者评价和比较企业的盈利能力，从而有助于预测企业成长潜力，对经济决策具有辅助作用。但每股收益仅仅属于证券行业的行规，其理论依据尚不明确，在实践中也饱受争议。

准则要求，普通股（ordinary share/common stock）或潜在普通股（potential ordinary share）已公开交易的企业，以及正处于公开发行普通股或潜在普通股过程中的企业，应当在利润表中列报每股收益数据。其中，潜在普通股是指授权其持有者在报告期或以后期间取得普通股的金融工具或其他合同，如可转换公司债券、认股权证、股份期权等。

每股收益的计算又具体区分为基本每股收益和稀释每股收益。

16.1.2 每股收益的列报

准则规定，企业应当在利润表中单独列示基本每股收益和稀释每股收益，如表 16－1 所示。

表 16－1 利润表

会企 02 表

编制单位： ____年__月 单位：元

项目	本期金额	上期金额
一、营业收入		
减：营业成本		
税金及附加		
销售费用		
管理费用		
研发费用		
财务费用		
其中：利息费用		
利息收入		
加：其他收益		
投资收益（损失以“—”号填列）		
其中：对联营企业和合营企业的投资收益		
以摊余成本计量的金融资产终止确认收益（损失以“—”号填列）		
净敞口套期收益（损失以“—”号填列）		
公允价值变动收益（损失以“—”号填列）		
信用减值损失（损失以“—”号填列）		
资产减值损失（损失以“—”号填列）		
资产处置收益（损失以“—”号填列）		
二、营业利润（亏损以“—”号填列）		
加：营业外收入		
减：营业外支出		
三、利润总额（亏损总额以“—”号填列）		
减：所得税费用		
四、净利润（净亏损以“—”号填列）		
（一）持续经营净利润（净亏损以“—”号填列）		

续表

项目	本期金额	上期金额
（二）终止经营净利润（净亏损以“—”号填列）		
五、其他综合收益的税后净额		
（一）不能重分类进损益的其他综合收益		
1. 重新计量设定受益计划变动额		
2. 权益法下不能转损益的其他综合收益		
3. 其他权益工具投资公允价值变动		
4. 企业自身信用风险公允价值变动		
……		
（二）将重分类进损益的其他综合收益		
1. 权益法下可转损益的其他综合收益		
2. 其他债权投资公允价值变动		
3. 金融资产重分类计入其他综合收益的金额		
4. 其他债权投资信用减值准备		
5. 现金流量套期储备		
6. 外币财务报表折算差额		
……		
六、综合收益总额		
七、每股收益：		
（一）基本每股收益		
（二）稀释每股收益		

16.1.3 每股收益的披露

企业应当在附注中披露与每股收益有关的下列信息：基本每股收益和稀释每股收益分子、分母的计算过程；列报期间不具有稀释性但以后期间很可能具有稀释性的潜在普通股；在资产负债表日至财务报告批准报出日之间，企业发行在外的普通股或潜在普通股股数发生重大变化的情况。

16.2 基本每股收益

16.2.1 计算公式

准则规定，企业应当按照归属于普通股股东的当期净利润，除以发行在外普通股加权平均数，计算基本每股收益（basic earnings per share，basic EPS）。这是比较纯粹的、惯常所称的每股收益。用公式表示如下：

$$\text{基本每股收益}=\frac{\text{归属于普通股股东的当期净利润}}{\text{发行在外普通股加权平均数}}$$

16.2.2　分母的计算

上面基本每股收益公式中的“发行在外普通股加权平均数”，可按下列公式计算：

$$\text{发行在外普通股加权平均数}=\text{期初发行在外普通股股数}+\text{当期新发行普通股股数}\times\text{已发行时间}\div\text{报告期时间}-\text{当期回购普通股股数}\times\text{已回购时间}\div\text{报告期时间}$$

式中，已发行时间、报告期时间和已回购时间一般按照天数计算；在不影响计算结果合理性的前提下，也可以采用简化的计算方法，如按月数计算。

关于新发行普通股股数的时间权重如何计算，准则规定，新发行普通股股数，应当根据发行合同的具体条款，从应收对价之日（一般为股票发行日）起计算确定。通常包括下列情况：(1) 为收取现金而发行的普通股股数，从应收现金之日起计算。(2) 因债务转资本而发行的普通股股数，从停计债务利息之日或结算日起计算。(3) 非同一控制下的企业合并，作为对价发行的普通股股数，从购买日起计算；同一控制下的企业合并，作为对价发行的普通股股数，应当视同列报最早期间期初就已发行在外，计入各列报期间普通股的加权平均数。(4) 为收购非现金资产而发行的普通股股数，从确认收购之日起计算。

例 16-1

安民地产股份公司 20×6 年 1 月 1 日的已发行股份数为 2 000 股，库存股份数为 300 股，流通在外股份数为 1 700 股。5 月 31 日，新发行了 800 股，12 月 1 日回购了 250 股，年末流通在外股份数为 2 250 股，如表 16-2 所示。

表 16-2　安民地产股份公司股份变动情况

项目	已发行股份数	库存股份数	流通在外股份数
20×6 年 1 月 1 日年初余额	2 000	300	1 700
20×6 年 5 月 31 日发行新股	800	—	2 500
20×6 年 12 月 1 日购买库存股	—	250	2 250
20×6 年 12 月 31 日年末股份数	—	—	2 250

$$\text{发行在外股份加权平均数}=(1\,700\times12/12)+(800\times7/12)-(250\times1/12)=2\,146(\text{股})$$

或

$$=(1\,700\times5/12)+(2\,500\times6/12)+(2\,250\times1/12)=2\,146(\text{股})$$

每股收益只是采用金融分析的行规算出来的估计值，用它来评价企业业绩或确定股利政策显然是不妥当的，因为净利润中往往包含大量的预期因素，每股收益并不等同于每股税后利润。其正当用途尚不明确。

16.2.3 合并利润表中的每股收益

合并利润表中的每股收益，应当以合并财务报表为基础进行计算和列报。计算基本每股收益时，分子应当是归属于母公司普通股股东的合并净利润，分母为母公司发行在外普通股加权平均数。

课程思政 培养辩证思维能力

专栏 16－1 **每股收益的用途**

证券分析师喜欢拿每股收益数字来说事。比较流行的观点是用每股收益乘以市盈率（price to earnings-per-share ratio，P/E ratio）的方法来估计股价。他们的“理论模型”是：某只股票的估计价格＝该只股票的每股收益×参照市盈率。

这只不过是一种简单的类推分析思路，没有多少技术含量可言。而目前投资银行、财经媒体甚至一些权威教材却在大肆兜售这一“技术”，其用意何在，值得深究。我们常常听到证券分析师这样说：由于这只股票的每股收益是1.6元，目前该行业平均的市盈率水平是60倍，因此这只股票的合理价位应该在96元——给人一种先知先觉的神秘感。如今的金融学、投资学教材中充斥着这种似是而非的学问。这种采用“净利润”数字进行证券估值的金融分析方法把利润表引向了证券分析的曲折之路，是对财务报表价值的严重歪曲，对证券投资者具有较强的误导作用，因而受到了实务界人士的诸多批评。面向大众媒体发表投资建议的证券分析师往往被“尊称”为“股评家”，他们为广大投资者做贡献的最佳方式可能就是闭上他们的嘴。

需要提示读者注意的是，基本每股收益的计算规则貌似很科学、很严谨，但实质上仅仅是一种金融分析的计算行规，缺乏合理依据。美国注册会计师协会是这套行规的始作俑者。

例 16－2

信达高科股份有限公司20×2年年初发行在外普通股为20 000万股；3月29日，新发行普通股12 500万股；10月1日，回购普通股6 300万股，以备将来奖励职工之用。该公司当年实现净利润13 600万元。20×2年的基本每股收益计算如下：

$$\text{发行在外普通股加权平均数} = 20\,000\times 12/12 + 12\,500\times 9/12 - 6\,300\times 3/12$$

或

$$= 20\,000\times 3/12 + (20\,000+12\,500)\times 6/12 + (20\,000+12\,500-6\,300)\times 3/12$$

$$= 27\,800\text{(万股)}$$

$$\text{基本每股收益} = 13\,600/27\,800 = 0.49\text{(元/股)}$$

16.3 稀释每股收益

16.3.1 计算规则

稀释每股收益（diluted earnings per share，diluted EPS）是以基本每股收益为基础，假设企业所有发行在外稀释性潜在普通股（dilutive potential ordinary shares）均已转换为普通股，分别调整分子（归属于普通股股东的当期净利润）以及分母（发行在外普通股加权平均数）而计算得到的每股收益。其计算规则仅仅是证券行业“发明”的一种基于假设情形的算法，缺乏合理依据。

准则规定，企业存在稀释性潜在普通股的，应当分别调整归属于普通股股东的当期净利润和发行在外普通股加权平均数，并据以计算稀释每股收益。稀释性潜在普通股是指假设当期转换为普通股会减少每股收益的潜在普通股。

稀释每股收益的计算，以基本每股收益的计算为基础，在分母中考虑稀释性潜在普通股的影响，同时对分子也作相应的调整。

1. 分子的调整

准则的设计思路是，假定潜在普通股当期已经转换为普通股，可转换公司债券的利息就可以节省下来，把类似的因素全部考虑进去，就可以计算得到新的“归属于普通股股东的当期净利润”。准则要求，对分子进行调整时应当考虑相关的所得税影响，按照税后影响进行调整。

2. 分母的调整

准则的设计思路是，假定潜在普通股当期已经转换为普通股，按照计算基本每股收益时普通股的加权平均数与假定稀释性潜在普通股转换为已发行普通股而增加的普通股股数的加权平均数之和，来计算新的“发行在外普通股加权平均数”。

准则规定，在计算稀释性潜在普通股转换为已发行普通股而增加的普通股股数的加权平均数时，以前期间发行的稀释性潜在普通股，应当假设在当期期初转换；当期发行的稀释性潜在普通股，应当假设在发行日转换。

也就是说，稀释每股收益的计算是在虚拟的状态下进行的。

16.3.2 发行可转换公司债券的情形

在这种情形下，对分子的调整项目，是可转换公司债券当期已确认为费用的利息（含溢价或折价摊销）等的税后影响额；对分母的调整项目，是假定可转换公司债券当期期初或发行日转换为普通股股数的加权平均数。

例 16-3

民生科技股份公司20×7年归属于普通股股东的净利润为9 900 000元，发行在外普通股为10 000 000股。该公司按面值发行面额为10 000 000元的可转换公司债券，票面利率为6%，每100元面值的债券可转换为15股面值为1元的普通股。该公司适用的企业所得税税率为25%。假设不考虑可转换公司债券的负债和权益成分的分拆，且债券票面利率等于实际利率。则其每股收益计算如下：

基本每股收益＝9 900 000÷10 000 000＝0.99(元)

分子的调整＝10 000 000×6%×(1－25%)＝450 000(元)

调整后的分子＝9 900 000＋450 000＝10 350 000(元)

分母的调整＝10 000 000÷100×15＝1 500 000(股)

调整后的分母＝10 000 000＋1 500 000＝11 500 000(股)

稀释每股收益＝10 350 000÷11 500 000＝0.9(元)

16.3.3 发行认股权证和股份期权的情形

认股权证和股份期权都属于看涨期权。看涨期权是一种金融合同，出资购得该合同的权利人可以在合同规定的期限内或规定的日期，按照事先约定的价格购得合同的标的资产。认股权证和股份期权都是以股票为标的资产的期权合同，所不同的是，前者是公开出售的，后者通常直接授予公司熟悉的人士（如本公司的管理层、职工）而不公开出售。

准则规定，认股权证和股份期权等的行权价格低于当期普通股平均市场价格时，应当考虑其稀释性。一般，对于盈利企业，认股权证和股份期权的行权价格低于普通股的当期平均市场价格时，需要考虑其稀释性。

由于期权的行权（即认股权证和股份期权转换为普通股）不影响净利润数字，因此，不必对分子进行调整。但其转换会增加普通股股数，增加的普通股股数按下列公式计算：

$$\text{增加的普通股股数}=\text{拟行权时转换的普通股股数}-\frac{\text{行权价格}\times\text{拟行权时转换的普通股股数}}{\text{当期普通股平均市场价格}}$$

上式的设计理念如下：假定行权价格为E，共发行了M份期权（每份期权对应一股股票），现在的每股市价是S，则行权后的得款额$M\times E$相当于公开出售了$M\times E\div S$股股票，则其余的$M\times(1-E\div S)$（即$M-M\times E\div S$）股股票就相当于是“白送”的，把它加到分母上就行了。这种计算规则隐含着一个假定：股份总数只是由于无对价的发行股数而增加的，因此，收益没有增加。循此思路，会计准则规定了上述对分母的调整公式。

公式中的行权价格和拟行权时转换的普通股股数，按照有关认股权证合同和股份期权合约确定。

公式中的当期普通股平均市场价格，通常按照每周或每月具有代表性的股票交易价格进行简单算术平均计算。在股票价格比较平稳的情况下，可以采用每周或每月股票的收盘价作为代表性价格；在股票价格波动较大的情况下，可以采用每周或每月股票最高价与最低价的平均值作为代表性价格。无论采用何种方法计算平均市场价格，一经确定，不得随意变更，除非有确凿证据表明原计算方法不再适用。当期发行认股权证或股份期权的，普通股平均市场价格应当自认股权证或股份期权的发行日起计算。

例16-4

永胜能源股份公司20×2年归属于普通股股东的净利润为720万元，期初发行在外普通股加权平均数为1 500万股，该普通股平均每股市价为4元。20×2年3月1日，该公司对外发行300万份认股权证，行权日为20×3年3月1日，每份认股权证可以在行权日以3.5元的价格认购该公司1股新发行的股份。则该公司20×2年度的每股收益计算如下：

基本每股收益＝720÷1 500＝0.48(元)

调整增加的普通股股数＝300－300×3.5÷4＝37.5(万股)

稀释每股收益＝720÷(1 500＋37.5×10÷12)＝0.47(元)

16.3.4 企业承诺回购其股票的合同

准则规定，如果企业承诺将回购其股份的合同中所规定的回购价格高于当期普通股平均市场价格，则应考虑其稀释性。计算稀释每股收益时，增加的普通股股数按下列公式计算：

$$\text{增加的普通股股数}=\frac{\text{回购价格}\times\text{承诺回购的普通股股数}}{\text{当期普通股平均市场价格}}-\text{承诺回购的普通股股数}$$

这种情形下的计算思路与认股权证恰好相反。假定企业将来回购普通股所需的资金，只能采用以公允价值发行股票的方式来筹集，如此，可计算出为筹集足够的回购资金所需发行的普通股股数。其与拟回购的普通股股数的差额，便视为净增加的普通股股数。

例16-5

天良粮油股份公司20×7年度归属于普通股股东的净利润为4 000 000元，发行在外普通股加权平均数为10 000 000股。当年3月2日，该公司与股东签订了一份远期回购合同，承诺一年后以每股5.5元的价格回购其发行在外的2 400 000股普通股。假设该普通股3—12月的平均每股市价为5元。

基本每股收益＝4 000 000÷10 000 000＝0.4(元)

计算假设发行的普通股股数＝2 400 000×5.5÷5 ＝2 640 000(股)

调整增加的普通股股数＝2 640 000－2 400 000＝240 000(股)

稀释每股收益＝4 000 000÷(10 000 000＋240 000×10÷12)＝0.39(元)

16.3.5 发行有多项潜在普通股的情形

准则规定，在发行有多项潜在普通股的情形下，应当按照稀释性潜在普通股的稀释程度从大到小的顺序逐步测算，得出每一步所计算出的稀释每股收益，然后选择其中的最小值作为最终列示在利润表中的稀释每股收益。

上述规定中的“稀释程度”的衡量标准是，假设潜在普通股当期已转换为已发行的普通股，由此所形成的对分子的调整额（可记为Δ收益）与对分母的调整额（可记为Δ股份数）的比值①越小，则稀释性越强。按照这种算法，由于股份期权和认股权证的转换不影响每股收益计算公式中的分子，因此，它们所计算出的比值为零。于是，它们通常排在前面计算。

例16-6

天中酒业股份公司20×6年可归属于普通股股东的净利润为56 250 000元，发行在外普通股加权平均数为187 500 000股。该公司发行了三项潜在普通股，其情况如下：

(1) 认股权证72 000 000份，每份行权价格为8元，当期普通股的平均价格为每股12元。

(2) 按面值发行的票面年利率2.6%的5年期可转换公司债券750 000 000元。每100元面值的债券可转换成8股普通股（即转股价格为每股12.5元）。

(3) 按面值发行的票面年利率1.4%的3年期可转换公司债券1 500 000 000元。每100元面值的债券可转换成10股普通股（即转股价格为每股10元）。

该公司的所得税税率为25%。假设不考虑可转换公司债券的负债和权益成分的拆分，债券票面利率等于实际利率。

该公司的基本每股收益为0.3元（56 250 000÷187 500 000）。其稀释每股收益的计算过程如下：

首先，计算三项潜在普通股的增量股每股收益，如表16-3所示。

表16-3　增量股每股收益的计算

项目	Δ收益（元）	Δ股数（股）	ΔEPS（元）
认股权证	0	72 000 000×(12−8)÷12 =24 000 000	0
2.6%可转债	750 000 000×2.6%×(1−25%) =14 625 000	750 000 000÷12.5 =60 000 000	0.243 75
1.4%可转债	1 500 000 000×1.4%×(1−25%) =15 750 000	1 500 000 000÷10 =150 000 000	0.105

其次，按照增量股每股收益从小到大的顺序，逐步向分子、分母中添加增量信息，如表16-4所示。

---

① 即增量股每股收益（earnings per incremental share），表示为ΔEPS。

表 16-4 稀释每股收益的计算顺序

	收益（净利润）(元)	股数（股）	EPS（元）	稀释性
基本 EPS	56 250 000	187 500 000	0.3	
认股权证	0	24 000 000		
第一步	56 250 000	211 500 000	0.266	稀释
1.4%可转换公司债券	15 750 000	150 000 000		
第二步	72 000 000	361 500 000	0.199	稀释
2.6%可转换公司债券	14 625 000	60 000 000		
第三步	86 625 000	421 500 000	0.206	反稀释

再次，计入利率为 2.6%的可转换公司债券时稀释每股收益会增加（从 0.199 增至 0.206），准则称这种潜在普通股具有反稀释性（anti-dilution）。

最后，按照以上三步所计算出的最小值 0.199 元列报稀释每股收益。

专栏 16-2 **稀释性的判断标准**

记 E 为净利润，S 为股份数，E_Δ 为 Δ 收益，S_Δ 为 Δ 股数。

求证：潜在普通股所导致的增量每股收益$\left(\frac{E_\Delta}{S_\Delta}\right)$小于原每股收益$\left(\frac{E}{S}\right)$时，具有稀释性。

证明：

只要证明“新每股收益－原每股收益<0”即可。即需要证明：

$$\frac{E+E_\Delta}{S+S_\Delta}-\frac{E}{S}<0$$

$$\text{上式左边}=\frac{(E+E_\Delta)\times S-E\times(S+S_\Delta)}{(S+S_\Delta)\times S}$$

$$=\frac{S\times E+S\times E_\Delta-S\times E-S_\Delta\times E}{(S+S_\Delta)\times S}$$

$$=\frac{S\times E_\Delta-S_\Delta\times E}{(S+S_\Delta)\times S}$$

由于已知$\frac{E_\Delta}{S_\Delta}<\frac{E}{S}$，故有 $S\times E_\Delta-S_\Delta\times E<0$。因此，$\frac{E+E_\Delta}{S+S_\Delta}-\frac{E}{S}<0$。证毕。

16.4 为增强各期数据之间的可比性应予考虑的调整因素

准则规定，发行在外普通股或潜在普通股的数量因拆股、派发股票股利、公积金转增资本而增加或因并股而减少，但不影响所有者权益金额的，应当在相关报批手续全部完成后按调整后的股数重新计算各列报期间的每股收益。上述变化发生于资产负债表日至财务报告批准报出日之间的，应当以调整后的股数重新计算各列报期间的每股收益。按照《企业会计准则第28号——会计政策、会计估计变更和差错更正》的规定对以前年度损益进行追溯调整或追溯重述的，应当重新计算各列报期间的每股收益。

16.4.1 发放股票股利的情形

股票股利（bonus issue）又称送红股，它使得本期的股份数不同于往年的股份数，导致不同年度之间的每股数据的计算口径存在较大差异。因此，在列报比较财务报表的情况下，有必要对以往年度的可比数据进行调整，以统一数据的计算口径。

准则规定，由于送红股的情形下不另行收取价款，因此，这种发行应视同于最早的报告期间期初时就已经发生。

例16-7

百合婚庆股份公司20×5年归属于普通股股东的净利润为180万元，20×6年的净利润为600万元，截至20×6年9月30日，发行在外普通股股数为200万股。

20×6年10月1日，该公司实行了“1送2”（每1股送2股）的送红股方案，增加新股400万股。则该公司20×6年的基本每股收益计算如下：

$$20\times6\text{年的基本每股收益}=600\div(200+400)=1(\text{元})$$

由于本年度的股份数与上一年度存在差异，因此，在比较报表中应当按照新的数据口径重新计算20×5年的基本每股收益。

$$\text{重新计算的}20\times5\text{年的基本每股收益}=180\div(200+400)=0.3(\text{元})$$

企业向特定对象以低于市价的价格发行股票，通常是出于战略意图或者会以其他形式获得补偿。因此，可视为不存在送红股因素，视同发行新股处理。

16.4.2 配股的情形

配股（rights issue）是指股份公司向现有的股东以优惠条件配送新股。

1. 以前年度可比数据的重新计算

对于比较财务报表所涉及的以前年度的每股收益数据，也应当按照配股后的股份重新计算，也就是说，要按照最新情况统一数据口径。其中的难点在于，以前年度的股份如何折合为配股后的股份。

首先，计算“推定的配股后每股公允价值”，其公式如下：

$$\text{推定的配股后每股公允价值}=\frac{\text{发行在外普通股公允价值}+\text{从行使配股权中收到的总金额}}{\text{配股前发行在外普通股股数}+\text{配股增加的普通股股数}}$$

其次，根据计算出的“推定的配股后每股公允价值”，计算配股前的一股相当于配股后的多少股，此即“调整系数”。其公式如下：

$$\text{调整系数}=\frac{\text{配股前每股公允价值}}{\text{推定的配股后每股公允价值}}$$

最后，根据“调整系数”匡算前一年度的每股收益数字。

$$\text{重新计算的上年度基本每股收益}=\frac{\text{上年度基本每股收益}}{\text{调整系数}}$$

2. 本年度每股收益的计算

如果公司当期进行过配股，则在计算基本每股收益时，应当按照配股后的股份数计算每股收益。其公式如下：

$$\text{本年度基本每股收益}=\frac{\text{归属于普通股股东的当期净利润}}{\text{配股前发行在外普通股股数}\times\text{调整系数}\times\text{配股前普通股发行在外的时间权重}+\text{配股后发行在外普通股股数}\times\text{配股后普通股发行在外的时间权重}}$$

例 16－8

天成服装股份公司 20×5 年 1 月 1 日发行在外普通股股数为 500 万股，当年归属于普通股股东的净利润为 1 100 万元。

20×6 年 6 月 30 日，该公司通过了“5 配 1”（即每 5 股可购买 1 股新股）的配股方案，配股价格为 5 元/股，最后行使配股权日为 20×6 年 9 月 1 日，前一日的每股公允价值为 11 元。该公司当年归属于普通股股东的净利润为 1 500 万元。

20×7 年该公司归属于普通股股东的净利润为 1 800 万元。

该公司 20×5 年至 20×7 年的基本每股收益的列报数据情况如下。

（1）20×5 年的基本每股收益＝1 100÷500＝2.2(元)

（2）20×6 年的基本每股收益。

$$\text{推定的配股后每股公允价值}=\frac{11\times500+5\times100}{500+100}=10(\text{元})$$

$$\text{调整系数}=\frac{11}{10}=1.1$$

$$\text{20×6 年的基本每股收益}=1\,500\div\left(500\times1.1\times\frac{8}{12}+600\times\frac{4}{12}\right)=2.65(\text{元})$$

（3）进行可比性调整的 20×5 年的基本每股收益＝1 100÷(500×1.1)＝2(元)

（4）20×7 年的基本每股收益＝1 800÷600＝3(元)

准则规定，存在非流通股的企业，由于非流通股没有明确的市场价格，难以计算除权价格和调整系数，因此，可以采用简化的计算方法，不考虑配股中内含的送股因素，而将配股视为发行新股处理。

拓展阅读

珠海格力电器股份有限公司. 珠海格力电器股份有限公司2021年年度报告. 2022-04-30.

练习题

一、单项选择题

1. 甲公司20×3年1月1日发行在外普通股股数为10 000万股，引起当年发行在外普通股股数发生变动的事项有：(1) 9月30日，为实施一项非同一控制下企业合并定向增发2 400万股；(2) 11月30日，以资本公积转增股本，每10股转增2股，甲公司20×3年实现的归属于普通股股东的净利润为8 200万元，不考虑其他因素，甲公司20×3年的基本每股收益是（　　）元。

A. 0.55　　B. 0.64　　C. 0.76　　D. 0.82

2. 甲公司20×6年度归属于普通股股东的净利润为1 200万元，发行在外普通股加权平均数为2 000万股，当年度该普通股平均市场价格为每股5元。20×6年1月1日，甲公司对外发行认股权证1 000万份，行权日为20×7年6月30日，每份认股权证可以在行权日以3元的价格认购甲公司1股新发行的股份。甲公司20×6年度的稀释每股收益是（　　）元。

A. 0.4　　B. 0.46　　C. 0.5　　D. 0.6

3. 甲公司20×1年1月1日发行在外普通股股数为27 000万股，20×1年度实现的归属于普通股股东的净利润为18 000万元，普通股平均市价为每股10元。20×1年度，甲公司发生的与其权益性工具相关的交易或事项如下：

(1) 4月20日，宣告发放股票股利，以年初发行在外普通股股数为基础每10股送1股，除权日为5月1日。

(2) 7月1日，根据经批准的股权激励计划，授予高管人员6 000万份股票期权。每份期权行权时可按4元的价格购买甲公司1股普通股，行权日为20×2年8月1日。

(3) 12月1日，甲公司按高价回购普通股6 000万股，以备实施股权激励计划之用。

要求：

根据上述资料，不考虑其他因素，回答下列第(1)小题至第(2)小题。

(1) 甲公司20×1年度的基本每股收益是（　　）元。

A. 0.62　　B. 0.64　　C. 0.67　　D. 0.76

(2) 甲公司20×1年度的稀释每股收益是（　　）元。

A. 0.55　　B. 0.56　　C. 0.58　　D. 0.62

4. 甲公司20×7年度归属于普通股股东的净利润为4 000万元。20×7年1

月1日，甲公司发行在外普通股股数为8 000万股；20×7年4月1日，新发行普通股2 000万股。甲公司于20×8年7月1日宣告分派股票股利，以20×7年12月31日总股本为基数每10股送5股。假定不考虑其他因素，甲公司20×8年比较利润表中列示的20×7年基本每股收益为（　　）元。

A. 0.267　　B. 0.281　　C. 0.314　　D. 0.333

5. 丙公司为上市公司，20×7年1月1日发行在外普通股股数为10 000万股。20×7年，丙公司发生以下与权益性工具相关的交易或事项：

(1) 2月20日，丙公司与承销商签订股份发行合同。4月1日，定向增发4 000万股普通股作为非同一控制下企业合并对价，于当日取得对被购买方的控制权。

(2) 7月1日，根据股东大会决议，以20×7年6月30日的股份为基础分派股票股利，每10股送2股。

(3) 10月1日，根据经批准的股权激励计划，授予高级管理人员2 000万份股票期权，每一份期权行权时可按5元的价格购买丙公司的1股普通股。

(4) 丙公司20×7年度普通股平均市价为每股10元，20×7年度合并净利润为13 000万元，其中归属于丙公司普通股股东的部分为12 000万元。

要求：

根据上述资料，不考虑其他因素，回答下列第(1)小题至第(3)小题。

(1) 下列各项关于丙公司每股收益计算的表述中，正确的是（　　）。

A. 在计算合并财务报表的每股收益时，其分子应包括少数股东损益

B. 计算稀释每股收益时，股份期权应假设于当年1月1日转换为普通股

C. 新发行的普通股应当自发行合同签订之日起计入发行在外普通股股数

D. 计算稀释每股收益时，应在基本每股收益的基础上考虑具有稀释性的潜在普通股的影响

(2) 丙公司20×7年度的基本每股收益是（　　）元。

A. 0.71　　B. 0.76　　C. 0.77　　D. 0.83

(3) 丙公司20×7年度的稀释每股收益是（　　）元。

A. 0.71　　B. 0.72　　C. 0.76　　D. 0.78

二、多项选择题

甲上市公司20×8年1月1日发行在外普通股股数为30 000万股。20×8年度甲公司与计算每股收益相关的事项如下：

(1) 5月15日，以年初发行在外普通股股数为基数每10股送4股红股，以资本公积每10股转增3股，除权日为6月1日。

(2) 7月1日，甲公司与股东签订一份回购合同，承诺3年后以每股12元的价格回购股东持有的1 000万股普通股。

(3) 8月1日，根据经批准的股权激励计划，授予高级管理人员1 500万股股票期权，每份股票期权行权时可按6元的价格购买甲公司1股普通股。

(4) 10月1日，发行3 000万份认股权证，行权日为20×9年4月1日，每份认股权证可在行权日以6元的价格认购1股甲公司普通股。

甲公司当期普通股平均市场价格为每股10元，20×8年实现的归属于普通

股股东的净利润为18 360万元。

要求：

根据上述资料，不考虑其他因素，回答下列第（1）小题至第（2）小题。

（1）下列各项关于稀释每股收益的表述中，正确的有（　　）。

A. 亏损企业发行的行权价格低于当期普通股平均市场价格的认股权证具有稀释性

B. 亏损企业发行的行权价格低于当期普通股平均市场价格的股票期权具有反稀释性

C. 盈利企业发行的行权价格低于当期普通股平均价格的认股权证具有反稀释性

D. 亏损企业签订的回购价格高于当期普通股平均市场价格的股份回购合同具有反稀释性

E. 盈利企业签订的回购价格高于当期普通股平均市场价格的股份回购合同具有反稀释性

（2）下列各项关于甲公司在20×8年稀释每股收益时期调整发行在外普通股加权平均数的表述中，正确的有（　　）。

A. 因送红股调整增加的普通股股数为12 000万股

B. 因承诺回购股票调整增加的普通股股数为100万股

C. 因发行认股权证调整增加的普通股股数为300万股

D. 因资本公积转增股本调整增加的普通股股数为9 000万股

E. 因授予高级管理人员股票期权调整增加的普通股股数为250万股

三、计算分析题

甲公司20×8年发生的部分交易事项如下：

（1）20×8年4月1日，甲公司对9名高管人员每人授予20万份甲公司认股权证，每人对应的每份权证有权在20×9年2月1日按每股10元的价格购买1股甲公司股票。授予日股票每股市价为10.5元，每份认股权证公允价值为2元。甲公司股票20×8年的平均市价为10.8元，20×8年4月1日至12月31日的平均市价为12元。

（2）20×8年7月1日，甲公司发行5年期可转换公司债券100万份，每份面值100元，票面年利率为5%，利息于每年6月30日支付（第一次支付在20×9年6月30日）。按每份债券的面值换5股股票的比例将债权转换为甲公司普通股股票。已知不附转股权的市场利率为8%。

（3）20×8年9月10日，甲公司以每股6元自公开市场购入100万股乙公司股票，另支付手续费8万元，取得时乙公司已宣告按照每股0.1元发放上年度现金股利。甲公司将取得的乙公司股票分类为其他权益工具投资。有关现金股利已经收到。20×8年12月31日，乙公司股票价格为每股7.5元。

（4）甲公司发行在外普通股股数均为1 000万股。20×8年1月31日，未分配利润转增股本1 000万股，甲公司20×8年归属于普通股股东的净利润为5 000万元，20×7年归属于普通股股东的净利润为4 000万元。

其他资料如下：

(P/A，5%，5)=4.329 5；(P/A，8%，5)=3.992 7

(P/F，5%，5)=0.783 5；(P/F，8%，5)=0.680 6

不考虑所得税等相关税费以及其他因素影响。

要求：

(1) 根据资料 (1)，说明甲公司 20×8 年应进行的会计处理，计算 20×8 年应确认的费用金额并编制相关会计分录。

(2) 根据资料 (2)，说明甲公司对可转换公司债券进行的会计处理，编制甲公司 20×8 年与可转换公司债券相关的会计分录，计算 20×8 年 12 月 31 日与可转换公司债券相关负债的账面价值。

(3) 根据资料 (3)，编制甲公司 20×8 年与其他权益工具投资相关的会计分录。

(4) 根据资料 (1) 至资料 (4)，确定甲公司 20×8 年计算稀释每股收益时应考虑的具有稀释性的潜在普通股并说明理由；计算甲公司 20×8 年度财务报表中应列报的本年度和上年度基本每股收益、稀释每股收益。

第 17 章 持有待售的非流动资产、处置组和终止经营

Chapter 17

学习目标

1. 掌握：持有待售类别的划分条件；持有待售的非流动资产（或处置组）的计量和列报。
2. 理解：终止经营的定义。
3. 了解：终止经营的列报。

本章阐释《企业会计准则第 42 号——持有待售的非流动资产、处置组和终止经营》(2017 年）的设计理念和操作要领。该准则是借鉴《国际财务报告准则第 5 号——持有待售的非流动资产与终止经营》(IFRS® 5：Non-current Assets Held for Sale and Discontinued Operations）制定的。

17.1 持有待售的非流动资产和处置组

17.1.1 持有待售类别的界定

1. 持有待售类别的定义

企业主要通过出售①（而非持续使用）一项非流动资产（或处置组）的方式收回其账面价值的，应当将该项非流动资产（或处置组）划分为持有待售类别。

处置组（disposal group）是指在一项交易中作为整体通过出售或其他方式一并处置的一组资产，以及在该交易中转让的与这些资产直接相关的负债。处置组所属的资产组或资产组组合按照《企业会计准则第 8 号——资产减值》分摊

① 《企业会计准则第 42 号——持有待售的非流动资产、处置组和终止经营》所称出售，包括具有商业实质的非货币性资产交换。

了企业合并中取得的商誉的，该处置组还应当包含分摊至处置组的商誉。

2. 划分为持有待售类别的条件

非流动资产（或处置组）划分为持有待售类别，应当同时满足下列条件：

（1）根据类似交易中出售此类资产（或处置组）的惯例，在当前状况下可立即出售（available for immediate sale）。有关规定要求企业相关权力机构或者监管部门批准后方可出售的，应当已经获得批准。

（2）出售是极可能发生的（highly probable），即企业已经就一项出售计划做出决议，且已获得确定的购买承诺（firm purchase commitment）[①]，预计出售将在一年内完成。

例 17 - 1

正阳实业有限公司在 A 市繁华地段拥有一栋办公大楼。但出于开拓市场的需要，该公司拟整体搬迁至 B 市。该公司准备向西平商贸有限公司转让该办公大楼。以下结合合同条款，来判断该资产是否符合持有待售类别的界定条件。

情形一：正阳实业有限公司已经做出出售办公大楼的决议，决定在半年内腾空办公大楼并将其交付给西平商贸有限公司。双方签订了买卖合同，该合同构成确定的购买承诺，交付期限也符合正常的交易惯例。这种情形满足划分为持有待售类别的条件，因此，该公司可将该办公大楼界定为持有待售类别。

情形二：正阳实业有限公司继续使用现有的 A 市区办公大楼，待两年后新的 B 市区办公大楼竣工，再向西平商贸有限公司交付 A 市区办公大楼。双方签订了买卖合同，该合同构成确定的购买承诺。这种情形下，该办公大楼既不满足可立即出售的条件，也不满足预计一年之内售出的条件，因此，该公司不应将该办公大楼界定为持有待售类别。

3. 关于延长一年期限的例外条款

因企业无法控制的下列原因之一，导致非关联方之间的交易未能在一年内完成，且有充分证据表明企业仍然承诺出售非流动资产（或处置组）的，企业应当继续将非流动资产（或处置组）划分为持有待售类别。

（1）买方或其他方意外设定导致出售延期的条件，企业针对这些条件已经及时采取行动，且预计能够自设定导致出售延期的条件起一年内顺利化解延期因素。

例 17 - 2

闸北钢铁有限公司（卖方）将整套厂房和炼钢设备出售给新强特钢有限公司（买方），两者不存在关联关系。双方于 20×7 年 8 月 8 日签订买卖合同。该厂区的污水处理系统存在缺陷，对周边环境造成了污染。以下区分三种情形分别阐释延长期限这一例外条款的适用情形，如表 17 - 1 所示。

---

① 确定的购买承诺是指企业与其他方签订的具有法律约束力的购买协议，该协议包含交易价格、时间和足够严厉的违约惩罚等重要条款，使协议出现重大调整或者撤销的可能性极小。

表 17-1 延长期限这一例外条款的适用情形

情形	事由	对应处理
情形1	卖方事先不知晓土地污染情况。同年11月11日，买方发现污染情况，并要求卖方予以补救。卖方立即开始处理，预计一年内能够得到整治。	环境污染构成例外事项，卖方预计将在一年内消除延期因素。因此，卖方仍可将该处置组划分为持有待售类别。
情形2	卖方事先知晓土地污染情况，并在合同中承诺买方将立即开始处理，预计一年内能够得到整治。	环境污染不属于例外事项。不符合划分为持有待售类别的条件。
情形3	卖方事先知晓土地污染情况，并在合同中约定卖方不承担环保整治义务，双方据此调整了合同标的额。预计转让将于10个月内完成。	环境污染这一事实不影响合同效力。卖方可将该处置组划分为持有待售类别。

(2) 因发生罕见情况，导致持有待售的非流动资产（或处置组）未能在一年内完成出售，企业在最初一年内已经针对这些新情况采取必要措施且重新满足持有待售类别的划分条件。

例 17-3

宿鸭湖旅游有限公司拟将自用的办公大楼转让给天中实业有限公司，双方不存在关联关系。双方于20×7年7月7日签订合同，拟于10个月内完成交付。假定该办公大楼在合同成立之日符合划分为持有待售类别的条件。但20×8年发生全球金融危机，市场状况迅速恶化，房地产价格大幅下跌。天中实业有限公司毁约并依照合同条款缴纳了违约金。宿鸭湖旅游有限公司决定降价促销，并于20×8年4月1日与汝南农贸有限公司重新签订了房产转让协议，预计将于9个月内完成交付。

上述情形表明，卖方因罕见情况未能在一年内完成出售，且资产在最初一年内重新满足持有待售类别的划分条件。因此，卖方仍然可以将该资产继续划分为持有待售类别。

4. 不再符合划分条件的处理

持有待售的非流动资产（或处置组）不再满足持有待售类别划分条件的，企业不应当继续将其划分为持有待售类别。部分资产或负债从持有待售的处置组中移除后，处置组中剩余资产或负债新组成的处置组仍然满足持有待售类别划分条件的，企业应当将新组成的处置组划分为持有待售类别，否则应当将满足持有待售类别划分条件的非流动资产单独划分为持有待售类别。

5. 特殊情形下持有待售类别的界定

(1) 企业专为转售而取得的非流动资产（或处置组）。企业专为转售而取得的非流动资产（或处置组），在取得日满足“预计出售将在一年内完成”的规定条件，且短期（通常为3个月）内很可能满足持有待售类别的其他划分条件的，企业应当在取得日将其划分为持有待售类别。

（2）持有待售的长期股权投资。企业因出售对子公司的投资等原因导致其丧失对子公司控制权的，无论出售后企业是否保留部分权益性投资，都应当在拟出售的对子公司投资满足持有待售类别划分条件时，在母公司个别财务报表中将对子公司投资整体划分为持有待售类别，在合并财务报表中将子公司所有资产和负债划分为持有待售类别。

例 17－4

天天粮油（集团）有限公司（简称 TT）拟出售持有的部分长期股权投资，假设拟出售的股权符合持有待售类别的划分条件。以下区分六种情形，阐释如何将长期股权投资界定为持有待售类别，如表 17－2 所示。

表 17－2　将长期股权投资界定为持有待售类别的情形

情形	事由	对应处理
情形 1	TT 拟出售全资子公司 S 的全部股权。	TT 应当在个别财务报表中将拥有的 S 公司全部股权划分为持有待售类别，在合并财务报表中将 S 公司所有资产和负债划分为持有待售类别。
情形 2	TT 拟出售全资子公司 S 55%的股权，之后对 S 公司具有重大影响。	TT 应当在个别财务报表中将拥有的 S 公司全部股权划分为持有待售类别，在合并财务报表中将 S 公司所有资产和负债划分为持有待售类别。
情形 3	TT 拟出售全资子公司 S 30%的股权，之后保持对 S 公司的控制。	该长期股权投资并不属于“主要通过出售而非持续使用收回其账面价值”，因此，不应划分为持有待售类别。
情形 4	TT 拥有子公司 S 55%的股权，拟出售 6%的股权，之后对 S 公司具有重大影响。	TT 应当在个别财务报表中将拥有的 S 公司 55%的股权划分为持有待售类别，在合并财务报表中将 S 公司所有资产和负债划分为持有待售类别。
情形 5	TT 拥有合营企业 M 50%的股权，拟出售 35%的股权，之后对 M 公司不具有重大影响。	TT 应当将拟出售的 35%股权划分为持有待售类别，不再按权益法核算。剩余的 15%股权在 35%股权处置前仍然采用权益法核算，在 35%股权处置后按照金融工具准则处理。
情形 6	TT 拥有联营企业 N 35%的股权，拟出售 30%的股权，之后对 N 公司不具有重大影响。	TT 应当将拟出售的 30%股权划分为持有待售类别，不再按权益法核算。剩余的 5%股权在 30%股权处置前仍然采用权益法核算，在 30%股权处置后按照金融工具准则处理。

（3）拟终止使用（而非出售）的非流动资产（或处置组）。企业不应当将拟终止使用而非出售的非流动资产或处置组划分为持有待售类别。

对于已经使用至经济寿命期结束而将报废的机器设备，以及因技术进步关停的某子公司，由于对该非流动资产（或处置组）的使用几乎贯穿了其整个经济寿命期，其账面价值并非主要通过出售收回，因而，企业不应当将其划分为持有待售类别。

对于暂时停止使用的非流动资产，不应当认为其拟终止使用，也不应当将其划分为持有待售类别。

17.1.2 持有待售的非流动资产（或处置组）的计量

对于持有待售的非流动资产（包括处置组中的非流动资产）的计量，应当区分不同情况，分别适用相应的准则：(1) 采用公允价值模式进行后续计量的投资性房地产，适用《企业会计准则第3号——投资性房地产》；(2) 采用公允价值减去出售费用后的净额计量的生物资产，适用《企业会计准则第5号——生物资产》；(3) 职工薪酬形成的资产，适用《企业会计准则第9号——职工薪酬》；(4) 递延所得税资产，适用《企业会计准则第18号——所得税》；(5) 由金融工具相关会计准则规范的金融资产，适用金融工具相关会计准则；(6) 由保险合同相关会计准则规范的保险合同所产生的权利，适用保险合同相关会计准则；(7) 其他持有待售的非流动资产，适用《企业会计准则第42号——持有待售的非流动资产、处置组和终止经营》。

1. 划分为持有待售类别前的计量

企业将非流动资产（或处置组）首次划分为持有待售类别前，应当按照相关会计准则规定计量非流动资产（或处置组）中各项资产和负债的账面价值。例如，按照《企业会计准则第4号——固定资产》的规定，对固定资产计提折旧；按照《企业会计准则第6号——无形资产》的规定，对无形资产进行摊销。按照《企业会计准则第8号——资产减值》的规定，企业应当在资产负债表日判断资产是否存在可能发生减值的迹象，如果资产已经或者将被闲置、终止使用或者计划提前处置，表明资产可能发生了减值。对于拟出售的非流动资产（或处置组），企业应当在划分为持有待售类别前考虑进行减值测试。

例17-5

20×7年6月15日，福堂农贸有限公司拟转让一个销售门店，与该门店有关的部分会计科目如表17-3所示。该公司与金波实业有限公司签订了转让协议，转让价格拟为1 900 000元。此外，对于表中所列的一项作为其他权益工具投资核算的债券投资，双方约定在过户时按最新市场报价结算。假设该门店满足划分为持有待售类别的条件，但不符合终止经营的定义。

表17-3 划分为持有待售类别前销售门店的相关资产类和负债类科目余额表

20×7年6月15日　　单位：元

资产类科目			负债类科目		
科目名称	余额		科目名称	余额	
	借方	贷方		借方	贷方
库存现金	310 000		应付账款		310 000
应收账款	260 000		应付职工薪酬		560 000

续表

资产类科目			负债类科目		
科目名称	余额		科目名称	余额	
	借方	贷方		借方	贷方
库存商品	300 000		预计负债		250 000
(存货跌价准备)		100 000			
其他权益工具投资	380 000				
固定资产	1 100 000				
(累计折旧)		30 000			
(固定资产减值准备)		15 000			
无形资产	950 000				
(累计摊销)		14 000			
(无形资产减值准备)		5 000			
商誉	200 000				

20×7 年 6 月，固定资产还应当计提折旧 5 000 元，无形资产还应当计提摊销 1 000 元，固定资产折旧和无形资产摊销均计入管理费用。

20×7 年 6 月 15 日，其他权益工具投资的公允价值下降至 360 000 元，固定资产的可收回金额下降至 1 020 000 元。

假设该公司不存在其他持有待售的非流动资产或处置组，不考虑税收影响。

20×7 年 6 月 15 日，福堂农贸有限公司在首次将该处置组划分为持有待售类别前，应当按照适用的会计准则计量各项资产和负债的账面价值。

(1) 继续记录固定资产折旧和无形资产摊销。

借：管理费用　6 000
　贷：累计折旧　5 000
　　累计摊销　1 000

(2) 记录其他权益工具投资的公允价值变动。

借：其他综合收益　20 000
　贷：其他权益工具投资　20 000

(3) 记录固定资产减值。

固定资产的账面价值＝1 100 000－30 000－15 000－5 000
＝1 050 000(元)

已知的固定资产的可收回金额＝1 020 000(元)

因此，需要补记固定资产减值准备 30 000 元。

借：资产减值损失　30 000
　贷：固定资产减值准备　30 000

经上述调整后，20×7 年 6 月 15 日该销售门店的相关资产和负债的账面价值如表 17－4 所示（阴影标注的是发生变动的部分）。

表 17-4 划分为持有待售类别时销售门店的相关资产类和负债类科目余额表

20×7年6月15日　　单位：元

持有待售资产			持有待售负债		
原会计科目名称	余额		原会计科目名称	余额	
	借方	贷方		借方	贷方
库存现金	310 000		应付账款		310 000
应收账款	260 000		应付职工薪酬		560 000
库存商品	300 000		预计负债		250 000
(存货跌价准备)		100 000			
其他权益工具投资	360 000				
固定资产	1 100 000				
(累计折旧)		35 000			
(固定资产减值准备)		45 000			
无形资产	950 000				
(累计摊销)		15 000			
(无形资产减值准备)		5 000			
商誉	200 000				
持有待售资产合计 3 280 000元			持有待售负债合计 1 120 000元		

2. 划分为持有待售类别时的计量

对于在取得日划分为持有待售类别的非流动资产（或处置组），企业应当将其“划分为持有待售类别之前的初始计量金额”和“公允价值减去出售费用后的净额”进行比较，以两者中的较低者作为该资产的初始计量金额。除企业合并中取得的非流动资产（或处置组）外，由于将非流动资产（或处置组）以公允价值减去出售费用后的净额作为初始计量金额而产生的差额，应当计入当期损益。

企业初始计量持有待售的非流动资产（或处置组）时，其账面价值高于公允价值减去出售费用后的净额的，应当将账面价值减记至公允价值减去出售费用后的净额，减记的金额确认为资产减值损失，计入当期损益，同时计提持有待售资产减值准备。

对于持有待售的处置组确认的资产减值损失金额，应当先抵减处置组中商誉的账面价值，再根据处置组中适用《企业会计准则第42号——持有待售的非流动资产、处置组和终止经营》计量规定的各项非流动资产账面价值所占比重，按比例抵减其账面价值。

例 17-6

沿用例17-5的资料。20×7年6月15日，福堂农贸有限公司将该处置组（销售门店）划分为持有待售类别。

(1) 将相关资产项目结转为持有待售资产。

借：持有待售资产——库存现金　310 000
　　　　　　　　——应收账款　260 000
　　　　　　　　——库存商品　200 000
　　　　　　　　——其他权益工具投资　360 000
　　　　　　　　——固定资产　1 020 000
　　　　　　　　——无形资产　930 000
　　　　　　　　——商誉　200 000
　　存货跌价准备　100 000
　　累计折旧　35 000
　　固定资产减值准备　45 000
　　累计摊销　15 000
　　无形资产减值准备　5 000
　贷：库存现金　310 000
　　　应收账款　260 000
　　　库存商品　300 000
　　　其他权益工具投资　360 000
　　　固定资产　1 100 000
　　　无形资产　950 000
　　　商誉　200 000

(2) 将相关负债项目结转为持有待售负债。

借：应付账款　310 000
　　应付职工薪酬　560 000
　　预计负债　250 000
　贷：持有待售负债——应付账款　310 000
　　　　　　　　　——应付职工薪酬　560 000
　　　　　　　　　——预计负债　250 000

20×7 年 6 月 15 日，该门店的公允价值为 1 900 000 元，福堂农贸有限公司预计转让门店还需支付律师和注册会计师服务费共计 70 000 元。

该处置组的公允价值减去出售费用后的净额＝1 900 000－70 000
＝1 830 000(元)

该处置组的账面价值＝3 280 000－1 120 000＝2 160 000(元)

因此，福堂农贸有限公司以较低者 1 830 000 元计量该处置组。

计提的持有待售资产减值准备＝2 160 000－1 830 000＝330 000(元)

上述持有待售资产的减值损失 330 000 元，应当先抵减处置组中商誉的账面价值 200 000 元，剩余的 130 000 元再根据固定资产、无形资产账面价值所占比重，按比例抵减其账面价值。

20×7 年 6 月 15 日，该销售门店相关的资产和负债分摊持有待售资产减值损失，以及扣除减值损失后的账面价值如表17-5所示。

表17-5　处置组减值损失的处理情况

20×7年6月15日　　　　单位：元

项目	20×7年6月15日扣除处置组减值损失前的账面价值	处置组减值损失分摊额	20×7年6月15日扣除处置组减值损失后的账面价值
库存现金	310 000		310 000
应收账款	260 000		260 000
库存商品	200 000		200 000
其他权益工具投资	360 000		360 000
固定资产	1 020 000	—68 000*	952 000
无形资产	930 000	—62 000**	868 000
商誉	200 000	—200 000	0
应付账款	—310 000		—310 000
应付职工薪酬	—560 000		—560 000
预计负债	—250 000		—250 000
合计	2 160 000	—330 000	1 830 000

* $130\ 000\times\frac{1\ 020\ 000}{1\ 020\ 000+930\ 000}=68\ 000$(元)。

** $130\ 000\times\frac{930\ 000}{1\ 020\ 000+930\ 000}=62\ 000$(元)。

相关账务处理如下：

借：资产减值损失　　330 000
　贷：持有待售资产减值准备——固定资产　　68 000
　　　　　　　　　　　　——无形资产　　62 000
　　　　　　　　　　　　——商誉　　200 000

例17-7

20×7年7月7日，松鹤餐饮股份公司支付30 000 000元购入蚌埠农业股份公司全部股权，并拟在一年内将其转售出去，预计届时还会发生400 000元的出售费用。该公司在当前状况下可立即出售。

松鹤餐饮股份公司与渔翁旅游股份公司拟于20×7年9月9日签订股权转让合同，双方议定的转让价格为30 600 000元。

对于出于转售目的而取得的子公司（蚌埠农业股份公司），松鹤餐饮股份公司应当在初始计量时比较假定其不划分为持有待售类别情况下的初始计量金额(30 000 000元)，与当日公允价值减去出售费用后的净额（30 600 000—400 000=30 200 000(元)），并按照二者孰低进行计量。松鹤餐饮股份公司20×7年7月7日的账务处理如下：

借：持有待售资产——长期股权投资　　30 000 000
　贷：银行存款　　30 000 000

例 17－8

20×7 年 7 月 7 日，松鹤餐饮股份公司支付 30 000 000 元购入蚌埠农业股份公司全部股权，并拟在一年内将其转售出去，预计届时还会发生 400 000 元的出售费用。该公司在当前状况下可立即出售。

松鹤餐饮股份公司与渔翁旅游股份公司拟于 20×7 年 9 月 9 日签订股权转让合同，双方事先没有议定转让价格，购买日股权公允价值与支付价款是一致的。

对于出于转售目的而取得的子公司（蚌埠农业股份公司），松鹤餐饮股份公司应当在初始计量时比较假定其不划分为持有待售类别情况下的初始计量金额（30 000 000 元），与当日公允价值减去出售费用后的净额（30 000 000－400 000＝29 600 000（元）），并按照二者孰低进行计量。松鹤餐饮股份公司 20×7 年 7 月 7 日的账务处理如下：

借：持有待售资产——长期股权投资	29 600 000	
资产减值损失	400 000	
贷：银行存款		30 000 000

3. 划分为持有待售类别后的计量

（1）持有待售的非流动资产的后续计量。持有待售的非流动资产（或处置组中的非流动资产）不应计提折旧或摊销，原则上按照账面价值与公允价值减去处置费用后的净额孰低进行计量。

后续资产负债表日，持有待售的非流动资产的账面价值高于公允价值减去出售费用后的净额的，应当将账面价值减记至公允价值减去出售费用后的净额，减记的金额确认为资产减值损失，计入当期损益，同时计提持有待售资产减值准备。

例 17－9

沿用例 17－7 的资料。20×7 年 9 月 30 日，松鹤餐饮股份公司对蚌埠农业股份公司的股权投资的账面价值为 30 000 000 元，公允价值减去出售费用后的净额为 29 000 000 元。因此，应计提持有待售资产减值准备。松鹤餐饮股份公司 20×7 年 9 月 30 日的账务处理如下：

借：资产减值损失	1 000 000	
贷：持有待售资产减值准备		1 000 000

例 17－10

沿用例 17－8 的资料。20×7 年 9 月 30 日，松鹤餐饮股份公司对蚌埠农业股份公司的股权投资的账面价值为 29 600 000 元，公允价值减去出售费用后的净额为 29 700 000 元。因此，不需要进行账务处理。

后续资产负债表日，持有待售的非流动资产公允价值减去出售费用后的净额增加的，以前减记的金额应当予以恢复，并在划分为持有待售类别后确认的资产减值损失金额内转回，转回金额计入当期损益。划分为持有待售类别前确认的资产减值损失不得转回。

（2）持有待售的处置组的后续计量。持有待售的处置组中的非流动资产不应计提折旧或摊销。

持有待售的处置组中负债的利息和其他费用应当继续予以确认。

1）处置组中按照其他会计准则计量相关的资产和负债。企业在资产负债表日重新计量持有待售的处置组时，应当首先按照相关会计准则规定计量处置组中不适用《企业会计准则第42号——持有待售的非流动资产、处置组和终止经营》计量规定的资产和负债的账面价值，然后按照《企业会计准则第42号——持有待售的非流动资产、处置组和终止经营》进行会计处理。

例 17-11

沿用例17-6的资料。20×7年6月30日，福堂农贸有限公司的销售门店尚未完成转让。福堂农贸有限公司分类为其他权益工具投资的债券投资的市场报价上升至370 000元，假设其他资产价值没有变化。记录其他权益工具投资的公允价值变动。

借：其他权益工具投资	10 000	
贷：其他综合收益		10 000

2）处置组资产减值损失的转回。后续资产负债表日，持有待售的处置组的公允价值减去出售费用后的净额增加的，以前减记的金额应当予以恢复，并在划分为持有待售类别后适用《企业会计准则第42号——持有待售的非流动资产、处置组和终止经营》计量规定的非流动资产所确认的资产减值损失金额内转回，转回金额计入当期损益，且不应当重复确认适用其他准则计量规定且已经确认过的非流动资产和负债的利得。

已抵减的商誉账面价值，以及适用《企业会计准则第42号——持有待售的非流动资产、处置组和终止经营》计量规定的非流动资产在划分为持有待售类别前确认的资产减值损失不得转回。

持有待售的处置组确认的资产减值损失后续转回金额，应当根据处置组中除商誉外适用《企业会计准则第42号——持有待售的非流动资产、处置组和终止经营》计量规定的各项非流动资产账面价值所占比重，按比例增加其账面价值。

例 17-12

沿用例17-11的资料。金波实业有限公司在对销售门店进行检查时发现了一些轻微破损。福堂农贸有限公司同意修理，预计修理费用为5 000元，该公司还将律师和注册会计师服务费预计金额调整至40 000元。当日，该处置组（销售门店）整体的公允价值为1 910 000元。

处置组的账面价值＝1 830 000＋10 000＝1 840 000(元)

处置组的公允价值减去出售费用的净额＝1 910 000－(5 000＋40 000)
＝1 865 000(元)

对于处置组的公允价值减去出售费用后的净额后续增加这种情形，企业应当在原已确认的持有待售资产减值损失范围内转回，但已抵减的商誉账面价值 200 000 元和划分为持有待售类别前已计提的资产减值准备不得转回，因此，转回金额仅限于前面所述的固定资产减值准备 68 000 元和无形资产减值准备 62 000 元，合计 130 000 元。

根据上述分析，福堂农贸有限公司可转回已经确认的持有待售资产减值损失的金额如下：

(1 865 000－10 000)－1 830 000＝25 000(元)

福堂农贸有限公司根据固定资产、无形资产账面价值所占比重，按比例转回其账面价值。资产减值损失转回金额的分摊如表 17－6 所示。

表 17－6　处置组减值损失的转回

20×7 年 6 月 30 日　　　　单位：元

项目	20×7 年 6 月 15 日抵减处置组减值损失后的账面价值	20×7 年 6 月 30 日按照其他适用准则重新计量	20×7 年 6 月 30 日重新计量后的账面价值	处置组减值损失分摊额	20×7 年 6 月 30 日转回处置组减值损失后的账面价值
持有待售资产：					
库存现金	310 000		310 000		310 000
应收账款	260 000		260 000		260 000
库存商品	200 000		200 000		200 000
其他权益工具投资	360 000	10000	370 000		370 000
固定资产	952 000		952 000	13 077*	965 077
无形资产	868 000		868 000	11 923**	879 923
商誉	0		0		0
持有待售资产小计	2 950 000				2 985 000
持有待售负债：					
应付账款	－310 000		－310 000		－310 000
应付职工薪酬	－560 000		－560 000		－560 000
预计负债	－250 000		－250 000		－250 000
持有待售负债小计	－1 120 000				－1 120 000
合计	1 830 000	10 000	1 840 000	25 000	1 865 000

* $25\ 000\times\frac{952\ 000}{952\ 000+868\ 000}=13\ 077$(元)。

** $25\ 000\times\frac{868\ 000}{952\ 000+868\ 000}=11\ 923$(元)。

借：持有待售资产减值准备——固定资产　　13 077
　　　　　　　　　　　　——无形资产　　11 923
　贷：资产减值损失　　25 000

福堂农贸有限公司在 20×7 年 6 月 30 日的资产负债表中分别列示“持有待

售资产”2 985 000 元、“持有待售负债”1 120 000 元。

由于处置组不符合终止经营定义，持有待售资产确认的资产减值损失应当在利润表中以持续经营损益列示。企业应在附注中进一步披露该持有待售处置组的相关信息。

持有待售的处置组中的非流动资产不应计提折旧或摊销，持有待售的处置组中的负债和适用其他准则计量规定的非流动资产的利息或租金收入、支出以及其他费用应当继续予以确认。

4. 不再继续划分为持有待售类别时的计量

非流动资产（或处置组）因不再满足持有待售类别的划分条件而不再继续划分为持有待售类别或非流动资产从持有待售的处置组中移除时，应当按照以下两者孰低计量：（1）该资产（或处置组）被划归为持有待售之前的账面价值，按照假定不划分为持有待售类别情况下本应确认的折旧、摊销或减值等进行调整后的金额；（2）决定不再出售之日的可收回金额。这样处理的结果是，原来划分为持有待售的非流动资产或处置组在重新分类后的账面价值，与其从未划分为持有待售类别情况下的账面价值相一致。由此产生的差额计入当期损益，可以通过“资产减值损失”科目进行会计处理。

5. 终止确认

企业终止确认持有待售的非流动资产（或处置组）时，应当将尚未确认的利得或损失计入当期损益。

例 17－13

沿用例 17－12 的资料。20×7 年 9 月 19 日，福堂农贸有限公司正式交付该销售门店，该公司以银行存款分别支付维修费用 5 000 元、律师和注册会计师服务费 37 000 元。

当日，福堂农贸有限公司分类为其他权益工具投资的债券投资的市场报价为 374 000 元，金波实业有限公司以银行存款支付所有转让价款 1 914 000 元。

借：资产处置损益	5 000	
贷：银行存款		5 000
借：资产处置损益	37 000	
贷：银行存款		37 000
借：银行存款	1 914 000	
持有待售资产减值准备——固定资产	54 923	
——无形资产	50 077	
——商誉	200 000	
持有待售负债——应付账款	310 000	
——应付职工薪酬	560 000	
——预计负债	250 000	

贷：持有待售资产——库存现金		310 000
——应收账款		260 000
——库存商品		200 000
——其他权益工具投资		370 000
——固定资产		1 020 000
——无形资产		930 000
——商誉		200 000
资产处置损益		49 000
借：资产处置损益	10 000	
贷：其他综合收益		10 000

例 17－14

沿用例 17－9 的资料。20×7 年 6 月 25 日，松鹤餐饮股份公司为转让其对蚌埠农业股份公司的长期股权投资，支付律师费 50 000 元。

借：投资收益	50 000	
贷：银行存款		50 000

20×7 年 6 月 29 日，该公司完成该股份的转让，收到价款 33 000 000 元。

借：银行存款	33 000 000	
持有待售资产减值准备——长期股权投资	1 000 000	
贷：持有待售资产——长期股权投资		30 000 000
投资收益		4 000 000

例 17－15

沿用例 17－10 的资料。20×7 年 6 月 25 日，松鹤餐饮股份公司为转让其对蚌埠农业股份公司的长期股权投资，支付律师费 50 000 元。

借：投资收益	50 000	
贷：银行存款		50 000

20×7 年 6 月 29 日，该公司完成该股份的转让，收到价款 33 000 000 元。

借：银行存款	33 000 000	
贷：持有待售资产——长期股权投资		29 600 000
投资收益		3 400 000

17.1.3　持有待售的非流动资产（或处置组）的列报

在资产负债表中，“持有待售资产”和“持有待售负债”应当分别作为流动资产和流动负债列示，不应当相互抵销。

对于当期首次满足持有待售类别划分条件的非流动资产，或划分为持有待售类别的处置组中的资产和负债，无须调整可比会计期间资产负债表，即不对其符合持有待售类别划分条件前各个会计期间的资产负债表进行项目的分类调整或重新列报。但企业应当在附注中披露有关持有待售的非流动资产或处置组的相关信息。

对于在资产负债表日至财务报告批准报出日之间满足持有待售类别划分条件的非流动资产或处置组，应当作为资产负债表日后非调整事项进行会计处理，并在附注中披露相关信息。

17.2 终止经营

17.2.1 终止经营的定义

终止经营（discontinued operations），是指企业满足下列条件之一的、能够单独区分的、已经处置或已经划分为持有待售类别的组成部分：（1）一项独立的主要业务或一个单独的主要经营地区；（2）拟对一项独立的主要业务或一个单独的主要经营地区进行处置的一项相关联计划的一部分；（3）专为转售而取得的子公司。

终止经营的定义包含以下三方面含义：

（1）终止经营是企业能够单独区分的组成部分。该组成部分的经营和现金流量在企业经营和编制财务报表时是能够与企业的其他部分清楚区分的。企业组成部分可能是一个资产组，也可能是一组资产组组合，通常是企业的一个子公司、一个事业部或事业群。

（2）终止经营应当具有一定的规模，但专为转售而取得的子公司不受此限。终止经营应当代表一项独立的主要业务或一个单独的主要经营地区，或者是拟对一项独立的主要业务或一个单独的主要经营地区进行处置的一项相关联计划的一部分。并非所有处置组都符合终止经营定义中的规模条件，企业需要运用职业判断加以确定。当然，如果企业主要经营一项业务或主要在一个地理区域内开展经营，企业的一个主要产品或服务线就可能满足终止经营定义中的规模条件。对于专为转售而取得的子公司，该准则对其规模不做要求，只要是单独区分的组成部分且满足时点要求，即构成终止经营。有些专为转售而取得的重要的合营企业或联营企业，也可能因为符合终止经营定义中的规模等条件而构成终止经营。

例 17-16

天中餐饮集团在全国拥有300家饭店。该集团决定出售其位于S市的7家饭店中的一家A饭店，20×8年11月30日，该集团与买方签订了合同。假设出售的该饭店符合持有待售类别的划分条件。

本例中，A饭店只是一个店面，不能代表一项独立的主要业务或一个单独的主要经营地区，也不构成拟对一项独立的主要业务或一个单独的主要经营地区进行处置的一项相关联计划的一部分，因此该处置组并不构成企业的终止经营。

（3）终止经营应当满足一定的时点要求，即已经处置或者已经划分为持有待售类别。

1）已经处置，包括已经出售和结束使用（如关停或报废等）。多数情况下，如果组成部分的所有资产和负债均已处置，产生收入和发生成本的来源消失，这时确定组成部分“处置”的时点是较为容易的。但在有些情况下，组成部分的资产仍处于出售或报废过程中，可能发生清理费用，企业需要根据实际情况判断组成部分是否已经处置从而符合终止经营的定义。

例 17－17

佳楠药业集团决定停止其药业分销子公司 A 公司的所有业务，20×8 年 12 月 31 日，该公司应处理所有存货、辞退所有员工。但尚有一些债权有待收回，部分网点门店的租约尚未到期。

本例中，收回债权、处置租约等尚未结算的未来交易并不构成上述业务的延续，因此，本例符合终止经营的定义。

例 17－18

城南建安股份公司决定关闭从事工程承包业务的 B 分部，要求该分部在完成现有承包合同后不再承接新的承包合同。

本例中，在完成现有合同的期间，B 分部仍在继续开展能够创造收入的业务活动，因此，本例不符合终止经营的定义。

2）已经划分为持有待售类别。有些情况下，企业对一项独立的主要业务或一个单独的主要经营地区进行处置的一项相关联计划可能会持续数年，组成部分中的资产组（或资产组组合）可能无法同时满足持有待售类别的划分条件。企业可随着处置计划的进行，对满足持有待售类别划分条件且构成终止经营的部分进行会计处理。

例 17－19

馨安宾馆集团决定出售其专门从事酒店管理的子公司 C 公司，酒店管理构成该集团的一项主要业务。C 公司管理一家酒店和一家连锁健身中心。为获取最大收益，馨安宾馆集团决定将该酒店和该连锁健身中心分别出售给不同买家。但酒店集团和健身中心的转让是相互关联的，即两者或者均出售，或者均不出售。

20×8 年 12 月 9 日，馨安宾馆集团与买方就转让连锁健身中心事宜签订了合同，假设此时连锁健身中心符合持有待售类别的划分条件，但该酒店尚不符合持有待售类别的划分条件。

本例中，处置该酒店和该连锁健身中心构成一项相关联的计划，虽然酒店集团和连锁健身中心可能出售给不同买家，但分别属于对一项独立的主要业务进行处置的一项相关联计划的一部分。因此，该连锁健身中心符合终止经营的定义，该酒店在未来符合持有待售类别划分条件时也符合终止经营的定义。

17.2.2 终止经营的列报

企业应当在利润表中分别列示持续经营损益和终止经营损益。

1. 持续经营损益

下列不符合终止经营定义的持有待售的非流动资产或处置组所产生的相关损益，应当在利润表中作为持续经营损益列报：

（1）企业初始计量或在资产负债表日重新计量持有待售的非流动资产或处置组时，因账面价值高于其公允价值减去出售费用后的净额而确认的资产减值损失。

（2）后续资产负债表日持有待售的非流动资产或处置组公允价值减去出售费用后的净额增加，因恢复以前减记的金额而转回的资产减值损失。

（3）持有待售的非流动资产或处置组的处置损益。

2. 终止经营损益

终止经营的相关损益应当作为终止经营损益列报，列报的终止经营损益应当包含整个报告期间，而不仅包含认定为终止经营后的报告期间。

相关损益具体包括：

（1）终止经营的经营活动损益，如销售商品、提供服务的收入、相关成本和费用等。

（2）企业初始计量或在资产负债表日重新计量符合终止经营定义的持有待售的处置组时，因账面价值高于其公允价值减去出售费用后的净额而确认的资产减值损失。

（3）后续资产负债表日符合终止经营定义的持有待售处置组的公允价值减去出售费用后的净额增加，因恢复以前减记的金额而转回的资产减值损失。

（4）终止经营的处置损益。

（5）终止经营处置损益的调整金额，可能引起调整的情形包括：最终确定处置条款，如与买方商定交易价格调整额和补偿金；消除与处置相关的不确定因素，如确定卖方保留的环保义务或产品质量保证义务；履行与处置相关的职工薪酬支付义务等。

企业在处置终止经营的过程中可能附带产生一些增量费用，如果不进行该项处置就不会产生这些费用，企业应当将这些增量费用作为终止经营损益列报。

企业应当在附注中披露下列信息：（1）持有待售的非流动资产（或处置组）的出售费用和主要类别，以及每个类别的账面价值和公允价值；（2）持有待售的非流动资产（或处置组）的出售原因、方式和时间安排；（3）持有待售的非流动资产（或处置组）的分部；（4）持有待售的非流动资产或持有待售的处置组中的资产确认的减值损失及其转回金额；（5）与持有待售的非流动资产（或处置组）有关的其他综合收益累计金额；（6）终止经营的收入、费用、利润总额、所得税费用（收益）和净利润；（7）终止经营的资产（或处置组）确认的减值损失及其转回金额；（8）终止经营的处置损益总额、所得税费用（收益）和处置净损益；（9）终止经营的经营活动、投资活动和筹资活动现金流量净额；（10）归属于母公司所有者的持续经营损益和终止经营损益。

非流动资产（或处置组）在资产负债表日至财务报告批准报出日之间满足持

有待售类别划分条件的，应当作为资产负债表日后非调整事项进行会计处理，并按照上述第（1）至（3）条的规定进行披露。企业专为转售而取得的持有待售的子公司，应当按照上述第（2）至（5）条和第（10）条的规定进行披露。

对于当期首次满足持有待售类别划分条件的非流动资产（或处置组），不应当调整可比会计期间资产负债表。对于当期列报的终止经营，企业应当在当期财务报表中，将原来作为持续经营损益列报的信息重新作为可比会计期间的终止经营损益列报，并按照上述第（6）（7）（9）（10）条的规定披露可比会计期间的信息。

拟结束使用而非出售的处置组满足终止经营定义中有关组成部分的条件的，应当自停止使用日起作为终止经营列报。

企业因出售对子公司的投资等原因导致其丧失对子公司控制权，且该子公司符合终止经营定义的，应当在合并利润表中列报相关终止经营损益，并按照上述第（6）至（10）条的规定进行披露。

企业应当在利润表中将终止经营处置损益的调整金额作为终止经营损益列报，并在附注中披露调整的性质和金额。

非流动资产（或处置组）不再继续划分为持有待售类别或从持有待售的处置组中移除的，企业应当在当期利润表中将非流动资产（或处置组）的账面价值调整金额作为持续经营损益列报。企业的子公司、共同经营、合营企业、联营企业以及部分对合营企业或联营企业的投资不再继续划分为持有待售类别或从持有待售的处置组中移除的，企业应当在当期财务报表中相应调整各个划分为持有待售类别后可比会计期间的比较数据。企业应当在附注中披露下列信息：（1）企业改变非流动资产（或处置组）出售计划的原因；（2）可比会计期间财务报表中受影响的项目名称和影响金额。

终止经营不再满足持有待售类别划分条件的，企业应当在当期财务报表中，将原来作为终止经营损益列报的信息重新作为可比会计期间的持续经营损益列报，并在附注中说明这一事实。

思考题

1. 简述持有待售的非流动资产（或处置组）的计量规则。
2. 简述持续经营损益和终止经营损益在利润表中的列报规则。

第 18 章

Chapter 18 公允价值计量

课程思政要点

1. 结合中国特色社会主义法治体系学习会计法规体系。运用《中华人民共和国会计法》第九条，对公允价值概念进行辩证分析。思考宪法中有没有可能引入公允价值概念。
2. 结合证券市场案例，阐释公允价值会计规则的理论依据及其局限性。

学习目标

1. 掌握：公允价值的定义；公允价值的估值技术；公允价值层次。
2. 理解：公允价值会计计量准则的设计理念。
3. 了解：公允价值披露的一般要求。

本章阐释《企业会计准则第 39 号——公允价值计量》(2014 年）的设计理念和操作要领。该准则是借鉴《国际财务报告准则第 13 号——公允价值计量》(IFRS® 13：Fair Value Measurement）制定的。

公允价值计量准则梳理了散布于企业会计准则体系中（《企业会计准则第 3 号——投资性房地产》《企业会计准则第 8 号——资产减值》《企业会计准则第 20 号——企业合并》《企业会计准则第 22 号——金融工具确认和计量》等）的公允价值计量规则，试图为企业更加有效、统一地应用公允价值计量提供比较详细的操作指南，但在理论上并无建树。

公允价值计量准则主要规范企业应当如何计量相关资产或负债的公允价值，以及应当披露哪些公允价值相关信息，但企业是否应当以公允价值计量相关资产或负债，何时进行公允价值计量，公允价值变动应当计入当期损益还是其他综合收益等会计处理问题，由要求或允许企业采用公允价值进行计量或披露的其他相关会计准则进行规范。

18.1　公允价值的相关概念

准则所称公允价值（fair value），是指市场参与者在计量日发生的有序交易中，出售一项资产所能收到或者转移一项负债所需支付的价格，即脱手价格。

该定义强调，公允价值是基于市场的计量，而不是特定主体的计量，需要考虑相关资产或负债的特征（即市场参与者在计量日对该资产或负债进行定价时考虑的特征，包括资产状况及所在位置、对资产出售或者使用的限制等）。

企业应当使用市场参与者在当前市场条件下对相关资产或负债进行定价时所使用的假设，并以主要市场（或最有利市场）中发生的有序交易中的价格计量公允价值。

18.1.1　相关资产或负债的界定

以公允价值计量的相关资产或负债可以是单项资产或负债（如一项金融工具、一项非金融资产等），也可以是资产组合、负债组合或者资产和负债的组合（如《企业会计准则第 8 号——资产减值》规范的资产组、《企业会计准则第 20 号——企业合并》规范的业务等）。

企业是以单项还是以组合的方式对相关资产或负债进行公允价值计量，取决于该资产或负债的计量单元。计量单元（unit of account）是指相关资产或负债以单独或者组合方式进行计量的最小单位。相关资产或负债的计量单元应当由要求或者允许以公允价值计量的其他相关会计准则规定，但公允价值计量准则所规范的市场风险或信用风险可抵销的金融资产和金融负债的公允价值计量除外。

18.1.2　有序交易和当前市场条件

1. 有序交易

企业以公允价值计量相关资产或负债，应当假定市场参与者在计量日出售资产或者转移负债的交易，是在当前市场条件下的有序交易。有序交易（orderly transaction）是指在计量日前一段时期内相关资产或负债具有惯常市场活动的交易。清算等被迫交易不属于有序交易。当计量日不存在能够提供出售资产或者转移负债的相关价格信息的可观察市场时，企业应当从持有资产或者承担负债的市场参与者角度，假定计量日发生了出售资产或者转移负债的交易，并以该假定交易的价格为基础计量相关资产或负债的公允价值。

当企业遇到下列情况时，相关资产或负债的交易活动通常不应作为有序交易：（1）在当前市场情况下，市场在计量日之前一段时间内不存在相关资产或负债的惯常市场交易活动；（2）在计量日之前，相关资产或负债存在惯常的市场交易，但资产出售方或负债转移方仅与单一的市场参与者进行交易；（3）资产出售方或负债转移方处于或者接近于破产或托管状态，即资产出售方或负债转移方已陷入财务困境；(4) 资产出售方为满足法律或者监管规定而被要求出售资产，即被迫出售；(5) 与相同或类似资产或负债近期发生的其他交易相比，出售资产或转移负债的价格是一个异常值。

2. 主要市场和最有利市场

企业应当以主要市场（principal market）——相关资产或负债交易量最大和交易活跃程度最高的市场——的价格计量相关资产或负债的公允价值。

不存在主要市场的，企业应当以最有利市场（most advantageous market）——（在考虑运输费用后）能够以最高金额出售相关资产或者以最低金额转移相关负债的市场——的价格计量相关资产或负债的公允价值。

企业在识别主要市场（或最有利市场）时，应当考虑所有可合理取得的信息，但没有必要对所有的市场进行全面考察。通常情况下，企业正常进行资产出售或者负债转移的市场可以视为主要市场（或最有利市场）。主要市场（或最有利市场）应当是企业在计量日能够进入的交易市场，但不要求企业于计量日在该市场上实际出售资产或者转移负债。

由于不同企业可以进入的市场不同，对于不同企业，相同资产或负债可能具有不同的主要市场（或最有利市场）。例如，某企业与银行签订了一项初始交易价格为零的利率互换。该企业只能进入利率互换的零售市场，而银行则能够同时进入利率互换的零售市场和做市商市场，并且其主要业务发生在做市商市场。因此，该企业与银行就存在不同的主要市场，该企业应当以零售市场为主要市场，该银行应当以做市商市场为主要市场。

不存在主要市场或者无法确定主要市场的，企业应当以相关资产或负债最有利市场的价格为基础计量其公允价值。企业在确定最有利市场时，应当考虑交易费用、运输费用等。

(1) 交易费用对公允价值计量没有影响。交易费用（transaction costs）是指在相关资产或负债的主要市场（或最有利市场）中发生的可直接归属于资产出售或者负债转移的费用，即直接由交易引起的、交易所必需的、不出售资产或者不转移负债就不会发生的费用。交易费用不属于相关资产或负债的特征，只与特定交易有关。

企业应当直接使用主要市场或者最有利市场上的价格进行公允价值计量，不应当因交易费用对该价格进行调整。例如，甲公司委托某证券公司于20×8年12月1日购买某上市公司1 000 000股普通股股票，作为交易性金融资产持有。20×8年12月31日，该上市公司股票价格为每股10元。甲公司共支付10 020 000元，其中20 000元是支付给证券公司的手续费。在这个例子中，甲公司在20×8年12月1日将该交易性金融资产入账时，该股份的公允价值为10 000 000元（即每股股票的公允价值应当是10元，而不是10.02元）。

(2) 运输费用对公允价值计量具有潜在影响。运输费用（transport costs）是指将资产从当前位置运抵主要市场（或最有利市场）发生的费用。如果资产所在的位置是该资产的特征之一，即运输费用的发生能够使该资产从当前位置转移到主要市场（或最有利市场），那么，企业在对该资产进行公允价值计量时，就应当根据使该资产从当前位置转移到主要市场（或最有利市场）的运输费用对主要市场（或最有利市场）的价格进行调整。

18.1.3 市场参与者

企业应当从市场参与者角度计量相关资产或负债的公允价值，而不应考虑企业自身持有资产、清偿或者以其他方式履行负债的意图和能力。

企业应当基于市场参与者在对该资产或负债定价时为实现其经济利益最大化所使用的假设，对相关资产或负债的公允价值进行计量。

市场参与者是指在相关资产或负债的主要市场（或最有利市场）中，同时具备下列特征的买方和卖方：(1) 相互独立，不存在《企业会计准则第 36 号——关联方披露》所述的关联方关系；(2) 熟悉情况，能够根据可取得的信息对相关资产（或负债）以及交易产生合理认知；(3) 有能力并自愿进行相关资产或负债的交易。

企业在确定市场参与者时，应当对其所计量的相关资产或负债、该资产或负债的主要市场（或最有利市场）以及在该市场上与企业进行交易的市场参与者等因素进行综合考虑，从总体上识别市场参与者。

18.1.4 公允价值初始计量

企业应当根据交易性质和相关资产或负债的特征等，判断初始确认时的公允价值是否与其交易价格相等。在企业取得资产或者承担负债的交易中，交易价格是取得该项资产所支付或者承担该项负债所收到的价格（即进入价格，entry price）。而如前所述，公允价值是出售该项资产所能收到或者转移该项负债所需支付的价格（即脱手价格，exit price）。

在大多数情况下，相关资产或负债的进入价格等于其脱手价格。

但在下列情况中，不应将取得资产或者承担负债的交易价格作为该资产或负债的公允价值：(1) 关联方之间的交易。但企业有证据表明该关联方交易是在市场条件下进行的除外。(2) 被迫进行的交易，或者资产出售方（或负债转移方）在交易中被迫接受价格的交易。例如，资产出售方或负债转移方为满足监管或法律的要求而被迫出售资产或转移负债，或者资产出售方或负债转移方正陷于财务困境。(3) 交易价格所代表的计量单元不同于以公允价值计量的相关资产或负债的计量单元。例如，以公允价值计量的相关资产或负债仅是某项交易（如企业合并等）中的一部分，而该交易除该资产或负债外，还包括按照其他会计准则应单独计量但未确认的无形资产。(4) 进行交易的市场不是该资产或负债的主要市场（或最有利市场）。例如，某商业银行是银行间债券市场的做市商，既可以与其他做市商在银行间债券市场进行交易，也可以与客户在交易所市场进行交易，但对于该银行而言债券交易的主要市场（或最有利市场）是与其他做市商进行交易的银行间债券市场，交易所市场上的交易价格则有可能不同于银行间债券市场上的交易价格。

18.2 公允价值的估值技术与公允价值层次

18.2.1 估值技术

企业以公允价值计量相关资产或负债，应当采用在当前情况下适用并且有足够可利用数据和其他信息支持的估值技术，主要包括市场法、收益法和成本法，如图 18－1 所示。相关资产或负债存在活跃市场公开报价的，企业应当优先使用该报价确定该资产或负债的公允价值。

- 市场法
  - 市场乘数法
    - 交易案例比较法
    - 上市公司比较法
      - 市盈率
      - 市净率
      - 企业价值/息税折旧及摊销前利润乘数
  - 市场公开报价
- 收益法
  - 现金流量折现法
    - 传统法
    - 期望现金流量法
  - 期权定价模型
- 成本法

图 18－1　公允价值的估值技术

1. 市场法

市场法（market approach）是利用相同或类似的资产、负债或资产和负债组合的价格以及其他相关市场交易信息进行估值的技术。如企业使用证券市场上的公开报价对交易性金融资产进行公允价值计量的情形。

企业在应用市场法时，除直接使用相同或类似资产或负债的公开报价外，还可以使用市场乘数法等估值方法。市场乘数法（market multiples）是一种使用可比企业市场数据估计公允价值的方法，包括上市公司比较法、交易案例比较法等。企业采用上市公司比较法时，可使用的市场乘数包括市盈率（price-to-earnings ratio，P/E ratio）、市净率（price-to-book ratio，P/B ratio）、企业价值/息税折旧及摊销前利润乘数（EV/EBITDA）等。企业应当进行职业判断，考虑与计量相关的定性和定量因素，选择恰当的市场乘数。

课程思政 培养辩证思维能力

专栏 18－1　　企业价值/息税折旧及摊销前利润乘数

企业价值（enterprise value，EV）是个人人感兴趣但是谁都说不清楚的概念。世界上还没有哪一门科学能够精确地刻画股价的形成机制，也没有哪一门科学能够说得清公司价值该怎么计算。估值模型（pricing model）这一概念清楚地表明，股票的价格（price）该是多少，没有人知道，所以只好去估计它价值几何，这就是估值（pricing）。估值也就是猜测的意思。

有人用市盈率、市净率去猜，结果往往发现自己被算计了，因为市盈率、市净率是很容易操纵的指标。这时，就有人提出了企业价值/息税折旧及摊销前利润乘数。

我们先来看息税折旧及摊销前利润（earnings before interest，taxes，depreciation and amortization；EBITDA）。EBITDA 是一个专门用来吹泡泡的指标。有的企业净利润实在太差，EPS 惨不忍睹。那么，还能怎么去吹泡泡？办法总是有的。有人提议，如果把所得税给倒算回去，也不计算利息，那么，“业绩”总会好看一点。这个指标就是息税前利润（earnings before interest，taxes，EBIT）。结果有的公司连 EBIT 也特别低，那该怎么办？还有办法。有人提议，再把固定资产的累计折旧和无形资产的累计摊销加回来，这样“业绩”应该不会太差。这个指标就是 EBITDA。

再来看企业价值如何估计。人们根本就不可能算出来企业价值是多少，只能近似去估计，无非就是用负债的市值加上股东权益的市值来匡算，算法各异，取决于计算口径如何界定。

这样，就可以用企业价值/息税折旧及摊销前利润乘数进行证券估值了。例如，某公司发现被投资方的 EBITDA 是 100 000 000 元，该公司负债（债券）的公允价值为 400 000 000 元。假设可比公司的 EV/EBITDA 为 9 倍，那么，被投资方的公司价值可以匡算为 900 000 000 元（100 000 000×9），被投资方的股票的公允价值可以匡算为 500 000 000 元（900 000 000－400 000 000）。

从市盈率、市净率到 EV/EBITDA，证券市场为散户提供了一批又一批估值指标……“总有一款适合你”。

---

2. 收益法

收益法（income approach）是将未来金额转换成单一现值的估值技术。企业使用收益法时，应当反映市场参与者在计量日对未来现金流量或者收入费用等金额的预期。企业使用的收益法包括现金流量折现法、多期超额收益折现法、期权定价模型等估值方法。

$$现值=\sum_{t=1}^{n}\frac{第\ t\ 期的现金流量}{(1+折现率\ r)^t}$$

（1）现金流量折现法。现金流量折现法是企业在收益法中最常用到的估值方法，包括传统法（即折现率调整法）和期望现金流量法。

企业在现金流量折现法中所使用的现金流量是估计金额，而非确定的已知金额。当存在违约风险时，即使是合同约定的金额（例如，贷款承诺中约定的贷款金额）也是不确定的，所以，企业使用现金流量折现法时，将面临较多不确定性。

企业在以公允价值计量该资产或负债时应当考虑风险溢价（risk premium）。

根据对风险的调整方式和采用的现金流量类型，可以将现金流量折现法区分为两种方法：传统法和期望现金流量法。

1）传统法。传统法是使用在估计金额范围内最有可能的现金流量，以及经风险调整的折现率的一种折现方法。

2）期望现金流量法。期望现金流量法是使用风险调整的期望现金流量和无风险利率，或者使用未经风险调整的期望现金流量和包含市场参与者要求的风险溢价的折现率的一种折现方法。企业在应用期望现金流量法时，有两种方法调整相关资产或负债期望现金流量的风险溢价：第一种方法是根据风险溢价对期望现金流量进行调整，即企业从以概率为权重计算的期望现金流量中扣除风险溢价，得到确定等值现金流量，并按照无风险利率对确定等值现金流量折现，从而估计出相关资产或负债的公允价值。第二种方法是根据风险溢价对折现率进行调整，即企业在无风险利率之上增加风险溢价，得到期望回报率，并使用该期望回报率对以概率为权重计算的现金流量进行折现，从而估计出相关资产或负债的公允价值。企业可以使用对风险资产进行计价的模型（例如，资本资产定价模型（CAPM））估计期望回报率。

（2）期权定价模型。企业可以使用布莱克-斯科尔斯模型、二叉树模型、蒙特卡洛模拟法等期权定价模型估计期权的公允价值。

专栏18-2 **二叉树模型简介**

二叉树模型又称二项式模型，是假定股价只有上涨和下跌两个方向，且股价每次变动的概率和幅度不变，从而模拟股价在整个存续期间所有可能的变化，进而针对每一变动路径上的每一个节点计算期权价值，然后再计算期权现值的方法。教材中常用的有复制组合策略和风险中性策略两种算法。二叉树模型与其他估值模型一样，只是一种抽象的类推，缺乏科学性。下面用简单的示例予以说明。

假定一只股票今天市价为每股10元，一个期间后既可能上涨40%，也可能下跌40%。即$S_0=10$元，S_1可能是14元或6元。一个期间的无风险利率$r_f=8\%$。某证券公司基于上述股票开发出了一项看涨期权C，每一份期权允许持有者一个期间后按照执行价格10元购买一股股票，则该期权的盈利模式如图18-2所示。一个期间后，当股价上升到每股14元时，期权的价值C_1为4元；当股价下跌到每股6元时，期权的价值为零。

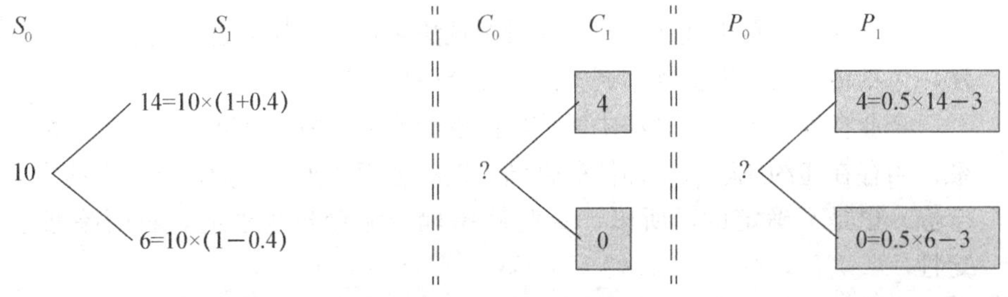

图18-2 看涨期权和复制组合的盈亏对比（单位：元）

问题是，每一份期权该卖多少钱？

1. 使用复制组合策略求解

期权合约的买卖双方其实是在对赌基础资产（即股票）的波动性。对于这种合约，传统上的估值方法无计可施，甚至连金融界用滥了的净现值等算法也派不上用场。

这时，有人提出了用类推方法求解的思路。这就是所谓的复制组合（replicating portfolio）策略。构造这样一个投资组合 P：购买 0.5 股股票，然后再去借 2.78 元（按照一个期间的利率为 8%计算的本利和为 3 元）。一个期间后，当股价上升到每股 14 元时，这个投资组合的价值为 4 元；当股价下跌到每股 6 元时，这个投资组合的价值为零——显然，这个投资组合完美地复制了看涨期权的盈利模式。既然如此，人们就可以把投资组合在即刻的价值算出来，这样，也就知道期权该卖多少钱了。复制组合现在的价值（P_0）为 2.22 元，这也就是期权的理论价值。

2. 采用风险中性策略求解

对于上述期权，还可以采用风险中性策略进行估值。已知期初股价为 S_0，期末股价在升值的情况下为 $S(U)$，在贬值的情况下为 $S(D)$，待求解的期初期权价值为 C_0，期末期权价值在股票升值的情况下为 $C(U)$，在股票贬值的情况下为 $C(D)$。

不考虑风险偏好，记 p 为股价在一个期间后上涨到 $S(U)$ 的概率，则 p 即为风险中性概率，它也是看涨期权在一个期间后价值为 $C(U)$ 的概率。

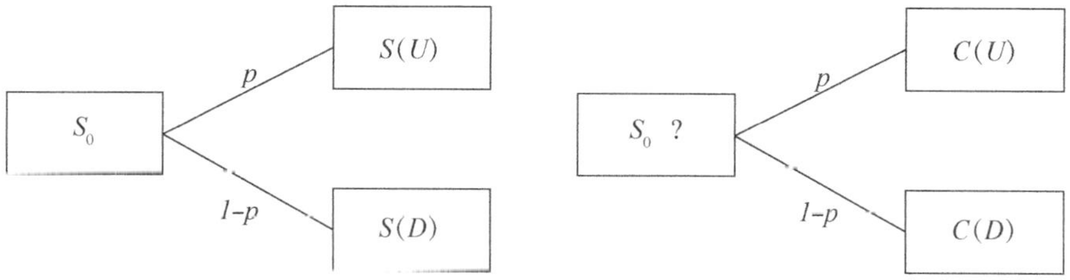

由于 S_0、$S(U)$、$S(D)$、$C(U)$、$C(D)$ 都是已知的，因此，我们可以推算出 p 的值。

$$S_0=\frac{S_1}{(1+r_f)}=\frac{p\cdot S(U)+(1-p)\cdot S(D)}{(1+r_f)}\Rightarrow p=\frac{(1+r_f)\times S_0-S(D)}{S(U)-S(D)}$$

所以，有

$$C_0=\frac{C_1}{(1+r_f)}=\frac{p\cdot C(U)+(1-p)\cdot C(D)}{(1+r_f)}$$

根据上述已知信息，可解得 $p=0.6$，$C_0=2.22$。

3. 复制组合策略与风险中性策略的统一性

下面，我们来考虑如何构造“δ 份股票 S＋借款 B”的组合，来复制看涨期权 C 的盈利模式。为表述方便，以下用 e^{it} 替代复利终值系数（$1+r_f$）。

我们面临的问题是，如何确定股票份数 δ 和借款额度 B_0？

在期初，有

$$C_0=\delta\cdot S_0-B_0$$

期末若基础资产涨价，则有

$$C(U)=\delta \cdot S(U)-B_0 \cdot e^{it}$$

期末若基础资产跌价，则有

$$C(D)=\delta \cdot S(U)-B_0 \cdot e^{it}$$

求解上述两式构成的二元一次方程组，可解出 δ 和 B_0。

$$\delta=\frac{C(U)-C(D)}{S(U)-S(D)}$$

$$B_0=\frac{S(D) \cdot C(U)-C(D) \cdot S(U)}{[S(U)-S(D)] \cdot e^{it}}$$

把 δ，B_0 代入期初等式，可计算出 C_0。

$$C_0=\frac{[S_0 \cdot e^{it}-S(D)] \cdot C(U)+[S(U)-S_0 \cdot e^{it}] \cdot C(D)}{[S(U)-S(D)] \cdot e^{it}}$$

记 $p=\dfrac{S_0 \cdot e^{it}-S(D)}{S(U)-S(D)}$

可将上式化简为：

$$C_0=\frac{p \cdot C(U)+(1-p) \cdot C(D)}{e^{it}}$$

这就是风险中性概率策略下的期权估值公式。

布莱克-斯科尔斯期权定价模型可以用于认股权证和具有转换特征的金融工具的简单估值。布莱克-斯科尔斯期权定价模型中的输入值包括即期价格、行权价格、合同期限、预计或内含波动率、无风险利率、期望股息率等。

专栏 18-3　　布莱克-斯科尔斯-默顿公式

布莱克-斯科尔斯公式（Black-Scholes formula）是美国金融学者费雪·布莱克（Fischer Black）和迈伦·斯科尔斯（Myron Scholes）合作提出的期权估值公式。由于罗伯特·默顿（Robert Merton）同时发表了类似的公式，且对该公式进行了修正，放松了该公式的假设条件，使其更具一般性，因此，该公式又被称作布莱克-斯科尔斯-默顿公式（Black-Scholes-Merton formula）。

该公式只需要使用如下5个参数：r 为无风险利率（复利年利率），T 为期权距到期的时间（用占一年的百分比表示），σ 为标的资产（股票）的波动率（即按连续复利计算的收益率的年标准差），X 为期权的执行价格，S_0 为标的资产（股票）的现值。

该公式的假设条件是：(1) 标的证券（股票）的价格服从几何布朗运动，股票价格 S_T 服从对数正态分布；(2) 无卖空限制；(3) 没有交易费用和税收，即市场是无摩擦的；(4) 所有证券都是可以无限细分的；(5) 在期权有效期内股票没有现金股利；(6) 不存在无风险套利的机会；(7) 无风险利率是已知的常数 r；(8) 期权为欧式期权。

布莱克和斯科尔斯在上述假设的基础上进行理论推导，运用伊藤引理等随机微积分的知识，得到了布莱克-斯科尔斯公式：

$$C_0 = S_0 N(d_1) - Xe^{-rt} N(d_2)$$

式中，e^{-rt} 为复利现值系数。

其他参数如下：

$$d_1 = \frac{\ln\left(\frac{S_0}{X}\right) + \left(r + \frac{\sigma^2}{2}\right) \cdot T}{\sigma\sqrt{T}}$$

$$d_2 = \frac{\ln\left(\frac{S_0}{X}\right) + \left(r - \frac{\sigma^2}{2}\right) \cdot T}{\sigma\sqrt{T}} = d_1 - \sigma\sqrt{T}$$

该公式的推导颇为复杂，感兴趣的读者可参考比较通俗易懂的金融工程相关书籍（例如，汪昌云．金融衍生工具．3 版．北京：中国人民大学出版社，2017）。

由于布莱克-斯科尔斯-默顿公式将期权的计算简化到了只需要 5 个参数的程度，因而极大地推动了期权的交易。

蒙特卡洛模拟法适用于包含复杂属性（如包括可变行权价格或转换价格、对行权时间具有限制条款等）的认股权证或具有转换特征的金融工具。蒙特卡洛模拟法将根据认股权证或具有转换特征的金融工具的条款、条件以及其他假设，随机生成数千甚至数百万的可能结果，计算每种可能情形的相关回报，这些回报用概率加权并折现以计算相关资产或负债的公允价值。

林林总总的估值模型都是在特定的假设下推导出来的，属于赌局中对赌的双方共同认可的约定（如打扑克牌的时候约定“Ace 比 3 大”），自然也就不存在科学不科学的问题。

3. 成本法

成本法（cost approach）是反映当前要求重置相关资产服务能力所需金额（通常指现行重置成本）的估值技术。在成本法下，企业应当根据折旧贬值情况，对市场参与者获得或构建具有相同服务能力的替代资产的成本进行调整。折旧贬值包括实体性损耗、功能性贬值以及经济性贬值。

现行重置成本法主要用于估计与其他资产（和负债）一起使用的有形资产的公允价值。

4. 估值技术的选择

企业使用估值技术，是为了估计在计量日当前市场条件下，市场参与者在有序交易中出售一项资产或者转移一项负债的价格。企业应当使用与其中一种或多种估值技术相一致的方法计量公允价值。企业使用多种估值技术计量公允价值的，应当考虑各估值结果的合理性，选取在当前情况下最能代表公允价值的金额作为公允价值。

企业应当运用更多职业判断，确定恰当的估值技术。企业至少应当考虑下列因素：一是根据企业可获得的市场数据和其他信息，其中一种估值技术是否比其他估值技术更恰当；二是其中一种估值技术所使用的输入值是否更容易在市场上观察到或者只需作更少的调整；三是其中一种估值技术得到的估值结果区间是否在其他估值技术的估值结果区间内；四是市场法和收益法结果存在较大差异的，进一步分析存在较大差异的原因，例如其中一种估值技术可能使用不当，或者其中一种估值技术所使用的输入值可能不恰当等。

5. 估值技术的输入值

企业在估值技术的应用中，应当优先使用相关可观察输入值，只有在相关可观察输入值无法取得或取得不切实可行的情况下，才可以使用不可观察输入值。输入值是指市场参与者在给相关资产或负债定价时所使用的假设，包括可观察输入值和不可观察输入值。可观察输入值（observable inputs）是指能够从市场数据中取得的输入值。该输入值反映了市场参与者在对相关资产或负债定价时所使用的假设。不可观察输入值（unobservable inputs）是指不能从市场数据中取得的输入值。该输入值应当根据可获得的市场参与者在对相关资产或负债定价时所使用假设的最佳信息确定。

企业以交易价格作为初始确认时的公允价值，且在公允价值后续计量中使用了涉及不可观察输入值的估值技术的，应当在估值过程中校正该估值技术，以使估值技术确定的初始确认结果与交易价格相等。企业在公允价值后续计量中使用估值技术的，尤其是涉及不可观察输入值的，应当确保该估值技术反映了计量日可观察的市场数据，如类似资产或负债的价格等。

公允价值计量使用的估值技术一经确定，不得随意变更，但变更估值技术或其应用能使计量结果在当前情况下同样或者更能代表公允价值的情况除外，包括但不限于下列情况：(1) 出现新的市场；(2) 可以取得新的信息；(3) 无法再取得以前使用的信息；(4) 改进了估值技术；(5) 市场状况发生变化。企业变更估值技术或其应用的，应当按照《企业会计准则第28号——会计政策、会计估计变更和差错更正》的规定作为会计估计变更，并根据公允价值计量准则的披露要求对估值技术及其应用的变更进行披露，而不需要按照《企业会计准则第28号——会计政策、会计估计变更和差错更正》的规定对相关会计估计变更进行披露。

(1) 公允价值计量中相关的溢价和折价。企业采用估值技术计量公允价值时，应当选择与市场参与者在相关资产或负债的交易中所考虑的资产或负债特征相一致的输入值，包括流动性折溢价、控制权溢价或少数股东权益折价等。流动性折溢价是指流动性较差的资产的市场价格低于同类流动性较高的资产的现象。换言之，投资者要求流动性较差的资产价格更低（即预期收益更高），以弥补高额的交易成本（变现成本）。控制权溢价是指当控制权发生变更时，控股股权的交易价格常常高于按照每股市场价格所计算的价格的现象。该折价或溢价反映了市场正常日交易量低于企业在当前市场出售或转让其持有的相关资产或负债数量时，市场参与者对该资产或负债报价的调整。企业不应当考虑因其大量持有相关资产或负债所产生的折价或溢价。

（2）以出价和要价为基础的输入值。以公允价值计量的相关资产或负债存在出价和要价的，企业应当以在出价（bid price）和要价（ask price）之间最能代表当前情况下公允价值的价格确定该资产或负债的公允价值。企业可以使用出价计量资产头寸（asset position），使用要价计量负债头寸（liability position）。公允价值计量准则不限制企业使用市场参与者在实务中使用的在出价和要价之间的中间价（mid-market pricing，中期市价）或其他定价惯例计量相关资产或负债。

18.2.2 公允价值层次

准则要求企业遵照公允价值层次（fair value hierarchy）进行公允价值计量。

企业应当将公允价值计量所使用的输入值划分为三个层次，并首先使用第一层次输入值，其次使用第二层次输入值，最后使用第三层次输入值。

1. 第一层次输入值

第一层次输入值（level 1 inputs）是在计量日能够取得的相同资产或负债在活跃市场上未经调整的报价。活跃市场（active market）是指相关资产或负债的交易量和交易频率足以持续提供定价信息的市场。第一层次输入值为公允价值提供了最可靠的证据。

在所有情况下，企业只要能够获得相同资产或负债在活跃市场上的报价，就应当将该报价不加调整地应用于该资产或负债的公允价值计量，但下列情况除外：（1）企业持有大量类似但不相同的以公允价值计量的资产或负债，这些资产或负债存在活跃市场报价，但难以获得每项资产或负债在计量日单独的定价信息。在这种情况下，企业可以采用不单纯依赖报价的其他估值模型。（2）活跃市场报价未能代表计量日的公允价值，如因发生影响公允价值计量的重大事件等导致活跃市场的报价未能代表计量日的公允价值。（3）不存在相同或类似资产或负债的可观察市场报价的情形。企业在这些情形下对相同资产或负债在活跃市场上的报价进行调整的，公允价值计量结果应当划分为较低层次。

采用第一层次输入值进行公允价值计量的做法，就是业界惯常所称的盯市会计。

2. 第二层次输入值

第二层次输入值（level 2 inputs）是除第一层次输入值（即未经调整的报价）外的相关资产或负债的直接或间接可观察的输入值。

第二层次输入值包括：（1）活跃市场中类似资产或负债的报价；（2）非活跃市场中相同或类似资产或负债的报价；（3）除报价以外的其他可观察输入值，包括在正常报价间隔期间可观察的利率和收益率曲线、隐含波动率和信用利差（又称信用价差或信用差价）等；（4）市场验证的输入值等。市场验证的输入值是指通过相关性分析或其他手段获得的主要来源于可观察市场数据或者经过可观察市场数据验证的输入值。

企业在使用第二层次输入值对相关资产或负债进行公允价值计量时，应当根据该资产或负债的特征，对第二层次输入值进行调整。这些特征包括资产状况或所在位置、输入值与类似资产或负债的相关程度、可观察输入值所在市场的交易量和活跃程度等。对于具有合同期限等具体期限的相关资产或负债，第二层次输入值应当在几乎整个期限内是可观察的。

如果在进行公允价值计量时使用了重要的不可观察输入值对第二层次输入值进行调整，且该调整对公允价值计量整体而言是重要的，那么，企业应当将该公允价值计量结果划分为第三层次。

3. 第三层次输入值

第三层次输入值（level 3 inputs）是相关资产或负债的不可观察输入值。采用第三层次输入值进行公允价值计量的做法，就是业界惯常所称的按模型定价。

第三层次输入值包括不能直接观察和无法由可观察市场数据验证的利率、股票波动率、企业合并中承担的弃置义务的未来现金流量、企业使用自身数据做出的财务预测等。

企业只有在相关资产或负债不存在市场活动或者市场活动很少导致相关可观察输入值无法取得或取得不切实可行的情况下，才能使用第三层次输入值，即不可观察输入值。不可观察输入值应当反映市场参与者对相关资产或负债定价时所使用的假设，包括有关风险的假设，如特定估值技术的固有风险和估值技术输入值的固有风险等。企业在确定不可观察输入值时，应当使用在当前情况下可合理取得的最佳信息，包括所有可合理取得的市场参与者假设。企业可以使用内部数据作为不可观察输入值，但如果有证据表明其他市场参与者将使用不同于企业内部数据的其他数据，或者这些企业内部数据是企业特定数据，其他市场参与者不具备企业相关特征时，企业应当对其内部数据做出相应调整。

公允价值计量结果所属的层次，由对公允价值计量整体而言具有重要意义的输入值所属的最低层次决定。企业应当在考虑相关资产或负债特征的基础上判断所使用的输入值是否重要。公允价值计量结果所属的层次，取决于估值技术的输入值，而不是估值技术本身。

18.3 公允价值计量的特殊情形

18.3.1 非金融资产的公允价值计量

1. 非金融资产的最佳用途

企业对非金融资产进行公允价值计量时，应当考虑市场参与者将该资产用于最佳用途产生经济利益的能力，或者将该资产出售给能够用于最佳用途的其他市场参与者产生经济利益的能力。

最佳用途（highest and best use）是指市场参与者实现一项非金融资产或其所属的资产和负债组合的价值最大化时该非金融资产的用途。

在确定非金融资产的最佳用途时，企业应当考虑法律上是否允许（即市场参与者在对该资产定价时所考虑的资产使用在法律上的限制），实物上是否可能（即市场参与者在对该资产定价时考虑的资产实物特征），以及财务上是否可行（即在法律上允许且实物上可能的情况下，使用该资产能否产生足够的收益或现金流量，从而在补偿将资产用于该用途所发生的成本后，仍然能够满足市场参与者所要求的投资回报）等因素。企业应当从市场参与者的角度确定非金融资产的最佳用途。通常情况下，企业对非金融资产的现行用途可以视为最佳用途，除非市场因素或者其他因素表明市场参与者按照其他用途使用该资产可以实现价值最大化。

企业应当从市场参与者的角度判断该资产的最佳用途是单独使用、与其他资产组合使用，还是与其他资产和负债组合使用，但在计量非金融资产的公允价值时，应当假定按照计量单元出售该资产。

2. 非金融资产的估值前提

企业以公允价值计量非金融资产时，应当基于该资产的最佳用途确定下列估值前提：(1) 市场参与者单独使用一项非金融资产产生最大价值的，该非金融资产的公允价值应当是将其出售给同样单独使用该资产的市场参与者的当前交易价格。(2) 市场参与者将一项非金融资产与其他资产（或者其他资产或负债的组合）组合使用产生最大价值的，该非金融资产的公允价值应当是将其出售给以同样组合方式使用该资产的市场参与者的当前交易价格，并且该市场参与者可以取得组合中的其他资产和负债。其中，负债包括企业为筹集营运资金产生的负债，但不包括企业为组合之外的资产筹集资金所产生的负债。最佳用途的假定应当一致地应用于组合中所有与最佳用途相关的资产。

18.3.2 负债和企业自身权益工具的公允价值计量

企业对负债进行公允价值计量时，应当假定在计量日将该负债转移给其他市场参与者，而且该负债在转移后继续存在，并由作为受让方的市场参与者履行义务。企业应当对不履约风险（指企业不履行义务的风险，包括但不限于企业自身信用风险）进行评估，并假定不履约风险在负债转移前后保持不变。

企业对自身权益工具进行公允价值计量时，应当假定在计量日将该自身权益工具转移给其他市场参与者，而且该自身权益工具在转移后继续存在，并由作为受让方的市场参与者取得与该工具相关的权利、承担相应的义务。

企业对负债或自身权益工具进行公允价值计量时，应当遵循下列原则：(1) 如果存在相同或类似的负债或企业自身权益工具的可观察市场报价，则应以该报价为基础确定该负债或企业自身权益工具的公允价值。(2) 如果不存在相同或类似的负债或企业自身权益工具的可观察市场报价，但其他方将其作为资产持有，则应在计量日从投资者的角度，以该投资者所确定的公允价值为基础确定该负债或自身权益工具的公允价值。当该资产的某些特征（例如，资产出售受到限制、资产与所计量负债或企业自身权益工具类似但不相同、资产的计量单元与负债或企业自身权益工具的计量单元不完全相同等）不适用于所计量的负债或企业自身权益工具时，企业应当根据该资产的公允价值进行调整，以调整后的价值确定负债或企业自身权益工具的公允价值。(3) 如果不存在相同或类似的负债或企业自身权益工具的可观察市场报价，并且其他方未将其作为资产持有的，企业应当从承担负债或者发行权益工具的市场参与者角度，采用估值技术确定该负债或企业自身权益工具的公允价值。

企业对存在限制转移因素的负债或自身权益工具进行公允价值计量时，如果公允价值计量的输入值中已经考虑该因素，则不应再单独设置相关输入值，也不应当对其他输入值进行相关调整。

企业对活期存款等具有可随时要求偿还特征的金融负债进行公允价值计量时，该金融负债的公允价值不应当低于债权人随时要求偿还时的应付金额，即从债权人可要求偿还的第一天起折现的现值。

18.3.3 市场风险或信用风险可抵销的金融资产和金融负债的公允价值计量

企业以市场风险和信用风险的净敞口为基础管理金融资产和金融负债的，可以以计量日市场参与者在当前市场条件下有序交易中出售净多头（net long position，如资产）或者转移净空头（net short position，如负债）的价格为基础，计量该金融资产和金融负债组合的公允价值。市场风险或信用风险可抵销的金融资产或金融负债，应当是由《企业会计准则第22号——金融工具确认和计量》规范的金融资产和金融负债，也包括不符合金融资产或金融负债定义但按照《企业会计准则第22号——金融工具确认和计量》进行会计处理的其他合同。与市场风险或信用风险可抵销的金融资产和金融负债相关的财务报表列报，应当适用其他相关会计准则。

对金融资产和金融负债组合进行公允价值计量时，应当同时满足下列条件：(1) 企业风险管理或投资策略的正式书面文件已载明，企业以特定市场风险或特定对手信用风险的净敞口为基础，管理金融资产和金融负债的组合；(2) 企业以特定市场风险或特定对手信用风险的净敞口为基础，向企业关键管理人员报告金融资产和金融负债组合的信息；(3) 企业在每个资产负债表日以公允价值计量组合中的金融资产和金融负债。

对金融资产和金融负债组合进行公允价值计量时，该金融资产和金融负债面临的特定市场风险及其期限实质上应当相同，企业应当按照《企业会计准则第28号——会计政策、会计估计变更和差错更正》的规定确定相关会计政策，并且一经确定，不得随意变更。如果市场参与者将会考虑假定出现违约情况下能够减小信用风险敞口的所有现行安排，企业应当考虑特定对手的信用风险净敞口的影响或特定对手对企业的信用风险净敞口的影响，并预计市场参与者依法强制执行这些安排的可能性。

18.4　公允价值披露

企业应当根据相关资产或负债的性质、特征、风险以及公允价值计量的层次对该资产或负债进行恰当分组，并按照组别披露公允价值计量的相关信息。为确定资产和负债的组别，企业通常应当对资产负债表列报项目作进一步分解。企业应当披露各组别与报表列报项目之间的调节信息。其他相关会计准则明确规定了相关资产或负债组别且其分组原则符合上述规定的，企业可以直接使用该组别提供相关信息。

企业应当区分持续的公允价值计量和非持续的公允价值计量。

18.4.1　持续的公允价值计量

持续的公允价值计量（recurring fair value measurement）是指其他相关会计准则要求或者允许企业在每个资产负债表日持续以公允价值进行的计量。

在相关资产或负债初始确认后的每个资产负债表日，企业至少应当在附注中披露持续以公允价值计量的每组资产和负债的下列信息：(1) 其他相关会计准则要求或者允许企业在资产负债表日持续以公允价值计量的项目和金额。(2) 公允价值计量的层次。(3) 在各层次之间转换的金额和原因，以及确定各层次之间转换时点的政策。每一层次的转入与转出应当分别披露。(4) 对于第二层次的公允价值计量，企业应当披露使用的估值技术和输入值的描述性信息。当变更估值技术时，企业还应当披露这一变更以及变更的原因。(5) 对于第三层次的公允价值计量，企业应当披露使用的估值技术、输入值和估值流程的描述性信息。当变更估值技术时，企业还应当披露这一变更以及变更的原因。企业应当披露公允价值计量中使用的重要的、可合理取得的不可观察输入值的量化信息。(6) 对于第三层次的公允价值计量，企业应当披露期初余额与期末余额之间的调节信息，包括计入当期损益的已实现利得或损失总额，以及确认这些利得或损失时的损益项目；计入当期损益的未实现利得或损失总额，以及确认这些未实现利得或损失时的损益项目（如相关资产或负债的公允价值变动损益等）；计入当期其他综合收益的利得或损失总额，以及确认这些利得或损失时的其他综合收益项目；分别披露相关资产或负债购买、出售、发行及结算情况。(7) 对于第三层次的公允价值计量，当改变不可观察输入值的金额可能导致公允价值显著变化时，企业应当披露有关敏感性分析的描述性信息。这些输入值和使用的其他不可观察输入值之间具有相关关系的，企业应当描述这种相关关系及其影响，其中不可观察输入值至少包括上述第（5）条中要求披露的不可观察输入值。对于金融资产和金融负债，如果为反映合理、可能的其他假设而变更一个或多个不可观察输入值将导致公允价值的重大改变，企业还应当披露这一事实、变更的影响金额及其计算方法。（8）当非金融资产的最佳用途与其当前用途不同时，企业应当披露这一事实及其原因。

18.4.2 非持续的公允价值计量

非持续的公允价值计量（non-recurring fair value measurement）是指其他相关会计准则要求或者允许企业在特定情况下的资产负债表中以公允价值进行的计量。

在相关资产或负债初始确认后的资产负债表中，企业至少应当在附注中披露非持续以公允价值计量的每组资产和负债的下列信息：（1）其他相关会计准则要求或者允许企业在特定情况下非持续以公允价值计量的项目和金额，以及以公允价值计量的原因。（2）公允价值计量的层次。（3）对于第二层次的公允价值计量，企业应当披露使用的估值技术和输入值的描述性信息。当变更估值技术时，企业还应当披露这一变更以及变更的原因。（4）对于第三层次的公允价值计量，企业应当披露使用的估值技术、输入值和估值流程的描述性信息，当变更估值技术时，企业还应当披露这一变更以及变更的原因。企业应当披露公允价值计量中使用的重要的不可观察输入值的量化信息。（5）当非金融资产的最佳用途与其当前用途不同时，企业应当披露这一事实及其原因。

企业调整公允价值计量层次转换时点的相关会计政策应当在前后各会计期间保持一致，并按规定进行披露。企业调整公允价值计量层次转换时点的相关会计政策应当一致地应用于转出的公允价值计量层次和转入的公允价值计量层次。

对于以公允价值计量且在发行时附有不可分割的第三方信用增级的负债，发行人应当披露这一事实，并说明该信用增级是否已反映在该负债的公允价值计量中。

企业应当以表格形式披露公允价值计量的相关量化信息，除非其他形式更适当。

18.5 对公允价值会计的辩证评价①

公允价值计量准则所秉持的其实是金融分析理念，而不是会计理念。

1. 公允价值的不存在性

无论是从理论层面还是从实践层面来看，公允价值会计都是一个不恰当的会

① 周华. 法律制度与会计规则——关于会计理论的反思. 北京：中国人民大学出版社，2016：3-6；本小节超出了教学范围，仅供学有余力的读者研修时参考。

计理念。

（1）对于金融资产来说，公允价值既不“公允”也非“价值”。对于股票而言，公允价值会计规则其实是要求大多数的股票持有者按照边际投资者的交易价格进行盯市记录，这种“会计”会造成很大的信息偏差，形成更大的市场波动。对于衍生金融工具而言，公允价值更加难以获得，往往是以根据金融估价模型计算出的理论价格来代替。难道会计要记录根据数学公式计算的估计数吗？是的。这就是国际准则所称的“公允价值”。

（2）对于非金融资产来说，由于无法确保资产的同质性（新旧程度等细微因素均会影响其价格），因而根本不存在可信的公允价值。非金融资产的公允价值基本上全靠估计来确定。所幸的是，国际准则要求绝大多数资产只记录资产减值而不记录资产升值，但其理由又是什么呢？对此，国际准则难以自圆其说。

（3）国际准则所推崇的公允价值会计规则导致了一个悖论。如果公允价值是可知的，那就意味着企业知道自己每一笔股权投资的每股公允价值。也就是说，所有的企业均知道本企业股票的每股公允价值。既然如此，为何还要千辛万苦地采用公允价值会计去计算本企业的净公允价值呢？显然，公允价值会计导致了如下悖论：如果股权的公允价值是可以确定的，那么会计师根本就没有必要采用公允价值会计。而如果股权的公允价值是不能确定的，那么会计师为什么要采用公允价值会计呢？

公允价值会计是证券行业以金融分析思路改造会计规则所形成的失当理念。国际准则承认，公允价值只是假想出来的数字：公允价值不是基于实际交易而是基于假想交易的；作为计量属性，它仅仅是估计价格；它的计量是以活跃市场中别人的交易价格为基础，而不是以企业自身的真实交易价格为基础的。公允价值会计和资产减值会计于法无据、于情无理，因此，切切不可将其作为会计立法的指导思想。

2. 以补充披露取代公允价值会计

公允价值仅仅是一种金融预期而不是法律事实，它属于金融分析而不属于会计的范畴。至于会计主体所观测到的公允价值，它虽然是事实，满足国际准则所反复强调的客观性、真实性、可验证性等要求，但它并不是与观测者自身有关的法律事实。国际准则所认定的真实性仅仅是客观事实，而不是法律事实。它把资产定义为“由于过去的事项而控制的、预期会导致未来经济利益流入企业的经济资源”，强调了预期因素。而法律事实意义上的资产是指企业的物权、债权、知识产权等财产权利。企业因股票升值而增记的交易性金融资产仅仅是一种预期——预期即刻变现所能得到的利益，它并不具备任何法律证据的支持。会计程序具有信息集成的特征，若欲保证会计的真实性，就不应向会计程序中添加不具有法律证据力的信息；如果确需记录某些市价行情信息，则可在会计程序之外另行列报而不必劳烦会计工作者。事实上，除基金公司、投资银行等少数金融机构外，大多数企业都是通过生产商品或提供劳务直接从事实体经济活动的，它们除特殊情形外很少考虑变卖长期资产或提前清偿债务，因此，强制要求它们在会计管理中进行具有清算性质的会计操作是很不合理的。为了保证会计对企业经营管理和国民经济管理的支持作用，必须强调会计记录的依法记账原则，禁止缺乏法律证据的会计行为。

拓展阅读

1. 葛家澍．财务会计的本质、特点及其边界．会计研究，2003（3）：3－7.

2. 葛家澍．关于公允价值会计的研究——面向财务会计的本质特征．会计研究，2009（5）：6－13.

3. 黄世忠．公允价值会计：面向21世纪的计量模式．会计研究，1997（12）：1－4.

4. 黄世忠．金融危机触发的公允价值论战．中国金融，2009（15）：35－37.

5. 夏冬林．财务会计：基于价值还是基于交易．会计研究，2006（8）：10－17＋96.

思考题

1. 公允价值会计规则是如何形成的？请简要阐释。
2. 请梳理主张或反对公允价值会计的文献，并作简要评论。

推荐阅读材料

1. 弗里德里希·冯·哈耶克. 知识的僭妄//哈耶克文选. 2版. 南京：江苏人民出版社，2007：405－415.

2. 陈孟贤. 当代会计研究方法：检讨和反思. 会计研究，2007（4）：3－10.

3. 冯淑萍. 弘扬优良学风认真研究中国会计问题. 会计研究，2004（8）：3－6.

4. 汪一凡. "实证会计研究"之研究. 财会通讯，2006（11）：18－20.

5. 许嘉俊. 撰写学位论文要有"四不"精神. 文汇读书周报，2005－09－16.

中国人民大学出版社　管理分社

教师教学服务说明

中国人民大学出版社管理分社以出版工商管理和公共管理类精品图书为宗旨。为更好地服务一线教师，我们着力建设了一批数字化、立体化的网络教学资源。教师可以通过以下方式获得免费下载教学资源的权限：

★ 在中国人民大学出版社网站 www.crup.com.cn 进行注册，注册后进入“会员中心”，在左侧点击“我的教师认证”，填写相关信息，提交后等待审核。我们将在一个工作日内为您开通相关资源的下载权限。

★ 如您急需教学资源或需要其他帮助，请加入教师 QQ 群或在工作时间与我们联络。

中国人民大学出版社　管理分社

教师 QQ 群： 648333426(工商管理)　114970332(财会)　648117133(公共管理)
教师群仅限教师加入，入群请备注（学校+姓名）

联系电话： 010-62515735，62515987，62515782，82501048，62514760

电子邮箱： glcbfs@crup.com.cn

通讯地址： 北京市海淀区中关村大街甲 59 号文化大厦 1501 室（100872）

管理书社　　人大社财会　　公共管理与政治学悦读坊